LAGER logisch!

BAND 1

Autoren
Sonja Achtzehn
Maria Auer
Jörn Holbe
Ute Morgenstern
Stephan Müller
Melanie Träger
Mandy Viering

Berater
Klaus Heptner
Jörn Holbe
Kathrin Honold
Reent Reents
Stephan Weißer

unter Mitarbeit der
Verlagsredaktion

Cornelsen

Dieses Buch wurde erstellt unter Verwendung von Materialien von: Christian Fritz, Lydia Fritz, Wolfgang Hecht, Markus Hillebrand, Martina Hoffhaus, Antje Kost, Reinhold Koullen, Claudia Lang, Peter Mickan, Alexander Osanna, Klaus Otte, Michael Piek, Anja Panosch, Roswitha Pütz

Wir weisen darauf hin, dass die im Lehrwerk genannten Unternehmen und Geschäftsvorgänge frei erfunden sind. Ähnlichkeiten mit real existierenden Unternehmen lassen keine Rückschlüsse auf diese zu. Dies gilt auch für die im Lehrwerk genannten Kreditinstitute, Bankleitzahlen und Buchungsvorgänge. Ausschließlich zum Zwecke der Authentizität wurden insoweit existierende Kreditinstitute und Bankleitzahlen verwendet.

Verlagsredaktion:	Dorothe Redeker, Sabine Schneider
Bildredaktion:	Christina Fanselow
Umschlaggestaltung:	vitaledesign, Berlin
Layoutkonzept:	Christoph Berten, Berlin, vitaledesign Berlin
Technische Umsetzung:	PER Medien+Marketing GmbH, Braunschweig
Illustrationen Lernfeldeinstiege:	Jaschar Voussoug, Berlin, Damir Skako, Stuttgart (Beratung)

www.cornelsen.de/cbb

1. Auflage, 1. Druck 2012

Alle Drucke dieser Auflage sind inhaltlich unverändert und können im Unterricht nebeneinander verwendet werden.

Druck: Stürtz AG, Würzburg

ISBN 978-3-06-450453-0

Inhalt gedruckt auf säurefreiem Papier aus nachhaltiger Forstwirtschaft.

Inhaltsverzeichnis

Folgende Materialien finden Sie im Arbeitsbuch

Lernfeld 1 Güter annehmen und kontrollieren 10

1 Das Lager und die Logistik 12
1.1 Kleiner Leitfaden der Begriffe 12
1.2 Die Einordnung der Logistik im Unternehmen 14
1.2.1 Die Teilbereiche eines Industriebetriebs 14
1.2.2 Die Teilbereiche der Logistik 14
1.2.3 Die Informations- und Materialflüsse im Betrieb 15
1.2.4 Die Lagerlogistik 16
Alles klar? 17

LS 1 Den Ausbildungsbetrieb kennenlernen
DV 1 Den Ausbildungsbetrieb mit PowerPoint präsentieren
AB Sprachkompetenz

2 Waren annehmen und kontrollieren 18
2.1 Die Prüfung der Warenbegleitpapiere 19
2.1.1 Der Frachtbrief 21
2.1.2 Die rechtliche Grundlage des Frachtbriefs: der Frachtvertrag 22
2.1.3 Der Lieferschein 23
2.1.4 Die Rechnung 24
2.2 Das Entladen der Sendung 25
2.2.1 Zuständigkeiten beim Entladen 25
2.2.2 Wer haftet beim Güterumschlag? 27
2.2.3 Der Entladevorgang 28
2.2.4 Hinweise zur Handhabung von Packstücken 30
2.3 Die Prüfung der Sendung 32
2.3.1 Mehrwegpackmittel prüfen und tauschen 33
2.3.2 Den Empfang quittieren 33
2.3.3 Die Arten der Warenprüfung bei der Warenfeinkontrolle 34
2.3.4 Mängel dokumentieren 34
2.4 Den Wareneingang erfassen 35
2.5 Die Kennzeichnung der Güter 36
2.5.1 Der Barcode 37
2.5.2 Die RFID-Technologie 39
2.5.3 Vergleich zwischen RFID und dem Barcodelabel 40
Alles klar? 41

LS 2 Die Entladung eines Lkw organisieren
AB Sprachkompetenz
LS 3 Kontrolle der eingehenden Waren
AB Sprachkompetenz
DV 2 Serienbriefe mit Word erstellen
DV 3 Einen Wareneingangsschein mit Excel erstellen

3 Mit Leistungsstörungen umgehen 44
3.1 Die mangelhafte Lieferung (Schlechtleistung) 45
3.1.1 Arten von Sachmängeln 46
3.1.2 Rechtsmängel 47
3.1.3 Die Erkennbarkeit von Mängeln 47
3.1.4 Die Pflichten des Käufers bei Erhalt der Sache 48
3.1.5 Die Rechte des Käufers bei Schlechtleistung 49
3.2 Der Lieferverzug 50
3.2.1 Die Voraussetzungen für den Lieferverzug 50
3.2.2 Die Rechte des Käufers bei Lieferverzug 51
3.3 Verschulden bei einer Leistungsstörung 52
3.4 Übersicht über die Leistungsstörungen 53
Alles klar? 54

LS 4 Mit mangelhaften Lieferungen umgehen
AB Sprachkompetenz

Folgende Materialien finden Sie im Arbeitsbuch

Packmittel tauschen und entsorgen LS 5

4 **Der Umgang mit Packmitteln** ... 56
4.1 Mehrwegsysteme ... 57
4.1.1 Der Europalettenpool ... 57
4.1.2 Weitere Tauschpackmittel des Europoolsystems ... 60
4.1.3 Die Tauschverfahren ... 60
4.1.4 Die Vorteile von Mehrwegsystemen ... 60
4.2 Einwegsysteme ... 61
4.3 Der Umgang mit gebrauchten Packmitteln ... 62
Alles klar? ... 63

Die Arbeitssicherheit im Betrieb planen LS 6

5 **Die Sicherheit am Arbeitsplatz** ... 64
5.1 Maßnahmen zur Arbeitssicherheit im Betrieb ... 65
5.1.1 Die persönliche Schutzausrüstung ... 66
5.1.2 Die Sicherheitskennzeichen ... 67
5.1.3 Zuständigkeiten beim betrieblichen Arbeitsschutz ... 70
5.1.4 Betriebsanweisungen ... 71
5.2 Gesetze und Verordnungen zur Arbeitssicherheit ... 72
5.2.1 Die Arbeitsstättenverordnung ... 73
5.2.2 Die Bildschirmarbeitsverordnung ... 73
5.2.3 Das Produktsicherheitsgesetz ... 73
5.2.4 Das Arbeitssicherheitsgesetz ... 73
5.2.5 Das Arbeitsschutzgesetz ... 74
5.3 Die Berufsgenossenschaften und die Gewerbeaufsicht ... 75
In Notfällen handeln LS 7 — 5.4 In Notfällen handeln ... 78
5.4.1 Die Kontrolle der Vitalfunktionen ... 79
5.4.2 Die Erste-Hilfe-Maßnahmen ... 80
5.4.3 Die unterschiedlichen Notfallsituationen ... 82
5.4.4 Das Verbandbuch ... 83
5.4.5 Die Unfallanzeige ... 84
Alles klar? ... 85

6 **English exercises** ... 86

Lernfeld 2 Güter lagern ... 88

Die Lagergüter und die Aufgaben der Lagerhaltung LS 8

1 **Der Überblick über die Lagerhaltung** ... 90
1.1 Die Lagergüter ... 90
1.2 Die Aufgaben der Lagerhaltung ... 92
Alles klar? ... 94

Grundsätze der ordnungsgemäßen Lagerung LS 9

2 **Die Lagerorganisation** ... 95
2.1 Die Grundsätze ordnungsgemäßer Lagerung ... 95
2.2 Die Lagerstrategien ... 97
Lagerzonen, Lagerplatzvergabe und Kennzeichnung von Lagerplätzen LS 10B — 2.3 Die Lagerzonen ... 98
2.4 Die Lagerplatzvergabe ... 99
2.5 Die Kennzeichnung von Lagerplätzen und Gütern ... 100
Fahrräder einlagern LS 10A (→ 2.4, 2.5) — 2.6 Die Wege optimieren und sichern ... 103
Prüfziffern mit Excel berechnen DV 4 (→ 2.5) — 2.7 Die Güter vorverpacken, komplettieren, etikettieren und mit Preisen auszeichnen ... 105
2.8 Die Lagerverwaltung ... 107
2.8.1 Die Lagerfachkarte ... 107
2.8.2 Das Lagerverwaltungssystem (LVS) ... 108
Alles klar? ... 109

3	**Die Lagerarten**	111
3.1	Die Betriebsarten und ihre Lager	111
3.1.1	Die Lager im Industriebetrieb	112
3.1.2	Die Lager im Handelsbetrieb	114
3.2	Das Eigenlager und das Fremdlager	117
3.2.1	Das Lagergeschäft	118
3.2.2	Der Kostenvergleich zwischen Eigen- und Fremdlager	120
3.3	Der zentrale und dezentrale Lagerstandort	122
3.4	Die Lagerbauweisen	124
	Alles klar?	127
4	**Die Lagereinrichtungstechniken**	129
4.1	Die Bodenlagerung	129
4.1.1	Die Blocklagerung	130
4.1.2	Die Zeilen- bzw. Reihenlagerung	130
4.1.3	Die Sicherheitsvorschriften bei der Bodenlagerung	131
4.2	Die Regallagerung	132
4.2.1	Die Unterscheidungsmerkmale von Lagereinrichtungstechniken bei der Regallagerung	132
4.2.2	Das Fachbodenregal	134
4.2.3	Das Palettenregal	135
4.2.4	Das Ein- und Durchfahrregal	137
4.2.5	Das Kanal- bzw. Tunnelregal	137
4.2.6	Das Einschubregal	138
4.2.7	Das Durchlaufregal	139
4.2.8	Das Kragarmregal	139
4.2.9	Das Waben- und Kassettenregal	140
4.2.10	Das Umlaufregal (Paternoster- und Karussellregal)	141
4.2.11	Das automatische Behälterregal bzw. Kleinteilelager	142
4.2.12	Das Turmregal	142
4.2.13	Das Verschieberegal	143
4.2.14	Die Sicherheitsvorschriften bei der Regallagerung	144
	Alles klar?	147
5	**Die Lagerhaltung mit Kennzahlen kontrollieren**	149
5.1	Der Unterschied zwischen brutto und netto	149
5.2	Der Flächennutzungsgrad	151
5.3	Der Höhennutzungsgrad	152
5.4	Der Raumnutzungsgrad	152
5.5	Der Belegungsgrad	153
	Alles klar?	154
6	**Die Sicherheit im Lager**	155
6.1	Die Anforderungen an eine Arbeitsstätte	155
6.2	Die Sicherheit von Produkten	157
6.3	Der sichere Umgang mit gefährlichen Stoffen	158
6.3.1	Das Chemikaliengesetz und die Gefahrstoffverordnung	158
6.3.2	Das Bundesimmissionsschutzgesetz	165
6.3.3	Das Wasserhaushaltsgesetz	165
6.4	Brände im Lager vermeiden	166
6.4.1	Die Maßnahmen des vorbeugenden baulichen und technischen Brandschutzes	167
6.4.2	Die Maßnahmen des vorbeugenden organisatorischen Brandschutzes	169
6.5	Diebstähle im Lager vermeiden	172
	Alles klar?	174
7	**English exercises**	175

Folgende Materialien finden Sie im Arbeitsbuch

- **LS 11** Lager im Industriebetrieb
- **LS 12A + LS 12B** Eigen- oder Fremdlager?
- **DV 5** Kostenvergleich von Eigen- und Fremdlager mit Excel
- **LS 13** Zentraler und dezentraler Lagerstandort
- **LS 14** Bodenlagerung
- **LS 15** Regallagerung
- **LS 16** Ein Arbeitsunfall mit Salpetersäure
- **LS 17** Ein Flucht- und Rettungsplan für das neue Lager

Folgende Materialien finden Sie im Arbeitsbuch

Lernfeld 3 Güter bearbeiten 176

Arbeitsmittel LS 18

1 Die Güter vor der Einlagerung bearbeiten 178
1.1 Arbeitsmittel, die das Auspacken erleichtern 178
1.2 Arbeitsmittel, die das Wiegen, Zählen und Messen erleichtern 179
1.3 Arbeitsmittel, die das Verpacken und Abfüllen erleichtern 182
1.4 Arbeitsmittel, die das Etikettieren und Preisauszeichnen erleichtern 184
1.5 Arbeitsmittel, die das Entsorgen und Reinigen erleichtern 185
Alles klar? 186

Warenpflege und -kontrolle LS 19

2 Die Warenpflege und -kontrolle 188
Alles klar? 190

Durchführung einer Inventur LS 20
Inventur mit Excel DV 6

3 Die Bestandsaufnahme 191
3.1 Die Inventur durchführen 192
3.2 Die Arten der Inventur 193
3.3 Die Inventurdifferenzen und ihre Ursachen 195
3.4 Das Inventar und die Bilanz 196
Alles klar? 198

Kosten der Lagerhaltung LS 21
Lagerkennzahlen mit Excel berechnen DV 7
Optimierung der Lagerbestände LS 22
Lagerkennzahlen LS 23

4 Die wirtschaftliche Lagerhaltung 199
4.1 Die Lagerkosten 199
4.2 Die Möglichkeiten, Lagerkosten einzusparen 200
4.3 Die Lagerkennzahlen 202
4.3.1 Die Lagerbestandskennzahlen 202
4.3.2 Die Lagerbewegungskennzahlen 204
4.3.3 Die Kapitalbindungskennzahlen 206
Alles klar? 207

5 English exercises 209

Lernfeld 4 Güter im Betrieb transportieren 210

Material- und Informationsfluss LS 24

1 Der innerbetriebliche Material- und Informationsfluss 212
Alles klar? 215

Förderhilfs- und Fördermittel LS 25

2 Die Förderhilfsmittel 216
Alles klar? 220

Unstetigförderer LS 26
Regalbediengerät LS 27

3 Die Fördermittel 221
3.1 Die Stetigförderer 222
3.2 Die Unstetigförderer 229
3.2.1 Hängebahnen 230
3.2.2 Die Hebeeinrichtungen 230
3.2.3 Die Flurförderzeuge 236
3.3 Der Umgang mit Fördermitteln 251
Alles klar? 252

Handtransport LS 28

4 Der Handtransport 254
4.1 Die rechtlichen Regelungen 254
4.2 Das richtige Heben und Tragen 255
4.3 Die Gefahren beim Handtransport 256
4.4 Die Hilfsmittel zum Heben und Tragen 258
Alles klar? 259

5 English exercises 260

Folgende Materialien finden Sie im Arbeitsbuch

Anhang

Wirtschafts- und Sozialkunde

1 Die Berufsausbildung im dualen System ... 264 — AB Berufsausbildung im dualen System

1.1 Die Ausbildungsordnung und der Rahmenlehrplan ... 264
1.2 Der zeitliche Ablauf der Ausbildung ... 266
1.3 Die Rechte und die Pflichten während der Berufsausbildung ... 268
1.3.1 Das Berufsausbildungsverhältnis ... 268
1.3.2 Die Eignung des Ausbildenden ... 269
1.3.3 Pflichten der Ausbildungspartner ... 270
1.3.4 Das Jugendarbeitsschutzgesetz ... 271
1.3.5 Der Beginn und das Ende des Ausbildungsverhältnisses ... 272
1.3.6 Die Ausbildungsvergütung ... 273

2 Der Durchblick im Beruf ... 274 — AB Durchblick im Beruf

2.1 Die Entwicklung der Lagerberufe ... 274
2.2 Die beruflichen Entwicklungschancen ... 275
2.3 Was gehört in einen Arbeitsvertrag? ... 276
2.3.1 Die Beendigung eines Arbeitsverhältnisses ... 277
2.3.2 Das Arbeitszeugnis ... 277
2.3.3 Der gesetzliche Kündigungsschutz ... 278
2.4 Die tarifvertraglichen Regelungen ... 279
2.5 Die betriebliche Mitbestimmung ... 281
2.6 Die soziale Sicherung ... 283
2.6.1 Die gesetzliche Sozialversicherung ... 283
2.6.2 Die private Vorsorge ... 284

3 Die Grundlagen des Wirtschaftens ... 287 — AB Grundlagen des Wirtschaftens

3.1 Vom Bedürfnis zur Nachfrage ... 288
3.2 Die Produktionsfaktoren und die Arbeitsteilung ... 289
3.3 Das ökonomische Prinzip ... 290
3.4 Der Wirtschaftskreislauf ... 291
3.4.1 Der einfache Wirtschaftskreislauf ... 291
3.4.2 Der Wirtschaftskreislauf mit drei Bereichen ... 292
3.5 Die Wirtschaftsstufen ... 293

4 Die Grundlagen des Wirtschaftsrechts ... 294 — AB Grundlagen des Wirtschaftsrechts

4.1 Die Rechtsfähigkeit ... 294
4.2 Die Geschäftsfähigkeit ... 296
4.2.1 Die Geschäftsunfähigkeit ... 296
4.2.2 Die beschränkte Geschäftsfähigkeit ... 296
4.2.3 Die unbeschränkte (volle) Geschäftsfähigkeit ... 298
4.3 Die Rechtsobjekte ... 299
4.4 Die Rechtsgeschäfte ... 300
4.5 Die Beschaffungsplanung und -abwicklung ... 302
4.5.1 Die Bezugsquellenermittlung ... 302
4.5.2 Die Anfrage ... 303
4.5.3 Das Angebot ... 303
4.5.4 Der Angebotsvergleich ... 306
4.5.5 Die Bestellung ... 308
4.6 Kaufvertrag ... 310
4.7 Die Waren bezahlen ... 311

Folgende Materialien finden Sie im Arbeitsbuch

Fachrechnen

Grundrechenarten AB

1 Die Grundrechenarten 314
1.1 Das Addieren 314
1.2 Das Subtrahieren 314
1.3 Das Multiplizieren 315
1.4 Das Dividieren 315
1.5 Die Rechenregeln 316

Bruchrechnung AB

2 Die Bruchrechnung 316
2.1 Die Bruchteile und die Brüche 316
2.2 Die Brüche addieren und subtrahieren 317
2.3 Die Brüche multiplizieren 317
2.4 Die Brüche dividieren 318
2.5 Die Brüche als Dezimalbrüche schreiben 318

Maße und Einheiten AB

3 Maße und Einheiten 319
3.1 Längenmaße umrechnen 319
3.2 Flächenmaße umrechnen 319
3.3 Raummaße umrechnen 320
3.4 Hohlmaße umrechnen 320
3.5 Gewichtsmaße umrechnen 321
3.6 Zeitmaße umrechnen 321

Gleichungen AB

4 Gleichungen 322
4.1 Gleichungen durch Addieren und Subtrahieren lösen 322
4.2 Gleichungen durch Multiplizieren und Dividieren lösen 322
4.3 Gleichungen durch mehrfaches Umformen lösen 322

Zuordnung und Dreisatz AB

5 Die Zuordnung und der Dreisatz 323
5.1 Die proportionale Zuordnung 323
5.2 Die umgekehrt proportionale Zuordnung 324
5.3 Das Mischungsrechnen 325
5.4 Das Verteilungsrechnen 325

Prozentrechnung AB

6 Die Prozentrechnung 326
6.1 Der Anteil an einem Ganzen 326
6.2 Die Grundbegriffe der Prozentrechnung 326
6.3 Den Prozentwert berechnen 326
6.4 Den Prozentsatz berechnen 327
6.5 Den Grundwert berechnen 327
6.6 Den Grundwert vermehren 327
6.7 Den Grundwert vermindern 328
6.8 Den Grundwert aus vermehrtem / vermindertem Wert berechnen 328

Flächen- und Körperberechnung AB

7 Flächen- und Körperberechnung 329
7.1 Das Quadrat und das Rechteck 329
7.2 Das Parallelogramm und das Trapez 329
7.3 Das Dreieck 329
7.4 Der Kreis 330
7.5 Der Würfel und der Quader 330
7.6 Der Zylinder 330
7.7 Die Kugel 330

8 **Umgang mit Daten** 331
8.1 Die Umrechnung Anzahl ↔ Anteil 331
8.2 Das Säulen- und Balkendiagramm 331
8.3 Das Liniendiagramm 331
8.4 Das Kreisdiagramm 332
8.5 Die Diagramme interpretieren 332
8.6 Der Durchschnitt – der arithmetische Mittelwert 332

Das Lernen lernen

1 **Die Lerntypen** 334
2 **Das Brainstorming** 335
3 **Das Buddy Book** 336
4 **Die Entscheidungsmatrix** 337
5 **Die Fishbowl-Diskussion** 338
6 **Das Feedback** 339
7 **Die Fünf-Schritt-Lese- und Erarbeitungstechnik** 340
8 **Die Gruppenarbeit** 341
9 **Die Kartenabfrage** 342
10 **Die Lernkartei** 343
11 **Die Mindmap** 344
12 **Die Pinnwand-Methode** 345
13 **Die Post-it-Methode** 346
14 **Die Pro- und Kontra-Diskussion** 347
15 **Die RAP-Recording-Methode** 348
16 **Die Recording-Methode** 349
17 **Das Rollenspiel** 350
18 **Die Spaziergang-Methode** 351
19 **Think-Pair-Share** 352
20 **Die Zeitplanung** 353

Stichwortverzeichnis 354

Bildquellenverzeichnis 359

Hinweis: Wenn z. B. von „Schüler“ gesprochen wird, ist gleichzeitig immer „die Schülerin“ gemeint. Aus Gründen der besseren Lesbarkeit verzichten wir auf die jeweilige Doppelnennung.

1

Güter annehmen und kontrollieren

- Das Lager und die Logistik
- Waren annehmen und kontrollieren
- Mit Leistungsstörungen umgehen
- Der Umgang mit Packmitteln
- Die Sicherheit am Arbeitsplatz
- English exercises

..KRRK
KRRK
?
ZURÜCK AN DIE ARBEIT!!!!

1 Das Lager und die Logistik

Stefanie Köhler hat in der vergangenen Woche ihre Ausbildung zur Fachkraft für Lagerlogistik begonnen. Bisher hat sie die meiste Zeit damit verbracht, das „Unternehmen als solches" kennenzulernen. Direkt am ersten Tag hat Frau Trautmann, die Leiterin der Abteilung Personal, mit allen neuen Auszubildenden einen Rundgang durch das gesamte Unternehmen gemacht. Dabei waren sie auch bei Stefanies neuem Vorgesetzten im Bereich Wareneingang, Herrn Pietsch. Als dieser erklären wollte, wie es in „seinem Betrieb" so zugeht, wurde Frau Trautmann ein wenig ärgerlich: „Herr Pietsch, das ist ein Unternehmen, von dem Sie da sprechen, kein Betrieb!" So ganz hat Stefanie noch nicht verstanden, warum das einen so großen Unterschied machen soll.

1.1 Kleiner Leitfaden der Begriffe

Umgangssprachlich werden die Begriffe „Güter" und „Waren" häufig gleichgesetzt.

Unternehmen – Betrieb – Haushalt Zunächst sollen die Begriffe „Betrieb" und „Unternehmen" geklärt werden. Ein Unternehmen ist ein Teilnehmer der Wirtschaft. Meistens werden zwei Arten von **Wirtschaftsteilnehmern** unterschieden, die Haushalte und die Unternehmen. Haushalte sind all diejenigen, die Güter verbrauchen. Die Unternehmen produzieren diese Güter oder sie sorgen dafür, dass die Haushalte die Güter auch erhalten.

Haushalte werden in private und öffentliche Haushalte unterteilt. **Private Haushalte** sind das, was im Allgemeinen unter Haushalt verstanden wird: eine Privatperson oder mehrere Personen, die zusammen leben und finanziell voneinander abhängig sind, z. B. eine Familie mit zwei Kindern, ein Single oder auch ein Rentnerehepaar. **Öffentliche Haushalte** sind der Bund, die Bundesländer und die Städte und Gemeinden (Kommunen).

Mit Betrieb ist oftmals auch die Produktionsstätte gemeint. Umgangssprachlich meinen Betrieb und Unternehmen meist dasselbe.

Auch Betriebe können in private Betriebe und öffentliche Betriebe und Verwaltungen unterschieden werden. Die **privaten Betriebe** nennt man auch **Unternehmen**. Unternehmen zeichnen sich vor allem dadurch aus, dass sie nach Gewinn streben.

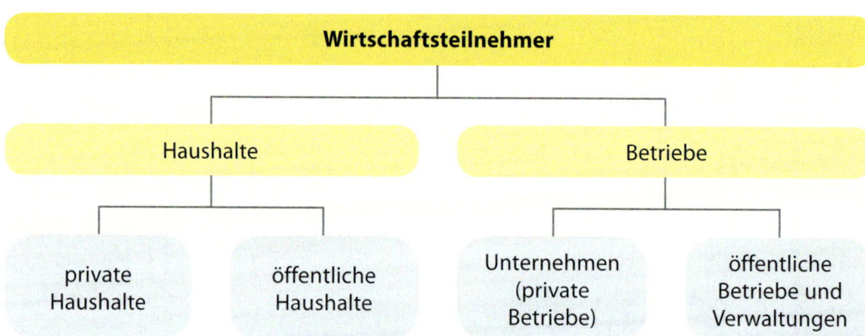

Öffentliche Betriebe (z. B. Stadtwerke) hingegen streben im Normalfall nur nach Kostendeckung, wollen also Verluste vermeiden. Die Gewinnerzielung steht nicht im Vordergrund.

Wenn umgangssprachlich von einer **Firma** gesprochen wird, ist meist das Unternehmen gemeint. Als handelsrechtlicher Fachbegriff ist die Firma aber nur der Name eines Unternehmens.

Ware: Güter, die ohne Verarbeitung eingekauft und wieder verkauft werden (Handelsbetrieb).

Roh-, Hilfs- und Betriebsstoffe: Güter, die eingekauft werden, um sie durch Be- oder Verarbeitung in neue Güter umzuwandeln (Industriebetrieb).

Fertige Erzeugnisse (oder Produkte): Güter, die im Industriebetrieb aus Roh-, Hilfs- und Betriebsstoffen produziert werden.

Güter: Allgemeiner Überbegriff, der die drei vorgenannten Begriffe umfasst.

Lager: Es gibt verschiedenste Arten von Lagern, die unterschiedlichen Zwecken dienen. Sie können der Versorgung der Produktion dienen oder der Lagerung von fertigen Erzeugnissen für den Verkauf. Dementsprechend unterschiedlich sind Lager auch gestaltet.

Auf die verschiedenen Lagerarten, Lagertechniken und die Lagerorganisation wird im Lernfeld 2 ausführlich eingegangen.

Logistik: Die Logistik ist ursprünglich der Nachschub des Militärs gewesen. Heute ist sie in einem Unternehmen dafür zuständig, Güter und Informationen zu einer bestimmten Zeit an einem bestimmten Ort bereitzustellen. Die Logistik wird in allen Bereichen des Unternehmens benötigt, in der Beschaffung, in der Produktion, im Absatz (Vertrieb) und im Lager.

Unternehmensbereiche
→ LF 1, Kap. 1.2.1

Teilbereich der Logistik
→ LF 1, Kap. 1.2.2

> **!** Die Logistik umfasst alle Planungs- und Entwicklungsarbeiten, die notwendig sind, um die benötigte Art und Menge der Güter an einem bestimmten Ort und zu einem bestimmten Zeitpunkt zur Verfügung stellen zu können.

Verkehrsmittel – Verkehrswege: Gegenstand der Logistik ist der Transport der Waren innerhalb eines Betriebes, aber auch zwischen den Betrieben. Hierzu werden **Transportmittel** benötigt. Sie befördern die Güter. Außerbetriebliche Transportmittel sind **Verkehrsmittel**. Die Wege, auf denen die Ware transportiert wird, nennt man **Verkehrswege**. Hierzu zählt man im weitesten Sinne auch die Pipeline, durch die Flüssigkeiten oder Gase geleitet werden können.

innerbetrieblicher Transport
→ LF 4

Verkehrsweg **Teil der Erdoberfläche, auf dem Verkehrsmittel sich bewegen können**	**Verkehrsmittel** **Transportfahrzeug, das die zu transportierenden Güter aufnimmt**
Straße	Lkw, Sattelschlepper, Lieferwagen, Sprinter
Schiene	Eisenbahn
Schifffahrtsweg	Binnenschiff, Hochseeschiff usw.
Luftweg	Flugzeug, Hubschrauber usw.

1.2 Die Einordnung der Logistik im Unternehmen

Die ersten beiden Wochen ihrer Ausbildung hat Stefanie inzwischen hinter sich. So langsam weiß sie auch ungefähr, wer im Unternehmen wofür zuständig ist. Momentan ist sie im Wareneingang eingesetzt. Herr Pietsch, der Leiter des Wareneingangs, hat gestern bei einem Rundgang immer wieder von der Bedeutung der Lagerlogistik für den betrieblichen Ablauf gesprochen: „Die Lagerlogistik ist ja nur ein Teilbereich der Logistik, aber trotzdem hat sie eine wichtige Bedeutung, die man nicht unterschätzen darf!“ Stefanie ist ein wenig verwirrt. Gerade hat sie gedacht, dass sie langsam einen Überblick gewonnen hat, und jetzt das. Bisher dachte sie, bei der Logistik geht es vor allem um den Transport und die Lagerung der Waren, aber so ganz kann das laut Herrn Pietsch ja nicht stimmen?

1.2.1 Die Teilbereiche eines Industriebetriebs

Industriebetrieb
→ LF 2, Kap. 3.1

Ein Unternehmen, das Güter produziert, wie es die Top Bike GmbH tut, wird als Industriebetrieb bezeichnet. Er besteht im Wesentlichen aus vier großen Bereichen, die sich nach den Abläufen innerhalb des Unternehmens gliedern:

- Die **Beschaffung** kümmert sich darum, dass alle notwendigen Materialien und Rohstoffe zur Verfügung stehen, um Güter herstellen zu können.
- In der **Produktion** werden diese dann zu fertigen Erzeugnissen verarbeitet.
- Der **Absatz (Vertrieb)** sorgt dafür, dass die Güter auch einen Abnehmer finden.
- In der Regel verfügen alle drei Bereiche über ein oder sogar mehrere eigene **Lager.**

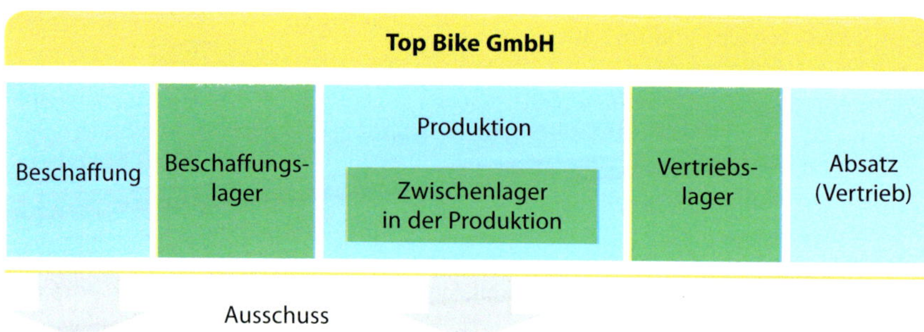

Teilbereiche eines Industriebetriebes

1.2.2 Die Teilbereiche der Logistik

Logistik
→ LF 1, Kap. 1.1

Wo genau ist aber nun die Logistik in einem Unternehmen zu finden? In welchem der vier Teilbereiche Absatz, Beschaffung, Produktion oder Lagerhaltung findet sie sich? Die Antwort ist: überall! Kein Unternehmensbereich kommt ohne Logistik aus. Dementsprechend werden folgende Teilbereiche der Logistik unterschieden:

- Die **Beschaffungslogistik** versorgt die Produktion in einem Unternehmen mit den nötigen Roh-, Hilfs- und Betriebsstoffen.
- Die **Lagerlogistik** steuert die Aufbewahrung und Verwaltung von Gütern in Lagern im Betrieb.
- Die **Produktionslogistik** regelt den Materialfluss während der Produktion.
- Die **Distributionslogistik** (Verteilungslogistik) lenkt den Absatz (Vertrieb) der Produkte.
- Die **Entsorgungslogistik** kümmert sich um die Entsorgung der Abfälle und den betrieblichen Ausschuss.

Ausschuss
Erzeugnisse oder Erzeugnisteile, die für den vorgesehenen Zweck endgültig nicht mehr verwendet werden können

1.2.3 Die Informations- und Materialflüsse im Betrieb

Die Logistik beschäftigt sich mit der Bereitstellung von Gütern im Betrieb. Damit dieser **Materialfluss** reibungslos ablaufen kann, werden Informationen benötigt, z. B.: Wann braucht die Produktion welche Materialien? Wann erhält die Beschaffung diese? Welche Produkte können abgesetzt werden? Ohne diese Informationen zu kennen und auszuwerten, kann die Logistik, also die Steuerung des Materialflusses, nicht stattfinden. Der **Informationsfluss** orientiert sich am Ablauf der betrieblichen Prozesse.

- Der Vertrieb informiert die Beschaffung und die Produktion über eine wachsende Nachfrage nach Kinderfahrrädern zu Beginn der Sommerferien.
- Die Produktion informiert die Beschaffung über Sachmängel bei den eingekauften Materialien.

Sachmängel
→ LF 1, Kap. 3.1

Alle betrieblichen Bereiche müssen jederzeit Zugriff auf die Informationen haben. Dies gelingt heute mithilfe der Datenverarbeitung. Die **betriebliche Datenerfassung (BDE)** erfasst die Daten am Ort des Entstehens. Diese Daten werden in das sogenannte **Warenwirtschaftssystem (WWS)** eingegeben, das die Materialflüsse im Unternehmen plant. Für die Lagerhaltung sind sowohl der Material- als auch der Warenfluss wichtig.

Warenwirtschaftssystem
→ LF 4, Kap. 1

Wie in der Grafik zu sehen ist, verläuft der Informationsfluss genau entgegengesetzt zum Materialfluss. Das hat einen einfachen Grund: Bevor etwas produziert wird und die dazu nötigen Materialien beschafft werden, braucht das Unternehmen Informationen darüber, was überhaupt verkauft werden kann. Erst im zweiten Schritt kann dann geplant werden, was produziert werden soll, und im dritten Schritt, welche Materialien die Beschaffung dafür bereitstellen muss. Die Informationen laufen also vom Absatz zur Produktion und dann zur Beschaffung.

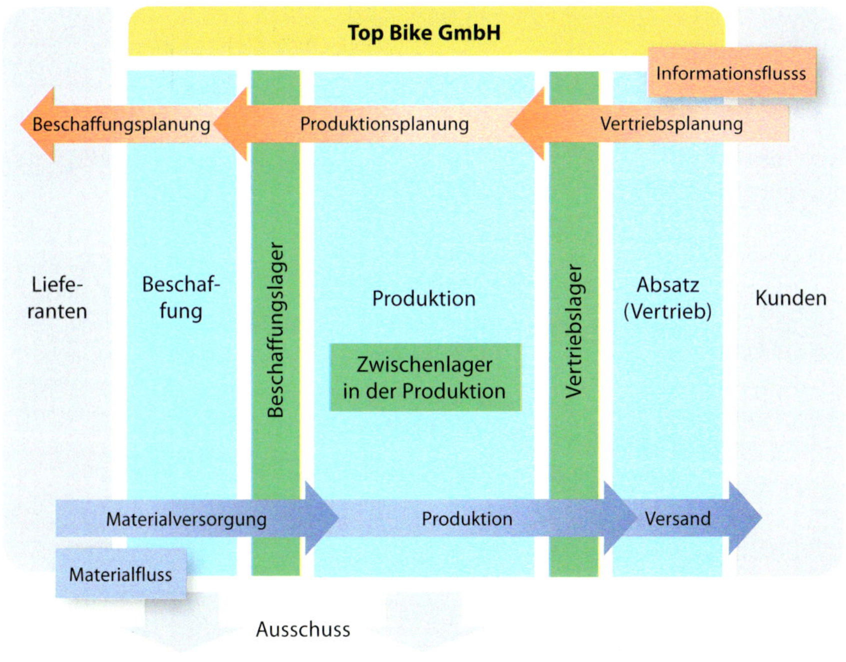

Informations- und Materialfluss im Industriebetrieb

1.2.4 Die Lagerlogistik

Warenannahme
→ LF 1, Kap. 2

Warenpflege
→ LF 3, Kap. 2

Kommissionierung
Zusammenstellung bestimmter Güter aus einer Gesamtmenge von Gütern aufgrund von Aufträgen

Lernfelder
nach KMK-Rahmenlehrplan für den Ausbildungsberuf; ein Lernfeld ist ein Themengebiet, das an beruflichen Aufgabenstellungen und Handlungsabläufen orientiert ist.

Im Gegensatz zur Beschaffungs- oder Distributionslogistik beschäftigt sich die Lagerlogistik nicht mit Güterbewegungen zwischen verschiedenen Betrieben, sondern mit der **Güterbewegung und -lagerung innerhalb eines Betriebes**. Hierzu gehören insbesondere die Warenannahme für den Beschaffungsbereich, die Pflege und Kommissionierung der Güter, die Versorgung der Produktion und der Versand der Güter im Absatzbereich.

Aufgaben des Fachlageristen/der Fachkraft für Lagerlogistik im Industriebetrieb – mit Angabe der Lernfelder (LF)

für die Beschaffung	**LF**	**für die Produktion**	**LF**	**für den Absatz (Vertrieb)**	**LF**
Güterannahme	1	Güter verwalten	3	Güter verpacken	6
Kontrolle der Güter und Packmittel	1	Güter pflegen	3	Güter etikettieren	3
Einlagerung der Ware	2	Güter kommissionieren	5	Güter verladen und Ladungssicherung	7 (8)*
Güter beschaffen	11*	Güter bereitstellen	4	Transportdokumente erstellen und weiterleiten	8 (9)*
		Güter umlagern	2	Touren planen	7*

für alle Bereiche:
- logistische Prozesse optimieren (LF 10)*
- Kennzahlen ermitteln und auswerten (LF 12)*

* nur Fachkräfte für Lagerlogistik

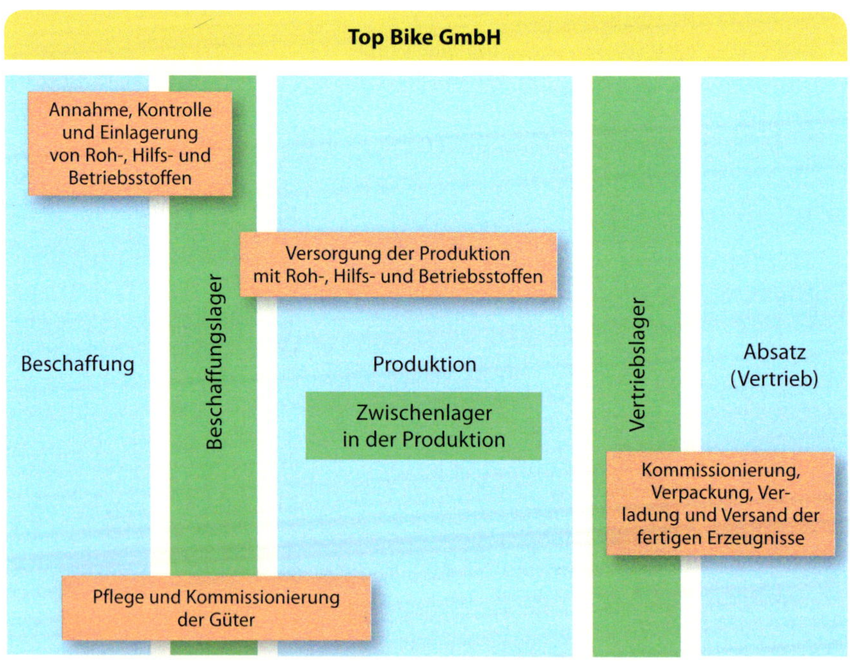

Funktionsbereiche der Lagerlogistik

ALLES KLAR?

1 Welche Wirtschaftsteilnehmer kennen Sie?

2 Welche der folgenden Aussagen beschreiben ein Unternehmen?
- **a** Unternehmen verbrauchen Güter oder Waren.
- **b** Unternehmen sind Wirtschaftsteilnehmer, welche die Wirtschaft mit Waren oder Dienstleistungen versorgen.
- **c** Bund, Länder Städte und Gemeinden sind Unternehmen.
- **d** Unternehmen sind privatwirtschaftliche Betriebe.

3 Beschreiben Sie die Hauptaufgabe der Logistik.

4 Welche der folgenden Aussagen über Lager sind korrekt?
- **a** Lager sind Anlagen, die der Aufbereitung von Waren dienen.
- **b** Lager sind nur zur Aufbewahrung von Gütern gedacht.
- **c** Lager sind Räume, die der Bereithaltung und Aufbewahrung von Gütern dienen.
- **d** Lager haben in aller Regel einen gewerblichen Zweck.

5 Welche der folgenden Aussagen zur Produktion ist nicht korrekt?
- **a** Die Produktion ist ein Teilbereich des Industriebetriebes.
- **b** Die Produktion ist für die Versorgung mit Gütern zuständig.
- **c** Die Produktion verfügt häufig über eigene Zwischenlager.
- **d** Die Produktion ist für die Verarbeitung von Waren zuständig.

6 Entscheiden Sie für die folgenden Fälle, ob es sich um eine Aussage zum Materialfluss oder zum Informationsfluss handelt. Kennzeichnen Sie den Materialfluss mit einer (1) und den Informationsfluss mit einer (2).
- **a** Der Fluss beginnt beim Lieferanten und endet schließlich beim Kunden
- **b** Hierbei handelt es sich um Vorüberlegungen, die vor der tatsächlichen Produktion getroffen werden müssen.
- **c** Der Fluss verläuft vom Kunden in Richtung Lieferanten.

7 Bringen Sie die folgenden Schritte zum Informations- und Materialfluss in die richtige Reihenfolge.
- **a** Beschaffungsplanung
- **b** Versand
- **c** Produktionsplanung
- **d** Produktion
- **e** Materialversorgung
- **f** Vertriebsplanung

8 Womit beschäftigt sich die Lagerlogistik?

9 Nennen Sie je drei Aufgaben, die die Lagerlogistik für die Bereiche Beschaffung, Produktion und Absatz erledigt.

10 Entscheiden Sie für die folgenden Fälle, ob es sich
- **1** um einen Verkehrsweg,
- **2** um ein Verkehrsmittel
- **3** um beides

handelt.
- **a** Eisenbahn
- **b** Luftweg
- **c** Schiene
- **d** Pipeline
- **e** Lkw

2 Waren annehmen und kontrollieren

Karsten Thieme ist seit dieser Woche im Wareneingang eingesetzt. Für ihn sieht bisher alles noch ziemlich chaotisch aus. Die Lkw werden entladen, manche der gelieferten Güter direkt ins Lager verbracht, andere wieder zurückgeschickt. Er hat sogar schon gesehen, dass leere Paletten auf einen Lkw verladen wurden. Wie man bei diesem Betrieb feststellen soll, welche Güter nun korrekt geliefert wurden und welche nicht und was wohin gebracht werden muss, kann er sich noch nicht so recht vorstellen.

Nicht alle Sendungen, die im Lager eingehen, sind frei von Schäden, vollständig, richtig verpackt und korrekt geliefert worden. Daher ist es notwendig, die Sendungen direkt beim Eingang ins Lager zu kontrollieren und gegebenenfalls fehlerhafte Sendungen zu reklamieren.

Um sicherzustellen, dass die Kontrolle vollständig erfolgt und keine Kontrollpflichten vergessen werden, bietet es sich an, immer nach einem festgelegten Schema vorzugehen. In vielen Betrieben gibt es Leitfäden oder Arbeitsanweisungen für die Warenannahme, die insbesondere die Kontrollpflichten beinhalten.

Unten ist ein mögliches Schema für den Ablauf des Wareneingangs abgebildet, das in den folgenden Kapiteln erklärt wird. Die genaue Vorgehensweise kann sich jedoch von Betrieb zu Betrieb unterscheiden.

Arbeitsschritte beim Wareneingang:
- Prüfen
- Dokumentieren
- Tauschen
- Quittieren
- Informieren

Phase	Arbeitsschritte
Vor dem Entladen der Ware, in Anwesenheit des Frachtführers	
Dokumente prüfen	Liegt eine Bestellung vor?
	Stimmt die Lieferanschrift?
Nach dem Entladen der Ware, in Anwesenheit des Frachtführers	
Sendung prüfen und Schäden dokumentieren	Stimmt die Anzahl der Packstücke?
	Sind die Packstücke unversehrt?
	Festgestellte Schäden werden dokumentiert.
Tauschen	Mehrwegverpackungen werden getauscht.
Quittieren	Die Annahme der Sendung wird quittiert.
Nach Abfahrt des Frachtführers	
Warenfeinkontrolle	Die angenommene Ware wird auf Sachmängel untersucht. Hat die Ware die richtige Qualität? Ist die Beschaffenheit einwandfrei?
Informieren	Der Einkauf wird über den Eingang der Sendung und über aufgetretene Mängel informiert.

2.1 Die Prüfung der Warenbegleitpapiere

Karsten soll heute erstmals bei der Prüfung der eingehenden Sendungen mitarbeiten. Als er sich gleich bei der ersten Lieferung an das Entladen machen will, bremst ihn Frau Schumann jedoch: „Immer langsam, haben Sie nicht etwas vergessen? Wie wäre es, wenn Sie erst einmal feststellen, was wir da eigentlich gerade entladen und ob die Sendung überhaupt für uns bestimmt ist?“ Eigentlich logisch. Karsten fragt sich allerdings, wie er das machen soll, ohne die Sendung abzuladen und zu entpacken.

Noch bevor die Sendung entladen wird, werden die Warenbegleitpapiere überprüft. **Warenbegleitpapiere** sind Dokumente, die beim Transport einer Ware mitgeführt werden. Sie regeln die Vertragsbeziehungen zwischen den am Transport beteiligten Personen. Die wichtigsten Warenbegleitpapiere sind der Frachtbrief, die Ladeliste, die Rechnung und der Lieferschein. Außerdem können ein Packzettel, eine Kopie der Bestellung, Zolldokumente, Gefahrgutbeförderungsdokumente und Papiere für Tauschpackmittel die Sendung begleiten.

Ladeliste
Verzeichnis der gesamten auf einem Transportmittel verstauten Fracht

Frachtbrief
→ LF 1, Kap. 2.1.1

Rechnung
→ LF 1, Kap. 2.1.4

Lieferschein
→ LF 1, Kap. 2.1.3

Tauschpackmittel
→ LF 1, Kap. 4.1

Warenbegleitpapiere sind alle Dokumente, die zu einer Frachtsendung gehören.

Zunächst einmal wird zwischen den eigentlichen **Transportdokumenten (Beförderungsdokumenten)** und weiteren Begleitpapieren unterschieden. Die Ausgestaltung der Transportdokumente hängt davon ab, mit welchem Verkehrsmittel die Sendung transportiert wird, ob der Transport über eine Spedition abgewickelt wird und ob die Sendung aus dem Inland oder dem Ausland kommt.

Spedition
Dienstleistungsunternehmen, das die Versendung von Gütern organisiert

Wird der Transport von einer Spedition abgewickelt, begleiten je nach Art des Verkehrsmittels folgende Transportdokumente die Sendung:

Verkehrsmittel
→ LF 1, Kap. 1.1

Verkehrsmittel		Beförderungsdokument
	Lkw	Frachtbrief (CMR)
	Eisenbahn	Eisenbahnfrachtbrief (CIM)
	Binnenschiff	Konnossement (Ladeschein)
	Hochseeschiff	Konnossement
	Flugzeug	Luftfrachtbrief (Airwaybill)

Wird der Lkw-Transport nicht über eine Spedition abgewickelt, sondern beispielsweise direkt durch den Verkäufer übernommen, so existiert in der Regel kein Frachtbrief, sondern lediglich ein **Lieferschein**. Dieser ersetzt dann den Frachtbrief. Das ist möglich, weil gesetzlich kein Zwang dazu besteht, einen Frachtbrief auszustellen.

KEP
Kurier-, Express- und Paketdienstleistungen

Werden Sendungen mit einem **KEP-Unternehmen** transportiert, ersetzt ein **Paketschein** oder das **Paketlabel** mit Barcode den Frachtbrief.

HGB
Handelsgesetzbuch

Im internationalen Frachtverkehr wird der Frachtbrief im Regelfall anders ausgestaltet, da hier nicht das deutsche Frachtrecht nach HGB, sondern internationale Abkommen gelten. Im europäischen Frachtrecht beispielsweise handelt es sich um den **CMR-Frachtbrief.**

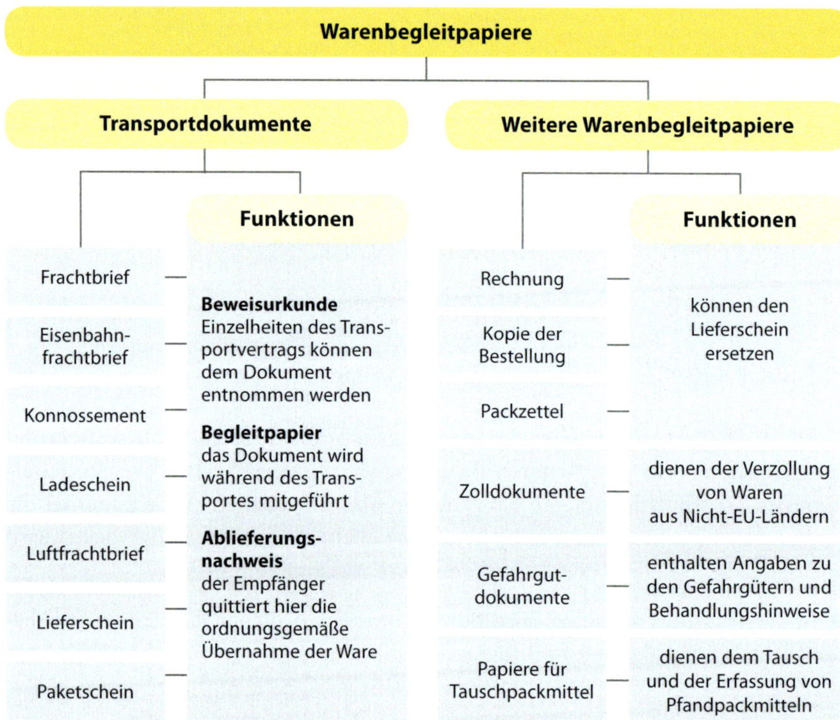

Funktionen der Warenbegleitpapiere

Liegt eine Bestellung vor?

In der Regel beginnt die Prüfung der Dokumente damit, festzustellen, ob überhaupt eine **Bestellung** für die eingetroffene Sendung vorliegt. Diese Prüfung kann über das Warenwirtschaftssystem erfolgen. Den Informationen des Warenwirtschaftssystems kann man darüber hinaus entnehmen, wann die Bestellung eingehen sollte.

Stimmt die Lieferanschrift?

Ist eine Bestellung erfolgt und die Lieferung fristgerecht, wird im nächsten Schritt geprüft, ob die **Lieferanschrift** korrekt ist. Diese Information kann dem **Frachtbrief** entnommen werden. Wichtig ist, dass nicht nur der Empfänger abgeglichen wird, sondern auch die **Entladestelle** korrekt ist. Bei Sendungen, die an einer anderen Stelle entladen werden sollen oder die einen anderen Empfänger haben, kann so unnötiges Entladen vermieden werden.

Ist die Lieferanschrift nicht korrekt und/oder liegt keine Bestellung vor, wird die Annahme der Lieferung verweigert und der Fahrer muss die Sendung wieder mitnehmen.

2.1.1 Der Frachtbrief

Absender (Name, Anschrift) 1 Fahrradteile International GmbH Borgwaldstr. 16 28309 Bremen	**Frachtbrief für den gewerblichen Güterfrachtverkehr**
Empfänger (Name, Anschrift) 2 Top Bike GmbH Radweg 7 93053 Regensburg	Frachtführer (Name, Anschrift) 3 Schneider Trans Ferdinand Porsche Str. 1a 28312 Bremen
Meldeadresse	Nachfolgende Frachtführer
Übernahme des Gutes	Vorbehalte und Bemerkungen der Frachtführer 5
Versandort 4 – Bremen	
Beladestelle 4a – Borgwaldstr. 16	
Ablieferung des Gutes	
Ort 6 – Regensburg	
Entladestelle 6a – Radweg 7	
Beigefügte Dokumente 7 Lieferschein, Rechnung	

Anzahl der Packstücke 8	Zeichen und Nummern 9	Art der Verpackung 10	Bezeichnung des Gutes 11	Bruttogewicht in kg 12	Volumen in m³ 13
3	D437	Paletten	Rennradrahmen 7005er Aluminium	735	---
			14		

Gefahrgut-Klassifikation		Nettomasse in kg/l	
UN-Nr.	Offizielle Benennung		
Verpackungsgruppe		Tunnelbeschränkungscode	
Weisungen des Absender (Zoll- und sonstige amtliche Behandlung des Gutes) 15			

Nachnahme 16	---	Besondere Vereinbarungen 18
Frankatur 17	frei Haus	

Ausgefertigt in Bremen	am 30.09.20XX	Gut empfangen am 01.10.20XX
Unterschrift und Stempel des Absenders FAHRRADTEILE INTERNATIONAL GMBH BORGWALDSTR. 16 28309 BREMEN i. A. Kramer	Unterschrift und Stempel des Frachtführers Schneider Trans Ferdinand Porsche Str. 1a 28312 Bremen i. A. Schmitz	Unterschrift und Stempel des Empfängers

1 Der Absender hat den Frachtführer damit beauftragt, eine Sendung zu transportieren. Daher ist der Absender oftmals ein Spediteur und nicht (wie in diesem Fall) der Versender der Ware.

2 Derjenige, der die Ware erhalten soll (in der Regel der Käufer)

3 Unternehmen, das den Transport der Ware durchführt

4 Ort, an dem die Ware vom Frachtführer übernommen werden soll

4a Genaue Adresse der Übernahme

5 Hier werden vom Frachtführer Abweichungen zwischen den Angaben des Frachtbriefes und den tatsächlich übernommenen Waren eingetragen (z. B. Schäden, andere Mengen).

6 Ort, an dem die Ware vom Frachtführer an den Empfänger übergeben werden soll

6a Genaue Adresse der Übergabe

7 Dokumente, die der Frachtführer vom Absender erhalten hat und an den Empfänger weitergibt

8 – **13** Angaben zu den einzelnen Packstücken der Sendung

14 Angaben zu gefährlichen Gütern

15 Anweisungen des Absenders insbesondere zur zollrechtlichen Behandlung

16 Geldbeträge, die der Frachtführer beim Empfänger im Auftrag des Versenders einziehen soll

17 Hier wird vermerkt, wer die Gebühren für den Transport zu tragen hat.

18 Besondere Vereinbarungen zum Transport (z. B. fester Liefertermin, gekühlter Transport, offener Lkw)

2.1.2 Die rechtliche Grundlage des Frachtbriefs: der Frachtvertrag

Der Versender einer Sendung ist derjenige, der die Ware zum Ort des Empfängers sendet.

Der Absender einer Sendung ist derjenige, der einen Vertrag über die Durchführung des Transportes mit einem anderen (dem Frachtführer) abschließt.

Der Frachtführer ist derjenige, der den Transport einer Ware gewerblich durchführt.

Die Beziehungen zwischen **Versender**, **Absender**, **Frachtführer** und Empfänger lassen sich folgendermaßen darstellen:

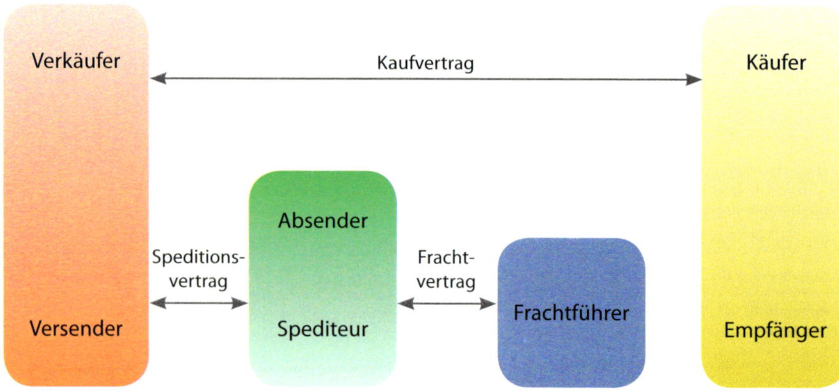

Zwischen dem Spediteur und dem Frachtführer wird ein **Frachtvertrag** geschlossen, der die Vereinbarungen über den Transport der Ware festlegt.

Ein **Spediteur** (oder die Spedition) ist hierbei ein Unternehmen, das den Transport von Gütern organisiert. Das heißt nicht zwangsläufig, dass er den Transport auch selbst durchführt. Derjenige, der den Transport tatsächlich durchführt, ist der **Frachtführer.** Wenn die Spedition über eigene Lkw verfügt und den Transport selbst durchführt, sind Frachtführer und Spediteur identisch **(Selbsteintritt)**.

Aus dem Frachtvertrag ergeben sich für den Spediteur und den Frachtführer verschiedene Pflichten. Diese können auch für den Empfänger einer Sendung wichtig sein, weil sich daraus auch für den Empfänger bestimmte Pflichten ableiten lassen (z. B. die Pflicht zur Zahlung einer Nachnahme).

Pflichten des Frachtführers aus dem Frachtvertrag	
Hauptpflichten	1. Vor allem hat der Frachtführer die Pflicht, die Sendung zum Empfänger zu transportieren.
	2. Ablieferung der Sendung und Aushändigung an den Empfänger
	3. Pflegliches Behandeln der Transportgüter
Nebenpflichten	Zusätzliche Nebenpflichten können sich aus besonderen Vereinbarungen ergeben, z. B.: • Einziehung einer Nachnahme • besonderer Transport der Güter (z. B. gekühlt) • Ablieferung zu einem bestimmten Zeitpunkt oder in einem bestimmten Zeitraum

Die zusätzlichen Pflichten, die der Frachtführer mit dem Frachtvertrag eingeht, werden im Frachtbrief eingetragen. Diesem kann auch der Empfänger die zusätzlichen Vereinbarungen entnehmen und überprüfen. Wenn eine Ware also beispielsweise nicht zu dem Zeitpunkt geliefert wird, der mit dem Verkäufer vereinbart war, kann man bereits dem Frachtbrief entnehmen, ob das Verschulden beim Frachtführer liegt. Ist nämlich hier der vereinbarte Zeitpunkt eingetragen und hat der Frachtführer den Frachtbrief unterzeichnet, so hatte er Kenntnis von der Terminierung.

2.1.3 Der Lieferschein

Dieses Dokument gibt über die gelieferten Güter Auskunft. Der Lieferschein in Papierform begleitet die Sendung. In den vergangenen Jahren hat sich jedoch statt des herkömmlichen Lieferscheins der **elektronische Lieferschein** immer weiter verbreitet. Hierbei werden die Daten des Lieferscheins vom Lieferanten mithilfe des Warenwirtschaftssystems erfasst und durch elektronischen Datenaustausch (z. B. E-Mail) an den Empfänger übermittelt. Der Empfänger wird somit schon im Vorhinein über die Sendung informiert und kann unter Umständen sogar den Weg der Sendung bereits während des Transportes verfolgen. Die Prüfung des Lieferscheins erfolgt genauso wie die Prüfung des Frachtbriefes.

Wie ein Lieferschein im Einzelnen gestaltet sein muss, ist nicht gesetzlich vorgeschrieben. Daher gibt es in der Praxis viele verschiedene Varianten. Die folgende Abbildung zeigt ein mögliches Beispiel.

FAHRRADTEILE INTERNATIONAL GMBH

Fahrradteile International GmbH • Borgwaldstr. 16 • 28390 Bremen

Top Bike GmbH
Radweg 7
93053 Regensburg

Kundennummer: 10045372
Lieferdatum: 01.10.20XX

Lieferschein Nr. 21225

Pos.	Artikel-Nr.	Bezeichnung	Einheit	Menge	Einzelpreis (netto)	Gesamtpreis (netto)
1	D437	Rennradrahmen 7005er Aluminium	Stück	30	126,00 €	3.780,00 €

2.1.4 Die Rechnung

Die Umsatzsteuer wird umgangssprachlich oft auch als Mehrwertsteuer bezeichnet.

Die Rechnung gibt Auskunft über eine Geldforderung für eine Lieferung. Zwar ist ein Großteil der Daten auf der Rechnung mit denen des Lieferscheins identisch, die Funktion als **Zahlungsbeleg** ist jedoch deutlich erkennbar. So enthält die Rechnung zusätzlich ein Rechnungsdatum, das vom Lieferdatum abweichen kann, eine fortlaufende Rechnungsnummer, die Umsatzsteuer und die Zahlungsbedingungen. In der Fußzeile sind außerdem Angaben zum Unternehmen des Lieferanten enthalten.

An die Inhalte einer Rechnung werden folgende gesetzliche Anforderungen gestellt:

FAHRRADTEILE INTERNATIONAL GMBH

Name und Anschrift des leistenden Unternehmens → Fahrradteile International GmbH • Borgwaldstr. 16 • 28390 Bremen

Name und Anschrift des Kunden →
Top Bike GmbH
Radweg 7
93053 Regensburg

Ausstellungdatum → Rechnungsdatum: 29.09.20XX

Kundennummer: 10045372
Bestellnummer: 09/x/273655
Lieferdatum: 01.10.20XX

fortlaufende Rechnungsnummer → Rechnung Nr. **273655**

Bezeichnung und Menge der Ware →

Pos.	Artikel-Nr.	Bezeichnung	Menge	Preis pro Stück	Gesamtpreis
1	D437	Rennradrahmen 7005er Aluminium	30 Stück	126,00 €	3.780,00 €

Nettorechnungsbetrag → Nettobetrag 3.780,00 €

Steuersatz → zzgl. 19% Umsatzsteuer 718,20 € ← Steuerbetrag

Bruttorechnungsbetrag → **Gesamtbetrag brutto** 4.498,20 €

Zahlungsbedingungen:
Bei Zahlung innerhalb 14 Tagen 2 % Skonto.
Bei Zahlung innerhalb 30 Tagen rein netto.

Steuernummer bzw. Umsatzsteuer-Identifikationsnummer (USt-Id.-Nr.), ab 150,00 Euro brutto →

Unsere Lieferungen und Leistungen erfolgen auf der Grundlage unserer Allgemeinen Geschäftsbedingungen. Die Ware bleibt bis zur vollständigen Bezahung unser Eigentum.

Geschäftsführer
Max Mustermann
Amtsgericht Bremen · HRB 4711

Steuernummer
00/4711/12345
USt-IdNr. DE12345678

Bremer Bankinstitut
BLZ 100 00 00
Kto 1 234 567

2.2 Das Entladen der Sendung

Susanne ist heute für die Entladung der Sendungen eingeteilt. Sie befürchtet schon Schlimmes. Wie soll sie denn die ganzen Sachen schleppen? Herr Kapcak hat ihr auch schon gesagt, dass sie eigentlich nicht viel tun können wird und eher beim Entladen zusehen muss. Susanne ist jetzt schon frustriert: Nur, weil sie eine Frau ist, soll sie bei der Entladung nicht mithelfen dürfen! Oder hat Susanne da möglicherweise etwas falsch verstanden?

2.2.1 Zuständigkeiten beim Entladen

Nachdem die Dokumente geprüft wurden, können die Güter entladen werden. Wer für das Entladen zuständig ist, ist gesetzlich geregelt. Da es sich bei den Beteiligten in der Regel um Kaufleute handelt, ist die gesetzliche Grundlage das HGB. Im HGB gibt es einen eigenen Abschnitt für die gewerbliche Beförderung von Gütern, das sogenannte Frachtrecht.

Kaufmann nach HGB
Kaufmann im Sinne des HGB ist, wer ein Handelsgewerbe betreibt (§ 1 HGB). Es handelt sich also nicht um alle Personen, die eine kaufmännische Ausbildung haben, sondern um diejenigen, die tatsächlich ein Gewerbe oder Unternehmen betreiben.

Frachtgeschäft nach HGB
Im Frachtrecht nach HGB ist geregelt, was ein Frachtvertrag und was ein Frachtbrief ist, welche anderen Begleitpapiere es gibt, wer für die Be- und Entladung der Güter zuständig ist, wer für einen Schaden aufkommen muss und vieles mehr. Im Folgenden finden Sie eine Übersicht über einige Regelungen, die das HGB zum Frachtrecht trifft und wo diese Regelungen zu finden sind.

Frachtgeschäft nach HGB (§§ 407 bis 452 HGB)		
Paragraph im HGB	**Titel**	**Inhalt**
§ 407 HGB	Frachtvertrag	Was ist ein Frachtvertrag? Wer schließt einen Frachtvertrag ab?
§ 408 HGB	Frachtbrief	Welche Inhalte hat ein Frachtbrief? Wer kann einen solchen Frachtbrief verlangen?
§ 409 HGB	Beweiskraft des Frachtbriefes	Wozu dient der Frachtbrief?
§ 411 HGB	Verpackung und Kennzeichnung	Wie sind Güter zu verpacken? Wie sind Güter zu kennzeichnen?
§ 412 HGB	Verladen und Entladen	Wer ist für die Verladung der Güter verantwortlich? Wer ist für die Entladung der Güter verantwortlich? Lade- und Entladezeiten
§ 413 HGB	Begleitpapiere	Welche Papiere sind notwendig?
und viele mehr		

Unter anderem ist im HGB geregelt, dass **der Absender** für das Ver- und Entladen der Güter zuständig ist.

> §
> **§ 412 HGB Verladen und Entladen**
> (1) Soweit sich aus den Umständen oder der Verkehrssitte nicht etwas anderes ergibt, hat der **Absender** das Gut beförderungssicher **zu laden**, zu stauen und zu befestigen (verladen) **sowie zu entladen**. (…)

Das Verladen der Güter kann der Absender normalerweise selbst durchführen: Entweder führt der Verkäufer den Transport selbst durch und ist damit gleichzeitig auch Absender, oder der Spediteur als Absender holt die Sendung beim Verkäufer ab.

Wie aber soll er die Güter beim Empfänger wieder abladen? In den meisten Fällen ist eben dies nicht möglich. Für das Entladen kommen eigentlich nur der Frachtführer bzw. dessen Fahrer oder der Empfänger in Betracht.

In der Praxis wird die Pflicht zum Entladen daher entweder durch den Frachtvertrag auf den Frachtführer oder durch den Kaufvertrag auf den Empfänger übertragen. Es gibt also zwei Möglichkeiten:

1. Der Absender überträgt die Pflicht des Entladens auf den Frachtführer:

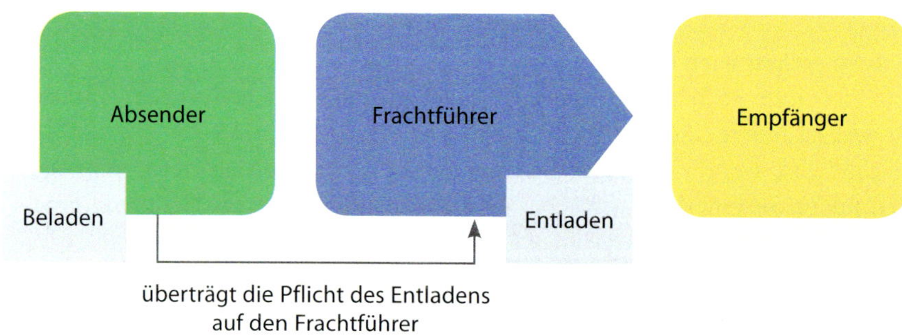

2. Der Versender überträgt die Pflicht des Entladens auf den Empfänger:

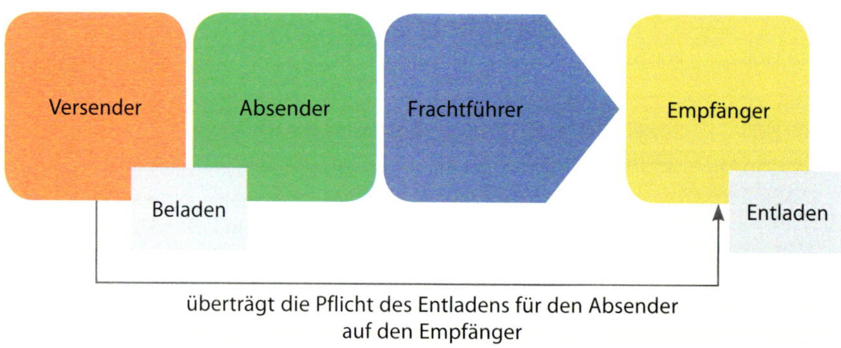

2.2.2 Wer haftet beim Güterumschlag?

Das Be- und Entladen von Gütern nennt man auch Umschlag. Ein **Güterumschlag** liegt immer dann vor, wenn Güter ein Transportmittel verlassen, wechseln oder in ein Transportmittel verladen werden.

Wer haftet also, wenn bei der Entladung etwas schiefgeht und die Güter beschädigt werden?

Grundsätzlich gilt: Wer das Fahrzeug entlädt und hierbei einen Schaden verursacht, muss auch dafür aufkommen. Für die Praxis bedeutet das: Sie sollten nur dann ein Fahrzeug entladen, wenn Sie auch dafür zuständig sind. Im Zweifel müssen Sie mit der Einkaufsabteilung Rücksprache halten, um die Zuständigkeit zu klären.

§

§ 278 BGB Verantwortlichkeit des Schuldners für Dritte
Der Schuldner hat ein Verschulden seines gesetzlichen Vertreters und der Personen, deren er sich zur Erfüllung seiner Verbindlichkeit bedient, in gleichem Umfang zu vertreten wie eigenes Verschulden.

Aber auch der Absender trägt weiterhin einen Teil der Verantwortung. Wer im Auftrag des Absenders das Fahrzeug entlädt, gilt rechtlich als **Erfüllungsgehilfe** des Absenders. Er handelt also im Auftrag des Absenders und hilft diesem bei der Erfüllung seiner Pflicht, die Sendung zu entladen. In § 278 BGB ist geregelt, dass der Schuldner einer Leistung (hier also der Absender) auch dann noch für die Leistung (hier das Entladen) Verantwortung trägt, wenn er die Pflicht auf einen Dritten (hier den Empfänger oder Frachtführer) übertragen hat. Zunächst haftet also der Absender Dritten gegenüber für den entstandenen Schaden. Der Absender kann aber seinerseits Entschädigung vom Erfüllungsgehilfen verlangen, wenn dieser schuldhaft gehandelt hat. Wenn der Empfänger selbst entladen hat, also Erfüllungsgehilfe des Absenders war, haftet er letzten Endes für den entstandenen Schaden selbst.

BGB
Bürgerliches Gesetzbuch

Verschulden
→ LF 1, Kap. 3.3

Die Top Bike GmbH hat eine Palette mit Lampenteilen erhalten und selbst entladen. Dabei wurden die Güter beschädigt. Für das Entladen wäre eigentlich der Absender zuständig gewesen, die Top Bike GmbH handelt als Erfüllungsgehilfe.

Den Schaden hat erst einmal derjenige zu vertreten, der für das Entladen zuständig war. Hier müsste also der Absender den Schaden ersetzen. Da die Top Bike GmbH jedoch als Erfüllungsgehilfe den Schaden verursacht hat, kann der Absender vom Erfüllungsgehilfen, also von der Top Bike GmbH, Schadenersatz verlangen. Letztendlich muss die Top Bike GmbH den Schaden selbst tragen.

2.2.3 Der Entladevorgang

Der Fahrer eines der Lkw, die heute entladen werden sollen, nutzt seine Wartezeit für eine kurze Kaffeepause und gerät in ein Gespräch mit Susanne. Er erzählt Susanne unter anderem von einem schweren Unfall, den er vor Kurzem bei der Entladung eines Lkw beobachtet hat: „Das glaubst du nicht, der ist nicht weitergekommen als bis zum Öffnen der Ladetüren. In dem Moment, als er die Tür hinten entriegelt und aufmachen will, kommen dem doch glatt ein paar Getränkekisten entgegen und begraben ihn unter sich. Der sah aus, kann ich dir sagen, überall blaue Flecken, Platzwunden, und ein paar gebrochene Knochen wird der wohl auch gehabt haben. Tja, das hat der wohl das letzte Mal so gemacht!" Susanne ist geschockt. Kann ihr so etwas auch passieren oder kann sie solche Unfälle verhindern?

Bei der Entladung von Transportmitteln kommt es immer wieder zu Unfällen durch nicht ordnungsgemäße Entladung. Viele dieser Unfälle lassen sich vermeiden, wenn man einige Grundregeln befolgt und sorgfältig und strukturiert vorgeht.

Gefahrgut → LF 2, Kap. 6.3

Sicherheitskennzeichen → LF 2, Kap. 5.1.2

persönliche Schutzausrüstung → LF 1, Kap. 5.1.1

Verkehrswege → LF 2, Kap. 2.6

Checkliste: Grundsätze für die Sicherheit beim Entladen von Fahrzeugen

- ☑ Beachten Sie die Sicherheitsregeln Ihres Ausbildungsunternehmens, z. B. zur Schutzausrüstung.
- ☑ Beachten Sie Sicherheitskennzeichen an den Transportgütern und am Fahrzeug, z. B. bei Gefahrgut.
- ☑ Klären Sie ab, wer für die Entladung zuständig ist.
- ☑ Treffen Sie klare Absprachen mit dem Fahrer (z. B. über die Entladestelle).
- ☑ Achten Sie darauf, dass Fahrzeuge nur an den dafür vorgesehenen Plätzen abgestellt werden.
- ☑ Halten Sie immer Verkehrswege und Notausgänge frei.

Lkw mit Gefahrgut und entsprechenden Sicherheitskennzeichen

Hinweisschild: Notausgang

Hinweisschild: Sicherheitsschuhe tragen

Eine große Gefahr geht vom Lkw an sich aus. Gerät dieser während der Entladung in Bewegung, ist er praktisch nicht mehr zu stoppen. Daher ist die Sicherung des Lkw besonders wichtig.

Checkliste: Sicherung des Fahrzeugs

- ☑ Achten Sie darauf, dass der Fahrer die Feststellbremse betätigt.
- ☑ Das Fahrzeug sollte im Gefälle zudem in Abrollrichtung mit Unterlegkeilen gegen Wegrollen gesichert werden.
- ☑ Soll die Ladefläche mit Gabelstaplern befahren werden, sollte das Fahrzeug in beide Richtungen durch Unterlegkeile gegen Wegrollen abgesichert werden. Ein auf die Ladefläche des Lkw fahrendes Fördermittel könnte in die entstehende Lücke geraten und abstürzen.
- ☑ Halten Sie sich nicht in der Nähe des Auspuffs auf, solange der Motor läuft, es besteht Vergiftungsgefahr.

Unterlegkeile sichern gegen Wegrollen.

Checkliste: Lkw entladen

- ☑ Bleiben Sie beim Öffnen des Laderaums nicht hinter dem Lkw stehen, sondern treten Sie sicherheitshalber beiseite.
- ☑ Ladebrücken oder -rampen müssen korrekt angestellt und gesichert werden, bevor diese betreten werden. Bei Überfahrlippen ist zudem darauf zu achten, dass diese mit ausreichender Überlappung auf der Ladefläche aufliegen.
- ☑ Bevor Sie Ladungssicherungen lösen, sollten Sie sich die Ladung ansehen und feststellen, ob die Lösung der Ladungssicherungsmittel zum Kippen der Ladung führen kann.
- ☑ Nutzen Sie immer eine für die jeweilige Transportaufgabe geeignete Fahr-, Hebe- und Tragehilfe. Gabelstapler sollten Sie hierbei natürlich nur dann bedienen, wenn Sie über eine entsprechende Erlaubnis und Einweisung (Fahrausweis für Flurförderfahrzeuge) verfügen.
- ☑ Benutzen Sie gegebenenfalls entsprechende Schutzausrüstung wie Sicherheitsschuhe, Helm, Schutzhandschuhe usw.

Beim Entladevorgang werden oft Rampen eingesetzt.

Ladebrücken sind fest am Verladetor der Lagerhalle angebracht.

> **!** Beachten Sie immer die entsprechenden Arbeitsanweisungen und Unfallverhütungsvorschriften Ihres Ausbildungsunternehmens.

Unfallverhütung
→ LF 1, Kap. 5.3

2.2.4 Hinweise zur Handhabung von Packstücken

Normung
Durch Normung sollen Gegenstände oder Verfahren vereinheitlicht werden, um den Austausch von Waren und Dienstleistungen zu erleichtern.

ISO
International Organization for Standardization

DIN
Deutsches Institut für Normung e.V.

Um zu verhindern, dass Packstücke bei der Entladung beschädigt werden, sind oftmals zusätzliche Informationen über den Inhalt der Packstücke notwendig. Handelt es sich z. B. um zerbrechliche Güter, besonders hitze- oder nässeempfindliche Güter? Um den Spediteur, den Frachtführer oder die Mitarbeiter im Lager auf den ersten Blick über Besonderheiten in der Handhabung der Packstücke zu informieren, gibt es die Handhabungsanweisungen (Handhabungshinweise).

Damit diese Markierungen beachtet werden können, müssen sie klar und präzise sein und sollten sich farblich deutlich vom Packstück abheben. Die Symbole für Handhabungshinweise sind international durch die ISO R/780 und innerhalb Deutschlands durch die DIN 55402 normiert. Diese Kennzeichnungen haben den Vorteil, dass sie international verständlich und selbsterklärend sind. Es darf daher keinesfalls auf eine solche Kennzeichnung verzichtet werden.

Die **Handhabungshinweise** enthalten Angaben zur Sendung, z. B.
- ob das Packstück bruchgefährdet ist,
- ob das Packstück hitze- oder nässeempfindlich ist,
- wo das Ladegeschirr angeschlagen werden darf,
- wo oben und unten und wo der Schwerpunkt des Packstückes ist.

Im Folgenden erhalten Sie einen Überblick über die wichtigsten Symbole für Handhabungshinweise.

Symbol	Erklärung	Bezeichnung (Deutsch und Englisch)
	Kennzeichnet das Transportgut als leicht zerbrechlich. Es ist sorgfältig zu behandeln und darf nicht gestürzt oder geschnürt werden.	Zerbrechliches Packgut *Fragile Handle with care*
	Kennzeichnet das Transportgut als nässeempfindlich. Es ist vor direkter Nässe und zu hoher Luftfeuchtigkeit zu schützen und muss ggf. abgedeckt werden.	Vor Nässe schützen *Keep dry*
	Kennzeichnet das Transportgut als hitzeempfindlich. Die Sendung muss vor Hitze und Sonneneinstrahlung geschützt werden.	Vor Hitze (Sonneneinstrahlung) schützen *Keep away from heat*
	Unter der äußeren Verpackung befindet sich eine (nahezu) wasserdampfdichte Sperrschicht, in die Trockenmittel zum Korrosionsschutz eingebracht sind. Diese Schutzwirkung wird hinfällig, wenn die Sperrschicht beschädigt wird.	Sperrschicht nicht beschädigen *Do not destroy barrier*

Symbol	Erklärung	Bezeichnung (Deutsch und Englisch)
	Kennzeichnet, bei welchen Temperaturen das Gut gelagert werden darf. Das Symbol muss mit der zulässigen Temperatur im oberen und/oder unteren Bereich des Symbols versehen werden.	Zulässiger Temperaturbereich *Temperature limitations*
	Kennzeichnet, an welcher Stelle vom Packstück der Gabelstapler nicht angesetzt werden darf. Das Zeichen ist nur an den Seiten anzubringen, an denen nicht mit dem Stapler angehoben werden darf. An den anderen Seiten darf der Stapler angesetzt werden.	Gabelstapler hier nicht ansetzen *Do not use fork lift truck here*
	Kennzeichnet, an welchen Seiten des Packstückes keine Stechkarre angesetzt werden darf.	Stechkarre hier nicht ansetzen *No hand trucks here*
	Das Packstück muss grundsätzlich so transportiert oder abgestellt werden, dass die Pfeile nach oben zeigen. Die Sendung darf nicht gerollt oder gekippt werden.	Oben *This way up*
	Kennzeichnet den Schwerpunkt eines Packstücks. Dieses Symbol ist immer dann sinnvoll, wenn der Schwerpunkt der Sendung nicht mittig liegt.	Schwerpunkt *Centre of gravity*
	Kennzeichnet, mit welchem Gewicht das Packstück belastet, welches Gewicht also noch oben auf das Packstück gestapelt werden kann. Eine solche Markierung sollte vor allem bei Packstücken erfolgen, die wenig belastbar sind.	Zulässige Stapellast *Stacking limitation*
	Kennzeichnet, an welcher Stelle des Packstückes eine Sollbruchstelle vorgesehen ist, an der die Verpackung aufgerissen werden kann. Das Symbol ist nur für den Empfänger bestimmt.	Aufreißen hier *Tear off here*

2.3 Die Prüfung der Sendung

Nach dem Entladen wird – noch in Anwesenheit des Frachtführers – die Sendung geprüft. Hierbei sind folgende Fragen zu beantworten:

Beschädigtes Packstück

> **!** Nach dem Wareneingang wird die Sendung geprüft auf …
> 1. Quantität: Ist die gelieferte Menge korrekt?
> 2. Qualität: Sind die Packstücke unversehrt? Sind die Packmittel unversehrt?
> 3. Identität: Wurden die Güter geliefert, die bestellt wurden?
> 4. Beschaffenheit: Weisen die Güter die vereinbarte Beschaffenheit auf?

Die **Anzahl der entladenen Packstücke** wird zunächst mit der Anzahl laut Lieferschein oder laut Frachtbrief verglichen. Abweichungen werden auf dem entsprechenden Begleitpapier vermerkt und vom Frachtführer abgezeichnet.

Absender (Name, Anschrift) Fahrradteile International GmbH Borgwaldstr. 16 28309 Bremen	**Frachtbrief für den gewerblichen Güterfrachtverkehr**
Empfänger (Name, Anschrift) Top Bike GmbH Radweg 7 93053 Regensburg	Frachtführer (Name, Anschrift) Schneider Trans Ferdinand Porsche Str. 1a 28312 Bremen
Meldeadresse	Nachfolgende Frachtführer
Übernahme des Gutes Versandort: Bremen Beladestelle: Borgwaldstr. 16 Ablieferung des Gutes Ort: Regensburg Entladestelle: Radweg 7	Vorbehalte und Bemerkungen der Frachtführer Palette fehlt Sendung beschädigt Packmittel beschädigt Schneider Trans Ferdinand Porsche Str. 1a 28312 Bremen i. A. Schmitz
Beigefügte Dokumente Lieferschein, Rechnung	

Anzahl der Packstücke	Zeichen und Nummern	Art der Verpackung	Bezeichnung des Gutes	Bruttogewicht in kg	Volumen in m³
3	D437	Paletten	Rennradrahmen 7005er Aluminium	735	---

Gefahrgut-Klassifikation		Nettomasse in kg/l	
UN-Nr.	Offizielle Benennung		
Verpackungsgruppe		Tunnelbeschränkungscode	
Weisungen des Absender (Zoll- und sonstige amtliche Behandlung des Gutes)			
Nachnahme	---	Besondere Vereinbarungen	
Frankatur	frei Haus		

Ausgefertigt in Bremen	am 30.09.20XX	Gut empfangen am 01.10.20XX
Unterschrift und Stempel des Absenders FAHRRADTEILE INTERNATIONAL GMBH BORGWALDSTR.16 28309 BREMEN i. A. Kramer	Unterschrift und Stempel des Frachtführers Schneider Trans Ferdinand Porsche Str. 1a 28312 Bremen i. A. Schmitz	Unterschrift und Stempel des Empfängers TOP BIKE Top Bike GmbH Radweg 7 93053 Regensburg i. A. Kapcak

Die Vollständigkeit der Packstücke kann in der Regel durch einfaches Zählen überprüft werden. Bei manchen Gütern kann es jedoch sehr umständlich oder sogar unmöglich sein, sie einzeln zu zählen. Hier wird dann das Volumen der Güter gemessen oder die Güter werden gewogen. So werden z. B. flüssige Güter in Litern gemessen, während sie aus dem Tankwagen gepumpt werden.

Anschließend werden die einzelnen Packstücke auf **offensichtliche Schäden** untersucht. Verpackte Güter werden auf Schäden an der Verpackung überprüft, unverpackte können direkt untersucht werden. Eine Sendung Farben und Lacke wird z. B. auf sichtbare Schäden an den Dosen (Beulen, Roststellen) untersucht. Festgestellte Schäden an der Sendung werden auf den Begleitpapieren oder auf einem speziellen Vordruck (**Tatbestandsaufnahme**) vermerkt und vom Frachtführer durch Unterschrift bestätigt. Im nebenstehenden Frachtbrief wurden die Mängel im Feld „Vorbehalte und Bemerkungen der Frachtführer“ dokumentiert.

Die Annahme der schadhaften Güter kann verweigert werden. Für diese Entscheidung ist jedoch Rücksprache mit der Einkaufsabteilung zu halten.

2.3.1 Mehrwegpackmittel prüfen und tauschen

Im Anschluss an die Wareneingangskontrolle werden die Packmittel getauscht. Voraussetzung hierfür ist, dass es sich um grundsätzlich tauschfähige Packmittel handelt und dass an den Tauschpackmitteln keine Schäden festgestellt wurden.

Möglicherweise werden beim Wareneingang Schäden an den Packmitteln festgestellt, ohne dass die Güter selbst beschädigt sind. Solche Schäden sind immer dann bedeutsam, wenn es sich um Mehrwegpackmittel handelt, die mehrfach verwendet und getauscht werden. Welche Schäden an den Packmitteln vorkommen können, hängt davon ab, um welche Packmittel es sich handelt. Gängige Mehrwegpackmittel sind z. B. Europaletten.

Umgang mit Mehrwegpackmitteln, Europalette
→ LF 1, Kap. 4.1

Beim Tausch der Mehrwegverpackungen werden in der Regel nicht dieselben Packmittel zurückgegeben, auf denen sich die Sendung befunden hat. Stattdessen werden dem Frachtführer leere Packmittel in gleicher Art und Anzahl mitgegeben. So müssen die Güter nicht erst entpackt werden, bevor sie eingelagert werden können. Dies vereinfacht und beschleunigt den Ablauf bei der Warenannahme. Der Tausch wird mit einem **Paletten- oder Leergutschein** dokumentiert.

Für **beschädigte Packmittel** erhält der Frachtführer keine Tauschpackmittel, da beschädigte Paletten nicht mehr tauschfähig sind und auch nicht weiter verwendet werden dürfen. Daher ist vor der Einlagerung das defekte Packmittel gegen ein unversehrtes auszutauschen.

Schneider Trans

Schneider Trans GmbH
Ferdinand Porsche Str. 1a
28312 Bremen
Tel. 0421 561324
Fax 0421 561325

Paletten-/Leergutschein

Nr. 20XX0568-21 Datum 01.10.20XX

Absender	Empfänger
Fahrradteile International GmbH Borgwardstr. 16 28309 Bremen	Top Bike GmbH Radweg 7 93053 Regensburg
Bemerkungen	Bemerkungen

Palettenübernahme

Lademittel	Anzahl	Unterschrift
Europaletten	3	By
Gitterboxen		

Palettenrückgabe

Lademittel	Anzahl	Unterschrift
Europaletten	3	Schmitz
Gitterboxen		

Kennzeichen R-ST-21

TOP BIKE Top Bike GmbH Radweg 7 93053 Regensburg
i. A. Fabian Bayer
Unterschrift Kunde/Stempel

Schneider Trans Ferdinand Porsche Str. 1a 28312 Bremen
i. A. Schmitz
Unterschrift Fahrer/Stempel

2.3.2 Den Empfang quittieren

Abschließend wird der Empfang der Sendung auf den Warenbegleitpapieren vom Empfänger quittiert. Die Empfangsquittung beweist, dass die Lieferung in ordnungsgemäßem Zustand bzw. mit den auf dem Warenbegleitpapier dokumentierten Mängeln übergeben wurde. Die Ablieferung der Sendung ist damit abgeschlossen. Die Anwesenheit des Frachtführers ist nicht mehr erforderlich.

Wird die Sendung angenommen, so muss sie unverzüglich, d. h. ohne schuldhaftes Verzögern, nach Art, Menge und Qualität geprüft werden (Warenfeinkontrolle). Kann die Prüfung aus Gründen des Arbeitsablaufs nicht sofort erfolgen, so ist die Sendung zwischenzulagern und die Prüfung muss umgehend nachgeholt werden. Ungeprüfte oder schadhafte Packstücke werden im **Sperrlager** zwischengelagert.

2.3.3 Die Arten der Warenprüfung bei der Warenfeinkontrolle

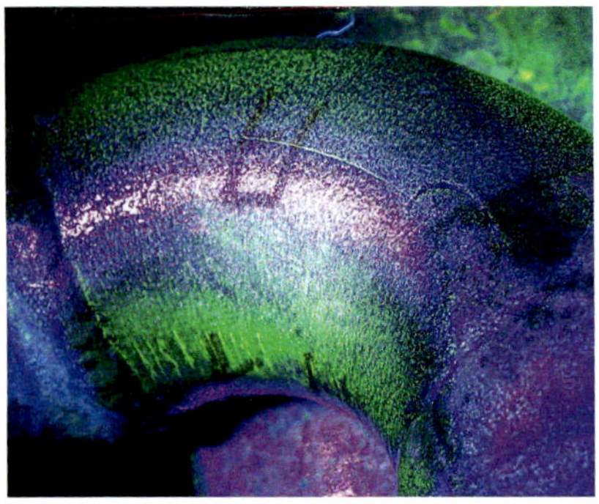

Oberflächenprüfung von Metallen durch Magnetpulverprüfung

Zunächst einmal kann man Prüfverfahren danach unterscheiden, ob sie **vollständig** oder nur **stichprobenartig** (ca. 5 % der Güter) erfolgen.

Nicht immer ist es möglich und sinnvoll, eine Lieferung vollständig zu prüfen. Eine stichprobenartige Prüfung ist beispielsweise dann sinnvoll, wenn die Prüfung die Ware zerstört oder eine vollständige Kontrolle zu zeitaufwendig wäre. Damit eine stichprobenartige Prüfung der Ware ausreicht, muss der Lieferant jedoch bekannt sein und bisher zuverlässig, das heißt mangelfrei, geliefert haben. Außerdem können zerstörende und zerstörungsfreie Prüfverfahren unterschieden werden.

Zähl-, Mess- und Wiegeeinrichtungen → LF 3, Kap. 1.2

Zerstörungsfreie Prüfverfahren können sowohl vollständig als auch stichprobenartig erfolgen. Diese Prüfungen werden durch Zählen, Messen, Wiegen, Vergleiche mit Mustern oder Vorlagen durchgeführt. Es kann aber auch mit aufwendigeren Verfahren wie z. B. Durchstrahlung mit Röntgenstrahlung oder Ultraschall geprüft werden. Die geprüften Güter bleiben hierbei intakt.

Rügefristen für Mängel → LF 1, Kap. 3.1.4

Zerstörende Prüfverfahren zerstören die Güter oder beschädigen sie zumindest. Sie sind daher nur als stichprobenartiges Prüfverfahren geeignet. Zu den zerstörenden Prüfverfahren gehören z. B. Belastungstests, Crashtests, Bruchtests und Brand- oder Schmelztests.

Sendungsempfänger		Lieferant	
Top Bike GmbH Radweg 7 93053 Regensburg		Fahrradteile International GmbH Borgwaldstr. 16 28309 Bremen	
Lieferdatum: 01.10.20XX	Kunden-/Rechnungsnummer: 273655	Unser Zeichen: FI 485	Datum: 03.10.20XX

Mängelrüge

Die oben genannte Lieferung weist folgende Mängel auf

	Es liegt keine Bestellung unsererseites vor		Die Packstücke weisen folgende Beschädigungen auf
	Die Lieferung weicht von unserer Bestellung ab	X	Die Waren weisen folgende Beschädigungen auf
	Es fehlen noch folgende Packstücke		Die Packmittel weisen folgende Beschädigungen auf
	Folgende Packstücke waren überzählig		Der Preis weicht vom vereinbarten Kaufpreis ab.

------------ 3 der Rahmen sind verkratzt ------------

Wir bitten daher um folgende weitere Vorgehensweise

	Wir bitten um Abholung der Waren.		Wir bitten um Nachlieferung.
X	Wir bitten um Ersatzlieferung bis zum		Wir bitten um Erstattung des u. g. Betrages.
	Wir bitten um Behebung des Mangels bis zum		

------------------ 15.10.20XX ------------------

Top Bike GmbH

i. A. Kapcak

TOP BIKE
Top Bike GmbH
Radweg 7
93053 Regensburg

2.3.4 Mängel dokumentieren

Werden bei der Wareneingangskontrolle Mängel festgestellt, so müssen diese umgehend an die Einkaufsabteilung weitergegeben werden. Hierzu ist es notwendig, die Mängel genau zu dokumentieren. Dies kann auf dem Lieferschein erfolgen, der dann in Kopie an den Einkauf weitergegeben wird, auf einem speziellen Formular (Tatbestandsaufnahme, Mängelbericht) oder durch direkte Erfassung der Mängel im Warenwirtschaftssystem. Bei der Dokumentation sollte unterschieden werden zwischen Mängeln, die schon bei der Warenannahme entdeckt wurden, und Mängeln, die sich erst bei der Feinkontrolle zeigten.

Die Einkaufsabteilung erstellt dann eine **Mängelrüge** und leitet diese an den Lieferanten weiter. Nur dann können die gesetzlichen Gewährleistungsrechte in Anspruch genommen werden (vgl. Kap. 3.1). Dazu ist es notwendig, den Artikel, an dem ein Mangel aufgetreten ist, genau zu bezeichnen und den Mangel exakt zu beschreiben. Damit keine wesentlichen Inhalte vergessen werden können, ist ein Formular für die Mängelrüge hilfreich und sinnvoll.

2.4 Den Wareneingang erfassen

Nach der Wareneingangskontrolle müssen die eingegangenen Güter einschließlich der eventuell festgestellten Mängel erfasst werden. Das ist notwendig, um den Lagerbestand verwalten zu können und zu jeder Zeit zu wissen, welche Güter eingelagert sind und an welchem Lagerplatz sie sich befinden.

Die Erfassung des Wareneingangs erfolgte früher in einer handschriftlichen Lagerkartei. Heute werden die Zugänge meistens direkt über eine Lagerverwaltungssoftware (LVS) als Teil des Warenwirtschaftssystems erfasst.

Lagerverwaltungssystem
→ LF 2, Kap. 2.8.2

Im Lagerverwaltungssystem wird zunächst ein **Wareneingangsschein** erstellt, der die Daten der eingegangenen Güter erfasst. Da es sich hierbei um ein betriebsinternes Dokument handelt, das keinen gesetzlichen Regelungen unterliegt, sieht der Wareneingangsschein in jedem Unternehmen anders aus. In der Regel erfasst er die folgenden Daten:

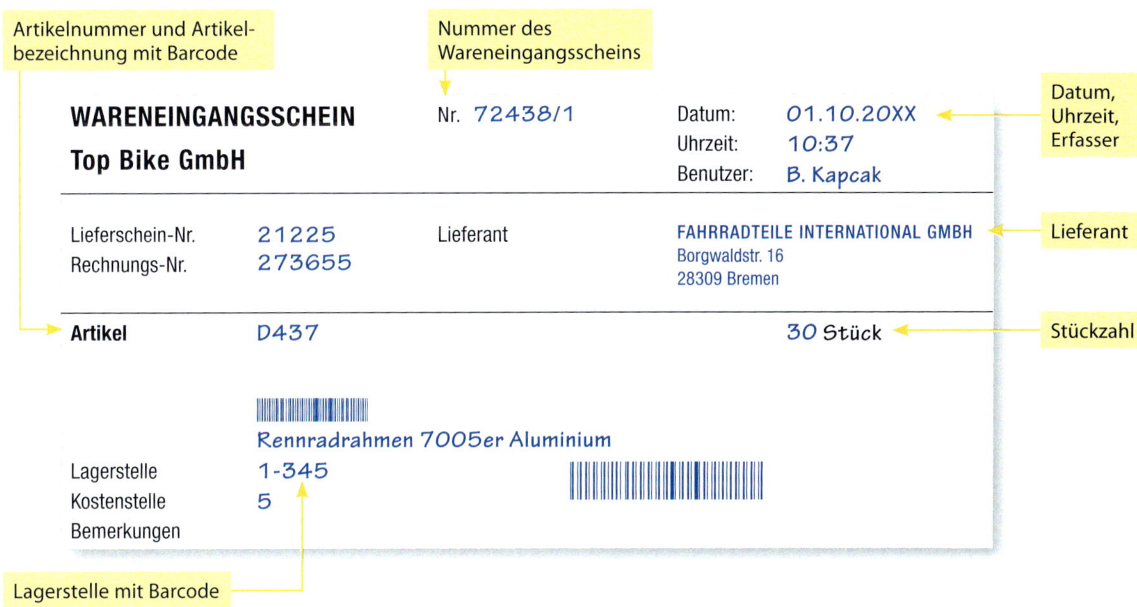

Durch die digitale Erfassung ist eine Weiterleitung des Wareneingangsscheines an andere Abteilungen, die über den Wareneingang informiert werden müssen, schnell und kostensparend möglich. Die folgenden Abteilungen benötigen in jedem Fall ein Exemplar des Wareneingangsscheins (digital).

Abteilung	Zweck des Wareneingangsscheins
Lagerverwaltung	Die Lagerverwaltung erfasst den Bestand, weist den Gütern einen Lagerplatz zu und lagert sie ein.
Einkauf	Im Einkauf werden die Lieferdaten des Wareneingangsscheins mit den Bestelldaten abgeglichen. Es wird kontrolliert, ob die tatsächliche Lieferung der Bestellung entspricht.
Buchhaltung	Die Buchhaltung prüft die Rechnung und begleicht diese anschließend. Es wird kontrolliert, ob die tatsächlich gelieferte Ware der in Rechnung gestellten Ware entspricht.

2.5 Die Kennzeichnung der Güter

Um die Erfassung des Wareneingangs zu vereinfachen und um die spätere Kontrolle, das Auffinden und die Erfassung des Warenausgangs zu beschleunigen, werden die Güter gekennzeichnet.

Es gibt drei Methoden, um die Güter zu kennzeichnen. Die erste Möglichkeit ist die Kennzeichnung durch bereits **vorliegende Dokumente,** z. B. durch den Wareneingangsschein. Dieser wird am Packstück befestigt, bevor es eingelagert wird.

Möglichkeiten der Warenkennzeichnung

mit vorliegenden Dokumenten	mit Label (Etiketten)	mit RFID-Chip
• z. B. Wareneingangsschein • Ausdruck wird am Packstück befestigt	• wird auf das Packstück geklebt • Daten bleiben uncodiert oder werden mit Barcode verschlüsselt	• Daten werden auf einem Chip gespeichert und per Funk übertragen

RFID
Radio **F**requency **Id**entification,
auf deutsch: Funkerkennung

Label
englisch für „Zettel"
Das Label wird im Deutschen oftmals auch als Etikett bezeichnet.

Die zweite Möglichkeit ist die Kennzeichnung durch ein **Label.** Bei einem Label handelt es sich um ein Hinweisschild (in der Regel um einen Aufkleber), das direkt an dem Packstück angebracht wird. Wie ein Label aussieht, ist von Unternehmen zu Unternehmen unterschiedlich. Das Label kann die Daten entweder rein in Klarschrift enthalten oder zusätzlich mit einem Barcode versehen sein.

Warenempfänger Top Bike GmbH	Abladestelle Radweg 7 93053 Regensburg		
Lieferschein-Nr. 21225	Lieferant Internationale Fahrradteile		
	Gewicht (netto) 695	Gewicht (brutto) 735	Anzahl der Packstücke 1 von 3
Nummer der Versandeinheit			
Menge 30	Liefertermin 01.10.20XX		
Lieferanten-Nr.	Produktbeschreibung Rennradrahmen 7005er Aluminium		
Artikelnummer D437	Versanddatum 30.09.20XX	Produktionsdatum 14.09.20XX	

Transportlabel für den Versand von Waren

Tag
englisch für Hinweisschild, Kennzeichnung

Die dritte und zudem modernste Möglichkeit ist die Kennzeichnung mittels eines **RFID-Chips**, der in Form eines RFID-Tags an der Ware angebracht wird. Bei einem **Tag** handelt es sich in der Regel auch um einen Aufkleber. Dieser enthält einen Chip, auf dem die Daten gespeichert sind und von dem sie abgerufen werden können.

2.5.1 Der Barcode

Barcodes werden auch Strich- oder seltener Balkencodes genannt. Die Daten aus der Klarschrift werden in eine optische, maschinell lesbare Schrift umgewandelt. Hierbei sind einzelne Striche oder auch Kästchen parallel zueinander in unterschiedlichen Breiten und Abständen angeordnet. Das so entstehende Muster wird durch einen Scanner oder eine Kamera erfasst und die Daten können vom System ausgewertet werden. Welche Daten genau verschlüsselt werden, hängt vom Zweck des Barcodes ab. Es kann sich z. B. um Artikelnummer, Lagerort oder Empfängercode handeln.

Zweck der Barcodierung ist die vereinfachte Datenerfassung. Die Daten müssen nur noch einmal manuell im System erfasst werden und werden dann in den Barcode übertragen. Der Barcode wird mit einem Labeldrucker auf einen Aufkleber gedruckt und an der Ware angebracht. Durch die Maschinenlesbarkeit können die Daten schnell und fehlerfrei erfasst und weitergeleitet werden.

Das Barcodeverfahren gibt es seit 1949. Seitdem wurde das Verfahren ständig weiterentwickelt und das Einsatzgebiet immer weiter ausgedehnt. Entsprechend existieren heute verschiedene Verfahren der Barcodierung, abhängig vom Anwendungsgebiet und den enthaltenen Informationen. Grundsätzlich können zwei Verfahren der Barcodierung unterschieden werden: die 1-D-Codes und die 2-D-Codes.

1-D-Codes
Bei den 1-D-Codes handelt es sich um **eindimensionale Codes**. Die Daten werden als Striche in verschiedenen Breiten und mit unterschiedlichen Abständen dargestellt. Die Höhe der Striche hat hierbei keine Bedeutung. Dieses ältere Verfahren ist noch weit verbreitet. Wie der Strichcode genau aussieht, hängt von der Art des Codes ab, der verwendet wird. Für unterschiedliche Zwecke existieren unterschiedliche Arten der Codierung.

Zu den bekanntesten Verfahren gehören:
- die GTIN, die vorwiegend im Handel eingesetzt wird
- der Code 128, der im Handel, in der Industrie und Logistik verwendet wird
- die Verfahren 2 aus 5 und Code 39, die in der Industrie verbreitet sind

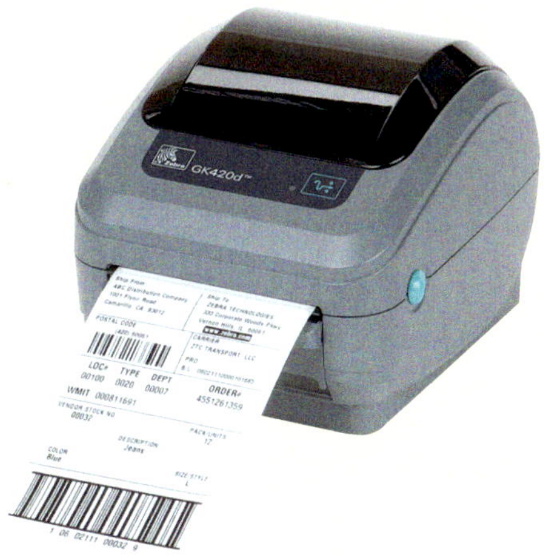

Labeldrucker

ABCD 1234
ABCD 1234
OCR-A und ORC-B
71297121
MSI-Plessey
0123456789101111213
Interleaved 2 of 5
6 92771 98126 0
UPC
Code 39
Code 128
Codabar
823485
Postnet
Code 93
6 005809 655035
EAN-13-Barcode
0123456789865455226999
2 of 5

1-D-Codes sind weit verbreitet.

GTIN
Global Trade Item Number

40 12345 987652

Ländernummer
Betriebsnummer
Artikelnummer + Prüfziffer

Die **GTIN** ersetzt alle bisherigen Europäischen Artikelnummern (EAN). Sie arbeitet mit codierten Zahlen, die unterhalb des Strichcodes abgedruckt sind. Der GTIN-Code enthält 8, 12, 13 oder 14 Stellen, je nachdem, aus welchem ursprünglichen Code er entstanden ist. Der am häufigsten verwendete Code ist GTIN-13, der in der folgenden Übersicht dargestellt ist.

GTIN-13		
Basisnummer	**Individuelle Artikelnummer**	**Prüfziffer**
7- bis 9-stellig	3-bis 5-stellig	1-stellig
Bis zu drei Ziffern können länderspezifisch sein und gewähren weltweite Überschneidungsfreiheit. 40–440 steht für Deutschland. Die restlichen Stellen werden für den Hersteller vergeben.	Der Hersteller erstellt seine eigenen Artikelnummern, die je nach Bedarf 3- bis 5-stellig sein können. Damit stehen jedem Hersteller 1 000 bis 100 000 Artikelnummern zur Verfügung.	Die 1-stellige Prüfziffer gewährt eine fast hundertprozentige Eingabesicherheit.
Beispiel: 4012345	98765	2

Auf dem Barcodelabel werden also nicht die Daten über die Güter selbst erfasst, sondern lediglich eine Kennzahl, mit der sich das Gut identifizieren lässt. Die dazugehörigen Daten sind dann unter der GTIN im Warenwirtschaftssystem gespeichert und können bei Bedarf abgerufen werden. Diese Codierung wird meist im Handel verwendet. Handelswaren sind daher in der Regel mit der GTIN gekennzeichnet.

Code 128:
Der Begriff „Lagerlogistik" würde z. B. folgendermaßen codiert:

Lagerlogistik

Der **Code 128** ist im Logistikbereich weit verbreitet. Hierbei handelt es sich um einen alphanumerischen Code. Neben den Ziffern 0–9 stehen auch die Buchstaben des Alphabets in Groß- und Kleinbuchstaben sowie Sonderzeichen zur Verfügung und ermöglichen insgesamt 106 Zeichen. Dadurch ist eine wesentlich höhere Informationsdichte als beim GTIN-Code möglich, ohne dass der Code an sich länger sein müsste. Der Code 128 besteht jeweils aus einem Startsymbol, der Nutzinformation, dem Prüfsymbol und dem Stoppsymbol. In Code 128 lässt sich beliebig viel Text verschlüsseln.

2/5 Interleaved Code

012345678910111213

Ein weiterer gebräuchlicher Strichcode, der ebenfalls eine hohe Informationsdichte besitzt, ist **der 2/5 Interleaved Code.** Allerdings werden nur die Zahlen 0–9 verwendet. Sowohl die Zeichen als auch die Räume zwischen den Zeichen bilden hierbei eine Ziffer ab. Dadurch können viele Informationen auf noch kleinerem Raum untergebracht werden. Es handelt sich um einen vor allem in der Industrie angewendeten Code. Der Code enthält inzwischen fest 14 Stellen und beinhaltet immer eine Prüfziffer.

2-D-Codes

Im Gegensatz zu 1-D-Codes sind hier die Daten nicht nur in einer Dimension als Striche codiert, sondern die Codierung erstreckt sich über die gesamte Fläche in zwei Dimensionen. Es spielen also nicht nur die Strichbreite und die Abstände zwischen den Strichen eine Rolle. Auch die Strichlängen und die Abstände zwischen senkrecht angeordneten Strichen oder Rechtecken enthalten eine Codierung. Durch die Codierung in zwei Dimensionen ist es bei 2-D-Codes möglich, mehr Daten in dem Code selbst zu erfassen.

Der zurzeit wahrscheinlich bekannteste 2-D-Code ist der **QR-Code**. QR steht hierbei für **Quick Response**, also eine schnelle Resonanz auf Anfragen. Mobiltelefone, die mit einer Kamera und einem Internetzugang ausgestattet sind, können diese Codes scannen und die hierzu hinterlegten Daten über das Internet abrufen. Ein QR-Code enthält mindestens 21 x 21 und maximal 177 x 177 Elemente, so können bis zu 4.000 alphanumerische Zeichen codiert werden. Dies erlaubt die Codierung von Internet-Links.

Beispiel für einen QR-Code

Darüber hinaus enthält der QR-Code einen Datenteil, der die Wiederherstellung der Daten bei teilweiser Beschädigung des Codes erlaubt. Ist also ein Teil des Codes nicht mehr lesbar, weil er abgerissen, ausgebleicht, übermalt oder verschmutzt wurde, so können bis zu 30 % der Daten trotzdem rekonstruiert werden.

Ein weiteres gängiges Beispiel für einen 2-D-Code ist der **DataMatrix-Code**. Dieser Code besteht zu einem großen Teil aus Codierungen, die der Fehlerkorrektur dienen. Die Daten werden durch ein besonderes Verfahren nochmals im Code wiederholt. Hierdurch können fehlerhafte Daten korrigiert werden, ohne den Code später unlesbar zu machen. Besonders beim DataMatrix-Code ist, dass je nach Code bis zu 60 % der Daten rekonstruiert werden können. Diese besonders sichere Form der Codierung wird zurzeit z. B. bei elektronischen Briefmarken verwendet.

Beispiel für einen DataMatrix-Code

2.5.2 Die RFID-Technologie

Mit der RFID-Technologie können Daten gelesen werden, ohne dass der Chip, auf dem diese Daten gespeichert sind, berührt oder direkt gesehen werden muss. Ein RFID-System besteht aus einem Sender (dem RFID-Chip), auf dem die Daten gespeichert werden, und einem Empfänger (dem Lesegerät) zum Auslesen der Daten. Die Daten werden per Funk übermittelt. Daraus ergibt sich, dass kein direkter Kontakt zwischen Sender und Empfänger mehr nötig ist. Um die Daten zu senden, verfügt der RFID-Chip zusätzlich über eine kleine Antenne, die sich beim abgebildeten Chip in Spiralen um den Chip herum befindet.

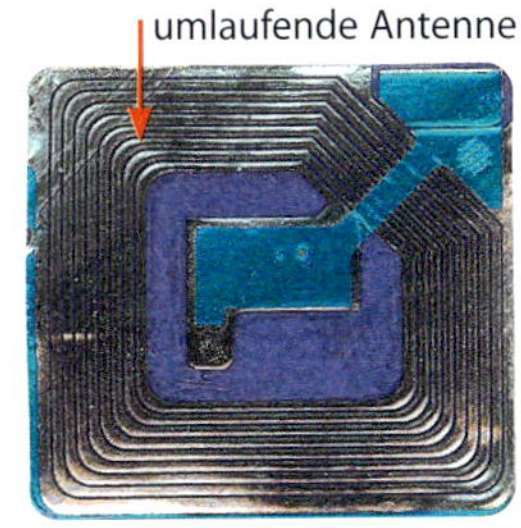

Beispiel für einen RFID-Chip

Die RFID-Technik wird zurzeit vor allem von Unternehmen der Logistikbranche, aber auch im Handel, der Lagerverwaltung oder zur Kennzeichnung von Tieren mittels Mikrochip genutzt.

Die RFID-Technik läuft in den folgenden **Schritten** ab: Zunächst werden die Daten wie gewohnt von einem Scanner erfasst. Statt jedoch mit den Daten ein Barcodelabel zu erstellen, werden die Daten auf dem RFID-Chip (Sender) gespeichert. Erhält dieser Chip nun vom RFID-Scanner (Empfänger) den entsprechenden Auftrag, sendet der Chip die Daten an den Scanner.

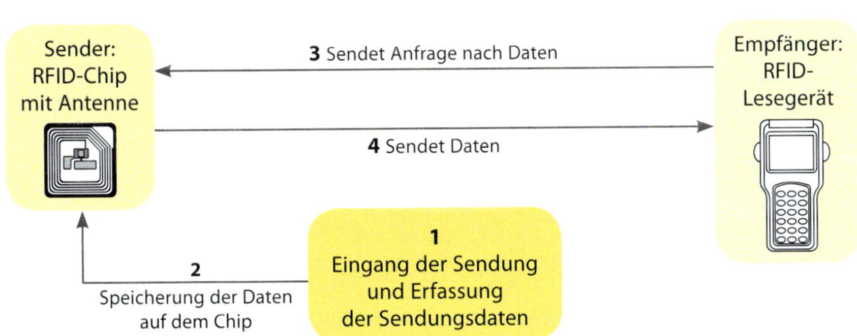

Beispiel für ein RFID-Lesegerät

2.5.3 Vergleich zwischen RFID und dem Barcodelabel

Der große Vorteil von Barcodes und der RFID-Technik ist, dass Daten codiert und von einem Lesegerät schnell gelesen werden können. Ein nochmaliges Eintippen von Sendungsnummern, Mengen oder anderen Identifikationsmerkmalen entfällt. Dies spart Zeit und Kosten und vermeidet Fehler bei der Datenerfassung.

Beim Barcode muss das Lesegerät vor das Barcodelabel gehalten werden, damit dieses die Daten auslesen kann. Der Abstand zwischen Lesegerät und Barcode hängt dabei vom entsprechenden System ab und kann zwischen 30 cm und zwei Metern betragen. Bei der RFID-Technik dagegen reagieren die Chips auf ein Funksignal und senden erst dann ihre Daten an das entsprechende Lesegerät, teilweise über große Distanzen. Dazu muss kein Sichtkontakt bestehen und der RFID-Chip kann an einer beliebigen Stelle angebracht werden.

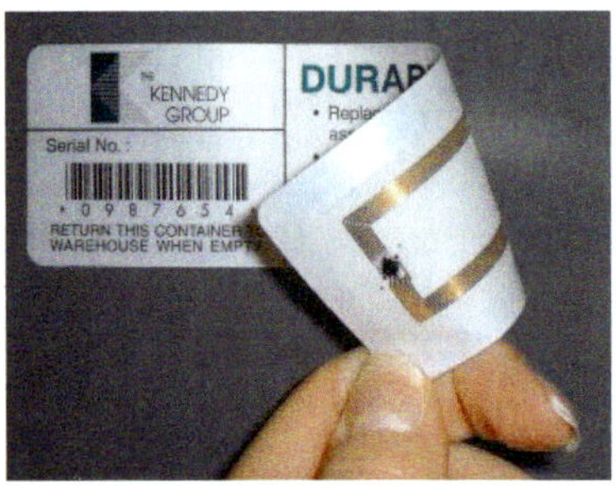

Label mit verdecktem RFID-Chip

Je nach Stärke des Senders kann die Distanz bis zu sechs Metern betragen. Man sollte sich aber darüber im Klaren sein, dass eine größere Reichweite fast immer mit einem höheren Aufwand und auch mit höheren Kosten verbunden ist. Durch die größere Reichweite ist unter Umständen auch eine höhere Anzahl an Störquellen im Funkbereich vorhanden, was die Störanfälligkeit der Chips erhöht.

RFID-Chips mit sehr geringer Reichweite sind bei genügend großer Stückzahl schon für 0,05 Euro bis 0,10 Euro erhältlich. Sehr aufwendige Chips mit einer großen Reichweite können über 1.000 Euro kosten. Barcodelabel sind bereits ab zwei bis drei Cent pro Stück erhältlich. Zusätzlich zu den Kosten für die Chips entstehen jedoch auch noch Kosten für eine Umrüstung auf das neue System.

Elektronischer Personalausweis mit RFID-Chip

Ein weiterer Vorteil der RFID-Technik gegenüber dem Barcode-System ist, dass die Chips nicht nur lesbar, sondern auch beschreibbar sind. Daher ist es möglich, weitergehende Informationen auf dem Chip unterzubringen.

Zudem sind RFID-Chips im Vergleich zu Barcodes nicht so anfällig. Sie sind lageunabhängig und funktionieren auch noch, wenn sie verschmutzt oder leicht beschädigt sind, was man von einem Barcode nicht behaupten kann. Ein Barcodelabel kann leicht durch Licht, Wasser, Schmutz, Hitze oder mechanische Einwirkungen beschädigt werden.

Der Hauptunterschied zwischen Barcode und RFID, der auch die Besonderheit dieses Systems ausmacht, ist aber Folgender: Während ein Barcode lediglich die Art eines Gutes bezeichnet, kann ein Transponder viel genauere Daten anzeigen. Mithilfe der RFID-Technik kann nicht nur ermittelt werden, um welche Produktart es sich handelt, sondern es kann ganz genau das einzelne Produkt mit Seriennummer, Herstelldatum, Eingangsdatum etc. erfasst werden.

Scannen eines hinter dem Label befindlichen FID-Tags.

ALLES KLAR?

1 Bringen Sie die folgenden Arbeitsschritte beim Wareneingang in die richtige Reihenfolge.
- **a** Tauschen der Packmittel
- **b** Prüfen, ob eine Bestellung vorliegt
- **c** Anzahl der Packstücke prüfen
- **d** Annahme quittieren
- **e** Einkauf über Wareneingang informieren
- **f** Packstücke prüfen
- **g** Schäden dokumentieren
- **h** Packmittel prüfen
- **i** Lieferanschrift prüfen

2 Ordnen Sie den folgenden Verkehrsmitteln die unten stehenden Beförderungsdokumente zu.

Verkehrsmittel:
- **1** Lkw
- **2** Eisenbahn
- **3** Binnenschiff
- **4** Hochseeschiff
- **5** Flugzeug

Dokumente:
- **a** Konnossement
- **b** Frachtbrief
- **c** Airwaybill

3 Worin besteht der Unterschied zwischen einem Frachtbrief und einem Frachtvertrag?

4 Welche Personen sind am Frachtvertrag beteiligt?

5 Welche der folgenden Pflichten aus dem Frachtvertrag trifft nicht auf den Frachtführer zu?
- **a** Einziehung der Nachnahme
- **b** Ablieferung der Sendung und Aushändigung an den Empfänger
- **c** Verpacken der Güter für den Transport
- **d** Transport der Sendung zum Empfänger
- **e** Lieferung zu einem vereinbarten Zeitpunkt
- **f** Einhaltung von besonderen Vereinbarungen über den Transport der Güter

6 Bei welchen der in Aufgabe 5 genannten Pflichten handelt es sich um Hauptpflichten, bei welchen um Nebenpflichten?

7 Welche Dokumente können den Lieferschein ersetzen?

8 Wobei handelt es sich **nicht** um eine Angabe, die gewöhnlich im Lieferschein enthalten ist?
- **a** Absender
- **b** Gesamtpreis der Sendung
- **c** Bruttogewicht
- **d** Lieferzeitpunkt
- **e** Anzahl der Packstücke
- **f** Artikelbezeichnung
- **g** Umsatzsteuerbetrag

9 Welche der folgenden Inhalte sind sowohl im Frachtbrief als auch im Lieferschein enthalten?
- **a** Frachtführer
- **b** Absender
- **c** Entladestelle
- **d** Anzahl der Packstücke
- **e** Bruttogewicht der Sendung
- **f** Warenbezeichnung
- **g** Sendungsempfänger
- **h** Lieferdatum

10 Wer ist grundsätzlich für das Verladen und Entladen der Sendung zuständig? Was versteht man in diesem Zusammenhang unter einem Erfüllungsgehilfen?

11 Wer haftet, wenn der Empfänger selbst entladen hat und hierbei ein Schaden entstanden ist?

12 Welche der folgenden Vorteile treffen nicht auf die RFID-Technik zu?
- **a** Chips sind mehrfach beschreibbar.
- **b** Es können größere Datenmengen gespeichert werden.
- **c** Chips sind wiederverwendbar.
- **d** Chips sind kostengünstiger als Barcodelabel.
- **e** Chips sind langlebiger als Barcodelabel.
- **f** Chips sind technisch einfacher gestaltet.

ALLES KLAR?

13 Ordnen Sie die folgenden Aussagen den unten stehenden Abbildungen zu.

a Unterlegkeile sichern das Fahrzeug gegen Wegrollen ab.

b Rampen erleichtern das Entladen von freistehenden Fahrzeugen.

c An Verladetoren werden Ladebrücken zur Entladung eingesetzt.

d Vor der Lösung der Ladungssicherung sollte überprüft werden, ob die Lösung zum Kippen der Ladung führen kann.

Abbildung 1

Abbildung 2

Abbildung 3

Abbildung 4

14 Bei welcher der folgenden Aussagen handelt es sich **nicht** um einen Grundsatz für das Entladen von Fahrzeugen?

a Beachten Sie Sicherheitskennzeichen.

b Achten Sie darauf, dass Fahrzeuge nur an den dafür vorgesehenen Plätzen abgestellt werden.

c Achten Sie darauf, dass Notausgänge und Fluchtwege frei bleiben.

d Tragen Sie Gehörschutz.

e Beachten Sie die Sicherheitsanweisungen Ihres Ausbildungsunternehmens.

15 In welchen der folgenden Fälle kann keine vollständige Prüfung der Sendung vorgenommen werden?

a Prüfung der Anzahl der Packstücke

b Belastungsprüfung der Lackierung von Alurahmen gegen Stöße

c Bruchtest bei Lampenverkleidungen

d Prüfung auf Vollständigkeit der Sendung

e Sichtprüfung der Waren

16 Welche Angaben enthalten Handhabungshinweise grundsätzlich?

17 Ordnen Sie folgende Aussagen jeweils dem

1 Absender

2 Versender

3 Empfänger

4 Frachtführer

zu:

a Mit ihm schließt der Frachtführer den Frachtvertrag ab.

b Er hat grundsätzlich die Pflicht, die Ware zu entladen. Er kann die Pflicht auf Dritte übertragen.

c Er sendet die Güter zum Empfänger.

d Er beauftragt den Spediteur.

ALLES KLAR?

18 Ordnen Sie die folgenden Handhabungshinweise den unten stehenden Symbolen zu.

a Handle with care
b Oben
c Zulässige Stapellast
d Vor Sonneneinstrahlung schützen
e tear off here
f Gabelstapler hier nicht ansetzen

Symbol 1

Symbol 2

Symbol 3

Symbol 4

Symbol 5

Symbol 6

19 Entnehmen Sie dem Frachtbrief die Angaben zu
a Beladestelle,
b Bruttogewicht,
c Frachtführer,
d Nachnahme,
e Art der Verpackung,
f beigefügten Dokumenten.

Absender (Name, Anschrift) Color GmbH Hafenstr. 125 67061 Ludwigshafen			**Frachtbrief für den gewerblichen Güterfrachtverkehr**		
Empfänger (Name, Anschrift) Top Bike GmbH Radweg 7 93053 Regensburg			Frachtführer (Name, Anschrift) Transporte Ludwigshafen OHG Hafenstr. 137 67061 Ludwigshafen		
Meldeadresse			Nachfolgende Frachtführer		
Übernahme des Gutes			Vorbehalte und Bemerkungen der Frachtführer		
Versandort	Ludwigshafen				
Beladestelle	Hafenstr. 125				
Ablieferung des Gutes					
Ort	Regensburg				
Entladestelle	Radweg 7				
Beigefügte Dokumente Lieferschein, Rechnung					
Anzahl der Packstücke	Zeichen und Nummern	Art der Verpackung	Bezeichnung des Gutes	Bruttogewicht in kg	Volumen in m³
5	F33-97	EUR-Paletten	Grundierung für Metallik-lacke	1024	---
Gefahrgut-Klassifikation			Nettomasse in kg/l		
UN-Nr. 9006	Offizielle Benennung				
Verpackungsgruppe			Tunnelbeschränkungscode		
Weisungen des Absender (Zoll- und sonstige amtliche Behandlung des Gutes)					
Nachnahme	---		Besondere Vereinbarungen		
Frankatur	frei Haus				
Ausgefertigt in Ludwigshafen		am 17.10.20XX		Gut empfangen am 18.10.20XX	
Unterschrift und Stempel des Absenders Color GmbH Hafenstraße 125 67061 Ludwigshafen i. A. Schneider		Unterschrift und Stempel des Frachtführers Transporte Ludwigshafen OHG Hafenstraße 137 67061 Ludwigshafen i. A. Mohring		Unterschrift und Stempel des Empfängers	

LS 4

3 Mit Leistungsstörungen umgehen

Benedikt Bauer ist im hinteren Teil des Lagers ein Bereich aufgefallen, der sehr chaotisch wirkt. Da er heute wenig zu tun hat, möchte er die dort abgestellten Paletten aufräumen. Ihm ist aufgefallen, dass viele der Güter feste Lagerbereiche hätten, und er wundert sich, dass Herr Pietsch dieses Chaos noch nicht längst hat beseitigen lassen. Daher spricht er Herrn Kapcak an: „Herr Kapcak, soll ich mich heute mal um die Paletten da hinten kümmern, das sieht ja doch etwas unaufgeräumt aus." „Meinen Sie die Paletten in unserem Separationsbereich? Da sollten Sie aber besser nicht drangehen, das sind die mangelhaften Lieferungen, die noch abgeholt werden müssen. Nachher heißt es noch, wir hätten die Sachen beschädigt!"

Kaufvertrag
→ Anhang Wiso, Kap. 4.6

Mit einem Kaufvertrag gehen Verkäufer und Käufer verschiedene **Pflichten** ein. Der Verkäufer verpflichtet sich zur mängelfreien und rechtzeitigen Lieferung der Sache sowie zur Übertragung des Eigentums. Der Käufer verpflichtet sich zur fristgerechten Zahlung des Kaufpreises und zur Annahme der Sache.

Erfüllen die Vertragspartner diese Pflichten nicht, handelt es sich um eine **Leistungsstörung.** Man kann vier Arten der Leistungsstörung unterscheiden, je nachdem, welcher Vertragspartner welche seiner Pflichten verletzt hat.

Pflichten und Leistungsstörungen aus dem Kaufvertrag

Verkäufer ← Kaufvertrag → **Käufer**

Verkäufer		**Käufer**	
Pflichten		**Pflichten**	
mangelfreie Lieferung	rechtzeitige Lieferung	rechtzeitige Annahme der Sache	rechtzeitige Zahlung des Kaufpreises
Leistungsstörung bei Pflichtverletzung		**Leistungsstörung bei Pflichtverletzung**	
mangelhafte Lieferung (Schlechtleistung)	Lieferverzug	Annahmeverzug	Zahlungsverzug

In der Praxis werden die Begriffe mangelhafte Lieferung und Schlechtleistung gleichbedeutend verwendet.

Die Leistungsstörungen Annahmeverzug und Zahlungsverzug werden im Lernfeld 11 ausführlich behandelt.
→ LF 1, Kap. 3.4

3.1 Die mangelhafte Lieferung (Schlechtleistung)

Problematisch ist die Frage, wann eine Sache frei von Mängeln ist. Kauft man eine Ware von besonders hoher Qualität, so stellt man ganz andere Anforderungen als an eine preisgünstige Durchschnittsware. Beispielsweise wäre eine Ausschussquote von 5 % bei Obst der höchsten Qualitätsstufe ein Sachmangel, bei billigem Obst für den Bedarf von Mostereien oder Saftherstellern jedoch ganz normal.

Ein Fahrrad ohne Sattel eignet sich nicht für die gewöhnliche Verwendung, damit zu fahren.

Man muss eindeutig beurteilen können, ob eine Ware frei von Mängeln ist oder nicht. Dies ist in § 434 BGB geregelt. Ein Sachmangel liegt vor, wenn die Sache bei der Übergabe vom Verkäufer an den Käufer nicht die **vereinbarte Beschaffenheit** hat.

Nun ist jedoch nicht in jedem Kaufvertrag die Beschaffenheit der Ware klar vereinbart. Liegt keine Vereinbarung vor, gilt die Sache immer dann als frei von Sachmängeln, wenn sie sich

1. für die vertraglich vorausgesetzte Verwendung eignet,
2. für die gewöhnliche Verwendung eignet oder
3. eine Beschaffenheit aufweist, die bei Sachen der gleichen Art üblich ist oder die der Käufer nach der Art der Sache erwarten kann.

Die genaue Regelung findet sich im § 434 BGB.

Bei einem gebrauchten Auto ist ein höherer Tachostand üblich und erwartbar.

§ 434 BGB Sachmangel

(1) Die Sache ist frei von Sachmängeln, wenn sie bei Gefahrübergang die vereinbarte Beschaffenheit hat. Soweit die Beschaffenheit nicht vereinbart ist, ist die Sache frei von Sachmängeln,

1. wenn sie sich für die nach dem Vertrag vorausgesetzte Verwendung eignet, sonst
2. wenn sie sich für die gewöhnliche Verwendung eignet und eine Beschaffenheit aufweist, die bei Sachen der gleichen Art üblich ist und die der Käufer nach der Art der Sache erwarten kann. Zu der Beschaffenheit nach Satz 2 Nr. 2 gehören auch Eigenschaften, die der Käufer nach den öffentlichen Äußerungen des Verkäufers, des Herstellers (§ 4 Abs. 1 und 2 des Produkthaftungsgesetzes) oder seines Gehilfen insbesondere in der Werbung oder bei der Kennzeichnung über bestimmte Eigenschaften der Sache erwarten kann, es sei denn, dass der Verkäufer die Äußerung nicht kannte und auch nicht kennen musste, dass sie im Zeitpunkt des Vertragsschlusses in gleichwertiger Weise berichtigt war oder dass sie die Kaufentscheidung nicht beeinflussen konnte.

(2) Ein Sachmangel ist auch dann gegeben, wenn die vereinbarte Montage durch den Verkäufer oder dessen Erfüllungsgehilfen unsachgemäß durchgeführt worden ist. Ein Sachmangel liegt bei einer zur Montage bestimmten Sache ferner vor, wenn die Montageanleitung mangelhaft ist, es sei denn, die Sache ist fehlerfrei montiert worden.

(3) Einem Sachmangel steht es gleich, wenn der Verkäufer eine andere Sache oder eine zu geringe Menge liefert.

Übliche Beschaffenheit: Ein Pullover muss mehrere Wäschen in der Waschmaschine ohne Schaden überstehen.

Bei dem Bild auf der Verpackung handelt es sich um Anwendungsvorschläge. In der Packung ist tatsächlich nur Salz enthalten.

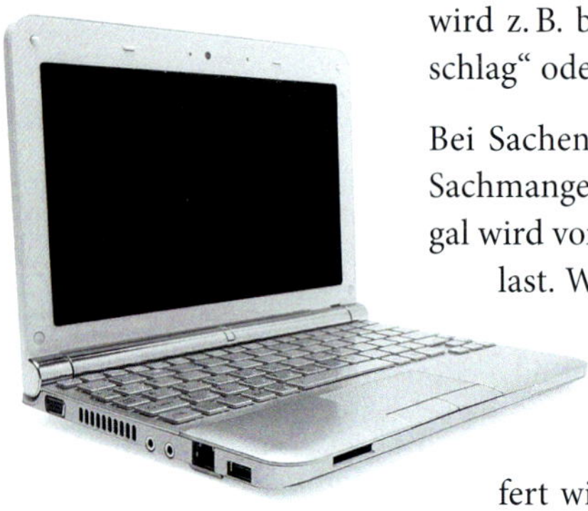

Dieses Netbook wird mit 120 GB Arbeitsspeicher beworben. Bei einem tatsächlich kleineren Arbeitsspeicher läge ein Sachmangel vor.

3.1.1 Arten von Sachmängeln

Aus dem § 434 BGB kann man verschiedene Arten von Sachmängeln ableiten. Neben den oben genannten Fällen, in denen die Sache nicht die vereinbarte Beschaffenheit aufweist, sich nicht für die vereinbarte Verwendung eignet oder nicht die Beschaffenheit aufweist, die der Käufer erwarten konnte, gibt es noch weitere Fälle, in denen ein Mangel vorliegt.

Auch wenn die Sache nicht den **Versprechen der Werbung** entspricht, liegt ein Sachmangel vor. Wird z. B. ein Netbook mit einem Speicher von 120 GB beworben, weist aber tatsächlich nur einen Speicher von 80 GB auf, so liegt hier ein Sachmangel vor, unabhängig davon, welche Speicherkapazität das Netbook laut Kaufvertrag haben soll.

Ein Sachmangel liegt auch dann vor, wenn die **Kennzeichnung** der Ware auf der Verpackung oder der Ware selbst nicht der enthaltenen Ware entspricht. Ein klassisches Beispiel hierfür sind Abbildungen auf Nahrungsmittelverpackungen. Daher wird z. B. bei Abbildungen von Fertiggerichten oftmals der Hinweis „Serviervorschlag" oder Ähnliches abgedruckt.

Bei Sachen, die durch den Verkäufer oder Hersteller montiert werden, liegt ein Sachmangel vor, wenn die Sache **fehlerhaft montiert** wurde. Beispiel: Ein Hochregal wird vom Hersteller falsch montiert und hat hierdurch keine ausreichende Traglast. Wird die Montage vom Käufer selbst übernommen, liegt ein Sachmangel vor, falls die **Montageanleitung** fehlerhaft ist.

Eine **Falschlieferung** liegt vor, wenn eine ganz andere Sache geliefert wird, wenn z. B. Luftpolsterfolien bestellt wurden und Packpapier geliefert wird. Die Lieferung geringerer Mengen als vereinbart **(Fehlmenge)** wird auch als Quantitätsmangel bezeichnet.

3.1.2 Rechtsmängel

§ 435 BGB Rechtsmangel
Die Sache ist frei von Rechtsmängeln, wenn Dritte in Bezug auf die Sache keine oder nur die im Kaufvertrag übernommenen Rechte gegen den Käufer geltend machen können. (…)

Eine mangelhafte Lieferung kann auch darin bestehen, dass die Sache Rechtsmängel aufweist. Ein Rechtsmangel liegt nach § 435 BGB vor, wenn Dritte, also weder Käufer noch Verkäufer, Rechte an der Sache geltend machen können. Hat also ein Außenstehender noch Rechte an der Sache, die verkauft wurde, so liegt ein Rechtsmangel vor.

Im Lager befinden sich Paletten mit Autoteilen, die fälschlicherweise an die Top Bike GmbH geliefert wurden und nicht der Top Bike GmbH gehören. Würde die Top Bike GmbH diese Autoteile weiterverkaufen, so wären sie mit einem Rechtsmangel behaftet. Der eigentliche Eigentümer, also ein Dritter, hätte noch Rechte daran.

3.1.3 Die Erkennbarkeit von Mängeln

Mängel kann man auch danach unterscheiden, wann und wie sie erkennbar sind.

Offene Mängel sind bei der Prüfung der Sache sofort klar erkennbar. Wenn z. B. nur drei statt vier Paletten geliefert wurden oder die Ware oder die Verpackung sichtbar beschädigt ist, handelt es sich um einen offenen Mangel.

Die Top Bike GmbH erhält eine Lieferung mit zerbrochenen Verkleidungen für Fahrradleuchten. Diese Beschädigung ist offensichtlich und bei der Kontrolle der Ware direkt erkennbar, es handelt sich daher um einen offenen Mangel.

Die gelieferten Verkleidungen für Fahrradleuchten sind offensichtlich teilweise beschädigt.

Verdeckte Mängel hingegen sind nicht auf den ersten Blick erkennbar, sondern sie werden erst nach näherer Untersuchung oder bei Verwendung der Sache entdeckt.

Es wurden Schrauben geliefert, die laut Vereinbarung aus rostfreiem Edelstahl bestehen sollen. Es handelt sich aber lediglich um einfachen Stahl. Dieser Mangel wird erst später erkennbar, wenn die Schrauben zu rosten beginnen.

Die abgebildeten Schrauben wurden als rostfrei deklariert. Erst später stellt sich heraus, dass sie nicht aus rostfreiem Stahl bestehen.

Bei einem **arglistig verschwiegenen Mangel** verheimlicht der Verkäufer dem Käufer absichtlich einen bestehenden Mangel, sodass dieser unter Umständen erst sehr spät erkennbar wird.

3.1.4 Die Pflichten des Käufers bei Erhalt der Sache

Kaufmann nach HGB
→ LF 1, Kap. 2.2.1

Ist nur einer der beiden Vertragspartner Kaufmann nach HGB und der andere ist Privatperson, spricht man vom einseitigen Handelskauf oder Verbrauchsgüterkauf.

Sind der Verkäufer und der Käufer beide Kaufleute im Sinne des HGB, handelt es sich um einen **zweiseitigen Handelskauf**. In diesem Fall hat der Käufer bei Erhalt der Sache folgende **Pflichten:**

Pflichten des Käufers
§ 377 Absatz 1 HGB

Prüfpflicht
Der Käufer hat die Sache bei Erhalt unverzüglich auf Art, Menge und Güte zu prüfen.

Rügepflicht
Hat der Käufer einen Mangel erkannt, muss er diesen dem Verkäufer unverzüglich anzeigen (rügen). Offene Mängel müssen **sofort nach der Prüfung** gerügt werden. Verdeckte Mängel müssen unmittelbar nach dem Erkennen, aber innerhalb der Gewährleistungsfrist gemeldet werden Nach § 438 HGB gilt allerdings eine Sendung zunächst als ordnungsgemäß abgeliefert, wenn nicht **innerhalb von 7 Tagen** nach Ablieferung gerügt wird.

Pflichten des Käufers:
1. Prüfen
2. Rügen
3. Aufbewahren und Separieren

Gesetzlich beträgt die **Gewährleistungsfrist** zwei Jahre ab Lieferung. Vertraglich vereinbarte längere Gewährleistungsfristen nennt man **Garantie**. Beim zweiseitigen Handelskauf kann der Verkäufer die Gewährleistungsfrist aber auch vertraglich bis auf ein Jahr verkürzen oder bei gebrauchten Sachen sogar ganz ausschließen. Handelt es sich um einen arglistig verschwiegenen Mangel, so kann die Mängelrüge innerhalb von drei Jahren nach Lieferung erfolgen.

Manchmal hat der Käufer kein Recht auf Beseitigung des Mangels, weil er einen offenen Mangel nicht sofort gerügt hat oder weil bei einem verdeckten Mangel die Gewährleistungsfrist verstrichen ist. Wird der Mangel in solchen Fällen nicht behoben, so kann unter Umständen die Geschäftsbeziehung zum Kunden nachhaltig geschädigt werden. Besonders bei Stammkunden ist dies für den Verkäufer natürlich nicht wünschenswert. Daher regeln viele Unternehmen diese Fälle als **Kulanz**. Der Kunde erhält eine Entschädigung, eine neue Ware oder eine volle oder teilweise Erstattung des Kaufpreises, obwohl der Verkäufer hierzu rechtlich nicht verpflichtet ist.

Aufbewahrungspflicht

separieren
getrennt lagern

Mangelhafte Sachen müssen aufbewahrt werden, bis der Verkäufer entschieden hat, wie damit weiter verfahren werden soll. Die Kosten hierfür hat der Verkäufer zu tragen. Um zu verhindern, dass die Güter weiteren Schaden nehmen oder dass beschädigte Güter in die Produktion gelangen, sollten mangelhafte Sachen separiert werden.

Durch den Notverkauf soll der Verderb der Ware verhindert werden.

In manchen Fällen ist es jedoch nicht möglich oder nicht sinnvoll, das Gut aufzubewahren, z. B. bei verderblichen Gütern. Weder der Käufer noch der Verkäufer würden davon profitieren, dass die Güter aufbewahrt werden. In diesen Fällen ist ein sogenannter **Notverkauf** möglich. Die Güter werden weiterverkauft, bevor sie verderben. Dem Verkäufer wird statt der Güter der Erlös aus dem Notverkauf zurückgegeben. Wichtig ist, dass die Güter zum üblichen Marktpreis verkauft werden, um den Verkäufer möglichst vor einem finanziellen Schaden zu bewahren.

3.1.5 Die Rechte des Käufers bei Schlechtleistung

Hat der Käufer den Mangel korrekt gerügt, ergeben sich für ihn folgende Rechte:

1. **Recht auf Nacherfüllung**
   Stellt der Käufer einen Mangel an der Sache fest, hat er zunächst einen Anspruch auf Nacherfüllung. Hierbei kann der Käufer wählen, ob er möchte, dass der Mangel an der Sache beseitigt wird (Nachbesserung) oder ob er eine Ersatzlieferung haben möchte. Scheitert die Nacherfüllung zweimal oder verweigert der Verkäufer die Nacherfüllung, so hat der Käufer weitere Rechte.
2. **Recht vom Kaufvertrag zurückzutreten**
   Der Kaufvertrag wird rückgängig gemacht, indem die Sache zurückgegeben und der Kaufpreis zurückerstattet wird.
   oder
3. **Recht auf Minderung des Kaufpreises**
4. **Recht auf Schadenersatz**
   Unabhängig davon, welche der oben genannten Möglichkeiten in Anspruch genommen wird, hat der Käufer zusätzlich ein Recht auf Schadenersatz, wenn eine **schuldhafte Pflichtverletzung** durch den Verkäufer vorliegt und der Mangel erheblich ist.
5. **Recht auf Ersatz vergeblicher Aufwendungen**
   Vergebliche Aufwendungen sind Ausgaben, die dem Käufer bereits entstanden sind, bevor die Leistungsstörung eingetreten ist. Ein **Schaden** dagegen entsteht erst durch die Leistungsstörung selbst. Auch für den Ersatz vergeblicher Aufwendungen muss den Verkäufer ein Verschulden treffen und der Mangel muss erheblich sein.

Verschulden
→ LF 1, Kap. 3

Ein Mangel ist erheblich, wenn er die Verwendung der Sache in großem Umfang einschränkt oder sogar unmöglich macht.

Schadenersatz: Der Verkäufer liefert statt Rücklichtern für Fahrräder Frontlampen, weil er die Bestellung nicht sorgfältig geprüft hat. Hier handelt es sich um eine schuldhafte Pflichtverletzung. Entsteht dem Käufer ein Schaden, weil er wegen der fehlenden Rücklichter die Produktion unterbrechen muss, so hat der Verkäufer für diesen Schaden aufzukommen.
Ersatz vergeblicher Aufwendungen: Die Top Bike GmbH hat für eine Lieferung Fahrradflaschen eigens angefertigte Verpackungen bestellt. Die Fahrradflaschen sind nun jedoch in der falschen Größe geliefert worden. Weil es sich um eine mangelhafte Lieferung handelt und die Verpackungen bereits bezahlt wurden, kann die Top Bike GmbH Ersatz vergeblicher Aufwendungen verlangen.

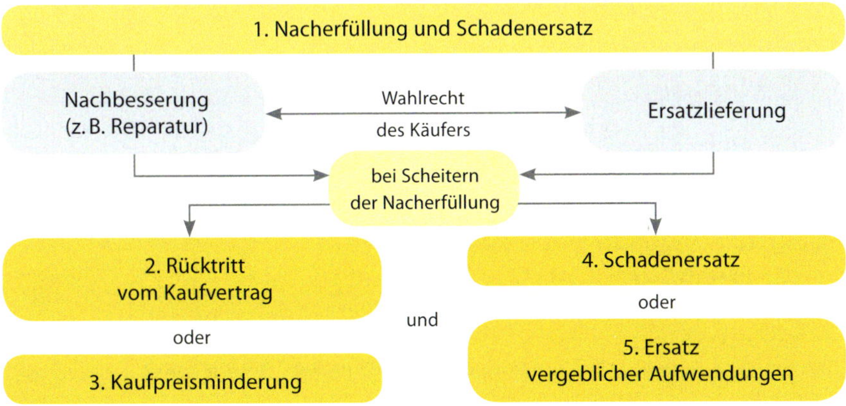

Rechte des Käufers bei Schlechtleistung

3.2 Der Lieferverzug

Neben der mangelfreien Lieferung hat der Verkäufer auch die Pflicht zur rechtzeitigen Lieferung.

> **!** Ein **Lieferverzug** liegt immer dann vor, wenn der Verkäufer zum vereinbarten Liefertermin schuldhaft nicht liefert.

3.2.1 Die Voraussetzungen für den Lieferverzug

Verschulden
→ LF 1, Kap. 3.3

Es liegt nur dann ein Lieferverzug vor, wenn
1. die Lieferung **fällig** ist,
2. der Verkäufer die verspätete Lieferung auch **zu verschulden** hat und
3. der Käufer die fällige Lieferung **angemahnt** hat oder eine Mahnung entbehrlich war (§ 286 BGB).

Kalendermäßig bestimmte oder bestimmbare Liefertermine
- Lieferung am 11. Mai
- Lieferung im Mai
- Lieferung 5 Tage nach Bestellung

Kalendermäßig nicht bestimmbare Liefertermine
- Lieferung sofort
- Lieferung sobald wie möglich
- Lieferung ab Mai

Wann die Lieferung fällig ist, hängt von den vereinbarten Lieferbedingungen ab. Bei einem **kalendermäßig bestimmten oder bestimmbaren Liefertermin** wird ein festes Datum oder ein Zeitraum für die Lieferung genannt. Mit Ablauf dieses Termins ist die Lieferung fällig. Die Lieferung muss in solchen Fällen nicht mehr vom Käufer angemahnt werden. Der Verkäufer kann sich mithilfe des Kalenders selbst ausrechnen, wann die Lieferung fällig ist.

Entbehrlich ist eine Mahnung auch im Fall der **Selbstinverzugsetzung**, wenn also der Verkäufer dem Käufer gegenüber erklärt, zum vereinbarten Termin nicht liefern zu können oder zu wollen. Gleiches gilt für **Zweckkäufe**, bei denen die Bestellung ihren Sinn verliert, wenn sie nicht zu einem bestimmten Termin geliefert wird (z. B. Hochzeitstorte, Büffet zum Firmenjubiläum, Weihnachtsbaum).

Wurde im Kaufvertrag kein Liefertermin vereinbart, ist die Lieferung grundsätzlich sofort nach Vertragsabschluss fällig. Diese Termine sind **nicht kalendermäßig bestimmbar**. Um den Verkäufer in Lieferverzug zu setzen, ist es erforderlich, die fällige Lieferung beim Verkäufer anzumahnen. Die **Mahnung** sollte nach Möglichkeit schriftlich erfolgen, damit sie später nachgewiesen werden kann. Erforderlich ist das aber nicht, eine Mahnung kann z. B. auch mündlich erfolgen.

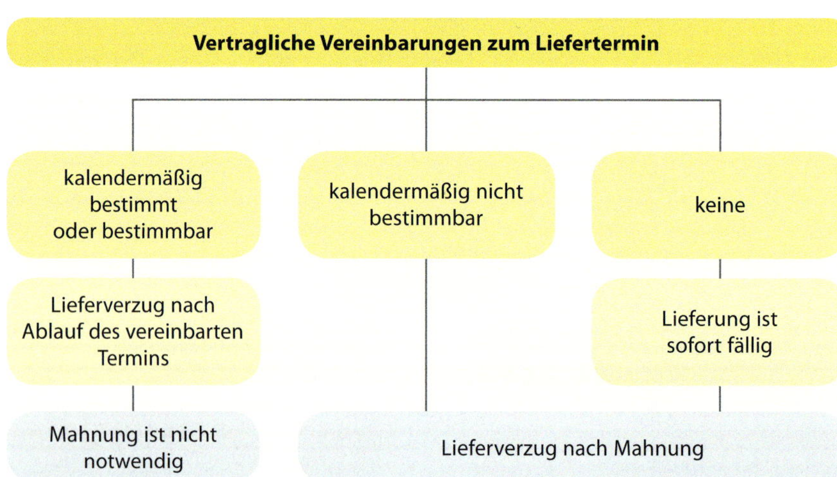

3.2.2 Die Rechte des Käufers bei Lieferverzug

Zuerst einmal hat der Käufer immer das Recht, die **Lieferung weiterhin zu fordern**. Dies ist für den Käufer sinnvoll, wenn er die Sache weiterhin benötigt und die Beschaffung bei einem anderen Lieferanten länger dauern oder höhere Kosten verursachen würde. Zudem besteht das Recht auf Schadenersatz für die verspätete Lieferung, sofern tatsächlich ein Schaden entstanden ist und den Verkäufer ein Verschulden trifft.

Befindet sich der Verkäufer in Lieferverzug, weil er mit der Produktion nicht nachkommt, so handelt es sich um eine schuldhafte Pflichtverletzung. Entsteht dem Käufer hierdurch ein Schaden, weil er seine eigene Produktion unterbrechen muss, so hat der Verkäufer für diesen Schaden aufzukommen.

Ist eine vom Käufer gesetzte **angemessene Nachfrist** erfolglos verstrichen, hat der Käufer zudem das Recht,

2. vom Kaufvertrag zurückzutreten,
3. Schadenersatz statt der Leistung zu verlangen, sofern er einen Schaden nachweisen kann und den Verkäufer ein Verschulden trifft,
4. vergebliche Aufwendungen vom Verkäufer erstatten lassen. Der Käufer kann sich also z. B. bei einem anderen Lieferanten eindecken und vom Erstverkäufer Ersatz der dabei entstandenen Mehrkosten verlangen.

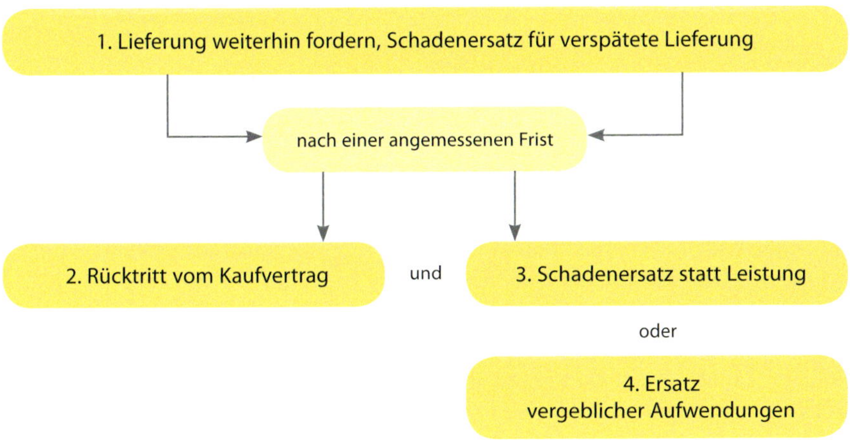

Rechte des Käufers bei Lieferverzug

3.3 Verschulden bei einer Leistungsstörung

Ob bei einem Mangel auch Anspruch auf Schadenersatz entsteht, hängt davon ab, ob ein **Verschulden** desjenigen vorliegt, gegen den ein Anspruch besteht. Bei mangelhafter Lieferung und Lieferverzug ist der Verkäufer schadenersatzpflichtig, wenn er den Mangel zu verschulden hat. Beim Annahmeverzug und Zahlungsverzug ist es der Käufer.

Käufer oder Verkäufer haben einen Mangel immer dann zu verschulden, wenn sie den Schaden zu vertreten haben, wenn sie also dafür verantwortlich gemacht werden können. Dabei kann man zwischen Fahrlässigkeit und Vorsatz unterscheiden. **Fahrlässig** handelt man immer dann, wenn man die erforderliche Sorgfalt außer Acht lässt. Dies ist z. B. der Fall, wenn die verspätete Lieferung dadurch verursacht wurde, dass der Verkäufer die Sendung nicht rechtzeitig abgeschickt hat. Dabei war ihm bewusst, dass die Sendung nicht rechtzeitig beim Empfänger eintrifft.

Bei Fahrlässigkeit wird weiterhin zwischen der groben und der einfachen Fahrlässigkeit unterschieden. **Einfache Fahrlässigkeit** liegt vor, wenn die erforderliche Sorgfalt nicht beachtet wurde und dies unabsichtlich, aus Unachtsamkeit geschehen ist. Wird diese erforderliche Sorgfalt sogar in besonderem Maße nicht beachtet, spricht man von **grober Fahrlässigkeit**.

Einfache Fahrlässigkeit: Beim Abstellen des Lkw werden die Unterlegkeile nicht richtig an den Reifen angeschoben. Während der Entladung bewegt sich das Fahrzeug und eine Palette stürzt um. Die darauf befindlichen Güter werden beschädigt.

Grobe Fahrlässigkeit: Beim Entladen werden die Bremsen des Lkw nicht angezogen, um Zeit zu sparen. Außerdem wird auf Unterlegkeile aus demselben Grund verzichtet. Der Lkw gerät ins Rollen, die Ladung kippt und wird beschädigt.

Ein Verschulden liegt außerdem immer dann vor, wenn man mit **Vorsatz** handelt. Würde z. B. ein Konkurrenzunternehmen eine Lieferung für die Top Bike GmbH gezielt zurückhalten, damit sie dort verspätet eintrifft, handelt es sich um Vorsatz. Anders sieht es aus, wenn ein Schaden durch **höhere Gewalt** entstanden ist. Von höherer Gewalt spricht man immer dann, wenn das Ereignis, das den Schaden verursacht, von außen einwirkt. Der Schaden hätte dann auch durch größte Sorgfalt nicht verhindert werden können. Klassische Beispiele für höhere Gewalt sind Naturkatastrophen und Streiks. Bei höherer Gewalt liegt gundsätzlich kein Verschulden vor.

Verschulden

Einfache Fahrlässigkeit	**Grobe Fahrlässigkeit**	**Vorsatz**
Die erforderliche Sorgfalt wird außer Acht gelassen.	Die erforderliche Sorgfalt wird in besonderem Maße nicht beachtet.	Der Schaden wird bewusst oder gewollt verursacht.

3.4 Übersicht über die Leistungsstörungen

In der folgenden Übersicht sind der Vollständigkeit halber **alle Leistungsstörungen** aus dem Kaufvertrag dargestellt, die aus möglichen Pflichtverletzungen des Verkäufers oder des Käufers entstehen können. Der Annahmeverzug und der Zahlungsverzug, die aus Pflichtverletzungen des Käufers entstehen, werden jedoch ausführlich erst zu einem späteren Zeitpunkt (im Lernfeld 11) behandelt.

Leistungsstörungen			
Durch den Verkäufer		Durch den Käufer	
mangelhafte Lieferung	Lieferverzug	Annahmeverzug	Zahlungsverzug
Definitionen			
Sache hat bei Übergabe nicht die vereinbarte Beschaffenheit	Sache wird nicht oder nicht rechtzeitig geliefert	Sache wird vom Käufer nicht angenommen	Zahlung erfolgt nicht, nicht vollständig oder nicht rechtzeitig
Voraussetzungen			
Mangel wird • rechtzeitig festgestellt, • gerügt und • die Sache wird aufbewahrt und ggf. separiert	• Verkäufer hat den Lieferverzug zu verschulden • kalendermäßiger Termin ist verstrichen oder wurde gemahnt	• Lieferung fällig • die Ware muss angeboten worden sein • die Lieferung wurde nicht angenommen	• Zahlung fällig • der Schuldner muss den Zahlungsverzug zu verschulden haben
Rechte des geschädigten Vertragspartners			
• Nacherfüllung • Rücktritt • Minderung des Kaufpreises • Schadenersatz • Ersatz vergeblicher Aufwendungen	• Lieferung weiterhin fordern • Rücktritt vom Kaufvertrag • Schadenersatz • Ersatz vergeblicher Aufwendungen	• Klage auf Annahme der Ware • Einlagerung auf Kosten des Käufers • Rücktritt • Selbsthilfeverkauf • Schadenersatz	• Zahlung des Kaufpreises • Rücktritt vom Kaufvertrag • Schadenersatz • Verzugszinsen • Ersatz vergeblicher Aufwendungen

ALLES KLAR?

1 Was sind Leistungsstörungen und welche Arten von Leistungsstörungen kennen Sie?

2 Welche Arten von Sachmängeln kennen Sie?

3 Worum handelt es sich bei einem Rechtsmangel?

4 Unterscheiden Sie Sachmängel nach Art ihrer Erkennbarkeit.

5 Entscheiden Sie, ob es sich in den folgenden Fällen um einen offenen oder einen verdeckten Mangel handelt.

- **a** Die Packstücke samt Inhalt sind beschädigt.
- **b** Der gelieferte Lack ist nicht dauerhaft lichtbeständig.
- **c** Die gelieferten Fahrradpedale bestehen aus Kunststoff statt aus Edelstahl.
- **d** Die Fahrradpedale bestehen nicht, wie bestellt, aus rostfreiem Stahl.
- **e** Die gelieferten Fahrradhelme haben nicht die Farbe Nachtblau, sondern sie sind pink.
- **f** Es wurden nur 21 statt, wie bestellt, 22 Paletten geliefert.
- **g** Der gelieferte Rostschutz ist nicht, wie auf der Verpackung angegeben, für die Grundierung von Alurahmen geeignet.
- **h** Die gelieferten Alurahmen haben nicht das in der Bestellung gewünschte und vorher angepriesene Gewicht von 2,5 kg, sondern ein Gewicht von 5,5 kg.

6 Um welche Art von Leistungsstörung handelt es sich in den folgenden Fällen jeweils?

Leistungsstörungen:

- **1** mangelhafte Lieferung
- **2** Lieferverzug
- **3** keine der oben genannten Leistungsstörungen

Fälle:

- **a** Es wurden Fahrradpedale des Typs B67-3 statt B67-2 geliefert.
- **b** Die Lieferung erfolgt statt am 23. November erst am 25. November.
- **c** Die Lieferung kann wegen Betriebsferien des Käufers erst eine Woche nach Termin angenommen werden.
- **d** Bei Lieferung fehlte eine Palette.
- **e** Eine Lieferung wurde fälschlicherweise nicht an die Top Bike GmbH, sondern an die Bikes & More OHG gesendet, sie wird jedoch nachgeliefert.
- **f** Fahrradrahmen wurden verkratzt geliefert.
- **g** Es wurde eine Palette mehr als bestellt geliefert.

7 Welche Pflichten hat der Käufer beim Erhalt einer Sache?

8 Welche Rechte hat der Käufer bei einer mangelhaften Lieferung?

9 Die nachfolgende Ware wurde falsch geliefert.

- **a** Welches besondere Recht hat der Empfänger in diesem Fall?
- **b** Worauf muss der Empfänger achten, wenn er das Recht ausüben möchte?
- **c** Wem steht der hieraus entstehende Erlös zu?

ALLES KLAR?

10 Worum handelt es sich bei einem Lieferverzug und wann gerät ein Verkäufer in Lieferverzug?

11 Ordnen Sie die Leistungsstörungen jeweils den Rechten des Käufers zu.

Leistungsstörungen:
1 mangelhafte Lieferung
2 Lieferverzug

Rechte Käufer:
a Nacherfüllung
b Rücktritt vom Kaufvertrag
c Kaufpreisminderung
d Schadenersatz
e Ersatz vergeblicher Aufwendungen

12 Entscheiden Sie in den folgenden Fällen, um welche Art von Sachmangel es sich handelt.
a In der Montageanleitung wird ein nicht mitgeliefertes Teil angegeben.
b Auf der Verpackung ist die Lackierung „mitternachtsschwarz" angegeben, die Teile haben die Lackierung „rubinrot".
c Es wurden drei Paletten des Sattels T67-34 statt zwei Paletten des Sattels P45-89 geliefert.
d Die Katzenaugen des Typs B67 wurden in der Werbung als besonders stark reflektierend ausgewiesen, leider reflektieren sie jedoch nur schwach.

13 Welche der nachstehenden Pflichten hat der Käufer in den folgenden Fällen verletzt?

Pflichten des Käufers:
1 Prüfpflicht
2 Rügepflicht
3 Aufbewahrungspflicht
4 keine Pflichtverletzung

Fälle:
a Die Waren, die falsch an uns geliefert wurden, wurden nach der Lieferung sofort eingelagert, ohne die Ware zu prüfen.
b Erst zwei Wochen nach Lieferung stellt sich heraus, dass die gelieferten Lacke nicht wie versprochen farbecht sind.
c Bei Prüfung der Ware wurde eine Fehlmenge festgestellt. Diese wurde der Buchhaltung jedoch nicht mitgeteilt.
d Die fehlerhafte Ware wurde nicht angenommen.
e Die zuviel gelieferten Paletten mit Fahrradrückleuchten wurden angenommen und der Produktion zugeführt. Die zuviel gelieferte Menge wurde von der Buchhaltung korrekt an den Lieferanten weitergemeldet.
f Eine Sendung, die nicht für uns bestimmt war, wurde angenommen und, nachdem der Fehler bemerkt wurde, separiert.

14 Unter welchen Voraussetzungen liegt generell ein Lieferverzug vor?

15 In welchen der in Aufgabe 13 genannten Fälle ist eine Mahnung bei Lieferverzug nicht notwendig?

16 Entscheiden Sie in den folgenden Fällen, ob es sich um einen kalendermäßig bestimmten oder bestimmbaren Termin handelt.
a Lieferung am 23.12.20XX
b Lieferung sofort
c Lieferung im Januar 20XX
d Lieferung ab Januar 20XX
e Lieferung innerhalb von 14 Tagen

4 Der Umgang mit Packmitteln

Stefanie Köhler hilft heute zum ersten Mal an der Warenannahme. Wie sie bei der letzten Lieferung schon gesehen hat, erhalten die Lieferanten für die vollen Paletten im Tausch leere Paletten zurück. Als sie bei der nächsten Lieferung jedoch die leeren Paletten im Tausch herausgeben will, hält Herr Kapcak sie auf: „Nee, nee, Frau Köhler, dafür bekommt der keine Tauschpaletten!“
Stefanie wundert sich. Was hat sie denn nun falsch gemacht?

Um die Güter einfach und sicher transportieren zu können, werden sie in der Regel zu größeren Einheiten zusammengefasst und transportsicher umschlossen. Hierzu werden sogenannte Packmittel verwendet.

Packmittel sind alle Mittel, die Güter aufnehmen. Es kann sich dabei um Trays, Paletten, Kartons, Kisten, Netze, Flaschen oder Ähnliches handeln.

Tray

Kiste

Palette

Kartons

Netz

Flasche

4.1 Mehrwegsysteme

Packmittel können unter anderem danach unterschieden werden, ob sie einmal oder mehrfach verwendet werden können und sollen. Viele Packmittel gibt es sowohl als Einweg- als auch als Mehrwegpackmittel. Gängige Mehrwegpackmittel für den Transport sind Europaletten, Transportkisten aus Kunststoff oder Gasflaschen.

> **Mehrwegsysteme** sind Systeme, bei denen Packmittel mehrfach verwendet werden und zwischen den verschiedenen Nutzern des Systems getauscht werden können.

Bei einem Mehrwegsystem muss nicht dasselbe Packmittel zurück an den Lieferanten gegeben werden, sondern nur ein **gleichartiges Packmittel**. So wird beispielsweise eine beladene Europalette gegen eine andere, leere Europalette getauscht.

Der Nutzerkreis von Mehrwegsystemen kann sehr unterschiedlich sein. Je größer jedoch der Personenkreis ist, der an dem Tauschsystem teilnimmt, desto breiter ist das Packmittel einsetzbar. Grundsätzlich kann man zwischen geschlossenen und offenen Tauschsystemen unterscheiden.

Geschlossene Tauschsysteme sind nur für einen begrenzten Personenkreis zugänglich und werden nur innerhalb eines Unternehmens oder innerhalb einer bestimmten Branche genutzt (z. B. Postmietbehälter aus Kunststoff).

Die **offenen Tauschsysteme** stehen hingegen jedem zur Verfügung. Damit ein solches Tauschsystem funktioniert, müssen die Eigenschaften des Tauschpackmittels für alle Beteiligten geeignet sein und genau festgelegt werden. In der Regel handelt es sich deshalb um genormte Tauschpackmittel.

normen
einheitlich festlegen

4.1.1 Der Europalettenpool

Eines der bekanntesten Tauschpackmittel im Transportwesen ist die Europoolpalette oder kurz **Europalette**. Dieses Tauschpackmittel ist genormt in der DIN EN 13698. Die Palette hat eine Grundfläche von 0,96 m^2 und die Maße 1200 x 800 x 144 mm (Länge x Breite x Höhe). Die Palettenmaße sind so berechnet, dass auf eine gängige Wechselbrücke quer immer zwei und längs immer drei Paletten nebeneinander Platz finden. Auch in Eisenbahncontainern und ähnlichen Transportmitteln lassen sich die Europaletten optimal und platzsparend verstauen.

Traglast
maximale Belastbarkeit eines Packmittels; wird in Kilogramm oder in Tonnen angegeben

UIC
Internationaler Eisenbahnverband

Vorteile der Europaletten sind die hohe Haltbarkeit und Traglast. Bei gleichmäßiger Gewichtsverteilung und kompakter Form der Ladung hat eine Europalette eine Traglast von bis zu 2000 kg. Als Vierwegpalette kann sie von allen vier Seiten von Hubwagen oder Gabelstaplern gehoben werden.

Auch die **Industriepalette** mit den Maßen 1000 x 1200 x 144 mm ist nach der UIC-Norm erhältlich und mit den gleichen Kennzeichnungen versehen wie die Europalette.

Tauschbare Europalette

EPAL
European Pallet Association e.V.

Die Europalette ist UIC-genormt und entspricht den Bestimmungen der EPAL. Um die Palette tauschbar zu machen, wurden von der EPAL eine Reihe von **Tauschkriterien** festgelegt. Wichtig sind hierbei zunächst die **Kennzeichnungen auf der Palette**, die die Echtheit garantieren:

EPAL-Kennzeichnung auf dem linken Eckklotz

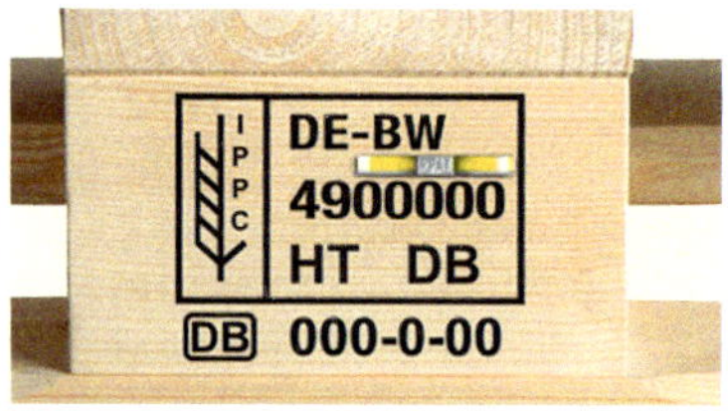

Kennzeichnung der Deutschen Bahn: Güteprüfklammer mit EPAL-Qualitätszeichen (in schwarz oder gelb) auf dem Mittelklotz

Kennzeichnung EUR (für Europalette) auf dem rechten Eckklotz. Sollte es sich um eine reparierte Palette handeln, so ist sie rechts oberhalb des EUR-Kennzeichens mit einem Punkt markiert.

Die folgenden Beschädigungen an der Palette führen dazu, dass diese **nicht mehr tauschfähig** ist:

Boden- oder Deckrandbretter sind so abgesplittert, dass mehr als ein Nagel- oder Schraubenschaft sichtbar ist.

Ein oder mehrere Kennzeichen fehlen.

Ein Brett oder mehrere Bretter fehlen.

Ein Klotz oder mehrere Klötze fehlen oder sind so gespalten, dass mehr als ein Nagel sichtbar ist.

Ein Brett oder mehrere Bretter sind gebrochen.

Außerdem:

- Mehr als zwei Bretter sind so abgesplittert, dass mehr als ein Nagel- oder Schraubenschaft sichtbar ist.
- Die Tragfähigkeit ist nicht mehr gewährleistet, da die Palette morsch oder faul ist.
- Die Verschmutzung ist so stark, dass Ladegüter verunreinigt würden.
- Es sind unzulässige Bauteile verwendet worden.

Eine andere Form der Europalette ist die **Eurogitterbox**. Gitterboxen (kurz Gibo) eigenen sich vor allem für den Transport von Gütern, die sich schwer stapeln lassen und somit nur schlecht auf einer herkömmlichen Palette transportiert werden können. Die Ladungssicherung wird durch Gitterboxen erheblich vereinfacht.

Die **Aufschriftentafel** der Eurogitterbox enthält neben technischen Informationen die Echtheitsmerkmale (EUR, Zeichen der Deutschen Bahn) und eine Y-Nummer zur Identifizierung.

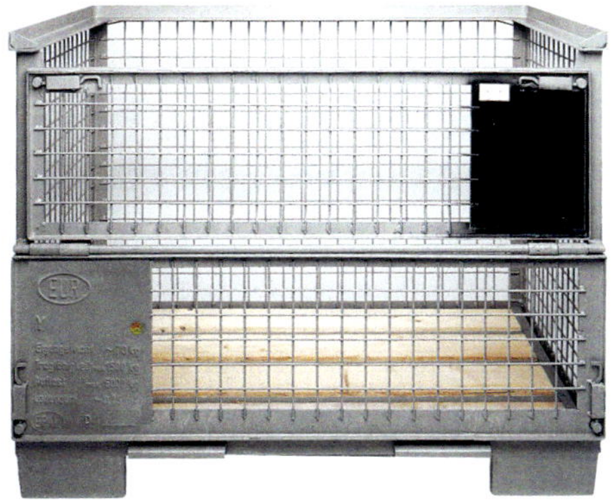

Tauschbare Eurogitterbox

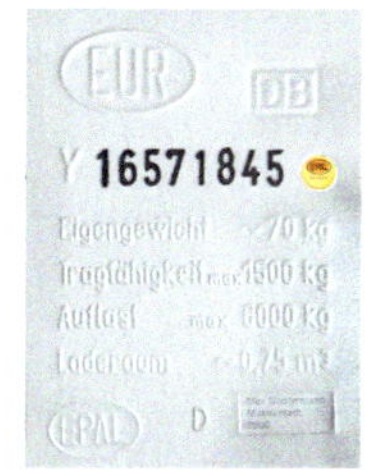

Aufschriftentafel

Sind die Echtheitsmerkmale oder die Y-Nummer unleserlich oder fehlen sie ganz, ist die Eurogitterbox nicht mehr tauschbar. Auch die folgenden Beschädigungen führen dazu, dass die Gitterbox **nicht mehr tauschfähig** ist:

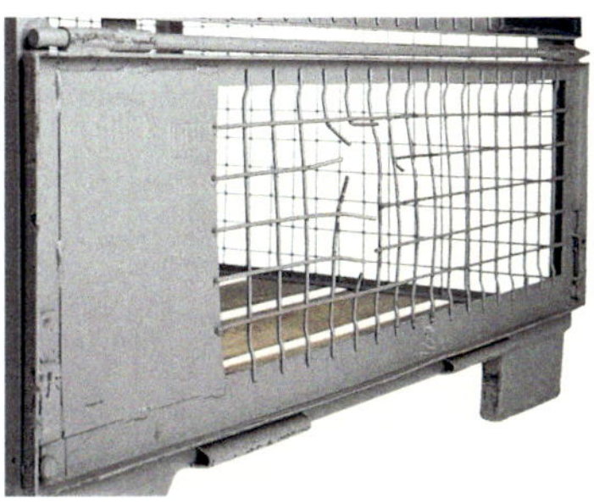

Rundstahlgitter sind gerissen.

Vorderwandklappe lässt sich nicht mehr öffnen oder schließen.

Stellwinkelaufsätze oder Ecksäulen sind verformt.

Bodenrahmen oder Füße sind verbogen.

Der Allgemeinzustand ist durch Rost oder Verschmutzung so schlecht, dass Ladegüter verunreinigt werden können.

Ein Brett fehlt oder ist gebrochen.

Als Alternative zu den Gitterboxen gibt es für die Europalette auch faltbare **Aufsetzrahmen** aus Holz.

4.1.2 Weitere Tauschpackmittel des Europoolsystems

Weitere gebräuchliche Tauschpackmittel sind die sogenannten **Klappsteigen**, die sich vor allem für geringe Transportmengen eignen. Die Klappsteigen sind in unterschiedlichen Größen verfügbar. Alternativ gibt es auch **starre Steigen** ohne klappbare Außenwände.

Tauschbare Klappsteige aus Kunststoff

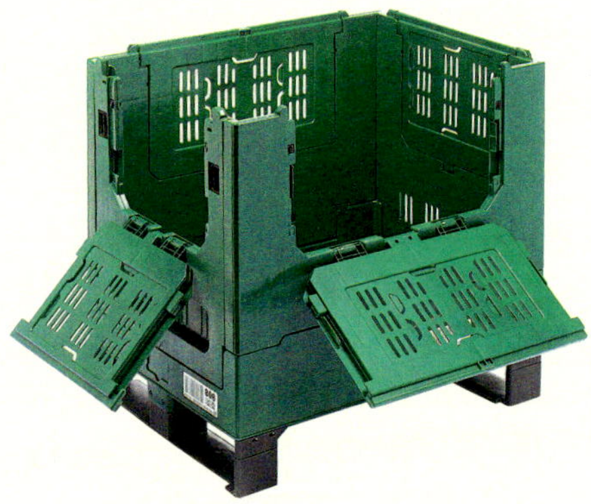

Bigbox, die sich auch zum Verkauf im Einzelhandel eignet

4.1.3 Die Tauschverfahren

Es werden zwei Verfahren beim Palettentausch unterschieden. Bei beiden Verfahren verpflichten sich die Beteiligten, Art, Anzahl und eventuelle Schäden der Paletten zu dokumentieren.

Beim **Kölner Palettentausch** werden die Paletten Zug um Zug getauscht. Das heißt, dass an der Entladestelle sofort die beladenen gegen leere Paletten getauscht werden. Voraussetzung ist, dass beim Sendungsempfänger eine ausreichende Anzahl an Tauschpaletten vorrätig ist.

Um die Abläufe vor allem bei andauernden Lieferbeziehungen zu vereinfachen, kann auch das **Bonner Palettentauschverfahren** angewendet werden. Hierbei wird vom Ab- oder Versender eine bestimmte Menge an Paletten zur Verfügung gestellt und beim Empfänger nicht getauscht. Stattdessen führt der Versender ein Palettenkonto für den Empfänger, aus dem hervorgeht, wie viele Tauschpaletten der Empfänger derzeit schuldet. Der Empfänger hat die Pflicht, die beim Versender aufgelaufenen Palettenschulden in regelmäßigen Zeitabständen auszugleichen.

4.1.4 Die Vorteile von Mehrwegsystemen

Mehrwegverpackungen bieten folgende Vorteile gegenüber Einwegverpackungen:

1. Durch die mehrfache Verwendung können gerade bei teuren Packmitteln Kosten gespart werden.
2. Durch die mehrfache Verwendung werden Abfälle reduziert und die Umwelt weniger belastet.
3. Durch die Normierung sind die Packmittel beim Güterumschlag für unterschiedliche Transportmittel geeignet.
4. Tauschpackmittel werden besonders stabil gefertigt und haben dadurch eine lange Lebensdauer.

4.2 Einwegsysteme

Alternativ zu Tausch- oder Mehrwegpackmitteln können auch Einwegpackmittel verwendet werden.

Die **Einwegpalette** kann wie die Europalette aus Holz, aber auch aus Kunststoff oder Wellpappe bestehen, je nachdem, wofür sie verwendet werden soll. Einwegpaletten gibt es in beliebigen Abmessungen, je nachdem für welche Waren sie benötigt werden. Ein weiteres gängiges Einwegpackmittel sind **Schachteln** jeglicher Art, die in aller Regel aus Karton oder Pappe bestehen.

Einwegpackmittel sind im Gegensatz zu Mehrwegpackmitteln nur für die einmalige Verwendung vorgesehen. Umso wichtiger ist hierbei die **umweltgerechte Entsorgung** der Packmittel.

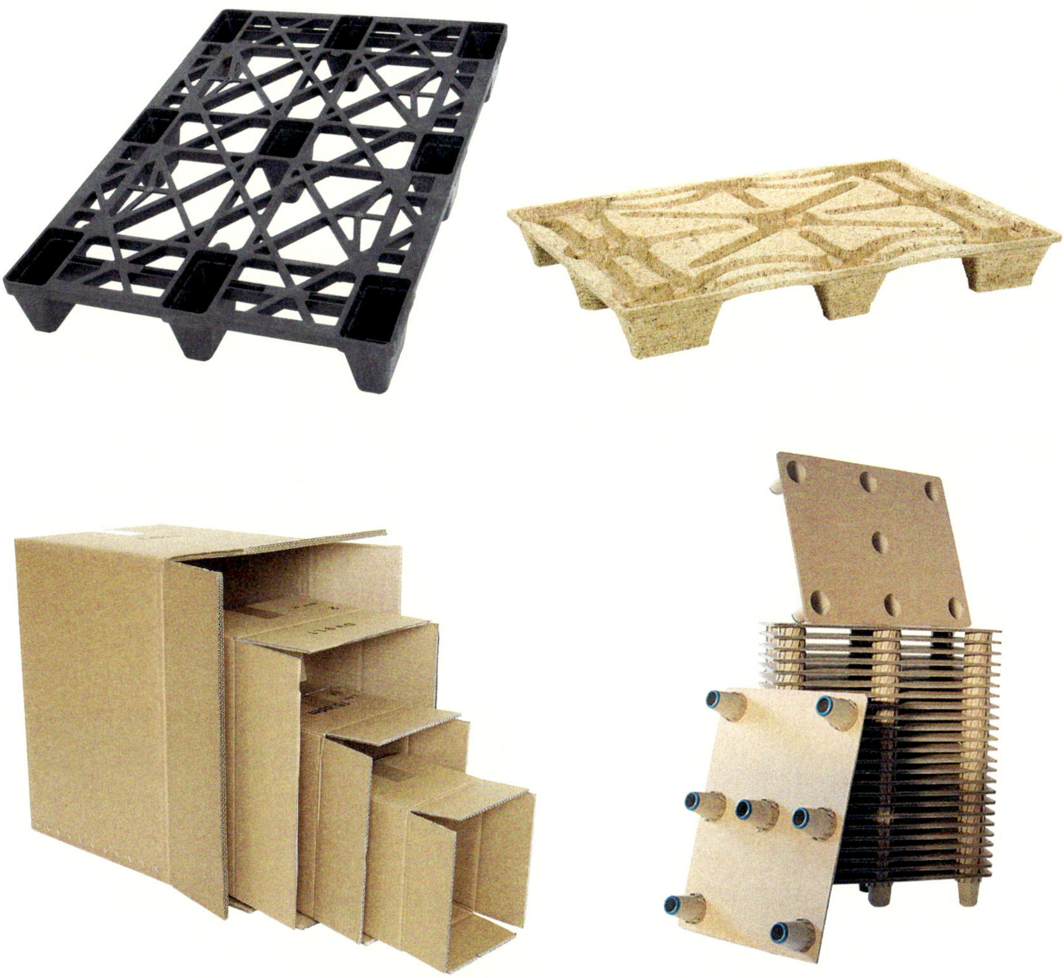

Gängige Einwegpackmittel

4.3 Der Umgang mit gebrauchten Packmitteln

Abfall-hierarchie

Die Verwendung von Packmitteln verursacht eine erhebliche Menge an Abfällen. Daher ist es besonders wichtig, auf einen umweltgerechten und sparsamen Umgang mit Packmitteln zu achten. So lässt sich nicht nur die Umwelt schonen, sondern es lassen sich außerdem Kosten einsparen.

Die Europäische Union (EU) hat allgemein zum Umgang mit Abfällen eine Richtlinie erlassen, in der unter anderem eine sogenannte **Abfallhierarchie** enthalten ist. Hierbei soll nach Möglichkeit immer die oberste Stufe eingehalten werden. Erst wenn das nicht möglich ist, wird die nächstniedrigere Stufe angewendet. Es sollen also vorrangig Abfälle vermieden werden. Ist dies nicht möglich, sollen diese zur Wiederverwendung vorbereitet werden usw.

Trennung von Packmitteln nach Kunststoff und Papier

1. **Vermeidung von Abfällen:** Für den Umgang mit Packmitteln bedeutet das: Güter sollen so materialsparend wie möglich verpackt werden. Unnötige Verpackungen sollen vermieden werden. Dadurch werden die natürlichen Ressourcen (Rohstoffe, Wasser) geschont. Die Güter müssen aber trotzdem lager- und transportsicher verpackt werden.
2. **Vorbereitung zur Wiederverwendung:** Packmittel, die nochmals verwendet werden können, sollten hierzu aufbereitet werden. Beispielsweise lässt sich Luftpolsterfolie im Regelfall mehrfach verwenden und muss nicht sofort entsorgt werden. Gleiches gilt natürlich auch für Tauschpackmittel. Unter Umständen ist es notwendig, diese zu reinigen oder auch zu reparieren, bevor sie erneut verwendet werden können.
3. **Recycling:** Recycling meint die Wiederverwertung von Rohstoffen (Papier, Kunststoffe, Glas, Metalle etc.), aus denen die Packmittel gefertigt sind. Hierzu ist es notwendig, die einzelnen Abfallstoffe zu trennen und z. B. dem dualen Abfallsystem zuzuführen. So können z. B. Packmittel aus Papier oder Pappe (Faltschachteln) wiederverwertet werden. Die meisten Kunststoffe sind recycelbar (Folien), und auch Glas und Metall können wiederverwertet werden.
4. **Energetische Verwertung:** Mit energetischer Verwendung ist die Nutzung der Abfälle zur Energiegewinnung gemeint. Bei der Müllverbrennung entsteht Energie, die zur Erzeugung von Strom oder zum Heizen genutzt werden kann.
5. **Beseitigung:** Erst wenn all die vorgenannten Möglichkeiten nicht angewendet werden können, darf der Abfall auf einer Deponie entsorgt werden.

duales Abfallsystem
Abfall wird unterschieden in Abfall zur Verwertung und Abfall zur Beseitigung, d. h., er wird entweder wiederverwertet oder entsorgt. Vor der Wiederverwertung wird er nach Wertstoffen getrennt (Kunststoff, Papier, Glas, biologischer Abfall usw.)

Müllheizkraftwerk: Die bei der Müllverbrennung entstehende Energie kann als Strom wieder ins öffentliche Netz eingespeist werden.

ALLES KLAR?

1 Welche Arten von Packmitteln kennen Sie? Kennen Sie weitere Packmittel aus der betrieblichen Praxis?

2 Was sind Mehrwegsysteme?

3 Welche der folgenden Maßangaben für eine Europalette ist korrekt?
- a 1.000 x 1.200 x 144 mm
- b 1,20 x 0,80 x 14,4 m
- c 120 x 100 x 14,4 cm
- d 1,20 x 0,8 x 0,144 m

4 Welche Maße hat eine Industriepalette?

5 Worin besteht der Unterschied zwischen einem offenen und einem geschlossenen Mehrwegsystem?

6 Entscheiden Sie, ob die folgenden Europaletten tauschfähig sind:
- a Palette, bei der durch Absplitterung ein Schraubenschaft sichtbar ist
- b Palette, bei der ein Brett fehlt
- c Palette, bei der mehrere Bretter gebrochen sind
- d Palette, die sich witterungsbedingt verfärbt hat
- e Palette, bei der die EPAL-Kennzeichnung fehlt, aber die EUR-Kennzeichnung vorhanden ist

7 Entscheiden Sie, ob die folgenden Eurogitterboxen tauschfähig sind:
- a Die Vorderwandklappe lässt sich nur noch schwer öffnen.
- b Die Zeichen der Gitterbox sind unleserlich.
- c Ein Rundstahlgitter ist gerissen.
- d Die Palette ist leicht verschmutzt.

8 Für welche Güter eignet sich eine Gitterbox?

9 Worin besteht der Unterschied zwischen dem Kölner und dem Bonner Palettentauschverfahren?

10 Welcher der folgenden Vorteile für Mehrwegsysteme ist nicht zutreffend?
- a Packmittel eignen sich für verschiedene Transportmittel.
- b Gerade bei teuren Packmitteln können Kosten gespart werden.
- c Packmittel sind wenig wartungsintensiv.
- d Packmittel sind in aller Regel besonders stabil.

11 Aus welchen Materialien können Einwegpaletten bestehen? In welchen Maßen sind sie erhältlich?

12 Was versteht man unter der Abfallhierarchie? Wie sieht diese aus?

13 Welche der folgenden Aussagen zum Recycling ist korrekt?
- a Unter Recycling versteht man die Wiederverwendung von Papier.
- b Kunststoffe und Metalle können nicht recycelt werden.
- c Recycling bedeutet, Rohstoffe wiederzuverwenden.
- d Tauschpackmittel werden nicht recycelt, da sie vor der Wiederverwendung nicht nochmals aufbereitet werden.

14 Warum muss gerade bei der Verwendung von Packmitteln auf einen umweltgerechten und sparsamen Umgang geachtet werden?

15 Ordnen Sie die folgenden Überlegungen zur Vermeidung von Abfällen bei der Top Bike GmbH in der Reihenfolge der Abfallhierarchie.
- a Abfälle werden in einer Müllverbrennungsanlage entsorgt.
- b Bei der Verpackung wird darauf geachtet, so wenig Material wie möglich zu verwenden.
- c Papierabfälle werden gesondert entsorgt, damit sie recycelt werden können.
- d Klappsteigen werden vor der erneuten Verwendung gereinigt.
- e Chemikalien werden als Sondermüll entsorgt und nicht recycelt.

5 Die Sicherheit am Arbeitsplatz

Bei der Top Bike GmbH ist für die kommende Woche eine Schulung angesetzt, an der auch die Auszubildenden teilnehmen sollen. Die Auszubildenden Susanne und Karsten sind sich sehr uneinig, ob sie sich für die Schulung begeistern können.

Karsten: „Arbeitssicherheit – das hört sich ja besonders spannend an. Hier kann doch an sich gar nichts passieren."

Susanne: „Ja, schon klar. Ist dir nicht vorgestern eine von den Tauschpaletten auf den Fuß gefallen?"

Karsten: „Das sagt die Richtige, du schaffst es ja schon, dir am Rechner den Hals zu verrenken. Aber egal, wir haben doch alle die Anweisungen für die Arbeit im Lager bekommen. Eigentlich sollte das doch reichen."

Susanne: „Da bin ich mir nicht so sicher. Hören wir uns das Ganze doch erstmal an. Ist doch eine nette Abwechslung."

Im Lagerbereich kommt es leider immer wieder zu Unfällen. Diese werden häufig dadurch verursacht, dass Sicherheitsmaßnahmen nicht ausreichend beachtet werden. Um Unfälle zu vermeiden, ist es notwendig, die Regeln zur Sicherheit am Arbeitsplatz nicht nur zu kennen, sondern auch einzuhalten. In diesem Kapitel erhalten Sie einen Überblick über die verschiedenen Maßnahmen zur Arbeitssicherheit. Die folgende Grafik stellt eine Gesamtübersicht dar, auf die in den nächsten Kapiteln weiter eingegangen wird.

Sicherheit am Arbeitsplatz

- **Maßnahmen zur Arbeitssicherheit im Betrieb** — persönliche Schutzausrüstung — Sicherheitskennzeichen — Zuständigkeiten beim Arbeitsschutz — Arbeits- und Betriebsanweisungen
- **Gesetze und Verordnungen zur Arbeitssicherheit** — Arbeitsstättenverordnung — Bildschirmarbeitsverordnung — Produktsicherheitsgesetz — Arbeitssicherheitsgesetz — Arbeitsschutzgesetz
- **Berufsgenossenschaft und die Gewerbeaufsicht** — Tätigkeitsgebiete — Unfallverhütungsvorschriften
- **Handeln in Notfällen** — Vitalfunktion — Erste Hilfe — Notfallsituationen — Dokumentation von Unfällen

5.1 Maßnahmen zur Arbeitssicherheit im Betrieb

Karsten Thieme ist heute spät dran, gerade noch rechtzeitig kommt er in der Warenannahme an. Der erste Lkw steht schon zur Entladung bereit, und Karsten macht sich gleich an die Arbeit. Da kommt Frau Schumann sichtlich sauer auf ihn zu. „Herr Thieme, sind Sie denn von allen guten Geistern verlassen? Mit *den* Schuhen können Sie doch hier nicht rumlaufen, geschweige denn Waren entladen!“ „Morgen, Frau Schumann, tut mir leid, ich war spät dran. Ich mach das hier eben fertig und dann ziehe ich mich um.“ „Nichts da, Sie ziehen sich erstmal um, das ist viel zu gefährlich.“ Karsten geht zu seinem Spind, um sich umzuziehen, aber Frau Schumann regt sich schon künstlich auf, oder?

Wie in der vorangehenden Übersicht zu sehen ist, kann man die Sicherheit am Arbeitsplatz auf verschiedenen Ebenen betrachten. Auf der **betrieblichen Ebene** werden spezifische Maßnahmen für jedes einzelne Unternehmen getroffen. Dabei können die Gegebenheiten vor Ort, die eingesetzten Arbeitsmittel, die Güter, mit denen das Unternehmen umgeht, und besondere unternehmensspezifische Gefahren berücksichtigt werden.

Um jedoch eine Grundsicherheit für jeden Arbeitnehmer unabhängig vom arbeitgebenden Unternehmen zu gewährleisten, müssen bestimmte Grundsätze gesetzlich geregelt werden. Diese **Gesetze** und **Verordnungen** bilden die Grundlage für die unternehmensinternen Regelungen.

Gesetze, Verordnungen
→ LF 1, Kap. 5.2

Unterstützend greifen die **Berufsgenossenschaften** ein, die den Unternehmen bei der Umsetzung der gesetzlichen Regelungen helfen. Sie erstellen dazu Unfallverhütungsvorschriften, die den notwendigen Bezug auf die betriebliche Praxis ermöglichen.

Maßnahmen zur Arbeitssicherheit im Betrieb

- persönliche Schutzausrüstung, z. B.
  - Kopfschutz
  - Fuß- und Beinschutz
  - Warnkleidung
  - Augen- und Gesichtsschutz
  - Atemschutz
- Sicherheitskennzeichen
  - Verbotszeichen
  - Gebotszeichen
  - Warnzeichen
  - Rettungszeichen
  - Brandschutzzeichen
- Zuständigkeiten beim Arbeitsschutz
  - Ersthelfer
  - Sicherheitsbeauftragter
  - Fachkraft für Arbeitssicherheit
  - Betriebsarzt
  - Betriebsrat
- Arbeitsanweisungen
  - Betriebsanweisungen
  - Sicherheitsanweisungen
  - Sicherheitsschulungen

Brandschutzzeichen
→ LF 2, Kap. 6.4.2

5.1.1 Die persönliche Schutzausrüstung

Wie so oft fängt auch die Arbeitssicherheit im Kleinen an, konkret bei der persönlichen Schutzausrüstung jedes einzelnen Arbeitnehmers. Um zu gewährleisten, dass jeder Arbeitnehmer über eine ausreichende persönliche Schutzausrüstung verfügt, muss der Arbeitgeber hierfür die Kosten tragen.

Die Pflichten der Ausbildungspartner
→ Anhang WiSo, Kap. 1.3.2

Bei der Schutzausrüstung handelt es sich um Arbeitsmittel, die der Arbeitgeber den Mitarbeitern und den Auszubildenden zur Verfügung stellen muss. Wie die Schutzausrüstung genau aussieht, hängt vom einzelnen Unternehmen und dem genauen Arbeitsbereich des Mitarbeiters ab. So benötigen z. B. Mitarbeiter in Bereichen mit einer hohen Lärmbelastung einen Gehörschutz, in Bereichen mit viel Fahrzeugverkehr und schlechter Sicht Warnkleidung.

Grundsätzlich braucht jeder Mitarbeiter im Lager **Sicherheitsschuhe**, die eine durchtrittsichere Sohle und eine Zehenschutzkappe aus Stahl oder Kunststoff aufweisen müssen. Abhängig von den Gütern, die gelagert werden, müssen Sicherheitsschuhe noch weitere Anforderungen erfüllen, z. B. wasserabweisend oder antistatisch sein.

antistatisch
lädt sich nicht elektrostatisch auf

Zu den **Schutzmitteln** gehören:

Fuß- und Beinschutz, z. B. Sicherheitsschuhe

Kopfschutz, z. B. Schutzhelm

Gehörschutz

Rumpf-, Arm und Handschutz

Anseil- und Abseilschutz

Warnkleidung

Augen- und Gesichtsschutz

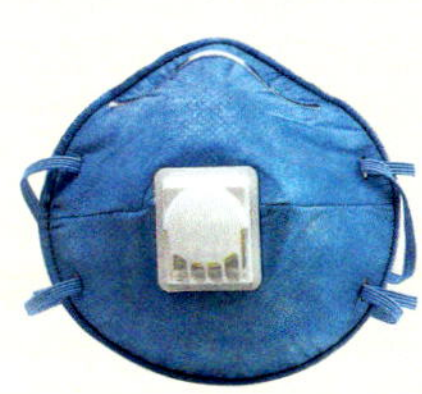
Atemschutz

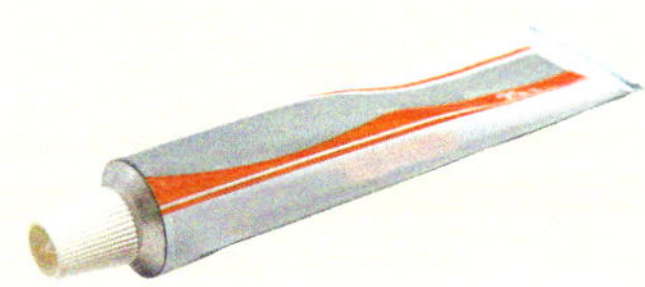
Hautschutzmittel

5.1.2 Die Sicherheitskennzeichen

Sicherheitskennzeichen sind an vielen Stellen im Betrieb angebracht. Sie regeln das Verhalten in diesen Bereichen und dienen dem Schutz aller dort anwesenden Personen.

Bei den Sicherheitskennzeichen handelt es sich um konkrete Bestimmungen zur Arbeitssicherheit, die sich aus den Unfallverhütungsvorschriften (UVV) der Berufsgenossenschaften ergeben. Die Sicherheitskennzeichen sind **vereinheitlicht** und sehen überall gleich aus, um sicherzustellen, dass auch Personen sie verstehen können, die mit den betriebsinternen Vorschriften nicht vertraut sind. Welche Sicherheitskennzeichen in welchem Bereich eines Unternehmens angebracht werden müssen, ist von Unternehmen zu Unternehmen unterschiedlich.

Generell kann man folgende Arten von Sicherheitskennzeichen unterscheiden:

Bezeichnung	**Form und Farbe**	**Erläuterung**
Verbotszeichen		Verbotszeichen weisen auf ein ausdrückliches Verbot hin. Diesen Zeichen ist unbedingt Folge zu leisten. Das Piktogramm ist immer schwarz und befindet sich auf einem weißen Hintergrund. Das runde Schild ist rot umrandet und mit einem roten Querbalken versehen.
Gebotszeichen		Gebotszeichen weisen darauf hin, wie man sich verhalten muss, um Gefahren zu vermeiden. Gebotszeichen sind weiße Piktogramme auf blauem Grund. Die Schilder sind rund.
Warnzeichen		Warnzeichen weisen auf Hindernisse oder Gefahrenstellen hin. Es handelt sich um schwarze Piktogramme auf gelbem Grund. Die Schilder sind dreieckig und haben einen schwarzen Rand.
Rettungszeichen		Rettungszeichen weisen für den Gefahrenfall auf Wege, Einrichtungen oder Geräte hin, die zur Rettung von Personen dienen. Rettungszeichen sind weiße Piktogramme auf grünem Grund. Sie befinden sich auf viereckigen Schildern.
Brandschutz-zeichen		Brandschutzzeichen weisen auf den Standort von Feuermelde- und Feuerlöscheinrichtungen hin. Es handelt sich um weiße Piktogramme auf rotem Grund. Die Schilder sind viereckig.

Brandschutzzeichen
→ LF 2, Kap. 6.4.2

Im Folgenden finden Sie jeweils eine Auswahl der wichtigsten Sicherheitskennzeichen. Da es sich um eine Vielzahl von Zeichen für die unterschiedlichsten Situationen handelt, ist eine vollständige Abbildung leider nicht möglich.

Verbotszeichen (Auswahl)

Rauchen verboten

Feuer, offenes Licht und Rauchen verboten

Für Fußgänger verboten

Für Flurförderzeuge verboten

Personenbeförderung verboten

Abstellen oder Lagern verboten

Mobilfunk verboten

Mit Wasser löschen verboten

Zutritt für Unbefugte verboten

Kein Trinkwasser

Nicht berühren, Gehäuse steht unter Spannung

Betreten der Fläche verboten

Aufzug im Brandfall nicht benutzen

Nicht Essen oder Trinken

Nicht fotografieren

Nicht belasten

Gebotszeichen (Auswahl)

allgemeines Gebotszeichen

Augenschutz benutzen

Kopfschutz benutzen

Gehörschutz benutzen

Atemschutz benutzen

Fußschutz benutzen

Handschutz benutzen

Schutzkleidung benutzen

Warnzeichen (Auswahl)

Warnung vor einer Gefahrenstelle

Warnung vor feuergefährlichen Stoffen

Warnung vor explosions-gefährlichen Stoffen

Warnung vor giftigen Stoffen

Warnung vor ätzenden Stoffen

Warnung vor radio-aktiven Stoffen oder ionisierenden Strahlen

Warnung vor schwebender Last

Warnung vor Flurförderzeugen

Warnung vor gefährlicher elektrischer Spannung

Warnung vor brandfördernden Stoffen

Warnung vor Stolpergefahr

Warnung vor Absturzgefahr

Warnung vor gesundheits-schädlichen Stoffen

Warnung vor Quetschgefahr

Warnung vor Rutschgefahr

Warnung vor Gasflaschen

Rettungszeichen (Auswahl)

Notausgang

Rettungsweg für Rollstuhlfahrer

Erste Hilfe

Notruftelefon

Sammelstelle

Arzt

Krankentrage

Rettungsweg

5.1.3 Zuständigkeiten beim betrieblichen Arbeitsschutz

Für die Sicherheit am Arbeitsplatz reicht es nicht aus, in Notfällen schnell und richtig zu handeln. Mindestens genauso wichtig ist es, dafür zu sorgen, dass Unfälle erst gar nicht passieren. Für die **Unfallverhütung** ist erst einmal der betriebliche Arbeitsschutz zuständig. Da jeder Betrieb eigene Unfallgefahren birgt, ist es notwendig, individuelle Arbeitssicherheitsmaßnahmen zu treffen.

Grundsätzlich ist in jedem Betrieb die **Leitungsebene** für die Einhaltung der gesetzlichen Vorschriften und Verordnungen zuständig. In der Praxis ist dies jedoch vor allem in größeren Unternehmen nicht umsetzbar. Daher werden diese Aufgaben in aller Regel an verschiedene Mitarbeiter oder auch an Fachkräfte außerhalb des Betriebes übertragen. So kann gewährleistet werden, dass sich die verantwortliche Person in ihrem Spezialgebiet gut auskennt. Zusätzlich ist auch jeder einzelne Mitarbeiter für die Sicherheit im Arbeitsablauf mitverantwortlich.

§ 10 Arbeitsschutzgesetz

Der Arbeitgeber muss ausreichend **Ersthelfer** benennen bzw. ausbilden. Ersthelfer sind Personen, die einen Kurs in Erster Hilfe absolviert haben, der mindestens acht Doppelstunden umfasst, und die alle zwei Jahre an einem Auffrischungskurs von mindestens vier Doppelstunden teilnehmen. Die Anzahl der Ersthelfer richtet sich nach der Anzahl der Beschäftigten im Unternehmen:

- bei 2 bis 20 Beschäftigten mindestens ein Ersthelfer
- ab 20 Beschäftigten mindestens 10 % der Beschäftigten (Ausnahme: in Verwaltungs- und Handelsbetrieben 5 %)

Darüber hinaus muss die Unternehmensleitung Mitarbeiter des Unternehmens als **Sicherheitsbeauftragte (SiBe)** benennen. Dies gilt in Deutschland für alle Unternehmen mit mehr als 20 Mitarbeitern. Der SiBe kann in seinem Arbeitsbereich aufgrund seiner besonderen Orts-, Sach- und Fachkenntnisse Unfall- und Gesundheitsgefahren erkennen und entsprechend reagieren.

Laut Arbeitssicherheitsgesetz ist in jedem Unternehmen außerdem mindestens eine Person als **Fachkraft für Arbeitssicherheit (FASi)** zu benennen. Es muss sich dabei nicht zwangsläufig um einen Mitarbeiter des Unternehmens handeln. Die Fachkraft für Arbeitssicherheit wird für ihre Aufgaben speziell geschult, was meist von den Berufsgenossenschaften übernommen wird. Sie hat die Aufgabe, die Geschäftsleitung bei Fragen zur Arbeitssicherheit und dem Gesundheitsschutz zu unterstützen.

Die FASi übernimmt eine **beratende Funktion**, z. B. in folgenden Punkten:
- Planung, Ausführung und Unterhaltung von Betriebsanlagen, sozialen und sanitären Einrichtungen
- Beurteilung der Arbeitsbedingungen (sind z. B. Betriebsanweisungen eindeutig und korrekt formuliert und können sie eingehalten werden)
- Auswahl und Erprobung der persönlichen Schutzausrüstung
- Beschaffung von technischen Arbeitsmitteln (welche Transportmittel sind z. B. für den innerbetrieblichen Transport in einer Lagerhalle sinnvoll und gefährden andere Arbeitnehmer nicht)
- Gestaltung von Arbeitsplätzen

Ebenfalls vom Arbeitssicherheitsgesetz vorgeschrieben ist die Benennung eines **Betriebsarztes**. Dieser ist für die Förderung und Erhaltung der Gesundheit der Mitarbeiter und deren Arbeits- und Beschäftigungsfähigkeit zuständig. Der Betriebsarzt übernimmt u. a. Aufgaben wie
- regelmäßige arbeitsmedizinische Untersuchungen der Mitarbeiter, sofern diese das wünschen oder es gesetzlich vorgeschrieben ist;
- zusätzlich zur FASi beratende Funktionen in den oben genannten Bereichen.

Zusätzlich überwacht der **Betriebsrat** die Durchführung des Arbeitsschutzes. Um dieser Verpflichtung nachkommen zu können, ist er auch mit zwei Mitgliedern im Arbeitsschutzausschuss vertreten. Der **Arbeitsschutzausschuss** ist in Unternehmen mit mehr als 20 Beschäftigten dafür zuständig, über Angelegenheiten des Arbeitsschutzes und der Unfallverhütung zu beraten. Er tagt mindestens einmal im Vierteljahr und setzt sich aus den entsprechenden Fachleuten (SiBe, FASi, Betriebsarzt) und einem Vertreter der Arbeitgeberseite zusammen.

Betriebsanweisung
→ LF 2, Kap. 6.3

5.1.4 Betriebsanweisungen

Eine zusätzliche Maßnahme zur Verhinderung von Unfällen am Arbeitsplatz stellen die Betriebsanweisungen dar. Diese werden vom Arbeitgeber erstellt und sollen Gesundheits- und Unfallgefahren am Arbeitsplatz weitestgehend einschränken.

Um sicherzustellen, dass Betriebsanweisungen alle notwendigen Informationen enthalten, sollen sie möglichst einheitlich gestaltet sein. Hierzu geben die Berufsgenossenschaften das nebenstehende Muster als Empfehlung heraus. Dieser grundsätzliche Aufbau wird dann auf die Betriebsanweisungen in verschiedenen Arbeitsbereichen und Einsatzgebieten übertragen. Die Betriebs- oder Arbeitsanweisung ist eine Weisung der Geschäftsleitung: Alle Mitarbeiter, die in dem betreffenden Bereich oder im Umgang mit den betreffenden Arbeitsmitteln eingesetzt sind, müssen sich daran halten.

Nummer:	**Betriebsanweisung**	Betrieb:
Bearbeitungsstand:		
Arbeitsplatz/Tätigkeitsbereich:		
	1. Anwendungsbereich	
	• • • •	
	2. Gefahren für Mensch und Umwelt	
	• • • •	
	3. Schutzmaßnahmen und Verhaltensregeln	
	• • • •	
	4. Verhalten bei Störungen	
	• • • •	
	5. Erste Hilfe	
	• • • •	
	6. Sachgerechte Entsorgung	
	• • • •	
Datum:		
Nächster Überprüfungstermin:	Unterschrift: Unternehmer/Geschäftsleitung	

Muster für eine Betriebsanweisung

5.2 Gesetze und Verordnungen zur Arbeitssicherheit

Die Auszubildenden der Top Bike GmbH haben nun den ersten Tag der Schulung zum Thema Arbeitssicherheit hinter sich. Der Leiter der Schulung arbeitet nicht bei der Top Bike GmbH.

Benedikt wundert sich: „Der wusste aber ziemlich gut über die Regelungen in unserem Betrieb Bescheid, wie macht der das eigentlich?"

Susanne: „Keine Ahnung, aber ich kann mir nicht vorstellen, dass der sich in jedem Unternehmen so gut auskennt, der hält ja die Schulungen nahezu überall."

Stefanie: „Vielleicht ist das in jedem Unternehmen gleich geregelt?"

Benedikt: „Das wäre aber ein ganz schöner Zufall, oder?"

Für die Arbeit im Lager gibt es eine Vielzahl von Regeln. Sie haben bereits einige Vorschriften kennengelernt, die speziell für einen bestimmten Betrieb gelten. Um aber sicherzustellen, dass die Mitarbeiter in jedem Betrieb vor Gefahren geschützt sind, die ihnen an ihrem Arbeitsplatz begegnen können, reicht dies noch nicht aus. Deshalb wurden betriebs- und unternehmensübergreifende Regelungen geschaffen, die alle Arbeitgeber gleichermaßen zu beachten haben.

Grundsätzlich kann man folgende Arten von Regeln unterscheiden:

Hierarchie von Regelungen

Gesetze
sind Regeln, die durch staatliche Organe wie z. B. den Bundestag, den Bundesrat oder die Landesparlamente festgelegt werden. Sie gelten für jeden, der von dem Gesetz betroffen ist. So gilt das Bürgerliche Gesetzbuch (BGB) für alle Bürger der Bundesrepublik Deutschland, das Handelsgesetzbuch (HGB) für alle Kaufleute und das Arbeitsschutzgesetz für alle Arbeitgeber und Arbeitnehmer in Deutschland.

Verordnungen
werden von den Verwaltungen erlassen und leiten sich aus den Gesetzen ab. Sie sind konkrete Umsetzungen der gesetzlichen Anforderungen. Ein Beispiel für eine Verordnung ist die Arbeitsstättenverordnung.

Berufsgenossenschaftliche Regelungen
sind konkrete Vorschläge und Anweisungen zur Umsetzung von Gesetzen und Verordnungen in bestimmten Berufsbereichen. Sie richten sich in erster Linie an den Arbeitgeber. So werden von den Berufsgenossenschaften z. B. Muster für Betriebsanweisungen, aber auch Regeln zur Sicherheit und zum Gesundheitsschutz bei der Arbeit erlassen.

Innerbetriebliche Vorschriften
sind speziell auf den einzelnen Betrieb zugeschnitten und berücksichtigen die dortigen Gegebenheiten und besonderen Umstände, z.B. als Betriebsanweisung.

Gesetze und Verordnungen zur Arbeitssicherheit (Auswahl)

- **Arbeitsstättenverordnung**: Regelungen zur Sicherheit und zum Gesundheitsschutz in Arbeitsstätten
- **Bildschirmarbeitsverordnung**: wirkt körperlichen und psychischen Belastungen durch die Arbeit an Bildschirmgeräten entgegen
- **Produktsicherheitsgesetz**: regelt Anforderungen an die Sicherheit von technischen Arbeitsmitteln
- **Arbeitssicherheitsgesetz**: Gesetz über Betriebsärzte, Sicherheitsingenieure und andere Fachkräfte zur Arbeitssicherheit
- **Arbeitsschutzgesetz**: allgemeine Grundsätze des Arbeitsschutzes

5.2.1 Die Arbeitsstättenverordnung

In der Arbeitsstättenverordnung (ArbStättV) sind die grundsätzlichen Regelungen für Arbeitsstätten in Deutschland festgelegt. Sie legt allgemeine Anforderungen an Betriebsräume und Arbeitsstätten z. B. in Bezug auf Belüftung, Temperatur, Beleuchtung und Lärmschutz fest.

Arbeitsstättenverordnung → LF 2, Kap. 6.1

§

§ 1 ArbStättV Ziel, Anwendungsbereich
(1) Diese Verordnung dient der Sicherheit und dem Gesundheitsschutz der Beschäftigten beim Einrichten und Betreiben von Arbeitsstätten. […]

5.2.2 Die Bildschirmarbeitsverordnung

Die Bildschirmarbeitsverordnung (BildschArbV) soll Sicherheit und Gesundheitsschutz bei der Arbeit an Bildschirmgeräten, z. B. einem Computermonitor, gewährleisten. Sie soll körperlichen und psychischen Belastungen entgegenwirken, die sich durch die Arbeit an Bildschirmgeräten ergeben. Der Arbeitsablauf muss z. B. so geregelt sein, dass die tägliche Arbeit an Bildschirmgeräten regelmäßig durch andere Tätigkeiten oder Pausen unterbrochen wird. Außerdem regelt die Verordnung die Anforderungen an Bildschirmgeräte und Tastaturen bezüglich Lesbarkeit, Anpassbarkeit der Geräte auf die Größe der arbeitenden Person und vieles mehr.

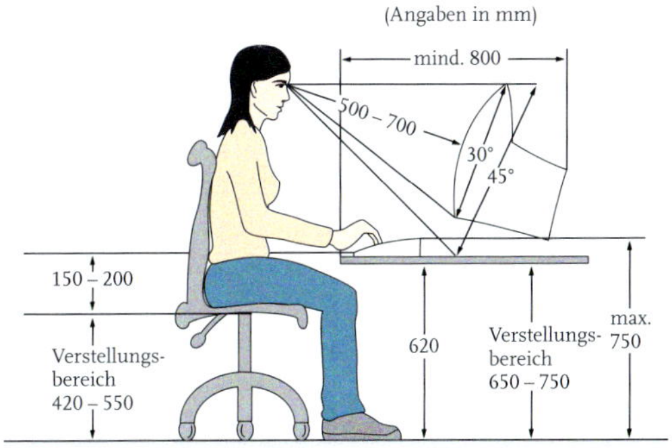

Ideale Sitzposition vor einem Bildschirmarbeitsplatz

5.2.3 Das Produktsicherheitsgesetz

Zum 01.12.2011 trat das neue Produktsicherheitsgesetz (ProdSG) in Kraft. Das Gesetz sieht sowohl für die Hersteller als auch die Händler umfassende Informations- und Kennzeichnungspflichten für Arbeitsmittel und Produkte vor. Der Anwender muss über mögliche Gefahren durch den Gebrauch oder die Fehlbedienung des Produktes hinreichend aufgeklärt werden.

Produktsicherheitsgesetz → LF 2, Kap. 6.2

5.2.4 Das Arbeitssicherheitsgesetz

Das Arbeitssicherheitsgesetz (vollständig eigentlich „Gesetz über Betriebsärzte, Sicherheitsingenieure und andere Fachkräfte für Arbeitssicherheit“, ASiG) regelt die Pflichten der Arbeitgeber zur Bestellung von Betriebsärzten, Sicherheitsingenieuren und Fachkräften für Arbeitssicherheit.

Die Aufgabengebiete dieser Personen sind in Kapitel 5.1.3 ausführlich dargestellt.

Ziel ist es, in allen Unternehmen Fachkräfte einzusetzen, die die Geschäftsleitung beim Arbeitsschutz unterstützen. Die konkreten Anforderungen zur arbeitsmedizinischen Betreuung sind in der Unfallverhütungsvorschrift der Deutschen Gesetzlichen Unfallversicherung geregelt.

Unfallverhütungsvorschriften
→ LF 1, Kap. 5.3

§

§1 ASiG Grundsatz
Der Arbeitgeber hat nach Maßgabe dieses Gesetzes Betriebsärzte und Fachkräfte für Arbeitssicherheit zu bestellen. Diese sollen ihn beim Arbeitsschutz und bei der Unfallverhütung unterstützen. Damit soll erreicht werden, dass
1. die dem Arbeitsschutz und der Unfallverhütung dienenden Vorschriften den besonderen Betriebsverhältnissen entsprechend angewandt werden,
2. gesicherte arbeitsmedizinische und sicherheitstechnische Erkenntnisse zur Verbesserung des Arbeitsschutzes und der Unfallverhütung umgesetzt werden können,
3. die dem Arbeitsschutz und der Unfallverhütung dienenden Maßnahmen einen möglichst hohen Wirkungsgrad erreichen.

5.2.5 Das Arbeitsschutzgesetz

Die allgemeinen Grundsätze des Arbeitsschutzes sind im Arbeitsschutzgesetz (ArbSchG) festgelegt. Das Arbeitsschutzgesetz verpflichtet den Arbeitgeber, für gesundheitlich unbedenkliche und möglichst sichere Arbeitsbedingungen zu sorgen.

Der Arbeitgeber muss nach § 3 ArbSchG dafür Sorge tragen, dass
- der Arbeitsschutz in geeigneter Weise organisiert wird (z. B. durch die Festlegung innerbetrieblicher Sicherheitsanweisungen);
- die erforderlichen Mittel zum Arbeitsschutz vorhanden sind; hierzu gehören die Bereitstellung von persönlichen Schutzausrüstungen für die Mitarbeiter, von Feuerlöschern usw.;
- die Sicherheitsmaßnahmen auch beachtet werden (z. B. durch Betriebsanweisungen, Hinweisschilder, Sanktionen).

Sanktion
Strafmaßnahme

Die **Kosten**, die solche Sicherheitsmaßnahmen mit sich bringen, hat der Arbeitgeber zu tragen. Er darf sie nicht auf die Arbeitnehmer abwälzen.

§

§4 ArbSchG Allgemeine Grundsätze
Der Arbeitgeber hat bei Maßnahmen des Arbeitsschutzes von folgenden allgemeinen Grundsätzen auszugehen:
1. Die Arbeit ist so zu gestalten, daß eine Gefährdung für Leben und Gesundheit möglichst vermieden und die verbleibende Gefährdung möglichst gering gehalten wird;
2. Gefahren sind an ihrer Quelle zu bekämpfen;
3. bei den Maßnahmen sind der Stand von Technik, Arbeitsmedizin und Hygiene sowie sonstige gesicherte arbeitswissenschaftliche Erkenntnisse zu berücksichtigen;
4. Maßnahmen sind mit dem Ziel zu planen, Technik, Arbeitsorganisation, sonstige Arbeitsbedingungen, soziale Beziehungen und Einfluß der Umwelt auf den Arbeitsplatz sachgerecht zu verknüpfen;
5. individuelle Schutzmaßnahmen sind nachrangig zu anderen Maßnahmen;
6. spezielle Gefahren für besonders schutzbedürftige Beschäftigtengruppen sind zu berücksichtigen;
7. den Beschäftigten sind geeignete Anweisungen zu erteilen; [...]

5.3 Die Berufsgenossenschaften und die Gewerbeaufsicht

In der Mittagspause des dritten Schulungstages sind die Azubis der Top Bike GmbH immer noch voll bei der Sache. Warum der Schulungsleiter Herr Brander so gut über die Sicherheitsregeln in ihrem Betrieb Bescheid weiß, haben sie nun herausgefunden. Eines irritiert sie aber immer noch: Warum beschäftigt eigentlich ausgerechnet die Berufsgenossenschaft Schulungsleiter für Arbeitssicherheit?

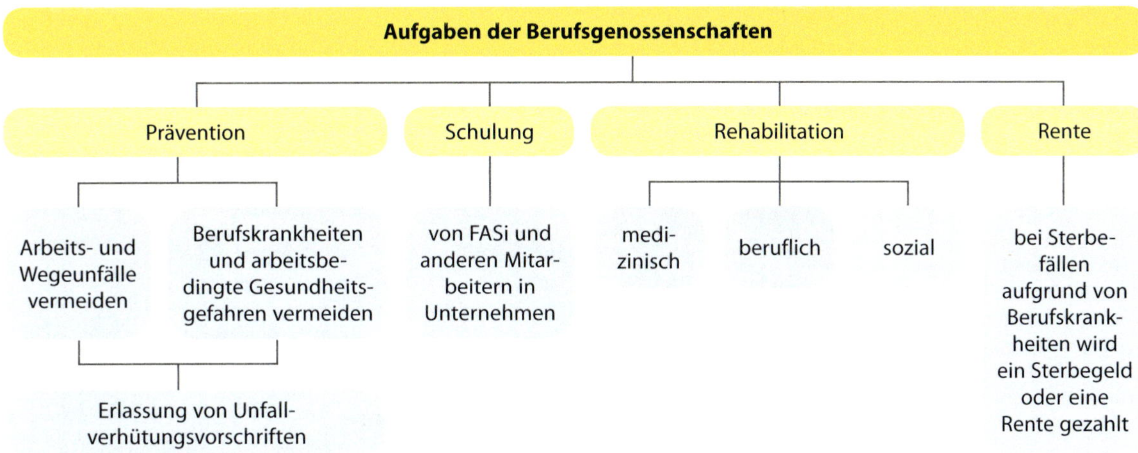

Die **Berufsgenossenschaften** (BG) sind Träger der gesetzlichen Unfallversicherung und erfüllen verschiedene Funktionen. Sie haben die Aufgabe,

- Arbeitsunfälle und Berufskrankheiten zu verhüten (Prävention),
- für die Rehabilitation von Arbeitnehmern nach Arbeitsunfällen, Wegeunfällen und Berufskrankheiten zu sorgen sowie
- gegebenenfalls finanziell (z. B. durch Verletztengeld, Übergangsgeld oder Rente) zu entschädigen.

Prävention
Vorsorge, (Unfall-)Verhütung

Rehabilitation
Wiederherstellung der Gesundheit

Die **Prävention** ist eine wichtige Aufgabe der Berufsgenossenschaften. Durch vielfältige Forschung, Aufklärung, Kampagnen, Schulungen u. Ä. arbeiten die Berufsgenossenschaften konsequent daran, die Arbeitssicherheit zu verbessern.

Schulung der Berufsgenossenschaft

Daneben erlassen die Berufsgenossenschaften **Unfallverhütungsvorschriften** und sorgen für die Umsetzung dieser Vorschriften in den Unternehmen. Dies geschieht durch von der Berufsgenossenschaft eingesetzte Aufsichtspersonen, die die Unfallverhütungsvorschriften in den Unternehmen notfalls auch mit Zwangsmitteln, z. B. Geldstrafen, durchsetzen können.

Unfallverhütungsvorschriften wurden zu einer Vielzahl von Regelungsbereichen erlassen, z. B.
- der Prävention von Unfällen,
- Betriebsärzten und FASi,
- arbeitsmedizinischer Vorsorge,
- elektrischen Anlagen und Betriebsmitteln,
- Stahlwerken,
- Müllbeseitigung,
- Winden, Hub- und Zuggeräten und vielem mehr.

Berufsgenossenschaftliche Kliniken Bergmannstrost Halle

Um die Versicherten zu rehabilitieren, bieten die Berufsgenossenschaften je nach Bedarf z. B. medizinische Versorgung, notwendige Heil- und Hilfsmittel, häusliche Krankenpflege und Behandlung in eigenen Krankenhäusern an. Zur **Rehabilitation** gehören neben der medizinischen Versorgung auch die berufliche und soziale Rehabilitation. So bezahlt die Berufsgenossenschaft im Bedarfsfall Umschulungsmaßnahmen.

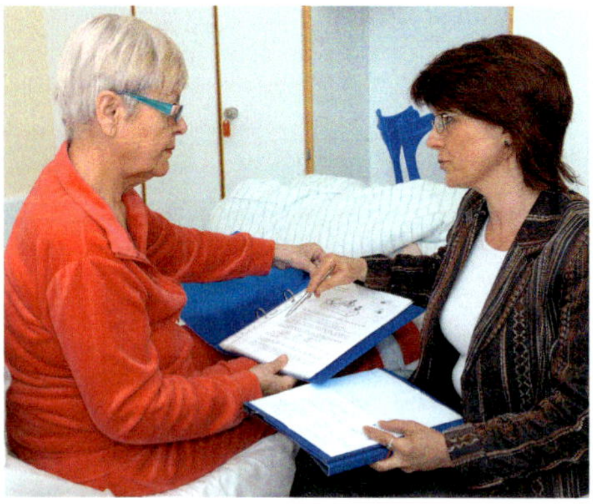

Besuchsdienst der Berufsgenossenschaft zur Rehabilitation

Außerdem bietet die Berufsgenossenschaft den Versicherten während der Rehabilitation **Entgeltersatzleistungen** (Verletztengeld oder Übergangsgeld), wenn ein Versicherter nicht in der Lage ist, seinen Lebensunterhalt zu verdienen. Eine Rente erhält der Versicherte, wenn die Schädigung eine eingeschränkte Einsatzmöglichkeit auf dem Arbeitsmarkt verursacht hat. Sollte ein Versicherter z. B. durch einen Arbeitsunfall sterben, kann eine Witwen- und Waisenrente an die Hinterbliebenen gezahlt werden.

Nach vielen Zusammenschlüssen von kleineren Berufsgenossenschaften gibt es in Deutschland seit dem 1. Januar 2011 noch zehn gewerbliche Berufsgenossenschaften, die unter dem Dachverband DGUV (**Deutsche gesetzliche Unfallversicherung**) zusammengeschlossen sind.

Jeder Arbeitnehmer ist in der Berufsgenossenschaft pflichtversichert, der sein Arbeitgeber angehört. Je nach Gefahrenklasse des Unternehmens führt der Arbeitgeber den Versicherungsbeitrag an die Berufsgenossenschaft ab. Die Gefahrenklasse richtet sich nach der Unfallhäufigkeit der Branche. Es gilt, dass der Beitrag mit höherer Gefahrenklasse ansteigt. Im Gegenzug erhält der Mitarbeiter im Falle eines Arbeitsunfalls, Wegeunfalls oder einer Berufskrankheit die entsprechenden Leistungen seiner Berufsgenossenschaft.

DGUV Deutsche Gesetzliche Unfallversicherung Spitzenverband

www.dguv.de

Fachlageristen und Fachkräfte für Lagerlogistik haben aufgrund ihrer branchenübergreifenden Einsatzfähigkeit keine eigene Berufsgenossenschaft, sondern sind der Berufsgenossenschaft zugeordnet, der ihr Arbeitgeber angehört.

Gewerbliche Berufsgenossenschaften in Deutschland

Name der Berufsgenossenschaft	Adresse der Website
Berufsgenossenschaft Rohstoffe und chemische Industrie (BG RCI)	http://www.bgrci.de
Berufsgenossenschaft Energie Textil Elektro Medienerzeugnisse (BG ETEM)	http://www.bgetem.de
Berufsgenossenschaft Holz und Metall	www.bghm.de
Berufsgenossenschaft Nahrungsmittel und Gaststätten	http://www.bgn.de
Fleischerei-Berufsgenossenschaft	http://www.fleischerei-bg.de
Berufsgenossenschaft der Bauwirtschaft – BG BAU	http://www.bgbau.de
Berufsgenossenschaft Handel und Warendistribution	http://www.bghw.de
Verwaltungs-Berufsgenossenschaft	http://www.vbg.de
Berufsgenossenschaft für Transport und Verkehrswirtschaft	http://www.bg-verkehr.de
Berufsgenossenschaft für Gesundheitsdienst und Wohlfahrtspflege	http://www.bgw-online.de

Auch die **Gewerbeaufsicht** sorgt für die Einhaltung von Vorschriften, die den Gesundheitsschutz und die Arbeitssicherheit betreffen. Bei Bedarf kann sich der Arbeitnehmer also sowohl an die Gewerbeaufsicht als auch an die Berufsgenossenschaft wenden. Die Berufsgenossenschaften sind auf Bundesebene angesiedelt und kümmern sich vorrangig um den Schutz der Arbeitnehmer. Die Gewerbeaufsicht ist auf Landesebene verankert und nimmt darüber hinaus Aufgaben für die Öffentlichkeit im Gefahren-, Umwelt- und Verbraucherschutz war.

Zu den Aufgaben der Gewerbeaufsicht gehören:
- Überwachung und Beratung von Unternehmen im Arbeits- und Umweltschutz
- Schutz und Beratung von Arbeitnehmern vor Gesundheitsgefahren am Arbeitsplatz
- Schutz der Bürger vor schädlichen Umwelteinflüssen
- Sorge für die Sicherheit technischer Produkte
- Beratung bei gewerblichen Bauvorhaben
- Bearbeitung von Genehmigungsanträgen, Anzeigen und Anfragen

5.4 In Notfällen handeln

Als Till Rohde, Lagerarbeiter bei der Top Bike GmbH, eine Kiste mit Schrauben aus dem Regal holen will, stolpert er unglücklich. Die Kiste fällt ihm auf die Hand, die kurz darauf stark anschwillt.

Ein Unfall kann zu einer Verletzung oder sogar zum Tode eines Menschen führen. Lebensbedrohliche Unfälle können zu Notfällen werden. Nun müssen Sie schnell und richtig handeln, um ein Leben zu retten und/oder weiteren Schaden der betroffenen Person zu verhindern. In Notfällen müssen Rettungsmaßnahmen in einer bestimmten Reihenfolge durchgeführt werden, die als **Rettungskette** bezeichnet wird.

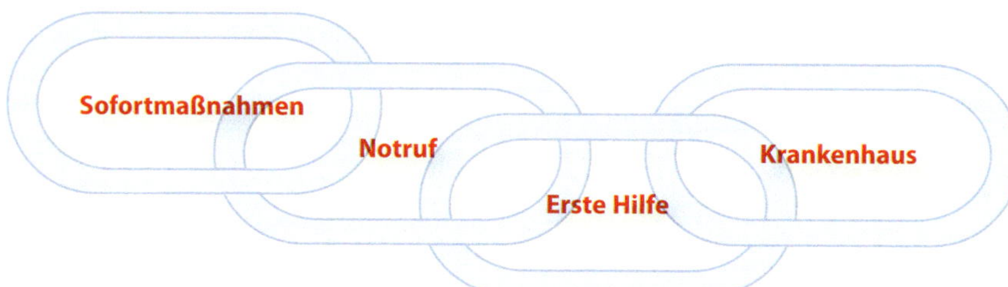

Anzahl der Ersthelfer im Unternehmen → LF 1, Kap. 5.1.3

Ihre Aufgaben als **Ersthelfer** umfassen die drei ersten Glieder der Rettungskette:

- Sie ergreifen lebensrettende **Sofortmaßnahmen**, prüfen Atmung und Puls (Vitalzeichenkontrolle), bringen den Betroffenen aus der Gefahrensituation heraus – z. B. wenn das Haus brennt – oder sichern die Unfallstelle bei Verkehrsunfällen ab.
- Sie melden schnellstmöglich den Unfall über den **Notruf**. Dabei ist es wichtig, dass Sie die **„5-W-Fragen"** genau beantworten und Ihren **Namen nennen**:

Notrufnummern in Deutschland: Polizei/Unfall: 110 Feuerwehr: 112

Wo ist es passiert?	Geben Sie den Ort genau an, z. B. Feuerstr. 12, 2. Stock, Maier.
Was ist passiert?	Schildern Sie die Situation genau, z. B. Brand, Sturz.
Wie viele Verletzte gibt es?	Geben Sie die Anzahl der betroffenen Personen mit ungefährem Alter an, z. B. ein ca. 8-jähriges Kind.
Welche Verletzungen liegen vor?	Sagen Sie, wie es um Verletzungen und lebensnotwendige Körperfunktionen (Atem, Puls, Bewusstsein) steht.
Warten auf Rückfragen.	Legen Sie erst auf, wenn die Rettungsleitstelle Ihnen signalisiert, alle Informationen erhalten zu haben.

- Jetzt leisten Sie **Erste Hilfe**: Stillen Sie Blutungen bei offenen Verletzungen, ergreifen Sie Wiederbelebungsmaßnahmen bei Herz-Kreislauf-Stillstand oder führen Sie Maßnahmen der Schockbekämpfung durch. Bringen Sie den Verletzten ggf. in die stabile Seitenlage.
- Weitere Erstmaßnahmen und den Transport in das **Krankenhaus** übernimmt der Rettungsdienst und/oder der Notarzt.

5.4.1 Die Kontrolle der Vitalfunktionen

Zur Kontrolle der Vitalfunktionen zählt die Überprüfung der Bewusstseinslage, der Atmung und der Herz-Kreislauf-Funktion.

Überprüfung des Bewusstseins

Bewusstlosigkeit ist für jeden Laien leicht feststellbar. Jeder Mensch – gleichgültig welchen Alters – wird auf Ansprache die Augen öffnen. Reagiert eine Person weder auf Ansprechen noch auf Anfassen, ist sie ohne Bewusstsein. Bei Bewusstlosigkeit besteht akute Erstickungsgefahr. Durch mangelnde Muskelaktivität kann die Zunge in den Rachen rutschen und die Atmung verhindern. Auch kann es wegen eventueller Störungen der Gehirnfunktion zum Erbrechen kommen. Das Erbrochene kann in die Atemwege gelangen und zum Ersticken führen.

- Alarmieren Sie den Rettungsdienst und weisen Sie darauf hin, dass es sich um eine bewusstlose Person handelt.
- Überprüfen Sie die weiteren Vitalfunktionen.

Kontrolle der Atmung

- Reagiert eine Person durch Antworten oder sogar Schreien, besteht kein Atemstillstand. Jedoch muss geklärt werden, ob die Person ausreichend Luft bekommt. Überprüfen Sie, ob Atembewegungen durch Heben und Senken des Brustkorbes sichtbar sind.
- Fühlen Sie den Atem, indem Sie Ihre Wange nah an die Nase der betroffenen Person halten. Spüren oder hören Sie Atemgeräusche?
- Können Sie die Atmung so nicht feststellen, überprüfen Sie den Mund-Rachen-Raum auf Fremdkörper. Wenn Sie z. B. Erbrochenes entdecken, drehen Sie den Kopf des Betroffenen zur Seite, öffnen den Mund und entfernen den Inhalt des Mundes mit Ihren Fingern.
- Atmet der Betroffene, bringen Sie ihn in eine stabile Seitenlage. Atmet er nicht, beginnen Sie unverzüglich mit der Atemspende.

stabile Seitenlage
→ LF 1, Kap. 5.4.2

Herz-Kreislauf-Kontrolle

Die Überprüfung der Herz-Kreislauf-Funktion geschieht durch Pulstasten:

- Bei ansprechbaren Verletzten tasten Sie mit Ihrem Zeige- und Ringfinger den Puls am Handgelenk. Sie legen drei Fingerkuppen leicht auf die Stelle, unter der sich die Schlagader befindet. Der Daumen ist nicht zum Pulszählen geeignet, da er einen eigenen spürbaren Puls hat. Wenn Sie den Puls fühlen und dieser auch regelmäßig ist, reicht es, den Puls 15 Sekunden lang zu zählen und die Zahl dann mit 4 zu multiplizieren, um die Pulsfrequenz pro Minute zu ermitteln. Der normale Ruhepuls eines Erwachsenen beträgt 60–80 Schläge pro Minute.
- Bei Bewusstlosen kann der Puls besser an der Halsschlagader ertastet werden, da in Stresssituationen die Durchblutung in den Organen, die weit vom Herzen entfernt liegen, häufig eingeschränkt ist.

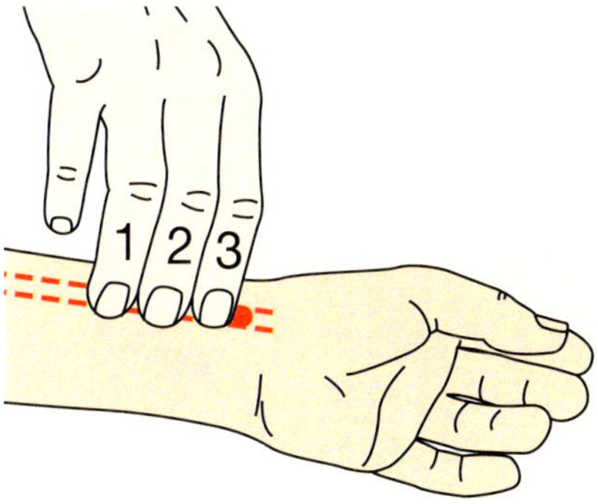

Pulsmessung

Ihre weiteren Handlungen sollten Sie je nach Vorhandensein der Vitalfunktionen schnell und entschlossen durchführen.

5.4.2 Die Erste-Hilfe-Maßnahmen

Weitere Informationen zur Ersten Hilfe finden Sie in den BGI 503 und 829.

Aus der Prüfung der Vitalfunktionen ergibt sich Ihr weiteres Vorgehen. Sie müssen entweder nach Notwendigkeit Wunden versorgen, den Betroffenen in die stabile Seitenlage bringen oder mit der Atemspende beginnen.

Stabile Seitenlage: Bewusstlose sollten Sie bei vorhandener Atmung und Puls in die stabile Seitenlage bringen, damit die Atemwege frei bleiben, auch wenn sie erbrechen. So geht's:

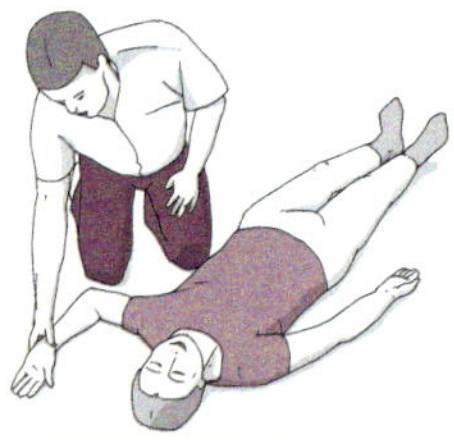

1 Nehmen Sie ggf. die Brille des Betroffenen ab und strecken Sie dessen Beine aus. Knien Sie sich neben den Betroffenen.

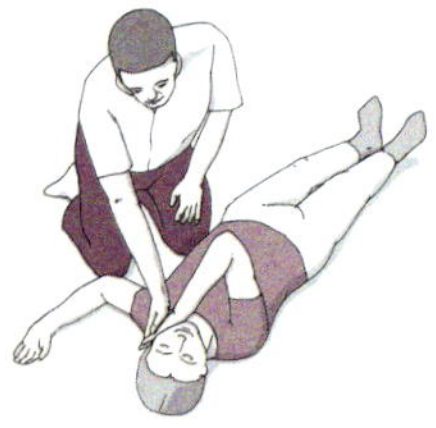

2 Lagern Sie den zugewandten Arm des Betroffenen mit gebeugtem Ellenbogen rechtwinklig aus.

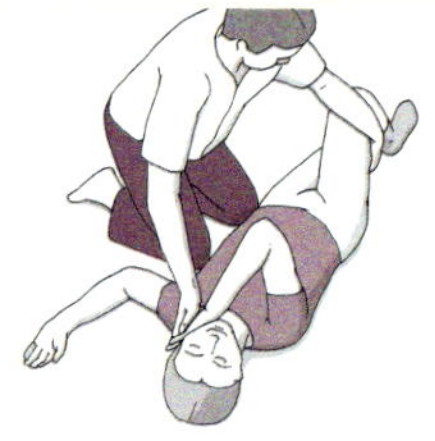

3 Führen Sie den anderen Arm des Betroffenen über dessen Oberkörper an die zugewandte Wange heran und fixieren Sie ihn dort.

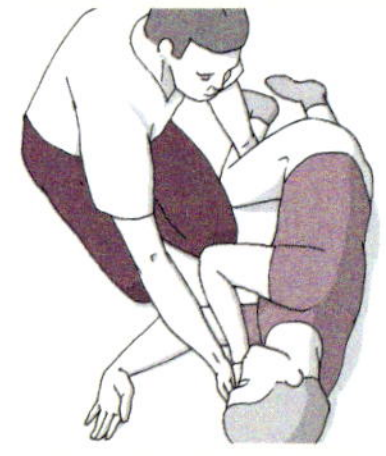

4 Fassen Sie mit der anderen Hand das abgewandte Knie des Betroffenen und ziehen Sie es zu sich heran, sodass der Betroffene auf die Seite rollt. Beugen Sie das jetzt oben liegende Bein in Hüfte und Knie rechtwinklig und nutzen Sie es als Stütze für den Körper so, dass der Betroffene nicht auf dem unteren Bein liegt.

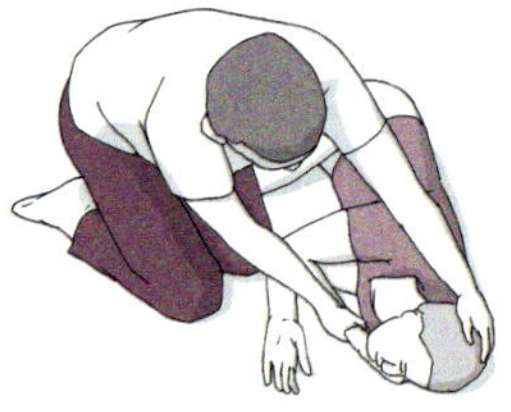

5 Überstrecken Sie den Kopf zum Freihalten der Atemwege und überprüfen Sie die Atmung regelmäßig.

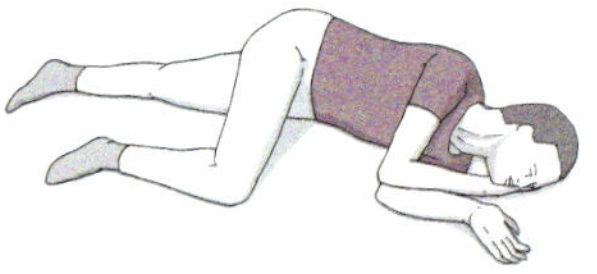

6 Schützen Sie die Person ggf. vor Kälte.

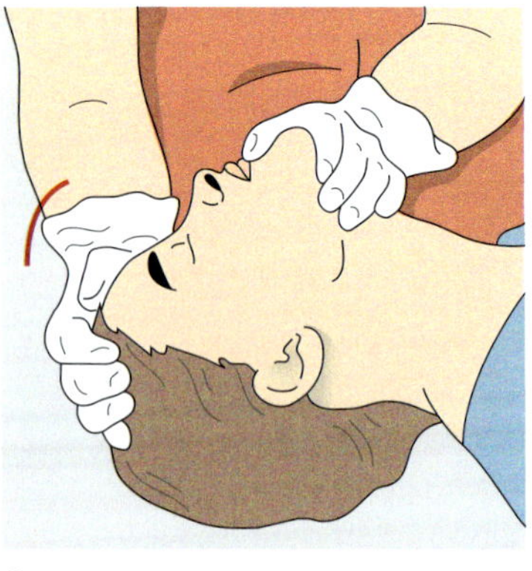

Überstreckung des Kopfes

Atemspende: Tritt ein Atemstillstand ein, muss sofort beatmet werden, da sonst der Körper nicht mehr mit lebensnotwendigem Sauerstoff versorgt werden kann. Durch eine verminderte oder fehlende Sauerstoffversorgung können die Gehirnzellen schon nach wenigen Minuten Schaden nehmen. Bevor Sie den Verunglückten beatmen, müssen Sie den Mund-Rachen-Raum frei von Fremdkörpern machen (z. B. Zahnprothese oder Erbrochenes) und den Kopf überstrecken.

Schützen Sie sich bei der Beatmung, indem Sie z. B. ein Taschentuch zwischen Ihren Mund und die Nase des Bewusstlosen legen. Führen Sie vorzugsweise die **Mund-zu-Nase-Beatmung** durch.

So führen Sie eine Mund-zu-Nase-Beatmung durch:
- Verschließen Sie mit dem Daumen der am Unterkiefer anliegenden Hand den Mund, sodass keine Luft entweichen kann.
- Atmen Sie dann selbst Luft ein und umschließen Sie mit Ihrem weit geöffneten Mund fest die Nase des Verletzten.
- Blasen Sie die eingeatmete Luft vorsichtig in die Atemwege.
- Heben Sie nach jeder Beatmung den Mund kurz ab, damit die Ausatmung des Betroffenen möglich ist.
- Kontrollieren Sie die Wirksamkeit Ihrer Maßnahme am Heben des Brustkorbes beim Einblasen der Luft und an der selbstständig erfolgenden Ausatmung.
- Führen Sie die Beatmung so lange durch, bis der Betroffene selbst wieder atmet oder bis fachliche Hilfe eintrifft.
- Atmet der Patient wieder selbstständig, bringen Sie ihn in die stabile Seitenlage.

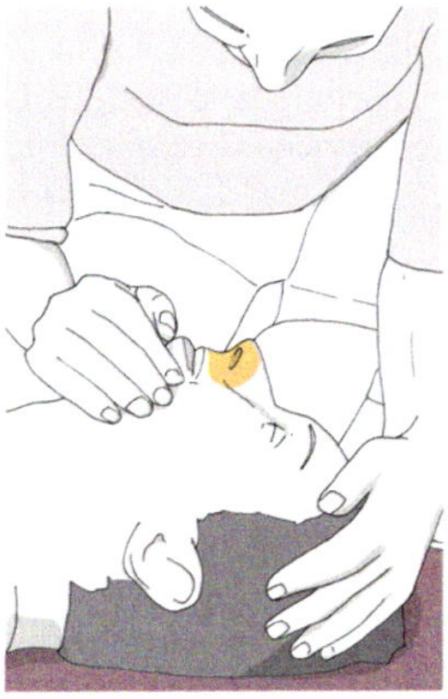

Mund-zu-Nase-Beatmung

Richtwert für die Häufigkeit der Beatmung bei Erwachsenen: 15-mal pro Minute

Ist keine Mund-zu-Nase-Beatmung möglich, z. B. wegen Verletzungen der Nase, wird von Mund zu Mund beatmet: Der Hals des Verletzten wird ebenfalls überstreckt. Legen Sie Ihre Hand auf seine Stirn und verschließen Sie mit Daumen und Zeigefinger seine Nase. Öffnen Sie den Mund des Verletzten leicht, legen Sie Ihren Mund nach dem Einatmen fest über seinen Mund und beatmen Sie vorsichtig.

Herz-Lungen-Wiederbelebung: Ist neben dem Atemstillstand auch kein Puls mehr tastbar, müssen Sie eine Herz-Lungen-Wiederbelebung durchführen. Rufen Sie vorher den Rettungsdienst oder beauftragen Sie eine andere Person damit.
- Knien Sie sich neben den auf einer harten Unterlage liegenden Verunglückten.
- Legen Sie den Handballen Ihrer Hand auf das untere Drittel des Brustbeines in der Mitte des Brustkorbes.
- Platzieren Sie den Ballen Ihrer anderen Hand auf Ihrer ersten Hand.
- Durch die Herzdruckmassage ersetzen Sie nun die Pumpfunktion des Herzens. Strecken Sie Ihre Arme aus und drücken Sie senkrecht von oben mit Ihrem eigenen Oberkörpergewicht ungefähr 30-mal auf den Brustkorb des Patienten. Entlasten Sie zwischen zwei Pumpstößen den Brustkorb komplett. Die Häufigkeit, mit der die Herzdruckmassage durchgeführt werden soll, beträgt ca. 80 bis 100 Kompressionen (Drücken und Loslassen) pro Minute.
- Führen Sie Herzdruckmassage und Beatmung abwechselnd durch: zwei Atemspenden im Wechsel mit 30 Herzdruckmassagen. Führen Sie diese Wiederbelebungsmaßnahmen durch, bis der Kreislauf wieder einsetzt bzw. bis der Rettungsdienst eintrifft.

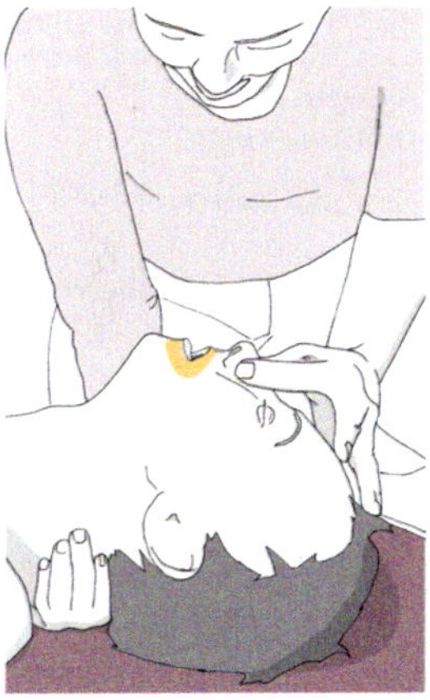

Mund-zu-Mund-Beatmung

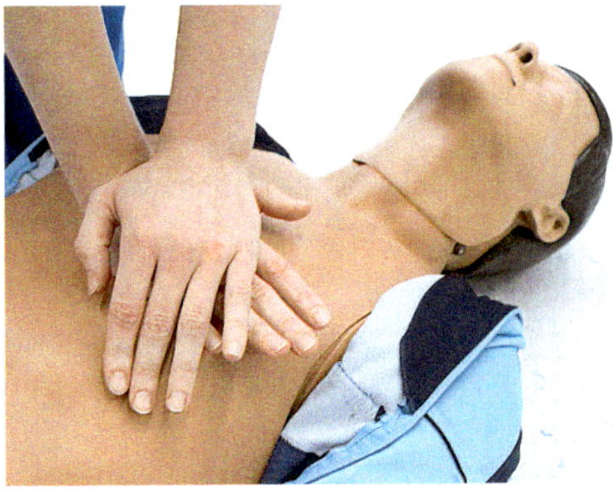

Herzdruckmassage

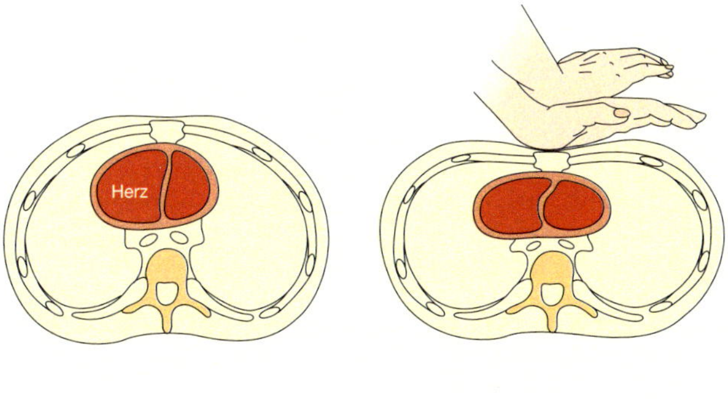

Effekt der Herzdruckmassage

5.4.3 Die unterschiedlichen Notfallsituationen

Bei allen kritischen Situationen ist zunächst der Notarzt zu alarmieren.

Blutet eine Person aus einer Wunde sehr stark oder kommt eine **Blutung** innerhalb weniger Minuten nicht zum Stillstand, ergreifen Sie folgende Maßnahmen:
- Lagern Sie den verletzten Körperteil, wenn möglich, hoch und drücken Sie mit Zeige-, Mittel- und Ringfinger das zuführende Blutgefäß ab. Sie müssen so stark und gezielt drücken, dass die Blutung zum Stillstand kommt. Gelingt Ihnen das nicht, drücken Sie direkt mit dem Handballen auf die Verletzung.
- Legen Sie einen Druckverband an: Legen Sie eine Wundauflage (z. B. Kompresse) auf die Verletzung und befestigen Sie diese sofort mit zwei Umschlägen eines Verbandes. Als Druckpolster legen Sie ein geschlossenes Verbandpäckchen auf die Verletzung. Befestigen Sie dies durch den Verband, den sie jetzt unter Zug anlegen sollten. Verknoten Sie den Verband zuletzt direkt auf dem Druckpolster. Achten Sie darauf, dass Sie mit dem Druckverband keine Stauung, durch die sich z. B. der Arm blau oder rot verfärbt, erzeugen. Ist der Druckverband durchgeblutet, öffnen Sie ihn nicht, sondern befestigen Sie über dem ersten Druckpolster ein zweites.
- Befindet sich ein Fremdkörper (z. B. eine Glasscherbe) in der Wunde, entfernen Sie diesen nicht. Es besteht die Gefahr, dass Gefäße, die durch den Fremdkörper verschlossen sind, eröffnet werden. Üben Sie in diesem Fall mit den Fingern Druck auf das verletzte Gefäß aus, ohne den Fremdkörper zu berühren.

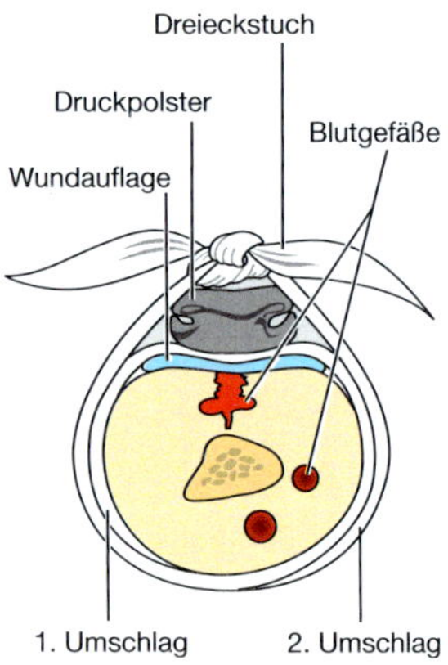

Anlegen eines Druckverbands

Bei allen **Verletzungen im Kopfbereich** besteht die Gefahr der Mitverletzung des Gehirns. Ergreifen Sie folgende Erstmaßnahmen:
- Jede Person, die nach einer Gewalteinwirkung auf den Kopf auch nur für Sekunden bewusstlos ist, muss ärztlich behandelt werden.
- Typische Zeichen von Kopfverletzungen sind Erinnerungslücken, Schwindel, Kopfschmerzen, Übelkeit und Erbrechen. Alarmieren Sie auch in diesen Fällen den Rettungsdienst.

Verbrennungen und **Verbrühungen** sind Schädigungen des Gewebes durch Hitzeeinwirkung; bei der Verbrühung erfolgt die Hitzeeinwirkung durch heiße Flüssigkeit. Sofortmaßnahmen:
- Entfernen Sie bei Verbrühungen mit Wasser die Kleidung. Handelt es sich jedoch um eine Verbrennung, z. B. wenn Kleidung in die Wunde eingebrannt ist, sollten Sie die Kleidung nicht entfernen.
- Lassen Sie lauwarmes Wasser 15–20 Minuten auf die verbrannten Stellen rieseln. Halten Sie den restlichen Körper mit Decken warm.
- Kann die Wasseranwendung nicht die ganze Zeit durchgehalten werden, decken sie die Brandwunde mit einem sterilen Tuch ab. Befeuchten Sie das Tuch, nachdem Sie es auf die Wunde gelegt haben (keine nassen Tücher auf die Wunde legen und nicht andrücken, da Brandwunden sehr druckschmerzhaft sind).
- Geben Sie keine Salben, Puder oder sonstigen Mittel auf die verbrannte Stelle.

Unter www.apotheken.de können Sie durch Eingabe Ihres Wohnortes oder Ihrer Postleitzahl die Nummer des entsprechenden Giftnotrufes recherchieren. Bringen Sie die Nummer gut sichtbar in der Nähe des Telefons an.

Vergiftungsunfälle erfolgen häufig durch Arznei-, Putz- und Reinigungsmittel. Ergreifen Sie bei einer Vergiftung folgende Maßnahmen:
- Kontrollieren Sie die Vitalfunktionen. Sind keine Vergiftungszeichen erkennbar, rufen Sie die nächste Vergiftungszentrale an und handeln Sie nach deren Angaben.
- Sind die Vitalfunktionen nicht erhalten, informieren Sie sofort den Notarzt und ergreifen Sie die Erste-Hilfe-Maßnahmen.

Weisen Sie darauf hin, dass es sich bei dem Notfall um eine Vergiftung handelt. Halten Sie das Gift oder die Packung bereit, um Fragen am Telefon beantworten zu können.
- Notieren Sie den Zeitpunkt der Gifteinnahme, das Produkt und die Menge, die eingenommen wurde. Lösen Sie auf keinen Fall Erbrechen aus, denn so gelangt die ätzende Substanz ein weiteres Mal durch die Speiseröhre und verursacht hier Verletzungen. Geben Sie niemals Milch. Milch ist kein Gegengift und beschleunigt bei einigen Giften sogar die Giftaufnahme.

Bei jedem Verunglückten müssen Sie davon ausgehen, dass sein Zustand nicht nur durch die Verletzung selbst, sondern auch durch einen **Schock** als Folge der Verletzung beeinträchtigt ist. Der mit dem Schock verbundene Blutdruckabfall kann zu lebensbedrohlichen Gewebeschäden und zum Tode führen.

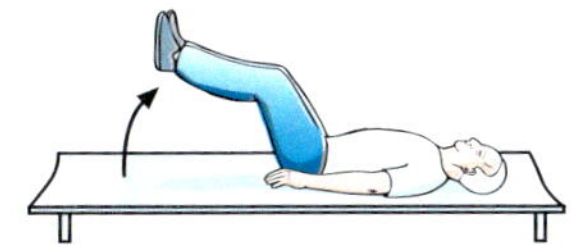
Lagerung bei Schock

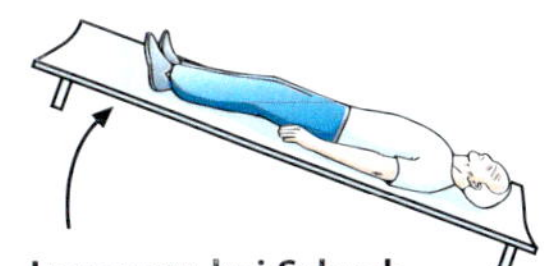
Lagerung bei Schock (Trendelenburg-Lagerung)

Erkennen können Sie einen Schock an einer Erhöhung der Pulsfrequenz über 100 Schläge pro Minute und an einem Abfall des Blutdrucks. Betroffene mit Schock sind blass, kaltschweißig und unruhig. Die Unruhe kann sich zur Teilnahmslosigkeit wandeln und in Bewusstlosigkeit übergehen. Handlungsschritte:
- Beruhigen Sie die betroffene Person und halten Sie sie warm.
- Versorgen Sie die ursprüngliche Verletzung (z. B. Blutung).
- Bringen Sie den Betroffenen in Schocklage, indem Sie ihn auf den Rücken legen und die Beine 20 bis 30 cm hoch lagern.

5.4.4 Das Verbandbuch

Arbeitnehmer sind durch ihren Arbeitgeber gegen Unfälle während der Arbeit und auf dem direkten Weg von und zu der Arbeitsstätte versichert (**gesetzliche Unfallversicherung**). Um spätere Ansprüche gegen diese Versicherung geltend machen zu können, muss jeder Arbeitsunfall sorgfältig dokumentiert werden.

gesetzliche Sozialversicherungen → Anhang WiSo, Kap. 2.6.1

Diese Dokumentation erfolgt in den Betrieben und auch in der Berufsschule über das sogenannte **Verbandbuch**. Es dient dem Nachweis, dass ein Gesundheitsschaden während einer versicherten Tätigkeit eingetreten ist. Diese Eintragung hat in jedem Fall zu erfolgen. Es ist egal, ob es sich um einen schwereren Unfall oder um eine vermeintlich leichte Verletzung handelt, die erst einmal nur mit einem Heftpflaster versorgt wurde.

Folgende Tatbestände müssen dokumentiert werden.
- Ort und Zeitpunkt des Unfalls
- Name des/der Verletzten
- Art der Verletzung
- Zeitpunkt der Behandlung (egal in welcher Form)
- durchgeführte Erste-Hilfe-Maßnahmen
- Name des Ersthelfers / der Ersthelferin
- Namen von eventuellen Zeugen

Um zu gewährleisten, dass auch wesentlich später auftretende Folgeschäden dem Arbeitsunfall eindeutig zugeordnet werden können, sind die Aufzeichnungen mindestens fünf Jahre lang aufzubewahren.

Auf dem feuchten Boden der Werkshalle kam ein Mitarbeiter der Top Bike GmbH vor einem Jahr ins Rutschen und stürzte. Der Mitarbeiter brach sich dabei den Arm. Der Bruch ist zwar inzwischen verheilt, es traten jedoch Komplikationen auf, sodass der Arm bis zum heutigen Tag nicht voll einsetzbar ist.

5.4.5 Die Unfallanzeige

Berufsgenossenschaft
→ LF 1, Kap. 5.3

Arbeitsunfälle und Wegeunfälle, die zu einer Arbeitsunfähigkeit des Versicherten von drei oder mehr Kalendertagen geführt haben, muss der Arbeitgeber innerhalb von **drei Tagen** an die zuständige Berufsgenossenschaft melden. Die Unfallanzeige ist in mindestens vier Ausfertigungen zu erstellen. Zwei Exemplare werden der zuständigen Berufsgenossenschaft übermittelt, ein Exemplar geht an den Betriebsrat und ein Exemplar verbleibt zur Dokumentation in der Verwaltung des Unternehmens. Der Versicherte hat das Recht auf eine Kopie der Unfallanzeige. Die Fachkraft für Arbeitssicherheit und der Betriebsarzt sind über den Unfall zu informieren.

Unfälle mit besonders schwerwiegenden Gesundheitsschäden, tödliche Unfälle und Massenunfälle müssen unverzüglich der zuständigen Berufsgenossenschaft gemeldet werden. Die Meldung kann z. B. telefonisch, per Fax oder E-Mail erfolgen.

UNFALLANZEIGE

1 Name und Anschrift des Unternehmens

2 Unternehmensnummer des Unfallversicherungsträgers

3 Empfänger

4 Name, Vorname des Versicherten		5 Geburtsdatum Tag Monat Jahr	
6 Straße, Hausnummer	Postleitzahl	Ort	
7 Geschlecht ☐ männlich ☐ weiblich	8 Staatsangehörigkeit	9 Leiharbeitnehmer ☐ ja ☐ nein	
10 Auszubildender ☐ ja ☐ nein	11 Ist der Versicherte ☐ Unternehmer ☐ mit dem Unternehmer verwandt	☐ Ehegatte des Unternehmers ☐ Gesellschafter/Geschäftsführer	
12 Anspruch auf Entgeltfortzahlung besteht für ______ Wochen	13 Krankenkasse des Versicherten (Name, PLZ, Ort)		
14 Tödlicher Unfall? ☐ ja ☐ nein	15 Unfallzeitpunkt Tag Monat Jahr Stunde Minute	16 Unfallort (genaue Orts- und Straßenangabe mit PLZ)	
17 Ausführliche Schilderung des Unfallhergangs (Verlauf, Bezeichnung des Betriebsteils, ggf. Beteiligung von Maschinen, Anlagen, Gefahrstoffen)			
Die Angaben beruhen auf der Schilderung ☐ des Versicherten ☐ anderer Personen			
18 Verletzte Körperteile	19 Art der Verletzung		
20 Wer hat von dem Unfall zuerst Kenntnis genommen? (Name, Anschrift des Zeugen)	War diese Person Augenzeuge? ☐ ja ☐ nein		
21 Name und Anschrift des erstbehandelnden Arztes/Krankenhauses	22 Beginn und Ende der Arbeitszeit des Versicherten Beginn Stunde Minute Ende Stunde Minute		
23 Zum Unfallzeitpunkt beschäftigt/tätig als	24 Seit wann bei dieser Tätigkeit? Monat Jahr		
25 In welchem Teil des Unternehmens ist der Versicherte ständig tätig?			
26 Hat der Versicherte die Arbeit eingestellt? ☐ nein ☐ sofort ☐ später, am	Tag Monat Stunde		
27 Hat der Versicherte die Arbeit wieder aufgenommen? ☐ nein ☐ ja, am	Tag Monat Jahr		
28 Datum	Unternehmer/Bevollmächtigter	Betriebsrat (Personalrat)	Telefon-Nr. für Rückfragen (Ansprechpartner)

ALLES KLAR?

1 Welche der folgenden Maßnahmen sind **keine** Maßnahmen zur Arbeitssicherheit?

a Der Mitarbeiter trägt Sicherheitsschuhe.
b Auf die Einhaltung der Pausenzeiten wird geachtet.
c Für den Betrieb der Gabelstapler gibt es eine eigene Betriebsanweisung.
d Die Fluchtwege sind mit Rettungszeichen versehen.
e Auf dem Betriebsgelände ist das Filmen und Fotografieren untersagt.
f Jeder Mitarbeiter muss auf dem Lager zusätzlich einen Schutzhelm tragen.

2 Beschreiben Sie kurz und in eigenen Worten, woran Sie

a ein Verbotszeichen,
b ein Gebotszeichen,
c ein Warnzeichen und
d ein Rettungszeichen

jeweils erkennen können.

3 Welche Bedeutung haben die folgenden Warnzeichen?

4 Welchen Aufbau schlagen die Berufsgenossenschaften für eine Betriebsanweisung vor?

5 Ordnen Sie die folgenden Regelungen jeweils

a der Bildschirmarbeitsverordnung,
b dem Produktsicherheitsgesetz,
c dem Arbeitssicherheitsgesetz

zu.

Regelungen:

1 Arbeitsmittel und Produkte unterliegen umfassenden Informations- und Kennzeichnungspflichten.
2 Computermonitore müssen so eingerichtet werden, dass sie körperlichen und psychischen Belastungen entgegenwirken.
3 Der Anwender muss über mögliche Gefahren durch den Gebrauch aufgeklärt werden.
4 Betriebe müssen Fachkräfte für Arbeitssicherheit bestellen.

6 Was gehört zur persönlichen Schutzausrüstung? Welche Schutzmittel verwenden Sie bei Ihrer täglichen Arbeit?

7 Bringen Sie die Rettungskette in die richtige Reihenfolge:
Notruf, Krankenhaus, Sofortmaßnahmen ergreifen, Erste Hilfe

8 Beschreiben Sie, welche Maßnahmen

a bei stark blutenden Wunden,
b bei Kopfverletzungen,
c bei Verbrennungen,
d bei einem Schock,

vom Ersthelfer ergriffen werden müssen.

6 English exercises

Imagine you work in your company's warehouse and you meet an Italian trucker for the first time. How do you introduce yourself if you want to make a good impression?

Below are some terms and phrases for introducing yourself.

Welcome	Willkommen	Have a nice day.	Schönen Tag noch!
What is your name?	Wie heißen Sie?	I am training as a …	Ich mache eine Ausbildung als …
Where are you from?	Woher kommen Sie?	warehouse worker	Lagerarbeiter
I am from …	Ich komme aus …	supplier	Lieferant
Pleased to meet you.	Es freut mich, Sie kennen zu lernen.	product	Produkt

Exercise 1

Work with a partner and act out the dialogue. Look at the useful terms and phrases box for help.

Lagerarbeiter (= warehouse worker) | **Lkw-Fahrer (= truck driver)**

Lagerarbeiter: Begrüßen Sie den Lkw-Fahrer und stellen Sie sich vor.

Lkw-Fahrer: Stellen Sie sich ebenfalls vor.

Lagerarbeiter: Fragen Sie, ob der Lkw-Fahrer oft nach Deutschland fährt.

Lkw-Fahrer: Erklären Sie, dass Sie zweimal im Monat nach Deutschland fahren. Allerdings ist es heute das erste Mal, dass er zur Top Bike GmbH gefahren ist. Fragen Sie ihn nach der Top Bike GmbH aus (z. B. Anzahl der Mitarbeiter, Produkte, Kunden und Lieferanten).

Lagerarbeiter: Erwähnen Sie, dass Sie seit August in dem Unternehmen eine Ausbildung zum Fachlageristen machen und informieren Sie den Lkw-Fahrer über die Top Bike GmbH. Schauen Sie sich hierzu nochmals das Unternehmensportrait an.

Lagerarbeiter: Da Sie weiter arbeiten müssen, wünschen Sie noch einen schönen Tag.

Lkw-Fahrer: Verabschieden Sie sich und erwähnen Sie, dass Sie sich auf ein Wiedersehen freuen.

Exercise 2

Make a buddy book and write down all unfamiliar words from the dialogue.

Exercise 3

Describe what you have to do in the receiving departments by putting the words below in the correct order to make sentences.

a	the	unload	I	goods			
b	unpack	incoming goods	the	I			
c	damages	the	assess	I			
d	check	the	against	quantities	I	the	packing list
e	receiving reports	I	prepare	the			

Exercise 4

In the receiving department you often use the following words. Match these German words with their English equivalents.

1	delay in delivery	**a**	Lieferschein
2	defective/deficient delivery	**b**	Annahmeverzug
3	delivery note/consignment note	**c**	Lieferungsverzug
4	invoice	**d**	Rechnung
5	default of acceptance/default in accepting	**e**	Mangelhafte Lieferung
6	waybill	**f**	Spedition
7	notice of defect	**g**	Qualität
8	forwarding agency	**h**	Menge
9	quantity	**I**	Frachtbrief
10	quality	**j**	Mängelrüge

Exercise 5

Without adequate labelling, products may be handled incorrectly and could therefore get damaged in transit. Match the instructions in the box with the markings below (a–f) and explain how goods marked with these labels should be handled.

Keep dry and away from water – This way up – Keep away from heat and direct sunlight – Fragile – Centre of gravity – Do not use forklift truck here

a 
b 
c 
d 
e 
f 

Exercise 6

Have you had an experience with faulty deliveries? Explain what you have to do if the incoming goods are damaged.

Exercise 7

Write all unfamiliar words from exercises 3 and 4 in your buddy book.

2

Güter lagern

- Der Überblick über die Lagerhaltung
- Die Lagerorganisation
- Die Lagerarten
- Die Lagereinrichtungstechniken
- Die Lagerhaltung mit Kennzahlen kontrollieren
- Die Sicherheit im Lager
- English exercises

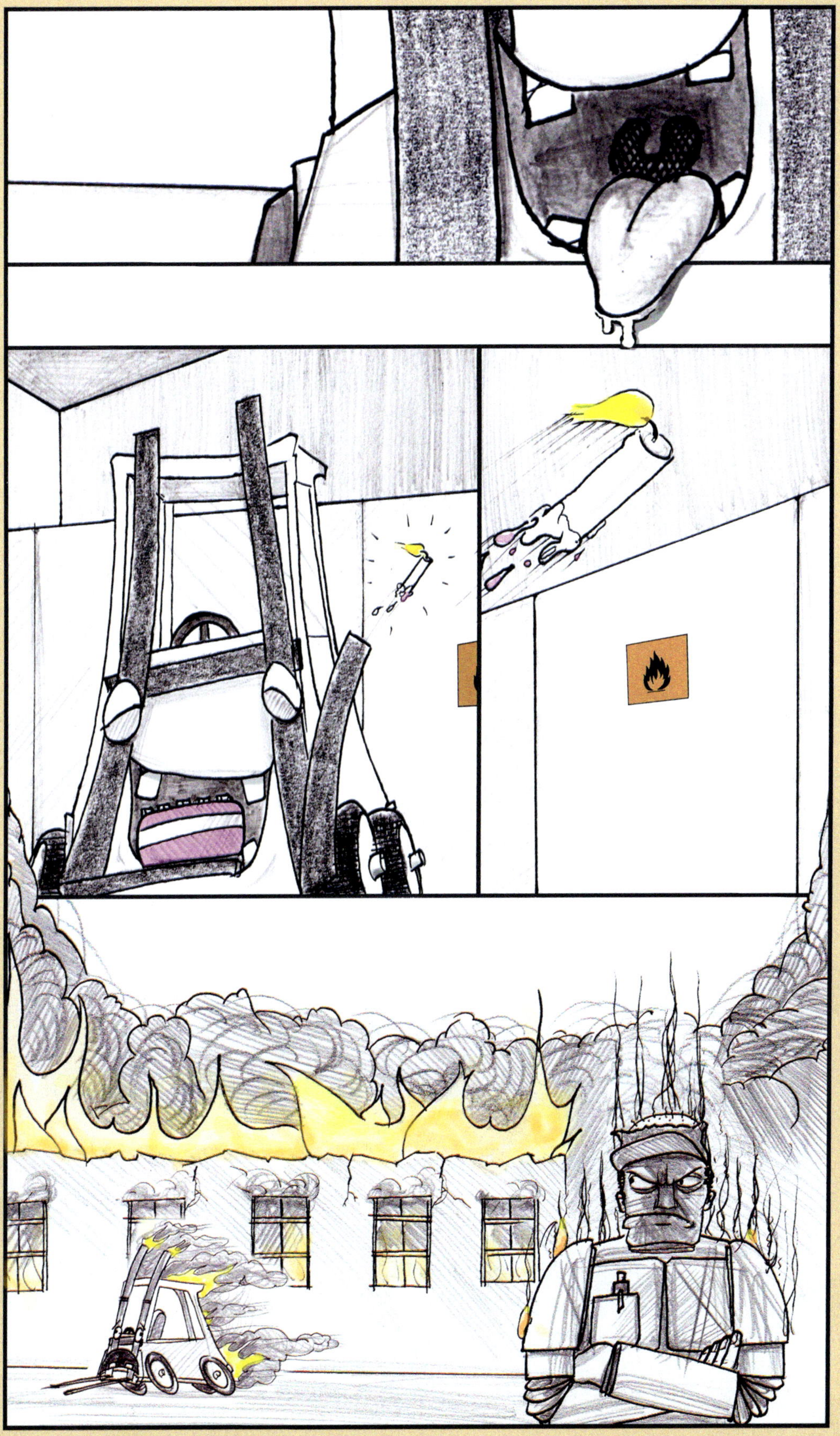

LS 8

1 Der Überblick über die Lagerhaltung

Karsten soll verschiedene Sendungen, die er aus dem Wareneingang erhalten hat, in die entsprechenden Lager bringen. Allerdings kennt er sich im Unternehmen der Top Bike GmbH noch nicht so gut aus. Er wendet sich an Herrn Pietsch, der ihm einen Überblick verschaffen soll. Warum können nicht alle Güter im gleichen Lager untergebracht werden?

Kennzahlen
→ LF 2, Kap. 5
→ LF 3, Kap. 4.3

Bei der Lagerhaltung werden Güter zur späteren Verwendung aufbewahrt. So wird sichergestellt, dass die Produktion eines Unternehmens oder auch Kunden mit Gütern versorgt werden kann. Ein Lager arbeitet wirtschaftlich, wenn es möglichst kostengünstig betrieben wird. Dazu muss es gut geplant und regelmäßig kontrolliert werden. Nicht nur die aufbewahrten Güter, sondern auch der Raum und die Einrichtung sind Bestandteil des Lagers.

Lager sind
- die Räume, in denen die Güter bevorratet werden.
- die gelagerten Güter selbst.

1.1 Die Lagergüter

Die Ausgestaltung des Lagers und die Art der Lagerung richten sich unter anderem nach der Beschaffenheit und den Eigenschaften von Gütern. Nachfolgend werden diese beispielhaft dargestellt.

Beschaffenheit von Gütern
- fest
- flüssig
- pastös
- gasförmig
- rieselfähig

Holz ist fest

Wasser ist flüssig

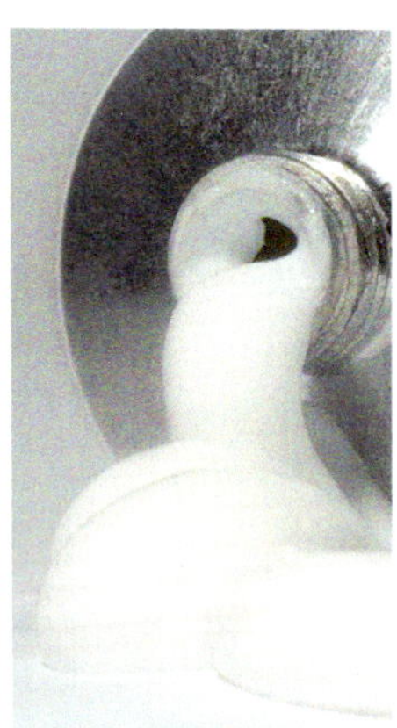
Baukleber ist pastös

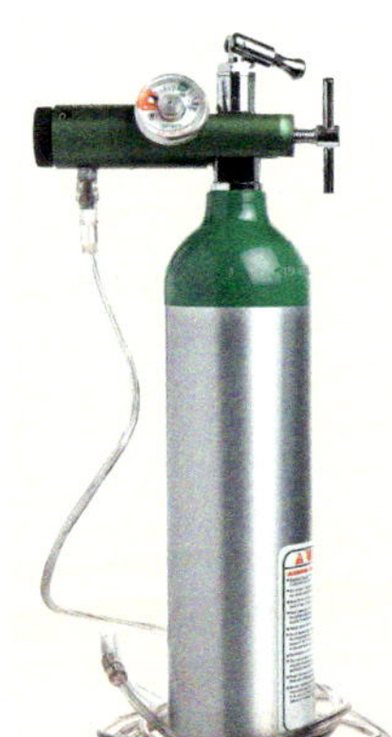
Luft ist gasförmig

Streusalz ist rieselfähig

Eigenschaften von Gütern

- entzündbar
- temperaturempfindlich
- explosiv
- stapelfähig
- giftig
- diebstahlgefährdet
- gesundheitsgefährdend
- feuchtigkeitsempfindlich
- verderblich
- lichtempfindlich/lichtbedürftig
- stoß- und schlaggefährdet

Eine weitere Unterscheidung ist nach Stück- und Schüttgut möglich. **Stückgüter** sind unverpackte und verpackte Einzelgüter. **Schüttgüter** hingegen sind Güter, die in großen Mengen vorkommen und unverpackt sind (Massengüter), wie z.B. Getreide, Futtermittel, Steinkohle, Eisenerz, Sand und Kies.

Bei der Lagerung von Gütern kommt es darauf an, dass sie ihre Beschaffenheit sowie ihre Ver- und Gebrauchseigenschaften behalten oder sogar verbessern. Dafür ist es wichtig, die richtigen Lagereinrichtungstechniken zu verwenden. Haben Güter gleichartige Eigenschaften, können sie zusammen gelagert werden. Verfügen sie unter Umständen über unterschiedliche Eigenschaften, sind sie getrennt aufzubewahren. Das Lager muss mit einer Kühlanlage, Klimaanlage oder Belüftungseinrichtung ausgestattet sein, wenn Güter bei einer konstanten Temperatur aufbewahrt werden müssen.

Lagereinrichtungstechnik
→ LF 2, Kap. 4

- Käse sollte nicht mit Schokolade aufbewahrt werden, da die Schokolade den Geruch des Käses annehmen kann.
- Butter sollte im Kühllager aufbewahrt werden, da sie bei zu hohen Temperaturen verderben oder ranzig werden kann.
- Pflanzen müssen in einem temperierten Lager aufbewahrt werden, da sie gleichbleibende Temperatur und Luftfeuchtigkeit benötigen, um zu gedeihen.
- Explosive und gesundheitsschädigende Güter müssen unter Verschluss gelagert werden, damit Unbefugte keinen Zugriff darauf haben.
- Verderbliche Güter wie Lebensmittel müssen nach dem Mindesthaltbarkeitsdatum gelagert werden, da sie sonst veralten und ihre Ver- und Gebrauchseigenschaften, wie Geschmack, Struktur oder Geruch, verloren gehen.
- Benzin darf nicht auf freien Flächen aufbewahrt werden, da es das Grundwasser verseuchen kann. Es wird daher in Tanks aufbewahrt.

Mindesthaltbarkeitsdatum
→ LF 3, Kap. 2

Bestimmte Güter dürfen nicht zusammen gelagert werden (**Zusammenlagerungsverbot**). Grund dafür kann sein, dass es sich um Güter handelt, die chemisch miteinander reagieren.

- Sprengstoff, Munition und Feuerwerkskörper dürfen nicht mit Benzin, Heizöl oder Dieselkraftstoff zusammen gelagert werden.
- Lebensmittel dürfen nicht mit Chemikalien gelagert werden.

Gefahrstoffverordnung
→ LF 2, Kap. 6.3.1

1.2 Die Aufgaben der Lagerhaltung

Die Aufgaben der Lagerhaltung sind vielfältig, da es unterschiedliche Lagergüter gibt und die Einlagerer unterschiedliche Anforderungen an die Lagerprozesse stellen. Insgesamt werden fünf Aufgaben der Lagerhaltung unterschieden.

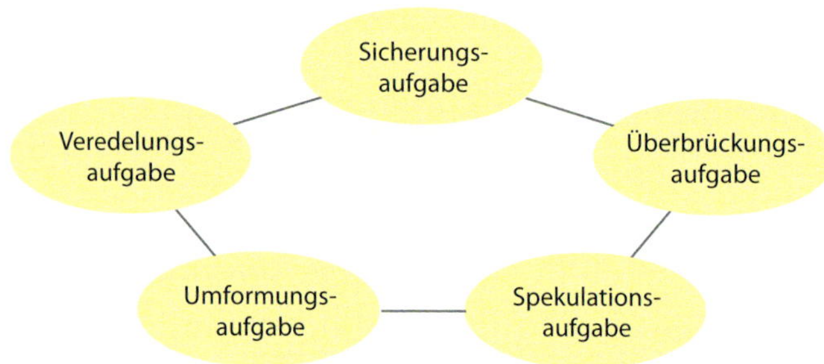

Die Lagerhaltung umfasst darüber hinaus noch weitere Aufgaben:

Lagerkennzahlen
→ LF 2, Kap. 5
→ LF 3, Kap. 4.3

- das rechtzeitige Zurverfügungstellen aller Materialien und Güter
- die Durchführung der Materialannahme und Qualitätskontrolle
- die Optimierung der Lagerbestände unter betriebswirtschaftlichen Gesichtspunkten

Lagerverwaltung
→ LF 2, Kap. 2.8

- allgemeine Lagerverwaltungsaufgaben (einschließlich Lagerbuchführung)

Reservehaltung für Produktion und Absatz (Sicherungsaufgabe)
Durch einen ausreichenden Bestand aller zur Herstellung benötigter Güter wird sichergestellt, dass auch spontan auf eine erhöhte Nachfrage reagiert werden kann. Die Produktionsmenge kann dadurch sofort erhöht werden. Ein umfangreicher Lagerbestand sorgt gleichzeitig dafür, dass es keine Unterbrechungen im Produktionsablauf wegen Materialmangels gibt.

→ Es kommt immer wieder vor, dass Fahrer der Tamino Deutschland GmbH mit ihrem Lkw im Stau stehen oder eine Panne haben und deshalb die von der Top-Bike GmbH bestellten Gangschaltungen nicht pünktlich liefern. Da der Produktionsleiter Özlan Chabba aber Gangschaltung bevorratet, kommt es bei der Top Bike GmbH wegen einer unpünktlichen Lieferung nicht zum Produktionsausfall.

Lagerhaltung zur zeitlichen Überbrückung

Zeitliche Überbrückungsaufgabe
Herstellungs-, Verwendungs- und Absatzzeitraum liegen oft zeitlich auseinander. Deshalb werden die Teile, die noch nicht benötigt werden, gelagert und so die Zeit bis zur Verwendung oder bis zum Abruf durch den Kunden überbrückt.

→ Die Top Bike GmbH produziert Fahrräder in großen Mengen und für viele Kunden. Bis die Auslieferung an einen Kunden erfolgen kann, vergehen oft mehrere Tage. Diese Zeit wird durch die Lagerhaltung überbrückt.

Preisspekulation (Spekulationsaufgabe)

Materialpreise unterliegen Schwankungen. Wenn steigende Preise vorauszusehen sind, bietet es sich an, vor der Preiserhöhung Materialien in größerer Menge einzukaufen, als dies fertigungstechnisch notwendig wäre. Dabei lassen sich als positiver Nebeneffekt Mengenrabatte ausnutzen, die auch an die Kunden weitergegeben werden können.

> Ein Unternehmen benötigt ständig Rohöl, um die Heizanlage zu betreiben. Zeichnet sich ab, dass aufgrund einer Ölkatastrophe – wie im Jahr 2010 – die Ölpreise auf dem Rohölmarkt steigen, so ist das Unternehmen gut beraten, den Preisvorteil des Moments zu nutzen und eine größere Menge Rohöl zu kaufen und zu lagern.

Lagerhaltung aufgrund einer Preisspekulation.

Umformungsaufgabe

Die Umformung der Güter umfasst Umfüll-, Misch- und Sortiervorgänge. Insbesondere in Handelsunternehmen werden Güter umgeformt, um dem Kunden ein breitgefächertes Sortiment und eine verkaufsgerechte Abpackung zu bieten.

> - Ein Fahrradgroßhandel bekommt von der Kunststoffmesse AG 20 Schachteln mit 2.000 Fahrradgriffen. Die Mitarbeiter packen nun Tüten mit je 20 Griffen, um sie so an ihre Kunden weiterzugeben. (Umfüllvorgang).
> - Der Fahrradproduzent verkauft Reparatursätze für das Fahrrad. Dazu stellen die Mitarbeiter Reibe, Flicken, Kleber und Ventile zusammen (Mischvorgang).
> - Ein Unternehmen sortiert Teile seines Sortiments an Fahrradbekleidung aus, weil die verwendeten Materialien veraltet sind (Sortiervorgang).

Mischvorgang: Reparatursets erstellen

Veredelungsaufgabe

Durch eine besondere Lagerung erhalten viele Güter erst ihre endgültige Qualität und Reife. Die Veredelungsaufgabe ist Teil des Produktionsprozesses, findet aber auch im Handelsbetrieb statt. Insbesondere im Lebensmittelbereich erfahren Waren (z. B. Käse und Wein) durch Reifungsprozesse eine Wertsteigerung. Halbfertige Erzeugnisse müssen häufig z. B. erst auskühlen und aushärten, bevor sie weiterverarbeitet werden können, auch hierbei handelt es sich um eine Veredelung.

> - Durch das Lagern von Wein in Holzfässern über mehrere Jahre entfaltet dieser erst sein richtiges Aroma.
> - Tabak und Holz erhalten durch Trocknung unter bestimmten Bedingungen ihre endgültige Qualität.
> - Käse wird während der Lagerung mehrmals gewendet und mit Salzlake bestrichen. Dadurch bekommt er seinen markanten Geschmack und verliert unnötige Flüssigkeit.

Veredelung von Käse

ALLES KLAR?

1 Was ist ein Lager?

- **a** Der Raum, in dem Güter aufbewahrt und verarbeitet werden.
- **b** Der Raum, in dem die meisten Regale stehen.
- **c** Der Raum, auf dem sich die Produktion angesiedelt hat.
- **d** Der Raum, in dem Güter und die gelagerten Güter selbst bevorratet werden.
- **e** Der Raum, in dem sich die Mitarbeiter während der Pause aufhalten.

2 Nennen Sie fünf Eigenschaften, die Güter haben können.

3 Erklären Sie den Unterschied zwischen Stückgut und Schüttgut.

4 Ordnen Sie die Aufgaben der Lagerhaltung den jeweiligen Fällen zu.

- **a** Das Gut erhält erst durch die Lagerung seine endgültige Qualität.
- **b** Die Lagerhaltung wird betrieben, um auf Lieferverzögerungen reagieren zu können.
- **c** Eine Anlieferung mit losen Schrauben wird zu 100-Stück-Schachteln umgepackt.
- **d** Es wird ein Lager eingerichtet, weil die Beschaffung und der Verbrauch der Güter zeitlich auseinanderfallen.
- **e** Ein Unternehmen kauft eine große Menge Güter vor einer angekündigten Preiserhöhung und lagert die Güter ein.
- **f** Ein Lieferant informiert Sie über einen Produktionsausfall in seinem Unternehmen. Zum Glück haben Sie noch reichlich Güter im Lager und sind auf seine Lieferung nicht angewiesen.
- **g** Ein Landwirt lagert seine geernteten Kartoffeln in einem Silo ein, weil er sie erst nach und nach verkaufen wird.
- **h** Ein Winzer hat in seinem Keller Weine aus verschiedenen Jahrgängen eingelagert, damit sie an Geschmack gewinnen.
- **i** Ein Unternehmen hält einen Mindestbestand an Rohstoffen von drei Tagesumsätzen.
- **j** Die Top Bike GmbH lagert alle Fahrräder bis zu ihrem Verkauf im Fertigwarenlager.
- **k** Die Preise für Rohstahl werden auf dem Rohstoffmarkt weiter ansteigen, sodass die Top Bike GmbH große Mengen Rohstahl bestellt.
- **l** Die produzierten Fahrradrahmen werden nicht sofort in der Endmontage benötigt und darum eingelagert.

2 Die Lagerorganisation

Ein Freund von Karsten ist sehr an einer Ausbildung zur Fachkraft für Lagerlogistik interessiert. „Ich finde es richtig spannend, wie ein Lager so funktioniert. Ich meine die ganze Organisation, dass die Güter nach dem Einlagern immer rechtzeitig wieder gefunden werden.“ „Na ja, damit wir alles schnell wiederfinden, muss bei der Einlagerung schon alles stimmen. Aber du hast schon recht, ein Lager muss schon extrem gut organisiert sein, damit alles reibungslos läuft.“ Was gehört zur Lagerorganisation und warum ist sie so wichtig?

Mithilfe der Lagerorganisation werden die Aufgaben der Lagerhaltung erfüllt. Durch eine gute Lagerorganisation können Flächen und Räume optimal ausgenutzt, Transportwege reduziert und Güter sofort aufgefunden werden. Eine optimale Lieferbereitschaft des Lagers wird gewährleistet und Kosten im Lager werden gesenkt. Die Lagerorganisation kann verschiedene Bereiche umfassen:
- ordnungsgemäße Lagerung
- Bestands- und Platzverwaltung
- Fördermittel und Förderhilfsmittelverwaltung
- Auftragsentgegennahme und -bearbeitung
- Optimierung von Transportwegen
- Zuordnung von Aufträgen und Fördermitteln
- Arbeiten vor der Einlagerung, z. B. vorverpacken und etikettieren
- Kontrolle der Rechnungsstellung (Fakturierung)
- Bereitstellung von Daten für Statistiken
- Bestandsaufnahmen (Inventur)
- Bestellüberwachung

Förderhilfsmittel → LF 4, Kap. 2

Fördermittel → LF 4, Kap. 3

Inventur → LF 3, Kap. 3

Nachfolgend werden einige Aspekte, die für die Lagerung von Gütern wichtig sind, näher erläutert.

2.1 Die Grundsätze ordnungsgemäßer Lagerung

LS 9

Bevor sich Karsten für die Lehrstelle bei der Top Bike GmbH entschieden hat, hat er sich einige Unternehmen angesehen. In einem Unternehmen wurden unter anderem Lebensmittel und Kleidung gelagert. Als Karsten das Lager betreten hat, bemerkte er, wie Mäuse über den Gang huschten. Der Boden war schmutzig, es hingen Spinnweben von der Decke und überall standen Schachteln und Abfälle im Weg herum. Karsten fühlte sich unwohl und konnte sich nicht vorstellen, dass dieses Lager richtig geführt wird.

Ohne Grundregeln zur Ordnung kann ein Lager nicht wirtschaftlich geführt werden. Als Grundsätze ordnungsgemäßer Lagerung gelten Sauberkeit, Geräumigkeit, Übersichtlichkeit und sachgerechte Lagerung.

Sie müssen von jedem Mitarbeiter, der im Lager tätig ist, und von Personen, die das Lager betreten, eingehalten werden, um

Sicherheit am Arbeitsplatz
→ LF 1, Kap. 5

- eine hygienische Lagerung,
- einen reibungslosen Arbeitsablauf,
- eine Minimierung der Unfallgefahr,
- ein angenehmes Arbeitsklima und
- einen guten Eindruck für eventuelle Besucher

zu gewährleisten.

Sauberkeit

Warenpflege und -kontrolle
→ LF 3, Kap. 2

Inventur
→ LF 3, Kap. 3

Im Lager müssen Arbeitsräume, Transportwege, Lagereinrichtungen, die gelagerten Güter, Werkzeuge und Transportmittel sauber sein. Das Personal muss darauf achten, dass das Lager und die Güter nicht verschmutzt und vorhandene Verschmutzungen beseitigt werden. Ist ein Lager sauber, besteht eine geringere Unfall- und Verletzungsgefahr, die Haltbarkeit der Einrichtung, Werkzeuge und Transportmittel verlängert sich. An den Gütern entsteht weniger Verderb bzw. Ausschuss. In einem sauberen Arbeitsumfeld fühlen sich die Mitarbeiter wohler. Damit es im Lager sauber ist, muss es täglich gereinigt werden. Wenn nötig, muss auch häufiger geputzt werden, z. B. bei Ölflecken auf dem Boden, zu bestimmten Anlässen oder bei der Inventuraufnahme. Einige Unternehmen lassen ihre Räume nicht vom eigenen Personal, sondern von professionellen Reinigungsunternehmen putzen.

Geräumigkeit

Fördermittel
→ LF 4, Kap. 3

Wege optimieren
→ LF 2, Kap. 2.6

Damit auch große Gegenstände gelagert werden können und die Mitarbeiter im Lager alle Güter im Blick behalten, muss ein Lager geräumig sein. Wenn ein Lager über ausreichenden Platz verfügt, können Fördermittel zur Ein- und Auslagerung verwendet werden. Auch wird die Unfallgefahr vermindert. In einem geräumigen Lager können z. B. neben den Fahrwegen auch noch Wege für Fußgänger abgegrenzt werden. Werden zu viele Güter in einem Lager untergebracht oder die Güter so gelagert, dass Platz verschwendet wird, verliert das Lager seine Geräumigkeit. Also müssen die Mitarbeiter auf eine platzsparende Lagerung und eine angemessene Auslastung achten.

Übersichtlichkeit

Lagerstrategien
→ LF 2, Kap. 2.2

Lagerzonen
→ LF 2, Kap. 2.3

Lagerplatzvergabe
→ LF 2, Kap. 2.4

Güter müssen flexibel ein- und ausgelagert werden können. Das bedeutet, dass die Mitarbeiter im Lager die Güter jederzeit finden und erreichen müssen. Güter und Lagerplätze müssen nach einem nachvollziehbaren System geordnet und gekennzeichnet sein.

Sachgerechte Lagerung

Da Güter unterschiedliche Beschaffenheiten und Eigenschaften haben, müssen sie im Lager richtig gelagert werden, um ihren Wert zu erhalten oder auch zu steigern. Sie müssen z. B. vor Sonne, Wärme und Schädlingen geschützt werden.

Gefahrstoffe
→ LF 2, Kap. 6.3.1

- Gefahrstoffe müssen so gelagert werden, dass der Boden oder die Stellfläche undurchlässig für Flüssigkeiten ist, um ein Eindringen in das Grundwasser zu verhindern.
- Gummierte Kabel sollten nicht im Freien lagern, da sie durch die Witterung porös werden und brechen.

2.2 Die Lagerstrategien

Karsten unterhält sich weiter mit seinem Freund, der an der Ausbildung zur Fachkraft für Lagerlogistik interessiert ist, und meint: „Lagerhaltung ist nicht nur spannend, sie erfordert auch eine ganze Menge Wissen. Man muss z. B. herausfinden, nach welcher Strategie etwas gelagert werden soll. Du musst dabei unterscheiden können, ob die Ware nach der FIFO- oder LIFO-Strategie gelagert wird." Karstens Freund guckt verständnislos und ist ein bisschen sauer, weil Karsten mit so komischen Begriffen um sich schmeißt: „Na, klasse – gib nur damit an, dass du weißt, was das heißt." Karsten: „Ich kann es dir erklären, wenn du möchtest, denn eigentlich weißt du davon auch schon unbewusst eine ganze Menge!"

Einen großen Einfluss auf die Wirtschaftlichkeit im Lager haben die Lagerstrategien. Sie legen die Reihenfolge bei der Ein- und Auslagerung von Gütern fest. Die **Ein- und Auslagerungsstrategien** finden bei der Lagerplatzvergabe, neben weiteren Kriterien, Berücksichtigung. Jedes Unternehmen entscheidet, welche Strategie die Optimale für ihre Lagergüter ist. Es werden folgende Strategien unterschieden:

Lagerplatzvergabe
→ LF 2, Kap. 2.4

Lagerstrategien

FIFO: „First in – First out"	LIFO: „Last in – First out"	HIFO: „Highest in – First out"

Mindesthaltbarkeitsdatum
→ LF 3, Kap. 2

FIFO ist die Abkürzung für „First in – First out" („Zuerst rein – Zuerst raus"). Nach dieser Strategie muss das Gut, das zuerst eingelagert wird, auch zuerst ausgelagert werden. Diese Strategie wird z. B. bei Gütern mit einem Mindesthaltbarkeitsdatum, Futtermitteln und Holz verwendet, um ein Veralten oder den Verderb der Güter zu verhindern.

Last in – First out

LIFO ist die Abkürzung für „Last in – First Out" („Zuletzt rein – Zuerst raus"). Nach dieser Strategie wird das Gut, das zuletzt eingelagert wird, zuerst ausgelagert. Dieses Prinzip wird vorwiegend bei Schüttgütern wie Sand, Kohle und Kies angewendet, denn es ist unwirtschaftlich, die zuerst abgekippte Fuhre Kies unter den anderen Fuhren hervorzuholen.

HIFO ist die Abkürzung für „Highest in – First out" („Höchstes rein – Zuerst raus"). Nach dieser Strategie werden die Güter, die den höchsten Wert haben, als Erstes wieder ausgelagert. Diese Strategie ist für die Buchhaltung von Bedeutung. Hat ein Unternehmen gleiche Güter zu unterschiedlichen Preisen gekauft, so werden die Güter mit dem höchsten Einkaufspreis buchhalterisch zuerst als verarbeitet bzw. verkauft erfasst. Dadurch wird das gebundene Kapital im Lager so gering wie möglich gehalten.

2.3 Die Lagerzonen

Lager haben unterschiedliche Zonen, in denen gearbeitet wird. Damit ein Lager dem Grundsatz der Übersichtlichkeit entspricht, können Lagerzonen eingerichtet werden. Die Lagerzonen richten sich nach den Anforderungen des Unternehmens und den unterschiedlichen Eigenschaften der Güter. Einteilungskriterien für Lagerzonen können z. B. sein:

Eigenschaften von Gütern → LF 2, Kap. 1.1

Umschlagshäufigkeit drückt aus, wie oft Güter bewegt, verkauft oder verbraucht werden.

- Umschlagshäufigkeit der Güter
- Gewicht der Güter
- Größe (Abmessung) der Güter
- Wert der Güter
- Empfindlichkeit der Güter (z. B. Geruch)
- Lagerbedingungen der Güter (z. B. Kühllager)
- gesetzliche/behördliche Vorschriften (z. B. Gefahrstofflager)

Gefahrstofflager → LF 2, Kap. 6.3.1

Die Einteilung der Lagerzonen kann sich daneben auch nach dem Arbeitsfluss richten. Die Güter werden dort gelagert, wo sie im Betriebsablauf benötigt werden. Im Allgemeinen lassen sich vor allem folgende Lagerzonen unterscheiden:

- Wareneingangszone
- Warenausgangszone
- Lagerzone
- Kommissionierzone
- Nachschubzone

Industrie- und Handelsunternehmen → LF 2, Kap. 3.1

Beispiel von Lagerzonen in einem Handelsunternehmen

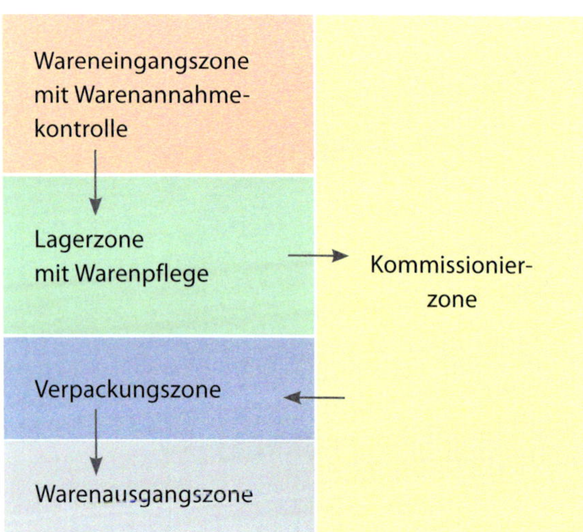

Beispiel von Lagerzonen in einem Industrieunternehmen

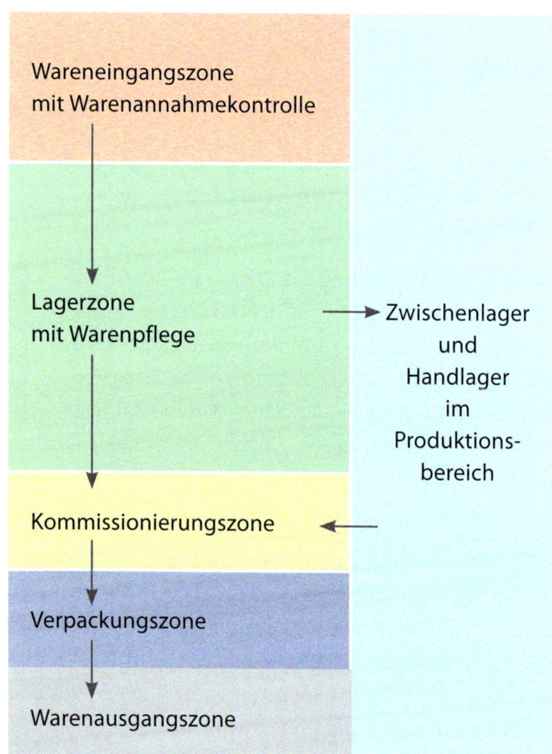

2.4 Die Lagerplatzvergabe

LS 10A

Bei der Top Bike GmbH sind heute Morgen viele neue Güter angekommen. Im Wareneingang gibt es einen Praktikanten, der sich wundert, woher Susanne weiß, wo alles gelagert werden soll. Susanne erklärt ihm, dass es zwei Möglichkeiten gibt, um Lagerplätze zu vergeben. Welche Lagerplatzvergabe genutzt wird, ist abhängig vom Gut und der Lagerstrategie.

Lagerstrategie
→ LF 2, Kap. 2.2

Durch die Lagerplatzvergabe werden den Gütern, entsprechend ihren speziellen Merkmalen, geeignete Lagerplätze zugewiesen.

- Bei der **Festplatzlagerung** hat jedes Gut seinen festen Lagerplatz. Es wird deshalb auch von der starren bzw. der festen Einlagerung gesprochen. Wenn sich ein Gut nicht im Lagerbestand befindet, bleibt der Lagerplatz leer. Diese Art der Lagerung wird gewöhnlich bei einem großen Sortiment mit kleinen Stückzahlen pro Gut und geringem Volumen angewendet, z. B. bei Werkzeug-, Ersatzteil-, und Lebensmittellagern. In kleinen Unternehmen ist theoretisch ein Verzicht auf DV-Unterstützung möglich, da Lagerfachkarten geführt werden können.
- Die **Freiplatzlagerung** wird auch chaotische, freie oder flexible Einlagerung genannt. Die Güter werden dort gelagert, wo sich gerade ein freier Platz befindet. Um einen geeigneten Lagerplatz zu finden, müssen Abmessung, Gewicht und Art des Gutes berücksichtigt werden. Damit jedes Gut wiedergefunden werden kann, ist eine sorgfältige Buchung des zugewiesenen Lagerplatzes in einem DV-System zwingend erforderlich. Dazu benötigen Lagerplätze eine eindeutige Kennzeichnung. Die freie Lagerplatzvergabe wird z. B. bei umfangreichem Sortiment mit großen Mengenvolumen und Hochregalen eingesetzt.

Lagerarten
→ LF 2, Kap. 3

DV
Datenverarbeitung

Lagerverwaltung
→ LF 2, Kap. 2.8

Kennzeichnung von Lagerplätzen
→ LF 2, Kap. 2.5

	Festplatzsystem	Freiplatzsystem
Vorteile	• Verringerung der Suchzeiten, da Mitarbeiter nach kurzer Einarbeitungszeit die Lagerplätze kennen • Güter können sortiert werden, z. B. nach Warengruppe • DV-Unterstützung in kleinen Unternehmen nicht zwingend notwendig	• Auslastung der Lagerfächer sehr hoch, da kein Lagerfach freigehalten wird • Einsatz eines Lagerverwaltungssystems kann Mitarbeiter entlasten, weil EDV Lagergutabmessung, -gewicht und -art sowie Umschlagshäufigkeit, Entnahmehäufigkeit, Wertigkeit, Weglänge usw. berücksichtigen kann • Sortimentsänderungen schnell umsetzbar
Nachteile	• schlechte Lagerplatzauslastung, da maximale Einlagerungsmenge berücksichtigt wird und Lagerfächer ggf. leer stehen • ohne DV-Unterstützung ist der Aufwand bei Änderung des Sortiments sehr hoch	• DV-Unterstützung dringend erforderlich • hoher Aufwand bei der Organisation der DV, z. B. Wartung • Ausfall der DV bedeutet i. d. R. Stillstand der Arbeiten • hohe Investitionskosten für DV-Unterstützung

Die Lagerplatzvergabe kann außerdem nach technischen sowie sicherheitsrelevanten Gesichtspunkten oder nach der Gängigkeit des Gutes vorgenommen werden. Einige Güter haben spezielle technische Lagerbedingungen. Eine sachgemäße Lagerung kann dann nur in einem Speziallager (z. B. Kühllager, Frostlager) gewährleistet werden. Andere Güter müssen z. B. aufgrund gesetzlicher Vorschriften in einem speziellen Sicherheitsbereich (z. B. Gefahrstofflager) gelagert werden. Die Lagerplatzvergabe nach Gängigkeit kann Kostenvorteile durch verkürzte Wegezeiten bringen, wenn gut gehende Güter (Schnelldreher, Renner) vorn, schlecht gehende Güter (Langsamdreher, Penner) hinten gelagert werden.

Speziallager
→ LF 2, Kap. 3.4

2.5 Die Kennzeichnung von Lagerplätzen und Gütern

Karsten ist zurzeit im Großversand eingesetzt. Dort werden die Aufträge für Handelswaren, die mehr als 80 kg wiegen, bearbeitet. Er erhält eine Entnahmeliste mit Waren, die er aus dem Lager für den Palettenversand zusammenstellen muss. Fahrradtrinkflaschen findet er z. B. unter A 02 03 01 und die Fahrradhelme unter A 02 05 03.

Location
Platz im Regal/Lager

Für die Freiplatzlagerung ist eine eindeutige Kennzeichnung der einzelnen Lagerplätze erforderlich, aber auch bei der Festplatzlagerung ist die Vergabe von **Lagerplatznummern** für eine bessere Übersichtlichkeit sinnvoll. Die Vergabe von Lagerplatznummern kann von den Unternehmen nach ihren Bedürfnissen individuell gestaltet werden. Häufig wird eine Nummerierung in Kombination mit Buchstaben gewählt. Durch die numerische oder alphanumerische Location können die Lager oder der Standort eines Gutes genau bestimmt werden.

Auch die Top Bike GmbH nutzt Lagerplatznummern.
Karsten kann den Lagerplatz der Fahrradtrinkflasche wie folgt finden:
A: Lagerbereich, z. B. Beschaffungslager
02: Regalzeile/Regalgang/Regalnummer
03: Regalfeld/Regalsäule (Längsposition)
01: Regalebene (Höhenposition)

Kennzeichnung der Waren
→ LF 1, Kap. 2.5
RFID
→ LF 1, Kap. 2.5.2

In einem modernen Lager werden alle Lagerplätze, Paletten, Behälter und Güter mit einem Barcode, RFID oder Magnetstreifen versehen und in einer Lagerplatzdatei (Datenbank) eines Rechners verwaltet. Die im Barcode verschlüsselten Informationen lassen sich mit Lesegeräten auslesen und eine Verwechslung ist quasi ausgeschlossen.

Regalkennzeichnung mit Einzelplatzetikett

Regalkennzeichnung mit Magnetetikett

Bodenkennzeichnung

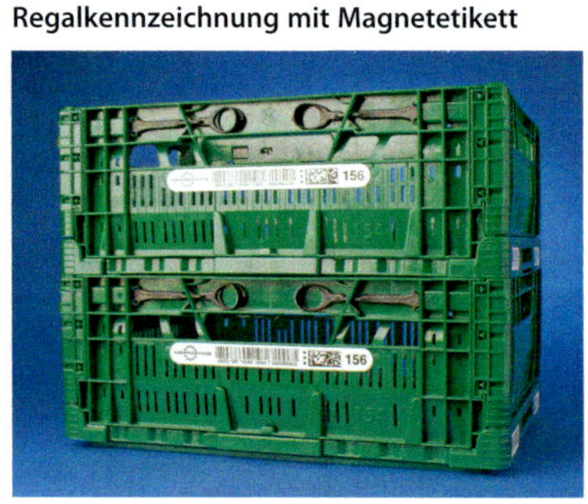
Behälterkennzeichnung

Durch **Artikelnummern** bzw. **Materialnummern** kann jedes Teil (z. B. halbfertige Erzeugnisse und Handelsware) im Unternehmen eindeutig **identifiziert** werden. Artikelnummern/Materialnummern erfüllen im Wesentlichen vier Aufgaben.

Neben der eindeutigen Identifikation eines Gutes erfüllt die Artikel- bzw. Materialnummer auch die Aufgabe, Güter zu **klassifizieren**. Das heißt, dass sich in der Nummer eines Gutes auch bestimmte Merkmale verschlüsseln lassen. Außerdem können in Materialnummern bestimmte allgemeine **Informationen** wie z. B. Herstellerland, Hersteller, Herstelldatum und Lagerplatz im Unternehmen verschlüsselt werden.

Klassifizierung: In einem Zulieferunternehmen der Top Bike GmbH steht in der Artikelnummer eines Gutes in den ersten beiden Ziffern die 05 für Lebensmittel und die 06 für Gefahrstoffe.
Information: In der GTIN-13 wird das Herstellerland in den ersten beiden Ziffern verschlüsselt. Die 40 steht für Deutschland

GTIN
→ LF 1, Kap. 2.5.1

Besonders dient die Artikelnummer auch der **Kontrolle**. Am Ende der Nummer wird durch die EDV mithilfe verschiedenster Verfahren eine Prüfziffer (Kontrollziffer) automatisch generiert. Kommt es z. B. durch eine Person zu einem Eingabefehler in der EDV, wird dies sofort bemerkt. Wäre dem nicht so, könnte es zu einem Mehraufwand durch nochmaliges manuelles Prüfen oder zur Wiederholung von Arbeitsprozessen kommen. Zwei der Verfahren zur Berechnung der Prüfziffer werden nachfolgend näher beschrieben.

Modulus-11-Verfahren
Mithilfe des Modulus-11-Verfahrens, wird dafür Sorge getragen, dass doppelte oder unvollständige Nummern vermieden werden. Somit lassen sich Fehler bei der Information über Bestand, Bewegung und Wert der einzelnen Güter umgehen. Die **Prüfziffer** wird zwar automatisch generiert, aber sie kann auch mathematisch berechnet werden.

Für die Artikelnummer 6583 soll die Prüfziffer berechnet werden.
(1) Jede Ziffer dieser Artikelnummer wird im nächsten Schritt ein Faktor zugewiesen. Die Zuweisung der Faktoren erfolgt von der letzen Stelle der Artikelnummer (der Prüfziffer) bis zur ersten Stelle der Artikelnummer in der Reihenfolge 1, 2, 3, 4 und 5.
(2) Dann wird jede Ziffer der Artikelnummer mit dem zugeordneten Faktor multipliziert und man erhält das Produkt.
(3) Danach werden die Produkte addiert.
(4) Anschließend wird das Ergebnis durch 11 dividiert (Modulus-11).
(5) Der Rest wird dann von 11 abgezogen und ergibt die Prüfziffer **(6)**

Ergibt sich bei Schritt (5) als Ergebnis der Division von 11 eine 10, wird die Prüfziffer als „X" dargestellt.

Modulus-11-Verfahren Artikelnummer 6583					
Artikelnummer	6	5	8	3	(Prüfziffer)
(1) Faktor vergeben durch das Abzählen von der letzen Stelle	5	4	3	2	1
(2) Produkt berechnen	5 · 6 = 30	5 · 4 = 20	3 · 8 = 24	2 · 3 = 6	–
(3) Summe aus den Produkten ermitteln	30 + 20 + 24 + 6 = 80				–
(4) Summe durch 11 dividieren	80 / 11 = 7 Rest 3				–
(5) Differenz von 11 und dem Rest bilden	11 – 3 = **8**				–
(6) Prüfziffer an die Artikelnummer anhängen	6	5	8	3	**8**

Modulus-10-Verfahren

Hat die zu berechnende Nummer mehr als 10 Stellen, so muss das Modulus-10-Verfahren angewendet werden. Es erfüllt den gleichen Zweck wie das Modulus-11-Verfahren, hat jedoch eine vereinfachte Berechnung.

➔ Für die Artikelnummer 402543621345 soll die Prüfziffer berechnet werden.
(1) Jeder Ziffer dieser Artikelnummer wird im nächsten Schritt ein Faktor zugewiesen. Die Zuweisung der Faktoren erfolgt von der letzen Stelle der Artikelnummer (der Prüfziffer) bis zur ersten Stelle der Artikelnummer im Wechsel mit den Ziffern 1, 3, 1, 3, 1, 3 usw.
(2) Dann wird jede Ziffer der Artikelnummer mit dem zugeordneten Faktor multipliziert und man erhält das Produkt.
(3) Danach werden die Produkte addiert.
(4) Anschließend wird das Ergebnis durch 10 dividiert (Modulus-10).
(5) Der Rest wird dann von 10 abgezogen und ergibt die Prüfziffer **(6)**.

Modulus-10-Verfahren Artikelnummer 40 25436 21345													
Artikelnummer	4	0	2	5	4	3	6	2	1	3	4	5	(Prüfziffer)
(1) Faktor vergeben durch Abzählen von der letzten Stelle	1	3	1	3	1	3	1	3	1	3	1	3	1
(2) Produkt berechnen	4 · 1 = 4	0 · 3 = 0	2 · 1 = 2	5 · 3 = 15	4 · 1 = 4	3 · 3 = 9	6 · 1 = 6	2 · 3 = 6	1 · 1 = 1	3 · 3 = 9	4 · 1 = 4	5 · 3 = 15	–
(3) Summe aus den Produkten ermitteln	4 + 0 + 2 + 15 + 4 + 9 + 6 + 6 + 1 + 9 + 4 + 15 = 75												–
(4) Summe durch 10 dividieren	75 / 10 = 7 Rest 5												–
(5) Differenz von 10 und dem Rest bilden	10 – 5 = **5**												–
(6) Prüfziffer an die Artikelnummer anhängen	4	0	2	5	4	3	6	2	1	3	4	5	**5**

2.6 Die Wege optimieren und sichern

Um zeitsparend und effektiv arbeiten zu können, sollten die Strecken, die die Mitarbeiter als Fußgänger oder im Fahrzeugverkehr zurücklegen, möglichst kurz sein. Die Zeiten, die für die Strecken im Lager benötigt werden, sind z. B. abhängig von der Länge der Wege, der Geschwindigkeit und Beschleunigung von Fördermitteln, der Anzahl der Stopps an Lagerorten, der Länge der Gänge und der Lagerstrategie.

effektiv
wirksam, wirkungsvoll

Lagerstrategie
→ LF 2, Kap. 2.2

Es lassen sich die Rundgang- oder Stichgangstrategie unterscheiden. Bei der **Rundgangstrategie** wird das Lager schleifenförmig durchlaufen, d. h. Regalgang für Regalgang wird komplett von Anfang bis Ende durchlaufen oder durchfahren. Bei der **Stichgangstrategie** wird in jeden Gang nur soweit hineingegangen oder gefahren, bis der Lagerort des Gutes gefunden ist. Oft wird die beste Strategie von einem Lagerverwaltungsprogramm automatisch bestimmt.

Lagerverwaltung
→ LF 2, Kap. 2.8

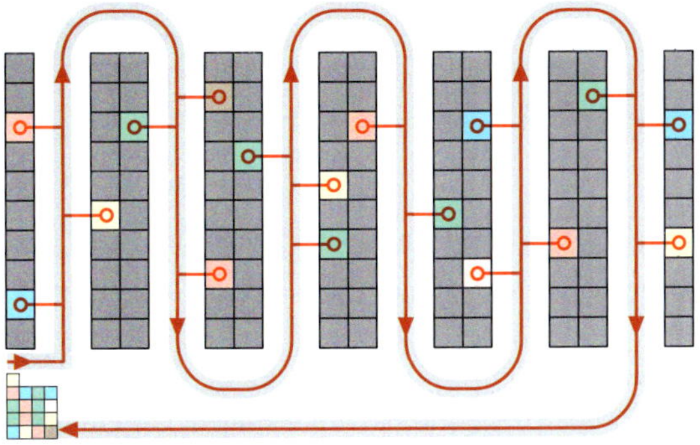

Rundgangstrategie

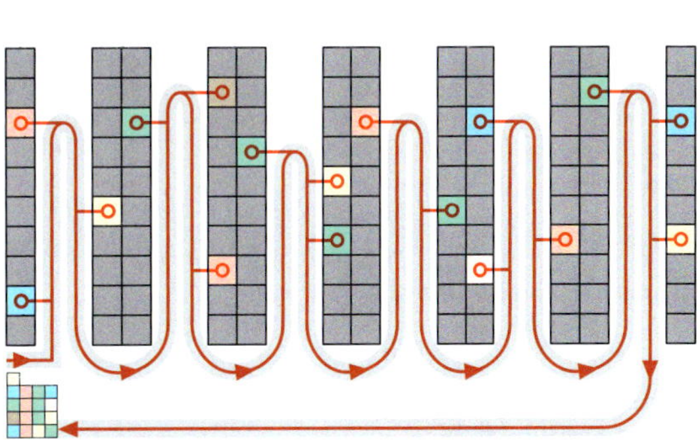

Stichgangstrategie

Sicherheitsvorschriften für Verkehrswege

Damit es bei der Arbeit nicht zu Unfällen auf den Verkehrswegen kommt, gelten bestimmte Sicherheitsvorschriften. In der Arbeitsstätten-Richtlinie (ASR) 17/1,2 ist daher geregelt, in welcher Art und Weise Verkehrswege eingerichtet werden sollen. In der berufsgenossenschaftlichen Regel (BGR) 234 wird die Arbeitsstätten-Richtlinie im Hinblick auf Ladeeinrichtungen konkretisiert.

berufsgenossenschaftliche Regeln
→ LF 1, Kap. 5

Arbeitsstättenverordnung
→ LF 2, Kap. 6.1

!

Verkehrswege sind Bereiche, die für den innerbetrieblichen Fußgänger- und Fahrzeugverkehr bestimmt sind. Auf Verkehrswegen werden Fahrzeuge von Personen unmittelbar bewegt, z. B. ziehen oder schieben von Hand und Steuern eines Fahrzeuges. Flure, Gänge, Rampen, Treppen und Gleisanlagen sind Verkehrswege.

Verkehrswege können für den Geh- und/oder für den Fahrverkehr genutzt werden.

Gemeinsamer Geh- und Fahrverkehr

Fahrverkehr

Gehverkehr

Die wichtigsten Bestimmungen aus der Arbeitsstätten-Richtlinie und der BGR zu Verkehrswegen sind:

- Sie sollten möglichst geradlinig und übersichtlich verlaufen.
- Sie sollten für den Fahrverkehr möglichst ohne Neigung verlaufen.
- Sie sollten eben und trittsicher sein.
- Sie müssen als Verkehrswege kenntlich gemacht werden, z. B. durch Farbe, Bodenbeläge, Makierungsleuchten, Leitplanken oder Geländer.

Kennzeichnung für Geh- und Fahrwege

Kennzeichnung für Gehwege

Anzahl der Personen (Einzugs-gebiet)	Breite in m
bis 5	0,875
bis 20	1,00
bis 100	1,25
bis 250	1,75
bis 400	2,25

- Sie müssen während der Benutzung ausreichend beleuchtet sein.
- Fahrwege müssen mindestens 1 m von Türen, Toren, Durchgängen, Durchfahrten und Treppenaustritten entfernt sein.
- Die Mindestbreite und Mindesthöhe für Fahrwege richtet sich nach der Breite der eingesetzten Transportmittel und den Gütern, die transportiert werden.
- Die Mindesthöhe für Gehwege beträgt 2 m.
- Die Mindestbreite für Gehwege richtet sich nach der Anzahl der Personen, die in einem bestimmten Bereich (Einzugsgebiet) arbeiten (vgl. Tabelle).
- Gehwege zwischen Lagereinrichtungen müssen mindestens 1,25 m breit sein.
- Verkehrswege, die für das Be- und Entladen von Hand bestimmt sind (Nebengang), müssen mindestens 0,75 m breit sein.
- Bei Verkehrswegen für Förderzeuge müssen auf beiden Seiten des Fördermittels mindestens 0,5 m Sicherheitsabstand eingehalten werden. Auf diesen Sicherheitsabstand kann verzichtet werden, wenn ein Zugang für Personen nicht möglich ist, z. B. bei automatischen Regalbediengeräten.

Fördermittel
→ LF 4, Kap. 3

Regalbediengeräte
→ LF 4, Kap. 3.2.2

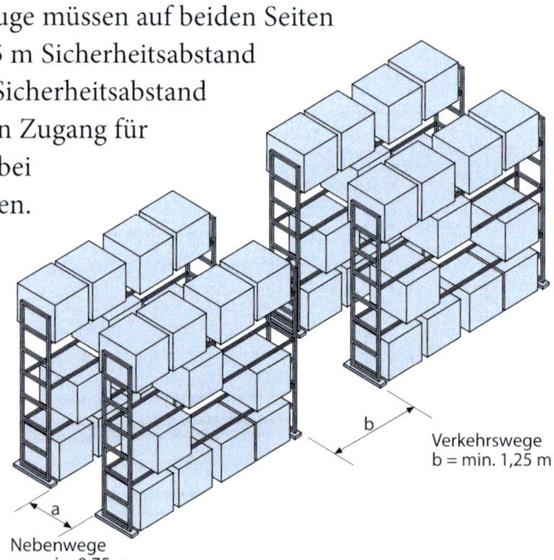

Mindestgangbreite bei Regalen, die nur von Hand be- und entladen werden

2.7 Die Güter vorverpacken, komplettieren, etikettieren und mit Preisen auszeichnen

Bevor die gelieferten Güter endgültig eingelagert werden können, müssen gegebenenfalls noch einige weitere Arbeiten, wie z. B. Vorverpackung oder Umpackung, Komplettierung und Preisauszeichnung, durchgeführt werden.

Bei der **Vorverpackung** werden aus den gelieferten Gütern i. d. R. genormte Lager-, Lade-, Entnahme-, Kommissionier- und Transporteinheiten zusammengestellt.

Lagereinheiten sind auf das Lager genormt. Ladeeinheiten sind dagegen auf das Versandverkehrsmittel genormt.

Herr Rhode erhält eine Warenanlieferung von Fahrradventilen durch einen Zulieferer, verpackt in Schachteln mit jeweils 4.000 Stück. Die von der Top Bike GmbH benötigte Menge bei der Produktion einer Fahrradserie ist jedoch kleiner. Damit die Ventile nicht erst bei Bedarf in der Produktion mit der Zählwaage abgezählt werden müssen, wird bereits bei der Einlagerung in kleineren Mengen umgepackt.

Die Vorverpackung macht nicht nur die Einlagerung leichter, sie ermöglicht auch, dass die Entnahme für die Produktion oder für Bestellungen von Kunden schnell erfolgen kann. Außerdem hat die Vorverpackung noch folgende Vorteile:

- Schutz der Güter vor z. B. Schmutz und Diebstahl während der Lagerung
- bessere Stapelbarkeit und somit Platzersparnis
- leichtere Bestandsaufnahme
- Einsatz von Fördermitteln möglich
- Vorverpackung dient als Versandverpackung

Schutz vor Diebstahl → LF 2, Kap. 6.5

Bestandsaufnahme (Inventur) → LF 3, Kap. 3

Mit **Komplettierung** ist das Abfüllen, Zusammenstellen und Zusammenführen verschiedener Einzelteile zu einer Kombinationspackung (Set) gemeint. Wie bei der Vorverpackung ermöglichen Kombinationspackungen eine schnelle Bedienung von Produktion und Kunden.

Die Top Bike GmbH bietet den Fahrradhändlern Fahrrad-Reparatursets an, die diese an ihre Kunden verkaufen können. Dazu werden bei der Top Bike GmbH alle notwendigen Bestandteile, wie Vulkanisierungsflüssigkeit, Raupapier, Flicken in verschiedenen Größen, Montierhebel, Druckluftpatronen, Ventileinsätze und Ventilkappen zu Kombinationspackungen zusammengestellt.

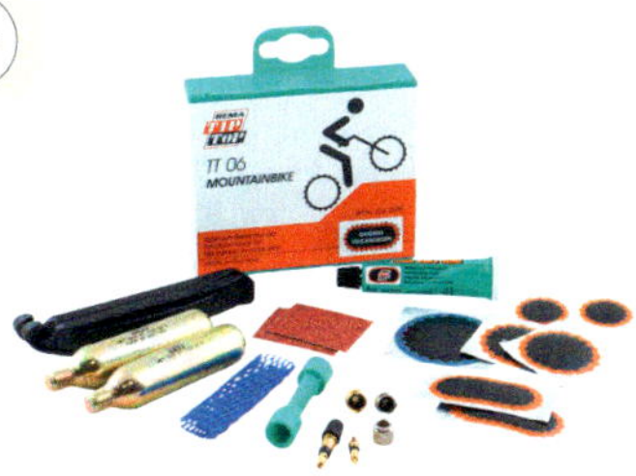

Reparaturset

Beim **Etikettieren** (Belabeln, Bezetteln) werden die Artikel mit selbstklebenden Aufklebern versehen, aus denen Informationen über die Güteridentität und den vorgesehenen Lagerplatz hervorgehen. Die Informationen werden in codierter Form und oft auch in Klarschrift auf die Etiketten gedruckt, damit sie an nachfolgenden Arbeitsplätzen mit Scannern und dem menschlichen Auge gelesen und ausgewertet werden können. Es wird zwischen **Identitätscode** (Güteridentität) und **Schleusungscode** (vorgesehener Lagerplatz) unterschieden. Der wohl bekannteste Identitätscode ist der GTIN-Code. In ihm sind Herstellungsland, Herstellungsunternehmen und Verkehrsbezeichnung des Artikels verschlüsselt, nicht aber der Verkaufspreis. Dieser muss im Warenwirtschaftssystem mit der Artikelidentität zusammengebracht („verheiratet“) werden, damit beim Aufrufen des Artikels an der Verkaufskasse der aktuelle Preis erscheint.

Arbeitsmittel zum Etikettieren und Preisauszeichnen → LF 3, Kap. 1.4

GTIN → LF 1, Kap. 2.5.1

Damit Etiketten über die gesamte Dauer der warenwirtschaftlichen Bearbeitung lesbar bleiben, ist von den Lagermitarbeitern darauf zu achten, dass sie nicht beschädigt werden oder verschmutzen. Sollte dies doch einmal der Fall sein, müssen sie unverzüglich ersetzt werden.

Bei der **Preisauszeichnung** werden die Produkte, die für den Verkauf bestimmt sind, mit dem Endpreis ausgezeichnet. Bei der Preisauszeichnung wird auch von einer logistischen Zusatzleistung im Lager gesprochen.

Im Lager der Top Bike GmbH werden alle Fahrräder mit Preisetiketten beklebt, bevor sie an die Fahrrad-Händler ausgeliefert werden.

Verordnung zur Regelung der Preisangaben (PAngV)
§ 1 Grundvorschriften
(1) Wer Letztverbrauchern [...] Waren oder Leistungen anbietet [...], hat die Preise anzugeben, die einschließlich der Umsatzsteuer und sonstiger Preisbestandteile zu zahlen sind (Endpreise). Soweit es der allgemeinen Verkehrsauffassung entspricht, sind auch die Verkaufs- oder Leistungseinheit und die Gütebezeichnung anzugeben, auf die sich die Preise beziehen. [...]
(6) Die Angaben nach dieser Verordnung müssen der allgemeinen Verkehrsauffassung und den Grundsätzen von Preisklarheit und Preiswahrheit entsprechen. [...]

Preisangabenverordnung = PAngV

Umsatzsteuer wird umgangssprachlich auch Mehrwertsteuer genannt. Unternehmen müssen, wenn sie Umsätze tätigen, diese Steuer an den Staat abführen und darüber genaue Aufzeichnungen führen.

Aufgrund der **Preisangabenverordnung** sind Händler zur Preisauszeichnung aller Artikel verpflichtet. Die Preisangabenverordnung schreibt grundsätzlich vor, dass
- bei einem konkreten Warenangebot **Endpreise** (**Bruttopreise**) genannt werden müssen, d. h. die Preise müssen die Umsatzsteuer und sonstige Preisbestandteile, unabhängig von Rabattgewährung, enthalten.
- die handelsübliche **Waren-/Gütebezeichnung** der Ware genannt wird.
- die **Verkaufseinheit** der Ware genannt wird (z. B. kg, pro Meter, l).
- die Ware zusätzlich mit dem **Grundpreis** (Preis für 1 Liter, für 1 kg) ausgezeichnet wird.

Preisschild an einem Fahrrad

Nach der Preisangabenverordnung müssen die Preisangaben den Grundsätzen von **Preisklarheit** und **Preiswahrheit** entsprechen, d. h. die Preise müssen dem Angebot oder der Werbung eindeutig zugeordnet, leicht erkennbar und deutlich lesbar sein. Durch die Pflicht zur Preisauszeichnung soll der Verbraucher die Möglichkeit erhalten, Preise besser vergleichen zu können. Die Preisangabe ist an der Ware selbst, an den Regalen oder den Behältern, in denen die Ware aufbewahrt wird, möglich. Es können Klebeetiketten, Hängeetiketten, Anstecketiketten oder Sicherungsetiketten verwendet werden.

Das **Preisschild** dient nicht nur der Information des Kunden, sondern ist auch ein Instrument der innerbetrieblichen Organisation und Kommunikation. Denn neben den gesetzlich vorgeschriebenen Angaben auf dem Preisschild können zusätzlich freiwillige (verschlüsselte) Angaben gemacht werden:
- **Eingangsdatum**: Kann das Alter der Ware ausweisen.
- **Artikelnummer**: Erleichtert die Erfassung der Ware.
- **Lieferantennummer**: Erleichtert die Nachbestellung und die Abwicklung von Mängelrügen.

2.8 Die Lagerverwaltung

Es reicht nicht aus, die Güter zu kennzeichnen, gleichzeitig müssen diese Güter auch erfasst werden. Die Lagerverwaltung in einem Unternehmen umfasst alle Vorgänge der Bestandsbewegungen eines Lagers. Sie erfasst z. B. die Verwaltung der Lagerbestände und Lagerbewegungen, die Bereitstellung von Lagerplätzen, das Führen der Lagerstatistik, die Sicherstellung der Lagerstrategie, die Verfügbarkeitsplanung sowie die Kennzahlenüberwachung. Sie dient dem Überblick über das gesamte Sortiment sowie der Kunden- und Lieferantenstammdaten. Die Lagerverwaltung erfolgt in kleinen und mittleren Unternehmen manchmal noch manuell anhand von Lagerfachkarten. Eine softwaregestützte Verwaltung mit einem Lagerverwaltungssystem ist heute allerdings üblich.

Lagerplatzvergabe
→ LF 2, Kap. 2.4

Kennzahlen
→ LF 2, Kap. 5
→ LF 3, Kap. 4.3

2.8.1 Die Lagerfachkarte

In kleineren Unternehmen werden die Güter manchmal noch mit Lagerfachkarten verwaltet und auf den Einsatz einer DV-Anlage wird aus Kostengründen verzichtet. Die Lagerplätze können beim Führen von Lagerfachkarten aber nur nach der Festplatzlagerung erfolgen, ansonsten wäre ein Auffinden der verschiedenen Güter schwierig.

Auf einer Lagerfachkarte werden die Güterbewegungen und Bestände mit Datum eingetragen. Sie befindet sich an jedem Lagerfach und kann für jede Güterart eingesetzt werden. Auf Lagerfachkarten können neben der Ein- und Auslagerung noch weitere Informationen wie z. B. Mindestbestand oder Verkaufspreise eingetragen werden. Zur Gestaltung von Lagerfachkarten gibt es keine Vorschriften und Unternehmen können sie nach ihren individuellen Anforderungen gestalten.

Lagerfachkarte

Artikelbezeichnung		Artikelnummer/Materialnummer			
Mengeneinheit		Lagerzone		Lagerplatznummer (Location)	
Mindestbestand		Meldebestand		Höchstbestand	
Belegnummer	Datum	Vorgang	Zugang	Abgang	Bestand

Mindestbestand
Bestand, der nicht unterschritten werden sollte
→ LF 3, Kap. 4.3.1

Meldebestand
Güter müssen nachbestellt werden, damit der Mindestbestand nicht unterschritten wird
→ LF 3, Kap. 4.3.1

Höchstbestand
Bestand, der nicht überschritten werden sollte, da z. B. nicht genügend Lagerplätze vorhanden sind
→ LF 3, Kap. 4.3.1

2.8.2 Das Lagerverwaltungssystem (LVS)

Moderne softwaregestützte Lagerverwaltungssysteme sind auf die Bedürfnisse eines Unternehmens abgestimmt und übernehmen die Steuerung der lagerlogistischen Prozesse. Die Funktionen eines LVS erstrecken sich von der Wareneingangsabwicklung, der Auftragsbearbeitung, der Kommissionierung, der allgemeinen Lagerverwaltung über die Warenausgangabwicklung bis hin zur Inventur. Neben diesen Funktionen kann ein LVS auch die Verwaltung von Fördermitteln und Lagerplätzen (Stellplätzen) übernehmen. Daten können nicht nur erfasst, sondern vom LVS auch aufbereitet und visualisiert werden. Lagerverwaltungssysteme bieten aber gewöhnlich auch zahlreiche Schnittstellen zu anderen Software-Systemen im Unternehmen, z. B. einem Warenwirtschaftssystem (WWS) und einem Produktionsplanungs- und steuerungssystem (PPS), um Informationen auszutauschen.

Inventur
→ LF 3, Kap. 3

Informationsfluss
→ LF 1, Kap. 1.2.3
→ LF 4, Kap. 1

Jeden Tag erhält die Top Bike GmbH Vorabinformationen, sogenannte Avise, über die ankommenden Güter. Gewöhnlich werden diese Informationen einen Tag vor Eingang der Güter von den Lieferanten an die Top Bike GmbH versandt. Im Wareneingang werden diese Daten im LVS eingepflegt und die Mitarbeiter wissen genau, wann welche Güter zu erwarten sind. Wenn nun die Güter ankommen, wird mithilfe des LVS geprüft, ob sie der Bestellung entsprechen, und im nächsten Schritt wird der Lagerplatz vergeben. Da im LVS Informationen zur Lagerstrategie, zur Lagerzone und zur Lagerplatzvergabe für jedes Gut hinterlegt sind, kann der optimale Lagerplatz schnell automatisch gefunden werden. Schließlich können mit dem LVS noch Etiketten für den Transport und die Güter ausgedruckt und aufgeklebt werden. Sobald der Wareneingang im LVS verbucht ist, wird automatisch ein Transportauftrag an ein Fördermittel, z. B. Gabelstapler, vergeben.

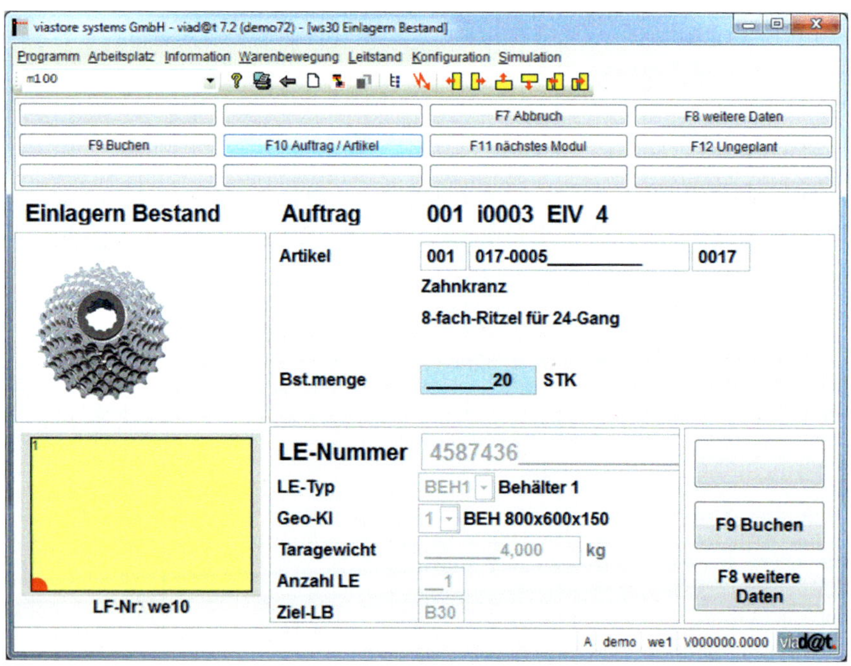

Güter mit dem LVS einlagern

ALLES KLAR?

1 Welche der folgenden Aufgaben gehört nicht zu den Aufgaben der Lagerorganisation?
- **a** Wartung der Förderhilfsmittel
- **b** Auftragsentgegennahme
- **c** Auftragsübermittlung
- **d** Verwaltung der Förderhilfsmittel
- **e** Vorbereitung der Inventur

2 Ordnen Sie die folgenden drei Grundsätze der ordnungsgemäßen Lagerung den jeweiligen Erklärungen zu.

- **1** Sauberkeit
- **2** Übersichtlichkeit
- **3** Geräumigkeit

- **a** Ein Ölfleck wird sofort nach Entdecken entfernt.
- **b** Es werden Material- und Teilenummern vor der Einlagerung vergeben.
- **c** Der Wareneingangsbereich ist vom Lagerbereich räumlich getrennt.
- **d** Während der Lagerung erhalten die Güter eine stetige Pflege.
- **e** Die Griffe von Fährrädern werden in Schachteln eingelagert.
- **f** Jede Schachtel und jedes Regal erhält eine Nummer.

3 In der Top Bike GmbH geht Karsten seiner täglichen Arbeit nach. In einem Regalgang sieht er, dass eine Flasche mit klebriger Flüssigkeit ausgelaufen ist und die Kartonagen miteinander verklebt. Er behebt selbstverständlich sofort den Schaden und packt die unbeschädigten Flaschen um. Welchen Grundsatz der Lagerorganisation erfüllt er somit?
- **a** Übersichtlichkeit
- **b** Geräumigkeit
- **c** Sauberkeit
- **d** sachgerechte Lagerung
- **e** Beständigkeit

4 Ordnen Sie den folgenden Fällen eine Lagerstrategie zu.
- **a** Güter werden mit einem Mindesthaltbarkeitsdatum versehen.
- **b** Der Getreidehändler lagert alle angelieferten Güter der verschiedenen Bauern in einem Lager ein.
- **c** Die Fahrradgriffe liegen immer auf Lagerplatz 0807 13.

5 In einem Industrieunternehmen werden die Lager nach ihren verschiedenen Lagerzonen unterteilt. Diese sind abgestimmt auf den Arbeitsablauf im Unternehmen. Ordnen Sie die Lagerzonen den Aussagen zu.

- **1** Wareneingangszone
- **2** Warenausgangszone
- **3** Kommissionierzone
- **4** Lagerzone

- **a** In dieser Lagerzone erfolgt die Zusammenstellung der Güter für einen Kundenauftrag.
- **b** In dieser Lagerzone erfolgen die Warenpflege und Warenlagerung bis zur Verwendung.
- **c** In dieser Lagerzone erfolgen die Warenannahme und Warenkontrolle.
- **d** In dieser Lagerzone erfolgt die Zusammenstellung der Güter für die Auslieferung.
- **e** In dieser Lagerzone können die Güter vorverpackt werden.
- **f** In dieser Lagerzone werden die Güter für die Produktion aufbewahrt.

6 Was ist der Unterschied zwischen der starren Einlagerung und der chaotischen Einlagerung?

7 Nennen Sie drei Merkmale, nach denen Lagerplätze vergeben werden.

8 Was sind Verkehrswegen nach der Arbeitsstätten-Richtlinie (ASR) 17?
- **a** Verkehrswege sind Bereiche, die nur für den Fahrzeugverkehr gelten.
- **b** Verkehrswege sind Bereiche, die nur für Fußgänger- und Fahrzeugverkehr bestimmt sind.
- **c** Verkehrswege sind Bereiche, die nur für Fußgängerverkehr gelten.
- **d** Verkehrswege sind Bereiche, auf denen Fahrzeuge von Personen unmittelbar bewegt werden.
- **e** Verkehrswege sind Bereiche, die nur für Betriebsangehörige gelten.

ALLES KLAR?

9 Verkehrswege unterliegen verschiedenen Anforderungen. Welche der folgenden Aussagen sind richtig und welche falsch?

a Verkehrswege sollten wenn möglich ohne Neigungen verlaufen.

b Verkehrswege sollen möglichst geradlinig und unübersichtlich verlaufen.

c Verkehrswege können unterschiedlich beschaffen sein. Es gibt keine baulichen Vorgaben.

d Verkehrswege benötigen keine Beleuchtung, da die Fahrzeuge über eine solche verfügen.

e Verkehrswege sollten durch Markierungen kenntlich gemacht werden.

f Verkehrswege sollten mindestens 1 m an Toren und Türen vorbeiführen.

g Verkehrswege wie Nebengänge müssen mindestens 0,80 m breit sein.

h Die Mindesthöhe für Verkehrswege des Personenverkehrs beträgt 1,80 m.

i Die Mindesthöhe der Verkehrswege für Fahrzeuge richtet sich nach den eingesetzten Fördermitteln.

10 Welche Aufgaben gehören zu den Aufgaben von Artikelnummern?

a informieren, identifizieren, platzieren, kommunizieren

b kontrollieren, addieren, informieren, klassifizieren

c identifizieren, klassifizieren, kontrollieren, informieren

d informieren, identifizieren, kontrollieren, spezifizieren

e detaillieren, kontrollieren, informieren, identifizieren

11 Welche Aussagen zu den Wegstrategien sind richtig?

a Die Rundgangstrategie wird eingesetzt, wenn die Güter nach ihrer Umschlagshäufigkeit eingelagert werden.

b Bei der Rundgangstrategie wird jede Lagerzone durchlaufen.

c Die Stichgangstrategie findet Anwendung, wenn die Umschlagshäufigkeit bei der Lagerung unberücksichtigt bleibt.

d Bei der Stichgangstrategie geht der Mitarbeiter nur soweit in das Regal hinein, bis er seine Güter erreicht hat. Er verlässt auf dem gleichen Weg den Regalgang.

e Die Rundgangstrategie ist die zeitintensivere Wegstrategie.

12 In der Top Bike GmbH werden verschiedene Einzelteile zu einer Kombinationspackung zusammengeführt. Welche Arbeit vor der Einlagerung ist damit gemeint?

a Vorverpackung

b Preisauszeichnung

c Kombination

d Komplettierung

e Identifizierung

f Etikettierung

13 Was ist mit der Vorverpackung im Lager gemeint?

14 Welche Angaben müssen Preisetiketten mindestens enthalten?

15 Welche Angaben können Preisetiketten zusätzlich enthalten?

16 Welche Inhalte gehören nicht unbedingt in eine Lagerfachkarte?

a Menge und Preis

b Artikelnummer und Artikelbezeichnung

c Mindestbestand und Höchstbestand

d Meldebestand und Mengeneinheit

e Kundennummer und Kundenanschrift

17 Welche Angaben sind auf einer Lagerfachkarte sinnvoll?

3 Die Lagerarten

> In einem Holzhandel werden halboffene Lager verwendet, da das Holz teilweise unbehandelt ist und noch nachtrocknen muss. Ist das Holz jedoch erst frisch geschlagen worden, wird es offen auf dem Waldboden gelagert.

Nicht jedes Lager ist gleich, weder vom Aufbau noch von der Nutzung. Plant ein Unternehmen ein neues Lager, muss es sich viele sogenannte **W-Fragen** stellen:

- Was soll gelagert werden?
- Wie lange soll gelagert werden?
- Welche Betriebsart hat das Unternehmen und was bedeutet das für die Anforderungen an das Lager?
- Soll in einem eigenen Lager oder in einem fremden Lager gelagert werden?
- Welcher Standort soll für das Lager gewählt werden?
- Wie sollte die Lagerbauweise aussehen?
- Welche Lagereinrichtungstechnik ist sinnvoll?
- Welche innerbetrieblichen Transportmöglichkeiten bieten sich an?

Lagergüter
→ LF 2, Kap. 1.1

Aufgaben der Lagerhaltung
→ LF 2, Kap. 1.2

Lagereinrichtungstechnik
→ LF 2, Kap. 4

innerbetrieblicher Transport
→ LF 4, Kap. 3

Je nach Unterscheidungskriterium lassen sich Lager in verschiedene Lagerarten einteilen. Nachfolgend wird hier nach Betriebsart, Eigentümer, Standort und Bauweise unterschieden. Weitere Unterscheidungskriterien für Lagerarten wären z. B. Lagergut, Lagerzweck, Bewegung des Lagergutes und Automatisierungsgrad. Da es viele unterschiedliche Lagerarten gibt, müssen nicht zwangsweise alle Lagerarten in einem Unternehmen vorkommen. Auch in unserem Modellunternehmen gibt es nur eine kleine Auswahl an Lagern.

3.1 Die Betriebsarten und ihre Lager

LS 11

In der Wirtschaft gibt es verschiedene Betriebsarten, die unterschiedliche Lagerarten erfordern. Zu den wichtigsten Betriebsarten gehören Produktionsbetriebe, Handelsbetriebe und Dienstleistungsbetriebe. **Produktionsbetriebe** stellen Güter her und können in Industrie- und Handwerksbetriebe unterschieden werden. **Handelsbetriebe** beschaffen Güter und verkaufen sie anschließend an ihre Kunden weiter. **Dienstleistungsbetriebe** bieten Dienstleistungen an.

Betriebsarten

Produktionsbetriebe

Industriebetrieb
z. B.:
- Autoindustrie
- Lebensmittelindustrie
- chemische Industrie
- Fahrradindustrie (z. B. Top Bike GmbH)

Handwerksbetrieb
z. B.:
- Bauschlosserei
- Tischlerei
- Elektroservice
- Reparaturservice

Handelsbetrieb
z. B.:
- Großhandel
- Einzelhandel
- Außenhandel

Dienstleistungsbetrieb
z. B.:
- Speditionen
- Geldinstitute
- Privatschulen

3.1.1 Die Lager im Industriebetrieb

- Die Top Bike GmbH ist ein Industriebetrieb. Sie stellt in ihrem täglichen Arbeitsprozess Fahrräder her. Die Fertigung erfolgt in der Fließfertigung.
- Der „Holzwurm" ist ein kleiner Handwerksbetrieb. Hier werden Möbel auf Bestellung gefertigt.

Fließfertigung
Jeder Arbeitsprozess fügt sich an den nächsten an.

In Industriebetrieben und Handwerksbetrieben werden Produkte hergestellt, darum wird auch von Produktionsbetrieben gesprochen. Industriebetriebe sind hauptsächlich mit der Herstellung von Produkten beschäftigt. Hierbei läuft der Leistungserstellungsprozess immer gleich ab. In Handwerksbetrieben wird hingegen auf Wunsch des Kunden produziert. Je nach Größe des Betriebes kann es auch industrielle Fertigungsverfahren geben. Der Leistungserstellungsprozess unterscheidet sich je nach Kundenauftrag.

Teilbereiche eines Industriebetriebs → LF 1, Kap. 1.2.1

Nachfolgend soll auf die Lager im Industriebetrieb eingegangen werden. Die Organisation des Lagers eines Industriebetriebs kann stofforientiert und verbrauchsorientiert sein. Bei der **stofforientierten Lagerung** werden gleichartige Produkte oder Produktgruppen in dafür vorgesehene Lager zusammengefasst, z. B. Treibstofflager, Holzlager, Gefahrstofflager. Bei der **verbrauchsorientierten Lagerung** werden die Produkte nach dem Bedarf in der Fertigung gelagert.

Wareneingangskontrolle → LF 1, Kap. 2

Neu angelieferte Güter kommen zunächst ins **Wareneingangslager**. Nach der Wareneingangskontrolle werden die Güter entweder direkt an die Produktion weitergeleitet (Just-in-Time-Verfahren) oder bis zu ihrer Verarbeitung in andere Lager eingelagert. Diese anderen Lager werden auch Rohlager oder Materiallager genannt, zu ihnen gehören z. B. Rohstoff-, Hilfsstoff-, Betriebsstoff- und Werkzeuglager.

Materiallager
Roh-, Hilfs- und Betriebsstoffe können zusammen in einem Lager oder in unterschiedlichen Lagern (**Roh-, Hilfs- und Betriebsstofflager**) untergebracht werden. **Rohstoffe** sind wesentlicher Bestandteil der zu fertigenden Produkte und gehen unmittelbar in die Fertigungserzeugnisse ein. In der Top Bike GmbH sind das z. B. Stahlrohre für die Fertigung von Fahrradrahmen. **Hilfsstoffe** sind ebenfalls Bestandteil des Fertigerzeugnisses, allerdings zu einem wert- und mengenmäßig bedeutend geringeren Anteil als Rohstoffe, z. B. Kleber, Lacke und Schrauben. **Betriebsstoffe** gehen nicht in die Produktion ein, werden jedoch zum Betreiben der Fertigungsmaschinen benötigt, wie z. B. Schmieröl und Kühlflüssigkeit.

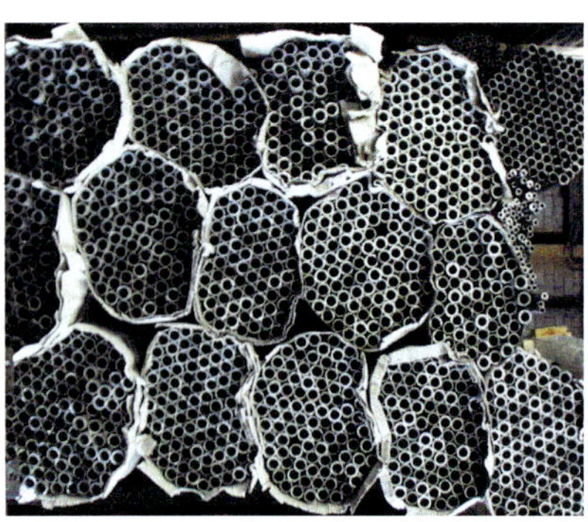

Rohstoffe (Stahlrohr)

Hilfsstoffe (Schrauben)

Betriebsstoff (Schmieröl)

Das Materiallager übernimmt eine Sicherungsaufgabe, denn durch die Lagerung größerer Mengen von Roh-, Hilfs- und Betriebsstoffen wird eine reibungslose Produktion gewährleistet. Außerdem können Materiallager den unterschiedlichen Rhythmus der Warenbeschaffung ausgleichen (Überbrückungsaufgabe) und durch den Einkauf großer Mengen können Preisvorteile der Anbieter genutzt werden (Spekulationsaufgabe).

Im **Werkzeuglager/Ersatzteillager** lagern Werkzeuge und Ersatzteile, die für die Produktion benötigt werden und in der Regel schnell verschleißen. Das Werkzeuglager/Ersatzteillager übernimmt hauptsächlich eine Sicherungsaufgabe.

Ersatzteillager

Produktionslager

Produktionslager befinden sich in der Produktion. Zu ihnen gehören das Handlager und das Zwischenlager.

Werden Materialien für die Produktion abgerufen, kann aus dem Materiallager eine Umlagerung dieser benötigten Materialien stattfinden. Wenn sie nicht sofort verarbeitet bzw. verbaut werden, kommen sie in **Handlager**. Bei der Fließfertigung werden fortwährend Teile in das entstehende Produkt eingebaut. Die Mitarbeiter müssen Kleinteile (z. B. Schrauben), die sie verbauen, dazu griffbereit an ihrem Arbeitsplatz haben. Ein Gang ins Lager würde die Fließfertigung unterbrechen. Vor Arbeitsbeginn wird die benötigte Materialmenge im Handlager in der Nähe des Arbeitsplatzes eingelagert. Das Handlager übernimmt hauptsächlich eine Überbrückungsfunktion.

Zwischenlager werden auch **Werkstatt-**, **Pufferlager** oder **Fertigungszwischenlager** genannt. Dieses Lager befindet sich ebenfalls im Produktionsbereich und es werden halbfertige Erzeugnisse, die im Laufe des Produktionsprozesses entstehen, eingelagert. Das Zwischenlager übernimmt hauptsächlich eine Sicherungs- und Überbrückungsfunktion.

Fahrradrahmen und Schutzbleche in der Abdunstzone

Die Fertigung eines Fahrrads besteht aus verschiedenen Komponenten, die zusammengefügt werden müssen. Jeder Arbeitsgang hat eine andere Dauer oder eine Wartezeit, weil z. B. Lacke trocknen müssen. Damit es nicht zu einem Stau kommt, werden die halbfertigen Erzeugnisse im Produktionsbereich eingelagert, bis der nächste Arbeitsschritt erfolgt.

Halbfertige Erzeugnisse lagern so lange, bis sie ein anderer Mitarbeiter wieder aus dem Zwischenlager holt, um die Arbeit fortzusetzen.

Absatzlager

Handelswaren sind Waren, die weitgehend unverändert weiterverkauft werden (z. B. Fahrradanhänger).

Nach der Produktion von Produkten sollen diese verkauft werden. Vor der Auslieferung der hergestellten Produkte an Kunden bzw. Händler werden Fertigwarenlager/Erzeugnislager und Versandlager geführt. Diese Lagerarten lassen sich unter dem Begriff Absatzlager zusammenfassen.

Fertigwarenlager in der Zellstoff- und Papierfabrik

In einem **Fertigwaren- und Erzeugnislager** lagern Güter, deren eigentlicher Produktionsprozess abgeschlossen ist. Hierzu zählen fertige Erzeugnisse, halbfertige Erzeugnisse, die weiterverkauft werden, und Handelswaren. Das Fertigwaren- und Erzeugnislager übernimmt hauptsächlich eine Sicherungs- und Überbrückungsaufgabe.

Im **Versandlager** erhalten die Produkte ihre eigentliche Transportverpackung (z. B. Behälter, Container). Die Produkte werden aber auch in der Transportverpackung so gesichert, dass nichts verrutscht. Das Versandlager ist die letzte Stelle im Unternehmen, bevor die Produkte es verlassen. Das Versandlager übernimmt hauptsächlich eine Sicherungs- und Überbrückungsaufgabe.

Sonderlager

Neben den vorgestellten Lagerarten kann jedes Unternehmen individuell weitere Lagerarten in den betrieblichen Ablauf aufnehmen. Dies richtet sich nach den Gegebenheiten und Anforderungen des Unternehmens. Häufig gibt es z. B. Packmittellager und Büromateriallager. Im **Packmittellager** werden Verpackungsmaterialien, z. B. Kartonagen, Tüten, Behälter und Paletten, aufbewahrt und im **Büromateriallager** z. B. Druckerpapier, Stifte, Klebeband und anderes Büromaterial.

3.1.2 Die Lager im Handelsbetrieb

Handelsbetriebe beschaffen Waren, um sie dann in der Regel ohne größere Be- und Verarbeitung weiterzuverkaufen. Sie lassen sich je nach Abnehmergruppe in Großhandel und Einzelhandel unterscheiden.

Lagerkosten
→ LF 4, Kap. 4.1

Der **Großhandel** ist das Bindeglied zwischen dem Hersteller und dem Einzelhandel. Der Großhandel übernimmt die Verteilung der Waren an den Einzelhandel, Dienstleister und gewerblichen Verbraucher. So sparen der Einzelhandel und der Hersteller Lager- und Transportkosten. Der Großhandel nimmt dem Hersteller und Verbraucher eine Vielzahl von Aufgaben ab. Beispielsweise muss der Einzelhändler nicht mehr bei verschiedenen Herstellern seine Ware abrufen, denn der Großhandel stellt ihm bereits ein breites Sortiment zur Verfügung.

Lager im Lebensmittelgroßhandel

! **Großhandelsbetriebe** verkaufen Waren in großen Mengen an gewerbliche Abnehmer wie z. B. den Einzelhandel, Dienstleister, Handwerksunternehmen und Industriebetriebe.

Der **Einzelhandel** kann seine Waren entweder direkt vom Hersteller oder vom Großhandel beziehen. Er kauft für den nicht gewerblichen Endverbraucher ein. Die Aufgabe des Einzelhandels ist es, dem Verbraucher ein breites Sortiment an Waren zum Kauf anzubieten.

Lagerarten im Handel

Großhandel

z. B.:
- Auslieferungslager
- Kommissionslager
- Konsignationslager

Einzelhandel

z. B.:
- Verkaufslager
- Reservelager
- Musterlager
- Auslieferungslager beim Versandhandel

Nachfolgend werden die einzelnen Lagerarten der Handelsbetriebe kurz beschrieben.

In **Auslieferungslagern** wird die Ware bis zur Auslieferung an den Kunden oder bis zur Abholung durch den Kunden gelagert. In den meisten Fällen werden sie in der Nähe des Kunden eingerichtet, um lange Lieferzeiten und Lieferverzögerungen zu verhindern. Einige Unternehmen unterhalten beispielsweise bei einem Spediteur ein Auslieferungslager. Das Auslieferungslager übernimmt in erster Linie eine Überbrückungsaufgabe.

Lagerstandort
→ LF 2, Kap. 3.3

Lieferverzug
→ LF 1, Kap. 3.2

Der Lagerhalter eines Kommissionslagers wird Kommissionär genannt. Er lagert im **Kommissionslager** die Waren anderer (Kommissionsgeber), um diese Waren anschließend im Namen der Eigentümer zu verkaufen. Der Kommissionär wird jedoch selbst nie Eigentümer der Waren, sondern ist nur Zwischenhändler und Lagerhalter der Waren. Er erhält für den Verkauf der Waren vom Eigentümer eine Provision. Das Kommissionslager übernimmt hauptsächlich sowohl eine Überbrückungs- als auch eine Sicherungsaufgabe.

Eigentum und Besitz,
→ Anhang Wiso, Kap. 4.3

Ein Zwischenhändler ist der Vermittler einer Verkaufstransaktion.

Die Detro Group (Kommissionär) wird von der Getränkeindustrie (Kommissionsgeber) beliefert, lagert die Waren in ihrem Lager ein und bietet sie ihren Kunden zum Kauf an. Die Detro Group vermittelt den Verkauf der Getränke im Namen der Getränkeindustrie. Die Getränkeindustrie bleibt Eigentümer der Waren, bis sie an den Kunden übergeben wurden. Ist die Ware durch die Detro Group verkauft, erhält diese eine Provision dafür.

Achtung: Das Kommissionslager darf nicht mit einer Kommissionierzone verwechselt werden. In der Kommissionierzone wird Ware kommissioniert und für die Weiterverarbeitung oder den Versand bereitgestellt.

kommissionieren
das Zusammenstellen von Gütern aus dem Sortiment für einen Auftrag

Beim **Konsignationslager** werden die Waren eines Lieferanten bei einem Kunden aufbewahrt. Der Kunde hat Zugriff auf dieses Lager. Die Ware bleibt so lange im Eigentum des Lieferanten, bis der Kunde sie aus dem Lager entnimmt. Rechtlich gesehen entspricht die Entnahme von Waren der Lieferung, die normalerweise stattfinden würde, wenn es kein Konsignationslager gäbe. Entnimmt der Kunde Ware, meldet er dieses an den Lieferanten, der daraufhin eine Rechnung stellt. Der Kunde bezahlt die Ware erst nach Entnahme und nicht, wenn der Lieferant sie einlagert.

Beim Konsignationslager hat der Kunde wenig Aufwand bei der Qualitätskontrolle. Entspricht die Ware nicht seinen Vorstellungen, nimmt er sie nicht aus dem Lager. Es werden keine Kosten für die Anlieferung fällig. Die Bestandsprüfung und Abrechnung werden durch den Lieferanten erledigt und er trägt das Risiko des Verfalls und Absatzes. Für den Lieferanten entstehen keine Lagerkosten, keine Kosten der Warenpflege und nur geringere Personalkosten. Das Konsignationslager übernimmt in erste Linie sowohl eine Überbrückungs- als auch eine Sicherungsaufgabe.

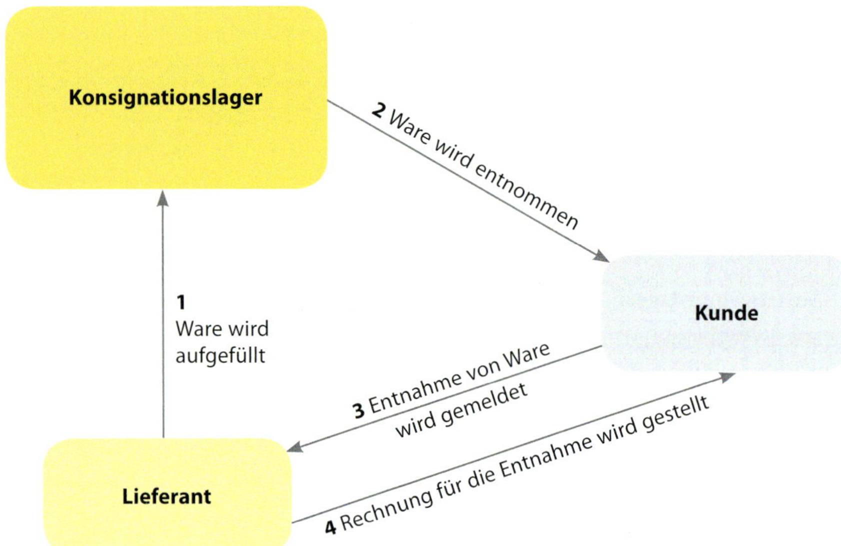

ordnungsgemäße Lagerung
→ LF 2, Kap. 2.1

Das **Verkaufslager** ist der Raum, in dem die Ware dem Kunden angeboten wird. Das Verkaufslager muss kundenfreundlich gestaltet, besonders sauber, übersichtlich und ansprechend sein. Die Ware muss griffbereit und werbend präsentiert werden. Der Bestand an Waren sollte z. B. bei Frischwaren höchstens zwei bis drei Tagesumsätze umfassen. Die Verkaufsräume von z. B. ALDI, Kaufland und Hagebau sind Verkaufslager. Das Verkaufslager kann als Puffer dienen, da sich Beschaffung und Verkauf weder zeitlich noch mengenmäßig vollständig aufeinander abstimmen lassen (Überbrückungsaufgabe). Ebenso können Sicherheitsbestände gelagert werden (Sicherungsaufgabe).

Reservelager

Das **Reservelager** dient der Annahme der Ware, dem Auspacken sowie der Warenprüfung, Preisauszeichnung und Einlagerung bis zum Auffüllen des Verkaufslagers. Es ist in der Regel an das Verkaufslager angeschlossen. Das Reservelager kann alle fünf Aufgaben der Lagerhaltung übernehmen.

Das **Musterlager** ist eine spezifische Form des Verkaufslagers. Hier werden Muster bereitgehalten, an denen sich der Kunde orientieren kann. Nach Abschluss eines Kaufvertrages kann der Kunde sich die Ware entweder liefern lassen oder aus dem angegliederten Reservelager abholen. Selbstverständlich gibt es Mischformen von Verkaufs- und Musterlager, z. B. Treppenstudios, Möbelhäuser und Dachdeckerfirmen.

3.2 Das Eigenlager und das Fremdlager

Der Geschäftsführer der Top Bike GmbH, Martin Töpfer, plant in den kommenden Jahren die Einrichtung einer neuen Produktionsstätte in Brandenburg. Von hier aus möchte er den osteuropäischen Markt beliefern. Herr Chabba schlägt vor, dass sich die Top Bike GmbH einen Dienstleister suchen sollte, der die benötigten Güter im Auftrag der Top Bike GmbH lagert, weil er glaubt, dass ein Fremdlager günstiger sei. Stimmt das?

Viele Unternehmen haben eigene Lager. Das **Eigenlager** ist in den betrieblichen Ablauf integriert und nach den unternehmenseigenen Vorstellungen gestaltet. Die Lagerräume gehören zum Eigentum des Unternehmens. Es besteht aber keine Abhängigkeit von Dritten. Die Kommunikation und Steuerung zwischen dem Lager und den anderen Abteilungen ist betriebsintern möglich. Außerdem kann auf Güter schnell zugegriffen werden und das Unternehmen kann flexibel auf eine Umorganisation reagieren. Ein weiterer Vorteil ist, dass jederzeit eine direkte Qualitätskontrolle erfolgen kann. Hat ein Unternehmen ein eigenes Lager, muss es dafür aber auch die Kosten tragen.

Eigentum
→ Anhang WiSo, Kap. 4.3

Lagerkosten
→ LF 4, Kap. 4.1

Für manche Unternehmen kann es jedoch durchaus sinnvoll sein, ein fremdes Unternehmen zu beauftragen, Güter einzulagern. Dabei handelt es sich um sogenannte **Fremdlager**. Ein Fremdlager befindet sich in den Räumen eines gewerblichen Lagerhalters (z. B. Spedition oder Lagerhausgesellschaft). Der Lagerhalter übernimmt die Einlagerung für verschiedene Unternehmen und bietet darüber hinaus häufig zusätzlichen Service, wie z. B. Lagerbuchführung, Bestandskontrolle, Kommissionierung, Preisauszeichnung und Verpackung, an.

Lagerverwaltung
→ LF 2, Kap. 2.8
Bestandskontrolle
→ LF 3, Kap. 3
Preisauszeichnung
→ LF 2, Kap. 2.7

Es gibt **drei Formen der Fremdlagerung**:

1. Bei der Einlagerung erhält jeder Einlagerer vom Lagerhalter einen abgetrennten Lagerplatz **(Trennungslagerung)**. Nur die Güter des Einlagerers lagern hier. Der Einlagerer trägt die Kosten für diesen Platz und nutzt die Lagerkapazität allein.
2. Sind verschiedene Einlagerer damit einverstanden, dann darf der Lagerhalter Güter gleicher Art und Güte gemeinsam einlagern. Jedem Einlagerer steht dann ein Miteigentum nach Bruchteilen zu. Der Lagerhalter kann jedem Einlagerer seine Güter ausliefern, ohne dazu eine Genehmigung der anderen Einlagerer einzuholen. Durch diese sogenannte **Sammellagerung** (§ 469 HGB) spart jeder Einlagerer Lagerkosten, da er sich diese mit den anderen Einlagerern teilt.
3. Mietet der Einlagerer vom Lagerhalter einen kompletten Lagerraum, wird von **Mietlagerung** gesprochen. Der Einlagerer ist für das Lager und die eingelagerten Güter selbst verantwortlich. Er übernimmt dann auch die Warenpflege und -kontrolle.

Warenpflege
→ LF 3, Kap. 2

Üblicherweise nutzen Unternehmen Fremdlager, wenn z. B. die Bestände höher sind als die eigene Lagerkapazität, spezielle Lagereinrichtungen benötigt werden, die nur ein Fremdlager bietet und Güter gelagert werden, die einer stark schwankenden, saisonalen Nachfrage unterliegen. An Häfen, Bahnhöfen oder Flughäfen werden Fremdlager auch als Zwischenlager betrieben, da nicht alle ankommenden Güter sofort abtransportiert werden können. Häufig fällt die Entscheidung für ein Fremdlager aber unter dem Gesichtspunkt der Kosten- und Risikominimierung.

Kostenvergleich
Eigen- und Fremdlager
→ LF 2, Kap. 3.2.2

3.2.1 Das Lagergeschäft

Entscheidet sich ein Unternehmen für ein Fremdlager, wird zwischen dem Unternehmen und dem Lagerhalter ein **Lagervertrag** geschlossen. Die Rechte und Pflichten, die aus diesem Vertrag entstehen, sind in den §§ 467 bis 475 des Handelsgesetzbuches geregelt.

§

§ 467 HGB Lagervertrag
(1) Durch den Lagervertrag wird der Lagerhalter verpflichtet, das Gut zu lagern und aufzubewahren.
(2) Der Einlagerer wird verpflichtet, die vereinbarte Vergütung zu zahlen. [...]

Rechte und Pflichten aus dem Lagervertrag

Lagerhalter	Einlagerer
• Anspruch auf Vergütung und Aufwendungsersatz (§§ 467 II, 474 HGB) • Information des Einlagerers über gefährliche Güter und zu ergreifende Maßnahmen (§ 468 I 1 HGB) • ordnungsgemäße Verpackung und Kennzeichnung der Güter durch den Einlagerer (§ 468 I 2 HGB) • Pfandrecht bei Nichtzahlung der Vergütung oder des Aufwendungsersatzes (§ 475 b HGB) • Vermischung von Gütern gleicher Art und Güte, wenn die beteiligten Einlagerer einverstanden sind, sog. Sammellagerung (§ 469 I HGB) • Rückgabe der Güter nach Ablauf der vereinbarten Lagerzeit oder nach Kündigung des Vertrags (§ 473 II HGB) • Ausfüllen eines Lagerscheins (§ 475c HGB)	• ordnungsgemäße Lagerung der Güter (§ 467 I HGB) • Güter können jederzeit herausverlangt werden (§ 473 I HGB) • Informationsrecht über Veränderungen an den Gütern, die zu Verlust oder Beschädigung der Güter oder Schäden des Lagerhalters führen (§ 471 II) • Ablehnen der Vermischung von beweglichen Sachen mit anderen Sachen gleicher Art und Güte, sog. Sammellagerung (§ 469 I HGB) • Besichtigung der Güter, Entnahme von Proben und die zur Erhaltung der Güter notwendigen Handlungen (§ 471 HGB) • Versicherung der Güter, wenn der Einlagerer dies verlangt (§ 472 HGB) • Urkunden und Begleitpapiere zur Verfügung stellen (§ 468 I 2 HGB)

Haben Einlagerer und Lagerhalter einen Lagervertrag geschlossen und der Einlagerer lässt Güter vom Lagerhalter einlagern, sollte ein **Lagerschein** ausgestellt werden. Mit dem Lagerschein bestätigt der Lagerhalter, dass er die Güter zur Einlagerung erhalten hat (Beweisurkunde). Der Lagerschein dient dem Einlagerer als Beweis über die Einlagerung der Güter. Er kann den Lagerschein an eine andere Person übertragen, die das Recht an den Gütern erhält. Der Lagerschein ist ein **Warenwertpapier**, welches das Recht an den Gütern verbrieft.

Warenwertpapier
→ LF 1, Kap. 2

Es gibt drei Formen des Lagerscheins: Der **Inhaberlagerschein** ermächtigt den Besitzer (Inhaber) des Scheines, die Rechte an den Gütern auszuüben. Er wird durch Einigung und Übergabe übertragen. Der **Namenslagerschein** wird auf den Namen derjenigen Person eingetragen, an welche die Güter herausgegeben werden dürfen. Er kann durch Abtretung übertragen werden. Damit erwirbt der neue Inhaber nur einen Anspruch auf Herausgabe, aber kein Eigentum an den Gütern. Bevor der Lagerhalter die Güter an den neuen Inhaber des Namenslagerscheins herausgibt, kann er einen Nachweis über die Abtretung verlangen.

Abtretung
Vertrag über den Übergang eines Anspruchs auf jemand anderen

§ 475 c HGB Lagerschein

(1) Über die Verpflichtung zur Auslieferung des Gutes kann von dem Lagerhalter, nachdem er das Gut erhalten hat, ein Lagerschein ausgestellt werden, der die folgenden Angaben enthalten soll:

1. Ort und Tag der Ausstellung des Lagerscheins;
2. Name und Anschrift des Einlagerers;
3. Name und Anschrift des Lagerhalters;
4. Ort und Tag der Einlagerung;
5. die übliche Bezeichnung der Art des Gutes und die Art der Verpackung, bei gefährlichen Gütern ihre nach den Gefahrgutvorschriften vorgesehene, sonst ihre allgemein anerkannte Bezeichnung;
6. Anzahl, Zeichen und Nummern der Packstücke;
7. Rohgewicht oder die anders angegebene Menge des Gutes;
8. im Falle der Sammellagerung einen Vermerk hierüber.

(2) In den Lagerschein können weitere Angaben eingetragen werden, die der Lagerhalter für zweckmäßig hält.

(3) Der Lagerschein ist vom Lagerhalter zu unterzeichnen. Eine Nachbildung der eigenhändigen Unterschrift durch Druck oder Stempel genügt.

Gefahrstoffe
→ LF 2, Kap. 6.3.1

Der **Orderlagerschein** darf durch speziell zertifizierte Orderlagerhalter ausgestellt werden. Er ist handelbar und wird durch einen Übertragungsvermerk auf der Rückseite übertragen. Der eingetragene Inhaber des Orderlagerscheins ist automatisch auch Eigentümer der Güter.

Order
bezeichnet eine Weisung. Hier wird die Weisung erteilt, an wen die Güter auszuhändigen sind.

Lagerschein

gemäß § 475 c HGB

Lagerschein Nr. ________

Am ____________ lagerten wir für ____________

in ____________ oder dessen legitimierten Rechtsnachfolger ein:

Packstücke				Bezeichnung der Ware	Bruttogewicht in kg	
Anzahl	Nummer	Zeichen	Art		angegeben	ermittelt

Gefahrgut-Klassifikation

UN-Nr.		Gefahrgut-Bezeichnung				
Klasse		Verpackungsgruppe		☐ ADR	☐ RID	☐ IMDG

Lagerung

Die Ware ist zurzeit eingelagert ☐ getrennt von anderen Partien
☐ als Teil einer Partie

in unserem Lager in ____________

Wir sind zur Umlagerung der Ware berechtigt. Bei Umlagerung in ein anderes als das oben angegebene Lager wird der Einlagerer benachrichtigt.

Auslieferung

Wir verpflichten uns, die Ware nur gegen Rückgabe dieses Lagerscheins an den Einlagerer oder dessen legitimierten Rechtsnachfolger auszuhändigen. Bei Teilauslieferungen ist der Lagerschein zwecks Abschreibung vorzulegen. Wir sind berechtigt, aber nicht verpflichtet, eine Prüfung der Legitimation vorzunehmen.

Rechtsgrundlage

Allgemeine Deutsche Spediteursbedingungen (ADSp) in der jeweils aktuellen Fassung

____________, den ____________ ____________

Ort Datum Stempel und Unterschrift des Lagerhalters

3.2.2 Der Kostenvergleich zwischen Eigen- und Fremdlager

Die Top Bike GmbH möchte zusätzlich 10.000 Spezialrahmen für die Fertigung in ihr Sortiment aufnehmen.

Bei der Lagerung fallen folgende Kosten an:
- variable Kosten der Fremdlagerung 20,00 € je Spezialrahmen
- fixe Kosten der Eigenlagerung 15.000,00 €
- variable Kosten der Eigenlagerung 15,00 € je Spezialrahmen

Herr Pietsch überlegt zusammen mit Herrn Klein, mit welchen Kosten er für die Eigenlagerung und für die Fremdlagerung zu rechnen hat. Er möchte nun wissen, ob die Eigenlagerung oder die Fremdlagerung kostengünstiger ist.

Lagerkosten
→ LF 4, Kap. 4.1

Für ein Unternehmen ist es nicht leicht, die Entscheidung zu treffen, ob es ein eigenes Lager einrichten, weiterführen oder seine Güter in einem Fremdlager unterbringen soll. Es muss die Vor- und Nachteile abwägen. Dabei spielen die Kosten eine wichtige Rolle.

Um vergleichen zu können, ob ein Eigenlager oder ein Fremdlager kostengünstiger ist, muss zunächst zwischen fixen und variablen Kosten unterschieden werden.
- **Fixe Kosten** sind Kosten, die innerhalb eines bestimmten Zeitraumes in konstanter Höhe auf jeden Fall in einem Unternehmen anfallen, unabhängig davon, ob und wie viele Güter gelagert und verkauft werden. Zu den fixen Kosten gehören z. B. Mieten, Steuern, Gehälter und Versicherungen.
- **Variable Kosten** sind Kosten, die abhängig von der Menge der eingelagerten Bestände, der Produktion oder Absatzmenge sind, wie z. B. Treibstoffkosten, Zusatzlöhne für Überstunden, Materialprüfkosten und Stromverbrauchskosten. Ist der Lagerbestand hoch, erhöhen sich die variablen Kosten, ist der Lagerbestand niedrig, sinken die variablen Kosten.

Bei der Eigenlagerung fallen sowohl fixe als auch variable Kosten an. Bei der Fremdlagerung fallen hingegen nur variable Kosten an. Diese sind allerdings höher als die variablen Kosten der Eigenlagerung. Um die Kosten der Eigenlagerung mit den Kosten der Fremdlagerung vergleichen zu können, müssen die Kosten gegenübergestellt und die sogenannte kritische Menge festgestellt werden. Die **kritische Menge** ist die Menge, bei der die Kosten der Eigenlagerung genauso hoch sind wie die Kosten der Fremdlagerung. Erreicht die tatsächliche Menge der zu lagernden Güter die kritische Menge nicht, ist Fremdlagerung kostengünstiger. Bei Überschreitung der kritischen Menge ist dagegen die Eigenlagerung kostengünstiger.

Herr Pietsch und Herr Klein erstellen anhand der vorliegenden Daten eine Tabelle mit den Kosten der Eigen- und Fremdlagerung.

Anzahl der Spezialrahmen	**Fremdlagerung**	**Eigenlagerung**		
	Gesamtkosten (fixe Kosten)	**Fixe Kosten**	**Variable Kosten**	**Gesamtkosten**
0	0,00 €	15.000,00 €	0,00 €	15.000,00 €
1.000	20.000,00 €	15.000,00 €	15.000,00 €	30.000,00 €
2.000	40.000,00 €	15.000,00 €	30.000,00 €	45.000,00 €
3.000	60.000,00 €	15.000,00 €	45.000,00 €	60.000,00 €
4.000	80.000,00 €	15.000,00 €	60.000,00 €	75.000,00 €
5.000	100.000,00 €	15.000,00 €	75.000,00 €	90.000,00 €
6.000	120.000,00 €	15.000,00 €	90.000,00 €	105.000,00 €
7.000	140.000,00 €	15.000,00 €	105.000,00 €	120.000,00 €
8.000	160.000,00 €	15.000,00 €	120.000,00 €	135.000,00 €
9.000	180.000,00 €	15.000,00 €	135.000,00 €	150.000,00 €
10.000	200.000,00 €	15.000,00 €	150.000,00 €	175.000,00 €

Herr Pietsch und Herr Klein möchten die Tabelle noch grafisch umsetzen, um ihr Ergebnis genauer zu sehen.

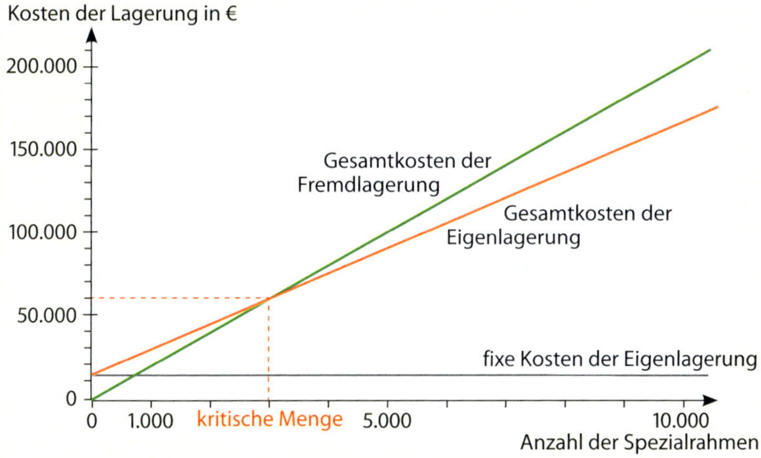

Herr Pietsch und Herr Klein können sehen, dass die kritische Lagermenge bei 3.000 Stück liegt. Würde die Lagermenge unter 3.000 Stück liegen, wäre die Fremdlagerung günstiger als die Eigenlagerung. Bei einer Menge von 3.000 Stück verursachen Eigen- und Fremdlagerung die gleichen Kosten und ab einer tatsächlichen Lagermenge über 3.000 Stück ist die Eigenlagerung günstiger als die Fremdlagerung. Herr Pietsch und Herr Klein hätten die kritische Lagermenge auch rechnerisch mit einer Gleichung ermitteln können:

Kosten der Fremdlagerung = Kosten der Eigenlagerung

$$20\,x = 15.000 + 15\,x \quad |- 15\,x$$
$$5\,x = 15.000 \quad |: 5$$
$$x = 3.000$$

LS 13

3.3 Der zentrale und dezentrale Lagerstandort

Die Top Bike GmbH unterhält an ihrem Standort in Regensburg ein Lager, aus dem sowohl die Produktion als auch die Kunden in ganz Deutschland bedient werden. Die Geschäftsleitung möchte prüfen, ob ein weiteres Lager in Brandenburg sinnvoll wäre, um den osteuropäischen Markt besser zu erreichen.

Bei der Standortwahl des Lagers sollten neben einer detaillierten Kostenanalyse zu Investitions-, Wartungs-, Lagerhaltungs- und Transportkosten folgende Aspekte in die Überlegung einbezogen werden:

- Welche Güter werden gelagert?
- Wie viel wird gelagert?
- Welche Verkehrsanbindungen gibt es? Wie werden Güter an- und ausgeliefert?
- Wird der Transportweg minimiert?
- Welche innerbetrieblichen Transportmöglichkeiten gibt es?
- Kann ein störungsfreier und schneller Materialfluss gewährleistet werden?
- Welche externen Faktoren (z. B. Bauvorschriften, Gewässerschutzsicherheit, Lärmschutzvorschriften und Energieversorgung) sind zu berücksichtigen?

innerbetrieblicher Transport → LF 4, Kap. 3

Will ein Unternehmen ein neues Lager einrichten, kann es sich zwischen dem zentralen Lager und dem dezentralen Lager entscheiden. Wichtigste Aspekte sind immer, dass das Lager und der Lagerstandort den Bedürfnissen des Unternehmens entsprechen.

Bei der Broks GmbH, einem Unternehmen mit zehn Angestellten, werden handgefertigte Sättel für den Fahrradrennsport hergestellt. Da das Unternehmen nur an einem Standort produziert und auch nicht viele Güter einlagert, werden alle Materialien und die hergestellten Sättel in einem zentralen Lager aufbewahrt.

Von **zentralen Lagern** wird gesprochen, wenn alle Güter eines Unternehmens an einem Ort gelagert werden. Insbesondere kleine und mittelgroße Unternehmen haben zentrale Lager, um Materialien für die Produktion **(produktionsorientiert)** oder die Erzeugnisse für den Kunden **(absatzorientiert)** zu lagern.

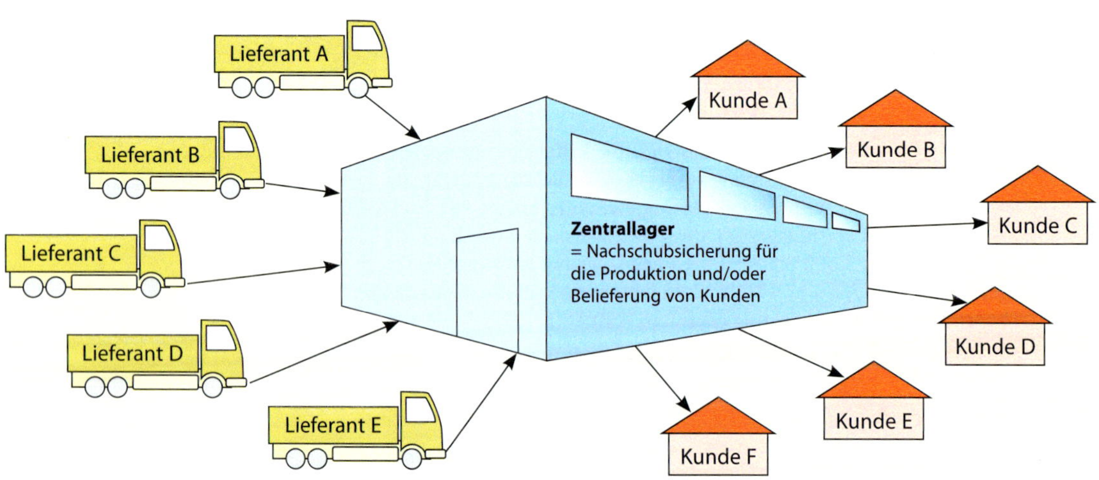

Bei **dezentralen Lagern** werden die Güter eines Unternehmens an verschiedenen Standorten gelagert. Viele große Unternehmen haben mehrere Produktionsstätten und Kunden, die nicht nur bundesweit, sondern auch weltweit angesiedelt sind. Darum haben einige dieser Unternehmen mehrere Lager an unterschiedlichen Standorten. Industriebetriebe benötigen dezentrale Materiallager an der Produktionsstätte, um die Fertigungsbereitschaft sicherzustellen. Hierbei wird Rücksicht auf die Transportwege, die damit verbundenen Transportzeiten und Transportkosten genommen. Dezentrale Lager können von den Lieferanten, der Produktion oder einem zentralen Lager befüllt werden. In der Praxis ist das dezentrale Lager z. B. als Regionallager oder Auslieferungslager, als Puffer zwischen Produktion und Absatz anzutreffen. Einzelhandelsunternehmen benötigen dezentrale Lager an den Verkaufsräumen als Verkaufs- und Reservelager. Sie verfügen über ausreichend Ware für die Kunden vor Ort und stellen so ihre Lieferbereitschaft sicher.

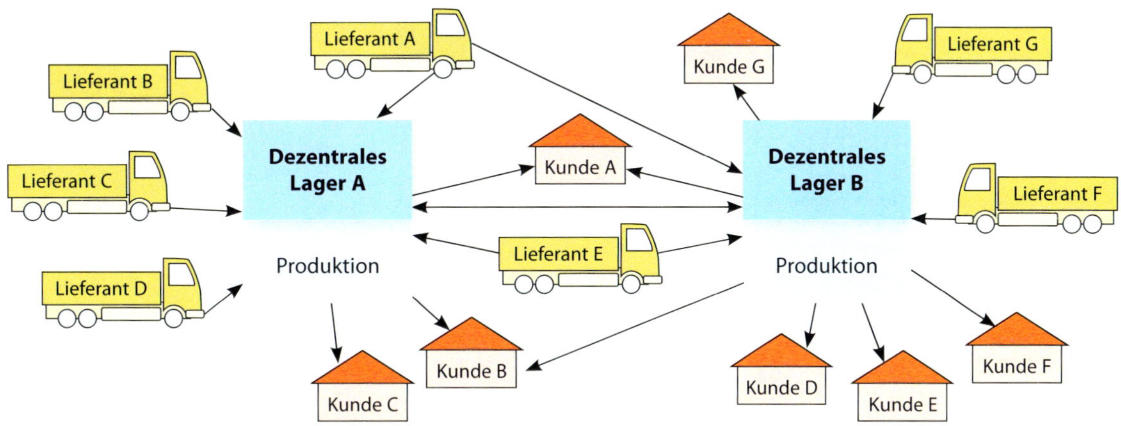

Vorteile eines zentralen Lagers gegenüber einem dezentralen Lager	Nachteile eines zentralen Lagers gegenüber einem dezentralen Lager
• Warenvorräte in der Regel niedrig, daher geringe Kapitalbindung • Gesamtbedarf besser feststellbar, da gesamte Übersicht über Art und Menge der gelagerten Waren • Beschaffungskostensenkung durch wenige, aber größere Einkäufe (Rabatte) • geringe Verwaltungskosten • hohe Flächen- und Raumausnutzung • hoher Warenumschlag möglich • Personalbedarf ist gering • geringe Gebäude- und Grundstückskosten (geringe Raumkosten) • bessere wirtschaftliche Nutzung der Lagereinrichtung, da z. B. bei Bedarf Lager als Produktionsstätten genutzt werden können • bessere wirtschaftliche Nutzung der Fördermittel, da Einsatz im großen Lager • Umsetzung der Automation besser möglich	• langsamer Informationsfluss (Abstimmung zwischen Lager, Produktion und Verkauf) • geringe Kundennähe • lange Transportwege zur Produktionsstätte bzw. zum Kunden, dadurch hohe Transportkosten und Transportzeiten • Einsatz von Spezialgeräten, z. B. Heizung, Lüftung und Befeuchtung, zur sachgerechten Lagerung häufig schlecht möglich, da Lager zu groß und Kapitalbindung zu hoch • Risiko bei Ausfall von z. B. Geräten ist groß

3.4 Die Lagerbauweisen

Lager lassen sich nach ihrer äußerlichen Beschaffenheit und der Bauweise unterscheiden. Die Bauweise richtet sich nach den Ansprüchen des Unternehmens und den Eigenschaften der zu lagernden Güter. Außerdem müssen Unternehmen bei der Planung die Bau- und Materialkosten, die Instandhaltungskosten und mögliche Reparaturkosten im Blick behalten. Entscheidend ist aber die Frage, welche Lagerbauweise sich am besten für die einzulagernden Güter eignet.

Unterscheidung der Lager nach der Bauweise

offene Lager (Freiluftlager)

- Sie eignen sich für Güter, die witterungsunempfindlich und wenig diebstahlgefährdet sind, wie z. B. Rohholz, Sand, Kies, Stahl und Leergut.
- Sie haben nur eine befestigte Grundfläche und eventuell eine Umzäunung.
- Sie werden z. B. verwendet bei Kiesgruben, im Wald und in Industrieunternehmen.

halboffene Lager

- Sie eignen sich für Güter, die nur teilweise vor Witterung geschützt werden müssen, wie z. B. Holz, Maschinen, Stroh, Erz, Steine.
- Sie haben eine befestigte Grundfläche, eine Umzäunung und ein Dach.
- Sie werden z. B. in Baumärkten im Außengelände und der Landwirtschaft verwendet.

geschlossene Lager

- Sie eignen sich für Güter, die witterungsempfindlich und diebstahlgefährdet sind, wie z. B. Lebensmittel, Elektronik, Kleidung und Möbel.
- Sie bestehen aus einem Gebäude oder einer Halle, mit befestigter Grundfläche, Wänden und einem Dach.
- Sie werden z. B. bei Großhandel, Einzelhandel und Industrieunternehmen genutzt.

Bei **geschlossenen Lagern** kann z. B. zwischen Flach-, Etagen-, Hochregallager, Bunker-, Silo-, Tanklager, Traglufthallenlager und Speziallager unterschieden werden.

Flachlager

Ein Flachlager ist ein Lager mit einer Höhe von bis zu sieben Metern. Von **Hochflachlager** wird gesprochen, wenn das Lager zwischen sieben und zwölf Meter hoch ist. Allerdings wird zur Errichtung eines Hochflachlagers eine gesonderte behördliche Baugenehmigung benötigt. Sowohl das Flachlager als auch das Hochflachlager sind eingeschossig. Die Güter können bei beiden Lagerbauweisen auf dem Boden oder in Regalen gelagert werden. Bei der Lagerung in Regalen muss der Abstand der Deckenstützen beachtet werden, damit die Regale auch eingebaut werden können.

Bodenlagerung und Regallagerung → LF 2, Kap. 4

Etagenlager

Das Etagenlager hat die gleiche Grundbauform wie das Flachlager, jedoch besteht es aus mehreren Stockwerken. Die Stockwerke dieses mehrgeschossigen Lagers werden in der Regel durch Treppen oder Aufzüge verbunden. Die Lagerfläche ist höher

Flachlager

Hochregallager

als beim Flachlager mit einer gleichen Grundfläche, da auf mehreren Stockwerken Güter auf dem Boden oder im Regal gelagert werden können. Ein problemloser Einbau von Regalen ins Etagenlager ist möglich, wenn auch hier die Abstände der Deckenstützen berücksichtigt werden. Die Investitionskosten, z. B. für stabile Decken und Aufzüge, sind höher als beim Flachlager. Auch die Wartungskosten können höher sein, da z. B. die Aufzüge gewartet werden müssen. Werden viele Güter aus verschiedenen Stockwerken gleichzeitig benötigt, kann es zu Engpässen im Materialfluss kommen, da z. B. der Gütertransport nur über Aufzüge erfolgt.

Hochregallager

Das Hochregallager gibt es als Silobauweise und als Einbauweise. Bei der **Silobauweise** wird zuerst das Regal gebaut und anschließend werden Wände und Dach in Form von Wellblechprofilen angeschraubt. Bei der **Einbauweise** wird ein Hochregal in ein vorhandenes Gebäude eingebaut, das aus einer Stahl- oder Beton-Tragkonstruktion mit Dach- und Wandverkleidungen besteht. Beide Bauweisen haben eine bauliche Höhe von über zwölf Metern. Da diese Lagerart nur für jeweils einen Zweck, nämlich die Lagerung in Regalen, nutzbar ist, wird bei Hochregallagern auch von Einzweckanlagen gesprochen. Das Hochregallager wird von großen Unternehmen oft verwendet, da sich viele Güter unterbringen lassen. Der Automatisierungsgrad im Hochregallager ist häufig sehr groß. Es kommen beispielsweise Regalbediengeräte, Hochregalstapler und Stetigförderer zum Einsatz. Dadurch sind die Investitions- und Wartungskosten, z. B. für den Lagerbau, die Regale und Geräte, höher als bei anderen Lagerbauweisen.

Regalbediengeräte, Hochregalstapler und Stetigförderer
→ LF 4, Kap. 3

Bunker-, Silo- oder Tanklager

In Bunker-, Silo- oder Tanklager werden feste, flüssige und gasförmige Stoffe gelagert, z. B. Getreide, Zucker, Treibstoff, Roh- und Heizöl. In Bunkerlagern können unterirdisch gefährliche Stoffe, z. B. Atommüll, gelagert werden. In der Landwirtschaft und der Lebensmittelindustrie werden Silolager zur Lagerung von Futter und Lebensmitteln eingesetzt. In Tanklagern lagern z. B. Treibstoffe in großen Mengen. Gewöhnlich sind diese drei Lager in zylindrischer Form oder in Quaderform gebaut und die Beschickung mit Gütern erfolgt teilweise von oben (z. B. durch ein Gebläse) oder von vorn. Die Entnahme kann durch eine Auslaufvorrichtung von unten (FIFO-Strategie) oder von vorne (LIFO-Strategie) erfolgen.

Lagerstrategie
→ LF 2, Kap. 2.2

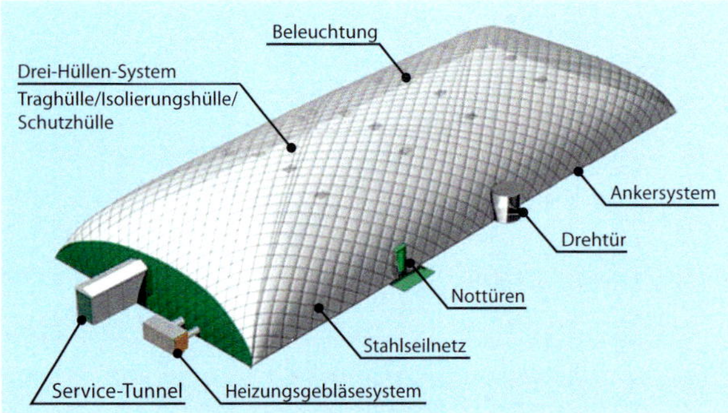

Traglufthallenlager

Bunkeranlage für Atommüll

Silolager

Tanklager

Traglufthallenlager

Die Traglufthalle besteht aus luftdurchlässigem Gewebe, das durch ein Gebläse schnell und kostengünstig ballonartig über einer befestigten Grundfläche aufgespannt werden kann. Sie wird häufig als Ausweichlager verwendet, wenn die Lagerkapazität im eigentlichen Lager zu klein ist. Eine Lagerung ist auf dem Boden und in Regalen möglich. Zum Abbauen einer Traglufthalle wird die Luft herausgelassen, das Gewebe zusammengenommen und wieder verstaut.

Speziallager

Gefahrstofflager
→ LF 2, Kap. 6.3.1

Speziallager sind Lager für Güter mit speziellen Anforderungen, wie z. B. gefährliche flüssige, gefährliche gasförmige, umweltschädigende, diebstahlgefährdete oder leicht verderbliche Güter. Tiefkühllebensmittel, Geldwährungen, Kernbrennstäbe und medizinische Abfälle müssen beispielsweise in Speziallagern gelagert werden. Wird der Begriff des Speziallagers weit gefasst, können auch Bunker-, Silo- oder Tanklager zu den Speziallagern gezählt werden.

Im Tiefkühllager

Gefahrenstofflager (Sicherheitsschrank)

ALLES KLAR?

1 Welche Aussagen sind richtig?
- a Industriebetriebe betreiben neben den Rohstofflagern auch Reservelager.
- b Industriebetriebe betreiben neben den Rohstofflagern auch Packmittellager.
- c In Industriebetrieben werden Zwischenlager in der Produktion unterhalten.
- d In Industriebetrieben werden neben den Auslieferungslagern, Musterlager für den Kunden betrieben.
- e In Industriebetrieben werden die fertigen Produkte in einem Verkaufslager gelagert.
- f In Industriebetrieben können Mitarbeiter Kleinteile in einem Handlager aufbewahren.
- g Die Industriebetriebe lagern ihre fertigen Produkte ausschließlich in einem Konsignationslager.

2 Welche Aussagen zu den Lagern des Großhandels und Einzelhandels sind richtig, welche falsch?
- a Das Kommissionslager ist eine Sonderform der Lagerung im Einzelhandel, aus dem sich der Kunde selbst bedient.
- b Ein Lager in dem sich der Kunde die Artikel ansieht und seine Kaufentscheidung trifft. Ist ein Musterlager.
- c Der Einzelhandel bezieht seine Artikel grundsätzlich vom Großhandel.
- d Der Großhandel entlastet den Einzelhandel.
- e Im Einzelhandel werden im Durchschnitt in einem Verkaufslager Jahresumsätze bevorratet.

3 Was wird unter stoff- und verbrauchsorientierter Lagerhaltung verstanden?

4 Nennen Sie je zwei Lagerarten des Großhandels und des Einzelhandels.

5 Ein Industriebetrieb kann bei großen Wareneinkäufen oft nicht alle Güter im eigenen Lager unterbringen. Welche Aussagen treffen auf die Fremdlagerung, die Eigenlagerung oder beide Lager zu?
- a Die Lagerung erfolgt im eigenen Unternehmen, um Kosten zu sparen.
- b Bei dieser Lagerform können Kosten für Personal und Einrichtung gespart werden.
- c Dieses Lager verursacht Kosten, unabhängig von dem Lagerbestand.
- d Dieses Lager verursacht nur Kosten, während der Nutzung.
- e Dieses Lager ist für den andauernden Gebrauch gestaltet.
- f In diesem Lager werden Lagerfachkarten und Wareneingangsscheine geführt.
- g In diesem Lager kann man sich zwischen dem Orderlagerschein, Inhaberlagerschein und dem Namenslagerschein entscheiden.

6 Nennen Sie die drei Formen der Fremdlagerung.

7 Welche Bedeutung hat ein Lagerschein?

8 Nennen Sie die Unterschiede zwischen einem Orderlagerschein, einem Namenslagerschein und einem Inhaberlagerschein.

9 Nennen Sie zwei Aufgaben des Lagerhalters.

10 Was wird beim Vergleich von Fremd- und Eigenlagerung unter der kritischen Menge verstanden?

11 Lagerarten können auch aufgrund ihres Standortes unterschieden werden. Welche Aussage trifft auf das zentrale Lager und welche auf das dezentrale Lager zu?
- a Dieses Lager bedient einzelne Produktionsbereiche.
- b Dieses Lager bedient den gesamten Kundenstamm.
- c Dieses Lager zeichnet sich durch seine große Kundennähe aus.
- d Dieses Lager zeichnet sich durch seine schnelle Liefermöglichkeit aus.

ALLES KLAR?

12 Lagerarten können auch nach ihrer baulichen Beschaffenheit unterschieden werden. Ordnen Sie die folgenden Lagerarten den Aussagen zu.

1 offenes Lager
2 halboffenes Lager
3 Etagenlager
4 Traglufthallenlager
5 Hochregallager
6 Flachlager

a Dieses Lager hat eine befestigte Grundfläche und eine Überdachung, es findet z.B. in der Landwirtschaft seinen Einsatz.
b Dieses Lager hat eine bauliche Höhe von max. 7 m, in Ausnahmefällen bis zu 12 m.
c Diese Lager bieten sich bei der Lagerung von Baumstämmen an.
d Dieses Lager hat eine geringe Bodenfläche, jedoch kann es in der Höhe 5-fach genutzt werden.
e Dieses Lager kann nach der Silobauweise errichtet werden.
f Dieses Lager wird über ein Gebläse betrieben und hat Schleusen.

13 Nennen Sie je zwei Vorteile des zentralen und dezentralen Lagers.

14 Nennen Sie die Lagerarten, die aufgrund ihrer baulichen Beschaffenheit unterschieden werden.

15 Nennen Sie den Unterschied zwischen einem offenen und einem halboffenen Lager. Erklären Sie dies an einem eigenen Beispiel.

16 Nennen Sie drei Güter, die in einem Speziallager untergebracht werden müssen/sollten.

4 Die Lagereinrichtungstechniken

Susanne unterhält sich mit Karsten über die verschiedenen Regalarten. Karsten ist schon länger als Auszubildender bei der Top Bike GmbH.

Susanne: „Warum gibt es bei der Top Bike GmbH so viele verschiedene Regale? Es wäre doch viel einfacher, wenn man sich nur für das Palettenregal entschieden hätte."

Karsten: „Na, du wirst sicher schon bemerkt haben, dass unsere Güter unterschiedlich groß sind oder verschiedene Eigenschaften haben. Darum gibt es auch verschiedene Techniken der Lagerung. Sperrige Güter werden z. B. auf Paletten auf dem Boden und Kleinteile im Regal in Behältern gelagert, damit sie nicht verloren gehen. Aber das wirst du schon noch mitbekommen, wo und wie etwas gelagert wird."

In allen Bereichen des Lebens wird etwas gelagert, sei es im Unternehmen oder im privaten Bereich. Dies kann auf unterschiedliche Art und Weise, mit unterschiedlichen Einrichtungen geschehen. Manche Menschen bewahren beispielsweise ihre Schuhe geordnet im Schuhschrank auf, andere lagern sie im gesamten Zimmer verteilt auf dem Boden.

Die Lagereinrichtungstechnik oder **Lagertechnik** beschäftigt sich damit, wie ein Lager eingerichtet ist, um Güter zu lagern. Mit ihr sind die technischen Lagersysteme Bodenlagerung und Regallagerung, aber auch die Gesamtheit der verfügbaren Fördermittel und Arbeitsgeräte gemeint. Die Lagertechnik hat somit auch Auswirkungen auf die Lagerart.

Fördermittel
→ LF 4, Kap. 3

Arbeitsmittel
→ LF 3, Kap. 1

Welche Lagertechnik in einem Unternehmen gewählt wird, ist von zahlreichen Faktoren abhängig, z. B.:

- der baulichen Gegebenheit des Lagers
- der Beschaffenheit, der Eigenschaften und der Menge der Güter
- Mechanisierungs- und Automatisierungsgrad (z. B. genügt der Einsatz eines Gabelstaplers oder werden andere Förderer benötigt)
- der gewünschten Lagerart (Vorratslager, Kommissionslager)

Lagerbauweise
→ LF 2, Kap. 3.4

4.1 Die Bodenlagerung

LS 14

Bei der Bodenlagerung handelt es sich um eine regallose Lagerung. Das bedeutet, dass die zu lagernden Güter auf dem Lagerboden mit und ohne Lagergeräte (z. B. Paletten und Gitterboxen) auf dem Boden gelagert werden. Diese Lagertechnik ist für sperrige, schwere Güter, aber auch Schüttgut, geeignet und wird z. B. in Flachlagern, Traglufthallen und auf Freiflächen angewandt. Im einfachsten Fall werden die Lagergüter ungestapelt auf dem Boden gelagert, z. B. Schüttgüter wie Kies und Sand.

Lagergerät
→ LF 2, Kap. 4.2.14

Grundsätzlich können zwei Formen der Bodenlagerung, die Block- und die Zeilen- bzw. Reihenlagerung, unterschieden werden.

4.1.1 Die Blocklagerung

Bei der technisch unkomplizierten und kostengünstigen Blocklagerung werden die Güter ungestapelt oder gestapelt in kompakten Blöcken in unterschiedlicher Höhe ohne Zwischengänge gelagert. Es wird eine hohe Ausnutzung der Fläche und des Raumes erreicht. Die Mitarbeiter im Lager haben jedoch keinen direkten Zugriff auf jede Lagereinheit. Nur auf die oberste Ladeeinheit an den Gängen zwischen den Blöcken kann problemlos zugegriffen werden. Bei der Blocklagerung wird die LIFO-Strategie angewendet. Zur besseren Stapelung und um die Güter vor Beschädigung zu schützen werden zur Lagerung oft Gitterboxen oder Container verwendet. Die Blocklagerung wird in der Regel eingesetzt, wenn es sich um gleiche Güter mit einer hohen Stückzahl handelt und die Güter großformatig sowie stabil verpackt sind. Die Blocklagerung eignet sich für Güter, die nicht verderblich sind.

Lagerstrategie
→ LF 2, Kap. 2.2

Die Top Bike GmbH lagert Stahl und Aluminium in der Blocklagerung.
Das kann sie tun, da die Rohstoffe keinem Mindesthaltbarkeitsdatum unterliegen.
Hier wird die Strategie LIFO angewendet.

4.1.2 Die Zeilen- bzw. Reihenlagerung

Bei der Zeilen- oder Reihenlagerung werden die Güter gestapelt oder ungestapelt so gelagert, dass die Mitarbeiter im Lager von beiden Seiten einen direkten Zugriff auf die Lagereinheiten haben. Damit ein Zugriff relativ problemlos möglich ist, wird in zwei Stapelsäulen in der Tiefe hintereinander gelagert. Die FIFO-Strategie ist bei dieser Lagerung anwendbar. Zwischen den Reihen muss eine ausreichende Gangbreite gegeben sein, damit sich z. B. Fördermittel mühelos dazwischen bewegen können. Der Flächenbedarf bei dieser Lagerung ist aber höher als bei der Blocklagerung.

Fördermittel
→ LF 4, Kap. 3

Sowohl bei der Block- als auch der Zeilenlagerung ist die maximale Stapelhöhe von verschiedenen Faktoren abhängig, z. B. der verfügbaren Deckenhöhe des Lagerraums, den verfügbaren Fördermitteln zum Stapeln, der Tragfähigkeit des Bodens und der Belastbarkeit der unteren Lagereinheit.

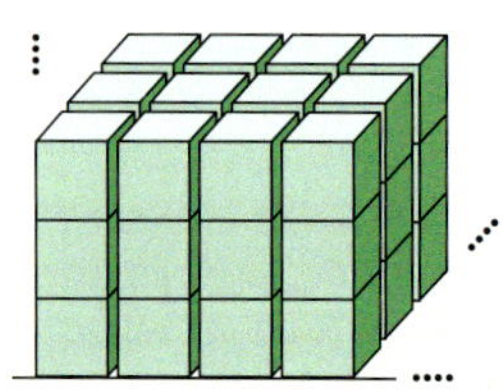

Gestapelte Blocklagerung

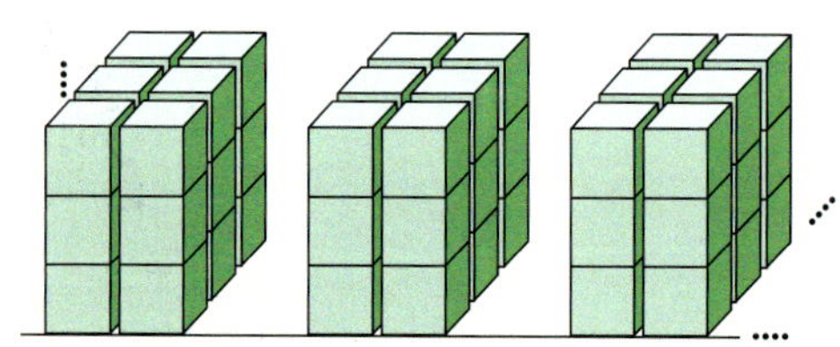

Gestapelte Zeilenlagerung

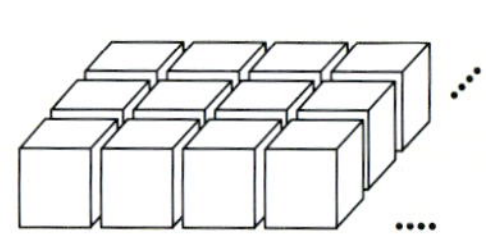

Ungestapelte Blocklagerung

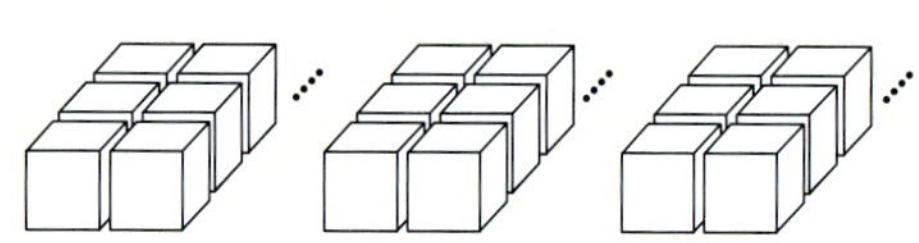

Ungestapelte Zeilenlagerung

Werden Güter auf dem Boden gelagert, entfallen die Beschaffungskosten für Lagereinrichtungen wie z. B. Regale. Die Lagerfläche kann flexibel genutzt und gut erweitert werden. Dadurch ist die Lagerorganisation einfach, denn es wird nur etwas dazugestellt. Demzufolge ist der Personalbedarf für die Organisation der Lagerung geringer als bei der Lagerung in Regalen. Auch der Wartungsaufwand ist kleiner als bei der Regallagerung. Der große Vorteil der Blocklagerung gegenüber der Zeilenlagerung ist aber die hohe Ausnutzung des Raumes. Die Bodenlagerung benötigt bei der Lagerplatzvergabe nicht zwangsläufig einen EDV-Einsatz und so können bei großen Mengen die Bestandsführung und -kontrolle schwieriger sein als bei der Regallagerung.

Lagerplatzvergabe
→ LF 2, Kap. 2.4

4.1.3 Die Sicherheitsvorschriften bei der Bodenlagerung

Für die Bodenlagerung müssen die „Berufsgenossenschaftlichen Regeln für Lagereinrichtungen und Lagergerät“ (BGR 234) berücksichtigt werden:

- Die Tragfähigkeit des Fußbodens darf nicht überschritten werden.
- Es muss darauf geachtet werden, dass die zulässige Belastung von Paletten mit und ohne Stapelhilfsmittel nicht überschritten und ihre Standsicherheit nicht beeinträchtigt wird. Paletten dürfen nur mit höchstens 1.000 bis 1.500 kg belastet werden. Die unterste Palette darf maximal das Vierfache der zulässigen einzelnen Palettenlast aufnehmen. Bei Gitterboxpaletten gilt, dass sie gleichmäßig mit maximal 1.000 kg belastet und maximal fünffach gestapelt werden dürfen.
- Die Lagergeräte müssen so beladen werden, dass das Lagergut beim Stapeln nicht heraus- oder herunterfallen kann.
- Jeder Stapel muss lotgerecht, also senkrecht zum Boden, gestapelt werden. Die Neigung darf dabei maximal 2 % betragen.
- Schwere Lasten müssen unten und leichte Lasten darübergestapelt werden.
- Bei der Stapelung von Paletten und Stapelbehältern dürfen die zulässige Nutzlast, Auflast und Stapelhöhe nicht überschritten werden. Die **Nutzlast** ist die maximal zulässige Last, die ein Gegenstand (z. B. Palette) aufnehmen kann oder die mit ihm transportiert werden darf. Die **Auflast** ist das Gesamtgewicht, das in einem Stapel auf der untersten Lagereinheit lastet.
- Die Schlankheit von Stapeln darf nicht größer als 6 : 1 sein, da sonst der Stapel kippen kann.
- Die Lagereinheiten sollten nicht stoßartig abgesetzt werden.
- Das Lagergut eines Stapels darf nicht in die Verkehrswege hineinragen und die Verkehrswege sollten ausreichend bemessen angelegt und freigehalten werden.
- Mängel an Lagergeräten müssen unverzüglich und sachgerecht behoben werden.
- An Stapel dürfen keine Leitern oder sonstige Gegenstände anlehnt werden.

Schlankheit von Stapeln
das Verhältnis seiner Höhe zur Schmalseite seiner Grundfläche

Ein Teil dieser BGR-234-Vorschriften sowie weitere gelten auch für die folgende Lagertechnik der Regallagerung und werden dort behandelt.

4.2 Die Regallagerung

Susanne unterhält sich mit Michael Pietsch über die verschiedenen Lagereinrichtungssysteme.

Susanne: „Warum gibt es bei der Top Bike GmbH so viele verschiedene Regale? Es wäre doch viel einfacher, wenn man alles auf dem Boden lagern würde. Die Regale sind doch sicherlich auch sehr teuer!"

Herr Pietsch: „Lagerraum in der Fläche und Höhe sind wertvoll. Durch eine optimale Ausnutzung können sogar Kosten gesenkt werden. Die Hersteller von Lagereinrichtungssystemen sind daher stets bemüht, durch Verbesserungen und innovative Ideen Lagerfläche und -raum besser nutzbar zu machen."

Susanne: „Aber worin unterscheiden sich diese ganzen Regale?"

Herr Pietsch: „Zum einen gibt es Unterschiede in der grundsätzlichen Überlegung, wie die Güter gelagert werden sollen und wie man sie ein- und auslagert. Dann gibt es unterschiedliche Bauweisen."

Susanne: „Ganz schön kompliziert!"

Herr Pietsch: „Nein, kompliziert ist das nicht, du musst nur einmal die Systematik der Bauweisen verstanden haben."

Flächen- und Raumnutzungsgrad → LF 2, Kap. 5.2 und 5.4

Im Vergleich zur Blocklagerung am Boden verbessert die Regallagerung die Zugriffsmöglichkeiten auf die Güter bei der Ein- und Auslagerung. Die Raumhöhe lässt sich bis zu 45 Regalmetern nutzen. Verglichen mit der Zeilenlagerung am Boden erhöht sich die Flächen- und Raumausnutzung. Es gibt verschiedene Bauweisen von Regalen, die diese Vorteile mal mehr, mal weniger nutzen. Denn letztlich besteht auch bei den Regallagerungen immer ein Konflikt zwischen der Zugriffsmöglichkeit und der Ausnutzung von Flächen und Räumen. Da die Regallagerung zum Teil sehr aufwendig ist, kommen als weiteres Entscheidungskriterium die Kosten der Anschaffung hinzu. Letztlich hängt die Wahl des geeigneten Regals von den vielen Anforderungen der Lagerlogistik ab. Zu ihnen zählen z. B.:

- bauliche Gegebenheiten des Lagers
- Ausbaufähigkeit des Lagers
- Art, Gewicht, Abmessungen und Menge der zu lagernden Güter
- Lagerstrategie
- geplante Investitionshöhe
- Zugriffszeiten auf das gelagerte Gut
- zu erwartende Umschlagshäufigkeit
- gewünschter Mechanisierungs- und Automatisierungsgrad
- vorhandene und neu anzuschaffende Fördermittel

4.2.1 Die Unterscheidungsmerkmale von Lagereinrichtungstechniken bei der Regallagerung

Generell wird nach der Bewegung der Güter im Regal und dem Automatisierungsgrad der Güterbereitstellung unterschieden. Hieraus ergeben sich bereits wesentliche Vor- und Nachteile des entsprechenden Regals.

Bei der **statischen Regallagerung** werden die Güter innerhalb der Lagerzeit zwischen Ein- und Auslagerung nicht mehr bewegt. Bei der **dynamischen Regallagerung** geschieht dies auch während der Lagerung. Entweder werden dabei die Güter im Regal bewegt (z. B.Umwälzung bei Frischeprodukten) oder das Regal, z. B. Verschieberegal, wird bewegt.

Regallagerung

statisch
- Fachbodenregal
- Palettenregal
- Einfahrregal/Durchfahrregal
- Kragarmregal
- Waben- und Kassettenregal
- Behälterregal
- Turmregal

dynamisch
- Kanalregal (Tunnelregal)
- Einschubregal
- Durchlaufregal
- Umlaufregal
- Verschieberegal

Darüber hinaus kann die Lagereinrichtung nach dem Grad der Automatisierung unterschieden werden. Immer dann, wenn die Ein- und Auslagerung manuell, also per Hand, oder halbautomatisch mithilfe eines Fördermittels erfolgt, wird von der **statischen Bereitstellung** gesprochen. Es gilt das Prinzip **Mann zur Ware**. Die fehlende Automatisierung macht entsprechende Regalarten vergleichsweise kostengünstig und wenig störanfällig. Hingegen ist der Personalbedarf relativ hoch und auch die körperliche Beanspruchung des Lagerpersonals ist größer als bei der automatisierten Ein- und Auslagerung.

Achtung: statische und dynamische Regallagerung ≠ statische und dynamische Bereitstellung

Handtransport
→ LF 4, Kap. 4

Bei der **dynamischen Bereitstellung** ist die Ein- und Auslagerung automatisiert. Es gilt das Prinzip **Ware zum Mann**. Die Güter werden (voll-)automatisch aus dem Regal entnommen und zum Lagerarbeiter gebracht. Regalarten mit diesem Prinzip sind mit hohen Investitionskosten verbunden und technisch störanfälliger als die der statischen Bereitstellung. Sie senken jedoch die körperliche Beanspruchung der Lagermitarbeiter. Der Ein- und Auslagerungsprozess ist bei einigen dynamischen Bereitstellungen um ein Vielfaches höher als bei der statischen Bereitstellung.

Dynamische Bereitstellung

Statische Bereitstellung

Fälschlicherweise wird das **Regalbediengerät** (RBG) häufig als Lagereinrichtung bezeichnet. Genau genommen handelt es sich jedoch um ein Fördermittel, das der dynamischen Bereitstellung der Güter dient. Auch der Begriff des Hochregallagers wird nicht immer fachlich exakt verwendet. Bei den unterschiedlichen Regalarten wird ab einer Bauhöhe von 12 m vom Hochregal gesprochen. In Hochregallagern können Einrichtungstechniken in einer Höhe von bis zu 45 m eingebaut werden. Das Hochregallager ist jedoch zunächst nur eine geschlossene Lagerbauweise. Diese sagt noch nicht aus, welches Regalsystem sich im Inneren des Hochregals befindet. Mögliche Lagereinrichtungstechniken sind im Folgenden beschrieben.

Fördermittel
→ LF 4, Kap. 3

Lagerbauweise
→ LF 2, Kap. 3.4

4.2.2 Das Fachbodenregal

Das Fachbodenregal stellt die einfachste Regaleinrichtung dar. Es eignet sich besonders zur Einlagerung von z. B. Kleinteilen in speziellen Behältern und Akten. Die Lagerung erfolgt auf geschlossenen Fachböden und Gittern, die mit dem Regal verschraubt werden. Querverbände sorgen für die Stabilität. Das Fachbodenregal kann gewissermaßen mit einem einfachen Regalsystem im Haushalt verglichen werden. Fachbodenregale sind relativ günstig in der Anschaffung.

Wie das nachfolgende Bild zeigt, gibt es verschiedene Möglichkeiten, ein Fachbodenregal zu gestalten. Die Güter können einfach auf den Fachböden gelagert werden. Es lassen sich jedoch auch Behälter für Kleinteile in das Fachbodenregal einbauen. Üblicherweise werden die Güter nebeneinander platziert, denn die Regaltiefe beträgt nur 40 bis 60 cm. Die eingelagerten Güter erhalten in der Regel feste Lagerplätze. Dadurch ergibt sich eine relativ gute Übersichtlichkeit und es kann, auf Grund der geringen Regaltiefe, auf jeden Artikel zugegriffen werden. Dem Fachbodenregal lässt sich aber keine eindeutige Lagerstrategie zuordnen, da es zu viele Varianten der baulichen Ausgestaltung aufweist.

Lagerstrategie
→ LF 2, Kap. 2.2

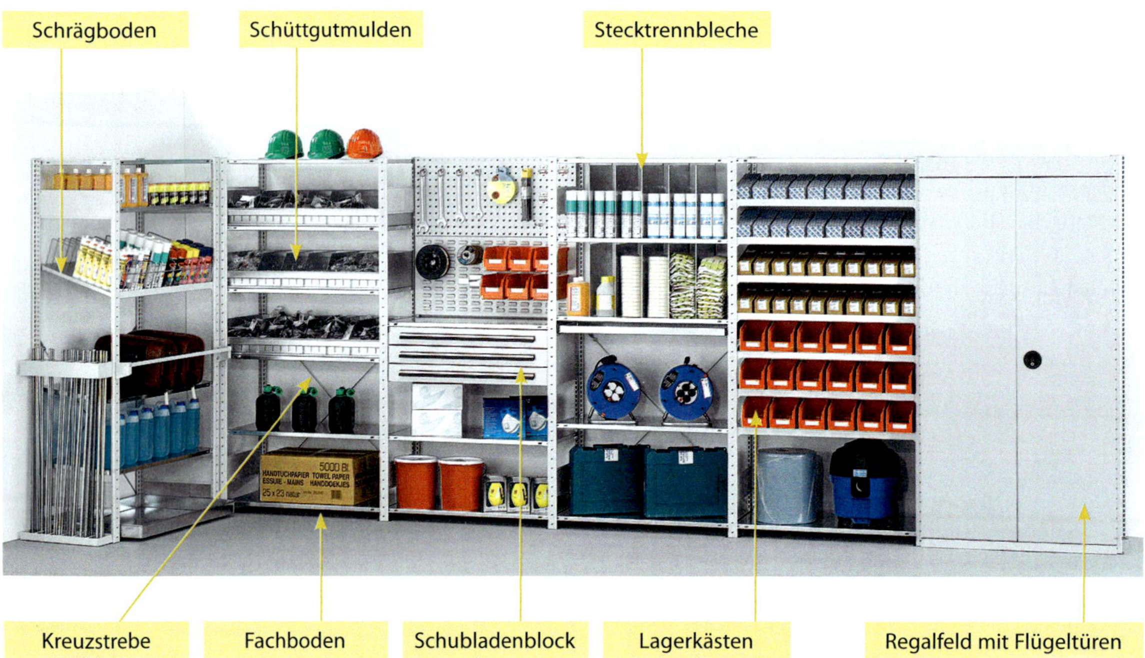

Das Fachbodenregal wird meistens in Zeilen aufgebaut. Wie bei der Zeilenlagerung auf dem Boden ist dadurch der Grad der Flächennutzung geringer als bei anderen Regalarten. Die Ein- und Auslagerung erfolgt häufig per Hand und beansprucht die Lagermitarbeiter insbesondere bei Arbeiten an den oberen und unteren Fachböden.

Natürlich können auch Fördermittel eingesetzt werden. Dann müssen jedoch die Regalgänge angepasst werden und der Nutzungsgrad der Fläche nimmt weiter ab. Das Fachbodenregal kann auch durch ein Regalbediengerät ergänzt werden. Die Bereitstellung erfolgt dann dynamisch.

Zweigeschossiges Fachbodenregal

In der Regel beträgt die Regalhöhe 2 m. Mittels Treppen können Fachbodenregale auch mehrere Geschosse haben. Die Fachböden dieses Regaltyps sind nur beschränkt belastbar. Bauweisen bis zu 12 m sind möglich. Für Bauhöhen über 12 m sowie größeres und schweres Lagergut werden aber üblicherweise andere Regalarten verwendet.

4.2.3 Das Palettenregal

Palettenhochregal

Das Palettenregal ist die am häufigsten eingebaute Lagereinrichtungstechnik. Im Palettenregal werden meistens genormte Einheiten gelagert wie z. B. die EUR-Palette oder die EUR-Gitterbox. Für Fässer werden spezielle Fassauflagen verwendet.

In der Regel verfügt das Palettenregal über Längsverbände und Querauflagen anstelle von Fachböden. So können die Paletten direkt auf den Längsverbänden aufliegen. Lagereinheiten mit geringerer Grundfläche werden auf den Querauflagen platziert. Gepackte Paletten (bzw. Lagereinheiten) stehen dadurch nicht aufeinander. So ist druckfreies Lagern der Güter möglich.

Paletten → LF 1, Kap. 4

Bei den Palettenregalen werden Ein- und Mehrplatzsysteme unterschieden. Das **Einplatzsystem** eignet sich besonders für Lagermittel mit gleicher Grundfläche (z. B. EUR-Paletten) und unterschiedlichen Höhen. Das Lagergut wird hierbei auf den Längs- und Quertraversen gelagert. Die Längsverbände bzw. Quertraversen werden dafür mit unterschiedlichen Höhenabständen angebracht. Bei einem **Mehrplatzsystem** werden mehrere Lagereinheiten nebeneinander im Regal auf je zwei Längstraversen pro Feldebene gelagert. Haben die nebeneinanderstehenden Lagereinheiten unterschiedliche Höhen, bleibt Raum ungenutzt.

Palettenregal Einplatzsystem

Palettenregal Mehrplatzsystem

Gabelstapler
→ LF 4, Kap. 3

Wie beim Fachbodenregal wird diese Lagereinrichtung zumeist als Zeilenlager aufgebaut. Das Ein- und Auslagern erfolgt in der Regel durch Flurförderzeuge wie z. B. den Gabelstapler oder den Schubmaststapler. Dadurch wird viel Fläche für die Gänge benötigt. Sollen mehrere Paletten hintereinander eingelagert werden (doppeltiefes Palettenregal), bedarf es bei einem Regalsystem ohne Regalbediengerät spezieller Gabelverlängerungen am Stapler. Dann ist jedoch nur noch die LIFO-Strategie anwendbar.

Häufig werden Palettenregale in ein Hochregallager eingebaut. Dadurch erhöht sich die Raumausnutzung. Der hohe Flächenbedarf durch die Bauweise in Zeilen lässt sich hingegen durch Ein- und Durchfahrregale reduzieren.

In der Top Bike GmbH werden die fertig montierten und verpackten Fahrräder auf Paletten im Hochregal eingelagert.

Tragfähige Lagereinrichtungstechniken
Die meisten Lagereinrichtungstechniken (Palettenregal, Ein- und Durchfahrregal, Kanal- bzw. Tunnelregal, Einschubregal und Durchlaufregal) haben einen ähnlichen Grundaufbau. Stützrahmen und Ständer geben vertikale Stabilität, Längs- und Quertraversen (winkelförmige Schienen) stellen die horizontale Stabilität her und bilden zugleich die Auflagefläche für Fachböden, Gitter oder auch Lagereinheiten wie beispielsweise Paletten oder Gitterboxen. Zusätzliche Verstrebungen erhöhen die Stabilität der Regale. Anfahrtschutz, Herabfallsicherungen und Distanzstücke verbessern die Sicherheit.

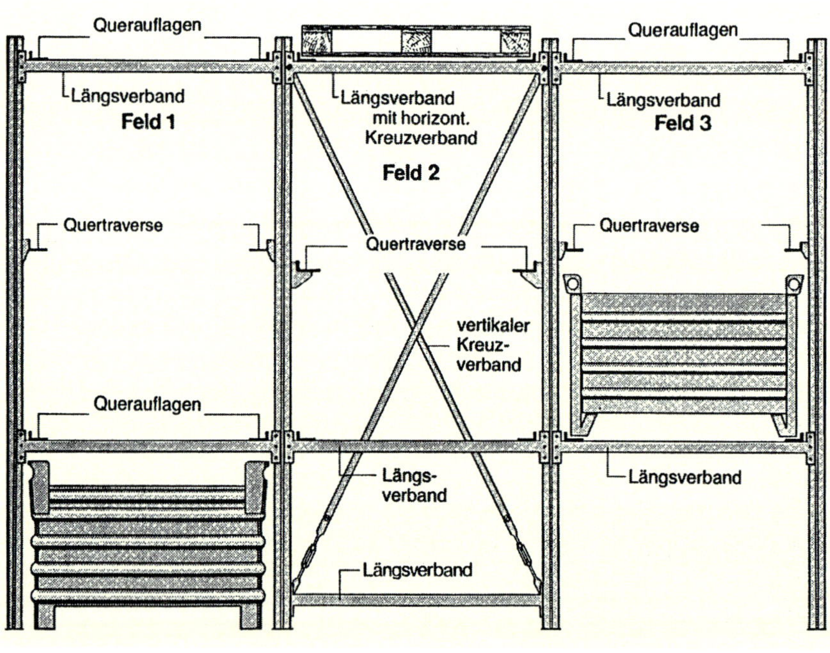

Quelle: Martin, H., Transport- und Lagerlogistik. Planung, Struktur, Steuerung und Kosten von Systemen der Intralogistik, 8. Auflage 2011, S. 360

4.2.4 Das Ein- und Durchfahrregal

Die Besonderheit des Ein- bzw. Durchfahrregals ist, dass trotz ähnlicher Bauweise wie der des Palettenregals kein Aufbau in Zeilen notwendig ist. Im Gegensatz zum Palettenregal entfallen die Längsverbände. Es entstehen Gänge, in die Fördermittel einfahren können. Somit erhöht sich der Nutzungsgrad der Fläche. Die Paletten werden quer (EUR-Palette = 120 cm) auf den Querauflagen gelagert, damit die Förderzeuge die notwenige Einfuhrbreite vorfinden.

Einfahrregal

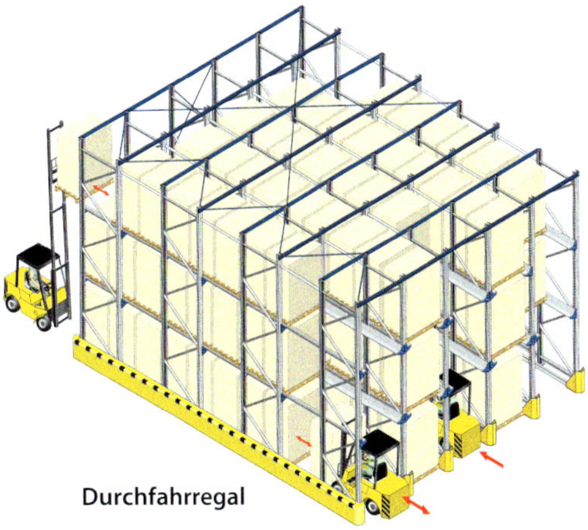

Durchfahrregal

Bei einem **Einfahrregal** wird nur von einer Gangöffnung ein- und ausgelagert. Dadurch ist ausschließlich die LIFO-Strategie möglich. Bei einem **Durchfahrregal** kann die Ein- und Auslagerung von beiden Seiten des Gangs erfolgen, somit ist auch die FIFO-Strategie anwendbar. Der zusätzliche Gang geht jedoch wiederum zulasten der Flächenausnutzung.

Da die Gänge dieser Lagereinrichtung mitunter sehr lang gebaut werden, sollten in einem Gang immer artikelreine Güter gelagert werden. Die Anpassungsfähigkeit an geänderte Sortimente ist dadurch gering. Hingegen eignen sich Einfahr- und Durchfahrregale besonders für große Mengen homogener Güter.

artikelrein
sortenrein, nur ein gelagerter Artikel

homogen
gleichartig

Ein Nachteil des Einfahr- bzw. Durchfahrregals ist, dass die Fördermittel immer nur so tief in den Gang einfahren können, wie die übereinanderliegenden Lagerplätze frei sind. Dadurch entsteht ein Raumverlust. Dieser Nachteil wird durch die Bauweise des Kanal- bzw. Tunnelregals aufgehoben.

4.2.5 Das Kanal- bzw. Tunnelregal

Kanal- und Tunnelregale können mittels Lastschlitten, die auf den Querauflagen fahren, eine dynamische Bereitstellung ermöglichen. Die Lastschlitten sind gewissermaßen die Gabelträger mit Gabeln des Förderzeugs. Sie können vom Fördermittel abgekuppelt werden und fahren auf motorisierten Förderschienen in die Kanäle des Regalsystem ein, um die Güter ein- und auszulagern. Daher wird von einem Kanal- oder Tunnelregal gesprochen. Der Fahrer des Fördermittels fährt nicht in das Regal ein, sondern wartet an der Stirnseite des Kanals. In die über- und untereinanderliegenden Kanäle kann in beliebiger Reihenfolge ein- bzw. ausgelagert werden. Die Kanäle sollten artikelrein befüllt sein. Häufig sind diese Lagereinrichtungstechniken Sonderanfertigungen. Die Investitionskosten sind entsprechend hoch.

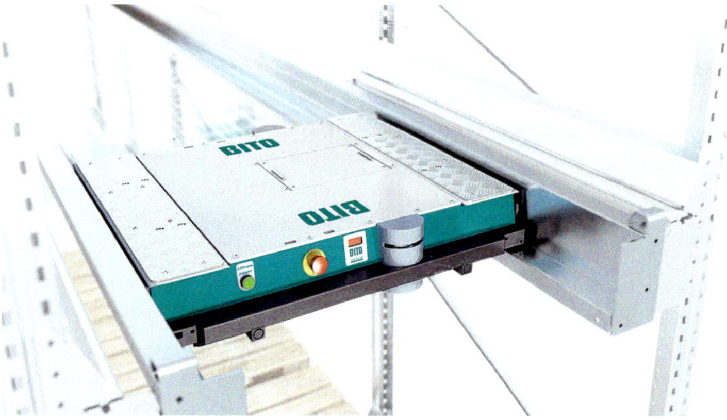

Lastschlitten

Kanallager mit Lastschlitten

4.2.6 Das Einschubregal

Das Einschubregal ist eine kostengünstige Alternative zum Kanal- bzw. Tunnelregal. Die Ein- und Auslagerung erfolgt nur über eine Seite des Regals. Die Quertraversen der Kanäle haben eine Neigung von bis zu 5° zum Regalgang und stellen Schienen dar, auf denen die Lagerhilfsmittel gleiten. Diese können auch durch spezielle, gebremste Röllchenbahnen ersetzt werden.

Röllchenbahn
→ LF 4, Kap. 3.1

Es werden üblicherweise Güter auf genormten Lagerhilfsmitteln wie beispielsweise EUR-Paletten eingelagert. Diese werden von der offenen Stirnseite des Regals, dem Entnahmepunkt, über die Schienen bzw. Röllchenbahnen geschoben. Befinden sich bereits Lagereinheiten auf der Quertraverse, werden diese durch die neu einzulagernde Lagereinheit nach hinten geschoben (**Push-Back**). Bei der Auslagerung rücken die Lagereinheiten dann wieder selbstständig nach. Die Ein- und Auslagerung erfolgt über motorisierte Fördermittel wie beispielsweise den Front- oder Schubmaststapler. Das Einschubregal kann jedoch auch durch Regalbediengeräte weiter automatisiert werden.

Einschubregal

Damit die Lagereinheiten nicht aus dem Regal fallen, befindet sich an den Kanälen am Regalgang eine spezielle Sperre, über welche die Förderzeuge die Paletten heben müssen. Es besteht dennoch ein höheres Verletzungsrisiko für die Lagerarbeiter, da sich die Lagereinheiten in den Kanälen verkanten können und dann per Hand zu lösen sind.

Auch hier sollten die Kanäle artikelrein befüllt sein. Die Einlagerung kann nur nach der LIFO-Strategie erfolgen.

➔ Die Top Bike GmbH lagert die Rahmen der verschiedenen Fahrräder im Einschubregal. Jeder Rahmentyp hat seinen eigenen Kanal.

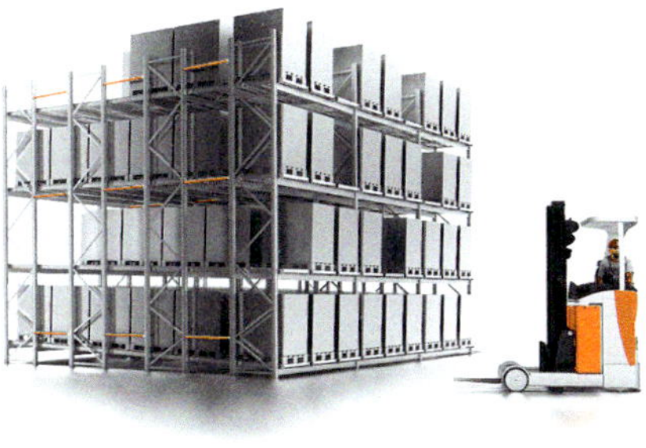

Einschubregal

Durchlaufregal

4.2.7 Das Durchlaufregal

Das Durchlaufregal entspricht dem Einschubregal. Jedoch verfügt es über zwei offene Stirnseiten. Die Güter werden von der höheren Kanalseite ein- und der tieferen Kanalseite ausgelagert. Somit ist die FIFO-Strategie anwendbar. Hierbei wird jedoch wiederum ein zweiter Regalgang benötigt. Der Nutzungsgrad der Fläche sinkt im Vergleich zum Einschubregal. Das Durchlaufregal ist mit einer Rutsche vergleichbar. Es eignet sich vor allem für verderbliche Güter.

Durchlaufregal für Paletten

Bestückung eines Durchlaufregals für Behälter

4.2.8 Das Kragarmregal

Das Kragarmregal eignet sich besonders für Langgüter. Es verfügt über eine andere Bauweise als die bislang erläuterten Regalarten. Auskragende Arme befinden sich an vertikalen Ständern, auf denen die Güter gelagert werden. Diese Bauart hat eine vergleichsweise geringere Tragfähigkeit als die des Palettenregals. Dennoch sind sie sehr tragfähig.

Es werden einseitige und zweiseitige Kragarmregale unterschieden. **Einseitige** Kragarmregale stehen üblicherweise an einer Wand. **Doppelseitige** Bauweisen stehen zwischen zwei Regalgängen. Durch den Einsatz von Fachböden, die auf die Kragarme montiert werden, verwandelt sich das Kragarmregal in eine vielseitig einsetzbare Lagereinrichtung. An den Kragarmen können auch Ringgüter gelagert werden. Die Güter auf den Kragarmen sollten artikelrein gelagert werden. Größere Lagermengen sind möglich.

Zweiseitiges Kragarmregal

Einseitiges Kragarmregal

halboffene Lager
→ LF 2, Kap. 3.4

Kragarmregale können durch ein Dach ergänzt werden, um in der Außenlagerung eingesetzt zu werden. Sie verwandeln sich so zu einem halboffenen Lager. Diese Bauart wird häufig im Baustoffhandel und in Materiallagern verwendet.

Kran
→ LF 4, Kap. 3.2.2

Die Ein- und Auslagerung erfolgt über die Längsseite des Regals. Vierwegestapler eignen sich besonders für dieses Regalsystem, da sie sich nicht mit den aufgenommenen Langgütern um 45° im Regalgang drehen müssen. Eine Alternative sind Krane. Kragarmregale sind relativ kostengünstig in der Anschaffung. Sie werden auch als Hochregal gebaut. Die Ein- und Auslagerung erfolgt dann vollautomatisch mittels spezieller Regalbediengeräte. Dadurch steigen die Investitionskosten an.

➔ Bei der Top Bike GmbH werden die Fahrradmäntel an verschiedene Kragarme gehängt. Je Kragarm findet sich immer nur ein und dasselbe Profil in der gleichen Größe.

4.2.9 Das Waben- und Kassettenregal

Waben- und Kassettenregale werden für Langgüter mit geringen Mengen genutzt. Die Güter lagern in kanalähnlichen Waben, die wie Bienenwaben über- und untereinander angeordnet sind. Die Ein- und Auslagerung erfolgt über die Kopfseite des Regals. Die Langgüter können einzeln in den Fächern oder als Lagereinheiten in Kassetten in den Waben gelagert werden. In jedem Fall müssen die Kanäle jedoch artikelrein beschickt werden. Die Ein- und Auslagerung kann manuell mithilfe von Flurförderzeugen erfolgen. Die Lagerung in Langgutkassetten erhöht die Möglichkeit der Automatisierung. Die Kassetten werden dann mithilfe eines RBG aus dem Regal entnommen. Eine solche Lagereinrichtung ist mit hohen Investitionen verbunden. Im Vergleich zu einem Kragarmregal wird für die Ein- und Auslagerung viel Platz benötigt (Regaltiefe = Gangbreite).

Wabenregal

4.2.10 Das Umlaufregal (Paternoster- und Karussellregal)

In der einfachsten Bauweise können Sie sich das Umlaufregal vorstellen wie Teppichrollenregale im Baumarkt. Über Schleppketten und gegebenenfalls entsprechende Behälter, in denen Kleinteile lagern, werden die Güter dynamisch bereitgestellt. Komplexe Bauweisen, nutzen mehrere Beschickungs- und Entnahmestationen, an denen die Güter ein- und ausgelagert werden. Diese Bauweisen werden auch als **Megamat** bezeichnet. Die FIFO-Strategie ist möglich.

Umlaufregale, die den vertikalen Raum nutzen, bezeichnet man als **Paternosterregale**. Wird der Raum horizontal genutzt, werden die Regale **Karussellregale** genannt.

Paternosterregal

Karussellregal

Umlaufregale können in spezielle Stahlummantelungen (Schränke) eingebaut werden. Dadurch sind die Güter besonders gegen Staub, Umwelteinflüsse und auch gegen Diebstahl geschützt. Sie können jedoch nur bedingt erweitert werden. Diese Umlaufregale eignen sich besonders für kleine bis mittlere, hochwertige und empfindliche Gütermengen. Geschützte Bauweisen sind häufig Sonderanfertigungen und stellen eine hohe Investition dar.

In den einfacheren Umlaufregalen ohne Stahlummantelung werden häufig Kleinteile gelagert, auf die durch die dynamische Bereitstellung je nach Bedarf zugegriffen werden kann. Dies erleichtert insbesondere Kommissioniertätigkeiten. Die Zugriffszeiten sind jedoch aufgrund des notwendigen Umlaufs der Güter zur Entnahmestation relativ lang. Im Vergleich hierzu stellt ein automatisches Behälterregal die Güter um ein Vielfaches schneller bereit.

Die Schaltungen und Bremssysteme für hochwertige Rennräder werden in der Top Bike GmbH in Paternosterregalen gelagert. Je nachdem, mit welchen Komponenten das Rennrad gebaut werden soll, können die Kommissionierer die Teile aus dem Regal entnehmen. Die Schaltungen und Bremssysteme sind wertvolle Güter.

Automatisches Kleinteilelager (AKL)

4.2.11 Das automatische Behälterregal bzw. Kleinteilelager

Behälterregale sind für eine oder mehrere standardisierte Behältergrößen, Kassetten oder Tablare geeignet. In diesen Behältern werden Güter in begrenzten Mengen gelagert. Mehrere Tausend Behälter können in großen Behälterregalen Platz finden.

Ein Regalbediengerät entnimmt die Behälter und bringt sie mithilfe eines Stetigförderers zu einer Be- und Entladestation vor der Regalzone. Dort entnimmt ein Lagermitarbeiter oder ein Kommissionierer die benötigte Gütermenge. Anschließend bringt das Regalbediengerät die Behälter wieder an einen freien Lagerplatz.

Stetigförderer → LF 4, Kap. 3.1

Es kann wie das Umlaufregal als geschlossenes System mit einer Stahlummantelung oder speziell für ganze Lagerräume gebaut werden. Der Zutritt ist Unbefugten verboten. Dadurch gilt es als besonders sicher gegen Diebstähle.

Die übliche Bauweise des automatischen Behälterregals im Lager dient Kommissionierzwecken und zeichnet sich durch die hohe Ein- und Auslagerungsgeschwindigkeit der entsprechenden Regalbediengeräte aus.

➔ Die Top Bike GmbH verfügt über kein automatisches, sondern nur über ein manuelles Behälterregal. Es ist jedoch seit Langem im Gespräch, ob auf ein automatisches Kleinteilelager für Schrauben usw. umgestellt werden soll.

4.2.12 Das Turmregal

In einem Turmregal übernimmt ein fahrbarer Aufzug die Ein- und Auslagerung zwischen zwei Einzelregalen. Bei dem Turmregal gibt es nur eine Ein- und Ausgabestelle. Die Güter werden auf Tablaren gelagert. Der Aufzug zieht diese Tablare aus dem Regal und befördert sie zur Entnahmestation.

Lagerplatzvergabe → LF 2, Kap. 2.4

Die Fachböden und Auflagen der Regale können unterschiedliche Höhen aufweisen. Vor der Einlagerung messen vollautomatische Turmregale die Höhe des Lagergutes und ermitteln per EDV einen geeigneten freien Lagerplatz. Dadurch werden die Lagergüter immer auf bestmöglichen Lagerplätzen eingelagert. Der Freiraum zwischen den Fachböden wird gering gehalten. Die Raumausnutzung wird dadurch optimiert. Auch dieses Regal wird geschlossen gebaut. Die Güter sind entsprechend geschützt.

Turmregale können auch werbewirksam genutzt werden. Als Glaskonstruktion präsentieren und schützen sie die Güter, wie z. B. Autos. Sie eignen sich jedoch weniger für die Lagerung homogener großer Gütermengen, da die Konstruktion mit hohen Kosten verbunden ist und dafür andere Regalarten geeigneter sind.

Turmregal für Autos

Schließfachautomat

In den vergangenen Jahren wurden auch in Banken sowie in großen Bahnhöfen turmregalähnliche Lagereinrichtungen als Schließfachautomat gebaut. Der Kunde stellt seinen Koffer in einen speziellen Behälter der zentralen Be- und Entnahmestelle des Schließfachautomaten und erhält eine PIN. Daraufhin fährt der Behälter mit dem Koffer in das unterirdische Lager. Zur Auslagerung gibt er seine PIN ein. Das Lagergut (der Koffer) wird angefordert und fährt wieder zur Be- und Entladestation des Schließfachautomaten. Diese speziellen Lagereinrichtungssysteme unterscheiden sich kaum noch vom Aufbau eines Turmregals. Allerdings werden sie nicht in die Höhe gebaut, sondern in den Boden eingelassen.

PIN
persönliche Identifikationsnummer

4.2.13 Das Verschieberegal

Fachboden-, Paletten- und Kragarmregale können als Verschieberegal gebaut werden. Dabei stehen die Regale auf Rollen, die über eine Schiene geführt werden. So entsteht ein Regalwagen. Diese einzelnen Regalwagen können zusammengeschoben werden. Dadurch werden Regalgänge eingespart und die Flächenausnutzung wird entsprechend erhöht. Um Zugriff auf die eingelagerten Güter haben zu können, müssen die Regale verschoben werden, dann ist ein Zugriff auf die einzelnen Lagergüter möglich und eine entsprechende FIFO-Strategie gegeben. Es gelten die übrigen Vorteile der Zeilenlagerung.

Die Bewegung der Regalwagen erfolgt manuell mit Handrädern oder mithilfe von Motorantrieben. Wegen der erhöhten Anforderungen an die Kippsicherheit werden Verschieberegale nur bis zu einer Höhe von 8 m gebaut. Schutz vor Verletzungen bieten Verschiebesperren, Lichtschranken, Schaltleisten und Freigabeschalter.

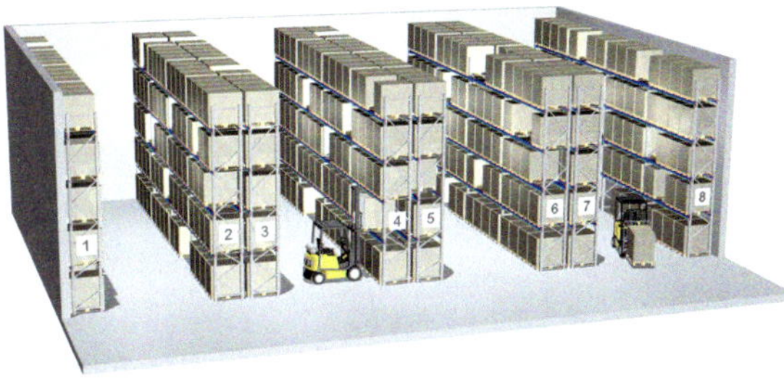

Palettenregal in einer konventionellen Anordnung

Verschieberegal zur Gewinnung einer neuen Flächenfunktion

4.2.14 Die Sicherheitsvorschriften bei der Regallagerung

Herr Rhode sieht, wie Stefanie eine Palette in das Fachbodenregal einbringen möchte, und weist sie darauf hin, dass die Palette möglicherweise zu schwer für das Fachbodenregal ist. Stefanie meint: „Herr Grunat hat gesagt, dass die Güter in das Fachbodenregal eingelagert werden müssen. Wenn ich die ganze Palette dort hineinstelle, spare ich Zeit." Herr Rhode weist auf das Typenschild am Regal hin und erklärt: „Du musst hinschauen, ob das Regal die Last tragen kann oder ob du die Palette gegebenenfalls abpacken und einzelne Schachteln lagern musst."

Sicherheitsvorschriften zur Bodenlagerung → LF 2, Kap. 4.1.3

Auch für die Regallagerung gelten Sicherheitsvorschriften. Genau wie für die Bodenlagerung sind die Vorschriften der BGR 234 anzuwenden. Zunächst sollen aber die Begriffe Lagereinrichtung, Lagergerät, Stapelbehälter und Stapelhilfsmittel nach der BGR definiert werden:

- **Lagereinrichtungen** sind ortsfeste sowie verfahrbare Regale und Schränke, wie z. B. Fachbodenregal, Durchlaufregal, mehrgeschossige Regaleinrichtungen, Schränke mit Flügel-, Roll- oder Schiebetüren.
- **Lagergeräte** sind Paletten mit oder ohne Stapelhilfsmittel und Stapelbehälter, die zur Wiederverwendung bestimmt sind.
- **Stapelbehälter** sind Behälter, deren Aufbau mit dem Unterbau fest verbunden ist, wie z. B. Gitterboxpaletten, Stapelwannen und Stapelkästen.
- **Stapelhilfsmittel** sind Hilfsmittel, die mit Flachpaletten zu verbinden sind und wiederverwendet werden, wie z. B. Rahmen und Rungen, die aufgesetzt, aufgesteckt oder eingesteckt werden.

Allgemeine Bestimmungen für Lagereinrichtungen (nach BGR 234):

- In jedem Betriebszustand muss die Standsicherheit aller Regale und Schränke unter Berücksichtigung der Nutzlast und der auftretenden Kräfte beim Ein- und Auslagern gesichert sein.

- Schränke mit Ausziehsperren, die das Aufziehen jeweils nur einer Schublade zulassen, sind standsicher.
- Schränke mit Flügeltüren sind standsicher, wenn die Höhe der obersten Ablage nicht mehr als das Vierfache der Schranktiefe beträgt.
- Regale sowie Schränke mit Schiebe- und Rolltüren, die manuell be- und entladen werden, sind standsicher, wenn die Höhe der obersten Ablage über der Standfläche nicht mehr als das Fünffache der Regal- oder Schranktiefe beträgt.

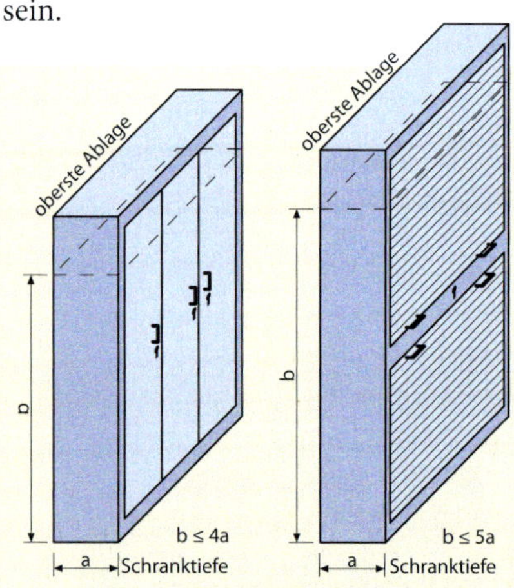

Verhältnis von Schranktiefe zu Schrankhöhe

- Aufbau- und Betriebsanleitungen müssen für alle Regale und Schränke vorliegen und zugänglich sein.
- Anbauten (z. B. eingehängte Einlegteile und Schubladen) müssen so gesichert sein, dass sie durch unbeabsichtigtes Lösen weder heraus- noch herabfallen können.

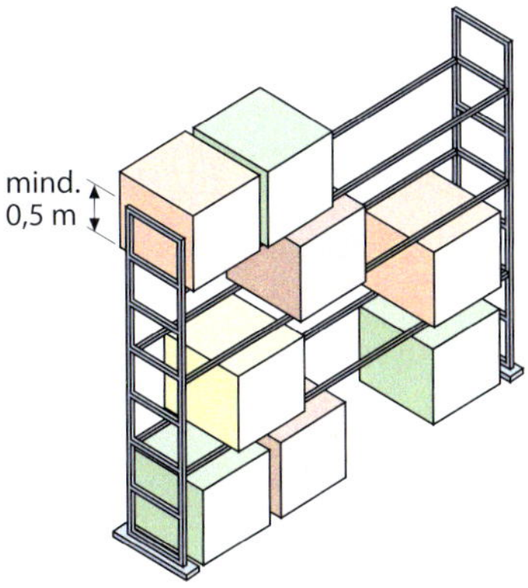

Sicherung gegen seitliches Herabfallen bei Palettenlagerung

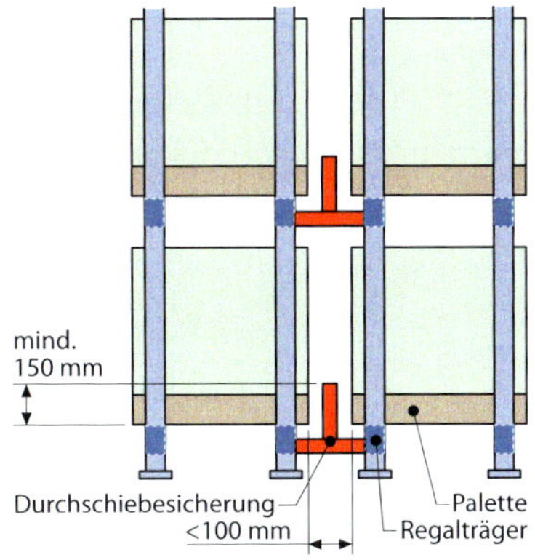

Durchschiebesicherung

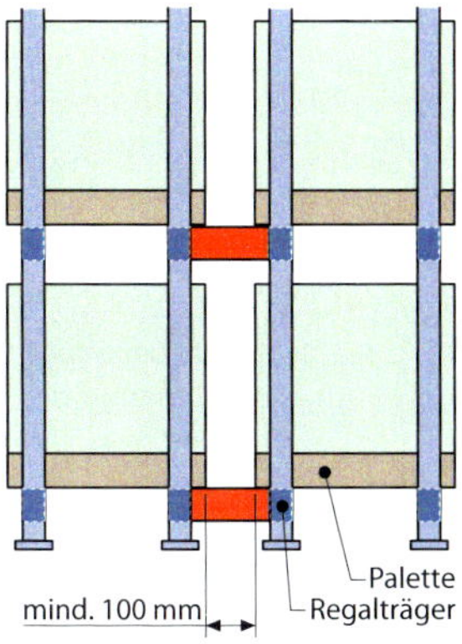

Sicherheitsabstand

- Alle Ladeeinheiten müssen so gesichert sein, dass sie nicht herabfallen können, insbesondere gilt:
  - bei Palettenlagerung: Sicherung gegen seitliches Herabfallen, an oberster Ablage mindestens 0,5 m
  - bei Doppelregalen, mit beidseitiger Beladung durch nicht leitliniengeführte Fördermittel: Durchschiebesicherung muss vorhanden sein; eine Durchschiebesicherung ist nicht notwendig, wenn ein Sicherheitsabstand von mindestens 10 cm zum anderen Regal eingehalten wird
  - bei Regalen und Schränken mit kraftbetriebenen Inneneinrichtungen (z. B. Paternoster): Verkleidungen, Verdeckungen und Geländer müssen vorhanden sein
- An ortsfesten Regalen, die mit Flurförderzeugen be- oder entladen werden, muss eine gelb-schwarze Gefahrenkennzeichnung als Anfahrschutz angebracht sein.
- Alle Regale sind lotrecht aufzustellen.
- Ortsfeste Regale mit einer Fachlast > 200 kg oder Feldlast > 1.000 kg sowie verfahrbare Regale und Schränke sind mit den Angaben zu Hersteller, Typenbezeichnung, Baujahr, zulässiger Fach- und Feldlast und ggf. elektrischen Kenndaten zu kennzeichnen.

Anfahrschutz

!

Die **Fachlast** ist die maximale Last, die von einer Regalseite aus in ein Regalfach eingebracht werden kann.

Die **Feldlast** ist die Summe der Fachlasten in einem Regalfeld. Lasten, die im untersten Regalfach auf dem Boden gelagert werden (also nicht in einem Fach), werden nicht zur Feldlast hinzugerechnet.

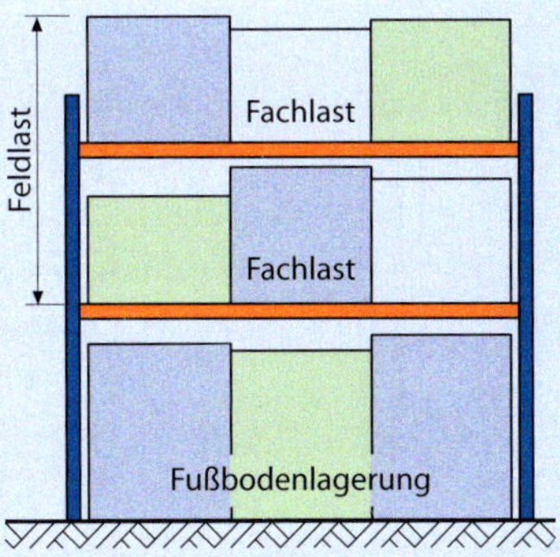

Wird die Fach- oder Feldlast permanent überschritten, wirkt sich dies auf die Standsicherheit und Lebensdauer des Regales aus. Das Regal kann mitsamt den Gütern zusammenbrechen.

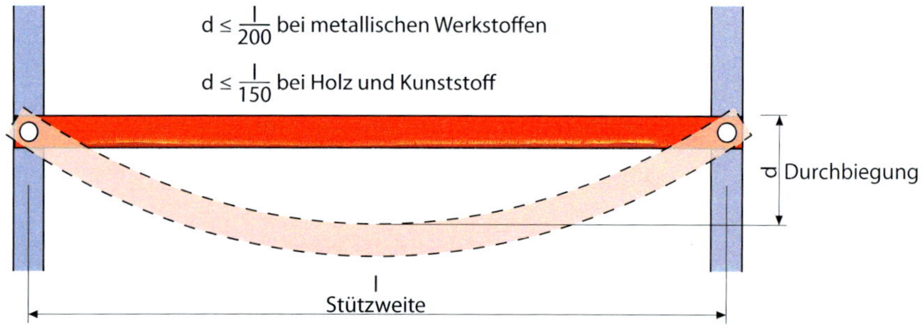

Höchstzulässige Durchbiegung der tragenden Elemente von Lagereinrichtungen

- Die maximale **Durchbiegung** tragender Regalelemente (Fachböden) darf bei Einbringung der zulässigen Nutzlast für metallische Werkstoffe höchstens $\frac{1}{200}$ der Stützweite, für alle anderen Werkstoffe (Holz und Kunststoff) höchstens $\frac{1}{150}$ der Stützweite betragen. Die Stützweite ist der Abstand zwischen zwei benachbarten Auflagen.

Die Top Bike GmbH hat in ihrem Lager ein Regal mit metallenen Fachböden und einer Stützweite (I) von 1,50 m (1.500 mm). Stephanie fragt sich, wie sehr sich ein Regalboden nach Einbringung von Gütern maximal durchbiegen darf. Sie weiß, dass die max. Durchbiegung d ≤ $\frac{I}{200}$ für metallische Fachböden ist. Sie rechnet:

$$\frac{I}{200} = \frac{1.500}{200} = 7{,}5$$

Das Regal darf sich max. 7,5 mm durchbiegen.

Die Durchbiegung darf bei Holz höher sein als bei Metall. Das liegt daran, dass Holz elastischer ist als Metall.

Zusätzliche Bestimmungen für bestimmte Lagereinrichtungen

- Kragarmregale: Die Kragarme dürfen nicht über die äußeren Abstützpunkte des Fußsockels hinausragen. Bei der Lagerung von rollenden Materialien müssen Abrollsicherungen vorhanden sein, die ein Herunterrollen verhindern.
- Durchlaufregale, Einschubregale und ähnliche Lagereinrichtungen: Um ein unbeabsichtigtes Herauslaufen der Lagereinheiten zu verhindern, müssen an den Auf- und Entnahmestellen entsprechende Sperreinrichtungen vorhanden sein.
- Verfahrbare Regale und Schränke sowie Regale und Schränke mit kraftbetriebenen Inneneinrichtungen dürfen nur von Personen in Betrieb genommen werden, die hierzu beauftragt sind und die Sicherheitseinrichtungen kennen.
- Kraftbetriebene, verfahrbare Regale und Schränke müssen mit Schutzeinrichtungen (z. B. Schaltleisten und Lichtschranken) an den Frontseiten ausgestattet sein. Stoppt ein verfahrbares Regal, weil z. B. jemand in den Gang läuft, erfolgt die Freigabe durch Drücken des Freigabeschalters.

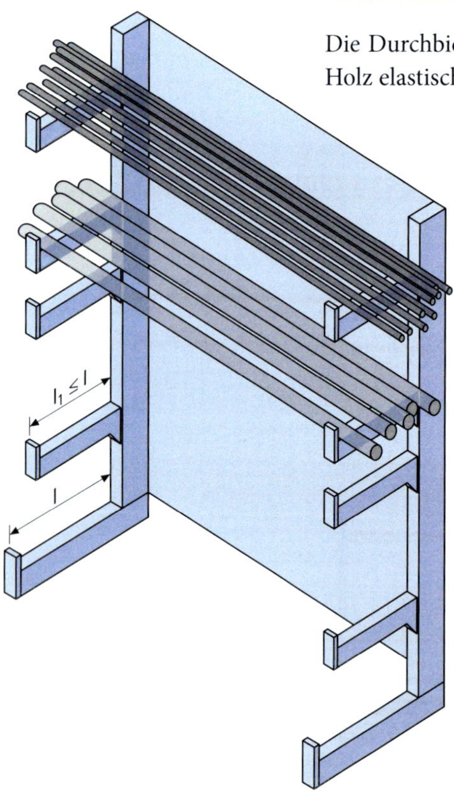

Beispiel für die Ausführung von Kragarmregalen

ALLES KLAR?

1 Unterscheiden Sie bei der Bodenlagerung die Blocklagerung und die Zeilenlagerung.

2 Wie sollten 1.000 Schachteln 80 Gramm weißes Kopierpapier in der Bodenlagerung gelagert werden?

3 Welche Aussage ist richtig? Die Blocklagerung …
- **a** … spielt in der heutigen Lagerlogistik keine Rolle mehr.
- **b** … eignet sich gut für Hochregallager.
- **c** … findet sich häufig im Baustoffhandel.

4 Nennen Sie drei Sicherheitsvorschriften der Bodenlagerung.

5 Erklären Sie Nutzlast und Auflast.

6 Nennen Sie Kriterien, die die Auswahl einer geeigneten Lagereinrichtungstechnik mitbestimmen.

7 Unterscheiden Sie statische und dynamische Regallagerung.

8 Was bedeutet bei einer Lagertechnik Mann zur Ware?

9 Ab welcher Bauhöhe wird von einem Hochregallager gesprochen?

10 Die LIFO-Strategie eignet sich besonders …
- **a** … für Güter mit Mindesthaltbarkeitsdatum.
- **b** … für Güter mit besonders hohem Wert.
- **c** … für Güter mit hohem Gewicht.
- **d** … für Güter, die nicht verderblich sind.

11 Welche Lagereinrichtungstechniken sind für die FIFO-Strategie geeignet?

12 Nennen Sie zwei Lagertechniken mit statischer Güterbereitstellung.

13 Bei welchen Lagereinrichtungstechniken spricht man (auch ohne Einbau eines RBGs) von der dynamischen Regallagerung?

14 Benennen Sie die folgenden Regalarten.

a

b

c

d

e

ALLES KLAR?

15 Fachbodenregale …
- **a** … können bis zu einer Bauhöhe von 45 m konstruiert werden.
- **b** … können zwei und mehr Geschosse haben.
- **c** … eignen sich besonders für Langgut.
- **d** … sind Palettenregale mit Zugängen an beiden Stirnseiten.

16 Erläutern Sie den Unterschied eines Palettenregals mit Einplatz- und mit Mehrplatzsystem.

17 Worin besteht der Unterschied zwischen einem Einfahr- und einem Kanalregal?

18 Ein Nachteil eines Durchlaufregals gegenüber dem Einschubregal ist …
- **a** … die Möglichkeit, die LIFO-Strategie anwenden zu können.
- **b** … die Möglichkeit, die FIFO-Strategie anwenden zu können.
- **c** … die verminderte Flächennutzung des Lagers.
- **d** … eine verminderte Tragfähigkeit des Fachbodens.

19 Nennen Sie drei typische Güter, die sich für eine Lagerung im Kragarmregal eignen.

20 Erläutern Sie die Bauweise eines Megamaten.

21 Für welche Güter eignet sich das Umlaufregal?

22 Das Verschieberegal …
- **a** … wird durch fahrbare Aufzüge zum dynamischen Regal.
- **b** … verbessert die Flächenausnutzung im Lager.
- **c** … wird häufig für die Lagerung von Pkws eingesetzt.
- **d** … zählt zur statischen Regallagerung.

23 Nennen Sie drei Sicherheitseinrichtungen eines Verschieberegals.

24 Welches Regal eignet sich besonders gut für große artikelreine Mengen?

25 Erklären Sie, was nach der BGR-Definition unter Lagereinrichtung und Lagergerät verstanden wird.

26 Welche Aussagen zur Feldlast oder zur Fachlast sind richtig?
- **a** Die Fachlast und die Feldlast sollten immer überschritten werden, damit die Standsicherheit eines Regals gesichert ist.
- **b** Die Fachlast ist die Summe der Feldlasten in einem Regalfeld.
- **c** Die Fachlast gilt nur für Doppelregale.
- **d** Die Fachlast ist die maximale Last, die von einer Regalseite aus in ein Regalfach eingebracht werden kann.
- **e** Die Feldlast ist wichtig für die Anbauten von z. B. Schubladen für Schränke.
- **f** Die Feldlast ist die Summe der Fachlasten in einem Regalfeld.
- **g** Lasten, die im untersten Regalfach auf dem Boden lagern, werden nicht zur Feldlast hinzugerechnet.

5 Die Lagerhaltung mit Kennzahlen kontrollieren

Herr Pietsch und Frau Schumann unterhalten sich über die Kapazitätsauslastung des Lagers. Herr Pietsch sagt: „Wir sollten einmal den Flächen-, Höhen- und Raumnutzungsgrad berechnen und mit den Ergebnissen der letzten Jahre vergleichen."
Was sind der Flächen-, Höhen- und Raumnutzugsgrad? Was sind Kennzahlen?

Mithilfe von Kennzahlen werden Informationen über betriebliche Gegebenheiten in Zahlen ausgedrückt. Sie sind zur Planung, Steuerung und Kontrolle von betrieblichen Vorgängen geeignet. Kennzahlen sind vor allen im Zeitvergleich oder durch Vergleich mit anderen Betrieben aussagekräftig:

- Beim Zeitvergleich werden die Kennzahlen mehrerer Wirtschaftsjahre des eigenen Betriebes verglichen.
- Beim Soll-Ist-Vergleich wird überprüft, inwieweit die erreichten Kennzahlen den geplanten Kennzahlen eines Betriebes entsprechen.
- Beim Betriebsvergleich werden die eigenen Kennzahlen mit denen von anderen Betrieben verglichen.

Die benötigten Daten zur Berechnung von Kennzahlen werden aus verschiedenen betrieblichen Bereichen, wie z. B. der Buchhaltung, der Personalabteilung und der Lagerdatei, bezogen. Kennzahlen, die das Lager betreffen, sind Kennzahlen der Produktivität und der Wirtschaftlichkeit.

Kennzahlen der Wirtschaftlichkeit
→ LF 3, Kap. 4

Die **Produktivität** zeigt das Verhältnis zwischen bereitgestellter Gütermenge und dafür benötigten Produktionsfaktoren, wie z. B. Arbeitsstunden, Materialmenge oder Kosten.

Zu den Kennzahlen der Produktivität im Lager gehören z. B. der Flächen-, Höhen- und Raumnutzungsgrad. Die verschiedenen Nutzungsgrade zeigen, wie sich die tatsächlich erreichten Werte zu den theoretisch erreichbaren Maximalwerten verhalten. Zunächst soll hier zwischen Brutto- und Nettowerten unterschieden werden.

5.1 Der Unterschied zwischen brutto und netto

Die **Brutto-Lagerfläche** wird auch Lagernutzfläche genannt. Sie umfasst den Bereich des gesamten Lagers mit Sozialflächen und Verkehrswegen. Die **Netto-Lagerfläche** ist eine Teilmenge der Brutto-Lagerfläche. Sie ist die tatsächlich mit Regalen belegte Fläche und damit die Fläche, die ausschließlich zur Lagerung verwendet wird.

Flächenberechnungen
→ Anhang Mathe, Kap. 7

  Brutto-Lagerfläche (Lagernutzfläche)
– Sozialflächen
– Verkehrswege
= **Netto-Lagerfläche (die mit Regalen belegte Fläche)**

Ein Flachdachlager hat eine Gesamtlänge von 120 m und eine Gesamtbreite von 80 m. Die Sozialflächen nehmen $\frac{1}{10}$ und die Verkehrswege $\frac{1}{4}$ der Brutto-Lagerfläche ein. Karsten soll berechnen, wie groß die Brutto- und die Netto-Lagerfläche ist. Er entwickelt folgende Lösung:

Brutto-Lagerfläche $= 120\ m \cdot 80\ m$
$= 9.600\ m^2$
Sozialfläche $= 9.600\ m^2 \cdot \frac{1}{10}$
$= 960\ m^2$
Verkehrswege $= 9.600\ m^2 \cdot \frac{1}{4}$
$= 2.400\ m^2$
Netto-Lagerfläche $= 9.600\ m^2 - 960\ m^2 - 2.400\ m^2$
$= 6.240\ m^2$

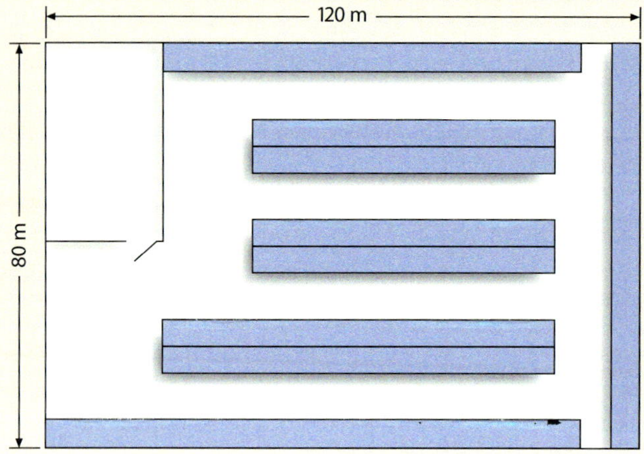

Volumenberechnung → Anhang Mathe, Kap. 7

Der **Brutto-Lagerraum** kann auch Brutto-Lagervolumen oder Lagernutzvolumen genannt werden. Er ist der insgesamt zur Verfügung stehende Rauminhalt für die Warenlagerung. Der **Netto-Lagerraum** ist eine Teilmenge des Brutto-Lagerraums. Er ist der tatsächlich mit Regalen belegte Raum (Volumen) und berechnet sich wie folgt:

  Brutto-Lagerraum (Lagernutzvolumen)
– Sozialraumvolumen
– Verkehrswegevolumen
= **Netto-Lagerraum (das mit Regalen belegte Volumen)**

Karsten soll für das Lager, das 25 m hoch ist, Brutto- und Netto-Lagerraum berechnen.

Brutto-Lagerraum $= 120\ m \cdot 80\ m \cdot 25\ m$
$= 240.000\ m^3$
Sozialraumvolumen $= 960\ m^2 \cdot 25\ m$
$= 24.000\ m^3$
Verkehrswegevolumen $= 2.400\ m^2 \cdot 25\ m$
$= 60.000\ m^3$
Netto-Lagerraum $= 6.240\ m^3 \cdot 25\ m$
$= 156.000\ m^3$

5.2 Der Flächennutzungsgrad

Der Flächennutzungsgrad ist eine Kennzahl, die Auskunft über die Nutzung von Flächen im Lager gibt. Sie gibt das Verhältnis zwischen der Netto-Lagerfläche (mit Regalen belegte Fläche) zur Brutto-Lagerfläche (Lagernutzfläche) an.

$$\textbf{Flächennutzungsgrad} = \frac{\text{Netto-Lagerfläche} \cdot 100\ \%}{\text{Brutto-Lagerfläche}}$$

$$= \frac{\text{mit Regalen belegte Fläche} \cdot 100\ \%}{\text{Lagernutzfläche}}$$

$$= \frac{\text{genutzte Lagerfläche} \cdot 100\ \%}{\text{maximale Lagerfläche}}$$

Hinweis: Die Flächen (allgemein: Größen) müssen zur Berechnung die gleiche Einheit haben.

Mithilfe dieser Kennzahl kann die vorhandene Lagereinrichtung in einem Unternehmen beurteilt werden. Wird die Fläche besser ausgenutzt, sinken die Kosten für die Lagerung. Diese Kennzahl zeigt, wie gut strukturiert und angeordnet Regale in einem Unternehmen sind. Da diese Kennzahl aber abhängig von den eingesetzten Geräten und den eingelagerten Gütern (z. B. sperrige Güter oder Kleinmaterialien) ist, ist eine allgemeingültige Aussage nicht einfach. Ein Flächennutzungsgrad kann nie 100 % betragen.

Die Brutto-Lagerfläche aus dem obigen Beispiel beträgt nach der Berechnung von Karsten 9.600 m^2 und die Netto-Lagerfläche 6.240 m^2. Nun soll er daraus den Flächennutzungsgrad des Lagers berechnen. Er kommt zu folgendem Ergebnis:

$$\text{Flächennutzungsgrad} = \frac{6.240 \cdot 100\ \%}{9.600} = 65\ \%$$

Unterschiedliche Flächennutzungsgrade bei verschiedenen Lagerarten

Lagerarten	**Flächennutzungsgrade in %***
Paletten-Blocklager (Bodenlager)	80
Fachbodenregal (Gangbreite 1 m)	45
Einfahrregal (6 bis 7 Paletten hintereinander)	70
Palettenregal (mit Regalbediengerät)	60
Durchlaufregal (mit Regalförderzeug)	65
Verschieberegal (8 Regale mit einem Gang)	75

* ungefähre Werte, abhängig von
- Gewicht, Abmessung und Volumen des Gutes,
- Regalfachtiefe bzw. Transporthilfsmittel,
- manuelle, oder mechanisierte, Bedienung (zu Fuß; mit Wagen; Art des Staplers, Regalbediengerät).

Quelle: nach Martin, H., Transport- und Lagerlogistik. Planung, Struktur, Steuerung und Kosten von Systemen der Intralogistik, 7. Auflage 2009, S. 344

5.3 Der Höhennutzungsgrad

Der Höhennutzungsgrad ist eine Kennzahl, die das Verhältnis der mit Regalen genutzten Lagerraumhöhe zur maximal nutzbaren Höhe eines Lagerraumes angibt.

$$\textbf{Höhennutzungsgrad} = \frac{\text{Netto-Lagerraumhöhe} \cdot 100\ \%}{\text{Brutto-Lagerraumhöhe}} = \frac{\text{genutzte Lagerraumhöhe} \cdot 100\ \%}{\text{maximale Lagerraumhöhe}}$$

Der Höhennutzungsgrad zeigt, wie gut die Höhe des Lagers mit Regalen ausgenutzt wird. Ist der Höhennutzungsgrad niedrig, sollte überlegt werden, wie eine bessere Ausnutzung erreicht werden kann. Da auch diese Kennzahl abhängig von den eingesetzten Geräten und den eingelagerten Gütern ist, ist eine allgemeingültige Aussage auch hier nicht einfach. Ein Höhennutzungsgrad kann nie 100 % betragen. Wenn ein Lager ein Spitzdach besitzt, ist der Höhennutzungsgrad niedriger als bei einem Lager mit Flachdach.

Karsten soll nun den Höhennutzungsgrad berechnen. Die Regale im Lager sind 20 m hoch. Das Lager selbst hat eine Höhe von 25 m.

$$\text{Höhennutzungsgrad} = \frac{20 \cdot 100\ \%}{25} = 80\ \%$$

5.4 Der Raumnutzungsgrad

Der Raumnutzungsgrad ist eine Kennzahl, die das Verhältnis von Netto- zu Brutto-Lagerraum angibt. Diese Kennzahl gibt Auskunft, wie das maximal zur Verfügung stehende Lagervolumen durch das Volumen von Regalen ausgenutzt wird.

$$\textbf{Raumnutzungsgrad} = \frac{\text{Netto-Lagerraum} \cdot 100\ \%}{\text{Brutto-Lagerraum}} = \frac{\text{mit Regalen belegtes Volumen} \cdot 100\ \%}{\text{maximales Lagervolumen}}$$

Auch diese Kennzahl ist abhängig von den eingesetzten Geräten und den eingelagerten Gütern. Somit ist eine allgemeingültige Aussage nicht einfach. Ein Raumnutzungsgrad kann nie 100 % betragen. Bei der Blocklagerung ist der Raumnutzungsgrad höher als bei der Zeilenlagerung.

Karsten soll mit den gegebenen Daten nun den Raumnutzungsgrad berechnen.

$$\text{Raumnutzungsgrad} = \frac{156.000 \cdot 100\ \%}{240.000} = 65\ \%$$

5.5 Der Belegungsgrad

Neben den Flächen-, Höhen- und Raumnutzungsgraden interessiert im Lager natürlich, wie gut die Regale mit Gütern belegt sind. Der Belegungsgrad zeigt, wie das maximal verfügbare Regalvolumen tatsächlich durch das Volumen der eingelagerten Güter (Lagergutvolumen) genutzt wird.

$$\textbf{Belegungsgrad} = \frac{\text{Lagergutvolumen} \cdot 100\ \%}{\text{maximales Regalvolumen}}$$

Der Belegungsgrad erhöht sich z. B., wenn
- eine Umstellung von Festplatzvergabe auf chaotische Lagerplatzvergabe erfolgt.
- günstigere Lagerhilfsmittel verwendet werden.

Lagerplatzvergabe → LF 2, Kap. 2.4

Ein Unternehmen hat ein Fachbodenregal mit folgenden Maßen:
- Länge 1,20 m
- Tiefe 0,80 m
- Höhe 0,80 m

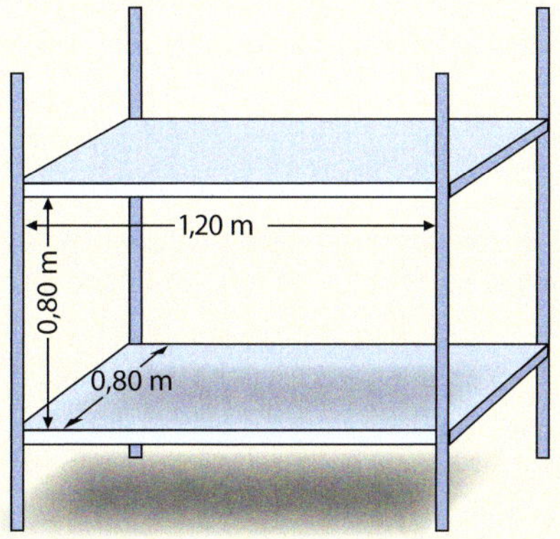

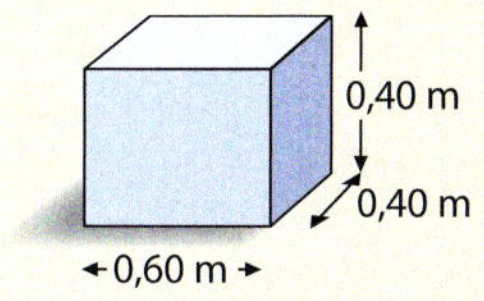

Das Regal verfügt über 60 Regalfächer. In diese sollen nun 400 Kartonagen mit folgenden Maßen eingelagert werden:
- Länge 0,60 m
- Tiefe 0,40 m
- Höhe 0,40 m

Herr Pietsch berechnet, wie viel Prozent der gesamten Regalfläche ausgenutzt werden:

- maximales Regalvolumen = 1,20 m · 0,80 m · 0,80 m · 60 Regalfächer = 46,08 m^3
- Lagergutvolumen = 0,60 m · 0,40 m · 0,40 m · 400 Kartonagen = 38,4 m^3
- Raumnutzungsgrad = $\frac{38{,}4 \cdot 100\ \%}{46{,}08} = 83{,}\overline{3}\ \%$

ALLES KLAR?

1 Welche Aussagen zu Kennzahlen sind richtig?
  a Kennzahlen werden nur im Lager berechnet. In anderen Bereichen wie z.B. in der Buchhaltung oder der Personalabteilung spielen sie keine Rolle.
  b Mit Kennzahlen lassen sich Informationen in Zahlen ausdrücken.
  c Kennzahlen werden genutzt, um betriebliche Gegebenheiten zeitlich zu vergleichen. Gewöhnlich werden dazu mehrere Wirtschaftsjahre verglichen.
  d Kennzahlen eignen sich nicht zur Planung, Steuerung und Kontrolle von betrieblichen Vorgängen.
  e Kennzahlen eignen sich für einen Soll-Ist-Vergleich, nicht aber zum Vergleich verschiedener Betriebe.

2 Welche Kennzahlen gehören zur Produktivität des Lagers? Nennen Sie drei.

3 Wie wird die Butto-Lagerfläche auch genannt?

4 Was wird unter Netto-Lagerraum verstanden?

5 Wie kann der Belegungsgrad erhöht werden? Nennen Sie zwei Beispiele.

6 Wie lauten die Formeln für den Flächen-, Höhen- und Raumnutzungsgrad sowie den Belegungsgrad?

7 Welche Aussagen sind richtig?
  a Der Flächennutzungsgrad gibt an, wie hoch die Temperatur auf einer Fläche ist.
  b Höhennutzungsgrad und Raumnutzungsgrad werden gleichbedeutend verwendet. Es gibt keinen Unterschied.
  c Der Raumnutzungsgrad gibt das Verhältnis der mit Regalen genutzten Raumhöhe zur maximal nutzbaren Höhe des Raumes an.
  d Mithilfe des Höhennutzungsgrades kann festgestellt werden, wie gut die Höhe eines Lagers mit Regalen ausgenutzt wird.
  e Der Flächennutzungsgrad kann nie 100 % betragen, da es immer Verkehrswege geben muss.
  f Der Belegungsgrad gibt an, wie das maximal verfügbare Regalvolumen tatsächlich durch die eingelagerten Güter ausgenutzt wird.

8 Die Velo AG lagert immer einen Bestand an Fahrrädern im Reservelager. Im Verkaufslager steht nur Ausstellungsware. Das Reservelager hat die Ausmaße (Länge x Breite x Höhe) 30 x 20 x 5 m und ist mit Palettenregalen ausgestattet. Die Regalreihen haben die Maße 15 x 1,20 x 4 m. Insgesamt befinden sich 14 solcher Regalreihen in der Lagerhalle.
  a Wie hoch ist der Flächennutzungsgrad?
  b Wie hoch ist der Höhennutzungsgrad?
  c Wie hoch ist der Raumnutzungsgrad?

6 Die Sicherheit im Lager

LS 16

Arbeit soll und darf nicht krank machen. Die Arbeitsbedingungen müssen so angepasst werden, dass kein Arbeitnehmer dauerhaft geschädigt wird. Menschen, die mit gefährlichen Maschinen arbeiten oder mit gefährlichen Stoffen in Berührung kommen, benötigen dabei einen besonderen Schutz. Aber nicht nur der betriebliche Arbeitsschutz ist im Lager wichtig, sondern auch der betriebliche Umweltschutz. Das Lebensumfeld der Menschen und ihre Gesundheit sollen erhalten werden. Wasser, Boden, Luft und Natur zu schützen und gleichzeitig deren Nutzungen in vertretbarem Rahmen zu ermöglichen, ist eine besondere Herausforderung.

Maßnahmen zur Arbeitssicherheit im Betrieb
→ LF 1, Kap. 5.1

6.1 Die Anforderungen an eine Arbeitsstätte

Die Arbeitsstättenverordnung (ArbStättV) hat das Ziel, Arbeitnehmer an ihrem Arbeitsplatz zu schützen und zur Verhütung von Arbeitsunfällen und Berufskrankheiten beizutragen. Sie enthält die Mindestanforderungen an eine Arbeitsstätte, wie z. B. benutzerfreundliche und ergonomisch gestaltete Arbeits-, Pausen- und Sanitärräume, angemessene Raumtemperaturen, angemessene Beleuchtungen und sichere Verkehrswege.

Weitere Gesetze und Verordnungen zur Arbeitssicherheit
→ LF 1, Kap. 5.2

§

ArbStättV

§ 1 Ziel, Anwendungsbereich
(1) Diese Verordnung dient der Sicherheit und dem Gesundheitsschutz der Beschäftigten beim Einrichten und Betreiben von Arbeitsstätten. [...]

§ 4 Besondere Anforderungen an das Betreiben von Arbeitsstätten
(1) Der Arbeitgeber hat die Arbeitsstätte instand zu halten [...].
(2) Der Arbeitgeber hat dafür zu sorgen, dass Arbeitsstätten [...] gereinigt werden. [...]
(3) Der Arbeitgeber hat Sicherheitseinrichtungen [...] in regelmäßigen Abständen sachgerecht warten und auf ihre Funktionsfähigkeit prüfen zu lassen.
(4) Verkehrswege, Fluchtwege und Notausgänge müssen ständig freigehalten werden, [...] Der Arbeitgeber hat einen Flucht- und Rettungsplan aufzustellen, [...].
(5) Der Arbeitgeber hat Mittel [...] zur ersten Hilfe zur Verfügung zu stellen [...].

Im Anhang der Arbeitsstättenverordnung werden unter anderem
- die allgemeinen Anforderungen an die Arbeitsstätte,
- die Maßnahmen zum Schutz vor besonderen Gefahren sowie
- die wesentlichen Arbeitsbedingungen wie Bewegungsfläche, Anordnung und Ausstattung der Arbeitsplätze, die klimatischen Verhältnisse mit Raumtemperatur und Lüftung sowie die Beleuchtung und der Lärm

näher geregelt. Durch **Technische Regeln für Arbeitsstätten** (ASR) wird die Arbeitsstättenverordnung (ArbStättV) konkretisiert. Nachfolgend beispielhaft ein kurzer Überblick:

Weitere Informationen erhalten Sie bei der Bundesanstalt für Arbeitsschutz und Arbeitsmedizin (BAuA), www.baua.de.

Anforderungen an Fußböden, Wände, Decken: Fußböden müssen gegen Verrutschen gesichert, tragfähig und trittsicher sein. Sie dürfen keine Unebenheiten, Löcher, Stolperstellen oder gefährliche Schrägen haben. Fußböden, Wände und Decken müssen den Anforderungen des Unternehmens entsprechen und leicht zu reinigen sein.

Anforderungen an Türen und Tore: Ist eine Tür durchsichtig, muss sie in Augenhöhe gekennzeichnet werden. Pendeltüren und -tore müssen durchsichtig sein oder ein Sichtfenster besitzen. Gegen Herabfallen und Herausfallen müssen Schiebetüren und -tore gesichert werden. Sind Tore vorhanden, die überwiegend durch Fahrzeugverkehr benutzt werden, muss es in der Nähe Türen für Fußgänger geben. Sind Türen und Tore kraftbetrieben, so müssen sie durch Schutzeinrichtungen gegen Einquetschen und Klemmen sofort zum Stillstand kommen können. Sie müssen aber ebenfalls über Notausschalter verfügen. Türen im Verlauf von Rettungswegen oder Türen von Notausgängen müssen sich von innen ohne besondere Hilfsmittel jederzeit öffnen lassen.

Rettungswege
→ LF 2, Kap. 6.4.2

Verkehrswege
→ LF 2, Kap. 2.6

Anforderungen an Verkehrswege und Fluchtwege: Zu den Verkehrswegen gehören auch Treppen, fest angebrachte Steigleitern und Laderampen. Sie müssen sicher begeh- und befahrbar sein. Bei Bedarf müssen die Begrenzungen der Verkehrswege gekennzeichnet sein. Rettungswege sind Verkehrswege, an die besondere Anforderungen gestellt werden. Sie müssen gekennzeichnet sein und auf möglichst kurzem Weg ins Freie oder in einen gesicherten Bereich führen. Rettungswege und Notausgänge dürfen nicht verstellt werden, sodass sie jederzeit nutzbar sind.

Brandschutz
→ LF 2, Kap. 6.4

Maßnahmen gegen Brände: Jede Arbeitsstätte muss mit einer ausreichenden Anzahl geeigneter Feuerlöscheinrichtungen und ggf. mit Brandmeldern und Alarmanlagen ausgestattet sein. Feuerlöscher müssen gekennzeichnet und leicht zu erreichen sein.

Anforderungen an die Beleuchtung: Arbeitsstätten benötigen ausreichend Tageslicht. Durch helle Wände und Decken wird die Nutzung des Tageslichts unterstützt. Ist Tageslicht nicht ausreichend verfügbar, ist eine künstliche Beleuchtung erforderlich. In den Technischen Regeln für Arbeitsstätten sind die Mindestwerte der Beleuchtungsstärke festgesetzt. Fällt die Allgemeinbeleuchtung aus und die Arbeitnehmer sind einer Unfallgefahr ausgesetzt, müssen Sicherheitsleuchten vorhanden sein.

Mindestwerte der Lufttemperatur in Arbeitsräumen

Überwiegende Körperhaltung	Arbeitsschwere		
	leicht	mittel	schwer
Sitzen	+20 °C	+19 °C	–
Stehen, Gehen	+19 °C	+17 °C	+12 °C

Anforderungen an die Raumtemperaturen: Arbeitsstätten müssen während der Arbeitszeit so temperiert werden, dass es den Arbeitnehmern gesundheitlich verträglich ist. Die Temperatur ist dabei abhängig von Arbeitsverfahren, körperlicher Beanspruchung der Beschäftigten und dem Nutzungszweck des Raumes.

Anforderungen an die Lüftung: Arbeitsstätten müssen ständig mit gesundheitlich verträglicher Atemluft versorgt werden. Dies kann durch natürliche Belüftung oder Lüftungsanlagen erfolgen. Lüftungsanlagen müssen jederzeit funktionsfähig sein und bei Störungen muss eine selbsttätige Warneinrichtung diese Störung anzeigen. Bei Klimaanlagen muss dafür gesorgt werden, dass die Beschäftigten keinem störenden Luftzug ausgesetzt sind.

weitere
Sicherheitskennzeichen
→ LF 1, Kap. 5.1.2

Anforderungen an den Lärmschutz: Arbeitsstätten sollten einen möglichst niedrigen Schalldruckpegel besitzen, da sonst die Gesundheit beeinträchtigt werden kann. Der Schalldruckpegel ist abhängig von der Art des Betriebes. Oberhalb von 85 dB(A) gilt der Arbeitsbereich als Lärmbereich und es besteht Tragepflicht für Gehörschutz.

6.2 Die Sicherheit von Produkten

Das **Produktsicherheitsgesetz** (ProdSG) gilt für alle Produkte, die auf den Markt gebracht oder ausgestellt werden sollen. Produkte sind dabei Güter, Stoffe und Zubereitungen, die durch einen Fertigungsprozess hergestellt worden sind. Das Produktsicherheitsgesetz regelt die Anforderungen an das Bereitstellen von Produkten.

§

§ 3 ProdSG Allgemeine Anforderungen an die Bereitstellung von Produkten auf dem Markt

(1) […] ein Produkt […], darf […] nur auf dem Markt bereitgestellt werden, wenn es
1. die […] vorgesehenen Anforderungen erfüllt und
2. die Sicherheit und Gesundheit von Personen […] nicht gefährdet.

(2) […] Bei der Beurteilung, ob ein Produkt der Anforderung […] entspricht, sind insbesondere zu berücksichtigen:
1. die Eigenschaften des Produkts einschließlich seiner Zusammensetzung, seine Verpackung, die Anleitungen für seinen Zusammenbau, die Installation, die Wartung und die Gebrauchsdauer,
2. die Einwirkungen des Produkts auf andere Produkte […],
3. die Aufmachung des Produkts, seine Kennzeichnung, die Warnhinweise, die Gebrauchs- und Bedienungsanleitung, die Angaben zu seiner Beseitigung sowie alle sonstigen produktbezogenen Angaben oder Informationen […].

Neben den grundsätzlichen Anforderungen hinsichtlich der technischen Sicherheit regelt das Gesetz auch, wie Produkte zu kennzeichnen sind.

Mit der **CE-Kennzeichnung** bestätigt ein Hersteller, dass ein Produkt den geltenden europäischen Sicherheits- und Gesundheitsanforderungen bei der Konstruktion und der Fertigung des Produkts entspricht. Produkte ohne CE-Kennzeichnung dürfen innerhalb der EU nicht verkauft werden. Die CE-Prüfung wird vom Hersteller in eigener Verantwortung durchgeführt und ist eine verantwortungsvolle Aufgabe. Das CE-Zeichen ist daher auch kein Gütesiegel oder Qualitätszeichen, sondern ein Verwaltungs- und Sicherheitszeichen. Letztlich handelt es sich um eine bloße Behauptung eines Herstellers, dass das Produkt die europäischen Vorschriften einhält.

§ 7 ProdSG zur CE-Kennzeichnung

CE
Communauté Europaéenne

§ 20 ProdSG zur GS-Kennzeichnung

Jeder Hersteller kann seine technischen Produkte aber freiwillig prüfen lassen. Das **GS-Zeichen** wird von zugelassenen unabhängigen Prüf- und Zertifizierungsstellen, wie z. B. vom TÜV oder von Berufsgenossenschaften, für die Einhaltung des Produktsicherheitsgesetzes vergeben. Um das nationale GS-Zeichen zu erhalten, führen die Zertifizierungsstellen eine Baumusterprüfung und eine regelmäßige Produktüberwachung durch. Der Hersteller muss dafür sicherstellen, dass die von ihm hergestellten Produkte mit dem geprüften Baumuster übereinstimmen.

GS
geprüfte Sicherheit

Das **DGUV-Test-Zeichen** (ehemals BG-Prüfzeichen) ist ebenfalls ein freiwilliges Prüfzeichen, welches von den unabhängigen Prüf- und Zertifizierungsstellen im DGUV-Test vergeben wird. Diese stellen fest, ob ein Produkt den festgelegten Sicherheits- und Gesundheitsanforderungen entspricht.

DGUV
deutsche gesetzliche Unfallversicherung

6.3 Der sichere Umgang mit gefährlichen Stoffen

In der Top Bike GmbH werden Fahrräder nicht nur montiert, sondern zuvor auch lackiert. Dazu werden verschiedene Farben und Lacke sowie Lösungsmittel benötigt. Für die Maschinen werden Schmierstoffe gebraucht. Die unsachgemäße Lagerung von solchen gefährlichen Stoffen birgt verschiedene Gefahren für Mensch und Umwelt.

Beim Bau und beim Betreiben eines Lagers von gefährlichen Stoffen (Gefahrstofflager) müssen verschiedene Gesetze und Verordnungen beachtet werden. Die Menschen und die Umwelt sollen vor gefährlichen Stoffen geschützt werden. In Deutschland regeln das Chemikaliengesetz (ChemG) und die auf dieser Grundlage erlassene Gefahrstoffverordnung (GefStoffV) die Herstellung und den Umgang mit gefährlichen Stoffen. Sowohl das Gesetz als auch die Verordnung dienen im Wesentlichen dem **Arbeits- und Gesundheitsschutz**. Dem Umweltschutz dienen die **Umweltschutzgesetze** wie z. B. das Bundesimmissionsschutzgesetz, das Wasserhaushaltsgesetz und das Kreislaufwirtschafts- und Abfallgesetz.

6.3.1 Das Chemikaliengesetz und die Gefahrstoffverordnung

Das **Chemikaliengesetz** (ChemG) bildet die Grundlage des deutschen Chemikalienrechts und soll die Umwelt, die menschliche Gesundheit und den Arbeitnehmer beim Umgang mit gefährlichen Stoffen (Gefahrstoffen) schützen. Dieser Vorsorgegrundsatz gilt auch in der **Gefahrstoffverordnung** (GefStoffV), die das Chemikaliengesetz ergänzt. **Technische Regeln für Gefahrstoffe** (TRGS) konkretisieren die Gefahrstoffverordnung und zeigen Lösungen zur vorschriftsmäßigen Umsetzung der Gefahrstoffverordnung.

Gefahrstoffverordnung = Verordnung zum Schutz vor gefährlichen Stoffen

Weitere Informationen erhalten Sie bei der Bundesanstalt für Arbeitsschutz und Arbeitsmedizin (BAuA), www.baua.de.

Gefahrstoff ≠ Gefahrgut
Das Gefahrstoffrecht regelt das Inverkehrbringen von gefährlichen Gütern (Gefahrstoffen) sowie deren Handhabung im Unternehmen, das Gefahrgutrecht hingegen den Transport von gefährlichen Gütern (Gefahrgut) auf öffentlichen Verkehrswegen.

§

ChemG § 1 Zweck des Gesetzes
Zweck des Gesetzes ist es, den Menschen und die Umwelt vor schädlichen Einwirkungen gefährlicher Stoffe und Zubereitungen zu schützen, insbesondere sie erkennbar zu machen, sie abzuwenden und ihrem Entstehen vorzubeugen.

ChemG § 3a Gefährliche Stoffe und gefährliche Zubereitungen
(1) Gefährliche Stoffe […] sind Stoffe oder Zubereitungen, die
1. explosionsgefährlich,
2. brandfördernd,
3. hochentzündlich,
4. leichtentzündlich,
5. entzündlich,
6. sehr giftig,
7. giftig,
8. gesundheitsschädlich,
9. ätzend,
10. reizend,
11. sensibilisierend,
12. krebserzeugend,
13. fortpflanzungsgefährdend,
14. erbgutverändernd oder
15. umweltgefährlich sind […].

(2) Umweltgefährlich sind Stoffe […], die selbst oder deren Umwandlungsprodukte geeignet sind, die Beschaffenheit des Naturhaushaltes, von Wasser, Boden oder Luft, Klima, Tieren, Pflanzen oder Mikroorganismen derart zu verändern, dass dadurch sofort oder später Gefahren für die Umwelt herbeigeführt werden können.

Unternehmen können Stoffe z. B. erzeugen, herstellen, verwerten, befördern, lagern oder entsorgen. Daher ist es zunächst wichtig, zu ermitteln, ob ein Stoff/ein Gut über eine oder mehrere gefährliche Eigenschaften im Sinne des ChemG verfügt. Handelt es sich um einen Gefahrstoff, so muss für die jeweilige Tätigkeit im Arbeitsbereich ermittelt werden, welche Gefahren auftreten und welche Maßnahmen erforderlich sind.

Sieben Schritte der Gefährdungsbeurteilung

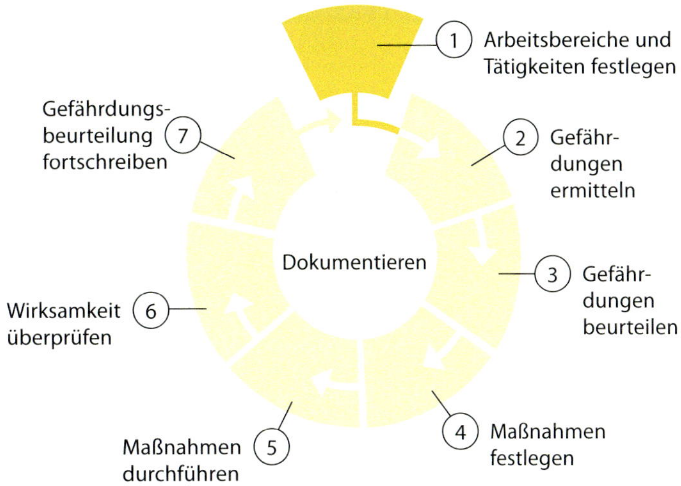

Quelle: www.bgw-online.de

Diese **Gefährdungsbeurteilung** muss schriftlich festgehalten werden. Ein Beschäftigter darf eine Tätigkeit mit Gefahrstoffen erst aufnehmen, wenn eine fachkundige Gefährdungsbeurteilung vorliegt und entsprechende Schutzmaßnahmen getroffen wurden. Fachkundige Personen sind Personen, die Kenntnisse über die gefährlichen Eigenschaften der Gefahrstoffe, die Arbeitsabläufe und die auszuübenden Tätigkeiten im Unternehmen haben. Sie müssen die einschlägigen Vorschriften kennen, die Arbeitsbedingungen und Gefährdungen am konkreten Arbeitsplatz beurteilen sowie die Wirksamkeit der Schutzmaßnahmen bewerten können. Fachkundige Personen sind z. B. der Betriebsarzt oder die Fachkraft für Arbeitssicherheit. Die angemessenen technischen, organisatorischen und persönlichen Schutzmaßnahmen werden anhand der ermittelten Gefahr festgelegt und ebenfalls schriftlich festgehalten.

In der Gefahrstoffverordnung werden konkrete **Schutzmaßnahmen** (§§ 7 bis 12) beschrieben. Diese bauen aufeinander auf. Die Grundpflichten müssen immer erfüllt werden. Dann werden die Schutzmaßnahmen mit steigender Gefährdung umfangreicher (vgl. Abbildung auf der nächsten Seite).

Der Arbeitgeber ist verpflichtet, ein Verzeichnis aller vorhandenen Gefahrstoffe zu führen. Das **Gefahrstoffverzeichnis** muss folgende Angaben enthalten:
- Bezeichnung des Gefahrstoffes bzw. des Produktes (z. B. Dieselkraftstoff, Verdünner, Hydrauliköl)
- Verweis auf entsprechende Sicherheitsdatenblätter

Zusätzliche Angaben können zudem hilfreich sein:
- Angaben der gefährlichen Eigenschaften
- Arbeitsbereiche, in denen mit dem Gefahrstoff umgegangen wird
- verwendete Mengen
- gelagerte Mengen

Das Gefahrstoffverzeichnis und die Sicherheitsdatenblätter müssen allen Beschäftigten zugänglich sein. **Sicherheitsdatenblätter** liefern wichtige Informationen zum Gefahrstoff, zu auftretenden Gefährdungen, zur sicheren Handhabung, zu Maßnahmen der Prävention und zu Maßnahmen im Gefahrenfall. Inverkehrbringer, Hersteller, Einführer (Importeure) und Vertreiber (Vertriebsunternehmer) müssen Sicherheitsdatenblätter bereitstellen.

persönliche Schutzausrüstung
→ LF 1, Kap. 5.1.1

Gefährdung

§ 12 Tätigkeiten mit explosionsgefährlichen Stoffen und organischen Peroxiden
→ gelten für sehr hohe Gefährdung

§ 11 Besondere Schutzmaßnahmen gegen physikalisch-chemische Einwirkungen, insbesondere gegen Brand- und Explosionsgefährdungen
→ gelten für sehr hohe Gefährdung

§ 10 Besondere Schutzmaßnahmen bei Tätigkeiten mit krebserzeugenden, erbgutverändernden und fruchtbarkeitsgefährdenden Gefahrstoffen
→ gelten für sehr hohe Gefährdung

§ 9 Zusätzliche Schutzmaßnahmen
→ gelten für erhöhte Gefährdung

- Gefahrstoffe möglichst in einem geschlossenen System herstellen und verwenden
- persönliche Schutzausrüstungen bereitstellen
- Arbeits- und Schutzkleidung getrennt voneinander aufbewahren
- Zugänge zu den Arbeitsbereichen auf bestimmte Beschäftigte begrenzen
- angemessene Aufsicht

§ 8 Allgemeine Schutzmaßnahmen
→ gelten für geringe und normale Gefährdungen

- geeignete Gestaltung des Arbeitsplatzes
- Anzahl der Beschäftigten begrenzen
- angemessene Reinigungs- und Hygienemaßnahmen
- geeignete Arbeitsmethoden und Verfahren nutzten
- Gefahrstoffe kennzeichnen
- Gefahrstoffe in verschließbaren Behältern lagern
- geeignete Arbeitsmittel und Wartungsverfahren bereitstellen
- Tätigkeit mit Gefahrstoffen zeitlich begrenzen
- Gefahrstoffmengen am Arbeitsplatz begrenzen
- kein Verzehr von Nahrungs- und Genussmitteln in Arbeitsbereichen mit Gefahrstoffen
- Handhabung und Beförderung bei Abfällen sichern
-

§ 7 Grundpflichten
→ gelten immer

- Gefährdungsbeurteilung
- Einhaltung der Arbeitsplatzgrenzwerte
- Minimierungs- und Ersatzgebot
- Wirksamkeit der Maßnahmen überprüfen
- Rangfolge der Schutzmaßnahmen

Aber nicht nur das Gefahrstoffverzeichnis und die Sicherheitsdatenblätter müssen für die Beschäftigten, die mit Gefahrstoffen arbeiten, zugänglich sein, sondern auch die entsprechenden **Betriebsanweisungen**. Außerdem muss der Arbeitgeber sicherstellen, dass die Beschäftigten mindestens einmal jährlich über alle auftretenden Gefährdungen und entsprechenden Schutzmaßnahmen mündlich unterwiesen werden. Darüber hinaus muss der Arbeitgeber eine allgemeine arbeitsmedizinische Beratung durchführen und dokumentieren.

Betriebsanweisungen
→ LF 1, Kap. 5.1.5

Firma:	**Betriebsanweisung** gemäß § 14 GefStoffV	Arbeitsbereich:	Stand:
Arbeitsplatz:	Tätigkeit:	Verantwortlich: Unterschrift	

Gefahrstoffbezeichnung

Dieselkrafttoff
In Dieselkraftstoff können aromatische Kohlenwasserstoffe enthalten sein, die möglicherweise Krebs erregend wirken

Gefahren für Mensch und Umwelt

Einatmen oder Aufnahme durch die Haut kann zu Gesundheitsschäden führen. Kann die Atemwege, Augen reizen. Vorübergehende Beschwerden (Schwindel, Kopfschmerzen, Übelkeit, Konzentrationsstörungen) möglich. Krebs erregende Wirkung der in Dieselkraftstoff enthaltenen polyzyklischen aromatischen Kohlenwasserstoffe wird vermutet!
Kraftstoffgetränkte Putzlappen in verschließbaren Behältern aus nichtbrennbarem Material sammeln. Erhöhte Entzündungsgefahr bei durchtränktem Material (zum Beispiel Kleidung, Putzlappen).
Eindringen in Boden, Gewässer und Kanalisation vermeiden!

Schutzmaßnahmen und Verhaltensregeln

Von Zündquellen fernhalten! Nicht rauchen! Keine offenen Flammen! Schlag und Reibung vermeiden! Geeigneten Feuerlöscher (Brandklasse B) bereithalten. Gefäße nicht offen stehen lassen!
Beim Ab- und Umfüllen Verspritzen vermeiden! Berührung mit Augen, Haut und Kleidung vermeiden! Vorbeugender Hautschutz erforderlich. Produktreste von der Haut entfernen!
Nach Arbeitsende und vor jeder Pause Hände und Gesicht gründlich reinigen! Hautpflegemittel verwenden! Verunreinigte Kleidung wechseln! Putzlappen nicht in die Taschen der Arbeitskleidung stecken! Beschäftigungsbeschränkungen beachten!
Augenschutz: Bei Spritzgefahr: Gestellbrille!
Handschutz: Handschuhe aus Nitril.
Beim Tragen von Schutzhandschuhen sind Baumwollunterziehhandschuhe empfehlenswert!
Atemschutz: Gasfilter A1 (braun)
Hautschutz: Für alle unbedeckten Körperteile fettfreie oder fettarme Hautschutzsalbe verwenden:

Verhalten im Gefahrfall

Zuständiger Arzt / Klinik:	Unfalltelefon:

Mit saugfähigem unbrennbaren Material (zum Beispiel Kieselgur, Sand) aufnehmen und entsorgen! Vorsicht! Rutschgefahr durch ausgelaufene Lösung ! Berst- und Explosionsgefahr bei Erhitzung!
Bei Brand in der Umgebung Behälter mit Sprühwasser kühlen! Produkt ist brennbar, geeignete Löschmittel: Kohlendioxid, Löschpulver und Wasser im Sprühstrahl (kein Vollstrahl)! Brandbekämpfung nur mit umgebungsluftunabhängigem Atemschutzgerät und Schutzkleidung!
Zuständiger Arzt:
Unfalltelefon:

Erste Hilfe

Ersthelfer:

Bei jeder Erste-Hilfe-Maßnahme: Selbstschutz beachten und umgehend Arzt verständigen.
Nach Augenkontakt: 10 Minuten unter fließendem Wasser bei gespreizten Lidern spülen oder Augenspüllösung nehmen. Immer Augenarzt aufsuchen!
Nach Hautkontakt: Verunreinigte Kleidung sofort ausziehen. Mit viel Wasser und Seife reinigen. Keine Verdünnungs-/Lösemittel!
Nach Einatmen: Frischluft! Bei Bewusstlosigkeit Atemwege freihalten (Zahnprothesen, Erbrochenes entfernen, stabile Seitenlagerung), Atmung und Puls überwachen. Bei Atem- oder Herzstillstand: künstliche Beatmung und Herzdruckmassage.
Nach Verschlucken: Kein Erbrechen auslösen, nichts zu trinken geben. Verschlucken kann zu Lungenschädigung führen. Krankenhaus!
Ersthelfer:

Sachgerechte Entsorgung

- Nicht in Ausguss oder Mülltonne schütten!
- Zur Entsorgung sammeln in:
- Produktreste:
- Aufsaugmaterialien/Wischtücher:

Dieser Entwurf muss durch arbeitsplatz- und tätigkeitsbezogene Angaben ergänzt werden.

Betriebsanweisung Dieselkraftstoff

Quelle: VBG Hamburg, www.vbg.de

Gefährliche Stoffe müssen sowohl im Lager als auch am Einsatzort eindeutig bezeichnet werden. Die Kennzeichnung erfolgt nach dem weltweit einheitlichen System, dem **Global Harmonisierten System (GHS).** Zur Darstellung der Gefahren werden neun **Gefahrenpiktogramme** (rot-umrandete Raute, schwarzes Symbol auf weißem Hintergrund) verwendet.

Gefahrenpiktogramme (GHS)

Piktogramme	Bezeichnung und Kodierung	gilt für ... (vereinfacht)
	Explodierende Bombe GHS 01	... explosive Stoffe, Gemische und Erzeugnisse mit Explosivstoff ... selbstzersetzliche Stoffe und Gemische
	Flamme GHS 02	... entzündbare Gase, Aerosole, Flüssigkeiten oder Feststoffe ... selbsterhitzungsfähige Stoffe und Gemische
	Flamme über Kreis GHS 03	... oxidierende Gase, Flüssigkeiten oder Feststoffe
	Gasflasche GHS 04	... Gase unter Druck
	Ätzwirkung GHS 05	... korrosive Stoffe gegenüber Metall ... ätzende oder reizende Stoffe auf der Haut ... Stoffe, die schwere Augenschädigung/Augenreizung hervorrufen
	Totenkopf mit gekreuzten Knochen GHS 06	... akut toxische Stoffe
	Ausrufezeichen GHS 07	... ätzende oder reizende Stoffe auf der Haut ... allergieauslösende Stoffe ... Stoffe, die schwere Augenschädigung/Augenreizung hervorrufen ... akut toxische Stoffe ... Ozonschicht schädigend Stoffe
	Gesundheitsgefahr GHS 08	... Stoffe, die Allergien oder Atembeschwerden verursachen ... organschädigende Stoffe ... erbgutverändernde krebserregende oder fruchtbarkeitsgefährdende Stoffe
	Umwelt GHS 09	... akut oder langfristig umweltgefährdende Stoffe

oxidieren
brandfördernd

korrosiv
zerfressend, zerstörend

toxisch
giftig

Daneben muss auf Etiketten der Verpackung bzw. des Packstückes das **Signalwort** „Gefahr“ oder „Warnung“ angebracht werden. Das Signalwort „Gefahr“ steht für die schwerwiegenden Gefahrenkategorien, „Warnung“ für die weniger schwerwiegenden Gefahrenkategorien. Außerdem müssen Gefahren- sowie Sicherheitshinweise angegeben werden. **Gefahrenhinweise** (H-Sätze) sind standardisierte Textbausteine mit einer Kodierungsnummer. Sie beschreiben Art und Schweregrad der Gefährdung. **Sicherheitshinweise** (P-Sätze) beschreiben standardisiert die empfohlenen Maßnahmen zur Begrenzung oder Vermeidung schädlicher Wirkungen.

Kodierungssystem für Gefahrenhinweise (H-Sätze)

H	3	01

- 01 → laufende Nummer
- 3 → Gruppierung 2 = Physikalische Gefahren, 3 = Gesundheitsgefahren, 4 = Umweltgefahren
- H → steht für Gefahrenhinweis (Hazard Statement)

Kodierungssystem für Sicherheitshinweise (P-Sätze)

P	1	02

- 02 → laufende Nummer
- 1 → Gruppierung 1 = Allgemein, 2 = Vorsorgemaßnahmen, 3 = Empfehlungen, 4 = Lagerhinweise, 5 = Entsorgung
- P → steht für Sicherheitshinweis (Precautionary Statement)

Kennzeichnungsschild für Gefahrstoffe, mit Mindestangaben

Mustergemisch ← Produktidentifikation
enthält: Stoff A, Stoff B

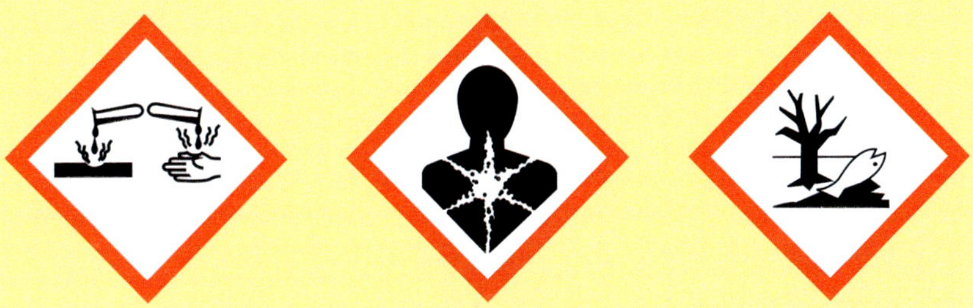

Gefahrenpiktogramme

Gefahr ← Signalwort

Verursacht schwere Augenschäden. Kann bei Einatmen Allergie, asthmaartige Symptome oder Atembeschwerden verursachen. Kann gegenüber Metallen korrosiv sein. Verursacht Hautreizungen. Sehr giftig für Wasserorganismen, mit langfristiger Wirkung. ← Gefahrenhinweise (H-Sätze)

Nur im Originalbehälter aufbewahren. Augenschutz tragen. Einatmen von Dampf vermeiden. Bei unzureichender Belüftung Atemschutz tragen. Nach Gebrauch Hände gründlich waschen. Freisetzung in die Umwelt vermeiden. Verschüttete Mengen aufnehmen.

BEI KONTAKT MIT DER HAUT: Mit reichlich Wasser und Seife waschen. Bei Hautreizung: Ärztlichen Rat einholen/ärztliche Hilfe hinzuziehen. Kontaminierte Kleidung ausziehen und vor erneutem Tragen waschen. ← Sicherheitshinweise (P-Sätze)

BEI KONTAKT MIT DEN AUGEN: Einige Minuten lang behutsam mit Wasser ausspülen. Vorhandene Kontaktlinsen nach Möglichkeit entfernen. Weiter ausspülen. Sofort Giftinformationszentrum oder Arzt anrufen.

BEI EINATMEN: Bei Atembeschwerden an die frische Luft bringen und in einer Position ruhigstellen, die das Atmen erleichtert. Bei Symptomen der Atemwege: Giftinformationszentrum oder Arzt anrufen.

Inhalt/Behälter der Problemabfallentsorgung zuführen.

Musterfirma • Musterstrasse 1 • D 12345 Musterstadt • Tel: +49 (0)1234 56789 ← Angaben zum Lieferanten

Inhalt: 5 Liter ← Nennmenge

Kann bei Verwendung explosionsfähige/entzündbare Dampf/Luft-Gemische bilden. ← Ergänzende Informationen

Quelle: www.umweltdaten.de

Gefahrstofflager

Die Beschäftigten im Lager müssen die Eigenschaften von Gefahrstoffen kennen und Kennzeichnungsschilder lesen können, um Gefahrstoffe richtig zu lagern:

- Verpackungen von Gefahrstoffen müssen so beschaffen sein, dass vom Inhalt nichts unbeabsichtigt nach außen gelangen kann. Dabei ist darauf zu achten, dass sich die Art der Verpackung für den Gefahrstoff eignet.

! Lösungsmittel und Verdünner greifen viele Kunststoffe an und zersetzen diese. Eine Lagerung in Kunststoffkanistern ist also nicht sinnvoll.

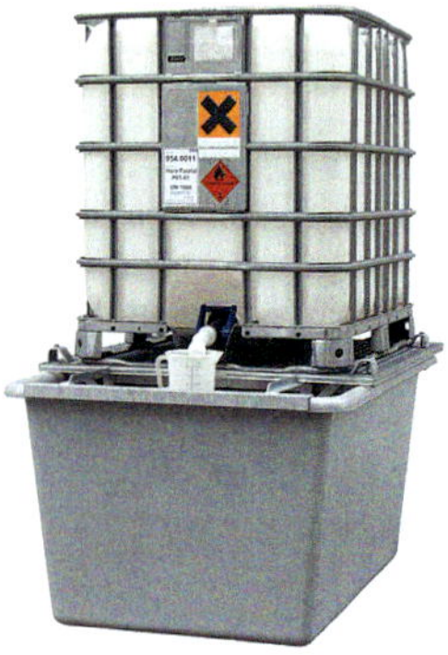

Auffangwanne für die Lagerung von wassergefährdenden und entzündlichen Flüssigkeiten

- Gefahrstoffe sollten möglichst bruchsicher verpackt sein. Ist das nicht möglich, müssen für den Transport unzerbrechliche und gegen die Wirkungen des Gefahrstoffs widerstandsfähige Behälter, wie z. B. Blecheimer oder Kunststoffeimer mit Tragegriff, eingesetzt werden.
- Gefahrstoffe müssen an festgelegten und gekennzeichneten Orten (z. B. Lagerbereiche und Schränke) möglichst in Originalverpackung gelagert werden.
- Müssen gefährliche Stoffe am Arbeitsplatz umgefüllt werden, dürfen keine Behältnisse gewählt werden, deren Form oder Bezeichnung Verwechslungen mit Lebensmitteln verursachen. Nach dem Umfüllen muss eine ordnungsgemäße Kennzeichnung (siehe oben) angebracht werden.
- Gefahrstoffe, die nicht mehr benötigt werden, oder Behälter, die leer sind, müssen sachgerecht entsorgt werden. Hinweise hierzu gibt z. B. die Betriebsanweisung.
- Gefahrstoffe dürfen nicht vermischt werden, damit es nicht zu gefährlichen chemischen Reaktionen kommen kann. Daher gibt es für bestimmte Gefahrstoffe ein **Zusammenlagerungsverbot**, z. B. GHS 01, GHS 02 und GHS 03.

Mobiler Gefahrstoffsammler

Werdende Mütter und jugendliche Arbeitnehmer dürfen grundsätzlich nicht mit dem Umgang von Gefahrstoffen beschäftigt werden. Lediglich für jugendliche Auszubildende gilt eine Ausnahme. Die Tätigkeit muss allerdings zum Zweck der Berufsausbildung erfolgen und die Jugendlichen müssen bei ihrer Tätigkeit dauernd durch fachkundige volljährige Mitarbeiter beaufsichtigt werden. Ergeben sich bei Arbeitnehmern, die mit Gefahrstoffen umgehen, gesundheitliche Probleme, sind sie unverzüglich von ihrem Arbeitsplatz abzuziehen und mit einer anderen Tätigkeit zu beschäftigen. Aus diesem Grund stehen solche Arbeitnehmer unter ständiger gesundheitlicher Kontrolle des Betriebsarztes.

6.3.2 Das Bundesimmissionsschutzgesetz

Die Umwelt gehört keinem Menschen, wird aber von jedem genutzt und wirkt sich auf jeden Einzelnen aus. Luft, Wasser und Boden ermöglichen es, dass Menschen, Tiere und Pflanzen auf der Erde leben können. Aufgrund unserer Lebensweise und der gegenwärtigen Art zu wirtschaften belasten wir jedoch die Umwelt in einem Ausmaß, dass ein Überleben auf der Erde gefährdet erscheint.

Luft

Das Bundesimmissionsschutzgesetz (BlmSchG) ist ein Gesetz zum Schutz vor schädlichen Umwelteinwirkungen durch Geräusche, Erschütterungen und Luftverunreinigungen. Es hat das Ziel, Menschen, Umwelt, Atmosphäre, Kultur- und sonstige Sachgüter zu schützen. Darüber hinaus soll es schädlichen Umwelteinwirkungen vorbeugen.

§

§ 3 BImSchG Begriffsbestimmungen
(1) Schädliche Umwelteinwirkungen […] sind Immissionen, die […] geeignet sind, Gefahren, erhebliche Nachteile oder erhebliche Belästigungen für die Allgemeinheit […] herbeizuführen.
(2) Immissionen […] sind auf Menschen, Tiere und Pflanzen, den Boden, das Wasser, die Atmosphäre […] einwirkende Luftverunreinigungen, Geräusche, Erschütterungen, Licht, Wärme, Strahlen und ähnliche Umwelteinwirkungen.
(3) Emissionen […] sind die von einer Anlage ausgehenden Luftverunreinigungen, Geräusche, Erschütterungen, Licht, Wärme, Strahlen und ähnliche Erscheinungen.

Wasser

Durch die Schornsteine von Unternehmen gelangen Abgase in die Umwelt (**Emissionen**). Kommen die Abgase als saurer Regen wieder auf die Erde, sind es **Immissionen**.

Gewerbliche Anlagen müssen ihre Umwelteinwirkungen so gering wie möglich halten und sind aus diesem Grund auch genehmigungspflichtig. Für sie gelten Grenzwerte, die durch die Betreiber einzuhalten sind und von Sachverständigen überprüft werden. Werden Grenzwerte überschritten, dürfen die Anlagen erst nach Umsetzung geeigneter Umweltschutzmaßnahmen (z. B. Einbau von Abgasfiltern) weiter betrieben werden.

Boden

6.3.3 Das Wasserhaushaltsgesetz

Zweck des Wasserhaushaltsgesetzes (WHG) ist es, durch eine nachhaltige Gewässerbewirtschaftung die Gewässer als Bestandteil des Naturhaushalts, als Lebensgrundlage des Menschen, als Lebensraum für Tiere und Pflanzen sowie als nutzbares Gut zu schützen. Geregelt wird das Entnehmen und Ableiten von Wasser, das Einbringen und Einleiten von Stoffen in das Wasser und das Aufstauen und Absenken von Wasser. Möchte ein Unternehmen beispielsweise sein Abwasser in einen Fluss einleiten, benötigt es dafür eine behördliche Genehmigung. Die Genehmigung kann erteilt werden, wenn die gesetzlichen Höchstmengen der Schadstoffanteile nicht überschritten werden.

6.4 Brände im Lager vermeiden

Lagerhaus-Brand in Leipzig – 100.000 Euro Schaden

Die Ursache des Brandes ist noch unklar. Das Feuer konnte von der Freiwilligen Feuerwehr unter Kontrolle gebracht und gelöscht werden. Verletzt wurde niemand. Im Lager wurden überwiegend Farben aufbewahrt. Der Sachschaden beläuft sich nach einer ersten Einschätzung auf rund 100.000 Euro. Die Kriminalpolizei hat hierzu die Ermittlungen aufgenommen.

Quelle: Autorentext

Der Begriff Brandschutz steht für Brandverhütung und Brandbekämpfung.

Trotz Brandschutzanlagen und ausgefeilter Technik kommt es in Lagerräumen immer wieder zu Bränden. Eine Ursache ist z. B. Brandstiftung. Verursacht werden kann ein Brand aber z. B. auch durch

- fehlende Unterweisungen der Beschäftigten,
- das Missachten eines Rauchverbots,
- mangelndes Gefahrenbewusstsein beim Umgang mit Gefahrstoffen,
- unsachgemäßen Umgang mit Einrichtungen und Stoffen sowie
- Kurzschlüsse in der Elektrik.

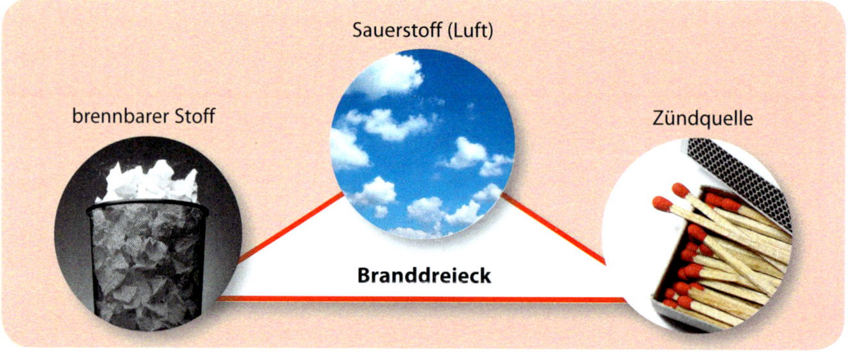

Ein Brand entsteht, wenn brennbarer Stoff, eine Zündquelle und Sauerstoff im richtigen Verhältnis aufeinandertreffen. Es wird in diesem Zusammenhang von einem **Branddreieck** gesprochen. Zu einer **Explosion** kann es kommen, wenn die Verbrennung sehr schnell verläuft und Temperatur und Druck sprunghaft ansteigen. Sauerstoff ist ein Bestandteil der Atmosphäre, fast jedes Material ist brennbar und Zündquellen lassen sich häufig am Arbeitsplatz finden. Brände lassen sich vermeiden, wenn das Zusammentreffen von brennbaren Stoffen mit Zündquellen verhindert wird.

Brennbare Stoffe	Zündquellen
• feste Stoffe, z. B. Holz, Papier, Karton und Kunststoffe, Leichtmetallspäne, Mehlstaub, Kohlenstaub • flüssige Stoffe, z. B. Treibstoffe, Farben, Lacke, Verdünner und Lösungsmittel • gasförmige Stoffe, z. B. Treibgase, Acetylen und Wasserstoff	• brennende Kerzen, Streichhölzer und Feuerzeuge • Tabakglut • Funkenflug durch Schweißen oder Schleifen • Wärmestrahlung und heiße Oberflächen von Kochplatten, Glühbirnen und Heizstrahlern • elektrostatische Aufladungen • chemische Reaktionen (Selbstentzündung) • schadhafte elektrische Geräte, Schalter und Leitungen (Kurzschluss)

Ein Brand im Lager kann das weitere Bestehen eines ganzen Unternehmens gefährden und somit auch den Arbeitplatz der Beschäftigten. Gefahren müssen daher rechtzeitig erkannt und geeignete Schutzmaßnahmen im Lager erarbeitet und durchgeführt werden. Ein wirkungsvoller Brandschutz lässt sich nur durch ein abgestimmtes Gesamtkonzept erreichen. Dabei ist zu beachten, dass Unternehmen sehr unterschiedlich sein können und es daher kein allgemeingültiges Gesamtkonzept gibt. Zum Brandschutz gehören aber immer vorbeugende bauliche, technische und organisatorische sowie abwehrende Maßnahmen.

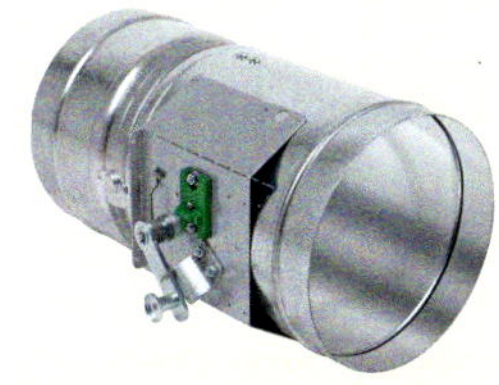

Runde Brandschutzklappe

Abwehrender Brandschutz ist die Brandbekämpfung und Aufgabe der Feuerwehr. Das kann die Berufsfeuerwehr oder in großen Unternehmen die Werkfeuerwehr sein. Sie nimmt die eigentlichen Löschmaßnahmen vor, wenn es brennt oder Gefahr im Verzug ist. Eine Hauptaufgabe ist dabei, Brand- und Wasserschaden so gering wie möglich zu halten.

Optischer Rauchmelder

6.4.1 Die Maßnahmen des vorbeugenden baulichen und technischen Brandschutzes

Bauliche Brandschutzmaßnahmen sind in den Bauordnungen der Länder festgelegt. Sie haben das Ziel, Brände durch die Wahl der Baustoffe und die Einteilung in Brandabschnitte zu verhindern, zu begrenzen und die Flucht bzw. Rettung von Personen zu ermöglichen.

Thermischer Brandmelder

!

Bauliche Maßnahmen sind:
- Brandschutzwände
- Brandschutzverglasung
- Feuer- und Rauchschutzabschlüsse (Brandschutztüren, -tore, Feststellanlagen, Brandschutzklappen)
- Rettungswege, feuersichere Treppenhäuser und Notausgänge

Zu den **technischen Brandschutzmaßnahmen** gehören Planung, Auswahl und Einrichtung
- von Branderkennungs- und -meldeanlagen,
- von geeigneten Feuerlöschern oder Löschanlagen,
- von Rauch- und Wärmeabzugsanlagen sowie
- der Löschwasserversorgung (Steigleitungen und Löschwasserentnahmestellen).

Löschwasserentnahmestelle

Brandschutztür und Feuerlöscher

Rauchabzug und Feuermelder

Handfeuerlöscher müssen regelmäßig alle zwei Jahre überprüft werden.

Um die richtigen Feuerlöscher und Löschanlagen auswählen zu können, ist es wichtig, die Brandklassen der gelagerten Stoffe zu kennen. Nicht jeder Feuerlöscher ist für jeden Brand geeignet. Nach der Europäischen Norm (EN) werden brennbare Stoffe nach **Brandklassen** unterschieden. Nachfolgende Tabelle gibt Auskunft darüber, welche Arten von Feuerlöschern für welche Brandklassen geeignet sind:

Arten von Feuerlöschern	 A feste, glutbildende Stoffe	 B flüssige oder flüssig werdende Stoffe	 C gasförmige Stoffe, auch unter Druck	 D Brennbare Metalle	 F Speisefette und -öle in Frittier- und Fettbackgeräten (Fettbrand)
	z. B. Holz, Papier, Kunststoffe, Kohle, Textilien, Autoreifen, Stroh	z. B. Lacke, Farben, Alkohole, Benzine, Wachse, Teer, viele Kunststoffe	z. B. Methan, Acetylen, Erdgas, Propan, Wasserstoff	z. B. Aluminium, Natrium, Kalium, Magnesium	Speiseöle und Speisefette
Pulverlöscher mit ABC-Löschpulver	✓	✓	✓	–	–
Pulverlöscher mit BC-Pulver	–	✓	✓	–	–
Pulverlöscher mit Metallbrandpulver	–	–	–	✓	–
Kohlendioxidlöscher *)	–	✓	–	–	–
Wasserlöscher (auch mit Zusätzen, z. B. Netzmittel, Frostschutzmittel oder Korrosionsschutzmittel	✓	–	–	–	–
Wasserlöscher mit Zusätzen, die in Verbindung mit Wasser auch Brände der Brandklasse B löschen	✓	✓	–	–	–
Schaumlöscher	✓	✓	–	–	–
Fettbrandlöscher (Speziallöschmittel)	(✓)	(✓)	–	–	✓

✓ = geeignet – = nicht geeignet *) Beim Einsatz in kleinen, engen Räumen besteht Erstickungsgefahr.
(✓) Mögliche Brandklassen-Kombinationen mit der Brandklasse F nach geprüfter Eignung und Zulassung.

Blitzleuchte

Hupe

Stationäre Löschanlagen erkennen die Gefahrensituation und geben eine akustische und visuelle Meldung an die Beschäftigten. Die Beschäftigten können sich dann sicher aus dem Gefahrenbereich entfernen. Anschließend nehmen die Löschanlagen die Brandbekämpfung selbstständig vor. Gleichzeitig erfolgt die Alarmierung der Feuerwehr.

Zu den **Wasser-Löschanlagen** gehören:
- Sprinkleranlagen
- Sprühwasser-Löschanlagen
- Wassernebel-Löschanlagen
- Schaum-Löschanlagen

Daneben gibt es noch **Speziallöschanlagen,** die als Löschmittel kein Wasser verwenden:
- CO_2-Löschanlagen
- Funkenlöschanlagen
- Inertgas-Löschanlagen
- Sauerstoffreduzierungsanlagen

CO_2 Kohlendioxid

Beim Einsatz einer Kohlendioxidanlage müssen die Beschäftigten den geschlossenen Raum sofort verlassen. Kohlendioxid ist farb-, geschmack- und geruchlos. Kohlendioxid verdrängt den Luftsauerstoff, sodass die Beschäftigten daran ersticken könnten.

6.4.2 Die Maßnahmen des vorbeugenden organisatorischen Brandschutzes

Die Maßnahmen des baulichen und technischen Brandschutzes werden vom organisatorischen Brandschutz ergänzt. Häufig wird beim organisatorischen Brandschutz im Unternehmen auch vom **betrieblichen Brandschutz** gesprochen.

Jedes Unternehmen ist verpflichtet, die gesetzlichen Bestimmungen zum Brandschutz einzuhalten (§ 3 Arbeitsschutzgesetz). Ab einer bestimmten Betriebsgröße muss der Arbeitgeber einen **Brandschutzbeauftragten** schriftlich bestimmen. Der Brandschutzbeauftragte muss kein Betriebsangehöriger sein. Er muss besonders geschult sein, damit er Gefahren frühzeitig erkennt, richtig beurteilt und gegebenenfalls Gegenmaßnahmen vorschlagen kann. Er unterstützt den Arbeitgeber in allen Fragen des vorbeugenden, abwehrenden und organisatorischen Brandschutzes.

Arbeitsschutzgesetz
→ LF 1, Kap. 5.2.5

Zu den Hauptaufgaben eines Brandschutzbeauftragten gehören z. B.
- Ermitteln von Brand- und Explosionsgefahren,
- Erstellen eines Brandschutzkonzeptes,
- Instandhaltung von Brandschutz-Einrichtungen,
- Zusammenarbeit mit Aufsichtsbehörden, Feuerwehr und Feuerversicherer,
- Erstellen einer Brandschutzordnung,
- Aufstellen des Brandschutzplanes, z. B. Alarmplan, Flucht- und Rettungsplan sowie Feuerwehrplan,
- Ausbildung von Mitarbeitern, z. B. Brandschutzhelfer, unterwiesene Personen.

Eine **Brandschutzordnung** ist in jedem Unternehmen erforderlich. Sie dient dem Zweck der vorbeugenden Brandverhütung und sie legt fest, wie sich Beschäftigte in einem Brandfall zu verhalten haben. Teil A der Brandschutzordnung ist für den Aushang bestimmt und es wird nur das Notwendigste geregelt. In Teil B wird z. B. geregelt, wie eine Brandausbreitung verhindert wird und wie Flucht- und Rettungswege frei zu halten sind. Dieser Teil der Brandschutzordnung wird den Mitarbeitern schriftlich ausgeliefert. Teil C regelt die Aufgaben für Personen mit besonderen Brandschutzaufgaben. Diese Personen sind z. B. der Brandschutzbeauftragte, die Fachkraft für Arbeitssicherheit und der Sicherheitsbeauftragte.

Brandschutzordnung Teil A nach DIN 14 096

Der Arbeitgeber und der Brandschutzbeauftragte müssen die Beschäftigten mindestens einmal im Jahr im Brandschutz unterweisen (§ 12 Arbeitsschutzgesetz). Diese **Unterweisung** muss schriftlich festgehalten werden. Die Beschäftigten werden dabei z. B. in der Handhabung eines Feuerlöschers und der Löschanlagen unterwiesen. Sie lernen, wie sich im Unternehmen Brände verhindern lassen und wie die Rettungs- und Brandschutzzeichen aussehen. Außerdem werden sie unterwiesen, wie sie sich im Brandfall zu verhalten haben und welche Vorschriften für Rettungs- und Fluchtwege gelten.

weitere Sicherheitskennzeichen → LF 1, Kap. 5.1.2

Brandschutzzeichen

Richtungsangabe (mit Brandschutzzeichen zu verwenden) | Löschschlauch | Leiter | Feuerlöscher | Brandmeldetelefon | Mittel und Geräte zur Brandbekämpfung | Brandmelder (manuell)

Richtiger Einsatz von Feuerlöschgeräten

Flucht- und Rettungspläne in einem Unternehmen dienen der Orientierung von Beschäftigten und werden ausgehangen. Sie sind eine bildliche Darstellung des Grundrisses und enthalten mindestens folgende Angaben:

- Standort des Betrachters
- Kennzeichnung der Flucht- und Rettungswege sowie Notausgänge
- Brandschutzzeichen (z. B. Feuerlöscher)
- Hinweise auf Sammelplätze außerhalb des Gebäudes
- Hinweise auf das Verhalten im Brandfall oder zur Ersten Hilfe

Erste Hilfe
→ LF 1, Kap. 5.4.2

Flucht- und Rettungswege sowie Treppen und Notausgänge dürfen nie zugestellt werden.

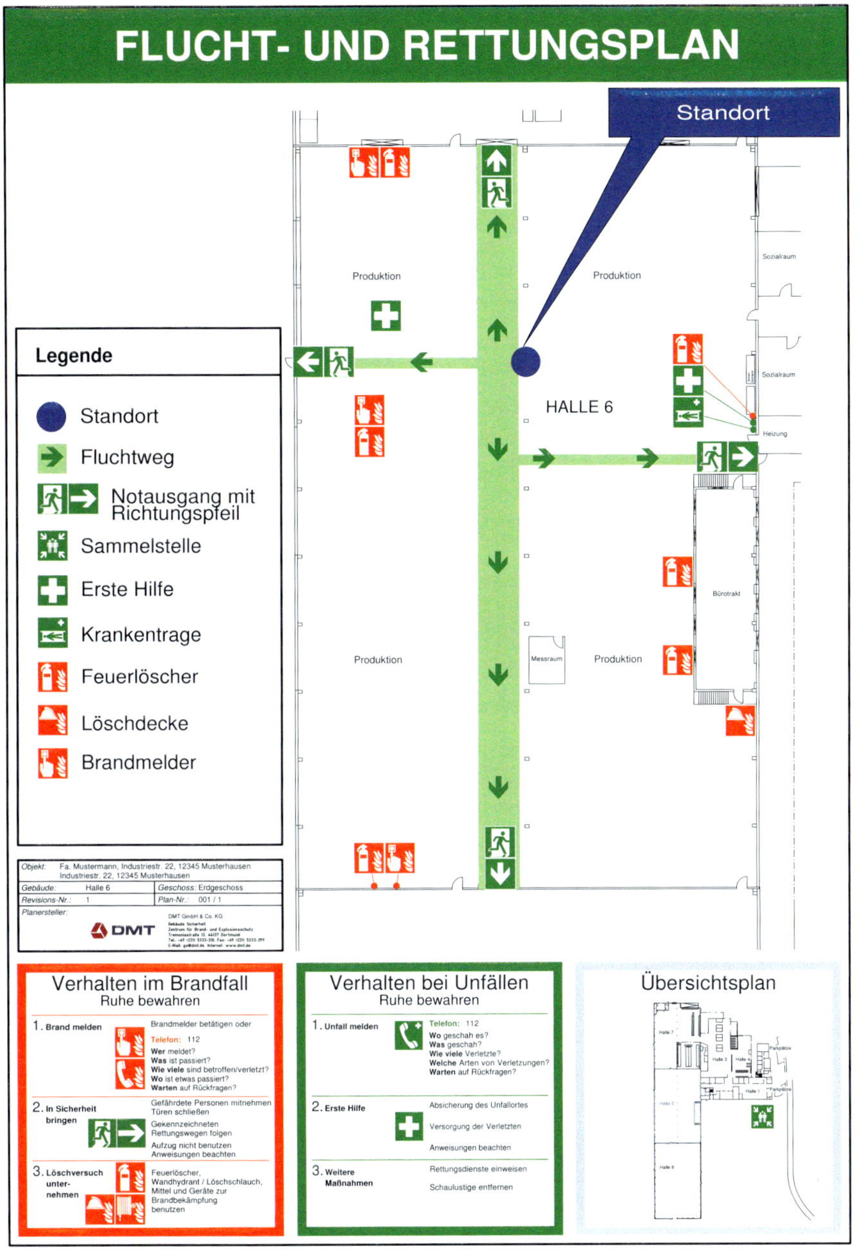

6.5 Diebstähle im Lager vermeiden

Karsten soll aus dem Fachbodenregal zwei Schachteln mit Fahrradgriffen holen. Als er dort ankommt, stellt er fest, dass nur noch eine Schachtel da ist. Er informiert sofort seinen Ausbilder. Zusammen versuchen sie herauszufinden, was die Ursache für das Fehlen ist.

Inventurdifferenzen → LF 3, Kap. 3.3

Im Lager kommt es immer wieder zu Diebstählen. Diese werden nicht nur durch Betriebsfremde, sondern häufig auch durch Betriebsangehörige begangen. Spätestens bei der Inventur stellen Unternehmen eine Fehlmenge fest. Den Unternehmen entsteht dadurch ein hoher Schaden, z. B. durch

- Verlust der Güter,
- einen Produktionsausfall,
- Reparaturkosten,
- steigende Versicherungsprämien,
- Misstrauen unter den Mitarbeitern und
- Kosten für neue Sicherungsmaßnahmen.

Diebstähle können durch bestimmte Maßnahmen verhindert oder zumindest eingegrenzt werden. Den Unternehmen stehen z. B. folgende **Maßnahmen** zur Verfügung:

RFID → LF 1, Kap. 2.5.2

- Lagerung wertvoller Güter im Verschlusslager. Nur ein begrenzter Personenkreis hat Zugriff auf die Güter im Verschlusslager.
- Neutrale Verpackungen wählen. Außenstehende können so nicht erkennen, was sich in der Verpackung befindet.
- Sicherheitsetiketten anbringen. Beim Verlassen des Lagers wird Alarm ausgelöst.
- Umverpackungen benutzen. Durch die Umverpackung wird der Diebstahl erschwert. Eine größere Verpackung ist schwieriger zu verbergen.
- Kleinteile zusammen verpacken. Kleinteile können dann nicht mehr im Vorbeigehen in die Tasche gesteckt werden.
- Übersichtliche Lagerung. Werden die Güter übersichtlich gelagert, können die Mitarbeiter schnell erkennen, ob etwas fehlt.

Diebstahl im Lager

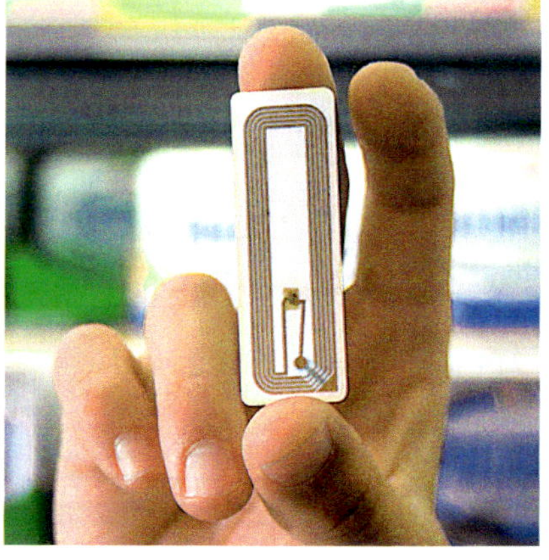

Transponder, meist drahtloses Kontrollgerät, das eingehende Signale aufnimmt und automatisch darauf antwortet

- Alarmanlagen. Versucht ein Dieb gewaltsam in das Lager einzudringen, wird Alarm ausgelöst und automatisch die Polizei oder ein Wachdienst verständigt.
- Videoüberwachung. Durch die Videoüberwachung können Diebe identifiziert werden. Gleichzeitig hat eine Videokamera eine Abschreckungswirkung. Die Mitarbeiter dürfen aber nur dann per Video überwacht werden, wenn dies zuvor mit dem Betriebsrat abgestimmt wurde.
- Fenster- und Türensicherung. Die zusätzliche Absicherung von Türen und Fenstern erschwert das unbefugte Eindringen ins Lager.
- Wachschutz beauftragen. Der Wachschutz kann dazu eingesetzt werden, das Lager vor Eindringlingen zu schützen. Der Wachschutz kann aber auch Personenkontrollen durchführen und verhindern, dass unbefugte Personen das Lager betreten.
- Warnhinweise über Folgen anbringen. Warnhinweise können abschreckend auf Besucher und Mitarbeiter wirken.
- Kontrollen von Taschen und Schränken der Mitarbeiter. Nach einem Urteil des Bundesgerichtshofes dürfen bei einem konkreten Diebstahlsverdacht gegen einen Mitarbeiter ausnahmsweise seine Taschen und Schränke kontrolliert werden.

Überwachungsspiegel

Überwachungskamera

Sicherheitsschloss

Welche rechtlichen Auswirkungen hat Diebstahl im Unternehmen?

Diebstahl am Arbeitsplatz reicht von Büromaterial, Brieftaschen von Kollegen bis zur Mitnahme von Gütern und ist eine Straftat. Jeder Diebstahl liefert einen Grund für eine außerordentliche Kündigung. Die **außerordentliche Kündigung** heißt auch **fristlose Kündigung**. Der Arbeitgeber darf den Angestellten ohne Einhaltung einer besonderen Frist entlassen. Allerdings muss eine fristlose Kündigung innerhalb einer Frist von zwei Wochen ausgesprochen werden, nachdem vom Kündigungsgrund Kenntnis erlangt wurde.

Kündigung
→ Anhang WiSo, Kap. 2.3.1

Ob der Arbeitgeber eine fristlose Kündigung oder nur eine **Abmahnung** ausspricht, liegt im Ermessen des Arbeitgebers. Der Arbeitgeber könnte z. B. eine Abmahnung aussprechen, wenn ein großes Missverhältnis zwischen Wert des Diebesguts und Beschäftigungsdauer des Arbeitnehmers liegt. Eine Abmahnung erfolgt in der Regel schriftlich. Darin wird der Arbeitnehmer auf sein Fehlverhalten hingewiesen und gerügt. Er wird aufgefordert, sich an seinen Arbeitsvertrag zu halten und ihm wird angekündigt, dass bei weiterem Fehlverhalten eine Kündigung drohen kann.

Stellt der Arbeitgeber Strafanzeige, drohen eine Geldstrafe oder sogar eine Haftstrafe bis zu fünf Jahren (§ 242 Strafgesetzbuch). Für die entwendeten Gegenstände muss der Mitarbeiter Schadenersatz leisten.

ALLES KLAR?

1 Was regelt die Arbeitsstättenverordnung?

2 Wodurch wird die Arbeitsstättenverordnung konkretisiert?
  a Umweltschutzgesetz
  b Arbeitsschutzgesetz
  c technische Regeln
  d Regelungen für Lager

3 Erklären Sie die Unterschiede von CE-Zeichen, GS-Zeichen und DGUV-Test-Zeichen.

4 Was regelt das Produktsicherheitsgesetz?

5 Entscheiden Sie, welche Aussagen zum Chemikaliengesetzt und zur Gefahrstoffverordnung richtig oder falsch sind.
  a Das Chemikaliengesetz und die Gefahrstoffverordnung dienen dem Arbeits- und Gesundheitsschutz von Beschäftigten.
  b Die Technischen Regeln für Gefahrstoffe konkretisieren die Gefahrstoffverordnung.
  c Gefahrstoffe werden auch Gefahrgut genannt.
  d Mit Gefahrstoffen darf jeder Beschäftigte ohne besondere Kenntnisse und Schutzmaßnahmen arbeiten.
  e Gefährdungsbeurteilungen müssen schriftlich festgehalten werden.
  f Jedes Unternehmen muss ein Gefahrstoffverzeichnis führen.
  g Gefahrstoffverzeichnis und Sicherheitsdatenblätter müssen an einem sicheren Ort unter Verschluss aufbewahrt werden. Sie sind geheime Papiere jedes Unternehmens.
  h Werdende Mütter und jugendliche Arbeitnehmer dürfen grundsätzlich nicht mit Gefahrstoffen arbeiten.

6 Welche Informationen liefern Sicherheitsdatenblätter? Nennen Sie drei.

7 Erklären Sie den Unterschied zwischen Gefahrenhinweisen und Sicherheitshinweisen.

8 Erklären Sie den Unterschied zwischen Emissionen und Immissionen.

9 Aus welchen drei Komponenten besteht das sogenannte Branddreieck?

10 Nennen Sie fünf Ursachen für Brände im Lager.

11 Wer ist für den abwehrenden Brandschutz zuständig?

12 Wie viele Brandklassen gibt es?

13 Welche Aussagen zum organisatorischen Brandschutz sind richtig?
  a Der betriebliche Brandschutz spielt in den Unternehmen keine Rolle. Diese Maßnahme übernimmt die Feuerwehr.
  b Der Brandschutzbeauftragte muss ab einer bestimmten Betriebsgröße schriftlich bestimmt werden.
  c Die Brandschutzordnung besteht aus drei Teilen. In Teil B wird z. B. geregelt, das Flucht- und Rettungswege frei zu halten sind.
  d Nur der Brandschutzbeauftragte darf einen Feuerlöscher bedienen.
  e Eine Brandschutzunterweisung muss mindestens zweimal im Jahr stattfinden.

14 Nennen Sie drei Maßnahmen, um Diebstähle zu verhindern oder zumindest einzugrenzen.

15 Wie wird die außerordentliche Kündigung noch genannt?

16 Was wird unter einer Abmahnung verstanden?

7 English exercises

Exercise 1

Tom Leonhard, a trainee from London, is doing an internship at Top Bike GmbH. One day he tells you that there is a poster about "die Grundsätze ordnungsgemäßer Lagerung" on the pinboard in the break room. Unfortunately he does not know what it means. Can you help him? Write a short text about the principles of proper storage. Look at the useful vocabulary box for help.

sauber	clean
geräumig	spacious
übersichtlich	clear(ly)
sachgerecht	proper
lagern	store
ausreichend	adequate
Lagerplätze	storage facilities

Exercise 2

As you know, there are different types of warehouses. Copy and complete the mind map below with words from the lists.

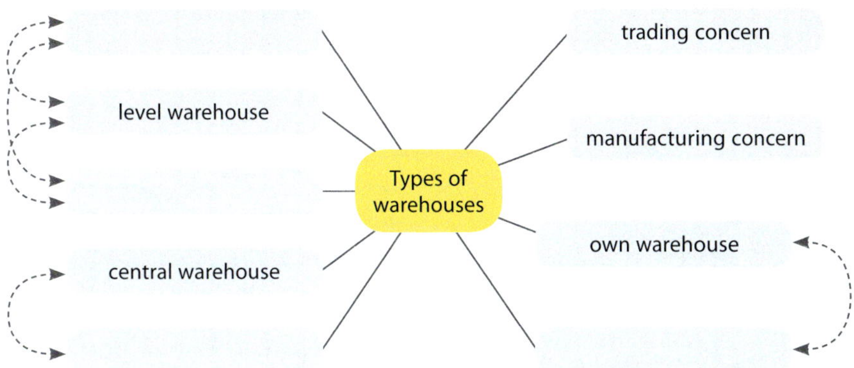

decentral warehouse – rader's stock – sample warehouse – special storage location – high rack warehouse – consignment warehouse – single-storey warehouse – wholesale trade – production warehouse – third-party warehouse – material warehouse – reserve warehouse – goods receiving warehouse – spare parts warehouse – distributing warehouse (2 x) – intermediate warehouse – commission warehouse – retrial trade – sales warehouse – manual warehouse

Exercise 3

There are separate symbols and handling regulations for dangerous goods and hazardous materials. Dangerous goods must also be accompanied by a Dangerous Goods Note. Match the symbols for hazardous goods with the dangers mentioned in the box.

corrosive – explosive – flammable – environmetally hazardous – toxic – oxidizing – gas under pressure

3

Güter bearbeiten

- Die Güter vor der Einlagerung bearbeiten
- Die Warenpflege und -kontrolle
- Die Bestandsaufnahme
- Die wirtschaftliche Lagerhaltung
- English exercises

RRAAHH!
„piep."

1 Die Güter vor der Einlagerung bearbeiten

Die Top Bike GmbH erhält eine neue Warenlieferung. Folgende Artikel wurden auf drei Paletten in Schachteln angenommen: Raupapier, Flicken, Vulkanisierflüssigkeit und Ventilkappen. Benedikt stellt diese Artikel in einer stabilen und reißfesten Stofftasche zu einem Fahrrad-Reparaturset zusammen. Dieses Reparaturset besteht aus Raupapier, 5 Flicken, 1 Ventilkappe, Vulkanisierflüssigkeit, 10 Schrauben sowie 10 Muttern. Benedikt verpackt die Stofftaschen in Schachteln und lagert sie ein.

Arbeiten vor der Einlagerung → LF 2, Kap. 2.7

Die einzulagernden Güter sind in ihren Eigenschaften und in ihrer Verpackung unterschiedlich. Güter, die auf sortenreinen Paletten im Lager ankommen, können sofort eingelagert werden. Werden die einzulagernden Güter z. B. auf Mischpaletten, lose oder in Großpackungen angeliefert, müssen sie vor der Einlagerung bearbeitet werden. Manche Güter müssen vorverpackt, komplettiert oder mit dem Preis ausgezeichnet werden. Es kann auch sein, dass Mitarbeiter Verkaufseinheiten bilden, d. h. ein Artikel wird zu einer verkaufsfähigen Einheit zusammengefasst (Portionierung). In manchen Handelsunternehmen werden Waren so umgepackt, dass die neue Verpackung das Logo des Handelsunternehmens trägt (Imagegründe). Die anfallenden Verpackungsreste müssen von den Mitarbeitern fachgerecht entsorgt oder der Wiederverwendung zugeführt werden. Der Einsatz geeigneter Arbeitsmittel erleichtert und beschleunigt die Arbeiten.

Fördermittel → LF 4, Kap. 3

Arbeitsmittel sind neben den Fördermitteln alle Werkzeuge, Maschinen, Geräte und Einrichtungen, welche die Mitarbeiter im Lager zum Arbeiten benötigen.

Betriebsanweisung → LF 1, Kap. 5.1.5

Grundsätzlich muss im Unternehmen dafür gesorgt werden, dass Betriebsanleitungen und Betriebsanweisungen zur Nutzung, Wartung und Pflege der Arbeitsmittel den beauftragten Personen zugänglich sind.

1.1 Arbeitsmittel, die das Auspacken erleichtern

Benedikt will die auf Paletten angelieferten Schachteln auspacken. Da diese mit einer Stretchfolie umwickelt sind, nimmt er zunächst den Folienschneider und entfernt die Folie. Danach öffnet er die Schachteln mit einem Cuttermesser. Die Schachteln zerkleinert er mit dem Universalschneider und führt die Schachtel sowie die Folie der Wiederverwertung zu. Die Palette wird auch wiederverwendet.

Bevor Güter eingelagert werden können, müssen sie oft erst ausgepackt werden. Um das Auspacken zu erleichtern, werden verschiedene Arbeitsmittel verwendet. Nachfolgend werden einige Arbeitsmittel, die diese Tätigkeit unterstützen, vorgestellt. Wie die verschiedenen Messer zu handhaben sind, erfahren Sie in der jährlichen Unterweisung in Ihrem Unternehmen.

Folienschneider
Mit einem Folienschneider können große Papier- und Folienbahnen, Schrumpffolie, Säcke usw. aufgeschnitten werden. Die Bedienung erfolgt manuell. Unfälle lassen sich vermeiden, wenn Folienschneider mit verdeckt liegender Klinge verwendet werden.

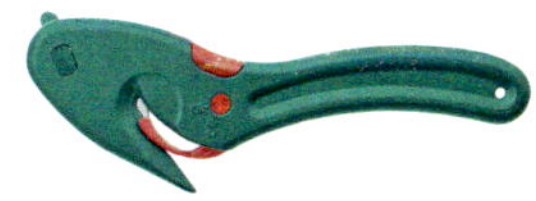
Folienschneider

Cuttermesser
Cuttermesser können über Abbrechklingen oder auswechselbare Trapez- bzw. Hakenklingen verfügen. Der Mitarbeiter kann die Klinge stufenlos verschieben und mittels der Stellschraube feststellen. Durch einen ergonomisch geformten Griff wird das Zerschneiden von Kartonagen erleichtert. Zur Vermeidung von Unfällen muss die Klinge nach Gebrauch wieder eingeschoben und die Stellschraube festgestellt werden. Es gibt auch Sicherheitscutter, bei denen nach dem Schneiden die Klinge automatisch ins Gehäuse zurückspringt.

Cuttermesser

Universalschneider mit Akku
Der Universalschneider mit Akku schneidet problemlos und präzise flexible Materialien bis 6 mm Dicke wie z. B. Kartonage. Durch dieses Arbeitsmittel beschleunigt sich das Auspacken. Unfälle können durch die automatische Einschaltsperre vermieden werden.

Universalschneider mit Akku

1.2 Arbeitsmittel, die das Wiegen, Zählen und Messen erleichtern

Schrauben wurden in Großpackungen zu je 10.000 Stück angeliefert. Benedikt soll in das Fahrrad-Reparaturset je 100 Schrauben einpacken. Um diese Arbeit zeitsparend durchzuführen, setzt er eine Zählwaage ein.

Um Arbeiten wie Wiegen, Zählen und Messen zu erleichtern, werden auch hier verschiedene Arbeitsmittel eingesetzt. Nachfolgend werden einige davon vorgestellt. Für alle Waagen gilt, dass sie vom **Eichamt** auf ihre Messgenauigkeit im Rahmen einer zulässigen Toleranzgrenze (Verkehrsfehlgrenze) überprüft werden.

Flurförderzeuge
→ LF 4, Kap. 3.2.3

horizontal
waagerecht

kraftbetrieben
motorbetrieben

Gabelhubwagen mit Waage
Gabelhubwagen gehören zu den manuell bedienten Flurförderzeugen. Sie dienen dem horizontalen Transport von Lasten. Mithilfe von Gabelhubwagen mit Waage kann das Gewicht von Paletten oder Gitterboxen automatisch ermittelt werden, sodass direkt während der Ent- bzw. Verladung an der Laderampe oder im Lkw Kontrollwiegungen vorgenommen werden können. Dadurch verkürzen sich die Entlade- bzw. Ladezeiten. Zudem verkürzen sich die Wege mit den vollen Paletten, da die Güter zu keiner Waage transportiert werden müssen. Der Gabelhubwagen darf, wenn er über eine mechanische Kraftunterstützung verfügt, nur von beauftragten Personen und nur nach Einweisung bedient werden. Jedes Unternehmen hat für den Betrieb von kraftbetriebenen Flurförderzeugen eine Betriebsanweisung in schriftlicher Form zu erstellen. Die beauftragten Personen haben die Betriebsanweisung zu beachten. Weitere Informationen, insbesondere zu den Unfallverhütungsvorschriften, finden Sie in der „Berufsgenossenschaftlichen Vorschrift für Sicherheit und Gesundheit bei der Arbeit“ BGV D27.

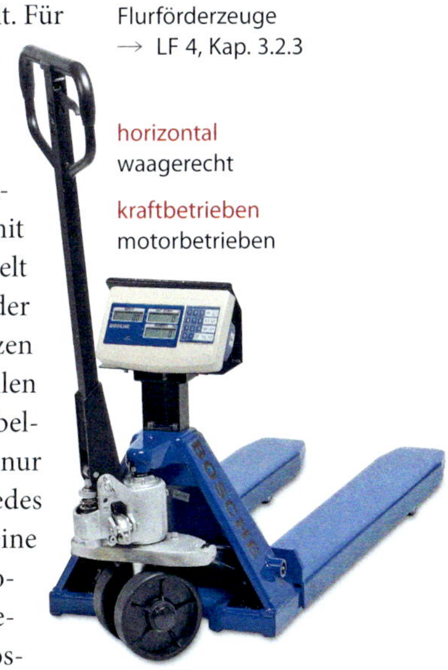
Gabelhubwagen mit Waage

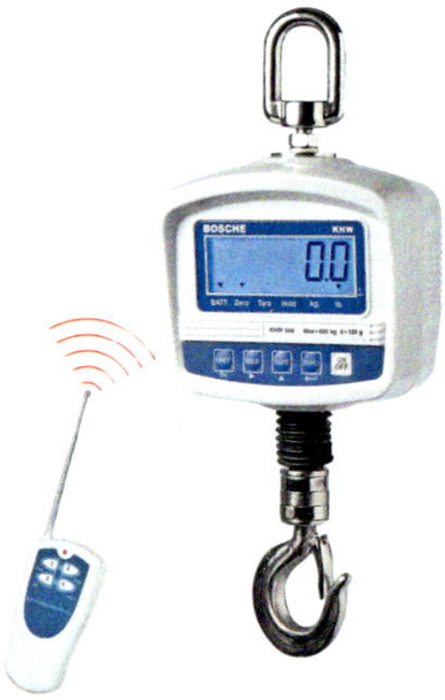

Kranhakenwaage

Kran
→ LF 4, Kap. 3.2.3

Kranhakenwaage
Der Haken der Kranhakenwaage (auch Kranwaage genannt) wird an ein Kransystem eingehakt. Ein Kran wird kraft- oder handbetrieben. Durch die Nutzung des Krans mit Kranhakenwaage kann der Mitarbeiter die Güter direkt während der Ent- bzw. Verladung wiegen. Dadurch verkürzen sich die Entlade- bzw. Ladezeiten, da die Güter nicht zusätzlich gewogen werden müssen. Moderne Kranhakenwaagen können über Funk bedient werden.

Ein Kran darf nur von beauftragten Personen und nach Einweisung bedient werden. Jedes Unternehmen darf mit dem selbstständigen Führen eines Kranes nur Personen beauftragen, die das 18. Lebensjahr vollendet haben, die körperlich und geistig geeignet sind, die im Führen des Kranes unterwiesen wurden und ihre Befähigung hierzu nachgewiesen haben. Weitere Informationen, insbesondere zu den Unfallverhütungsvorschriften, finden Sie in der „Berufsgenossenschaftlichen Vorschrift für Sicherheit und Gesundheit bei der Arbeit“ BGV D6.

Tischwaage
Alle Mitarbeiter können diese Waage benutzen. Tischwaagen werden mit Batterie betrieben. Es können alle leichten Güter gewogen werden. Die Waage kann in sämtlichen Abteilungen eingesetzt werden.

Plattformwaage
Nach einer Einweisung können die Mitarbeiter diese Waagen benutzen. Plattformwaagen werden mit Strom oder Batterien betrieben. Diese Waagen werden zum Wiegen besonders großer Güter verwendet.

Palettenwaage
Die Palettenwaage wird mit einem Akku oder Strom betrieben. Der Mitarbeiter braucht zum Wiegen den Hubwagen nicht aus der Waage herauszufahren, sondern er muss ihn absenken und die Palette auf der U-Struktur absetzen. Dies erspart Zeit und optimiert den Materialfluss. Häufig sind Palettenwaagen mit Rollen und Tragegriffen ausgestattet, um die Waage mobil einsetzen zu können.

Zählwaage
Die Zählwaage ist eine elektronische Waage. Die Ergebnisse werden digital angezeigt. Sie hat in der Regel drei Anzeigen, auf der das Gesamtgewicht, das Stückge-

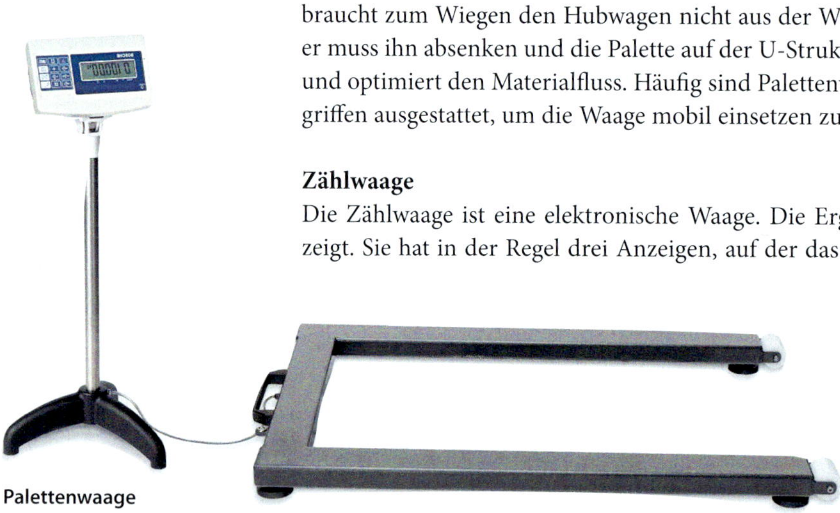

Palettenwaage

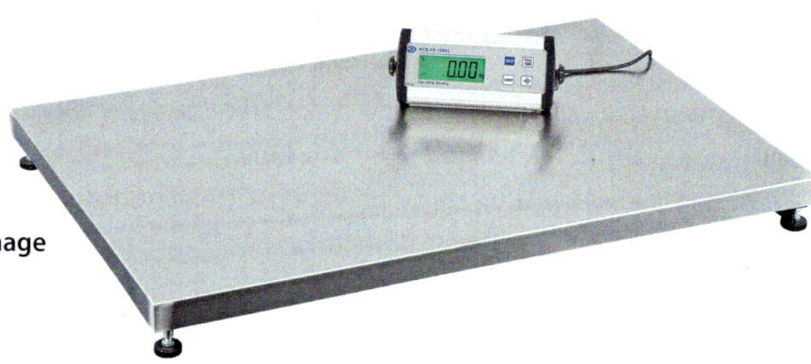

Plattformwaage

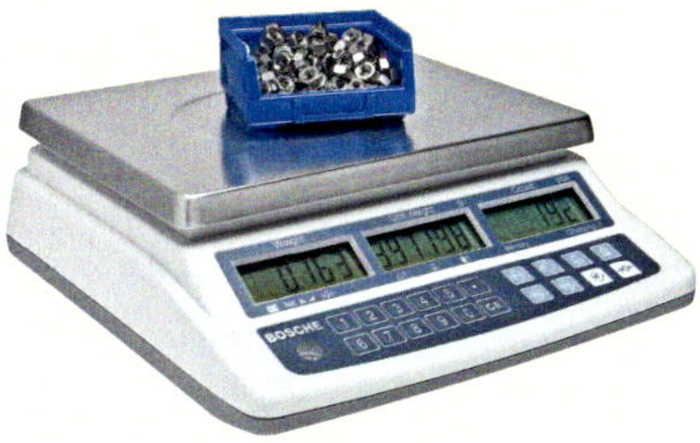
Zählwaage

Digitales Maßband

Laser-Entfernungsmesser

wicht und die Stückzahl der Elemente der Gesamtmasse angezeigt werden. Dem Mitarbeiter muss die Funktionsweise dieser Waage erklärt werden, damit er sie nutzen kann. Durch einmaliges Wiegen einer festgelegten Stückzahl kann das Gewicht ermittelt, abgespeichert und zur weiteren (Vor-)Verpackung der restlichen Mengen herangezogen werden. Der Einsatz führt zu einer Verbesserung der Arbeitsbedingungen, da die Menge exakt und schnell ohne Zählen festgestellt werden kann.

Zählmaschinen oder Zählautomat

Zählmaschinen/Zählautomaten können von allen Mitarbeitern nach einer Einweisung genutzt werden. Sie sind in halb- oder vollautomatischer Ausführung erhältlich. Zählmaschinen/Zählautomaten sind z. B. einsetzbar für das Zählen von Schrauben, Unterlegscheiben sowie Tabletten und Kapseln unterschiedlichster Formen und Größen. Zählmaschinen/Zählautomaten tragen zu einer Optimierung des Materialflusses bei, da die Güter schnell abgezählt und abgefüllt werden.

Zählmaschine

Digitales Maßband

Das digitale Maßband wird mit einer Batterie betrieben. Mit dem Stahlmaßband werden Längen gemessen und diese Werte zeigt das Display millimetergenau an. Die Werte können per Knopfdruck gespeichert und addiert werden. Ebenfalls per Knopfdruck lässt sich die Messstrecke zwischen Vorder- und Hinterkante des Gerätes umschalten. Durch das digitale Maßband werden die Längen exakt ermittelt und die Fehlerquote beim Messen von Längen reduziert.

Laser-Entfernungsmesser

Der Laser-Entfernungsmesser ist batteriebetrieben und nach einer Erklärung der Funktionsweise kann dieses Arbeitsmittel jeder nutzen. Das Ziel wird anvisiert, der Messknopf wird gedrückt und das präzise Messergebnis kann abgelesen werden. So werden Abstände, Flächen oder Raumvolumina ohne lange Vorbereitungszeit ermittelt. Dieser Laser-Entfernungsmesser trägt zu einer Qualitätsverbesserung bei Messungen bei, da Entfernungen genau bestimmt werden können.

Berechnung von Flächen und Volumen
→ Anhang Mathe, Kap. 7

1.3 Arbeitsmittel, die das Verpacken und Abfüllen erleichtern

> ➔ Benedikt nimmt je ein Raupapier, 5 Flicken, 1 Ventilkappe, Vulkanisierflüssigkeit, 10 Schrauben sowie Muttern und legt die Waren in die Stofftasche. Er verwendet dabei ein Hub-Neigegerät, damit sein Rücken geschont wird. Nachdem er die Stofftaschen zu je 10 Stück in eine Schachtel verpackt hat, verschließt er sie mit einem Packband.

richtiges Tragen und Heben
→ LF 4 Kap. 4.2

Um das Komplettieren und Vorverpacken zu erleichtern, werden verschiedene Arbeitsmittel eingesetzt. Nachfolgend werden einige dieser Arbeitsmittel vorgestellt.

Gabelhochhubwagen

Gabelhochhubwagen

Gabelhochhubwagen sind eine Kombination aus Hubwagen und Hubtisch. Dieses mobile Arbeitsmittel bringt die Paletten auf die optimale Arbeitshöhe und ermöglicht ermüdungsfreieres Arbeiten dank kürzerer Greifdistanzen. Der Einsatz des Gabelhochhubwagens ist ergonomisch empfohlen. Er reduziert Rückenschäden, da Bückbewegungen beim Arbeiten vermieden werden. Der Gabelhochhubwagen darf nur von beauftragten Personen und nach Einweisung bedient werden. Jedes Unternehmen hat für den Betrieb von kraftbetriebenen Flurförderzeugen eine Betriebsanweisung in schriftlicher Form zu erstellen. Die beauftragten Personen haben die Betriebsanweisung zu beachten. Weitere Informationen, insbesondere zu den Unfallverhütungsvorschriften, finden Sie in der „Berufsgenossenschaflichen Vorschrift für Sicherheit und Gesundheit bei der Arbeit“ BGV D27.

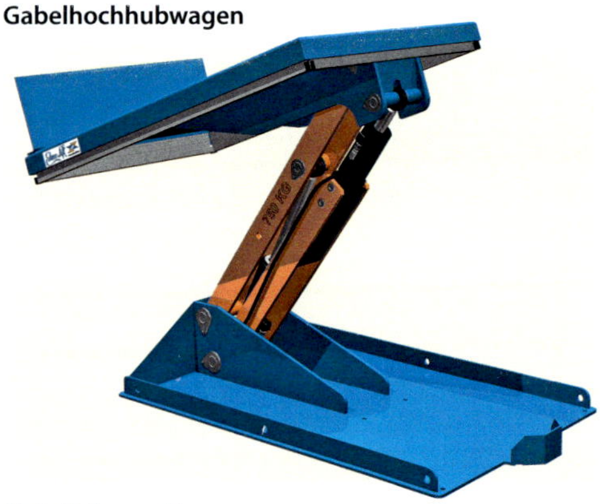

Hub-Neigegerät

Hub-Neigegerät

Hub-Neigegeräte dürfen nur von Personen benutzt werden, die über Kenntnisse der Handhabung und Pflege dieser Hubtische verfügen. Dieses Arbeitsmittel wird elektrisch betrieben und Paletten und Gitterboxen lassen sich mittels parallel laufender Hub- und Neigearme gleichzeitig heben und neigen. Dadurch können Gegenstände von Paletten oder aus Gitterboxen leichter entnommen werden. Das Hub-Neigegerät verringert körperliche Belastungen des Bedieners und schließt Arbeitssituationen aus, bei denen der Körper gesundheitsschädigend gestreckt, gebeugt oder verdreht wird.

Kartonverschlusshefter

Kartonverschlusshefter

Dieses Arbeitsmittel kann nach einer kurzen Einweisung verwendet werden. Den Kartonverschlusshefter gibt es in unterschiedlichen Ausführungen – manuell oder halb automatisch. Dieses Gerät dient zum Verschließen gefüllter Faltschachteln und zur Bodenheftung leerer Faltschachteln aus Einfach- oder Doppelwellpappe. Die Heftklammern biegen sich selbsttätig in der untersten Papplage um, sodass das Packgut nicht beschä-

Automatisches Umreifungsgerät

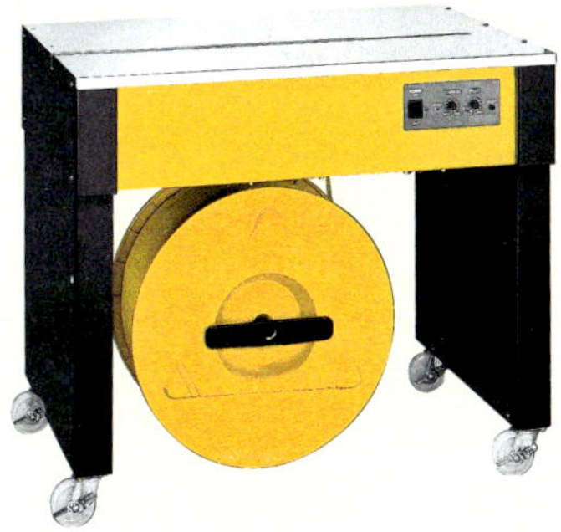

Halb automatisches Umreifungsgerät

Manuelles Umreifungshandgerät

digt wird. Schachteln können schnell verschlossen werden. Die Benutzung ist einfach und kraftsparend.

Folienschrumpfgerät

Umreifungsgerät/-maschine
Mit Umreifungsgeräten und -maschinen können Packstücke schnell verschlossen und gesichert werden. Bevor ein Umreifungsgerät oder eine Umreifungsmaschine in Betrieb genommen wird, müssen die Sicherheitshinweise gelesen werden. Umreifungsgeräte bzw. -maschinen sind in manueller, halb automatischer und automatischer Funktionsweise erhältlich. Packstücke können je nach Gewicht, Größe und Beschaffenheit mit Kunststoff- oder Stahlbändern umreift werden. Umreifungsmaschinen beschleunigen den Verpackungsprozess. Bei automatischen Umreifungsgeräten ist die Zeitersparnis am größten, da die Schachteln einfach in den Bereich des Rahmens geschoben und per Knopfdruck mit einem Umreifungsband umreift werden.

Folienschrumpfgerät
Folienschrumpfgeräte können spezielle Schrumpffolien durch den physikalischen Prozess der Erwärmung an alle erdenklichen Formen und Größen anpassen. Ein Folie wird um die zu verpackenden Güter gelegt. Die Temperatur wird mithilfe des Schrumpfgerätes erhöht. Die Folie, welche um das zu verpackende Gut liegt, zieht sich zusammen und nimmt die Form des Gutes an. Die Güter bilden eine stabile Einheit, die staub- und wasserdicht verpackt ist und so transportiert werden kann.

Stretchwickler/-maschine
Stretchwickler oder Stretchwickelmaschinen werden zur Transportsicherung verwendet. Außerdem werden die Güter bei der Lagerung vor äußeren Einflüssen wie Staub und Feuchtigkeit geschützt. Stretchwickler funktionieren halb automatisch oder automatisch. Halb automatische Stretchwickler werden in der Regel für leichte Packstücke und in Unternehmen mit einem geringen bis mittleren Wickelvolumen eingesetzt. Die zu verpackenden, meist palettierten Güter werden auf den Drehteller gestellt. Die Stretchanlage umwickelt die palettierten Güter mit Folie zu einem festen Verbund. Die Stretchanlage optimiert den Materialfluss, da der Verpackungsvorgang beschleunigt wird.

Halb automatischer Stretchwickler

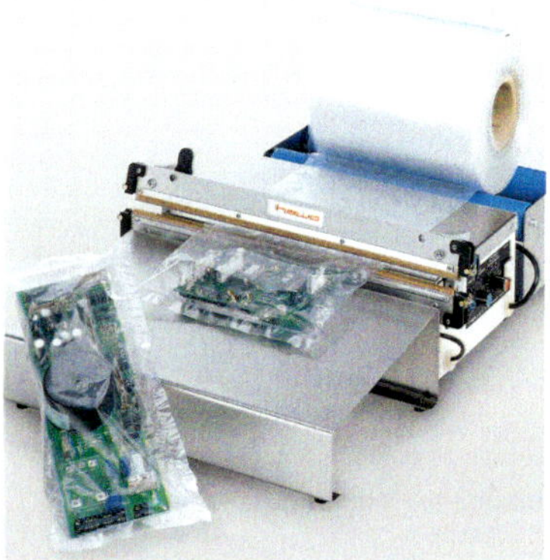

Folienschweißgerät

Folienschweißgerät

Mit Folienschweißgeräten können vorgefertigte Folienbeutel und Schlauchfolien einfach, zeitsparend, luftdicht und sicher verschlossen werden. Folienschweißgeräte funktionieren manuell oder halb automatisch. Zum Verschließen wird der fertig gepackte Beutel zwischen die Schweißschienen gelegt und der Schweißarm heruntergedrückt. Nach Öffnen des Schweißarms wird der fertig verschlossene Beutel entnommen.

Packbandabroller

Packbandabroller erleichtern das sichere und saubere Verschließen von Packstücken. Der Packbandabroller wird am Griff gehalten, am zu verschließenden Packstück angesetzt und dann wird das Klebeband abgerollt.

Abfülleinrichtung mit Auffangwanne

Abfüllmaschine Tetra Pak

Abfülleinrichtungen

Abfülleinrichtungen unterstützen das Umpacken, indem sie das Abfüllen von flüssigen, zähflüssigen oder pastösen Gütern erleichtern. Im Lager kommen manuelle, halb automatische und automatische Abfülleinrichtungen zum Einsatz. Ist in der Abfüllstation eine Auffangwanne integriert, können auch wassergefährdende Stoffe in kleinere Einheiten umgefüllt werden.

Wasserhaushaltsgesetz → LF 2, Kap. 6.3.3

Gefahrstoffverordnung → LF 2, Kap. 6.3.1

1.4 Arbeitsmittel, die das Etikettieren und Preisauszeichnen erleichtern

Etikettierung und Preisauszeichnung → LF 2 Kap. 2.7

➔ Die fertig zusammengestellten Fahrrad-Reparatursets sind auch für den Verkauf in den Fahrradläden bestimmt. Deshalb zeichnet Benedikt die Sets mit dem Preis aus. Dazu benutzt er einen Etikettendrucker.

Etikettendrucker

Etikettendrucker

Der Etikettendrucker druckt Barcodeetiketten von Endlospapierrollen oder -bögen. Die Etiketten können Versanddaten, Verpackungsdaten oder Preisdaten enthalten und werden auf die Produkte, Paletten usw. geklebt. Dadurch wird Zeit gespart, da der Mitarbeiter die Etiketten nur noch aufkleben muss.

MDE-Gerät

RFID-Lesegerät

Scanner

Scanner können kabelgebunden oder drahtlos sein. Barcodeetiketten können mithilfe des Scanners gelesen werden. Die Daten werden an einen PC gesandt, gelesen und verarbeitet. So werden Dateneingabefehler vermieden, Betriebsvorgänge beschleunigt und Kosten reduziert.

MDE-Geräte

MDE-Geräte werden mit einem Akku betrieben. Alle Geräte dienen zum Erfassen von Barcodes mit möglicher Zusatzeingabe per Tastatur (z. B. Menge). Die erfassten Daten werden aktuell mit Datum und Uhrzeit sekundengenau erfasst bzw. bereitgestellt. Bei dieser Technik ist auf eine Netzabdeckung zu achten. Bei der Offline-Datenübertragung werden die Daten in regelmäßigen Abständen auf das mobile Gerät übertragen bzw. auf die Zentraleinheit überspielt. MDE-Geräte verringern Eingabefehler, vermeiden die doppelte Erfassung von Daten und verkürzen durch eine Wegeoptimierung die zurückzulegenden Wege.

MDE
mobile Datenerfassung

RFID-Lesegeräte

Das RFID-Lesegerät funktioniert anhand von Funksignalen. Dieses Gerät nutzen Anwender, die Barcodes durch RFID-Tags ersetzt haben. Das RFID-Lesegerät liest die Transponderdaten und überträgt diese z. B. an einen Mobilcomputer, welcher aufgesteckt werden kann. Es werden Eingabefehler sowie die doppelte Datenerfassung vermieden.

RFID
→ LF 1, Kap. 2.5.2

1.5 Arbeitsmittel, die das Entsorgen und Reinigen erleichtern

Beim Auspacken, Umpacken, Verpacken und Kommissionieren von Gütern entsteht häufig viel Müll. Mithilfe von Ballenpressen können Papier und Kartonagen so verdichtet werden, dass die verpressten Ballen optimal transportierbar sind. Schachteln können ohne Zerschneiden in die Presse geworfen werden, sodass Zeit gespart werden kann.

Ballenpresse

Benedikt hat alle Reparatursets komplettiert und räumt nun seinen Arbeitsplatz auf. Er holt den Reinigungswagen, wischt seinen Arbeitsplatz ab und kehrt den Abfall zusammen.

Die Mitarbeiter, die ihren Arbeitsplatz bzw. das Lager säubern, nutzen beispielsweise den Reinigungswagen, Kehrmaschinen und Besen. Durch das Reinigen des Arbeitsplatzes und des Lagers wird die Funktions- und Verkaufsfähigkeit der Güter erhalten. Die Mitarbeiter fühlen sich in einem sauberen Lager wohler.

ALLES KLAR?

1 Benennen Sie die folgenden Arbeitsmittel mit den jeweiligen Fachbegriffen!

a

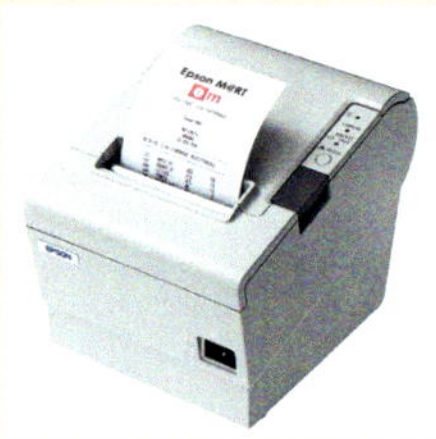

b

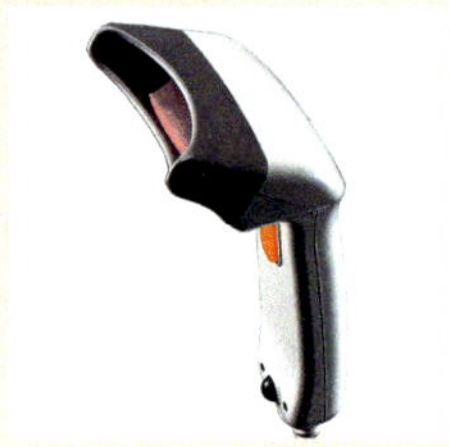

c

d

e

f

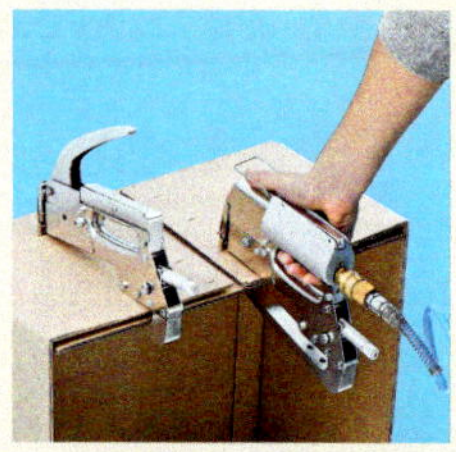

g

h

2 Welche Arbeitsmittel können
- **a** bei der Vorverpackung,
- **b** bei der Komplettierung,
- **c** bei der Preisauszeichnung,
- **d** bei der Kommissionierung,
- **e** bei der Verpackung,
- **f** zur Unterstützung des Informationsflusses

eingesetzt werden?

3 Sie haben die Aufgabe, im Wareneingangsbereich viele Kleinteile zu zählen. Warum ist der Einsatz einer Zählwaage sinnvoll?

4 Sie sind im Verpackungsbereich tätig. Welche zwei Arbeitsmittel sind nur zum Verpacken zu verwenden?
- **a** Klebebandabroller, Umreifungsgerät
- **b** Klammergerät, Tischwaage
- **c** Verschlusshefter, Cuttermesser
- **d** Verpackungsautomat, Reinigungsmaschine
- **e** Etikettierautomat, Scanner

5 Alle ortsfesten, elektrischen Arbeitsmittel sollen auf ordnungsgemäßen Zustand geprüft werden. Welches Arbeitsmittel prüfen Sie?
- **a** Gabelhubwagen
- **b** Handscanner
- **c** digitale Großwaage
- **d** Handschrumpfgerät
- **e** Tacker

6 Im Lager der Top Bike GmbH sollen neue Arbeitsmittel für verschiedene Einsatzgebiete angeschafft werden. Ordnen Sie die Arbeitsmittel den Einsatzgebieten zu.

Arbeitsmittel:
- **1** Abrollgerät
- **2** Etikettiergerät
- **3** Scanner
- **4** Gabelhochhubwagen

Einsatzgebiete:
- **a** erleichtert das Sammeln von Leerpaletten
- **b** dient zur Sicherung der Ladung auf dem Lkw
- **c** beschleunigt das Verschließen von Schachteln
- **d** dient zur Beförderung von Gütern im Lager
- **e** erlaubt rückenschonendes Be- und Entladen von Paletten
- **f** dient zur Sicherung von Gütern auf einer Palette
- **g** trägt zur PC-gesteuerten Kommunikation im Lager bei
- **h** druckt Barcodeetiketten

7 Bei welchen Tätigkeiten ist es sinnvoll, folgende Arbeitsmittel einzusetzen?
- **a** Cuttermesser
- **b** Kranhakenwaage
- **c** Palettenwaage
- **d** Hub-Neigegerät
- **e** Folienschrumpfgerät

ALLES KLAR?

8 Beschreiben Sie den sinnvollen Geräteeinsatz zum Lesen von Barcodes, wenn ein Unternehmen möglichst papierlos arbeiten möchte.

9 Welche der folgenden Möglichkeiten ist geeignet, die Anzahl von 5.000 Schrauben auf sichere und schnelle Weise zu überprüfen?

a Verwendung einer Zählwaage
b Zählen der gesamten Stückzahl
c Schätzen
d Zählen einer Stichprobe
e Annahme ohne Kontrolle

10 Sie sind damit beauftragt, Schrauben in kleinere Einheiten abzupacken. Ihnen steht dazu eine Zählwaage mit folgender Anzeige zur Verfügung:

Anzeigenübersicht

A Gewichtanzeige in kg
C Anzahl in Stück
B Referenzgewicht für 1.000 Stück in kg (Stückgewicht pro 1.000 Stück)

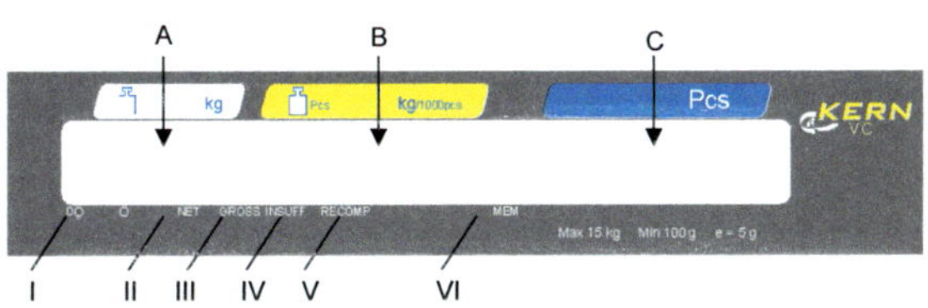

I Nullstell-Anzeige

II Net Anzeige
Leuchtet bei einem gültigen Tarawert

III Brutto-Anzeige (GROSS)
Leuchtet, bei der Brutto-Gewichtsanzeige

IV Fehler-Anzeige
Leuchtet, wenn die Stückmenge zu klein ist (INSUFF)

V Recomputing-Anzeige (RECOMP)
Leuchtet, wenn das Stückgewicht durch Drücken der PCS-Taste neu berechnet werden kann

VI Speicher-Anzeige (MEM)
Leuchtet, wenn sich im Summenspeicher Daten befinden

Auf die Zählwaage wird ein Wägebehälter gestellt. In diesen werden die Schrauben hineingelegt. Zunächst muss das Eigengewicht des Wägebehälters wegtariert werden, d.h. die Waage zeigt mit Behälter 0 kg an. Bei nachfolgendem Wiegevorgang wird somit das Nettogewicht der Schrauben angezeigt. Sie lesen sich nebenstehende Bedienungsanleitung mit Beispielen durch.

a Welche der folgenden Aussagen bezüglich des Gewichts des Tarabehälters ist richtig?
1) Der Tarabehälter wiegt 28,4 g.
2) Der Tarabehälter wiegt nichts.
3) Der Tarabehälter wiegt 0,550 kg.
4) Der Tarabehälter wiegt 550 g.
5) Der Tarabehälter wiegt 284 g.

b Welche der folgenden Aussagen ist richtig?
1) Bei entlasteter Waage zeigt die Waage 0 kg an.
2) Bei entlasteter Waage zeigt die Waage –0,284 kg an.
3) Der gespeicherte Tarawert des Behälters kann nicht mehr gelöscht werden.
4) Der gespeicherte Tarawert kann nur gelöscht werden, wenn der Behälter auf der Waage steht.
5) Bei entlasteter Waage erscheint das Symbol „NET".

c Welche der folgenden Aussagen ist richtig?
1) Die Schrauben wiegen 0,284 kg.
2) Die Schrauben wiegen 55 g.
3) Die Schrauben wiegen 0,110 kg.
4) Eine Schraube wiegt 5 pcs.
5) Die Schrauben wiegen 0,55 kg.

Bedienungsanleitung mit Beispielen

Tarawägung (Tarieren): Das Eigengewicht beliebiger Wägebehälter lässt sich auf Knopfdruck wegtarieren, damit bei nachfolgenden Wägungen das Nettogewicht des Wägegutes angezeigt wird.

	Anzeige		
	kg	**kg/ 1.000**	**Pcs**
1. Leeren Tarabehälter auf die Wägeplatte stellen. Das Gesamtgewicht des aufgelegten Behälters wird angezeigt.	0,284	0	0
2. Drücken Sie die **{TARE}**-Taste, um den Tariervorgang zu starten.	0,000	0	0
3. Nach Abschluss der Tarierung erscheinen die Nullanzeige und das Symbol **NET** für Nettogewicht. Ihre Waage ist betriebsbereit. **Hinweis:** Die Waage kann immer nur einen Tarawert speichern. Bei entlasteter Waage wird der gespeicherte Tarawert mit negativem Vorzeichen angezeigt. Zum Löschen des gespeicherten Tarawertes entlasten Sie die Wägeplatte und drücken anschließend die **{TARE}**-Taste.	0,000	0	0
4. Legen Sie das Wägegut in den Tarabehälter.	0,000	0	0
5. Lesen Sie jetzt das Gewicht in der Anzeige ab.	0,550	0,110	5

2 Die Warenpflege und -kontrolle

Bei der Top Bike GmbH kommt eine Lieferung Fahrradreifen an. Karsten soll die Einlagerung vornehmen. Als er die Fahrradreifen ins Freilager transportieren will, wird er von Herrn Pietsch gebremst: „Langsam, Karsten! Die Fahrradreifen gehören nicht ins Freilager. Denk doch mal nach!" Karsten wundert sich. Er hatte gedacht, dass Fahrradreifen so unempfindlich sind, dass sie ohne Weiteres im Freien gelagert werden könnten. Weshalb aber sollten Fahrradreifen nicht dort gelagert werden?

ordnungsgemäße Lagerung
→ LF 2, Kap. 2.1

Eine wichtige Aufgabe während der Lagerung ist die Kontrolle und die Pflege der Güter, damit die Qualität und somit die Verkaufs- und Verbrauchsfähigkeit erhalten bleiben. Der Umfang der Warenpflege und -kontrolle richtet sich nach den Gütern, die gelagert werden. Hier kann zwischen pflegeintensiven und weniger pflegeintensiven Gütern unterschieden werden. Pflegeintensiv sind z. B. Lebensmittel oder unbearbeitetes Holz. Wichtige Hinweise zu den Pflegemaßnahmen geben Hersteller mit Produktinformationen. Außerdem können Arbeitsplatzanweisungen Aufschluss dazu geben.

Pflegemaßnahmen für einzelne Komponenten der Top Bike GmbH

Fahrradrahmen	Schutz vor Feuchtigkeit (Rost)
Fahrradreifen	Schutz vor Hitze, Kälte und starker Sonneneinstrahlung
Fahrradlampen	Schutz vor Bruch

Durch unsachgemäße Behandlung und Lagerung der Güter können Schäden entstehen.

Warenschäden entstehen durch	Beispiele
Fall, Stoß, Druck	Bruch von Glas, Druckstellen an Obst, Zerdrücken von Verpackungen, Bruch von Eiern
Luftfeuchte	Gefahr der Modrigkeit bei Tabak, Klumpenbildung bei Zucker, Korrosion von Metall, Gefahr der Schimmelbildung bei Gebäck/Brot
Lichteinwirkung	Verspröden von Gummi, Ausbleichen von Stoffen und von Papier, Geschmacksveränderung bei Bier, Farbveränderung bei Spirituosen
Staub	Verschmutzung der Güter bzw. der Verpackung, Defekt an elektronischen Kleinteilen
Temperatur	Auftauen von Tiefkühlware, Weichwerden von Käse bei zu hoher Temperatur, Austrocknen von Tabak bei zu hoher Temperatur, Festwerden von Honig bei zu geringer Temperatur
Schädlinge	Fraßschäden an Pflanzen, Lebensmitteln, Textilien usw., Beschädigung der Verpackung

Warenschäden entstehen durch	Beispiele
Ablauf von Daten	Ablauf des Mindesthaltbarkeitsdatums und Verfallsdatums
Belüftung	Schimmelbildung durch fehlenden Luftaustausch
fehlende Bewegung der Güter	kein Reifen von Käse, wenn regelmäßiges Wenden fehlt

Um die genannten Schäden zu vermeiden, sollten je nach Art der Güter folgende Pflegemaßnahmen und Kontrollen durchgeführt werden:

- **Fall, Stoß, Druck:** Bei zerbrechlichen und stoßempfindlichen Gütern ist auf eine geeignete Verpackung zu achten. Zudem muss mit diesen Gütern achtsam umgegangen werden, damit die Qualität erhalten bleibt.
- **Luftfeuchtigkeit:** Manche Güter benötigen einen hohen Luftfeuchtigkeitsgehalt, andere einen geringen Feuchtigkeitsgehalt. Mit Messgeräten wird kontrolliert, ob der entsprechende Feuchtigkeitsgehalt in der Luft eingehalten wird. Besonders sensible Güter können z. B. im Humidor aufbewahrt werden.
- **Lichteinwirkung:** Bestimmte Güter sind vor Sonneneinstrahlung zu schützen, andere Güter benötigen Licht. Es wird ein entsprechender Lagerplatz ausgewählt.
- **Staub:** Güter müssen in regelmäßigem Abstand entstaubt und gereinigt werden, damit diese funktions- und verkaufsfähig bleiben.
- **Temperatur:** Insbesondere bei Lebensmitteln und Medikamenten ist darauf zu achten, dass eine geeignete Lagertemperatur eingehalten wird.
- **Schädlinge:** Das Lager ist regelmäßig zu reinigen, um die Güter vor Schädlingen zu schützen. Um Fraßschäden bei Schädlingsbefall von Lebensmitteln, Textilien, Pflanzen usw. zu bekämpfen, können Schädlingsvernichtungsmittel eingesetzt und Fallen aufgestellt werden.
- **Ablauf von Daten:** Es müssen regelmäßige Kontrollen zur Überwachung des Mindesthaltbarkeitsdatums (MHD) durchgeführt werden. Das auf der Verkaufsverpackung angegebene MHD gibt an, bis zu welchem Termin der Verkäufer dem Verwender der Ware ihre Qualität garantiert. Die Ware kann auch nach dem angegebenen MHD noch verwendet werden und ist eingeschränkt verkaufsfähig, sollte aber umgehend, ggf. unter Gewährung eines Preisnachlasses, abverkauft werden. Ein auf der Verkaufsverpackung angegebenes Verfallsdatum (VD) gibt beispielsweise bei Lebens- und Arzneimitteln an, bis zu welchem Datum bei sachgemäßer Lagerung die Ware gefahrlos verwendet werden kann. Ist das VD überschritten, muss die Ware auf jeden Fall aussortiert werden, da sie nicht mehr verkaufsfähig ist.
- **Belüftung:** Schimmelpilze gedeihen nur bei stehender Luft. Daher kann durch dauernden Luftmassenaustausch (z. B. durch Belüftungsanlagen) Schimmelbildung vorgebeugt werden.
- **Fehlende Bewegung der Güter:** Durch ständige Lageveränderung kann ein gleichmäßigeres Reifen und Veredeln erzielt werden (z. B. regelmäßiges Wenden von Käselaiben oder Sektflaschen).

Humidor
Behälter für Zigarren, um eine konstante Luftfeuchtigkeit zu erhalten

ALLES KLAR?

1 Bestimmte Pflegemaßnahmen müssen durchgeführt werden, um die Qualität der Güter zu erhalten. Ordnen Sie die Güter den Maßnahmen zu.

Güter:

1 Joghurt
2 Gummi
3 Pflanzen
4 Pralinen
5 Glasplatten

Maßnahmen:

a Einhaltung der Kühlkette
b Schutz vor Läusen
c Vermeidung direkter Sonneneinstrahlung
d Schutz vor Bruch durch geeignete Verpackung
e Vor Hitze schützen

2 Welche Maßnahme trägt dazu bei, dass das Gut im Lager nicht verdirbt bzw. veraltet?

a regelmäßige Kontrollen am Wareneingang
b regelmäßige Kontrollen am Warenausgang
c Lagerung der Güter im Fachbodenregal
d Erfassung der Bestandsveränderungen im Lagerverwaltungssystem
e Auslagerung der zuerst im Lager eingegangenen Güter

3 Bestimmte Güter sind nur begrenzt lagerfähig und bedürfen zusätzlicher Warenpflege. In welchen beiden Fällen wird Warenpflege betrieben?

a Frische Milch wird ausgesondert, da bei der Kontrolle festgestellt wurde, dass das Mindesthaltbarkeitsdatum überschritten ist.
b Weinflaschen werden in Schachteln verpackt. Es wird darauf geachtet, dass sie in einer stehenden Position gelagert werden.
c In einer Teegroßhandlung wird der Tee in offenen Dosen aufbewahrt, damit die Kunden den Tee riechen können.
d Honig wird in einem Kühlregal gelagert, damit er länger haltbar bleibt.
e Bei Kaffee wird in regelmäßigen Abständen die notwendige Luftfeuchte kontrolliert, damit das Aroma erhalten bleibt.

4 Es werden Elektronikteile gelagert. Welche Pflegemaßnahmen müssen beachtet werden, um die Lagerbedingung „vor Licht und Wärme schützen" einzuhalten?

a Die Elektronikteile werden ohne besondere Maßnahmen in einer Lagerhalle gelagert.
b Die Elektronikteile werden in einem Freilager gelagert und mit einer Folie vor Regen geschützt.
c Die Elektronikteile werden in einem geschlossenen Lager gelagert, in dem die Lagerfeuchte überwacht werden kann.
d Die Elektronikteile werden in einer dunklen Lagerhalle gelagert, welche klimatisiert werden kann.
e Die Elektronikteile werden in einer halb offenen Lagerhalle gelagert.

5 Sie sind für die Warenpflege und Warenkontrolle zuständig. Welche Tätigkeit gehört nicht zur Warenpflege?

a verschmutzte Güter säubern
b Raumtemperatur in den Kühlräumen den gelagerten Gütern anpassen
c Arbeitsmittel reinigen
d Güter, deren Mindesthaltbarkeitsdatum abgelaufen ist, aussortieren
e blanke Eisenteile einölen

6 Eine wichtige Aufgabe der Lagermitarbeiter ist es, die im Lager deponierten Güter vor schädlichen Einflüssen zu schützen. Vervollständigen Sie nachfolgende Tabelle derart, dass Sie in einem ersten Schritt mögliche Schäden beschreiben, die durch die genannten Gefahren entstehen können. Schlagen Sie in einem zweiten Schritt Pflegemaßnahmen vor, damit die Schäden erst gar nicht auftreten.

Gefahren	Mögliche Schäden	Pflegemaßnahmen
Druck oder Stoß		
Kälte		
Lebewesen		

MUSTER

3 Die Bestandsaufnahme

Das Geschäftsjahresende der Top Bike GmbH naht und Herr Pietsch erklärt Susanne, dass eine Inventur durchgeführt werden muss. Susanne hat nach dem Zählen der Komponenten Sattel folgende Soll-Ist-Gegenüberstellung erhalten:

Komponenten „Sattel"	Sollbestand (Buchbestand)	Istbestand
Sattel „Suprior"	36	35
Sattel „Light"	12	12
Sattel „Kind"	19	19
Sattel „Sportiv"	29	29

Susanne wundert sich über die Differenz beim Sattel „Suprior".

- Wie läuft eine Inventur ab?
- Welcher Unterschied besteht zwischen dem Soll- und dem Istbestand?
- Wie kann eine Inventurdifferenz erklärt werden?

Bestandsaufnahme = Inventur

Anhand der **Lagerdatei** sollte es jederzeit möglich sein, den aktuell vorhandenen Bestand (**Sollbestand** bzw. **Buchbestand**) aller gelagerter Güter mengenmäßig anzugeben. Bei einer **Inventur** werden die gelagerten Güter gezählt, gemessen, gewogen oder in Ausnahmefällen geschätzt (**Istbestand**). Allerdings erstreckt sich die Inventur nicht nur auf die Güterbestände. Alle Vermögenswerte und Schulden müssen zu einem bestimmten Zeitpunkt mengen- und wertmäßig erfasst werden. Zu den Vermögenswerten zählen neben den Güterbeständen z. B. auch Grundstücke, Fahrzeuge, Büromöbel, Bankguthaben und Bargeld. Schulden werden auch Verbindlichkeiten genannt und sind z. B. Darlehen von Banken, unbezahlte Lieferantenrechnungen und Steuerschulden.

Nach § 240 Handelsgesetzbuch (HGB) hat jeder Kaufmann die Pflicht, das Vermögen und die Schulden bei

- Gründung oder Übernahme eines Unternehmens,
- am Ende eines jeden Geschäftsjahres (meistens der 31.12.) und
- bei Auflösung bzw. Veräußerung des Unternehmens

festzustellen.

Kaufmann ist, wer einen Gewerbebetrieb ab einer bestimmten Größe führt (§ 1 HGB)

Die Inventurunterlagen sind lt. § 257 HGB zehn Jahre aufzubewahren.

Die **körperliche Bestandsaufnahme**, d. h. durch Zählen, Messen, Wiegen oder Schätzen, ist der Regelfall. Die Zählergebnisse werden in Inventurlisten zusammengefasst. Die Inventuraufnahmelisten enthalten z. B. die handelsübliche Bezeichnung, Artikelnummern, Lagerzonen, den Wert je Einheit, die vorhandene Menge und den Gesamtwert der Gütermenge. Da es sich im Rahmen der Buchführungspflicht eines Unternehmens um Dokumente handelt, müssen die Inventurlisten mit dem Datum der Inventur versehen und von der damit beauftragten Person unterschrieben werden.

Inventur im Lager

TOP BIKE GMBH, Radweg 7, 93053 Regensburg

Zweiradhandelsgesellschaft mbH
Unter den Linden 42
10178 Berlin

Rechnung

Auftragsdatum
05.12.20XX

Position	Artikelnum
1	204

Versandkosten frei Haus	
Zwischensumme	1.640,00

Gesamt-rabatt %	Gesamtrabatt EUR	Nettopreis	USt %	USt EUR	Bruttopreis EUR
—	—	1.640,00	19	311,60	1.951,60

Zahlbar innerhalb von 10 Tagen oder innerhalb von — Tagen mit — Skonto.

Top Bike GmbH Radweg 7, 93053 Regensburg Telefon 0941 3248-0 Telefax 0941 3248-179 E-Mail kontakt@Top Bike-rgb.de www.Top Bike-rgb.de
Gesellschafter Christopher John, Elisabeth John, Elke Weixelmann, Friedhelm Blum **Geschäftsführung** Martin Töpfer Handelsregister Regensburg HRB 10345 USt-IdNr. DE102005240
Volksbank Regensburg eG Konto 68635924 BLZ 750 900 00 IBAN DE43 7509 0000 0068 6359 24 BIC GENODEF1R01
Postbank München Konto 2244668 BLZ 701 100 88 IBAN DE30 7011 0088 0002 2446 68 BIC PBNKDEFF701

Kontoauszug
Kontonummer 2244668
Bankleitzahl 701 100 88
Datum 27.12.20XX
Auszug-Nr. 52
Blatt 1/1
Postbank

Buchungstag	Wert	Vorgang/Buchungsinformation	Umsatz in Euro
17.12.	17.12.	Südrad e.G. Gutschrift RG-NR. 123853	1.500,00+

Top Bike GmbH
Radweg 7
93053 Regensburg

Alter Kontostand in Euro 8.450,00+
Neuer Kontostand in Euro 6.950,00+

In vielen Unternehmen erfolgt die Bestandsaufnahme nicht mehr anhand von Inventuraufnahmelisten, sondern mittels mobiler Barcode-Erfassungsterminals. Der Mitarbeiter scannt den Barcode der Güter und gibt die gezählte Menge ein. Nachdem die Aufnahme beendet ist, werden die Daten an das Lagerverwaltungssystem übermittelt. Die Daten werden verarbeitet und die fertigen Inventurlisten ausgedruckt. Der entsprechende Mitarbeiter unterschreibt diese.

Bei manchen Vermögenswerten und Schulden ist die körperliche Bestandsaufnahme nicht möglich. In diesen Fällen erfolgt die **buchmäßige Bestandsaufnahme** mithilfe von z. B. Belegen, Kontoauszügen, Eingangs- und Ausgangsrechnungen.

3.1 Die Inventur durchführen

Bei der Durchführung der Inventur müssen die Grundsätze ordnungsgemäßer Buchführung nach HGB beachtet werden.

Buchführung bezeichnet die lückenlose Aufzeichnung von Geschäftsfällen, z. B. Einkauf von Büromöbeln und Verkauf von Gütern, anhand von Belegen. Dabei werden die Geschäftsfälle in zeitlicher Reihenfolge und wertmäßig erfasst. Die Buchführung liefert einen Überblick über wirtschaftliche Verhältnisse und dient als Grundlage für zukünftige Entscheidungen.

- **Grundsatz der Vollständigkeit und Richtigkeit:** Sämtliche Bestände sind aufzunehmen und mit den richtigen Werten zu erfassen. Es dürfen keine Lücken vorhanden sein. Ist ein Zählen, Messen oder Wiegen für das Unternehmen aus wirtschaftlichen Gründen unzumutbar oder unmöglich, kann eine Schätzung vorgenommen werden.
- **Grundsatz der Klarheit und Nachprüfbarkeit:** Die einzelnen Bestände sind so zu bezeichnen, dass sie erkannt werden können. Ein sachkundiger Dritter muss die Inventurergebnisse nachprüfen und nachvollziehen können.

Damit die Inventur ordnungsgemäß und strukturiert abläuft, muss die Durchführung geplant werden.

Ablauf einer Inventur

1. Termin für die Inventur muss festgelegt werden.
2. Der Mitarbeitereinsatzplan wird erstellt.
3. Die Inventurlisten werden ausgedruckt und benötigte Hilfsmittel wie Stifte oder Erfassungsgeräte usw. sind bereitzustellen.
4. Das Lager wird in Zählabschnitte eingeteilt, entsprechende Mitarbeiter zugewiesen sowie unterwiesen. Die Inventurlisten werden verteilt.
5. Die Mitarbeiter nehmen die Bestände durch Zählen, Messen oder Wiegen auf.
6. Die ermittelten Werte werden in die Inventurlisten eingetragen.
7. Die Soll-Ist-Werte werden gegenübergestellt.
8. Inventurdifferenzen werden festgestellt und eine Zweitzählung wird veranlasst.
9. Die jeweiligen Mitarbeiter unterschreiben die Inventurlisten.
10. Die Zu- und Abgänge zwischen dem Zähl- und Bilanzstichtag müssen fort- bzw. rückgerechnet werden.
11. Die Bestände werden zu den Anschaffungs- bzw. Herstellkosten ohne Berücksichtigung von Wertsteigerungen bewertet.

3.2 Die Arten der Inventur

Der Gesetzgeber hat in § 241 HGB mögliche Inventurverfahren festgelegt. Der Kaufmann kann die für sein Unternehmen geeignete Methode bestimmen.

Stichtagsinventur
Die Stichtagsinventur wird am letzten Tag des Geschäftsjahres (meist 31.12.), dem Bilanzstichtag, durchgeführt. Häufig ist dieses aber aufgrund der Größe des Unternehmens nicht möglich. Außerdem könnte der Umsatzausfall gerade an diesem Tag sehr hoch sein, sodass von unzumutbarer Härte gesprochen wird. Die Stichtagsinventur darf deshalb innerhalb von zehn Tagen vor oder nach dem Bilanzstichtag stattfinden. Sie wird auch zeitnahe Inventur genannt.

Stichtage sind z. B.:
- Tag der Eröffnung
- Ende des Geschäftsjahres
- Tag der Geschäftsschließung

Zeitraum der Inventur bei einem Stichtag am 31.12.

altes Geschäftsjahr 21.12. — Stichtag 31.12. — neues Geschäftsjahr 10.01.

10 Tage vorher | 10 Tage nachher

Bestandsveränderungen, die während dieses Zeitraums auftreten, sind durch eine mengen- und wertmäßige Fortschreibung bzw. Rückrechnung zum Bilanzstichtag zu berücksichtigen.

Fortschreibung zum Bilanzstichtag (31.12.)
In der Top Bike GmbH findet am 21.12. eine Stichtagsinventur statt. Stefanie fragt Herrn Klein wie die Güter erfasst werden, die bis zum Bilanzstichtag (31.12.) noch geliefert werden.
Herr Klein erklärt ihr, dass nicht nur gelieferte Güter erfasst werden müssen, sondern auch die bis zum 31.12. verkauften. Er zeigt Stefanie ein Beispiel für Fahrradanhänger:

	Inventur am 21. Dez.	450 Fahrradanhänger à 130,00 €	58.500,00 €
+	Zugänge vom 21. Dez. bis 31. Dez.	50 Fahrradanhänger à 130,00 €	6.500,00 €
–	Abgänge vom 21. Dez. bis 31. Dez.	70 Fahrradanhänger à 130,00 €	9.100,00 €
=	Wert zum Bilanzstichtag am 31. Dez.	430 Fahrradanhänger à 130,00 €	55.900,00 €

Rückrechnung zum Bilanzstichtag (31.12.)
In der Top Bike GmbH findet am 09.01. eine zeitnahe Inventur statt.
Herr Klein erklärt Stefanie am Beispiel der Fahrradklingeln die Rückrechnung der Bestände auf den 31.12:

	Inventur am 9. Jan.	200 Stück à 3,00 €	600,00 €
–	Zugänge vom 31. Dez. bis 9. Jan.	100 Stück à 3,00 €	300,00 €
+	Abgänge vom 31. Dez. bis 9. Jan	50 Stück à 3,00 €	150,00 €
=	Wert zum Bilanzstichtag am 31. Dez.	150 Stück à 3,00 €	450,00 €

Die Stichtagsinventur kann folgende Nachteile haben:
- Störung des Betriebsablaufs, u. U. Schließung des Geschäfts
- Einsatz ungeschulten Personals infolge hoher Lagerbestände
- hoher Arbeitsaufwand infolge hoher Lagerbestände
- ein Bilanzstichtag 31.12. (Silvester) kann aus Sicht der Mitarbeiter ungünstig sein

Zeitlich verlegte Inventur

Von einer zeitlich verlegten Inventur wird gesprochen, wenn die Inventur innerhalb der letzten drei Monate vor oder innerhalb der ersten zwei Monate nach dem Bilanzstichtag durchgeführt wird. Alle Zu- bzw. Abgänge, die zwischen der Inventur und dem Bilanzstichtag auftreten, müssen zum Bilanzstichtag fortgeschrieben bzw. zurückgerechnet werden.

Zeitraum der verlegten Inventur bei einem Stichtag am 31.12.

altes Geschäftsjahr 01.10.	Stichtag 31.12.	neues Geschäftsjahr 28.02.
3 Monate vorher		2 Monate nachher

Die zeitlich verlegte Inventur hat zwar nicht die Nachteile der Stichtagsinventur, aber

- der Geschäftsbetrieb muss in der Regel zeitweise für die Inventur geschlossen werden,
- das Inventurergebnis steht erst mit Verzögerung fest.

➔ Die Geschäftsleitung der Top Bike GmbH führt eine vorverlegte Inventur am 10. Oktober durch. Susanne zählt den Artikel „Komfortsattel unisex". Sie zählt im Lager 35 Stück. Vom 10. Oktober bis zum Bilanzstichtag am 31. Dezember wurden 25 Sattel eingekauft und 30 Sattel verkauft. Somit beträgt der Bestand am Bilanzstichtag 30 Stück zu je 19,00 Euro.

Permanente Inventur

Wenn die Warenbestände fortlaufend nach Tag, Art, Menge und Wert, z. B. in einer Lagerdatei, erfasst werden, kann die körperliche Bestandsaufnahme an einem beliebigen Tag im Geschäftsjahr stattfinden. Auf die einmal jährliche körperliche Bestandsaufnahme darf aber nicht verzichtet werden.

Permanente Inventur

altes Geschäftsjahr 01.01.	Stichtag 31.12.
beliebige Aufnahmezeiten im Geschäftsjahr	

Die permanente Inventur kann folgende Vorteile haben:

- Bestandsaufnahme während des Geschäftsbetriebs möglich
- nicht alle Bestände müssen gleichzeitig aufgenommen werden, d. h. Bestandsaufnahmezeit und -menge sind frei wählbar
- Durchführung der Inventur bei geringen Beständen
- Vermeidung von Einsatz ungeschulten Personals

➔ Die Geschäftsleitung der Top Bike GmbH hat sich für eine permanente Inventur entschieden. Der Bilanzstichtag ist der 31.12. Alle Artikel werden von den Mitarbeitern im Laufe des Jahres mindestens einmal gezählt. Die Fahrradreifen werden z. B. im November gezählt, da im Winter der Bestand am geringsten ist. Der Bestand muss auf den Bilanzstichtag fortgeschrieben werden.

Stichprobeninventur

Die Stichprobeninventur ist keine eigenständige Inventurart, obwohl sie manchmal so bezeichnet wird. Sie ist ein **Inventurvereinfachungsverfahren**, das bei den eigentlichen Inventurarten zum Einsatz kommen kann. Nach dem HGB ist es unter bestimmten Voraussetzungen erlaubt, Bestände auch mithilfe anerkannter mathematisch-statistischer Verfahren zu ermitteln. Zunächst werden die als Stichprobe ausgewählten Lagerpositionen körperlich aufgenommen und bewertet. Das Ergebnis wird auf die gesamten Lagervorräte hochgerechnet. Die Durchführung der Stichprobeninventur muss den Grundsätzen der ordnungsgemäßen Buchführung entsprechen, d.h. die Teilerhebung liefert nachprüfbare und einer Vollinventur gleichwertige Ergebnisse. Dafür ist eine zuverlässige Lagerbuchführung notwendig.

Die Stichprobeninventur kann folgende Vorteile haben:
- Verringerung der körperlich aufzunehmenden Güter mit verringertem Zeitaufwand
- geringerer Personalaufwand
- Verkürzung von Lagerschließzeiten

3.3 Die Inventurdifferenzen und ihre Ursachen

Bei der körperlichen Inventur werden in der Regel Abweichungen zwischen den Ist- und Sollbeständen festgestellt. Diese Abweichungen werden Inventurdifferenz genannt. Häufig sind die Istbestände kleiner als die Sollbestände. Es ist aber auch möglich, dass die Istbestände größer als die Sollbestände sind.

Eine Ursache der Inventurdifferenzen kann in der Inventur selbst liegen. Es können Fehler bei der Inventuraufnahme gemacht worden sein, weil Bestände vergessen und nicht aufgenommen wurden. Weitere Ursachen für eine Inventurdifferenz können sein:
- fehlerhafte Buchung im Lagerwirtschaftssystem
- Fehler bei der Kommissionierung
- Schwund durch fehlerhafte Lagerung
- Beschädigung und Verderb
- nicht entdeckte Diebstähle
- Ein- bzw. Auslagerung ohne Buchung im Lagerwirtschaftssystem

Inventur im Zoo

Bei einem Unternehmen entstanden durch folgende Ursachen Inventurdifferenzen:
- Bei der Inventur verzählte sich ein Mitarbeiter.
- Ein Mitarbeiter verschrieb sich beim Notieren des Zählergebnisses.
- Güter wurden gestohlen.
- Lebensmittel sind verdorben.
- Gläser, Porzellanware usw. zerbrachen aus Unachtsamkeit beim Transport.
- Ein Mitarbeiter kommissionierte zuviel Güter; dies wurde nicht bemerkt.

Der Sollbestand muss beim Auftreten von Inventurdifferenzen korrigiert werden, d.h. der Sollbestand wird mengen- und wertmäßig dem Istbestand angepasst.

3.4 Das Inventar und die Bilanz

Die in der Inventur ermittelten Istwerte werden in einem ausführlichen **Bestandsverzeichnis** zusammengefasst. Dieses Bestandsverzeichnis heißt **Inventar** und enthält in tabellarischer Form alle Vermögensbestandteile und Schulden nach Art, Wert und Menge. Die Differenz zwischen Vermögen und Schulden ergibt das Eigenkapital. Zum Aufbau eines Inventars gibt es keine verbindlichen Formvorschriften, die folgende Darstellung ist aber üblich.

!

Aufbau eines Inventars

A. Vermögen
Die einzelnen Positionen werden so gegliedert, dass zuerst das Vermögen aufgezählt wird, welches schwer in Bargeld umgewandelt werden kann, z. B. Grundstücke und Gebäude. An letzter Stelle steht das Bargeld in der Kasse.

I. Anlagevermögen
Zum Anlagevermögen gehören die Vermögenswerte, die vom Unternehmen mehrere Jahre lang genutzt werden sollen, z. B. Gebäude, Betriebs- und Geschäftsausstattung, Maschinen und Lieferfahrzeuge. Sie sind Voraussetzungen für die Aufnahme der Geschäftstätigkeit.

II. Umlaufvermögen
Das Umlaufvermögen unterliegt im Geschäftsjahr ständigen Veränderungen. Aufgrund dieser Veränderungen werden Unternehmen tätig, um Gewinne zu erzielen. Zum Umlaufvermögen gehören z. B. Warenvorräte, Forderungen aus Lieferungen und Leistungen (Forderungen an Kunden, die Ware erhalten, aber noch nicht bezahlt haben), Bankguthaben und Bargeld in der Kasse.

B. Schulden (Fremdkapital)
Die einzelnen Positionen bei den Schulden werden so gegliedert, dass zuerst die Schulden aufgezählt werden, die dem Unternehmen am längsten zur Verfügung stehen. Am Schluss stehen die Positionen, die am ehesten zurückgezahlt werden müssen.

I. Langfristige Schulden
Zu den langfristigen Schulden gehören langfristige Kredite, die eine Laufzeit von mehr als vier Jahren haben, z. B. Bankdarlehen und Hypotheken.

Hypothek
Bankkredit mit Immobilie als Sicherheit

II. Kurzfristige Schulden
Zu den kurzfristigen Schulden gehören Verbindlichkeiten bei Banken und Lieferanten mit einer Laufzeit unter vier Jahren, z. B. Lieferantenkredite und Kontokorrentkredite.

Kontokorrentkredit
Überziehungskredit des Girokontos

C. Ermittlung des Reinvermögens (= Eigenkapital)
Um das Reinvermögen oder das Eigenkapital der Unternehmung zu ermitteln, werden vom Gesamtvermögen die Gesamtschulden abgezogen. Über die Verwendung des Eigenkapitals entscheiden die Inhaber allein. Die Verwendung des Fremdkapitals ist häufig mit den Kreditgebern abzustimmen. Der Eigenkapitalvergleich aus mehreren Jahren gibt dem Unternehmen wichtige Aufschlüsse über die Entwicklung seines Unternehmens.

Bilanz stammt vom italienischen Wort „bilancia", was „Gleichgewicht" oder „Waage" bedeutet.

Erstellung einer Bilanz → § 242 HBG

Bilanz für kleine Kapitalgesellschaften → § 267 HBG

Während im Inventar alle Vermögensteile und Schulden nach Menge und Wert untereinander in Staffelform detailliert aufgelistet sind, werden in der **Bilanz** Vermögen und Schulden nur wertmäßig angegeben und in Kontenform gegenübergestellt. Dabei werden die Werte bestimmter Posten zusammengefasst.

Inventar der Fahrrad Flitzer GmbH (Auszug)

			Menge	Einzelpreis (€)	Gesamtpreis (€)	Gesamt (€)
A.	Vermögen					
A.1.	Anlagevermögen					
A.1.1		Grundstücke				950.000,00
A.1.2		Gebäude				1.300.000,00
		Hauptgebäude Radweg 7	1	720.000,00	720.000,00	
		......	...	......	......	
A.1.3		Maschinen				650.000,00
		Verpackungsmaschine Köschi VC 18	2	83.000,00	166.000,00	
		......	...	......	......	
A.1.4		Fuhrpark				100.000,00
		Liefer-Lkw MAN TGA 410	1	32.000,00	32.000,00	
		Liefer-Lkw MB 1841	1	30.000,00	30.000,00	
		......				
A.1.5		Betriebs- und Geschäftsausstattung				60.000,00
A.2.	Umlaufvermögen					
A.2.1		Waren				780.000,00
		701R Shirt Steff Farbe rot Größe S	86	26,95	2.317,70	
		701R Shirt Steff Farbe rot Größe M	42	26,95	1.131,90	
		......	...	......	......	
A.2.2		Forderungen aus Lieferung und Leistung				380.000,00
		Sportgeschäft Hanselmann OHG, München			73.993,25	
		Fahrradgeschäft Huber e.K., Rosenheim			18.005,00	
		......	...	......	......	
A.2.3		Bank				50.000,00
		Konto Volksbank Regensburg			26.486,45	
		Konto Postbank München			23.513,55	
A.2.4		Kasse				20.000,00
B.	Schulden					
	Langfristige Schulden					
		Hypotheken				1.850.000,00
		Darlehen				400.000,00
		Darlehen Nr. 23240678, Volksbank Regensburg			80.000,00	
		Darlehen Nr. 32796511, Volksbank Regensburg			120.000,00	
		......	...	......	......	
	Kurzfristige Schulden					
		Verbindlichkeiten aus Lieferung und Leistung				740.000,00
		Cycle Tools Import GmbH, Hamburg			68.498,00	
		Fahrradteile International GmbH, Bremen			111.345,67	
		......	...	......	......	
C.	Eigenkapital					
		Summe Vermögen				4.290.000,00
	–	Summe Schulden				2.990.000,00
	=	Eigenkapital				1.300.000,00

Grundsätzlich besteht das Inventar aus drei Bestandteilen:
A. Vermögen
B. Schulden
C. Ermittlung des Eigenkapitals

Anlagevermögen
\+ Umlaufvermögen
= Gesamtvermögen

langfristige Schulden
\+ kurzfristige Schulden
= Fremdkapital

Gesamtvermögen
– Gesamtschulden
= Eigenkapital

Inventar
Vermögen
– Schulden
= Reinvermögen (Eigenkapital)

Bilanz
Vermögen
• Eigenkapital
• Fremdkapital

Bilanz

Aktiva		**Bilanz**		**Passiva**
Vermögen Anlagevermögen Umlaufvermögen	 in Euro in Euro		**Kapital** Eigenkapital Fremdkapital	 in Euro in Euro
Mittelverwendung/Investition Wie wird das Kapital im Unternehmen eingesetzt?			**Mittelherkunft/Finanzierung** Woher stammt das Kapital, mit dem das Unternehmen arbeitet?	

ALLES KLAR?

1 Welches Gesetz schreibt jedem Kaufmann vor, dass er für den Schluss eines Geschäftjahres ein Inventar und eine Bilanz aufstellen muss?
a Handelsgesetzbuch
b Aktiengesetz
c Bürgerliches Gesetzbuch
d Gewerbeordnung
e Einkommensteuergesetz

2 Stellen Sie fest, in welchen Fällen man die körperliche Inventur durchführen kann und wo man zur Buchinventur übergehen muss.
a Warenvorräte
b Fahrzeuge
c Bankguthaben
d Bankschulden
e Verbindlichkeiten an Lieferer
f Kassenbestand

3 Ein Unternehmen hat als Bilanzstichtag den 30. Juni. Nennen Sie den Zeitraum, in dem eine
a Stichtagsinventur,
b eine verlegte Inventur
stattfinden kann.

4 Bringen Sie die folgenden Arbeitsschritte in die richtige Reihenfolge:
a Einteilung und Unterweisung des Personals
b Festlegen des Inventurtages
c Eintragen der Inventurergebnisse in Inventurerfassungslisten
d Bewertung der Warenvorräte am Bilanzstichtag
e Zählen, Messen, Wiegen sämtlicher Warenvorräte

5 Welche Aussage über die Inventur ist richtig?
a Die Inventur ist ein ausführliches Bestandsverzeichnis.
b Die Inventur ist eine Gegenüberstellung von Aktiva und Passiva.
c Die Inventur ist eine Gegenüberstellung von Vermögen und Schulden eines Unternehmens.
d Die Inventur ist die Bestandsaufnahme aller Vermögensbestände und Schulden eines Unternehmens.
e Die Inventur ist die Bestandsaufnahme aller Sollbestände des Unternehmens.

6 Welche Vorteile hat die verlegte Inventur zur Stichtagsinventur?
a Bei der permanenten Inventur müssen nur die A-Artikel körperlich aufgenommen werden. Dadurch reduziert sich der Personalaufwand.
b Der Zeitaufwand ist geringer, da die körperliche Bestandsaufnahme bei niedrigen Beständen durchgeführt werden kann.
c Die körperliche Bestandsaufnahme ist bei der permanenten Inventur nicht nötig und somit verringert sich der Zeitaufwand.
d Bei der permanenten Inventur ist eine buchmäßige Aufzeichnung nicht notwendig. Dies trägt zur Senkung der Lagerkosten bei.
e Die Unterlagen müssen nur fünf Jahre aufbewahrt werden. Dies reduziert den Verwaltungsaufwand.

7 Welche Aussage trifft für die verlegte Inventur zu?
a Die körperliche Bestandsaufnahme kann während des gesamten Geschäftsjahres stattfinden.
b Die körperliche Bestandsaufnahme kann bis zu zehn Tage vor dem Bilanzstichtag erfolgen. Die Bestände müssen fortgeschrieben werden.
c Die Vermögensbestandteile und Schulden werden mithilfe von Stichproben ermittelt.
d Alle Vermögensbestandteile und Schulden werden innerhalb der letzten drei Monate vor oder innerhalb der ersten beiden Monate nach dem Bilanzstichtag erfasst. Die Bestände werden zum Bilanzstichtag fortgeschrieben bzw. zurückgerechnet.
e Alle Vermögensbestandteile und Schulden werden innerhalb der letzten zwei Monate vor oder innerhalb der ersten drei Monate nach dem Bilanzstichtag erfasst. Die Bestände werden zum Bilanzstichtag fortgeschrieben bzw. zurückgerechnet.

8 Nennen Sie drei mögliche Ursachen für Inventurdifferenzen.

4 Die wirtschaftliche Lagerhaltung

Im Lager der Top Bike GmbH gibt es verschiedene Statistiken. Eine Statistik zeigt den durchschnittlichen Lagerbestand und die durchschnittliche Lagerdauer für Sättel.

Top Bike GmbH	1. Jahr	2. Jahr	3. Jahr
durchschnittlicher Lagerbestand	245 Stück	256 Stück	275 Stück
durchschnittliche Lagerdauer	15 Tage	19 Tage	26 Tage

Was sagen durchschnittlicher Lagerbestand und durchschnittliche Lagerdauer aus?
- Welche Gründe könnten zu dieser Entwicklung geführt haben?
- Welche Maßnahmen können ergriffen werden, um dieser Entwicklung entgegenzuwirken?

Die Lagerhaltung steht ständig vor folgendem **Zielkonflikt**: Die Kunden erwarten eine hohe Lieferbereitschaft. Dies kann durch eine hohe Lagerhaltung erreicht werden. Lagerhaltung jedoch verursacht Kosten, die mit erhöhter Vorratshaltung ansteigen. Um diesen Zielkonflikt zu optimieren, muss jedes Unternehmen zunächst analysieren, welche Kosten durch die Bereitstellung des in der Produktion bzw. im Verkauf benötigten Material entstehen.

4.1 Die Lagerkosten

LS 21

Kosten, die unabhängig von der Menge oder dem Wert der eingelagerten Güter gleich bleiben, werden **fixe Kosten** genannt. Hierzu zählen z. B. Mietkosten sowie Löhne und Gehälter. Dagegen sinken oder steigen **variable Kosten** mit der Menge bzw. dem Wert der eingelagerten Güter, z. B. die Versicherungsprämien, Verwaltungskosten und die Verzinsung des im Lagerbestand gebundenen Kapitals.

gebundenes Kapital
Wert der Güter, die auf Lager liegt

Abschreibungen
planmäßige und außerplanmäßige Wertminderung

Die Lagerkosten können durch eine optimal geplante Lagerorganisation gering gehalten werden.

Lagerkosten	Beispiele
Raumkosten	Energie (Heizung, Strom), Wasser, Grundsteuer, Miete, Gebäudeabschreibung, Gebäudeversicherungsprämien
Einrichtungskosten	Abschreibung für Anlagen und Geräte, Leasingraten, Wartung und Instandhaltung, Energie (Strom, Treibstoffe), Anlagen- und Geräteversicherungsprämien
Personalkosten	Löhne, Gehälter, Sozialversicherungsbeiträge, freiwillige Sozialaufwendungen, Kosten für Arbeitsschutzmaßnahmen, Kosten für Sozialräume und -einrichtungen
allgemeine Verwaltungskosten	Büromaterialverbrauch, Kosten für DV-Anlagen, Kosten für Kommunikation, Verpackungsentsorgung
Kapitalkosten	Verzinsung des im Lager gebundenen Kapitals
Kosten des allgemeinen kaufmännischen Risikos	Warenversicherungsprämien, außerplanmäßige Abschreibungen (Schwund, Diebstahl, Entwertung)

4.2 Die Möglichkeiten, Lagerkosten einzusparen

Kunden vergleichen die Preise eines Produkts heutzutage mit denen der Konkurrenz. Durch immer bessere und günstigere Transportmöglichkeiten findet dieser Vergleich mit weltweit hergestellten Produkten statt. Deshalb sind Unternehmen hierzulande gezwungen, ihre Kosten zu prüfen und nach Einsparmöglichkeiten zu suchen.

Wertschöpfungskette
Stufen der Produktion

Um eine wirtschaftliche, kostenoptimale Lösung für ein Unternehmen zu finden, bietet sich die Analyse der eigenen Wertschöpfungskette an. In einem Industriebetrieb wie der Top Bike GmbH besteht diese vereinfacht aus der Beschaffung, dem Beschaffungslager, der Produktion, dem Vertriebslager und dem Vertrieb. In diesen Teilen der Wertschöpfungskette entstehen Kosten. Will das Unternehmen wirtschaftlich arbeiten, muss es durch den Verkaufserlös der Produkte diese Kosten wieder reinholen. Am Ende muss es noch einen zusätzlichen Gewinn machen.

Kernkompetenz
schwerpunktmäßiges Geschäft, z. B. die Herstellung von Fahrrädern

Outsourcing
Vergabe von Unternehmensleistungen, die bisher im eigenen Unternehmen waren, an Fremdfirmen und Dienstleister

Fremdlager
→ LF 2, Kap. 3.2

Distributionsprozess
Verteilung bzw. Vertrieb der Güter

Um solche Kosten einzusparen, verzichten immer mehr Unternehmen auf Teile der Wertschöpfungskette ihrer Produktion und spezialisieren sich auf ihre Kernkompetenz. Es wird dabei von **Outsourcing** gesprochen. In den vergangenen Jahren haben sich viele Industriebetriebe dazu entschlossen, Teilbereiche der Logistik auszulagern. Von der Beschaffungs- bis zur Entsorgungslogistik können Aufgaben an fremde Unternehmen abgegeben werden. Da die Lagerung für die Top Bike GmbH nicht zur eigentlichen Kernkompetenz gehört, könnte sie die beispielsweise verkaufsfertig montierten Fahrräder fremdlagern.

Doch die Möglichkeiten des Outsourcings gehen noch weiter. Fremddienstleister übernehmen nicht nur die Lagerung und die Warenpflege. Sie können sogar den kompletten Distributionsprozess ausführen. Viele Spediteure übernehmen diese Distributionsaufgabe. Sie verfügen über spezielle Distributionslager und organisieren die Kommissionierung und den Versand der verkauften Güter. Dafür erhalten sie entweder Pauschalbeträge oder Absatzbeteiligungen.

Die Top Bike GmbH lagert ihre verkaufsfertig montierten Fahrräder bei dem Spediteur Gerdes-Transports GmbH. Dieser übernimmt für die Top Bike GmbH den kompletten Vertrieb der Fahrräder.

Kaufvertrag
→ Anhang WiSo, Kap. 4.6

Die Südrad e.G. benötigt 20 Fahrräder für den Weiterverkauf. Der Kaufvertrag kommt zwischen der Top Bike GmbH und der Südrad e.G. zustande. Der Versand erfolgt direkt aus dem Distributionslager des Spediteurs Gerdes-Transports GmbH.

Eine weitere Möglichkeit des Outsourcings steht im Zusammenhang mit der wachsenden Bedeutung des Internethandels. Viele Onlinehändler verfügen weder über ein eigenes Lager noch einen eigenen Warenbestand. Bestellt ein Endverbraucher einen Artikel bei dem Internethändler, so lässt dieser die Ware direkt aus einem fremden Auslieferungslager versenden. Die Kernkompetenz des Onlinehändlers ist der Verkauf. Der Betreiber des Auslieferungslagers stellt dem Onlinehändler die Kosten in Rechnung und erhält gegebenenfalls einen Pauschalbetrag oder wiederum eine Absatzbeteiligung.

Der Online-Fahrradhändler web-trec GmbH verkauft Fahrräder über das Internet. Die Kunden bestellen bei der web-trec GmbH und schließen mit ihr den Kaufvertrag. Nach Zahlungseingang wird das Fahrrad jedoch direkt aus dem Auslieferungslager der Top Bike GmbH zum Kunden versendet.

Die wohl bekannteste Möglichkeit, Lagerkosten einzusparen, ist die **Just-in-Time-Lieferung**. Die benötigten Güter werden zu dem Zeitpunkt geliefert, zu dem sie in der Montage benötigt oder für die Weiterversendung vorbereitet werden. Die Bereitstellung erfolgt bedarfssynchron. Die Lagerbestände werden so reduziert. Die eigentliche Lagerung wird auf den Lieferanten verschoben. Dazu wird die Ware nicht mehr in ein zentrales Wareneingangslager sondern direkt in das Montagelager geliefert. Dadurch können jedoch Mengenrabatte entfallen. Die Transportkosten steigen.

bedarfssynchron
zum benötigten Zeitpunkt

Die Top Bike GmbH bekommt Fahrradfelgen von einem Hersteller aus Hannover. Bislang werden die Felgen monatlich geliefert und eingelagert. Die Top Bike GmbH trägt die Liefer- und Verpackungskosten sowie zusätzlich die Lagerkosten. Nun sollen die Fahrradfelgen Just-in-Time geliefert werden. Die Lieferung erfolgt täglich montags bis freitags in den kleinen Mengen. Die Lagerung der Fahrradfelgen im Wareneingang sowie die Kommissionierung für die Montage sind nicht mehr notwendig. Die Felgen werden am gleichen Tag in die entsprechenden Fahrräder eingebaut. Zwar erhöhen sich die Versand- und Verpackungskosten. Allerdings reduzieren sich die Kosten der Lagerung und der Kommissionierung.

Neben der Einsparung der Lagerkosten sind jedoch weitere Kriterien bezüglich des Outsourcings zu bedenken. Durch die Auslagerung von Teilbereichen an Fremdunternehmen entstehen gegenseitige Abhängigkeiten. Kann ein Unternehmen nicht liefern, gerät auch das andere Unternehmen in Schwierigkeiten. Die Kommunikation zwischen den zwei Unternehmen (B2B) muss reibungslos ablaufen. Die Lagerhaltungssysteme der Unternehmen müssen perfekt aufeinander abgestimmt sein, sodass die Lagerkennzahlen an den Zulieferer übertragen werden und Bestellungen möglichst automatisch getätigt werden.

B2B
business-to-business – Beziehung zwischen zwei Unternehmen

Lagerkennzahlen
→ LF 3, Kap. 4.3

Die Verträge werden meist langfristig abgeschlossen. So geht eigener Handlungsspielraum verloren. Die Abhängigkeit besteht weiter, auch wenn das Zusammenspiel nicht erwartungsgemäß abläuft. Dies kann zu Qualitäts- und somit zum Kundenverlust führen.

Durch Just-in-Time-Lieferungen sind zusätzliche Transportleistungen notwendig. Das belastet die Umwelt und die Verkehrswege. Letztlich bedeutet das Auslagern von Teilbereichen auch immer einen Arbeitsplatzverlust in dem abgebenden Unternehmen. Denn ob diese Arbeitsplätze zu gleichen Bedingungen in übernehmenden Unternehmen wieder entstehen, bleibt zumindest fraglich. Das kann zum Imageverlust der Marke führen. In ersten Unternehmen kommt es aus diesen Überlegungen zum Insourcing.

Insourcing
Wiedereingliederung von Teilen der Wertschöpfungskette

Es müssen immer alle Kosten sowie Vor- und Nachteile des Outsourings verglichen werden. Dafür ist die Kenntnis der Lagerkennzahlen notwendig.

LS 22

4.3 Die Lagerkennzahlen

Von der **optimalen Lagergröße** wird gesprochen, wenn das Unternehmen in allen wichtigen Fällen liefern kann und dabei die Kosten der Lagerhaltung nicht zu hoch sind. Wenn die optimale Lagergröße erreicht ist, wird in der Regel auch die Wirtschaftlichkeit des Lagers am höchsten sein. Da die Warenentnahme aus dem Lager nicht genau vorherbestimmt werden kann, kann die optimale Lagergröße nicht exakt berechnet werden. Trotzdem kann die Wirtschaftlichkeit des Lagers mithilfe von Kennzahlen der Lagerhaltung gut kontrolliert und überwacht werden.

Wirtschaftlichkeit bedeutet hier das Verhältnis der durch die Lagerhaltung erzielbaren Umsätze zu den durch das Lager anfallenden Kosten

Kennzahlen der Produktivität → LF 2, Kap. 5

! Mithilfe von **Lagerkennzahlen** können bestimmte Sachverhalte und Entwicklungen im Lager gemessen werden. So können Vergleiche durchgeführt und die Stärken und Schwächen des Unternehmens bestimmt werden.

Vergleichsarten	Erklärung
innerbetriebliche Vergleiche	Hier werden betriebsinterne Lagerkennzahlen ausgewertet. Es gibt verschiedene Möglichkeiten: • zeitliche Vergleiche, z. B. Jahr 1, Jahr 2 • Soll-Ist-Vergleiche: tatsächliche Zustände mit der Soll-Entwicklung vergleichen
zwischenbetriebliche Vergleiche	Bei diesem Vergleich werden Kennzahlen von zwei oder mehr Betrieben ausgewertet.
überbetriebliche Vergleiche	Hierbei dienen Branchendurchschnittswerte als Vergleichsgröße. Sie sind regelmäßig in Fachzeitschriften zu finden.

LS 23

4.3.1 Die Lagerbestandskennzahlen

Zu den Kennzahlen, mit denen der Bestand des Lagers und die Lagerreichweite überwacht werden können, gehören Mindestbestand, Höchstbestand, Bestellmenge, Meldebestand und der durchschnittliche Lagerbestand.

Der **Mindestbestand** ist der Bestand im Lager, der nur im Notfall (z. B. ausgefallene Lieferung, Lieferverzögerung) unterschritten werden darf, damit es zu keinen Engpässen kommt. Der Mindestbestand wird vom Unternehmen festgelegt. Er wird auch eiserner Bestand genannt; er ist ein Erfahrungswert.

Höchstbestand
− Mindestbestand
= max. Bestellmenge

Der **Höchstbestand** ist der Bestand im Lager, der nicht überschritten werden sollte. Er wird dadurch bestimmt, dass nur ein bestimmter Lagerplatz oder eine bestimmte Geldmenge für die Lagerung zur Verfügung steht.

Die **Bestellmenge** ist die Menge, die bestellt werden muss, um das Lager, sobald der Mindestbestand erreicht ist, wieder bis zu seinem Höchstbestand aufzufüllen.

Mindestbestand
+ (Tagesverbrauch · Lieferzeit)
= Meldebestand

Der **Meldebestand** (MB) liegt über dem Mindestbestand. Er gibt an, dass eine neue Bestellung zu erfolgen hat, damit der Mindestbestand nicht unterschritten wird.

→ Die Geschäftsleitung legte den Mindestbestand für Sättel auf 300 Stück und den Höchstbestand auf 1.300 Stück fest. Die Top Bike GmbH benötigen für die tägliche Produktion 100 Sättel Modell „Komfortsattel unisex". Die Lieferzeit beträgt 5 Tage. Meldebestand = 300 + 100 · 5 = 800 Stück

Grafische Darstellung des Mindest-, Höchst- und Meldebestands

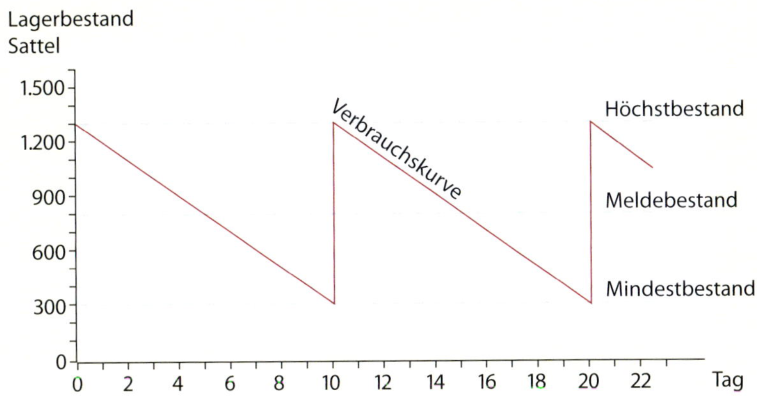

Durch die Warenzugänge, vor allem aber durch den Verbrauch, ändert sich der Lagerbestand täglich. Um das Lager kontrollieren zu können, rechnet das Unternehmen deshalb mit Durchschnittswerten wie dem **durchschnittlichen Lagerbestand** (Ø LB). Er gibt an, wie viele Güter durchschnittlich im Lager sind.

Durchschnittlicher Lagerbestand

Variante	Formel	Erläuterung
jährliche Berechnung: Jahresanfangsbestand zum 1.1. (AB) Jahresendbestand zum 31.12. (EB)	$\text{Ø LB} = \frac{AB + EB}{2}$	ungenau
vierteljährliche Berechnung (Quartalsrechnung): Jahresanfangsbestand (AB) 4 Quartalsendbestände (EB_1 bis EB_4)	$\text{Ø LB} = \frac{AB + EB_1 + EB_2 + EB_3 + EB_4}{5}$	genauer als erste Variante
monatliche Berechnung: Jahresanfangsbestand (AB) 12 Monatsendbestände (EB_1 bis EB_{12})	$\text{Ø LB} = \frac{AB + EB_1 + EB_2 + \dots EB_{12}}{13}$	relativ gut geeignet, da viele Bestände berücksichtigt werden
tägliche Berechnung: 360 Tagesendbestände (EB_1 bis EB_{360})	$\text{Ø LB} = \frac{\Sigma\ 360\ \text{Tagesendbestände}}{360}$	am besten geeignet, jedoch nur mit DV-Unterstützung möglich

Das Ergebnis der Berechnung wird umso genauer und kommt an die tatsächlichen Werte nahe heran, wenn das Unternehmen so viele Werte wie möglich in seiner Berechnung berücksichtigt. Der durchschnittliche Lagerbestand gibt Aufschluss über die vorliegende Kapitalbindung. Ein niedriger Lagerbestand führt zu geringeren Kapitalbindungskosten, aber eventuell zu höheren Kosten der Materialbereitstellung.

durchschnittlicher LB in Euro = durchschnittlicher Lagerbestand · Einstandspreis

Einstandspreis (Bezugspreis) ist der Preis, zu dem das Unternehmen die Güter einkauft.

In der Top Bike GmbH gibt es für Sättel Modell „Komfortsattel unisex“ folgende Lagerbestände:

Lagerbestände – „Komfortsattel unisex“													
Datum	AB	31.01.	28.02.	31.03.	30.04.	31.05.	30.06.	31.07.	31.08.	30.09.	31.10.	30.11.	31.12.
Bestand	36	59	42	56	39	47	35	62	56	30	47	34	42

Susanne ermittelt nun auf Basis der
a) jährlichen Variante, b) vierteljährlichen Variante und c) monatlichen Variante
den durchschnittlichen Lagerbestand:

zu a) $\text{Ø LB} = \frac{36 + 42}{2} = 39$ Stück zu b) $\text{Ø LB} = \frac{36 + 56 + 35 + 30 + 42}{5} = 39{,}8$ Stück

zu c) $\text{Ø LB} = \frac{36 + 59 + 42 + 56 + 39 + 47 + 35 + 62 + 56 + 30 + 47 + 34 + 42}{13} = 45$ Stück

Herr Pietsch möchte nun auch noch wissen, wie hoch das gebundene Kapitel bei der monatlichen Berechnung ist, wenn der Einstandspreis 19,00 Euro beträgt.
Ø LB in Euro = 45 · 19,00 € = 855,00 €

Die **durchschnittliche Lagerreichweite** (Ø LRW) gibt an, wie lange der vorhandene durchschnittliche Lagerbestand für den durchschnittlichen Verbrauch in einem bestimmten Zeitraum (meist Tage, Wochen oder Monate) ausreicht.

$$\textbf{durchschnittliche Lagerreichweite} = \frac{\text{Ø Lagerbestand}}{\text{Ø Verbrauch pro Zeiteinheit}}$$

$$\textbf{durchschnittliche Lagerreichweite unter Berücksichtigung von offenen Bestellungen und geplantem Verbrauch} = \frac{\text{Ø Lagerbestand + offene Bestellungen}}{\text{geplanter Bedarf pro Zeiteinheit}}$$

Je niedriger die durchschnittliche Lagerreichweite, desto niedriger sind die Kapitalbindung und das Risiko eines Veralterns von Artikeln. Eine zu niedrige durchschnittliche Lagerreichweite kann aber zu Fehlmengen führen, z. B. durch Lieferengpässe. Die Lieferbereitschaft muss immer erhalten bleiben.

4.3.2 Die Lagerbewegungskennzahlen

Nicht nur die Bestände im Lager müssen im Interesse der Optimierung der Wirtschaftlichkeit beobachtet werden, sondern auch die Veränderungen durch die Warenbewegungen, die es im Lager gibt. Dazu dienen die Umschlagshäufigkeit und die durchschnittliche Lagerdauer.

Die **Umschlagshäufigkeit** (UH) gibt an, wie oft der Lagerbestand in einer betrachteten Periode komplett ein- und wieder ausgelagert wurde. Die Berechnung kann sowohl auf Mengenbasis als auch auf Wertbasis (in Euro) erfolgen. Je niedriger der durchschnittliche Lagerbestand, desto höher ist die Umschlagshäufigkeit.

$$\textbf{Umschlagshäufigkeit auf Mengenbasis} = \frac{\text{Wareneinsatz}}{\text{Ø LB}}$$

$$\textbf{Umschlagshäufigkeit auf Wertbasis} = \frac{\text{Wareneinsatz in Euro}}{\text{Ø LB in Euro}}$$

Achtung: Der Wareneinsatz bezieht sich nicht auf die Menge der eingekauften Waren, sondern auf die Menge der verkauften Waren bewertet zum Bezugspreis

Der **Wareneinsatz** gibt an, welche Warenmenge im Laufe einer Periode verbraucht und somit verkauft wurde. Bewertet wird der Wareneinsatz zum Einstandspreis.

Wareneinsatz in Stück = Summe aller Lagerabgänge lt. Materialentnahmeschein
= Anfangsbestand + Warenzugänge – Endbestand
Wareneinsatz in Euro = Einstandspreis vom Anfangsbestand + Einstandspreis der Warenzugänge – Einstandspreis vom Endbestand

Artikel mit hoher Umschlagshäufigkeit werden als Schnelldreher bzw. Renner, solche mit geringer Umschlagshäufigkeit als Langsamdreher bzw. Penner oder Ladenhüter bezeichnet. Je höher die Umschlagshäufigkeit, desto niedriger ist das im Lager gebundene Kapital. Dieses Ziel kann z. B. durch kleinere, aber häufigere Bestellmengen, durch das Just-in-time-Prinzip, die Absenkung zu hoher Mindestbestände, durch absatzfördernde Maßnahmen und die Bereinigung des Sortiments von Langsamdrehern erreicht werden.

Just-in-time-Lieferung
→ LF 3, Kap. 4.2

Der durchschnittliche Lagerbestand der Sättel Modell „Komfortsattel unisex" betrug nach der monatlichen Berechnungsmethode 45 Stück. Während des Betrachtungszeitraums betrugen die Zugänge 231 Stück. Der Anfangsbestand betrug 36 Stück und der Endbestand 42 Stück.
Wareneinsatz in Stück = 36 + 231 – 42 = 225 Stück

$$\text{Umschlagshäufigkeit} = \frac{225}{45} = 5$$

Die **durchschnittliche Lagerdauer** (Ø LD) gibt an, wie lange sich ein Artikel im Lager befindet und somit das dafür benötigte Kapital gebunden ist. Die durchschnittliche Lagerdauer wird in Tagen errechnet. Im kaufmännischen Bereich wird dazu in der Regel ein Jahr mit 360 Tagen angegeben.

$$\textbf{durchschnittliche Lagerdauer} = \frac{\text{360 Tage}}{\text{Umschlagshäufigkeit}}$$

Schnelldreher bzw. Renner haben eine kurze, Langsamdreher bzw. Penner eine lange durchschnittliche Lagerdauer. Je kürzer die durchschnittliche Lagerdauer, desto besser, da die Kapitalbindungsdauer kürzer ist. Die durchschnittliche Lagerdauer ist umso geringer, je höher die Umschlagshäufigkeit ist.

Die durchschnittliche Lagerdauer für die Sättel Modell „Komfortsattel unisex" der Top Bike GmbH beträgt 72 Tage bei einer Umschlagshäufigkeit von 5.

$$\text{Ø LD} = \frac{\text{360 Tage}}{5} = \text{72 Tage}$$

4.3.3 Die Kapitalbindungskennzahlen

Der **Lagerzinssatz** (LZS) gibt an, wie viel Prozent Zinsen die im durchschnittlichen Lagerbestand gebundenen Güter während ihrer Lagerung durchschnittlich kosten. Dazu wird der marktübliche Zinssatz der Banken genutzt, da Unternehmen ihre Materialeinkäufe üblicherweise durch Bankkredite finanzieren. Die Zinssätze werden immer für das Jahr (p. a.) angegeben. Je geringer der Lagerzinssatz, desto geringer sind die Kapitalbindungskosten. Wenn der marktübliche Zinssatz sinkt und/oder die durchschnittliche Lagerdauer sinken, sinkt auch der Lagerzinssatz.

p. a.
pro anno (lat.) = jährlich

$$\textbf{Lagerzinssatz} = \frac{\text{marktüblicher Zinssatz in \% (p. a.)} \cdot \text{Ø LD}}{360}$$

Die durchschnittliche Lagerdauer für Sättel, Modell „Komfortsattel unisex", beträgt bei der Top Bike GmbH 40 Tage. Der banküblich Zinssatz liegt bei 9 % und die durchschnittliche Lagerdauer bei 72 Tagen.

$$\text{Lagerzinssatz} = \frac{9\,\% \cdot 72}{360} = 1{,}8\,\%$$

Die Sättel werden also wegen der Lagerzinskosten während ihrer Lagerzeit im Durchschnitt um 1,8 % ihres Einkaufspreises teurer.

Die **Lagerzinsen** (LZ) geben an, wie viel das im durchschnittlichen Lagerbestand gebundene Kapital während der durchschnittlichen Lagerdauer kostet. Je niedriger der durchschnittliche Lagerbestand und/oder der Lagerzinssatz, desto niedriger die Lagerzinsen.

$$\textbf{Lagerzinsen} = \frac{\text{Ø LB in Euro} \cdot \text{Lagerzinssatz in \%}}{100\,\%}$$

Der durchschnittliche Lagerbestand beträgt 855,00 Euro, der Marktzinssatz 9 % und die durchschnittliche Lagerdauer 72 Tage.

$$\text{Lagerzinsen} = \frac{855{,}00 \cdot 1{,}8\,\%}{100\,\%} = 15{,}39$$

Die Lagerzinsen betragen 15,39 Euro. Die Top Bike GmbH muss also alle 72 Tage an ihre Bank aufgrund der Lagerung der Sättel 15,39 Euro Kreditzinsen bezahlen.

Die **Umschlagshäufigkeit** zählt zu den zentralen Kennzahlen einer wirtschaftlichen Lagerhaltung. Gelingt es, die Umschlagshäufigkeit zu erhöhen, hat das folgende Konsequenzen:

- durchschnittliche Lagerdauer sinkt
- Kapitalbindungsdauer und Kapitalbedarf sinken
- Lagerzinssatz und Lagerzinsen sinken
- Gefahr von Lagerrisiken (z. B. durch Schwund, Diebstahl) sinkt
- sonstige Lagerkosten (z. B. für Warenpflege, Warenversicherung) entfallen

ALLES KLAR?

1 Stellen Sie fest, welcher Artikel nachbestellt werden muss:
- **a** Artikel A: Meldebestand 80, Mindestbestand 20, Istbestand 160
- **b** Artikel B: Meldebestand 150, Mindestbestand 60, Istbestand 150
- **c** Artikel C: Meldebestand 100, Mindestbestand 50, Istbestand 280
- **d** Artikel D: Meldebestand 10, Mindestbestand 5, Istbestand 11
- **e** Artikel E: Meldebestand 120, Mindestbestand 50, Istbestand 150

2 Für einen Artikel beträgt die Lieferzeit 20 Tage. Der Mindestbestand wurde auf 400 Stück festgelegt und der Höchstbestand soll 3.000 Stück nicht überschreiten. Der Tagesabsatz beträgt 55 Stück. Wie hoch ist der Meldebestand?

3 Sie sollen den neuen Auszubildenden erklären, was der Mindestbestand ist. Welche Erklärung ist richtig?
- **a** Der Mindestbestand ist der Bestand, bei dem eine Nachbestellung erfolgen muss.
- **b** Der Mindestbestand ist der Bestand, der sich zurzeit im Lager befindet.
- **c** Der Mindestbestand ist der Bestand, der höchstens im Lager ist.
- **d** Der Mindestbestand ist der Bestand, der auch eiserne Reserve genannt wird.
- **e** Der Mindestbestand ist der Bestand, der nie überschritten werden darf.

4 Die Geschäftsleitung möchte für alle Teile den Mindestbestand erhöhen. Welches Risiko soll verringert werden?
- **a** Dass die Lagerkosten steigen.
- **b** Dass sich das gebundene Kapital vermindert.
- **c** Dass bei Lieferschwierigkeiten Produktionsausfälle entstehen.
- **d** Dass die Personalkosten sinken.
- **e** Dass die Güter veralten.

5 Welche Information können Sie aus den Lagerkennziffern ableiten?
- **a** die Anzahl der Fördermittel, die in einem Lager vorhanden sind
- **b** den Aufbau der Lagerplatznummern
- **c** die Größe der Lagerbereiche in m^2
- **d** die Wirtschaftlichkeit der Lagerhaltung
- **e** die Anzahl und die verschiedenen Größen der Lagerbehälter in den einzelnen Lagerzonen

6 Erklären Sie den Begriff „gebundenes Kapital".

7 Stellen Sie fest, in welchem Fall die Kapitalbindung sehr hoch ist:
- **a** wenn die produzierten Erzeugnisse gegen Kartenzahlung verkauft werden
- **b** wenn die produzierten Erzeugnisse mit Verlust verkauft werden
- **c** wenn die produzierten Erzeugnisse mit Gewinn verkauft werden
- **d** wenn die produzierten Erzeugnisse ohne Lagerung verkauft werden können
- **e** wenn die produzierten Erzeugnisse nicht verkauft werden können

8 Welche Maßnahme schlagen Sie vor, um die Kapitalbindung im Rahmen des Materialflusses zu senken?
- **a** Eine Zwischenlagerung zwischen den einzelnen Produktionsstufen soll vermieden werden.
- **b** Die Höchstbestände werden aufgrund vermehrten Ausschusses erhöht.
- **c** Die Durchlaufzeit eines Produktes im Fertigungsprozess wird erhöht.
- **d** Es wird weniger oft, dafür aber jeweils mehr bestellt.
- **e** Die Mindestbestände werden aufgrund längerer Lieferfristen erhöht.

9 Welcher Zusammenhang besteht zwischen Meldebestand und Lieferzeit?
- **a** Zwischen Meldebestand und Lieferzeit besteht kein Zusammenhang.
- **b** Je länger die Lieferzeit ist, desto geringer muss der Meldebestand sein.
- **c** Bei einem niedrigen Höchstbestand und einem hohen Meldebestand muss die Lieferzeit kurz sein.
- **d** Je kürzer die Lieferzeit ist, desto größer muss der Meldebestand sein.
- **e** Der Meldebestand ist u.a. abhängig von der Zuverlässigkeit des Lieferers und der Lieferzeit.

ALLES KLAR?

10 Welchen Vorteil hat ein kleiner Lagerbestand?
- **a** Fehlende Lieferfähigkeit wird beseitigt.
- **b** Preissteigerungen fallen nicht ins Gewicht.
- **c** Der Umsatz steigt wegen der geringeren Warenvorräte.
- **d** Es muss weniger oft nachbestellt werden.
- **e** Die Zinsen für gebundenes Kapital sind niedriger.

11 Welche Aussage zur Umschlagshäufigkeit und zur Lagerdauer ist richtig?
- **a** Eine hohe Umschlagshäufigkeit erhöht die Lagerdauer.
- **b** Eine hohe Umschlagshäufigkeit verkürzt die Lagerdauer.
- **c** Umschlagshäufigkeit und Lagerdauer hängen nicht zusammen.
- **d** Ein langsamer Lagerumschlag verkürzt die Lagerdauer.
- **e** Umschlagshäufigkeit und Lagerdauer haben für das Lager keine Bedeutung.

12 Für den Artikel „Felge S25" liegen aus dem Lagerverwaltungssystem und der Inventur folgende Werte vor:

Jahresanfangsbestand:	1.500,00 €
Summe der 12 Monatsendbestände:	16.050,00 €
Zugänge währende des Jahres:	11.000,00 €
Jahresendbestand:	2.000,00 €

Ermitteln Sie
- **a** den durchschnittlichen Lagerbestand.
- **b** die Umschlagshäufigkeit.
- **c** die durchschnittliche Lagerdauer.
- **d** die Lagerzinsen (10 % marktüblicher Zinssatz).

13 Im Hauptlager wurde bisher aus Kostengründen von einer Erhöhung der Lagerkapazität abgesehen und die Lagerbestände relativ niedrig gehalten. Mittlerweile häufen sich jedoch die nicht erledigten Auslieferungsaufträge aufgrund fehlender Lieferbereitschaft. Mit welchem Zielkonflikt muss sich die Unternehmensleitung auseinandersetzen?
- **a** Lagergröße und Personalbindung
- **b** Personaleinstellung und Lagerkosten
- **c** Lagerkosten und Umsatz
- **d** Lagergröße und Sortimentsbereinigung
- **e** Lagergröße und Sortimentserweiterung

14 Welche Aussage über das Lagerrisiko ist richtig?
- **a** Je geringer die Lagerdauer, desto höher ist das Lagerrisiko.
- **b** Je geringer die Lagerdauer, desto geringer ist das Lagerrisiko.
- **c** Je höher der durchschnittliche Lagerbestand, desto geringer ist das Lagerrisiko.
- **d** Die Lagerdauer steht in keinem Zusammenhang mit dem Lagerrisiko.
- **e** Je höher die Umschlagshäufigkeit, desto höher ist das Lagerrisiko.

15 Welche der folgenden Größen muss bei der Festlegung des Lagerortes berücksichtigt werden?
- **a** der Mindestbestand
- **b** der Meldebestand
- **c** die Lieferzeit
- **d** der Höchstbestand
- **e** die Umschlagshäufigkeit

16 Welche Funktion erfüllt der Materialentnahmeschein?
- **a** Er ermöglicht einen Überblick über die mengen- und wertmäßigen Lagerbestände.
- **b** Er informiert die Einkaufsabteilung über den Einkaufspreis.
- **c** Er dient als Buchungsbeleg für die Ausgabe der Güter.
- **d** Er enthält die Mindest- und Höchstbestände.
- **e** Er enthält die Meldebestände für die Nachbestellung der Güter.

17 Es wird festgestellt, dass der durchschnittliche Lagerbestand von einem Gut zu hoch ist. Welche Auswirkung hat dies?
- **a** Die Kapitalbindung ist zu hoch.
- **b** Der Verkauf des Gutes erhöht sich.
- **c** Die Fertigungskapazität wird erweitert.
- **d** Der Mindestbestand kann erhöht werden.
- **e** Die Umschlagshäufigkeit wird automatisch höher.

18 Um weiterhin erfolgreich im Wettbewerb bestehen zu können, fordert die Geschäftsleitung alle Mitarbeiterinnen auf, Kosten zu sparen. Nennen Sie drei Kostenbereiche der Lagerhaltung und geben Sie zu jedem dieser drei Kostenbereiche je ein Beispiel für Kosteneinsparungen an.

5 English exercises

Exercise 1

Tom Leonhard doesn't know that there are so many types of inventory. He would like to know the difference between them. Find out about each type of inventory and write a short text about each one. Don't forget to mention the pros and cons. Look at the useful vocabulary box for help.

Inventur	inventory
Zeiteinsparung	time-saving
Stichtagsinventur	periodic inventory
Personalbedarf	staff requirement
zeitnahe Inventur	real-time inventory
verlegte Inventur	delayed inventory
niedriger Bestand	low stock
Betriebsablauf	operating procedure
Verzögerung	delay
permanente Inventur	permanent inventory
Buchmäßige Inventur	book inventory
Stichprobeninventur	random-sample inventory

Exercise 2

Work with a partner and match the descriptions with the work equipment below.

a Work equipment which makes unpacking easy.
b Work equipment which makes weighing, measuring and counting easy.
c Work equipment which makes packing and filling easy.
d Work equipment which makes labelling and ticketing easy.
e Work equipment which makes disposal and cleaning easy.

1. counter
2. film shrinking device
3. pallet scales
4. table scales
5. scanner
6. general purpose cutter with rechargeable battery
7. film cutter
8. high-lift pallet truck
9. counting scales
10. pallet lift truck with scales
11. baling press
12. cutter knife
13. label printer
14. tape gun
15. stretch wrapper machine

4

Güter im Betrieb transportieren

- Der innerbetriebliche Material- und Informationsfluss
- Die Förderhilfsmittel
- Die Fördermittel
- Der Handtransport
- English exercises

...?
UND 4! UND 5!
KINDER-KRAM!
UFF!
UPS...

LS 24

1 Der innerbetriebliche Material- und Informationsfluss

Die Geschäftsführung der Top Bike GmbH ist in Sorge. Trotz der ausgezeichneten Auftragslage sind die Gewinne im letzten Quartal stagniert. Es wurde Unternehmensberater Herr Hassel beauftragt, den Ursachen für diesen Zustand auf den Grund zu gehen. Nachdem sich Herr Hassel ausführlich mit dem Unternehmen beschäftigt hat, legt er der Geschäftsführung seinen Plan vor: Der innerbetriebliche Materialfluss in der Top Bike GmbH soll optimiert werden. Die Durchlaufzeiten sind zu verkürzen und Arbeitsbedingungen zu verbessern. Was ist ein innerbetrieblicher Materialfluss und wie kann dieser optimiert werden?

Materialfluss
→ LF 1, Kap. 1.2.3

Materialien
Roh-, Hilfs- und Betriebsstoffe, halbfertige und fertige Erzeugnisse
→ LF 2, Kap. 3.1.1

Der innerbetriebliche **Materialfluss** stellt den Weg dar, den verschiedene Materialien in einem **Industrieunternehmen** nehmen, bis ein fertiges Erzeugnis entsteht. In einem **Materialflussplan** sind alle Materialbewegungen in einer Grafik schematisch dargestellt. Die innerbetrieblichen Orte (z. B. Abteilungen und Stellen) werden durch Rechtecke dargestellt und mit der Bezeichnung des Ortes beschriftet. Das Fließen der Güter von einem Ort zum anderen wird durch Pfeile dargestellt. Fließen viele Güter, werden die Pfeile dicker dargestellt.

Beispiel eines Materialflusses innerhalb eines **Industriebetriebes**:

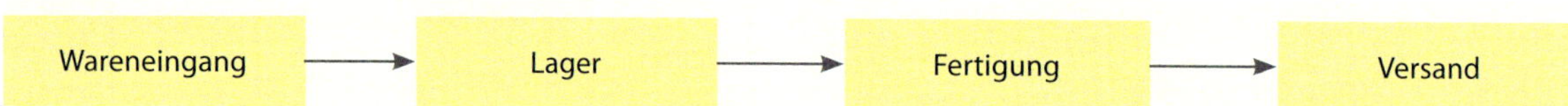

Lagerarten
→ LF 2, Kap. 3

Es handelt sich hierbei um eine vereinfachte Darstellung. Bei mehreren Fertigungsstufen muss der Materialflussplan um weitere Zwischenlager und Fertigungseinheiten ergänzt werden:

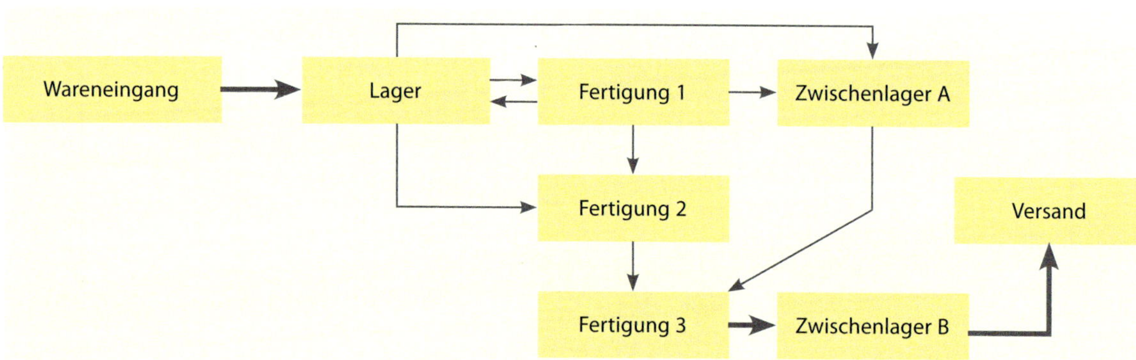

Für **Handelsunternehmen** gilt, dass die Fertigung komplett entfällt:

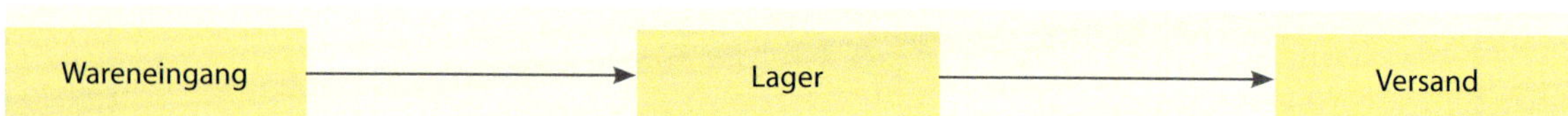

Mitentscheidend für den Unternehmenserfolg ist es, die Schnittstellen zwischen den einzelnen Bereichen zu optimieren. So ist die Fertigung darauf angewiesen, im Lager die benötigten Rohstoffe und Komponenten vorzufinden, die für die Produktion benötigt werden. Ansonsten kann die Produktion keine fertigen Erzeugnisse herstellen. Das Lager wiederum ist davon abhängig, dass die benötigten Rohstoffe und Komponenten beschafft und eingelagert wurden. Funktioniert die Abstimmung an den Schnittstellen nicht oder unzureichend, kann es zu Verzögerungen im Ablauf kommen. Schlimmstenfalls kann der Kunde nicht bedient werden. Voraussetzung für den **optimalen innerbetrieblichen Materialfluss** ist also der **optimale innerbetriebliche Informationsfluss** zwischen den einzelnen Bereichen des Unternehmens. Dieser erfolgt in der Regel in umgekehrter Reihenfolge zum Materialfluss:

Informationsfluss
→ LF 1, Kap. 1.2.3

Auftragseingang → Auftragsbearbeitung → Disposition → Beschaffung

Heutzutage werden Unternehmen in der Regel vom Markt aus geführt, d. h. das Unternehmen schaut sich an, welche Wünsche und Bedürfnisse die Kunden haben und stellt sich darauf ein. Entsprechend den Kundenbedürfnissen wird das Fertigungsprogramm geplant und die dafür benötigten Materialien beschafft. Die Informationen fließen also vom Verkauf zum Einkauf, während das Material vom Einkauf über die Fertigung zum Verkauf fließt.

Bedürfnisse
→ Anhang WiSo, Kap. 3.1

Einen innerbetrieblichen Materialfluss stellen auch die **Begleitpapiere zur logistischen Abwicklung** von Kundenaufträgen dar. Jedes Gut, das innerhalb des Unternehmens bewegt wird, muss durch Materialbelege begleitet werden. Aus diesen Belegen geht hervor, um welches Material es sich handelt, zu welchem Geschäftsvorgang es gehört (Identität) und für welche Stelle es bestimmt ist (Adresse). Dadurch wird verhindert, dass im Unternehmen Material an die falsche Stelle gelangt oder ganz verloren geht. Beispiele für solche Materialbegleitbelege sind: Wareneinlagerungsschein, Kommissionierbeleg, Packauftrag, Ladeliste.

Warenbegleitpapiere
→ LF 1, Kap. 2.1

Damit die Informationen optimal fließen, ist es notwendig, dass die Mitarbeiter wichtige Informationen weitergeben. Eine Möglichkeit besteht in der Nutzung eines Warenwirtschaftssystems (WWS), in dem die Systeme aller Abteilungen digital verknüpft sind. Dadurch kann z. B. ein Mitarbeiter der Abteilung Beschaffung sofort sehen, wenn im Lager eine Bedarfsmeldung erstellt worden ist. Er kann dann eine entsprechende Bestellung beim Lieferanten auslösen.

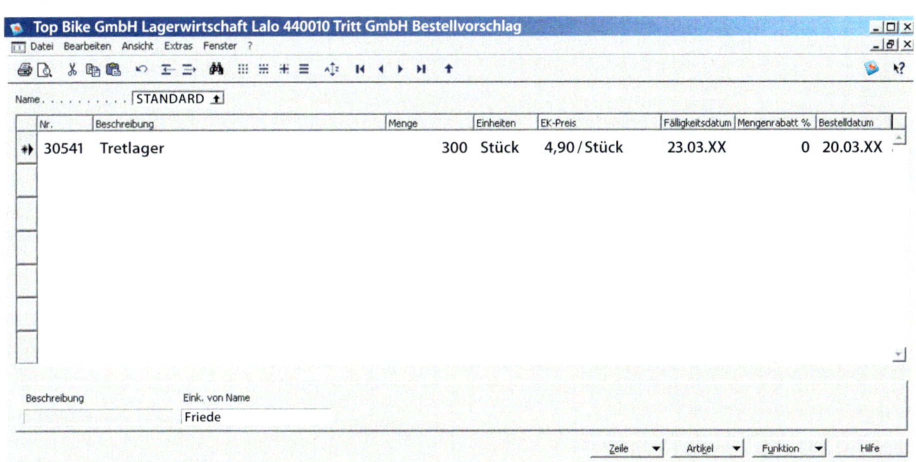

Bestellvorschlag

Neben der Unterstützung durch den optimalen innerbetrieblichen Informationsfluss muss auch der innerbetriebliche Materialfluss selbst, insbesondere an den Schnittstellen, optimiert werden. Zur Gewährleistung des Materialflusses ist der **innerbetriebliche Transportweg** zu organisieren. Hierzu muss entsprechendes Personal zur Verfügung stehen, das die Transportwege kennt. Außerdem müssen geeignete Transportmittel vorhanden sein.

innerbetriebliche Transportmittel
→ LF 4, Kap. 3

Dadurch, dass ein Unternehmen seinen innerbetrieblichen Materialfluss optimiert, gewinnt es in vielerlei Hinsicht:

a) **Leistungssteigerung**
Die vorhandenen Ressourcen an Mitarbeitern und Material werden optimal ausgenutzt. Leerlaufzeiten an den Maschinen werden vermieden, überflüssige Wege werden gespart. Dadurch steigt die Leistung innerhalb des Unternehmens.

Wege optimieren
→ LF 2, Kap. 2.6

b) **Qualitätsverbesserung**
Dadurch, dass Rohstoffe und Komponenten termingenau zur Verfügung stehen und nicht unter Zeitdruck produziert werden muss, steigt die Qualität der fertigen Erzeugnisse.

c) **Verbesserung der Arbeitsbedingungen**
Mitarbeiter finden an Material und Arbeitsgerät das vor, was sie benötigen. Sie können doppelte und überflüssige Arbeiten sparen. Sie müssen nicht improvisieren, weil benötigtes Material nicht zur Verfügung steht. Außerdem müssen die Mitarbeiter keine Leerlaufzeiten überbrücken. Dies alles trägt zur Arbeitsmotivation bei.

d) **Vermeidung von Unfällen**
Die Mitarbeiter haben zweckmäßiges und sicheres Arbeitsgerät, um das Material innerbetrieblich zu transportieren. Damit sinkt die Unfallwahrscheinlichkeit.

Sicherheit am Arbeitsplatz
→ LF 1, Kap. 5

e) **Verminderung der Umweltbelastung**
Da nur beschafft wird, was auch benötigt wird, entstehen weniger Abfälle. Außerdem sinken Verpackungsabfälle und Abgase, da der Transport überzähligen Materials entfällt.

f) **Wirtschaftliche Aspekte**
Jeder der vorher aufgezählten Aspekte verbessert auch die wirtschaftliche Situation des Unternehmens. Einige sind geeignet, Kosten zu senken, andere, die Umsätze zu erhöhen. Ein optimaler Materialfluss ist Voraussetzung dafür, dass ein Unternehmen sich am Markt durchsetzen und letztendlich überleben kann.

Kennzahlen
→ LF 2, Kap. 5
→ LF 3, Kap. 4.3

ALLES KLAR?

1 Erklären Sie, inwiefern sich Handelsunternehmen von Industrieunternehmen unterscheiden.

2 Ordnen Sie die folgenden Unternehmen zu:

1 Industrie – mehrstufig
2 Industrie – einstufig
3 Handel

a Wareneingang – Lager – Fertigung – Versand
b Wareneingang – Lager – Versand
c Wareneingang – Lager – Vorfertigung – Fertigung – Lager – Versand

3 Erklären Sie, was Sie unter einer Schnittstelle verstehen.

4 Erklären Sie, inwiefern sich Materialfluss und Informationsfluss unterscheiden.

5 Welche der folgenden Begriffe gehören zum Materialfluss, welche zum Informationsfluss? Ordnen Sie zu.
a Materialbegleitpapier
b Förderband
c Identität
d Auftragseingang
e Versandladerampe
f Transportweg
g Transportmittel
h Adresse
i Materialanforderung

6 Was ist ein Warenwirtschaftssystem und inwiefern kann es den Informationsfluss in einem Unternehmen unterstützen?

7 Welche Konsequenz(en) hat die jeweilige Störung des optimalen Materialflusses? Ordnen Sie zu.

Konsequenzen:
1 weniger Leistung
2 schlechtere Qualität
3 schlechtere Arbeitsbedingungen
4 mehr Unfälle
5 höhere Umweltbelastung

Störungen:
a Eine Rohstofflieferung ist nicht rechtzeitig bestellt worden. Es wird für die Produktion auf einen weniger hochwertigen Ersatzrohstoff zurückgegriffen.
b Das Lager hat es versäumt, die Fertigung über den Eingang einer Lieferung von Gangschaltungen zu informieren. Ohne die Gangschaltungen kann nicht weiter produziert werden.
c Wegen fehlender Transportmittel werden Kisten mit Kleinteilen aus Metall nach Wareneingang von den Mitarbeitern ins Lager getragen.
d Die Abteilung Einkauf hat, weil sie nicht informiert wurde, Rohstoffe für ein Auslaufmodell bestellt, die nun entsorgt werden müssen.
e Die Mitarbeiter eines Industrieunternehmens fahren Rohstoffe und Komponenten mit dem Gabelstapler einzeln in die Fertigung. Sie fassen sie nicht zu Chargen zusammen.
f Der einzige Mitarbeiter mit Staplerführerschein fällt krankheitsbedingt aus.

LS 25

2 Die Förderhilfsmittel

➔ Der Auszubildende Karsten befindet sich in seinem dritten Ausbildungsabschnitt im Lager der Top Bike GmbH. Hier soll er sich mit den Förderhilfsmitteln, die zum Einsatz kommen, beschäftigen. Außerdem soll er in deren Handhabung eingewiesen werden. Was sind Förderhilfsmittel und wofür werden sie eingesetzt?

Um einen optimalen innerbetrieblichen Materialfluss zu erreichen, müssen unter anderem im Lager Güter störungsfrei von einem Arbeitsplatz zum anderen transportiert werden. Förderhilfsmittel stellen dabei eine unentbehrliche Hilfe für die Lagerung, die Handhabung und den Transport von Gütern dar. Förderhilfsmittel werden auch als Lade-, Lager- oder Transporthilfsmittel bezeichnet.

! **Förderhilfsmittel** sind Packmittel, die einzelne Güter zusammenfügen und eine Lagereinheit bilden, sodass diese innerhalb und außerhalb des Unternehmens transportiert werden können.

Es gibt unterschiedliche Förderhilfsmittel. Sie erfüllen die folgenden Funktionen:

- Sie fassen Güter zusammen, um sie besser lagern und transportieren zu können (**Lager- und Transportfunktion**).
- Sie geben Informationen über das Transportgut (**Identifikations- und Informationsfunktion**).
- Sie schützen Güter vor Schäden und Diebstahl (**Schutzfunktion**).
- Sie können als Verkaufseinheit dienen (**Verkaufsfunktion**).
- Sie können z. B. wie Flaschen zur Verwendung dienen (**Verwendungsfunktion**).

Diebstahl im Lager
→ LF 2, Kap. 6.5

Es lassen sich grundsätzlich vier Arten von Förderhilfsmitteln unterscheiden.

Arten von Förderhilfsmitteln

nicht-tragende Förderhilfsmittel	tragende Förderhilfsmittel	(tragende und) umschließende Förderhilfsmittel	(tragende, umschließende und) abschließbare Förderhilfsmittel
Sie fügen die Güter lediglich für Transport bzw. Lagerung zusammen. Die entsprechenden Güter dürfen nicht gegen Druck empfindlich sein.	Sie fügen beispielsweise kleinere Verpackungen zu größeren Einheiten zusammen und stabilisieren die Güter zusätzlich.	Sie tragen die Güter und umschließen sie zusätzlich. Die Güter werden vor allem gegen äußere Einflüsse wie Witterung, Staub u. Ä. geschützt.	Sie tragen und umschließen die Güter, sind aber zusätzlich abschließbar. Sie werden häufig bei langen Transportwegen und bei diebstahlgefährdeten Gütern eingesetzt.
Beispiele: Säcke und Beutel	Beispiele: Paletten und Rollen z. B. für Stoffe und Bodenbeläge	Beispiele: Kästen, Boxen und Behälterpaletten	Beispiele: Container und Collico-Kisten

Ladehilfsmittel		
tragend	umschließend	abschließend
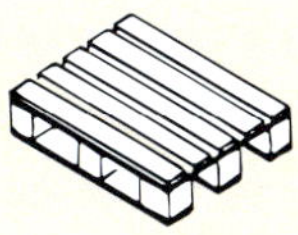 Palette 800 mm x 1200 mm	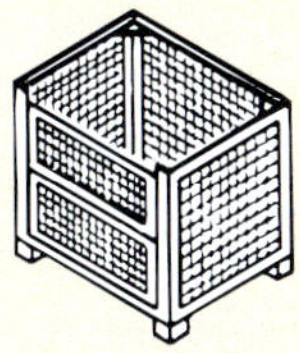 Gitterboxpalette 800 mm x 1200 mm	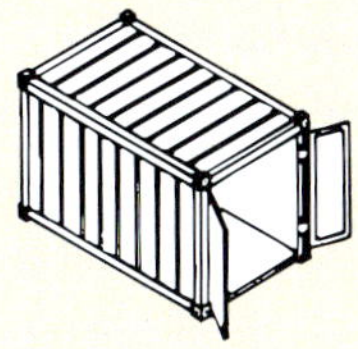 ISO-Container 6058 mm (20 Fuß) x 2438 mm
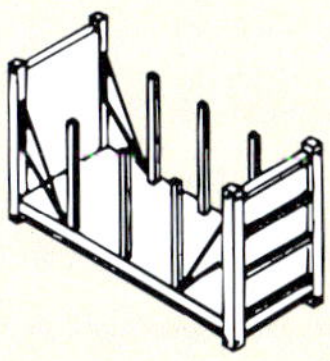 Flat 6058 mm (20 Fuß) x 2438 mm	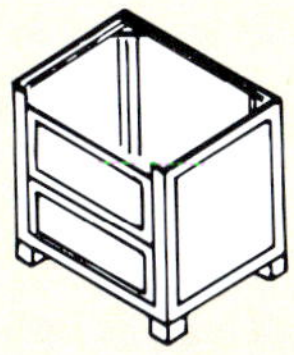 Vollwandboxpalette 800 mm x 1200 mm	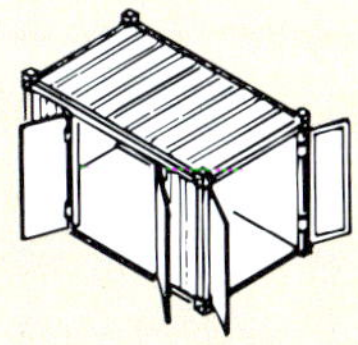 Binnencontainer 6058 mm (20 Fuß) x 2500 mm
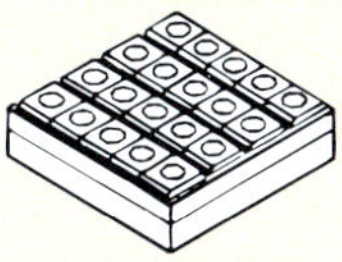 Werkstückträger 600 mm x 800 mm	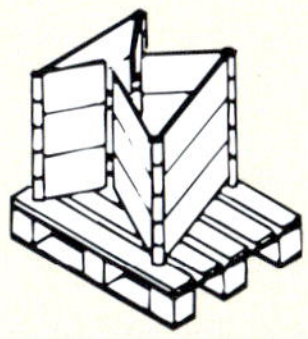 Faltbarer Aufsetzrahmen 800 mm x 1200 mm	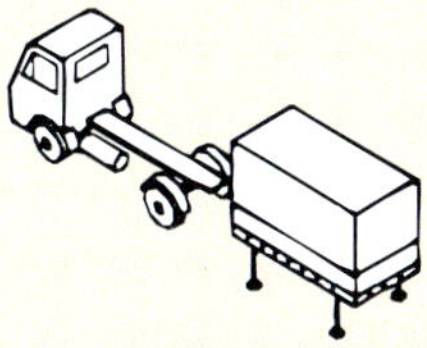 Wechselpritsche 7150 mm x 2550 mm
	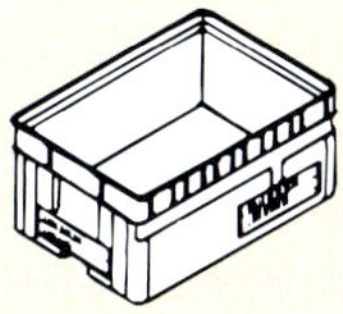 Behälter 396 mm x 594 mm	 Luftfrachtcontainer 2000 mm x 2940 mm
	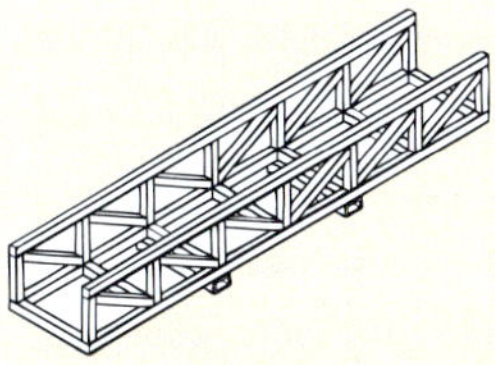 Langgutkassette 6000 mm x 600 mm x 500 mm	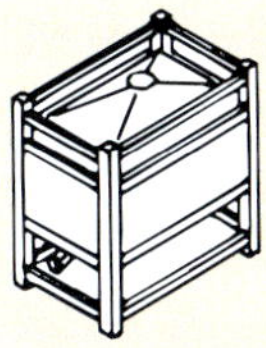 Tankpalette 800 mm x 1200 mm

Quelle: Ihme, J., Logistik im Automobilbau, 1. Auflage 2006, S. 39, unter Verwendung von Materialien aus Jünemann, R., Materialfluss und Logistik, 2. Auflage 1989, S. 134

Förderhilfsmittel können aus den verschiedensten Materialien bestehen, z. B. aus Kunststoff, textilen Werkstoffen, Pappe, Metall, Kunststoff, Glas oder Holz. Außerdem können sie spezielle Eigenschaften haben, wie z. B. stapelbar, zusammenklappbar und ineinanderstapelbar. Sie sollten möglichst leicht, wiederverwertbar, umweltschonend und kostengünstig sein. Genormte Förderhilfsmittel sorgen dabei für wirtschaftliche Weitergabe zwischen Lager und Transport und senken die Kosten. Nachfolgend werden einige besonders wichtige Förderhilfsmittel genauer vorgestellt.

Paletten gehören zu den tragenden Förderhilfsmitteln und können für eine Vielzahl von Gütern eingesetzt werden. Die Güter müssen sich stapeln oder so in Schachteln verpacken lassen, dass diese gestapelt werden können. Paletten sind relativ preiswert und eignen sich gut für den Einsatz von Flurförderzeugen, da sie von vier Seiten unterfahrbar sind. Es gibt sie in vielfältigen Formen und Abmessungen.

Flurförderzeuge
→ LF 4, Kap. 3.2.3

Einwegpaletten müssen meist nach dem ersten Gebrauch entsorgt werden. Sie sind häufig aus minderwertigem Holz hergestellt und dienen z. B. bei Herd, Kühlschrank und Waschmaschine als Montageträger. **Mehrwegpaletten** hingegen kosten nur unwesentlich mehr, sind dafür aber stabiler und können mehrfach genutzt werden.

Mehrwegsystem
→ LF 1, Kap. 4.1

Europalette

Gitterbox

Zusammenklappbare Gitterbox

Besondere Pflegemaßnahmen sind für Paletten nicht erforderlich. Allerdings sollte bei der Arbeit mit Paletten vorsichtig umgegangen werden. Da sie einfach verarbeitet sind, kann das Holz splittern bzw. können Nägel aus dem Holz ragen. Beladene Paletten können Mitarbeiter verletzen, wenn sie z. B. vom Hubwagen fallen.

Eng mit der Palette verwandt ist die **Gitterbox** bzw. die **Gitterboxpalette**, die zu den tragenden und umschließenden Förderhilfsmitteln gehört. Gitterboxen bestehen aus einer Palette und Stahlwinkelaufsätzen, sodass sie einfach gestapelt werden können. Gitterboxen haben gewöhnlich drei feste Gitterwände und eine geteilt abnehmbare Vorderwand, um Lagergüter zu entnehmen. Neuere Gitterboxen lassen sich komplett zusammenklappen und sparen dadurch Platz. Durch das Gitter lässt sich gut erkennen, welches Gut sich in der Box befindet.

Lagerkästen gehören auch zu den tragenden und umschließenden Fördermitteln. Es handelt sich hierbei um stabile Stapelbehälter, die gewöhnlich aus Kunststoff sind. Es gibt sie aber auch aus Metall. Lagerkästen sind in der Regel ebenfalls preiswert und gut geeignet, Kleinteile für Lagerung und Transport zusammenzufassen. Unbefüllt ist die Reinigung problemlos möglich.

Es lassen sich grundsätzlich drei verschiedene Arten von Lagerkästen unterscheiden:
- **Sichtlagerkästen** sind oben und seitlich offen, sodass Art und Menge der Güter schnell und problemlos zu erkennen sind.
- **Nestbare Lagerkästen** (z. B. **Drehstapelbehälter**) lassen sich als Leergut gut ineinanderstapeln, sodass sie wenig Platz benötigen, wenn sie nicht benutzt werden.
- **Klappkästen** sind rundherum geschlossen, sodass empfindliche Güter geschützt sind. Sie lassen sich aber durch eine Kippvorrichtung an der Vorderseite leicht für die Güterentnahme öffnen.

Drehstapelbehälter

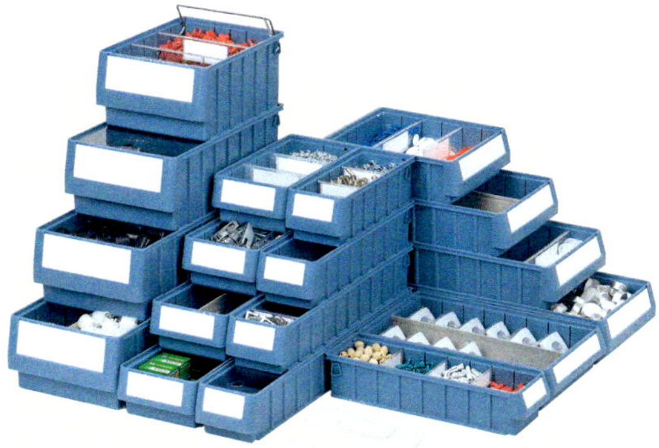

Regalkästen

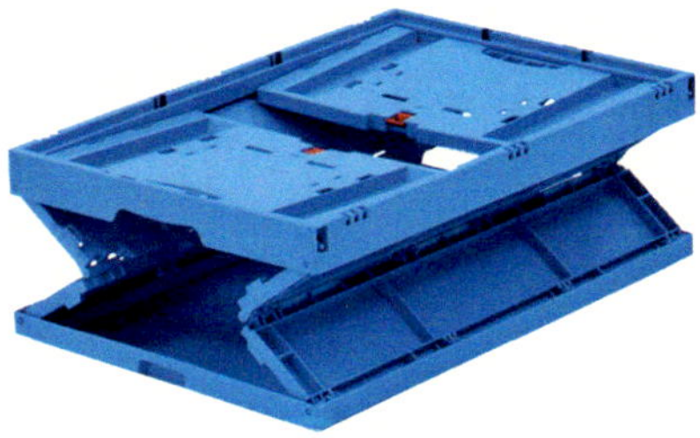

Faltbehälter

Kleinladungsträger (KLT)

Fässer gehören zu den tragenden, umschließenden und abschließbaren Förderhilfsmitteln. Mithilfe von Fässern können Flüssigkeiten aller Art gelagert und transportiert werden. Abhängig von Art und Menge der zu transportierenden Flüssigkeit variieren Material (z. B. Holz, Kunststoff, Metall) und Größe. Fässer sind geschlossen, um die Flüssigkeit vor Auslaufen und Verdunsten zu schützen. Werden Fässer gerollt, so dürfen sie aus Sicherheitsgründen nicht an den Rändern angefasst werden. Dabei ist zu beachten, dass nicht alle Flüssigkeiten gerollt werden dürfen.

Fässer

Standardcontainer gehören auch zu den tragenden, umschließenden und abschließbaren Förderhilfsmitteln. Sie werden vor allem als Transportbehälter genutzt und sind auf zwei Standardmaße genormt:

20-Fuß-Container
Innenmaß: 5,910 m / 2,345 m / 2,385 m
Außenmaß: 6,058 m / 2,438 m / 2,591 m
Volumen: 33,0 m^3
max. Gesamtgewicht: 24.000 kg

40-Fuß-Container
Innenmaß: 12,040 m / 2,345 m / 2,385 m
Außenmaß: 12,192 m / 2,438 m / 2,591 m
Volumen: 67,0 m^3
max. Gesamtgewicht: 30.480 kg

Standardcontainer

ALLES KLAR?

1 Was versteht man unter Förderhilfsmitteln?

2 Benennen Sie die folgenden Förderhilfsmittel mit ihren Fachbegriffen:

a

b

c

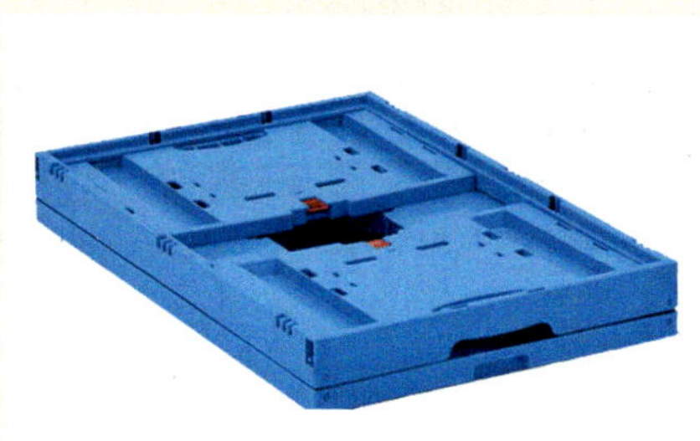

d

3 Ordnen Sie zu:

1 nicht-tragende Förderhilfsmittel
2 tragende Förderhilfsmittel
3 tragende und umschließende Förderhilfsmittel
4 tragende, umschließende und abschließbare Förderhilfsmittel

a Boxen
b Säcke
c Container
d Paletten
e Fässer
f Beutel
g Rollen

4 Welche Förderhilfsmittel sind für folgende Lagergüter zu empfehlen?

a Kies
b Schrauben
c Teppichboden
d Flachbildschirme
e Kopierpapier
f Öl
g Fahrräder
h Modeschmuck
i Kartoffeln

5 Welche Vorteile ergeben sich aus dem Austausch von Paletten?

a für den Lieferanten
b für den Empfänger
c für die Allgemeinheit

6 Unterscheiden Sie die verschiedenen Arten von Lagerkästen.

7 Welches Gut sollte nicht in Fässern gelagert werden?

a Öl
b Wein
c Champagner
d Wasser

8 Bestimmen Sie, welche Funktion der Förderhilfsmittel in den folgenden Fällen vorrangig angesprochen ist:

a Auf einer Palette stehen mehrere Kartons Kopierpapier.
b In einem Klappkasten liegen 500 Schrauben.
c In einem Sichtlagerkasten liegen 300 Nägel.
d Ein Container wird von einem Binnenschiff auf einen Lkw verladen.
e Der Mitarbeiter lädt eine volle Palette auf einen Gabelstapler.
f Elektronische Kleinteile werden in einer Box untergebracht.

3 Die Fördermittel

Stefanie hat inzwischen richtig Gefallen an ihrer Ausbildung zur Fachkraft für Lagerlogistik gefunden. Sie tauscht sich auch gerne mit ihren Klassenkameraden aus. Nach dem heutigen Berufsschultag geht sie zum Lagerleiter und berichtet verwundert über die vielen verschiedenen Fördermittel, die in den Ausbildungsbetrieben der Mitschüler genutzt werden. Herr Pietsch ist sehr erfreut über das Interesse von Stefanie. „Sieh dir die verschiedenen Fördermittel bei uns doch mal genauer an", sagt er zu Stefanie. „Welche benutzen wir und wie werden sie unterschieden?"

Das innerbetriebliche Fördern bzw. Transportieren kann waagerecht, geneigt oder senkrecht ausgeführt werden. Zu den Transportvorgängen zählen aber auch das Stapeln, Umschlagen, Übergeben, Aufnehmen, Abgeben, Verteilen, Sammeln, Sortieren und Kommissionieren. Transporte können manuell (Handtransport), mechanisiert oder automatisiert ausgeführt werden.

Handtransport
→ LF 4, Kap. 4

Jeder Transport verteuert das Transportgut, daher sollte aus wirtschaftlicher Sicht darauf geachtet werden, dass

- geeignete Transportmittel ausgewählt werden.
- die Transportwege kurz sind.
- geeignete Transporteinheiten gebildet werden.
- die Fördermittel eine hohe Auslastung erreichen.
- Leerfahrten und Wartezeiten vermieden werden.
- Umladen von Transportgütern vermieden werden.

Weg optimieren
→ LF 2, Kap. 2.6

Fördermittel sind Transportmittel, die dazu dienen, Lagergüter innerhalb des Unternehmens zu befördern. Sie unterstützen den innerbetrieblichen Materialfluss.

Fördermittel lassen sich nach einer Vielzahl von Merkmalen und Kriterien gliedern. Ein wichtiges Gliederungskriterium ist das Förderungsprinzip, d. h. ob das jeweilige Fördermittel ständig in Bewegung ist oder nur bedarfsweise. Während **Stetigförderanlagen** stets fest im Gebäude eingebaut sind, handelt es sich bei **Unstetigförderern** oft um Fahrzeuge im weitesten Sinne (Flurförderzeuge). Aber auch Aufzüge und Krane werden aufgrund des Bedarfsaspektes als Unstetigförderer bezeichnet. Außerdem lassen sich Fördermittel in flurgebundene oder flurfreie Fördermittel unterscheiden. **Flurgebundene Fördermittel** sind solche, die auf dem Boden bewegt werden und dafür entsprechenden Platz bzw. Wege benötigen. **Flurfreie Fördermittel** sind an der Wand bzw. an der Decke der Lagerhalle befestigt und werden über Schienen bewegt. Ein weiteres Gliederungskriterium kann die Führung und Steuerung von Fördermitteln sein. Werden Fördermittel durch menschliche Kraft bewegt, handelt es sich um **manuelle Fördermittel**. **Mechanische Fördermittel** arbeiten ohne direkte Einwirkung menschlicher Kraft, werden aber direkt von Menschen über Bedienungshebel oder -knöpfe gesteuert. Bei **automatisierten Fördermitteln** erfolgt die Förderbewegung und Steuerung ohne menschliches Einwirken. Der Mensch übernimmt lediglich eine Überwachungsfunktion.

flurgebunden
bodengebunden

flurfrei
bodenfrei

Gliederungsmerkmale bzw. -kriterien von Fördermitteln können z. B. sein:

- die Beweglichkeit (ortsfest, geführt, frei)
- die Art des Transportgutes (Schüttgut, Stückgut)
- die Transportrichtung (waagerecht, geneigt, senkrecht)

Grundsätzlich lassen sich auch mehrere Kriterien gleichzeitig zur Gliederung der Fördermittel benutzen. Die folgende Abbildung zeigt die Kombination aus Förderprinzip und Transportgut.

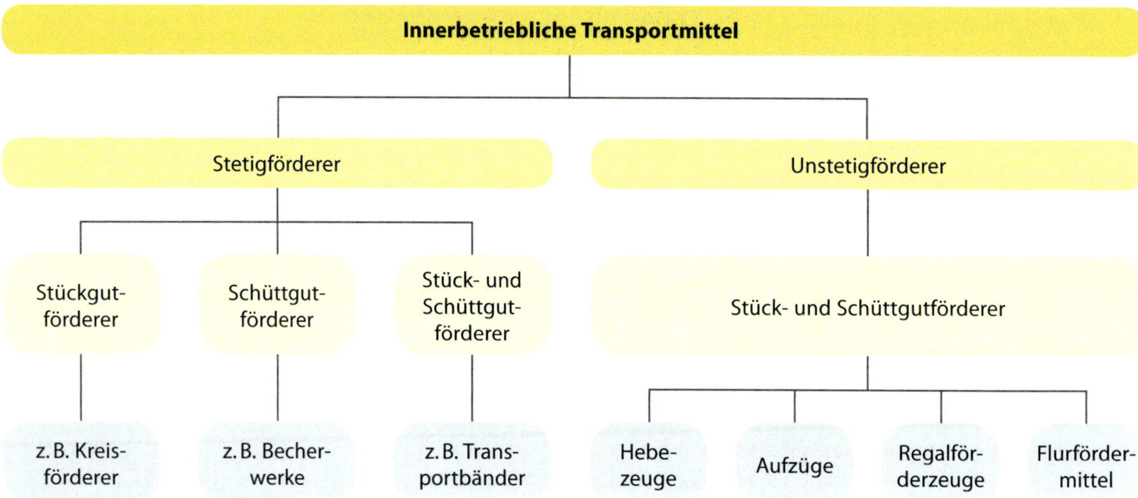

Quelle: nach Martin, H., Transport- und Lagerlogistik. Planung, Struktur, Steuerung und Kosten von Systemen der Intralogistik, 7. Auflage 2009, S. 99

induktiv hier: berührungslos

Eine Sonderform bilden die induktiv **geführten Fördermittel**. Diese werden durch Leitlinien am Boden gesteuert. Von aktiver Steuerung wird gesprochen, wenn die Leitlinie das Fördermittel magnetisch bzw. elektrisch führt. Besteht die Leitlinie lediglich aus einer anderen Farbe oder einem anderen Material, das von einem Scanner am Fördermittel erkannt wird, wird von passiver Steuerung gesprochen. Inzwischen gibt es auch Systeme, die über Navigation per Laser ohne Leitlinien funktionieren.

3.1 Die Stetigförderer

! **Stetigförderer** können für Schütt- und Stückgut eingesetzt werden. Sie befördern das Transportgut kontinuierlich auf einem vorher festgelegten Weg. Sie arbeiten über einen längeren Zeitraum ununterbrochen und es besteht eine ständige Transportbereitschaft.

Stetigförderer sind üblicherweise einfach aufgebaut und daher gut automatisierbar, sie haben einen geringen Energiebedarf, können große Mengen transportieren, der Bedienungsaufwand ist gering und sie zeichnen sich durch eine hohe Betriebssicherheit aus. Außerdem ist ein Be- und Entladen während des Betriebes möglich. Stetigförderer übernehmen neben dem reinen Transport auch noch Zusatzaufgaben und werden dabei in den technologischen Prozess eines Unternehmens eingebunden. Zusatzaufgaben sind z. B. die Beförderung durch die Lackiererei oder Trocknungsanlage. So ist kein mehrfacher Transport oder Umschlag notwendig.

Durch ortsfeste Installationen wird für Stetigförderer allerdings viel Fläche benötigt. Bei Transportwegänderungen oder Änderung der Zahl der Haltestellen sind zusätzliche hohe Investitionen nötig. Stetigförderer, insbesondere wenn sie auf Stützen stehen (z. B. Rollbahnen), stellen eine Behinderung für andere Fördermittel oder auch Personen dar.

Eine Übersicht über Stetigförderer gibt das folgende Schaubild. Danach werden einige Beispiele für Stetigförderer beschrieben.

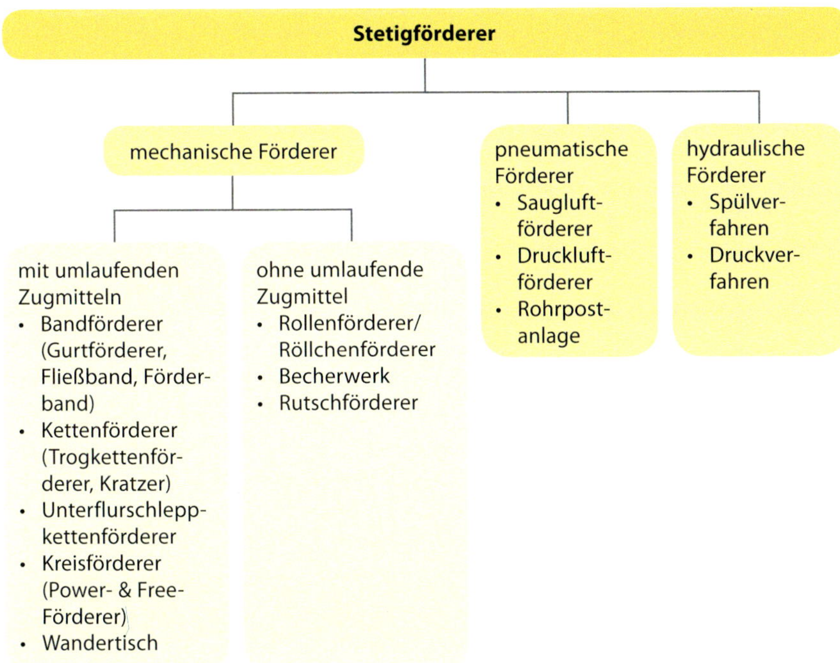

Bandförderer (Transportbänder)

Der Bandförderer ist ein **flurgebundener Stetigförderer** mit großem Platzbedarf, der für Schütt- und Stückgüter eingesetzt werden kann. Bandförderer sind auch unter den Namen Gurtförderer, Fließband oder Förderband bekannt. Er besteht im Wesentlichen aus Tragekonstruktion, Antriebsstation, Tragrollen und Fördergurt. Die Antriebsstation treibt über Trommeln den Fördergurt an, der sich auf Gleitblechen oder Tragrollen abstützt. Das Fördergut wird auf den Gurt gelegt und auf ihm transportiert. Die meisten Menschen kennen den Bandförderer von der Supermarktkasse. Er wird aber auch für größere Güter und Gütermengen und zur Überwindung längerer Strecken eingesetzt, z. B. im Bergbau und besonders im Kohletagebau.

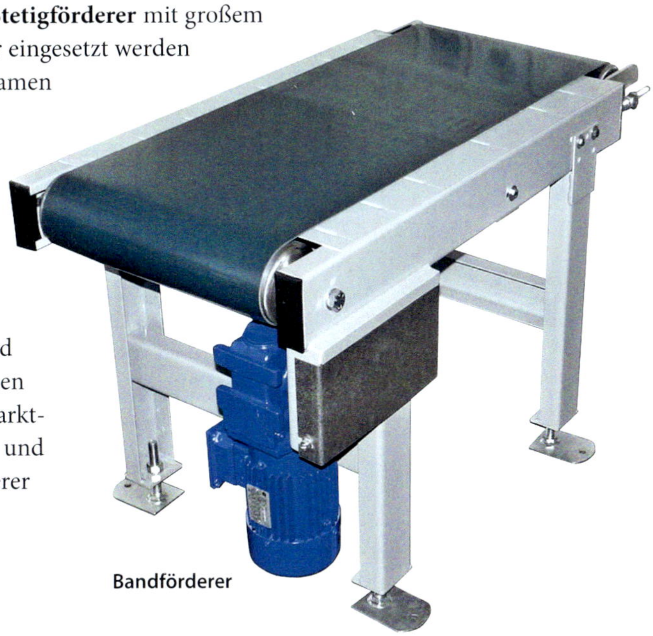
Bandförderer

Der Energiebedarf des Bandförderers ist im Vergleich zu anderen Fördermitteln vergleichsweise gering. Außerdem zeichnet er sich durch eine hohe Transportgeschwindigkeit aus und ein gleichmäßiger Materialfluss ist möglich. Auch können Gefälle oder Steigungen mit dem Bandförderer überbrückt werden. Allerdings muss besonders auf die Arbeitssicherheit geachtet werden, da das Risiko besteht, dass Körperteile zwischen Gurt und Förderrollen geraten und verletzt werden.

Rollenförderer/Röllchenförderer

Beim Rollenförderer (auch Rollbahn genannt) werden die Güter auf vielen hintereinander angeordneten, frei drehbaren Tragrollen befördert. Wenn die Rollen nur eine geringe Breite haben und eher kugelförmig aussehen, wird von Röllchenförderern gesprochen. Sowohl die Rollen als auch die Röllchen können entweder waagerecht oder leicht diagonal angeordnet sein. Je größer der Abstand der Rollen/Röllchen, desto höher die Belastung für das Fördergut, da es stärker geschüttelt wird.

Das Fördergut kann manuell, durch Schwerkraft bei geneigten Rollenförderern/Röllchenförderern sowie durch Motoren angetrieben werden. Bei Antrieb durch Schwerkraft ist ein Einsatz ohne Ressourcen (Energie und menschliche Arbeitskraft) und damit preiswert möglich. Außerdem sind beide Fördermittel flexibel, sie können leicht erweitert oder verkleinert werden. Richtungswechsel können durch Kurven oder Drehscheiben erfolgen. Es besteht aber Platzbedarf, da es sich um einen **flurgebundenen Stetigförderer** handelt. Rollen- und Röllchenförderer sind besonders geeignet zum Transport von schweren und leichten Stückgütern, die sich z. B. in Kisten befinden. Der Fördergutboden muss dabei eben und ausreichend formstabil sein. Häufig ist eine Beförderung auf Rollenbahnen/Röllchenbahnen sehr laut.

Schwerkraftrollenbahn

Teleskop-Rollenförderer

Röllchenförderer

Rollenkurve

Kettenförderer

Kettenförderer sind **flurgebundene Stetigförderer**, die eine Abwandlung von Rollförderern sind. Das Transportgut wird auf einer oder mehreren umlaufenden Kettensträngen transportiert. Zu unterscheiden sind die Varianten **Trogförderer** (das Transportgut wird mit den Ketten verbunden) und **Kratzer** (das Transportgut wird auf die Ketten gestellt). Kettenförderer werden durch einen Motor angetrieben. Sie eignen sich für Schütt- und Stückgut und können dann eingesetzt werden, wenn ein Transport über Rollenförderer nicht möglich ist. Ihr wesentlicher Vorteil im Vergleich zum Rollenförderer ist, dass sie schwere Güter wie z. B. schwere Einzelteile, Paletten und Gitterboxen transportieren können. Aber auch scharfkantiges oder heißes Gut kann transportiert werden. Nachteile sind, dass Kettenförderer im Vergleich zum Rollenförderer mehr Energie verbrauchen und nicht so große Distanzen überbrücken können.

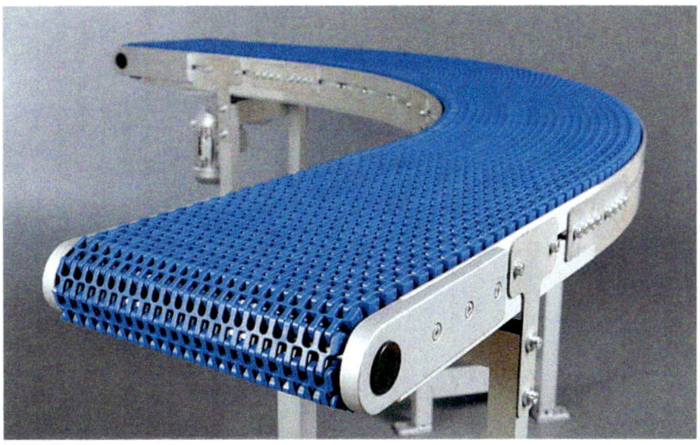

Gliederbandförderer

Trogketten- oder Steigkettenförderer

Unterflurschleppkettenförderer

Unterflurschleppkettenförderer sind **flurgebundene Stetigförderer**. Im Boden ist eine Schleppkette eingelassen, die von einem Motor angetriebenen wird. An dieser Kette werden Transportwagen, z. B. Handgabelhubwagen, eingehakt. Die Transportwagen werden dann durch den Zug der Kette mitgezogen und können so auch Steigungen überwinden. Haben die Transportwagen ihr Ziel erreicht, werden sie aus der Kette ausgehakt. Der Unterflurschleppkettenförderer ist besonders zum innerbetrieblichen Transport auf langen Wegen und bei sehr schwerem Transportgut geeignet. Er ist allerdings wenig flexibel. Wenn z. B. die Wegstrecke des Unterflurschleppkettenförderers geändert werden soll, muss nicht nur die Kette neu verlegt werden, sondern auch die Bahn im Hallenboden, in der die Kette verläuft. Dies ist aufwendig und teuer.

Unterflurschlepp-kettenförderer

Kreisförderer für die Oberflächenbehandlung von Autofelgen

Kreisförderer

Kreisförderer sind **flurfreie Stetigförderer** und gehören zu den Kettenförderern. Stückgüter werden von einem Lastenaufnahmemittel (sog. Gehänge) transportiert. Über einen in der Lagerdecke verlaufenden geschlossenen kreisförmigen Schienenstrang werden die Lastenaufnahmemittel durch Ketten gezogen. Die Lastenaufnahmemittel können unterschiedlich sein und hängen vom Transportgut ab, z. B. können Plattformen, Schalen, Behälter oder Harken zum Einsatz kommen. Vorteil ist der geringe Platzbedarf am Boden und dadurch eine fast beliebige geräuscharme Linienführung an der Decke. Mit Kreisförderern können auch Höhenunterschiede und große Entfernungen überbrückt werden. Ein schonender Transport des Fördergutes ist möglich.

Power- & Free-Förderer

Bei herkömmlichen Kreisförderern sind die Lastenaufnahmemittel direkt an der Kette angebracht, die über den Schienenstrang läuft. Für Be- und Entladevorgänge muss die komplette Förderanlage angehalten werden. Diesem Problem wirken die sogenannten **Power- & Free-Förderer** (auch **Schleppkreisförderer**) entgegen. Diese Förderer sind so gebaut, dass die Lastenaufnahmemittel ausgeklinkt werden können, ohne dass die komplette Anlage gestoppt werden muss.

Kreisförderer sind besonders für den automatisierten Transport geeignet. Sie werden neben dem reinen Transport beispielsweise auch bei Tauch-, Kühl- und Trocknungsprozessen eingesetzt oder als fließendes Lager genutzt.

Wandertisch

Wandertisch

Wandertische sind **flurgebundene Stetigförderer**, mit denen vor allem kleinere Stückgüter transportiert werden können. Hierzu verläuft als Zugmittel eine Kette über einen Tisch. Auf diese Kette sind Platten montiert, die durch den Zug der Kette bewegt werden. Auf diesen Platten werden die Güter transportiert. Der Wandertisch wird insbesondere in der Fertigung eingesetzt, weil mit seiner Hilfe im Montageprozess Erzeugnisse einfach und schnell von Arbeiter zu Arbeiter transportiert werden können.

Becherwerk (Elevator)

Im Gegensatz zu den bisher beschriebenen **flurgebundenen Stetigförderern** befördert das Becherwerk Transportgüter senkrecht von unten nach oben. Hierzu sind auf einer Kette, einem Seil oder einem Gurt, der über zwei übereinander angeordneten Stationen läuft, Gefäße angebracht. Diese werden am unteren Ende z. B. über Rutschen mit Gütern beladen und ein aufsteigender Turm befördert sie nach oben. Die Entladung erfolgt automatisch am oberen Wendepunkt. Das Becherwerk ist ein geeignetes Fördermittel für den vertikalen Transport und wird insbesondere für Schüttgüter wie Sand, Zement und Kies sowie für Flüssigkeiten genutzt. Da das Transportgut in das Becherwerk rutscht und am oberen Ende wieder ausgeschüttet wird, ist es für empfindliche Transportgüter nicht geeignet. Das Becherwerk wird in der Regel von einem Motor angetrieben, was einen relativ hohen Energieverbrauch zur Folge hat.

Becherwerk

Rutschförderer

Rutschförderer sind **flurgebundene Stetigförderer**, die Transportgüter in offenen oder geschlossenen Rinnen abwärts befördern. Sie können starke Gefälle überwinden und sind für Stück- und Schüttgüter geeignet. Bei **Wendelrutschen** rutscht das Transportgut durch den Wendeleinlauf in die Wendelrutsche und rutscht dank Schwerkraft hinab bis zum Auslauf. Die Wendelrutsche befindet sich entweder in einem Schacht oder umrundet frei einen Pfahl. Werden mit der Wendelrutsche Schüttgüter transportiert, so befindet sie sich in der Regel in einem Schacht und die Rutschfläche besteht aus Blech. Werden Stückgüter mithilfe von Förderhilfsmitteln befördert, so kann auch eine Wendelrutsche aus gebogenen Rohren genutzt werden. Rutschförderer sind für empfindliche Güter weniger geeignet.

Rutschförderer

Pneumatische Förderer

Pneumatische Förderer befördern Güter, indem diese durch Rohre entweder geblasen oder gesogen werden. Dazu werden die Transportgüter zusammen mit einem Gasstrom in die Rohrleitung geleitet und mittels Unter- bzw. Überdruck zu ihrem Zielort gedrückt bzw. gezogen. Trägergas ist meist Luft. Geeignet für diese Art des Transports sind Schüttgüter wie Pulver, Körner und Granulate, sodass die pneumatische Förderung vor allem in der Waschmittel-, Kunststoff- und Baustoffindustrie sowie beim Be- oder Entladen von Schiffen genutzt wird. Mit pneumatischen Förderern sind ein schonender Transport und eine hohe Beladung möglich. Obwohl es sich um einen **flurgebundenen Stetigförderer** handelt, ist der Raumbedarf relativ gering und die Güter können über lange Förderwege staubfrei transportiert werden. Ein Nachteil ist, dass nicht alle Güter auf diesem Weg transportiert werden können. Ein Anwendungsbeispiel für pneumatische Förderer ist die Rohrpost, mit der früher Post innerhalb größerer Unternehmen und sogar in kompletten Städten verteilt wurde.

Rohrpost-Ankunftstation im Krankenhauslabor

Kippschalensorter

Fallklappensorter

Sorter (Sortieranlage)

Sortieranlagen werden immer dann eingesetzt, wenn verschiedenartige Stückgüter nicht nur innerbetrieblich transportiert, sondern dabei auch sortiert werden müssen. Hierbei sind viele praktische Anwendungsbeispiele denkbar. „Klassisch" werden Sortieranlagen in Brief- und Paketzentren und von Recyclingunternehmen eingesetzt. Ziel ist es, am Ende Gruppen von gleichen Transportgütern zusammenzufassen, z. B. Pakete mit demselben Zielort oder Wertstoffe aus denselben Bestandteilen, die gemeinsam wiederverwertet werden können. Da die Sortierung von Hand aufwendig, personalkostenintensiv und fehleranfällig ist, wurden Sortieranlagen entwickelt, die die Güter automatisch sortieren. Dazu muss der Sorter in der Lage sein, die verschiedenen Transportgüter zu unterscheiden, zu trennen und korrekt zusammenzubringen. Der Sorter erkennt und unterscheidet das Transportgut z. B. an seinem Gewicht, seiner Größe, per Infrarot oder durch den auf dem Transportgut angebrachten Barcode.

Barcode
→ LF 1, Kap. 2.5.1

Es gibt vier wichtige Arten von Sortieranlagen:
- **Kippschalensorter:** Das Transportgut wird auf Schalen bzw. Plattformen transportiert. Sobald das Transportgut an der richtigen Stelle angekommen ist, wird es mechanisch oder elektrisch gekippt. Das Transportgut fällt dann in den vorgesehenen Behälter.
- **Fallklappensorter:** Unter dem Transportgut befinden sich Klappen. Sobald das Transportgut an der richtigen Stelle angekommen ist, öffnen sich die Klappen und das Transportgut fällt in den vorgesehenen Behälter.
- **Schuhsorter:** Das Transportgut wird auf Trageelementen transportiert. Sobald es sein Ziel erreicht hat, wird das Transportgut von den auf den Trageelementen angebrachten „Schuhen" in die richtige Richtung, z. B. auf ein anderes Förderband, geschoben.
- **Quergurtsorter:** Das Fördergut wird auf zum eigentlichen Transportweg quer laufenden Förderbändern transportiert. Hat das Transportgut sein Ziel erreicht, schaltet sich der Quergurt ein und befördert das Transportgut vom Hauptband.

Schuhsorter

Quergurtsorter

3.2 Die Unstetigförderer

LS 26

Unstetigförderer können für Schütt- und Stückgut eingesetzt werden. Sie fördern das Transportgut nicht kontinuierlich, sondern werden bei Bedarf genutzt.

Unstetigförderer sind selten ortsgebunden, daher sind sie z. B. bei Änderungen des Transportweges, der Transportaufgaben oder der Leistung sehr flexibel. Meistens haben Unstetigförderer einen eigenen Antrieb. Die Bedienung erfolgt häufig manuell, sodass Bedienpersonal benötigt wird, das die Betriebskosten erhöht. Ein automatischer Betrieb kann mit einem größeren Aufwand zum Teil erreicht werden. Die Be- und Entladung von Unstetigförderern erfolgt während des Stillstandes und häufig können Güterübergaben nur an bestimmten Stellen stattfinden. Leerfahrten und Stillstandszeiten müssen also eingeplant werden. Die folgende Abbildung gibt eine Übersicht über die Arten der Unstetigförderer, die anschließend an einigen Beispielen vorgestellt werden.

Unstetigförderer

- Hängebahnen
  - Elektrohängebahn
  - Trolleybahn
- Hebeeinrichtungen
  - Hubtisch
  - Hebebühne
  - Aufzüge
  - Krane (z. B. Brücken-, Hänge-, Stapel-, Portal-, Drehkran)
- Flurförderzeuge (Flurfördermittel)
  - schienenlos
    - Handförderzeuge (z. B. Handgabelhubwagen, Karren, Wagen)
    - Stapler
    - Schlepper
    - Wagen
  - schienengebunden
    - Gleiswagen
    - Verschiebewagen
    - Regalbediengeräte
  - spurengebunden
    - fahrerlose Transportsysteme

Elektrohängebahn

Trolleybahn

3.2.1 Hängebahnen

Hängebahnen sind Unstetigförderer. Der Platzbedarf am Boden ist daher eher gering. Hängebahnen bestehen aus einem Schienensystem, auf dem individuell angetriebene Fahrzeuge fahren. Die Fahrzeuge sind oben in die Schienen eingehängt. Lastenaufnahmemittel sind an das Transportgut angepasst und können z. B. Gabeln, Wannen, Behälter und Haken sein. Im Lager werden vor allem die **Elektrohängebahn** (EHB = Einschienen-Hängebahn) eingesetzt. Für geringe Lasten kommen **Trolleybahnen** zum Einsatz. Hängebahnen befinden sich insbesondere in der verarbeitenden Industrie und in Logistikzentren. Die Linienführung ist relativ flexibel und die Lastenaufnahme und Lastenabgabe können automatisch erfolgen.

3.2.2 Die Hebeeinrichtungen

Hebeeinrichtungen sind Unstetigförderer, die Lasten heben, also vor allem von unten nach oben transportieren. Sie können für unterschiedliche Zwecke eingesetzt werden, z. B. auf dem Bau, beim Warentransport und im Lager. Durch Hebeeinrichtungen können Höhenunterschiede schnell und ohne menschlichen Kraftaufwand überwunden werden. Andererseits handelt es sich um relativ teure Fördermittel, die vergleichsweise viel Platz benötigen und bei denen besondere Sicherheitsvorschriften zu beachten sind.

Hebeeinrichtung

Hebebühne

Mit der Hebebühne können Menschen und Lasten, die sich auf einer Plattform befinden, angehoben werden. Sie ist vor allem in Autowerkstätten verbreitet, findet aber auch in der Logistik Anwendung, z. B. bei der Beladung von Transportmitteln wie Lkws und Flugzeugen.

Lastenaufzug/Güteraufzug

Lastenaufzüge sind Aufzuganlagen, die Lasten vertikal (von oben nach unten oder umgekehrt) transportieren. Sie sind dazu bestimmt, Güter oder Personen zu befördern. Im Lager werden Lasten- und Güteraufzüge genutzt. Im Lastenaufzug dürfen Begleitpersonen mit der Last mitfahren, im Güteraufzug ist das untersagt. Mit Aufzügen können große Mengen und schwere Lasten transportiert werden. Die Anschaffungskosten sind hoch. Aufzüge sind ortsgebunden und somit nicht flexibel, aber platzsparend und sie können verschiedene Ebenen miteinander verbinden.

Güteraufzug

Kran

Ein wichtiges unstetiges Fördermittel ist der Kran. Es gibt viele verschiedene Arten von Kranen, wovon einige ortsfest und andere transportabel sind. Je nach Lagerart und Transportgut eignen sich für den innerbetrieblichen Transport insbesondere Brückenkran, Portalkran, Schwenkkran, Stapelkran und Hängekran. Der Portal- und der Stapelkran finden dabei am häufigsten Einsatz im Lager. Krane sind für Stück- oder Schüttgut geeignet. Mit ihnen können schwere und/oder sperrige Lasten sowie große Mengen transportiert werden. Sie benötigen nicht viel Platz und sind flexibel, weil sie Lasten gleichzeitig waagerecht und senkrecht bewegen können. Es gibt Krane wie z. B. den **Brückenkran**, der keine Grundfläche für den Transport benötigt. Diese Krane sind also flurfreie Unstetigförderer. Der **Stapelkran** ist motorengetrieben und besteht aus Zweiträgerlaufkran, Säule und Stapelkatze. An der Stapelkatze sind die Lastaufnahmemittel wie Greifzangen und Gabeln angebracht. Der Stapelkran trägt Lasten bis zu 5.000 kg. Er kann für Stapel bis zu 10 m Höhe eingesetzt werden und ist auch für schmale Gänge geeignet. Beim **Portalkran** ist die Kranbrücke auf seitlichen Stützen angebracht. Er wird besonders im Freilager für Holz, Beton und im modernen Container-Terminal eingesetzt. Krane sind teuer in Anschaffung und Wartung. Mitarbeiter müssen besonders geschult werden und die Reichweite von Kranen lässt sich bei Bedarf nur schwer ausweiten.

Stapelkran

Portalkran mit Lasttraverse

Hängekran

Brückenkran

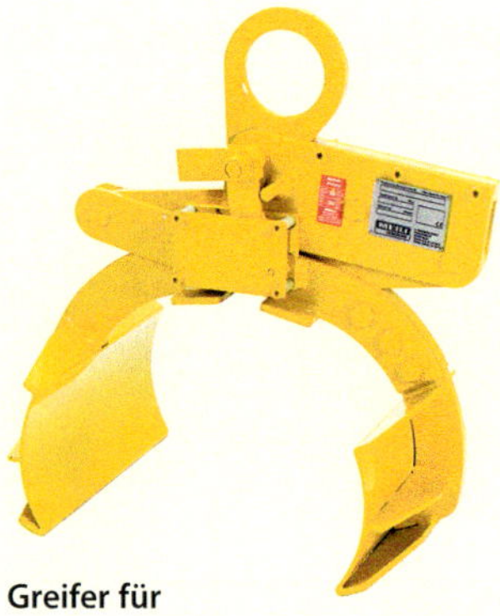

Greifer für Rundmaterial

C-Haken

Kartonzange

Lasten-hebemagnet

Krangabel

Gitterbox-Traverse

Fassgreifer

Lastenaufnahmemittel: abgekürzt LAM

Mit den **Lastenaufnahmemitteln** für Krane, wie z. B. Greifern, Hebeklemmen, Traversen, C-Haken, Krangabeln, Lasthebemagneten, Vakuumhebegeräten und Fassgreifern, können Lasten aufgenommen werden. Sie können direkt oder über Anschlagmittel am Kran befestigt werden.

Informationen zu Anschlägern finden Sie in der BG-Information 556.

maximale Tragfähigkeit
Masse, die höchstens mit dem Anschlagmittel gehoben werden darf

Anschlagmittel sind z. B. Anschlagbänder, Rundschlingen, Seil- und Kettengehänge. Diese müssen vor jedem Einsatz auf Schäden überprüft werden. Einmal im Jahr muss ein Sachkundiger die Anschlagmittel überprüfen. Die Last muss sicher angeschlagen werden, sodass sie nicht verrutschen oder herunterfallen kann. Auf dem Anschlagmittel ist die maximale Tragfähigkeit angegeben, die auf keinen Fall überschritten werden darf. Je nach Anzahl und Neigungswinkel der Stränge ergibt sich eine maximale Tragfähigkeit.

Ketten

Polyestergehänge

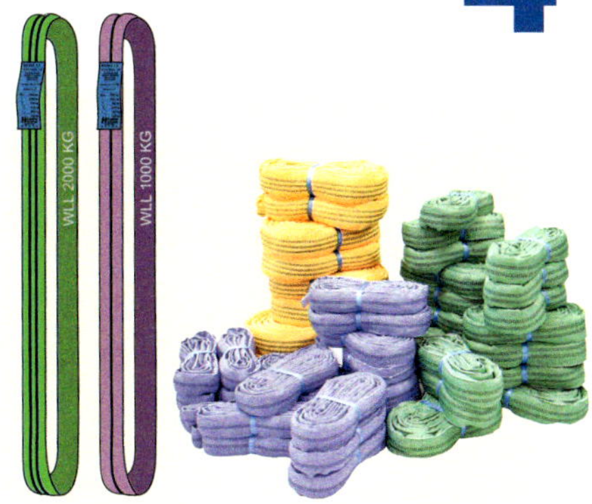

Rundschlinge

Tragfähigkeitstabellen oder **Belastungstabellen** werden vom Hersteller für jedes Anschlagmittel zur Verfügung gestellt. Als Faustregel gilt, dass mit der Tragfähigkeit aller Stränge gerechnet werden kann, wenn eine Last an einem oder mehreren senkrechten Strängen angeschlagen wird. Außerdem muss sich die Last gleichmäßig auf die Stränge verteilen. Bei ungleicher Lastenverteilung verringert sich die Tragfähigkeit. Bei zweisträngigen Anschlagmitteln darf dann z. B. nur mit der Tragfähigkeit von einem Strang gerechnet werden.

Auszug aus einer Belastungstabelle
Anschlagmittel aus Rundstahlketten der Güterklasse 8. Die Tabellen gelten für Anschlagketten nach DIN EN 818-4 „Kurzgliedrige Rundstahlketten für Hebezwecke – Sicherheit – Teil 4: Anschlagketten Güterklasse 8" und DIN 5688 Teil 3 „Anschlagketten, Hakenketten, Ringketten, Kranzketten, Einzelteile, Güterklasse 8".

Ketten-Nenn-dicke	Tragfähigkeit in kg (direkt angeschlagen)				
	Einzelstrang	Doppelstrang mit Neigungswinkeln von		Drei- und Vierstrang mit Neigungswinkeln von	
mm		0° bis 45°	45° bis 65°	0° bis 45°	45° bis 60°
4	500	700	500	1.050	750
6	1.000	1.400	1.000	2.100	1.500
8	2.000	2.800	2.000	4.250	3.000
10	3.200	4.500	3.200	6.700	4.750
13	5.000	7.100	5.000	10.000	7.500
16	8.000	11.200	8.000	17.000	11.800
18	10.000	14.000	10.000	21.200	15.000
20	12.500	18.000	12.500	26.500	18.000
...	...	...	...	...	...

Beim Anschlagen mit mehreren Strängen dürfen nur zwei Stränge als tragend angenommen werden. Dies gilt nicht, wenn sichergestellt ist, dass sich die Last gleichmäßig auch auf weitere Stränge verteilt. Bei ungleicher Lastverteilung darf die zulässige Belastung der einzelnen Stränge nicht überschritten werden.

Quelle: BG I 622 „Belastungstabellen für Anschlagmittel aus Rundstahlketten, Stahldrahtseilen, Rundschlingen Chemiefaserhebebändern, Chemiefaserseilen, Naturfaserseilen"

Bevor ein Kran in Betrieb genommen werden darf, muss er durch einen von der Berufsgenossenschaft ermächtigten Sachverständigen überprüft und abgenommen werden. Hierbei gelten die Berufsgenossenschaftlichen Grundsätze 905. Außerdem sollte der Arbeitgeber die Mitarbeiter, die einen Kran führen, nach den entsprechenden Grundsätzen schulen und diese Schulung in regelmäßigen Abständen wiederholen. Krane dürfen nach der „Unfallverhütungsvorschrift Krane" (BGV D6) nur von bestimmten Personen geführt werden.

Einweisung in das Führen eines Kranes

Informationen für Kranführer finden Sie in der BG-Information 555.

§

BG-Vorschrift D6

§ 29 Kranführer, Instandhaltungspersonal

(1) Der Unternehmer darf mit dem selbständigen Führen (Kranführer) oder Instandhalten eines Kranes nur Versicherte beschäftigen,

1. die das 18. Lebensjahr vollendet haben,
2. die körperlich und geistig geeignet sind,
3. die im Führen oder Instandhalten des Kranes unterwiesen sind und ihre Befähigung hierzu ihm nachgewiesen haben und
4. von denen zu erwarten ist, dass sie die ihnen übertragenen Aufgaben zuverlässig erfüllen.

Der Unternehmer muss Kranführer und Instandhaltungspersonal mit ihren Aufgaben beauftragen. Bei ortsveränderlichen kraftbetriebenen Kranen muss der Unternehmer den Kranführer schriftlich beauftragen.

Muster für eine schriftliche Beauftragung

Betrieb

____

____

Schriftliche Beauftragung
von Kranführern
gemäß § 29 der Unfallverhütungsvorschrift „Krane" (BGV D6)

Herr/Frau______________________________ geb.: ______________

Wohnort: ____

____

wird in vorstehend genanntem Betrieb als Kranführer/in mit dem selbstständigen Führen von Kranen beauftragt.

Die Beauftragung gilt für folgende Krane:

Hersteller	Typ
______________	______________
______________	______________
______________	______________
______________	______________
______________	______________

Er/Sie hat seine/ihre Befähigung zum Führen der vorstehend genannten Krane gegenüber dem Unternehmer nachgewiesen.*

Die erforderliche Unterweisung erfolgte durch**

☐ Kranführerlehrgang ______________________________

☐ außerbetriebliche Schulung bei ______________________________

☐ innerbetriebliche Schulung am ______________________________

______________	______________	______________
Datum	Unternehmer	Kranführer

* unzutreffendes streichen

** zutreffendes ankreuzen

Der Unternehmer muss nach BGV D6 § 34 für den Einsatz von Kranen eine **Betriebsanweisung** aufstellen, wenn die betrieblichen Verhältnisse oder die durchzuführenden Arbeiten dies erfordern. Die Betriebsanweisung ist z. B. erforderlich

- bei schwierigen Montagearbeiten,
- beim Transport gefährlicher Lasten,
- bei der Zusammenarbeit mehrerer Krane,
- beim Personentransport,
- beim Betrieb von Kranen unter Windeinwirkung.

Betriebsanweisung
→ LF 1, Kap. 5.1.4

Muster einer Betriebsanweisung

Firma: **Betriebsanweisung** Nummer: Werkstatt

1. Anwendungsbereich

Krantransport – Transportarbeiten mit flurgesteuertem Kran
(Seile, Ketten, Hebebänder und Rundschlingen)

2. Gefahren für Mensch und Umwelt

- Abstürzen der Last.
- Umstürzen der Last beim Aufnehmen, Absetzen, Stapeln usw.
- Anstoßen von Personen und Betriebseinrichtungen durch Pendeln der Last.

3. Schutzmaßnahmen und Verhaltensregeln

- Das Auswählen der Anschlagmittel und Anschlagen der Last darf nur von unterwiesenen und beauftragten Personen vorgenommen werden.
- Vor und während der Benutzung des Anschlagmittels auf Mängel achten.
- Ablegekriterien für Anschlagmittel, z.B. den Belastungstabellen entnehmen, und beachten.
- Gewicht der Last feststellen und an den vorgegebenen Stellen des Anschlagmittels befestigen.
- Bei Bedarf Gewicht der Last und Lastschwerpunkt sowie Anschlagpunkte durch den Vorgesetzten ermitteln lassen.
- Anschlagmittel nicht über die Tragfähigkeit hinaus belasten (Belastungstabellen berücksichtigen).
- Neigungswinkel α von 60° nicht überschreiten (sonst wird Anschlagmittel überlastet.)
- Auch beim Anschlagen im Schnürgang darf im Schnürpunkt der Neigungswinkel α von 60° nicht überschritten werden.
- Nur kurzgliedrige Ketten als Anschlgmittel einsetzen.
- Lasten nicht im Hängegang anschlagen (Ausnahme: z.B. lange stabförmige Last mit Traverse).
- Verdrehte Anschlagmittel vor dem Anheben ausdrehen; Anschlagmittel nicht knoten.
- Anschlagmittel nicht über scharfe Kanten spannen und ziehen (ggfs. Kantenschutz verwenden).
- Drahtseile an der Pressklemme nicht abknicken und nur Seile mit zugelassener Seilendverbindung einsetzen.
- Ketten nur mit zugelassenen Bauteilen verkürzen oder verlängern.
- Auf Beweglichkeit des Anschlagmittels im Kranhaken achten.
- Haken des Anschlagmittels nicht auf der Spitze belasten.
- Achtung: Beim Anschlagen mit 4 Strängen sind nur 2 als tragend anzunehmen.
- Anschlagmittel nicht mit dem Kran unter aufliegender Last hervorziehen.
- Ringschrauben immer ganz einschrauben; Ringschrauben nicht auf Biegung beanspruchen, da sonst die Tragfähigkeit bisauf 25 % vermindert wird (ggf. Lastbockgewinde einsetzen).
- Betriebsanweisung „Transportarbeiten mit flurgesteuertem Kran" beachten.
- Schutzhelm, Schutzhandschuhe und Sicherheitsschuhe benutzen.

4. Verhalten bei Störungen und im Gefahrfall — Notruf:

- Mängel und Schäden, z.B. am Anschlagmittel, an der Last oder am Transportbehälter dem Vorgesetzten melden.
- Beschädigte Anschlagmittel der Benutzung entziehen.

5. Verhalten bei Unfällen – Erste Hilfe — Notruf:

- Unfallstelle sichern.
- Ersthelfer und Vorgesetzten verständigen.
- Verletzte betreuen.

6. Instandhaltung, Entsorgung

- Mängel nur vom Sachkundigen beiseitigen lassen.
- Für die Instandhaltung ist zuständig: ______________________

Datum: Unterschrift:

Quelle: itb-Institut für Technik der Betriebsführung im Deutschen Handwerksinstitut e.V., Karlsruhe

3.2.3 Die Flurförderzeuge

> **!** **Flurförderzeuge** dienen dazu, Güter waagerecht auf dem Boden zu transportieren. Je nach Ausführung können damit aber auch Lasten gehoben oder gestapelt werden. Flurförderzeuge werden für unregelmäßig anfallende Transport- oder Hubarbeiten von Schütt- und Stückgut eingesetzt.

Handtransport
→ LF 4, Kap. 4

Manuelle Flurförderzeuge haben keinen motorischen Antrieb. Sie werden per Hand (manuell) bewegt. Sie werden immer dann eingesetzt, wenn kein automatisierter Transport sinnvoll oder möglich ist, z. B. weil es sich um eine kurze Strecke handelt. Zu den manuell betriebenen Flurförderzeugen zählen:

- Handgabelhubwagen
- Handkarren
- Schwerlastroller
- Viereckroller
- Plattenkarre
- Sackkarre
- Plattformwagen
- Dreieckroller
- Corlette®
- Schubkarre

Viereckroller

Dreieckroller

Schwerlastroller

Kraftbetriebene Flurförderzeuge lassen sich nach schienengebunden, schienenlos oder spurgebunden unterscheiden. Außerdem ist eine Unterscheidung nach **Mitgängerbetrieb** (zuständiger Arbeiter begleitet das Flurförderzeug zu Fuß) oder **Mitfahrerbetrieb** (zuständiger Arbeiter fährt mit dem Flurförderzeug) möglich. Die Voraussetzungen zum Steuern von Flurförderzeugen werden in den berufsgenossenschaftlichen Vorschriften (BGV D27) „Flurförderzeuge" in § 7 geregelt:

BGV D27 „Flurförderzeuge"
§ 7 Auftrag zum Steuern von Flurförderzeugen

(1) Der Unternehmer darf mit dem selbständigen Steuern von Flurförderzeugen mit Fahrersitz oder Fahrerstand Personen nur beauftragen, die
1. mindestens 18 Jahre alt sind,
2. für diese Tätigkeit geeignet und ausgebildet sind und
3. ihre Befähigung nachgewiesen haben.

Der Auftrag muss schriftlich erteilt werden.

(2) Der Unternehmer darf mit dem Steuern von Mitgänger-Flurförderzeugen nur Personen beauftragen, die geeignet und in der Handhabung unterwiesen sind.

(3) Versicherte dürfen Flurförderzeuge nur steuern, wenn sie vom Unternehmer hiermit beauftragt sind.

Erläuterung zum § 7

- zu (1) 1.: Zum Zweck der berufsbildbezogenen Ausbildung dürfen Jugendliche unter 18 Jahre unter Aufsicht Flurförderzeuge steuern. Der Aufsichtführende muss dabei die Arbeitsaufgabe beschreiben und vorgeben sowie örtlich und zeitlich begrenzen. Außerdem muss er ständig die ordnungsgemäße Durchführung des Auftrages überwachen.
- zu (1) 2. und 3.: Durch arbeitsmedizinische Vorsorgeuntersuchungen wird die körperliche Eignung nach BGG 904 festgestellt. Ausgebildet und geeignet sind Personen, die nach BGG 925 geschult wurden, eine Prüfung in Theorie und Praxis bestanden haben und einen Nachweis (Staplerführerschein) vorlegen können.
- zu (1.–3.): Das Unternehmen muss den Fahrer schriftlich beauftragen und zuvor gerätespezifisch und in Bezug auf die betrieblichen Gegebenheiten einweisen. Die Beauftragung kann z. B. durch einen innerbetrieblichen Fahrerausweis erfolgen.

Wurde die Ausbildung im eigenen Unternehmen durchgeführt, erhält der Fahrer einen betriebsinternen Fahrausweis. Wurde die Schulung von einer überbetrieblichen Einrichtung durchgeführt, so erhält der Fahrer einen Fahrausweis, den er auch nach Ausscheiden aus dem Unternehmen weiter nutzen kann.

Zuwiderhandlungen gefährden generall den Unfallschutz. Kommt es darüber hinaus bei einem Unfall durch einen nicht ausgebildeten und beauftragten Fahrer zu Folgeschäden, wird dem Fahrer und eventuell auch dem Arbeitgeber eine zivil- und strafrechtliche Teilschuld zugerechnet. In jedem Fall trifft den unfallverursachenden Fahrer die Beweislast, dass er berechtigt war, in dieser Situation das Fahrzeug zu benutzen.

Gabelstapler
Gabelstapler sind kraftbetriebene Flurförderzeuge. Sie werden in der Regel mit Gas, Diesel, Benzin oder elektrisch angetrieben. Gabelstapler sind besonders zum Transport von Paletten geeignet. Sie besitzen ein Hubgerüst (Hubmast), mit dem Lasten von unten nach oben bewegt werden können. Um die Lastenaufnahme und -abgabe zu erleichtern, lässt sich das Hubgerüst auch nach vorne neigen. Durch Rückwärtsneigung soll ein Abrutschen der Lasten verhindert werden. Je nach Ausführung werden Gabelstapler mit Pedalen und Handhebeln bewegt. Mit den Fußpedalen wird gebremst und Gas gegeben, mit den Handhebeln die Richtung bestimmt und die Gabelzinken bewegt.

Unterscheidung nach Antriebsart

Benzinstapler	Dieselstapler	Treibgasstapler	Elektrostapler
• Außeneinsatz • hohe Antriebsleistung und Tragfähigkeit • hohe Abgaskonzentration	• Außen- und Inneneinsatz • hohe Antriebsleistung und Tragfähigkeit • hohe Abgaskonzentration	• Außen- und Inneneinsatz • praktisch unbegrenzte Einsatzdauer • Einsatz in gut belüfteten Hallen möglich • mittlere Antriebsleistung und Tragfähigkeit	• Außen- und Inneneinsatz • Antriebsbatterie dient als Gegengewicht • abgas-, wartungs-, geräuscharm • begrenzte Einsatzdauer • geringere Tragfähigkeit

Dieselstapler

Treibgasstapler

Elektrostapler

Es gibt zwei grundsätzliche Konstruktionsprinzipien, um die Last zu tragen. Bei **freitragenden Staplern** ragen die Zinken über die Vorderräder hinaus. Der Vorteil liegt darin, dass die Zinken bis auf den Boden abgesenkt werden können. Der Nachteil ist, dass die Traglast durch Gegengewichte am Stapler ausgeglichen werden muss, was die Stapler schwerer und teurer macht. **Radunterstützte Stapler** haben Gabelzinken, die über den vorderen Rädern angebracht sind, aber nicht bis zum Boden gesenkt werden können. Sie können daher nicht alle Lasten aufnehmen.

Gegengewichtstapler

Unterscheidung nach Unterfahrbarkeit

freitragend	radunterstützt
• besitzen ein hohes Eigengewicht • haben Gegengewichte • können überall eingesetzt werden • benötigen breite Regalgassen	• haben ein geringes Eigengewicht • haben keine Gegengewichte • können keine auf dem Boden stehenden Lasten aufnehmen

Schubmaststapler

Die Vorteile beider Konstruktionsprinzipien verbindet der **Schubmaststapler**. Der Fahrersitz ist quer zur Fahrtrichtung angebracht. Der Mast lässt sich bis vor die Vorderräder schieben und senken. Zur Lastenaufnahme werden die Gabelzinken vor die Vorderräder geschoben und können dadurch bis auf den Boden gesenkt werden. Zum Transport wird der Mast wieder in die Ausgangsposition gebracht. Transportiert werden die Lasten dann aber über den Vorderrädern, sodass keine Gegengewichte am Stapler benötigt werden. Schubmaststapler können nur im Innenbereich und für leichte bis mittelschwere Lasten eingesetzt werden.

Hat ein Gabelstapler drei Räder, so wird er als **Dreiradstapler** bezeichnet, hat er vier Räder, so handelt es sich um einen **Vierradstapler**. Während der Vierradstapler stabiler ist, ist der Dreiradstapler wendiger.

Dreiradstapler

Unterscheidung nach Radzahl

Dreiradstapler	Vierradstapler
• Antrieb über Hinterachse • Lenkung über Hinterachse • sind wendiger und in engen Regalgassen einsetzbar	• Antrieb über Vorderachse • Lenkung über Hinterachse • an Steigungen und bei schlechter Bodenhaftung einsetzbar

Vierradstapler

Ein **Frontstapler** hat einen Fahrersitz in Fahrtrichtung. Beim **Seitsitzstapler** ist der Fahrersitz quer zur Fahrtrichtung montiert, was den Vorteil hat, dass der Fahrer beim Rückwärtsfahren nur eine 90°-Drehung durchführen muss.

Unterscheidung nach Sitzposition

Frontstapler
- Hubmast in Fahrtrichtung
- Sitz parallel zur Fahrtrichtung
- für schwere Lasten geeignet

Seitsitzstapler
- Hubmast in Fahrtrichtung
- Sitz seitlich hinter dem Hubmast quer zur Fahrtrichtung

Container-Stapler

Gabelstapler lassen sich auch noch nach weiteren Kriterien unterscheiden, z. B.:

Unterscheidung nach Bereifung

Luftbereifung
- Innen- und Außen-einsatz
- pannenbelastet

Superelastikbereifung
- Innen- und Außen-einsatz
- pannensicher

Vollgummibereifung
- nur Inneneinsatz
- pannensicher

Frontstapler

Unterscheidung nach Bedienstand

mit hebbarem Bedienstand
- der Fahrer bewegt sich mit den Gabeln in die Hubhöhe

ohne hebbaren Bedienstand
- der Fahrer bleibt am Boden

Unterscheidung nach Hubhöhe

Einfach-Hubmast
- kann bis zur Höhe des Hubmastes heben

Zweifach-Hubmast
- kann bis zur doppelten Höhe des Hubmastes heben

Dreifach-Hubmast
- kann bis zur dreifachen Höhe des Hubmastes heben

Vierfach-Hubmast
- kann bis zur vierfachen Höhe des Hubmastes heben

Seitstapler

Unterscheidung nach Transportart

Vertikalstapler

Horizontalstapler

Unterscheidung nach Bedienerposition

Stehstapler

Sitzstapler

Deichselführung

Hochhubwagen

Inzwischen gibt es auch viele Varianten von Gabelstaplern, die für besondere Aufgaben entwickelt wurden. Hervorzuheben sind:

- **Explosionsgeschützte Stapler** kommen für den Transport explosiver Lasten und für den Einsatz in explosionsgefährdeten Umgebungen zum Einsatz. Anlasser, Schalter, Anzeigen, Bremsen, Motor und Kabel sind druckfest verkapselt, die Gabeln sind aus Edelstahl oder Messing. Außerdem sind explosionsgeschützte Stapler funkensicher und tragen eine Kennzeichnung mit der Aufschrift EX. Sie werden in Räumen mit gasförmigen, staubförmigen, dampfförmigen, nebelförmigen oder brennbaren Materialien eingesetzt.
- **Schmalgangstapler** werden in engen Fahrgassen eingesetzt. Sie können Lagergüter auch diagonal bewegen. Die Schienenführung verläuft seitlich und der Fahrersitz ist quer zur Fahrtrichtung angebracht. Es gibt Schmalgangstapler mit und ohne hebbaren Bedienstand. Sie haben entweder starre Teleskopgabeln oder Schwenkhubgabeln und werden im Innen- und Außenbereich eingesetzt.
- **Hochregalstapler** sind für den Einsatz an Hochregalen mit starren Teleskopgabeln oder Schwenkhubgabeln ausgestattet, um auch die oberen Regalfächer zu erreichen. Diese Stapler sind mit und ohne hebbaren Bedienstand ausgerüstet, der Fahrersitz ist quer oder parallel zur Fahrtrichtung angebracht. Hochregalstapler sind für schwere Lasten geeignet.
- **RFID-kompatible Stapler** unterstützen die automatisierte Einlagerung und Kommissionierung, da die Stapler Markierungen am Lagergut und den Lagerplätzen auslesen und somit automatisch die benötigten Güter finden und aufnehmen können.
- **Mehrwegstapler** sind leichter zu manövrieren, da die Räder schwenkbar sind.

Warnung vor explosionsfähiger Atmosphäre

weitere Sicherheitskennzeichen
→ LF 1, Kap. 5.1.2

RFID
→ LF 1, Kap. 2.5.2

Hochregalstapler

Schmalgangstapler

Explosionsgestützter Stapler

Durch **Anbaugeräte** sind Gabelstapler noch flexibler einsetzbar. Es lassen sich Anbaugeräte ohne Bewegung (statisch) oder Anbaugeräte mit Bewegung (dynamisch) unterscheiden. Mögliche Anbaugeräte sind:

- Kippbehälter
- Kranarme
- Sicherheitsspiegel
- Fasshandlinggeräte
- Verschiebegabeln
- Traversen
- Gabelverlängerungen
- Arbeitsbühnen
- Teppichdornen

Aufsteckbarer Teppichdorn

Schüttgutschaufel

Klammergabel

Langguttraverse

Kartonklammer

Palettenwendegerät

Jeder Gabelstapler wird vom Hersteller mit einem **Typenschild** (Fabrikschild) versehen, das mindestens folgende Angaben enthält:

- Hersteller oder Lieferant
- Typ
- Baujahr
- Fabriknummer
- Nenntragfähigkeit
- Leergewicht
- Konformitätszeichen (CE)

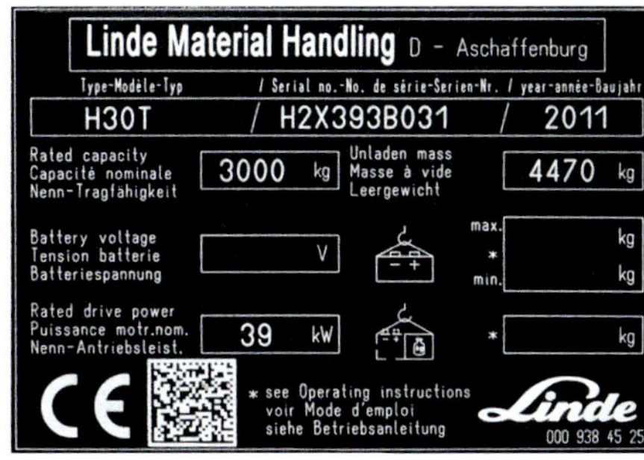

Typenschild

Bei Gabelstaplern mit Elektroantrieb wird das Leergewicht ohne Batterie angegeben, sodass zusätzlich Mindest- und Höchstgewicht der Batterie und Batteriespannung angegeben werden müssen.

CE-Zeichen
→ LF 2, Kap. 6.2

Die **Nenntragfähigkeit** bezeichnet das Gewicht einer Last, welches der Gabelstapler unter Einhaltung der Sicherheitsnormen maximal transportieren kann. Sie wird bei bestimmten Norm-Hubhöhen und genormten Lastschwerpunktabständen ermittelt. Meistens bezieht sich die Nenntragfähigkeit (maximale Tragfähigkeit) auf einen angegebenen Lastenschwerpunktabstand von 500–600 mm bis zu einer Hubhöhe von 3.300 mm. Je höher die Lasten gehoben werden, desto geringer ist die tatsächliche Tragfähigkeit des Gabelstaplers. Um den Fahrer über die **tatsächliche Tragfähigkeit** zu informieren, muss an jedem Gabelstapler ein **Traglastdiagramm** angebracht sein.

Lastenschwerpunktabstand
Abstand des Lastschwerpunktes vom Gabelrücken

Traglastdiagramm, auch Tragfähigkeitsdiagramm oder Lastschwerpunktdiagramm

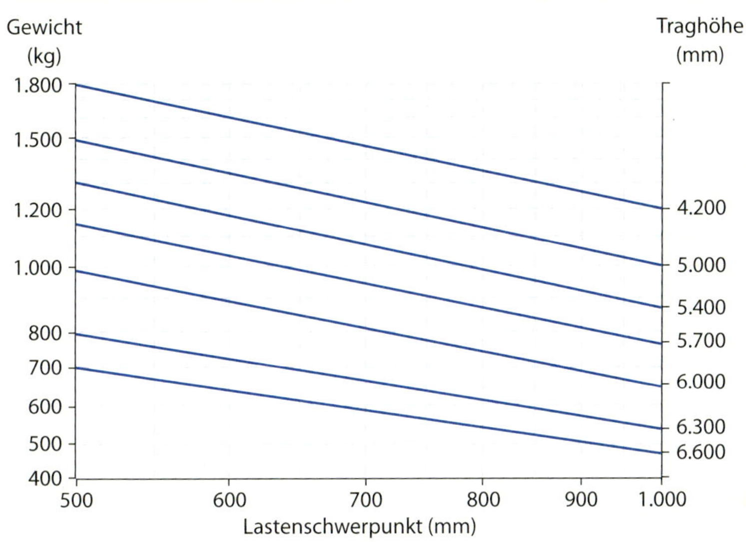

Der Gabelstaplerfahrer der Top Bike GmbH muss eine Palette auf die Höhe von 4.200 mm heben. Er weiß, dass es sich um eine Europalette handelt, deren Lastenschwerpunkt bei 600 mm liegt. Er nimmt die Tragfähigkeitstabelle zur Hand und beginnt, diese auf der rechten Seite, also bei der Traghöhe 4.200 mm zu lesen. Er folgt der blauen Linie nach links, bis er auf der X-Achse den Lastenschwerpunkt von 600 mm erreicht hat. Die blaue Linie ist hier auf der Höhe von 1.600 kg. Die Palette darf also nicht schwerer als 1.600 kg sein. Muss er dieselbe Last in eine Höhe von 6.600 mm heben, so darf die Palette nicht mehr als 640 kg wiegen.

Symbol für den Schwerpunkt eines Packstücks

Der **Schwerpunkt eines Körpers** liegt bei einem symmetrischen Körper und gleichmäßiger Gewichtsverteilung genau in der Mitte. Wenn das Gewicht ungleich verteilt und der Körper unsymmetrisch ist, ist die Bestimmung des Schwerpunktes schwieriger. In diesem Fall gibt ein entsprechendes Symbol auf dem Transportbehälter an, wo der Schwerpunkt liegt. Eine so gekennzeichnete Last ist so aufzunehmen, dass die mit dem Symbol bezeichnete Seite am Gabelrücken anliegt. Wenn die Last am Gabelrücken anliegt, gilt als Faustregel: Der Schwerpunkt liegt auf der halben Lasttiefe.

Damit der Schwerpunkt so nah wie möglich am Gabelrücken liegt, müssen folgende Grundsätze eingehalten werden:

- die Last immer an den Gabelrücken anlegen
- die Last so weit wie möglich mit den Gabelzinken unterfahren und auf beide Gabelzinken gleichmäßig verteilen
- Paletten von der Schmalseite aufnehmen
- Hubmast nach hinten neigen

Lasttiefe = $\frac{\text{Länge der Last}}{2}$

Werden Anbaugeräte verwendet, muss darauf geachtete werden, dass sich die Nenntragfähigkeit des Gabelstaplers verringert. Das heißt, dass sowohl das Eigengewicht der Anbaugeräte als auch ein veränderter Lastenschwerpunkt beachtet werden muss.

Die Voraussetzungen, die zum **Fahren eines Gabelstaplers** erfüllt sein müssen, wurden bereits oben durch die berufsgenossenschaftlichen Vorschriften (BGV D27) „Flurförderzeuge" in § 7 dargestellt. Von der Berufsgenossenschaft gibt es zum Umgang mit Gabelstaplern Merkregeln, die nachfolgend dargestellt werden.

4 x 4 Merkregeln für die tägliche Sicht- und Funktionsprüfung

Der gewissenhafte Fahrer prüft zu Arbeitsbeginn an seinem Stapler

1. das Fahrzeug allgemein:
   - Schäden am Fahrzeug (Leckverluste, Karosserie)
   - Antrieb (je nach Ausführung, z. B. Kühlwasser, Motoröl, Batterie)
   - Beleuchtung, Bremslicht
   - Warneinrichtung
2. speziell das Fahrwerk:
   - Reifen (Schäden, Fremdkörper, Luftdruck)
   - Betriebs- und Feststellbremse
   - Griffigkeit der Pedale
   - Lenkung (Spiel höchstens 2 Finger breit)
3. die Hubeinrichtung:
   - Führung des Lastaufnahmemittels (voll ausfahren, Führung beobachten)
   - Funktion des Hydrauliksystems (Füllstand Hydrauliköl: kein Senken in Nullstellung)
   - Gabelzinken (frei von Schäden, Befestigung)
   - Ketten (ausreichende und gleichmäßige Spannung)
4. zusätzliche Einrichtungen:
   - Fahrerschutzdach (Schäden, Befestigung)
   - Lastschutzgitter (Befestigung)
   - Abgasreinigung (Flüssigkeit wechseln, Filter reinigen)
   - Anhängevorrichtung

Bei festgestellten Schäden auf sofortige Abhilfe drängen!

Quelle: BG Energie Textil Elektro, Norbey, B., Arbeitsschutz konkret. Transport im Betrieb, S. 43

4 x 4 Merkregeln für den Fahrbetrieb

1. Tragfähigkeiten beachten!
   - Tragfähigkeit des Staplers (Schwerpunkt der Last berücksichtigen)
   - Tragfähigkeit der Verkehrswege (nur freigegebene Fahrwege benutzen)
   - Tragfähigkeit von Ladebrücken, Lukenabdeckungen (für den Stapler)
   - Tragfähigkeit von Regalen, Galerien, Stapelgestellen (für die Last)
2. Last sicher aufnehmen!
   - Ladung auf Paletten sichern!
   - Last so weit wie möglich mit Gabel unterfahren! (Vorsicht bei hintereinander stehenden Stapeln)
   - Weich anheben!
   - Hubmast zur Fahrt zurückneigen!
3. Sicher und umsichtig fahren!
   - Last in Tiefstellung verfahren!
   - Last bergseitig führen und auf geneigter Fahrbahn nicht wenden!
   - An unübersichtlichen Stellen Warnsignal geben!
   - Bei Rückwärtsfahrt besondere Vorsicht!
4. Schäden und Mängel sofort melden!
   - Mängel am Stapler
   - Schäden an Fußböden und Fahrwegen
   - Verstellte Verkehrswege
   - Schäden an Regalen und Fächern

Quelle: BG Energie Textil Elektro, Norbey, B., Arbeitsschutz konkret. Transport im Betrieb, S. 44 f.

Werden Gabelstapler auch im **öffentlichen Verkehr** genutzt, müssen z. B. folgende Zusatzausrüstungen vorhanden sein:

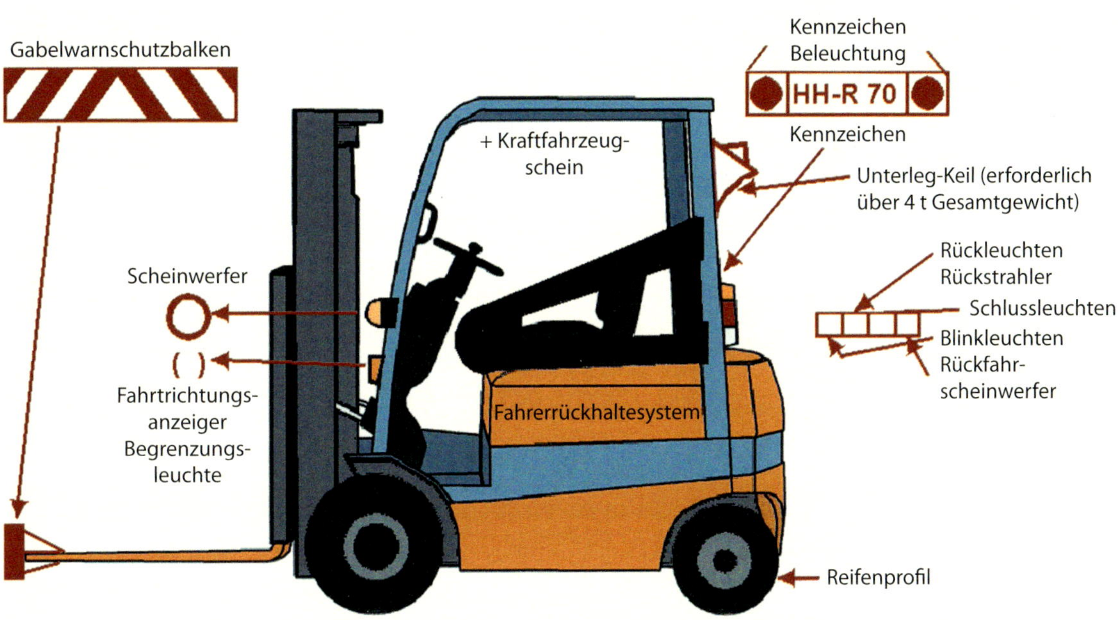

Betriebsanweisung
→ LF 1, Kap. 5.1.4

Der Unternehmer muss nach der BGV D27 in einer Betriebsanweisung schriftlich festhalten, was in seinem Betrieb beim Einsatz von Maschinen und Geräten zu beachten ist. Eine **Betriebsanweisung** ersetzt aber nicht die regelmäßige Unterweisung.

Firma: | **Betriebsanweisung** | Arbeitsbereich: Stand:

Umgang mit Gabelstapler

Arbeitsplatz: | Tätigkeit: | Verantwortlich: Unterschrift

Anwendungsbereich

Diese Betriebsanweisung gilt für den Betrieb und Verkehr mit Gabelstaplern auf dem gesamten Betriebsgelände durch die beauftragten Staplerfahrer.

Gefahren für Mensch und Umwelt

Beim innerbetrieblichen Transport mit Gabelstaplern ergeben sich Gefahren u.a. durch zu hohe Geschwindigkeiten, insbesondere im Bereich von Arbeitsplätzen der Kollegen, im Bereich von Kurven und an unübersichtlichen Stellen.

Weitere Ursachen für Unfälle sind falsch aufgenommene Last, Überlastung der Stapler, eingeengte Sichtverhältnisse auf dem Stapler und beengte Verkehrswege.

Durch den Einsatz von diesel-/gasbetriebenen Staplern in geschlossenen Hallen können giftige Abgase die Gesundheit der Beschäftigten beeinträchtigen.

Schutzmaßnahmen und Verhaltensregeln

Stapler dürfen nur geführt werden, wenn eine schriftliche Beauftragung vom Unternehmer vorliegt.

Prüfung auf Betriebssicherheit durch einen Sachkundigen nicht älter als ein Jahr.

Betriebsanleitung des Staplerherstellers beachten.

Vor Arbeitsbeginn Sicht- und Funktionsprüfung an folgenden Teilen des Staplers durchführen: Fahrgestell, Reifen, Fahrerschutzdach, Antrieb, Betriebs- und Feststellbremse, Lenkung (Lenkungsspiel max. 2 Finger breit), Lastaufnahmeeinrichtung (einschl. Ketten, Zustand der Gabeln), Hydrauliksystem, Hupe, Beleuchtung, Lastschutzgitter, Batterie bzw. Abgasreinigung.

Beim Aufnehmen der Last ist zu beachten:

- Tragfähigkeit nicht überschreiten. Typenschild und Lastschwerpunktdiagramm beachten.
- Last so aufnehmen, dass sich der Lastschwerpunkt so nah wie möglich am Gabelrücken befindet, Last soll so nah wie möglich am Gabelrücken anliegen.
- Hubmast zum Fahrer hin neigen.

Beim Absetzen der Last ist auf Folgendes zu achten:

- Last nur unmittelbar vor dem Absetzen bei stehendem Stapler anheben oder absenken.
- Hubgerüst nur über der Stapelfläche nach vorne neigen.
- Bei angehobener Last den Stapler nicht verlassen.
- Last nicht auf beschädigten Transport- oder Lagermitteln (z.B. Paletten, Gitterboxen, Container, Behälter, Regale) stapeln.

Abstellen des Staplers: Gabeln absenken, Handbremse anziehen, Gang auf Null stellen, Zündschlüssel abziehen, keine Verkehrs- und Rettungswege, Notausgänge, Feuerlöschgeräte usw. verstellen.

Auf dem Stapler oder dem Lastaufnahmemittel dürfen keine Personen transportiert werden.

Beim Einsatz des Staplers als Trägergerät für Arbeits- oder Montagebühnen spezielle Betriebsanweisung „Arbeitsbühnen für Gabelstapler" beachten.

Verkehrswege: Es dürfen nur freigegebene Verkehrswege befahren werden. Auf öffentlichen Verkehrswegen darf nur mit besonders zugelassenen Staplern gefahren werden.

Keine Last auf Verkehrs- und Rettungswegen, vor Notausgängen, elektrischen Verteilungen und Feuerlöschgeräten abstellen.

Verhalten bei Störungen

Der nächste Vorgesetzte ist sofort über Mängel am Stapler, auch abgelaufene Prüffristen, den Transporthilfsmitteln oder an den Verkehrswegen zu informieren.

Stapler, die nicht in Ordnung sind, dürfen nicht benutzt werden und sind gegen Wiederingangsetzen zu sichern (Schlüssel abziehen).

Verhalten bei Unfällen – Erste Hilfe

Bei Unfällen ist Erste Hilfe zu leisten (Blutungen stillen, verletzte Gliedmaßen ruhigstellen, Schockbekämpfung) und der Unfall zu melden. Für die Erste-Hilfe-Leistung Ersthelfer heranziehen. Ruhe bewahren und auf Rückfragen antworten.

NOTRUF: ....

Ersthelfer ist ...., Tel.: ....

Instandhaltung

Instandhaltungsarbeiten dürfen nur von beauftragten Personen durchgeführt werden.

Bei Instandhaltungsarbeiten ist der Stapler gegen Fortrollen zu sichern.

Bei Arbeiten unter dem hochgefahrenen Lastaufnahmemittel ist dieses gegen Absinken zu sichern.

Mindestens einmal jährlich Prüfung durch einen Sachkundigen auf Betriebssicherheit.

Dieser Entwurf muss durch arbeitsplatz- und tätigkeitsbezogene Angaben ergänzt werden.

Quelle:
VBG Hamburg, www.vbg.de

Schlepper

Schlepper sind kraftbetriebene Flurförderzeuge, die andere Fahrzeuge, vor allem Anhänger, schieben oder ziehen. Sie werden sowohl innerbetrieblich als auch zum außerbetrieblichen Transport eingesetzt. Sie werden in der Regel mit Diesel oder Elektromotor angetrieben. Bei einem Dieselantrieb ist die Reichweite höher, d. h., es können größere Strecken überwunden werden. Beim Elektromotor fallen keine direkten Abgase an, sodass sie gut auch in geschlossenen Räumen genutzt werden können. Hybridschlepper verbinden die Vorteile beider Varianten. Schlepper werden manuell im Mitgänger- oder Mitfahrerbetrieb gelenkt.

Elektroschlepper

Stehschlepper

Regalbediengeräte (RBG)

Ein im Lager häufig genutztes schienengebundenes Flurförderzeug ist das Regalbediengerät. Um Lagergüter in Hochregallagern ein- und auszulagern, sind spezielle Regalbediengeräte erforderlich. Diese Bediengeräte können auch im Regal oben gelagerte Güter erreichen und sind so schmal gebaut, dass sie weniger Platz als gewöhnliche Flurförderzeuge benötigen und damit Platz im Lager einsparen.

Regalbediengerät
= Regalförderzeug

Hochregallager
→ LF 2, Kap. 3.4

Sofern es sich nicht um ein automatisches Regalbediensystem handelt, besteht jedes Regalbediengerät aus Fahrwerk, Mast, Hubschlitten, Kopftraverse und Fahrerplatz. Das Fahrwerk besteht aus den Laufrädern und der Verbindung zum Mast. In der Regel hat das Fahrwerk zwei Laufräder, die aus unterschiedlichen Materialien bestehen (z. B. Kunststoff oder Stahl) und von denen je nach Bedarf entweder eines oder beide angetrieben werden. Es gibt auch Systeme mit vier oder mehr Laufrädern.

Der Mast ist der Teil des Lagerbediengerätes, der es erlaubt, die Lagergüter in große Höhen zu transportieren. Er bildet die vertikale „Schiene", an welcher der Hubwagen, auf dem die Lagergüter transportiert werden, nach oben befördert wird. Dafür enthält der Mast das Hubwerk, also den Antrieb für den Hubschlitten, die nötigen Ketten, Riemen und Elektrokabel sowie Podeste und Aufstiegsleitern für die Mitarbeiter. Je nach Ausführung verfügt das Regalbediengerät über einen oder zwei Masten.

Die Kopftraverse ist kein zwingender Bestandteil von Regalbediengeräten. Sie verbindet bei zweimastigen Geräten die beiden Masten und kann mit Führungsrollen an Schienen am oberen Teil des Regals geführt werden. Um Kollisionen abzufedern, kann das Regalbediengerät mit Puffern zu anderen Regalbediengeräten ausgerüstet werden, wenn mehrere Regalbediengeräte in einem Regalgang installiert sind.

Regalbediengerät für Paletten

Grundsätzlich werden **regalabhängige Regalbediengeräte** (direkt am Regal befestigt) und **regalunabhängige Regalbediengeräte** (verlaufen vor dem Regal) unterschieden. **Starr geführte Regalbediengeräte** können nur einen Lagergang bedienen, während **kurvengängige Regalbediengeräte** den Gang wechseln können. Der Vorteil dieser kurvengängigen Regalbediengeräte liegt in ihrer größeren Flexibilität. Allerdings sind sie durch die komplizierte Technik teurer in der Anschaffung, benötigen in der Regel mehr Platz und es dauert länger, bis sie einen Regalplatz erreicht haben.

Regalbediengeräte lassen sich außerdem danach unterscheiden, ob sie mechanisch, halbautomisch oder automatisch betrieben werden. Das **manuelle Regalbediengerät** wird von einem Bediener gesteuert. Er sitzt auf einem Platz in dem Gerät und steuert es per Tastatur, Drehschalter oder Joystick auf die richtige Position vor dem Regal. Auch der Hubwagen wird per Hand auf die richtige Höhe des Regals gebracht. Die Bereitstellung erfolgt statisch. Üblicherweise wird jedoch vom Regalbediengerät gesprochen, wenn es sich um eine dynamische Bereitstellung handelt.

Regalbediengerät für Behälter

Auch bei **halbautomatischen Regalbediengeräten** fährt der Bediener mit dem Gerät mit, muss allerdings nicht mehr jeden Bewegungsablauf einzeln steuern. So gibt es Geräte mit einem Hubhöhenvorwahlsystem, in dem gängige Hubhöhen vorprogrammiert sind und automatisch angefahren werden. Eine weitere gängige Teilautomatisierung ist der sogenannte Gabelzyklus, bei dem mit einem Knopfdruck die Gabel ausgefahren, das Lagergut aufgenommen und die Gabel wieder eingefahren wird.

Bei **vollautomatischen Regalbediengeräten** werden die Informationen (Form, Gewicht und Maße) der einzulagernden Güter an einem Informationspunkt (**I-Punkt**) ermittelt. Die Messung erfolgt in modernen Lagereinrichtungen mittels Laserscanner. Die Artikelbezeichnung wird durch scannen des Barcodes bzw. empfangen der RFID-Daten erfasst. Das Lagerverwaltungssystem ermittelt anhand dieser Daten einen geeigneten, freien Lagerplatz. Das Regalbediengerät lagert die Güter ein, das Lagerverwaltungssystem speichert den Lagerort und verbindet diese Daten mit denen des Lagergutes. Für die Auslagerung werden diese Daten wieder abgerufen. Das Regalbediengerät entnimmt das Lagergut und bringt es zum Kontrollpunkt (**K-Punkt**). Dort werden die Daten abgeglichen (kontrolliert). Das Lagerverwaltungssystem bucht das Lagergut aus und der Lagerplatz kann dann wieder freigegeben werden. Anschließend befördern die Fördermittel das Lagergut weiter. Vollautomatische Regalbediengeräte haben hohe Anschaffungskosten, allerdings ermöglichen sie in vielen Lagereinrichtungen die FIFO-Strategie, stellen eine opti-male Raumnutzung sicher, ermöglichen eine schnelle Ein- und Auslagerung und übernehmen in Kombination mit dem Lagerverwaltungsprogramm die Bestandsführung des Lagers.

Barcode und RFID
→ LF 1, Kap. 2.5

Insbesondere wenn Personen auf den Regalsystemen arbeiten, sind verschiedene Sicherheitseinrichtungen sinnvoll bzw. zwingend vorgeschrieben, z. B. Knopf, um Nothalt auszulösen, automatischer Stopp am Gangende, horizontale und vertikale Puffer, hohe Mindestbruchkraft für Riemen und Ketten, Fangvorrichtung, falls es doch zu einem Kettenbruch kommt, optimierte Rundumsicht, gedrosselte Höchstgeschwindigkeit und ergonomischer Joystick.

In der BGI 756 „Erstellung von Betriebsanweisungen für Geräte und Anlagen zur Regalbedienung" heißt es:

§

- Regalbediengeräte dürfen nur bestimmungsgemäß unter Beachtung der Betriebsanleitung des Herstellers eingesetzt werden.
- Regalbediengeräte dürfen nur von mindestens 18 Jahre alten, geeigneten und zuverlässigen Personen geführt werden, die hierfür ausgebildet und vom Betreiber schriftlich mit dem Führen beauftragt sind. (...)
- Auf Regalbediengeräten dürfen nicht mehr Personen mitfahren, als vom Hersteller festgelegt und auf dem Herstellerschild angegeben ist. Unbefugten ist das Mitfahren verboten.
- Personen dürfen Lastaufnahmeeinrichtungen nur betreten oder hierauf mitfahren, wenn diese dafür besonders eingerichtet und hierzu bestimmt sind.
- Der Geräteführer hat sich bei Schichtbeginn von der Funktionsfähigkeit der Bremsen, Endabschaltungen und Warneinrichtungen sowie der Schutzeinrichtungen an Zugangs- und Übergabestellen zu überzeugen. Bei nicht ordnungsgemäßer Funktion dieser Einrichtungen sowie beim Auftreten anderer offensichtlich Gefahr bringender Mängel darf der Betrieb nicht aufgenommen werden. Treten solche Mängel während des Betriebes auf, ist der Betrieb sofort einzustellen. Die Mängel sind umgehend zu melden. (...)
- Nach dem Ansprechen einer Sicherheitseinrichtung, z. B. Schlaffseilschalter, Notendhalteinrichtung, Auffahrsicherung, muss die Ursache für das Ansprechen der Sicherheitseinrichtung ermittelt werden. Eine Wiederinbetriebnahme der Anlage darf erst dann erfolgen, wenn die Ursache für das Ansprechen behoben ist und die ordnungsgemäße Funktion der Sicherheitseinrichtung sichergestellt ist.
- Der Geräteführer hat sich vor dem Befahren einer Gasse zu vergewissern, dass sich keine Person in der Gasse aufhält, die Gasse frei von Hindernissen ist, die Zugangstüren geschlossen sind und mitfahrende Personen die dafür vorgesehenen Plätze eingenommen haben.
- Durchgangsverkehr sowie das Betreten der Regalgasse und ihres Zufahrtsbereiches durch Unbefugte sind verboten.
- Sicherheitseinrichtungen an Geräten und Anlagen zur Regalbedienung dürfen nicht umgangen oder unwirksam gemacht werden.
- Die höchstzulässige Belastung von Geräten und Anlagen zur Regalbedienung darf nicht überschritten werden.
- Lasten sind so aufzunehmen, dass sie sich weder verschieben noch herabfallen können und der erforderliche Abstand zu Regalen und eingelagerten Gütern eingehalten wird. Lasten, die nicht ordnungsgemäß gepackt sind, sowie Ladeeinheiten mit beschädigten Paletten oder Behältern dürfen zum Zweck der Einlagerung nicht auf Übergabestellen abgelegt oder vom Geräteführer mit dem Regalbediengerät aufgenommen werden.
- Güter sind in die Regale so einzulagern, dass der für das System vorgegebene Abstand zu dem fahrenden Regalbediengerät und seiner Last eingehalten ist.
- Steuerstände dürfen bei Normalbetrieb nur an den dafür vorgesehenen Stellen in den hierzu bestimmten Stellungen des Steuerstandes betreten und verlassen werden.
- Der Geräteführer hat vor dem Verlassen des Regalbediengerätes durch Abziehen des Schaltschlüssels das unbefugte Benutzen zu verhindern.
- Es darf für jedes Regalbediengerät nur ein Schlüssel bzw. ein Schlüsselsatz zum Gebrauch verfügbar sein.
- Im Notfall müssen alle Personen die Anlage sofort über die Fluchteinrichtungen bzw. Fluchtwege verlassen. Notfallübungen sind vor Aufnahme der Tätigkeit und in regelmäßigen Abständen, mindestens jedoch einmal jährlich, durchzuführen.
- Regalbediengeräte dürfen nur in der vom Hersteller vorgesehenen Weise verlassen werden.
- Sofern es der Gefahrenabwendung dient, muss die Warneinrichtung betätigt werden.

Quelle: BGI 756 „Erstellung von Betriebsanweisungen für Geräte und Anlagen zur Regalbedienung"

Die Zeit, die für die Einlagerung oder Auslagerung eines Lagergutes mithilfe des Regalbediengerätes benötigt wird, wird **Spielzeit** genannt. Die Spielzeit setzt sich zusammen aus reiner Fahrzeit und der Zeit, die für Positionierung, Gabelbewegung und Kontrolle benötigt wird. Durch die Spielzeit lässt sich erkennen, wie hoch die Umschlagleistung des Regalbediengerätes ist, wie schnell also mit seiner Hilfe ein- und ausgelagert werden kann. Zu unterscheiden sind Einzelspiele und Doppelspiele. Das **Einzelspiel** besteht aus der Summe aller benötigten Zeiten bei der Einlagerung oder bei der Auslagerung. Das **Doppelspiel** besteht aus der Summe aller benötigten Zeiten bei Ein- und Auslagerung. Da beim Doppelspiel (Einlagerung bei der Hinfahrt, Auslagerung bei der Rückfahrt) die Spielzeit besonders günstig ist, sollten Regalfahrten möglichst oft als Doppelspiel durchgeführt werden.

Fahrerlose Transportsysteme

Fahrerlose Transportsysteme (FTS)

Ein automatisches Flurförderzeug gehört als Komponente zu einem fahrerlosen Transportsystem. Neben den fahrerlosen Transportfahrzeugen (FTF) gehören die Leitsteuerung und die Bodenanlage zum fahrerlosen Transportsystem. Der Gütertransport sowie die Lastenaufnahme und Lastenübergabe erfolgen dabei unbemannt.

Die fahrerlosen Transportfahrzeuge können auf unterschiedliche Art navigiert (geführt) werden. Die Führung kann entlang von Linien oder frei verfahrbar z. B. optisch, magnetisch, induktiv oder durch Laser erfolgen. Ein Überblick gibt die nachfolgende Abbildung.

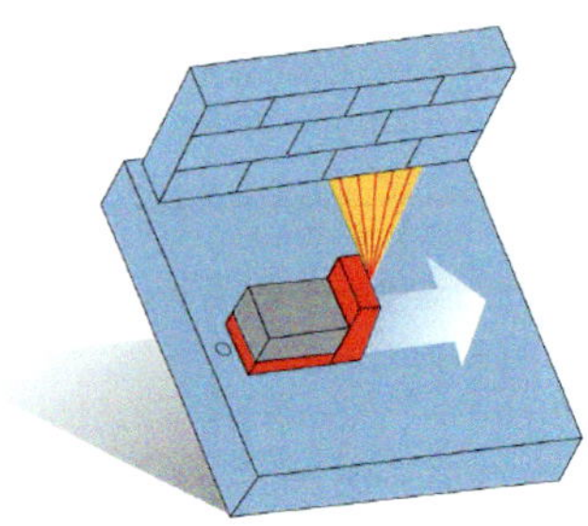

Konturenorientierte Führung

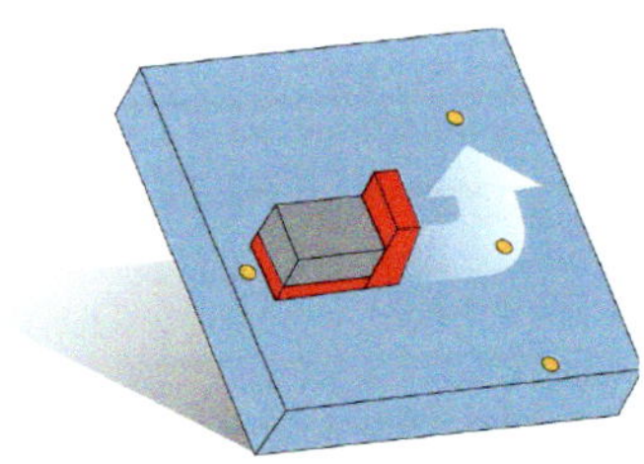

Magnetpunktführung

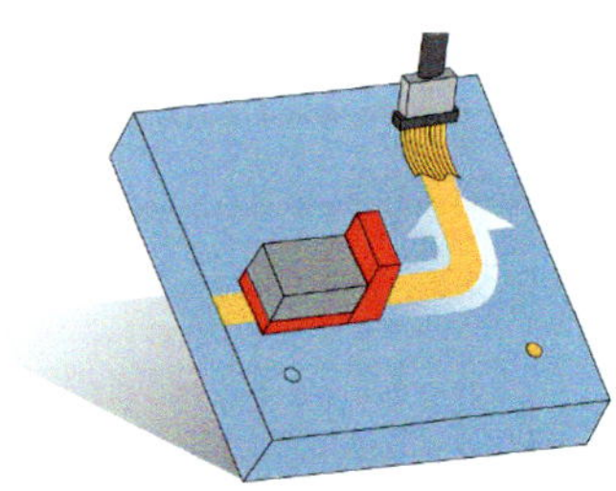

Optische Führung

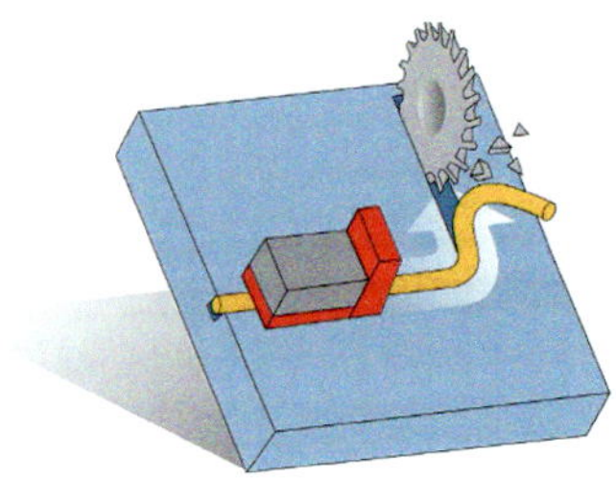

Induktive Führung

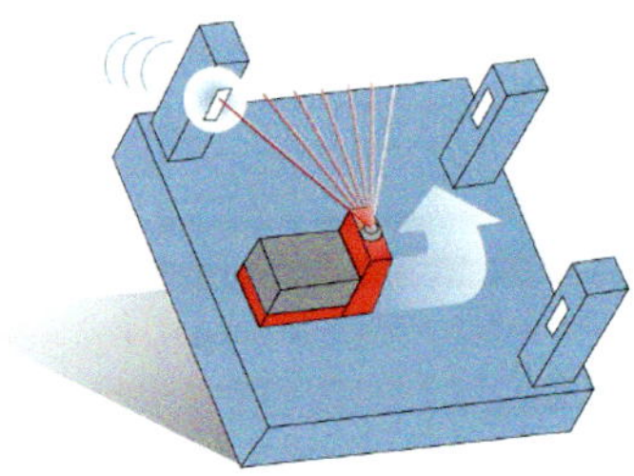

Laserführung

Zur Sicherheit und um Unfälle zu vermeiden sind fahrerlose Transportfahrzeuge bzw. das Transportsystem z. B. mit Abstandsmeldern, flexiblen Stoßstangen, speziellen Bremssystemen, akustischen und optischen Signalen sowie Notstopptasten ausgerüstet. Mithilfe der fahrerlosen Transportsysteme können Transportabläufe optimiert sowie Transportkapazität und Termingenauigkeit erhöht werden. Außerdem lassen sich Transportschäden vermeiden und die Arbeitssicherheit erhöhen. So lassen sich Zeit und Kosten einsparen, da z. B. weniger Arbeitskräfte eingesetzt werden müssen.

3.3 Der Umgang mit Fördermitteln

Fördermittel sind nützliche Hilfen, die bei sachgemäßer Nutzung die Arbeit im Lager erheblich erleichtern. Um Fördermittel sicher zu nutzen und Unfälle zu vermeiden, müssen wichtige Regeln beachtet werden:

Zugelassene Arbeitsbühne

- Der Mitarbeiter, der ein Fördermittel benutzen möchte, muss dieses vorher auf Schäden kontrollieren. Schäden müssen umgehend gemeldet werden. Der Mitarbeiter sollte nicht versuchen, Schäden eigenständig zu beheben.
- Da der Umgang mit kraftgetriebenen Fördermitteln erhebliche Gefahren beinhaltet, dürfen diese nur durch solche Personen bedient werden, die geeignet und befähigt sind und die darüber hinaus ordnungsgemäß vom Arbeitgeber eingewiesen und beauftragt wurden.
- Fördermittel dürfen nur für die Lasten und das Gewicht eingesetzt werden, für die sie gebaut sind. Dieses können Sie im Zweifelsfall in der Gebrauchsanweisung genau nachlesen.
- Die Last muss sicher aufgenommen werden, wozu gehört, sie zu sichern, z. B. mit Transportbändern, und dann das Fördermittel vorsichtig in Bewegung zu setzen.
- Das Fördermittel muss sicher und vorsichtig gefahren werden. Geschwindigkeitsbegrenzungen sind unbedingt einzuhalten. An unübersichtlichen Stellen müssen andere gewarnt werden. Beim Rückwärtstransport muss ganz besonders gut achtgegeben werden.
- Abgesehen von ganz wenigen Ausnahmen, z. B. Güteraufzügen, zugelassenen Arbeitsbühnen für Gabelstapler, Schlepper mit zwei Sitzen und Hebebühnen mit Vierhand-Freischaltung, dürfen keine Personen mit Fördermitteln transportiert werden.

Warnung vor Flurförderzeugen

Mitfahren auf dem Gabelstapler verboten

Für Flurförderzeuge verboten

weitere Sicherheitskennzeichen → LF 1, Kap. 5.1.2

ALLES KLAR?

1 Bennen Sie die folgenden Fördermittel mit Ihren Fachbegriffen.

a

b

c

d

e

f

2 Erklären Sie, was unter einem Stetigförderer verstanden wird.

3 Welches der folgenden Fördermittel gehört nicht zu den Stetigförderern?

a Unterflurschleppkettenförderer
b Röllchenförderer
c Wandertische
d Lastenaufzug
e Becherwerk

ALLES KLAR?

4 Stetigförderer können manuell, per Motor und durch Schwerkraft angetrieben werden. Entscheiden Sie, wie die folgenden Stetigförderer angetrieben werden.

a Rutschförderer
b Becherwerk
c Sorter
d Kreisförderer
e Hängebahnen
f Kettenförderer
g Rollenförderer manuell
h Bandförderer

5 Erklären Sie, was unter einem Unstetigförderer verstanden wird.

6 Ordnen Sie zu, ob es sich um einen Stetigförderer oder um einen Unstetigförderer handelt.

a Kreisförderer
b Kran
c Becherwerk
d Rollenförderer
e Kettenförderer
f Gabelstapler
g Aufzug
h Wendelrutsche

7 Welche Aussage trifft auf den Kreisförderer zu?

a Es handelt sich um ein stetiges Fördermittel.
b Es ist für den vertikalen Transport vorgesehen.
c Es handelt sich um ein flurfreies Fördermittel.
d Das Gehänge kann zum Be- und Entladen grundsätzlich ausgeklinkt werden.

8 Ordnen Sie zu, ob es sich um ein flurgebundenes oder flurfreies Fördermittel handelt.

a Kreisförderer
b Kran
c Becherwerk
d Rollenförderer
e Kettenförderer
f Gabelstapler
g Aufzug
h Wendelrutsche

9 Welches der folgenden Fördermittel ist nicht für den vertikalen Transport geeignet?

a Wendelrutsche
b Kran
c Kreisförderer
d Becherwerk
e Aufzug

10 Nennen Sie die wichtigsten Bauteile eines Gabelstaplers.

11 Unterscheiden Sie:

a stetige Fördermittel – unstetige Fördermittel
b flurgebundene Fördermittel – flurfreie Fördermittel
c Lastenaufzug – Güteraufzug
d freitragende Stapler – radunterstützende Stapler
e Rollenförderer – Röllchenförderer
f Trogförderer – Kratzer
g Frontstapler – Seitstapler

12 Bevor ein Kran in Betrieb genommen werden darf, muss er geprüft werden. Wer ist für die Prüfung verantwortlich?

a Sicherheitsbeauftragter
b Sachverständigenrat
c Berufsgenossenschaft
d Gewerbeaufsichtsamt
e Unternehmer

13 Nennen Sie vier verschiedene Anschlagmittel.

14 Welche Voraussetzungen zum Bedienen / Fahren für die folgenden Fördermittel müssen erfüllt sein?

a Gabelstapler
b Kran

15 Nennen Sie fünf manuelle Fördermittel.

16 Welche Art von Gabelstapler sollte in den folgenden Situationen eingesetzt werden?

a enge Gänge im Lager
b chaotische Lagerhaltung
c Hochregallager
d Lagerung verschiedener Chemikalien

17 Für den Transport welcher Lagergüter sollten Sie die folgenden Anbaugeräte für den Gabelstapler einsetzen?

a Kippbehälter
b Gabelverlängerungen
c Fasshandlinggerät

18 Es sollen sehr schwere Teile im Betrieb transportiert werden. Sie möchten ein Fördermittel mit maschinellem Antrieb, welches nicht schienengebunden ist. Welches Fördermittel ist hierfür geeignet?

a Kettenförderer
b Schlepper
c Ameise
d Sackkarre
e Brückenkran

LS 28

4 Der Handtransport

Gerade ist eine große Lieferung mit Ersatzteilen im Lager der Top Bike GmbH eingetroffen. Da zurzeit alle Fördermittel im Einsatz sind, muss ein Teil der Lieferung per Hand ins Eingangslager geschafft werden.

Trotz der modernen Lagereinrichtung mit den verschiedenen Hilfsmitteln kommt es immer wieder vor, dass Mitarbeiter Lagergüter per Hand transportieren müssen. Wenn die Lagerarbeiter dabei einige einfache Grundsätze beachten, erhöhen sie die Arbeitssicherheit. Die Gefährdung durch Einklemmen, Quetschen und Schneiden und eine Über- und/oder Fehlbelastung der Wirbelsäule, insbesondere der Lendenwirbelsäule, wird verringert.

4.1 Die rechtlichen Regelungen

Nach der **Lastenhandhabungsverordnung** hat der Arbeitgeber bei der manuellen Lastenhandhabung besondere Regelungen zu beachten. So erhält er die Arbeitskraft seines Personals.

§

Lastenhandhabungsverordnung
§ 2 Maßnahmen
(1) Der Arbeitgeber hat (…) geeignete organisatorische Maßnahmen zu treffen oder geeignete Arbeitsmittel, insbesondere mechanische Ausrüstungen, einzusetzen, um manuelle Handhabungen von Lasten, die für die Beschäftigten eine Gefährdung für Sicherheit und Gesundheit, insbesondere der Lendenwirbelsäule mit sich bringen, zu vermeiden.
(2) Können diese manuellen Handhabungen von Lasten nicht vermieden werden, hat der Arbeitgeber bei der Beurteilung der Arbeitsbedingungen nach § 5 des Arbeitsschutzgesetzes die Arbeitsbedingungen (…) zu beurteilen. Aufgrund der Beurteilung hat der Arbeitgeber geeignete Maßnahmen zu treffen, damit eine Gefährdung von Sicherheit und Gesundheit der Beschäftigten möglichst gering gehalten wird.

Aus der Lastenhandhabungsverordnung kann der Arbeitgeber folgende Grundsätze herleiten:

- Er führt regelmäßig Unterweisungen seiner Mitarbeiter über gesundheitsschonendes Heben und Tragen durch.
- Er achtet darauf, dass die empfohlenen Höchstwerte für Tragelasten von den Mitarbeitern eingehalten werden.
- Er sorgt dafür, dass, wenn möglich, kleine Verpackungseinheiten bestellt werden.
- Er legt Wert darauf, dass überflüssige Handtransportwege eingespart werden.
- Er richtet die Arbeitsplätze rückenfreundlich ein, z. B. durch Ablageflächen und genügend Bewegungsraum.
- Er stellt ausreichend Transporthilfen und genügend Mitarbeiter zur Verfügung.

4.2 Das richtige Heben und Tragen

Lässt es sich nicht vermeiden, eine Last zu tragen, kann der Lagerarbeiter den Rücken entlasten, wenn er folgende Grundsätze beachtet:

- Wenn möglich sollten Hilfsmittel wie z. B. Tragehilfen, Gurte oder Karren genutzt werden.
- Die Last ist so nah wie möglich am Körper zu tragen.
- Die Last ist gleichmäßig auf beide Hände zu verteilen.
- Der Rücken sollte nicht gebeugt werden, damit die Bandscheiben nicht übermäßig belastet werden.
- Die Last muss in einer gleichmäßigen Bewegung, d. h. nicht ruckartig, aufgehoben werden. Dabei ist darauf zu achten, dass die Last aus der Hocke mit durchgestrecktem Rücken aufgehoben wird, sodass die benötigte Kraft aus den Oberschenkeln und nicht aus dem Rücken kommt.
- Bei Drehungen muss der ganze Körper gedreht werden, nicht nur die Hüfte.
- Der Träger muss freie Sicht auf den Trageweg haben.
- Sofern es möglich ist, sollte das Gewicht der Last auf mehrere Gänge oder Personen aufgeteilt werden. Dabei ist darauf zu achten, dass das Gewicht gleichmäßig auf die Träger aufgeteilt wird und nur eine Person Anweisungen gibt.
- Die zulässigen Höchstlasten dürfen nicht überschritten werden (siehe Tabelle unten). Für manche Personengruppen (z. B. Schwangere, Jugendliche) gelten Sonderregelungen.

Heben der Lasten mit geradem Rücken

Zu zweit geht es besser

Orientierungswerte zu Hebe- und Tragehäufigkeiten

Geschlecht	Lastgewicht (in kg)	Heben, Absetzen, Umsetzen und Halten	Tragen		
		Dauer < 5 Sekunden	Trageentfernung 5 bis < 10 m	Trageentfernung 10 bis < 30 m	Trageentfernung > 30 m
Männer	< 10	im Allgemeinen ohne Einschränkung			
	10 bis < 15	bis 1.000x/ Schicht	bis 500x/ Schicht	bis 250x/ Schicht	bis 100x/ Schicht
	15 bis < 20	bis 250x/ Schicht	bis 100x/Schicht		bis 50x/ Schicht
	20 bis < 25	bis 100x/ Schicht	bis 50x/Schicht		
	≥ 25	nur in Verbindung mit speziellen präventiven Maßnahmen			
Frauen	< 5	im Allgemeinen ohne Einschränkung			
	5 bis < 10	bis 500x/ Schicht	bis 500x/ Schicht	bis 250x/ Schicht	bis 100x/ Schicht
	10 bis < 15	bis 250x/ Schicht	bis 100x/Schicht		bis 50x/ Schicht
	≥ 15	nur in Verbindung mit speziellen präventiven Maßnahmen			

Weitere Informationen zum richtigen Heben und Tragen erhalten Sie in BGI 582 und 869.

Jugendschutzgesetz
→ Anhang WiSo, Kap. 1.3.4

Quelle:
www.arbeit-und-gesundheit.de

4.3 Die Gefahren beim Handtransport

persönliche Schutzausrüstung → LF 1, Kap. 5.1.1

Beim Handtransport und beim Einsatz handbetriebener Transportgeräte gibt es viele Gefahrenquellen, die zu Verletzungen beim Arbeiter und zu Schäden am Transportgut führen können. Bei Einhaltung einiger einfacher Sicherheitsmaßnahmen kann dieses Risiko aber deutlich vermindert werden. Einen Überblick über mögliche Gefahren und entsprechende Sicherheitsmaßnahmen geben die folgenden Übersichten.

	Gefährdung	**Sicherheitsmaßnahmen**
beim Handtranport	Anfassen	• Beseitigen der Grate und scharfen Kanten • Tragen von Handschuhen oder Handleder
	Hochheben aus gebückter Stellung	• keine zu großen Lasten von Hand transportieren • richtige Körperhaltung beim Anheben
	Herausrutschen	• Rutschgefahr beseitigen, z. B. durch Entfetten bzw. Reinigen • Handschuhe mit geriffelten oder rauen Greifflächen benutzen • geeignete Hilfsmittel, z. B. Zangen, Klauen oder Magnete, einsetzen
	Nachrutschen oder Kippen	• sichere Lagerung und Stapelung • nur obere Teile anheben und transportieren
	Einklemmen, Quetschen beim Untergreifen	• „über Eck" absetzen
	nachgebende oder unebene Absetzflächen	• tragfähige und ebene Flächen und/oder Unterlagen benutzen
	Umkippen	• Kippsicherung verwenden • Lasten möglichst legen, nicht stellen • Last auf ihrer größten Fläche absetzen

	Gefährdung	**Sicherheitsmaßnahmen**
beim Einsatz handbetriebener Transportgeräte	Benutzen ungeeigneter Transportgeräte	• nur mit geeigneten Transportgeräten arbeiten • Flaschenwagen für Druckgasflaschen • Sackkarren für Kisten und Säcke
	Benutzen fehlerhafter Transportmittel	• beschädigte Transportgeräte nicht mehr benutzen, sondern zur Reparatur melden
	falsches Beladen von Wagen und Karren	• stets mittig beladen
	Anstoßen, Umstoßen, Gestoßen werden	• Wege frei halten • Wege kennzeichnen • nur ausreichend breite und freigegebene Transportwege benutzen
	Unebenheiten des Bodens	• Niveauunterschiede und größere Unebenheiten wie Schlaglöcher und Schwellen beseitigen • bei geringen Unebenheiten Gummi- bzw. Luftbereifung einsetzen
	Hindernisse auf dem Boden	• für Ordnung und Sauberkeit sorgen
	Herabfallen ungesicherter Lasten	• sichere Lastaufnahmeeinrichtungen verwenden • Lasten z. B. durch Seitenwände, Rungen, Zurrgurte, Ketten, Verriegelungen sichern • geeignete Transportbehälter benutzen
	zu hohe Geschwindigkeiten, z. B. in Kurven	• Geschwindigkeit den Kurven anpassen, um das Kippen von Wagen oder Verrutschen der Ladung zu vermeiden
	Überladen	• Tragfähigkeit der Transportgeräte einhalten • Fassungsvermögen der Transportbehälter nicht überschreiten • ausreichende Anzahl von Transportbehältern bereitstellen

	Gefährdung	Sicherheitsmaßnahmen
beim Lagern und Stapeln	Umkippen von Stapeln	• Lagergeräte (Paletten, Behälter) vor dem Stapeln auf sicheren Zustand überprüfen • schadhafte Lagergeräte der Benutzung entziehen • Stapelfähigkeit prüfen, besonders beim Stapeln ohne Hilfsmittel • nur auf tragfähigem Boden lagern • Stapel lotrecht errichten • zulässige Stapelhöhe einhalten • Standsicherheit nicht durch Besteigen oder Anlegen von Leitern beeinträchtigen • Sicherheitsabstand zu Kran und anderen Förderanlagen einhalten
	Herabfallen von Lagergut	• Anstoßen an Stapel verhindern • ausreichenden Abstand zu Verkehrswegen und Arbeitsplätzen einhalten • Überladen von Lagergeräten und Lagereinrichtungen vermeiden • geeignete Auflagen für Lagergut und Lagergeräte anbringen • Regale an der Stirn- und Rückseite sichern • Lagergut ordnungsgemäß ein- und auslagern • unbeabsichtigtes Anheben daneben oder dahinter gelagerter Paletten und Behälter vermeiden
	Umfallen von Lagergut	• Platten, Tafeln, Ringe, Stangen und anderes Langgut horizontal lagern oder in Lagergestellen gegen Umkippen sichern
	Wegrollen von Lagergut	• Lagerung nur zwischen festen Begrenzungen oder auf abrollsicheren Unterlagen, im Einzelfall können auch Unterlegkeile verwendet werden
	Austreten von Flüssigkeiten	• Behälter und Verpackungen vor dem Lagern auf sicheren Zustand prüfen • Stapeln nur bei tragfähigen Behältern oder Verpackungen • besondere Lager- und Stapelgeräte verwenden • Auffangbehälter, falls erforderlich • Betriebsanweisung beachten

Quelle: Frener, P., Sicherheit und Gesundheitsschutz bei Transport- und Lagerarbeiten BGI 582, Herausgeber: Vereinigung der Metall-Berufsgenossenschaften, Köln 2008, S. 9

4.4 Die Hilfsmittel zum Heben und Tragen

Hilfsmittel zum Heben und Tragen dienen dazu, die Güter aufzunehmen, ihren Transport zu erleichtern und das Verletzungsrisiko zu vermindern. Dazu gehören:

Hilfsmittel	Funktionsweise	Geeignet für
Handmagnet	Last wird durch einen Magneten festgehalten	leichte Lasten aus Metall
Handsauger	Last wird durch Unterdruck angesaugt	leichte Lasten mit glatten Oberflächen
Tragklaue	Last wird „gegriffen"	relativ schmale Lasten
Tragegurt	Körperkraft wird optimal ausgenutzt	sperrige, unhandliche Lasten
Tragklemme	Last wird in das Hilfsmittel eingeklemmt	relativ schmale Lasten
Knippstange und Rohrknippstange	Last wird durch Hebelwirkung angehoben	schwere Lasten
Rohrschlüssel	Last wird gerollt	Rohre
Rollen/Walzen	Last wird auf Rollen transportiert	schwere Lasten
Wälzwagen	Last wird auf Rollen transportiert	schwere Lasten

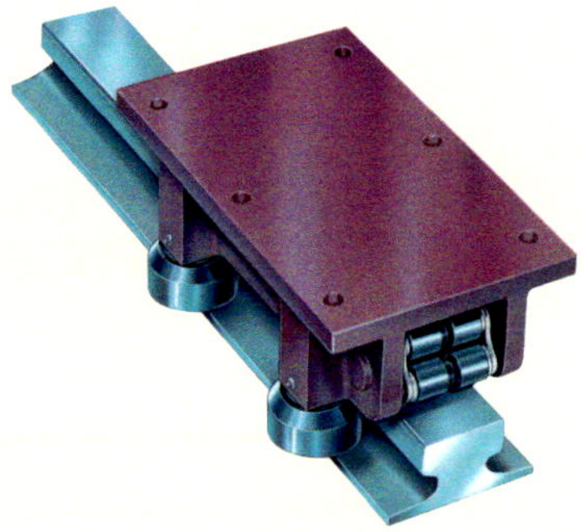

Wälzwagen

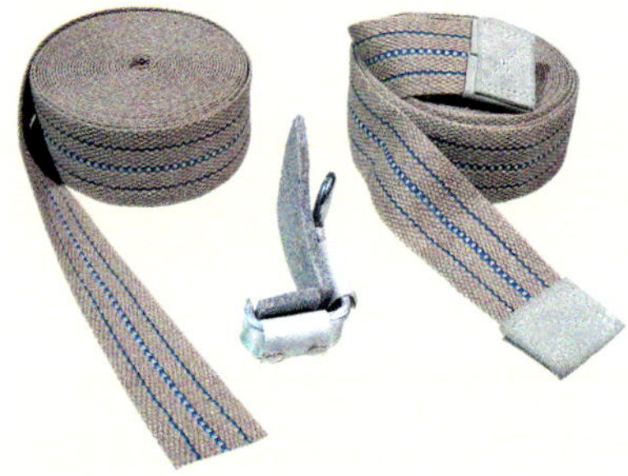

Langtragegurt

Handsauger

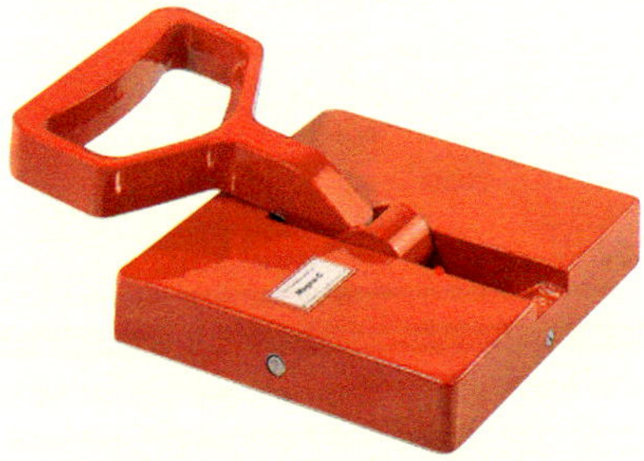

Handmagnet

ALLES KLAR?

1 Welche Fehler werden in den nachfolgenden Bildern beim Heben und Tragen gemacht?

a

b

c

d

e

2 Die Mitarbeiter im Lager müssen oft Schachteln heben und tragen. Die kommissionierten Güter werden von den Mitarbeitern in Schachteln zur Versandabteilung gebracht, welche ca. 8 m entfernt ist. Eine Schachtel wiegt 10 kg.

a Wie oft dürfen die weiblichen Mitarbeiter diese Tätigkeit in einer Schicht maximal durchführen?

b Wie oft dürfen die männlichen Mitarbeiter diese Tätigkeit in einer Schicht maximal durchführen?

3 Beim Versand sollen die männlichen Lagermitarbeiter pro Schicht 500 Schachteln mit einem Gewicht von 14 kg heben. Ist dies erlaubt?

4 Nennen Sie fünf Hilfsmittel zum Heben und Tragen.

5 English exercises

Exercise 1

There are many different types of conveyor. Match these German words (a–o) with their English equivalents (1–15).

1	conveyor belt	**a**	Kettenförderer
2	roller conveyor	**b**	Schubkarre
3	chain conveyor	**c**	Gabelstapler
4	sorting facility	**d**	Wandertisch
5	moving table	**e**	Hebebühne
6	bucket conveyor	**f**	Sortieranlagen
7	crane	**g**	Kran
8	freight elevator	**h**	Becherwerk
9	lifting platform	**i**	Schlepper
10	hand pallet truck	**j**	Hochregalstapler
11	pallet truck	**k**	Rollenförderer
12	high-bay pallet truck	**l**	Lastenaufzug
13	tractor	**m**	Bandförderer
14	wheelbarrow	**n**	Plattformwagen
15	platform trolley	**o**	Handgabelhubwagen

Exercise 2

Find out the differences between continuous and discontinuous conveyors. Then copy and complete the table below by putting the different type of conveyors in the thought bubble below under the correct heading.

continuous conveyor	**discontinuous conveyor**

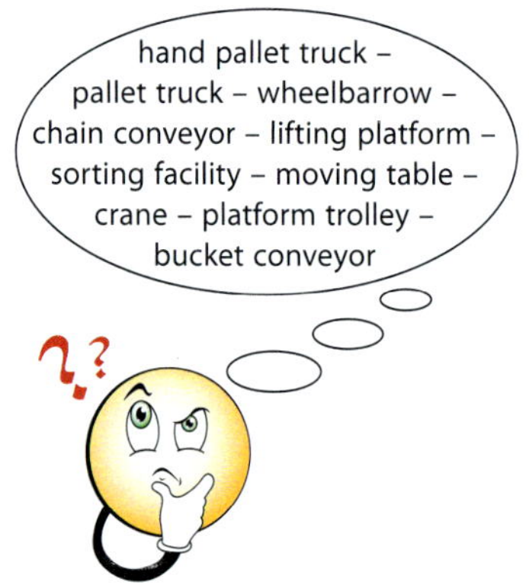

Exercise 3

Tom Leonhard listens to a conversation between Benno Kapcak and Till Rohde, who work in the warehouse. They are talking about "FTS". Tom does not know what it is. Can you explain "FTS" to him?

Exercise 4

How to use handling equipment safely/properly.
Say whether the instructions below are true or false. Correct the false instructions.

a Inspect the handling equipment daily. If there is damage to the handling equipment, you do not have to take any action/you can ignore it.
b Don't follow the manufacturer's safety instructions!
c You can use the handling equipment on slopes or ramps.
d Carrying people on the handling equipment is not allowed!
e Don't forget to perform regular maintenance!
f You do not need to wear safety footwear.
g Drink-driving is permitted!
h As long as you do not perform your work safely, you require additional training.
i Use the equipment carefully.

Exercise 5

a Match the photos of different tools for manual transport with the words in the box below.

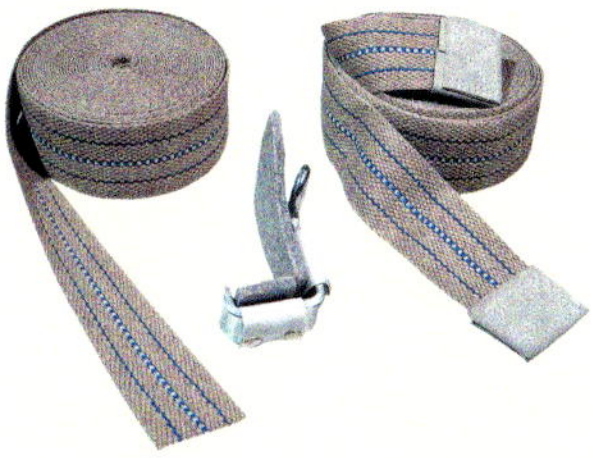

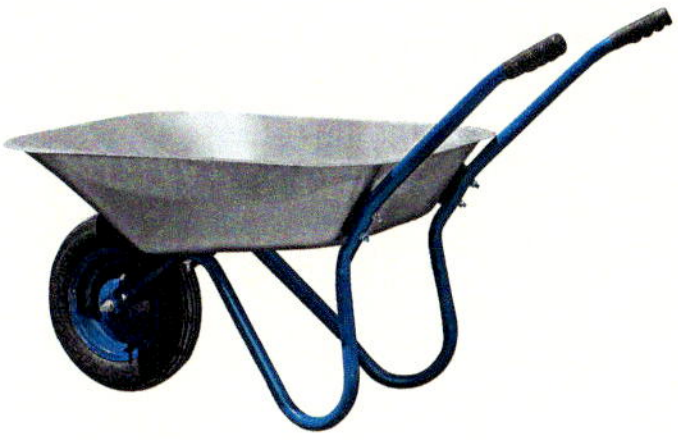

pipe wrench – hand-held aspirator – carrying strap –
hand-held magnet – wheelbarrow

b Explain which types of tools for manual transport would be suitable for transporting these goods.
- sheet metal
- a pane of glass
- pipes for dishwasher
- loose gravel
- box of bicycle pumps

c Work with a partner and give a presentation on tools for manual transport. Include the following:
- a short description of each tool
- what type of goods each tool might be used for
- what type of tools are used in your training company

Anhang

Wirtschafts- und Sozialkunde

Viele Themen des Anhangs Wirtschafts- und Sozialkunde (WiSo) helfen Ihnen, die Inhalte der Lernfelder 1–4 besser zu verstehen und einzuordnen. Darüber hinaus können Sie mit diesem Anhang Ihr Wissen vertiefen und erweitern. Auf der CD-ROM im Arbeitsbuch finden Sie zu dazu verschiedene Arbeitsblätter.

- Die Berufsausbildung im dualen System
- Der Durchblick im Beruf
- Die Grundlagen des Wirtschaftens
- Die Grundlagen des Wirtschaftsrechts

1 Die Berufsausbildung im dualen System

Die beiden Ausbildungsberufe Fachkraft für Lagerlogistik und Fachlagerist / Fachlageristin sind staatlich anerkannte Ausbildungsberufe. Das bedeutet, dass Inhalte und Ablauf der Ausbildung staatlich einheitlich geregelt sind. Wie fast alle anerkannten Ausbildungsberufe gehört auch der Beruf Fachkraft für Lagerlogistik sowie der Fachlagerist / die Fachlageristin zum dualen Ausbildungssystem, d. h., die Ausbildung findet an **zwei Lernorten** statt: Im Ausbildungsbetrieb werden in erster Linie fachpraktische Kenntnisse und Fertigkeiten vermittelt, während in der Berufsschule vorwiegend Berufstheorie und Allgemeinbildung auf dem Plan stehen. Grundlage einer einheitlichen und anerkannten Berufsausbildung ist das Berufsbildungsgesetz (BBiG).

1.1 Die Ausbildungsordnung und der Rahmenlehrplan

Lernort Betrieb

Lernort Schule

Grundlage für die Ausbildung in den Betrieben ist die **Ausbildungsordnung**. Sie enthält Informationen über

- die Ausbildungsdauer,
- den Ausbildungsrahmenplan,
- das Ausbildungsberufsbild und
- die Prüfungsanforderungen.

Die regelmäßige **Ausbildungsdauer** beträgt für fast alle Berufsausbildungen drei Jahre, so auch für die Fachkraft für Lagerlogistik. Kürzere Ausbildungszeiten von zwei Jahren gelten zum Beispiel für den Fachlagerist / die Fachlageristin. Wenn besondere Bedingungen vorliegen, kann die Ausbildungszeit verkürzt werden.

Der **Ausbildungsrahmenplan** gliedert die Berufsausbildung sachlich und zeitlich. Die sachliche Gliederung ordnet den Anforderungen des Ausbildungsberufsbildes die Inhalte zu, die den Auszubildenden im Betrieb vermittelt werden müssen. Die zeitliche Gliederung legt fest, in welchem Abschnitt der Ausbildung dies geschehen soll. Von diesen Vorgaben kann jedoch im Einzelfall abgewichen werden, wenn betriebliche Besonderheiten dies erfordern.

Das **Ausbildungsberufsbild** enthält die Fertigkeiten und Kenntnisse der Berufsausbildung. In den **Prüfungsanforderungen** ist festgelegt, welche Inhalte der Berufsausbildung zum Zeitpunkt der Zwischen- und Abschlussprüfung von den Auszubildenden beherrscht werden sollten.

§

§ 7 Ausbildungsberufsbild aus der Ausbildungsordnung für den Ausbildungsberuf Fachlagerist / Fachlageristin

Gegenstand der Berufsausbildung sind mindestens die folgenden Fertigkeiten und Kenntnisse:

1. Berufsbildung, Arbeits- und Tarifrecht,
2. Aufbau und Organisation des Ausbildungsbetriebes,
3. Sicherheit und Gesundheitsschutz bei der Arbeit,
4. Umweltschutz,
5. Arbeitsorganisation; Information und Kommunikation,
6. Güterkontrolle und qualitätssichernde Maßnahmen,
7. Einsatz von Arbeitsmitteln,
8. Annahme von Gütern,
9. Lagerung von Gütern,
10. Kommissionierung und Verpackung von Gütern,
11. Versand von Gütern.

Der **Rahmenlehrplan** beschreibt die Ziele und Inhalte der schulischen Ausbildung. In so genannten Lernfeldern (thematische Einheiten) werden die Lerninhalte für den Lernort Berufsschule festgehalten. Außerdem legt er die Verteilung der Inhalte auf die Ausbildungsjahre fest.

In einigen Bundesländern werden die Lernfelder anderen Ausbildungsjahren zugeordnet, als die KMK vorgibt.

Ausbildungsrahmenplan und Rahmenlehrplan sind aufeinander abgestimmt. Darin zeigt sich die Wirkungsweise des dualen Ausbildungssystems: Parallel zur fachpraktischen Ausbildung durch den Betrieb erfolgt die Vermittlung der theoretischen Fachkenntnisse durch die Berufsschule.

Lernfelder für die Ausbildungsberufe
- Fachlagerist und Fachlageristin (LF 1 – LF 8)
- Fachkraft für Lagerlogistik (LF 1 – LF 12)

1. Ausbildungsjahr	**LF 1** Güter annehmen und kontrollieren	**LF 2** Güter lagern	**LF 3** Güter bearbeiten	**LF 4** Güter im Betrieb transportieren	
2. Ausbildungsjahr	**LF 5** Güter kommissionieren	**LF 6** Güter verpacken	**LF 7** Touren planen **(nur für dreijährige Ausbildung)**	**LF 8** Güter verladen	**LF 9** Güter versenden **(nur für zweijährige Ausbildung)**
3. Ausbildungsjahr	**LF 9** Güter versenden	**LF 10** Logistische Prozesse optimieren	**LF 11** Güter beschaffen	**LF 12** Kennzahlen ermitteln und auswerten	

1.2 Der zeitliche Ablauf der Ausbildung

Mit der Neuordnung der Ausbildungsberufe Fachlagerist/Fachlageristin und Fachkraft der Lagerlogistik wurden für die beiden ersten Ausbildungsjahre fast identische Inhalte festgelegt.

In jedem Prüfungsbereich der beiden Ausbildungsberufe können bis zu 100 Punkte erreicht werden, wobei folgender Punkteschlüssel der IHK zugrunde liegt:

IHK
Industrie- und Handelskammer.

100–92 Punkte sehr gut
91–81 Punkte gut
80–67 Punkte befriedigend
66–50 Punkte ausreichend
49–31 Punkte mangelhaft
30– 0 Punkte ungenügend

Fachlagerist und Fachlageristin

Die Berufsausbildung zum Fachlagerist/zur Fachlageristin dauert zwei Jahre. Am Ende des ersten Ausbildungsjahres findet die **Zwischenprüfung** statt. Sie ist eine praktische Prüfung in Form einer Arbeitsaufgabe. In höchstens 90 Minuten soll der Prüfling eine Arbeitsaufgabe durchführen, die mindestens eines der folgenden Gebiete beinhaltet:
- Entladen und Kontrollieren einer Lieferung
- Einlagern von Gütern nach Güterarten

Die Ausbildung endet mit der **Abschlussprüfung**. Sie setzt sich aus einem praktischen und einem schriftlichen Teil zusammen. Im **praktischen Teil** soll der Prüfling in insgesamt höchstens drei Stunden zwei praktische Aufgaben ausführen. Dabei solle er zeigen, dass er Arbeitsschritte planen, Arbeitsmittel festlegen und Arbeitsergebnisse kontrollieren kann. Außerdem soll er zeigen, dass er die Wirtschaftlichkeit, den Sicherheits- und Gesundheitsschutz bei der Arbeit, den Umweltschutz und qualitätssichernde Maßnahmen berücksichtigen kann. In Betracht kommen hier die Aufgabengebiete:
- Annahme und Lagerung einschließlich Güterkontrolle
- Erfassen von Güterbewegungen unter Anwendung betrieblicher Informations- und Kommunikationsmittel
- Kommissionierung und Versand

Im **schriftlichen Teil** werden drei Prüfungsbereiche geprüft. Sie haben bei der Ermittlung des Gesamtergebnisses unterschiedliche Gewichtung.

Bei gebundenen Aufgaben sind die Antwortmöglichkeiten vorgegeben, z. B. Multiple Choice.

Schriftliche Prüfungsbereiche	Aufgabenart	Zeit in Minuten	Aufgabenanteil in %
Lagerprozesse	ungebundene Aufgaben	90	40
Güterbewegung	gebundene Aufgaben	60	40
Wirtschafts- und Sozialkunde	gebundene Aufgaben	60	20
Gesamt		**210**	**100**

Ist eine schriftliche Prüfung nicht bestanden, gibt es eine mündliche Ergänzungsprüfung.

Die Abschlussprüfung ist bestanden, wenn im Prüfungsbereich Praktische Aufgaben sowie im Gesamtergebnis der schriftlichen Prüfungsbereiche jeweils mindestens ausreichende Leistungen erbracht sind. In zwei der schriftlichen Prüfungsbereiche müssen mindestens ausreichende Leistungen erbracht sein, in dem weiteren Prüfungsbereich dürfen keine ungenügenden Leistungen erbracht worden sein.

Fachkraft für Lagerlogistik

Die Berufsausbildung zur Fachkraft für Lagerlogistik dauert drei Jahre. Die **Zwischenprüfung** findet Mitte des zweiten Ausbildungsjahres statt. Sie ist eine praktische Prüfung in Form einer Arbeitsaufgabe. In höchstens 90 Minuten soll der Prüfling eine Arbeitsaufgabe durchführen, die mindestens eines der folgenden Gebiete beinhaltet:

- Entladen und Kontrollieren einer Lieferung
- Einlagern von Gütern nach Güterarten

Die Ausbildung endet mit einer **Abschlussprüfung**. Sie setzt sich aus einem praktischen und einem schriftlichen Teil zusammen. Im **praktischen Teil** soll der Prüfling in insgesamt höchstens fünf Stunden zwei praktische Aufgaben ausführen. Innerhalb dieser Zeit wird hierüber ein insgesamt bis zu 15-minütiges Fachgespräch geführt. Dabei soll der Prüfling zeigen, dass er Arbeitsabläufe und Teilaufgaben zielorientiert unter wirtschaftlichen, technischen, organisatorischen und zeitlichen Vorgaben selbstständig planen, durchführen und kontrollieren kann. Außerdem, dass er Sicherheits- und Gesundheitsschutz bei der Arbeit, den Umweltschutz und qualitätssichernde Maßnahmen berücksichtigt. In Betracht kommen hier die Aufgabengebiete:

- Erfassen von Güterbewegungen unter Anwendung betrieblicher Informations- und Kommunikationsmittel
- Erstellen eines Beladeplans für unterschiedliche Güter unter Berücksichtigung eines Tourenplans
- versandfertiges Verpacken von Gütern, Beladen und Sichern der Ladung
- Ein-, Um- und Auslagern von Gütern unter Berücksichtigung der Umschlagshäufigkeit, der Güterbeschaffenheit und der Wegzeiten
- Feststellen und Dokumentieren von Mängeln, Ergreifen von Maßnahmen zur Mängelbeseitigung.

Im **schriftlichen Teil** werden drei Prüfungsbereiche geprüft. Für das Gesamtprüfungsergebnis zählen praktischer und schriftlicher Teil zusammen.

Prüfungsbereich	Aufgabenart	Zeit in Minuten	Aufgabenanteil in %
Praktische Arbeitsaufgaben			
a) Aufgabe 1	praktisch / mündlich	–	25
b) Aufgabe 2	praktisch / mündlich	–	25
Prozesse der Lagerlogistik	ungebundene Aufgaben	150	25
Rationeller und qualitatssichernder Güterumschlag	gebundene Aufgaben	90	15
Wirtschafts- und Sozialkunde	gebundene Aufgaben	60	10
Gesamt			**100**

Die Prüfung ist bestanden, wenn im Gesamtergebnis, im Prüfungsbereich Praktische Arbeitsaufgaben, im gewogenen Durchschnitt der schriftlichen Prüfungsbereiche und in mindestens zwei der schriftlichen Prüfungsbereiche jeweils mindestens ausreichende Leistungen erbracht worden sind. Wird eine Prüfungsleistung mit „ungenügend" bewertet, so ist die Abschlussprüfung nicht bestanden.

1.3 Die Rechte und die Pflichten während der Berufsausbildung

Kammer
regionale Selbstverwaltungsorganisation, die die Interessen ihrer Mitglieder (Unternehmen) wahrnimmt

Vor Beginn Ihrer Ausbildung haben Sie mit Ihrem Ausbildungsbetrieb einen **Ausbildungsvertrag** abgeschlossen. Dieser wurde auch bei der zuständigen Kammer eingetragen. Gesetzliche Grundlage Ihres Ausbildungsvertrages ist das **Berufsbildungsgesetz** (BBiG). Darin sind auch die Rechte und Pflichten genannt, die während der Ausbildungszeit von Ihnen und Ihrem Ausbilder zu beachten sind. Das BBiG schreibt im § 10 den Abschluss eines Berufsausbildungsvertrags vor.

1.3.1 Das Berufsausbildungsverhältnis

Das Berufsausbildungsverhältnis ist ein besonders ausgestaltetes Arbeitsverhältnis auf der Grundlage eines Vertrages zwischen zwei Ausbildungspartnern, dem **Ausbildenden** und dem **Auszubildenden** (früher auch als Lehrling bezeichnet). Ist der Auszubildende noch minderjährig, bedarf der Berufsausbildungsvertrag der Zustimmung des gesetzlichen Vertreters.

Ausbildender ist derjenige, der jemand anderen zur Berufsausbildung einstellt. Der Ausbildende muss die Ausbildung aber nicht unbedingt selbst vornehmen, sondern kann einen **Ausbilder** mit der Durchführung der Ausbildung beauftragen.

Nach Abschluss des **Berufsausbildungsvertrages**, spätestens aber vor Beginn der Berufsausbildung, muss der Ausbildende den wesentlichen Inhalt des Vertrages schriftlich niederlegen. Diese Vertragsniederschrift ist vom Ausbildenden, vom Auszubildenden und gegebenenfalls von dessen gesetzlichem Vertreter zu unterzeichnen. Danach hat der Ausbildende dem Auszubildenden eine Ausfertigung der unterzeichneten Vertragsniederschrift auszuhändigen.

!

Vor Beginn der Berufsausbildung muss zwischen den Ausbildenden und dem Auszubildenden ein **Berufsausbildungsvertrag** geschlossen werden. Für diesen Vertrag ist die Schriftform erforderlich. Die elektronische Form ist ausgeschlossen. Beide Vertragspartner müssen ein Exemplar der Vereinbarung erhalten.

§

Vertragsniederschrift – § 11 Abs. 1 BBiG

… In die Vertragsniederschrift sind mindestens aufzunehmen:

1. Art, sachliche und zeitliche Gliederung sowie Ziel der Berufsausbildung, insbesondere die Berufstätigkeit, für die ausgebildet werden soll,
2. Beginn und Dauer der Berufsausbildung,
3. Ausbildungsmaßnahmen außerhalb der Ausbildungsstätte,
4. Dauer der regelmäßigen täglichen Ausbildungszeit,
5. Dauer der Probezeit,
6. Zahlung und Höhe der Vergütung,
7. Dauer des Urlaubs,
8. Voraussetzungen, unter denen der Berufsausbildungsvertrag gekündigt werden kann,
9. ein in allgemeiner Form gehaltener Hinweis auf die Tarifverträge, Betriebs- oder Dienstvereinbarungen, die auf das Berufsausbildungsverhältnis anzuwenden sind.

Über den Mindestgehalt eines Berufsausbildungsvertrages hinaus kann es noch weitere Vereinbarungen geben, die für den Auszubildenden bedeutsam sein können. Allerdings ist im Ausbildungsvertrag nicht alles frei vereinbar. Im § 12 BBiG werden **nichtige Vereinbarungen** genannt, z. B.

- die Verpflichtung des Auszubildenden, für die Berufsausbildung eine Entschädigung zu zahlen,
- Vertragsstrafen oder
- den Ausschluss oder die Beschränkung von Schadenersatzansprüchen.

Nach dem Abschluss des Ausbildungsvertrages hat der Ausbildende die **Eintragung in das Verzeichnis der Berufsausbildungsverhältnisse** bei der zuständigen Stelle – das sind die jeweiligen Kammern – zu beantragen. Für den Auszubildenden ist die Eintragung gebührenfrei. Zweck dieser Eintragung ist vor allem eine Überwachung der Einhaltung von Rechtsvorschriften, denn ein Eintrag erfolgt nur, wenn

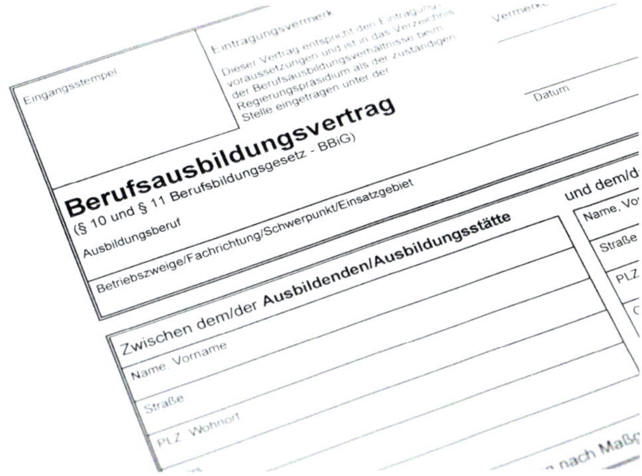
Eingangsstempel

Berufsausbildungsvertrag
(§ 10 und § 11 Berufsbildungsgesetz - BBiG)
Ausbildungsberuf
Betriebszweige/Fachrichtung/Schwerpunkt/Einsatzgebiet
Zwischen dem/der Ausbildenden/Ausbildungsstätte
Name, Vorname
Straße
PLZ Wohnort
und dem/d
Datum

Berufsausbildungsvertrag

- der Berufsausbildungsvertrag dem Berufsausbildungsgesetz und der Ausbildungsordnung entspricht,
- die persönliche und fachliche Eignung sowie die Eignung der Ausbildungsstätte für das Einstellen und Ausbilden vorliegen und
- für Auszubildende unter 18 Jahren die **ärztliche Bescheinigung** über die Erstuntersuchung nach § 32 Abs. 1 des Jugendarbeitsschutzgesetzes zur Einsicht vorgelegt wird. Danach darf ein Jugendlicher, der in das Berufsleben eintritt, nur dann beschäftigt werden, wenn er innerhalb der letzten 14 Monate von einem Arzt untersucht wurde und hierüber eine Bescheinigung vorliegt. Zur Überprüfung des Gesundheitszustandes des Jugendlichen muss sich der Ausbildende vor Ablauf des ersten Ausbildungsjahres eine Bescheinigung über eine ärztliche Nachuntersuchung vorlegen lassen.

Jugendarbeitsschutzgesetz (JArbSchG) regelt die Arbeitsbedingungen für jugendliche Arbeitnehmer und Auszubildende
→ Anhang WiSo, Kap. 1.3.4

1.3.2 Die Eignung des Ausbildenden

Ausbilden darf nur, wer dazu persönlich und fachlich geeignet ist.

Persönlich nicht geeignet ist (nach § 29 BBiG),

- wer Kinder und Jugendliche nicht beschäftigen darf, weil er z. B. innerhalb der letzten fünf Jahre wegen eines Verbrechens zu einer Freiheitsstrafe von mindestens zwei Jahren oder wegen eines Sittlichkeitsdeliktes verurteilt wurde (siehe dazu § 25 JArbSchG);
- wer wiederholt und schwer gegen das Berufsbildungsgesetz oder aufgrund des Gesetzes erlassenen Vorschriften und Bestimmungen verstoßen hat.

Fachlich nicht geeignet ist,

- wer die erforderlichen beruflichen Fertigkeiten und Kenntnisse nicht besitzt oder
- wer die erforderlichen berufs- und arbeitspädagogischen Kenntnisse nicht besitzt.

1.3.3 Pflichten der Ausbildungspartner

In jedem Ausbildungverhältnis haben beide Vertragspartner Pflichten (vgl. Tabelle). Für die Ausbildenden sind diese Pflichten in den Paragrafen 14 bis 16 BBiG festgeschrieben. Die Pflichten der Auszubildenden finden sich im Paragraf 13 BBiG.

Der Ausbildende verpflichtet sich gemäß §§ 14–16,	Der Auszubildende verpflichtet sich gemäß § 13,
• dafür zu sorgen, dass dem Auszubildenden die berufliche Handlungsfähigkeit vermittelt wird, die zum Erreichen des Ausbildungszieles erforderlich ist (Ausbildungspflicht).	• sich um den Erwerb der Fertigkeiten und Kenntnisse zu bemühen, die erforderlich sind, um das Ausbildungsziel zu erreichen. Eigeninitiative bei der Ausbildung ist gefragt!
• die Ausbildung planmäßig, sachlich und zeitlich so zu gliedern, dass das Ausbildungsziel in der vorgesehenen Ausbildungszeit erreicht werden kann. Regelungen über Ausbildungsziel und Gliederung der Berufsausbildung sind im Ausbildungsvertrag und der Ausbildungsverordnung enthalten.	• die ihm im Rahmen seiner Berufsausbildung übertragenen Verrichtungen sorgfältig auszuführen.
• die Ausbildungsmittel, insbesondere Werkzeuge und Werkstoffe, die zur Berufsausbildung und zum Ablegen der Prüfungen erforderlich sind, kostenlos zur Verfügung zu stellen. Dies gilt auch, wenn die Prüfungen nach Beendigung des Ausbildungsverhältnisses stattfinden. Zu den Ausbildungsmitteln gehören auch eine ggf. erforderliche Sicherheitsausrüstung, Zeichen- und Schreibmaterial sowie Fach- und Tabellenbücher, die in der Ausbildungsstätte gebraucht werden. Ist vom Ausbildenden eine besondere Berufskleidung vorgeschrieben, so sollte im Ausbildungsvertrag geregelt werden, dass sie vom Ausbildenden zur Verfügung gestellt wird. Materialien, Lehrbücher und Unterlagen, die für den Berufsschulunterricht benötigt werden, zählen nicht zu den erforderlichen Ausbildungsmitteln.	• an Ausbildungsmaßnahmen teilzunehmen, für die er vom Ausbildenden freizustellen ist, also am Berufsschulunterricht und den laut Ausbildungsverordnung vorgesehenen Prüfungen. • die für die Ausbildungsstätte geltende Ordnung zu beachten; abgesehen von einer allgemeinen Hausordnung, z. B. Hygienevorschriften oder Vorschriften zu Arbeitsschutz und Unfallverhütung, dem Anlegen von Schutzkleidung, Rauchverbot, Vorschriften über das Betreten von Werkstätten bzw. bestimmten Räumen. Allerdings dürfen diese Ordnungen nicht in das Recht des Einzelnen auf die freie Entfaltung der Persönlichkeit (Artikel 2 des Grundgesetzes) eingreifen.
• den Auszubildenden zum Besuch der Berufsschule und zum Führen von schriftlichen Ausbildungsnachweisen anzuhalten, die er dem Auszubildenden kostenlos zur Verfügung stellen und auch durchsehen muss.	• den Weisungen zu folgen, die ihm im Rahmen der Berufsausbildung vom Ausbildenden, vom Ausbilder oder von anderen weisungsberechtigten Personen (z. B. von Verantwortlichen für den Arbeitsschutz) erteilt werden.
• dafür zu sorgen, dass der Auszubildende charakterlich gefördert sowie sittlich und körperlich nicht gefährdet wird, auch und vor allem nicht durch eine körperliche Züchtigung durch den Ausbildenden (vgl. § 31 Jugendarbeitsschutzgesetz).	• die Werkzeuge, Maschinen und sonstigen Einrichtungen pfleglich zu behandeln.
• dem Auszubildenden nur Verrichtungen zu übertragen, die dem Ausbildungszweck dienen und seinen körperlichen Kräften angemessen sind. Zumutbar sind auch Verrichtungen, die mit der Sauberkeit des eigenen Arbeitsplatzes und der Pflege der Gegenstände zusammenhängen, mit denen der Auszubildende zu tun hat.	• über Betriebs- und Geschäftsgeheimnisse Stillschweigen zu wahren, sodass sie z. B. der Konkurrenz nicht bekannt werden.

1.3.4 Das Jugendarbeitsschutzgesetz

Junge Menschen sind weniger belastbar als Erwachsene, da sie sich noch in der Entwicklung befinden. Das Jugendarbeitsschutzgesetz (JArbSchG) schützt deshalb jugendliche Beschäftigte zwischen 15 und 18 Jahren vor gesundheitsschädigenden Belastungen bei der Arbeit. Der Gesetzgeber betrachtet Vierzehnjährige noch als Kinder, deren Beschäftigung – von wenigen Ausnahmen abgesehen (z. B. ein Betriebspraktikum während der Schulzeit) – grundsätzlich verboten ist. Einige Bestimmungen des JArbSchG gelten jedoch auch für Berufsschulpflichtige, die 18 Jahre oder älter sind.

Das Jugendarbeitsschutzgesetz enthält u. a. Bestimmungen zu Arbeitszeiten, Ruhepausen, Freizeit, Urlaub und Berufsschulzeiten.

Auszubildende berichten

Sandra:
„Ich bin im ersten Ausbildungsjahr als Fachlageristin. Mein Chef möchte, dass ich auch nach der Berufsschule nachmittags in den Betrieb komme. Weil die Schule ganz in der Nähe liegt, meint er, hätte ich keinen langen Weg."

Sofia:
„Ich mache eine Ausbildung zur Fachkraft für Lagerlogistik. Wenn viel los ist, dürfen wir keine Pause machen. Neulich konnte ich erst nach fünf Stunden zur Pause gehen."

Marian:
„Wenn Güter angeliefert werden, soll ich immer die schweren Kisten tragen. Die wiegen manchmal mehr als 35 kg. Weil ich ein Mann bin, meinen sie, dass ich das schaffen muss. Aber abends tut mir der Rücken weh."

Arbeitszeit und Freizeit

Jugendliche dürfen (nach § 8 JArbSchG) nicht mehr als acht Stunden täglich und 40 Stunden wöchentlich beschäftigt werden. Wenn an einzelnen Werktagen die Arbeitszeit auf weniger als acht Stunden verkürzt ist, können Jugendliche an den übrigen Werktagen derselben Woche bis zu 8,5 Stunden beschäftigt werden. Die Fünftagewoche ist verbindlich (nach § 15 JArbSchG). In Betrieben mit Samstagsarbeit muss ein Ausgleich an einem anderen berufsschulfreien Wochentag geschaffen werden (nach § 16 JArbSchG). Zwischen dem Feierabend und dem Arbeitsbeginn am nächsten Tag müssen mindestens zwölf Stunden Freizeit liegen. Jugendliche dürfen nur zwischen 6 und 20 Uhr beschäftigt werden. Ausnahmen gelten für Jugendliche über 16 Jahren z. B. in der Gastronomie, in Bäckereien oder in der Landwirtschaft.

Samstagsarbeit
Mindestens zwei Samstage sollen beschäftigungsfrei bleiben.

Pausen

- Die Ruhepause muss bei Arbeitszeiten zwischen 4,5 und sechs Stunden mindestens 30 Minuten betragen. Bei längeren Arbeitszeiten muss die Pause mindestens 60 Minuten dauern (§ 11 JArbSchG).
- Die erste Pause muss spätestens nach 4,5 Arbeitsstunden beginnen.
- Die Mindestdauer einer Pause beträgt 15 Minuten.

Berufsschule

Die Berufsschulzeit (einschließlich Pausen) wird auf die Arbeitszeit angerechnet und vergütet. Es gilt:

- Beschäftigungsverbot vor einem Berufsschulunterricht, der um 9 Uhr beginnt (auch für Auszubildende über 18 Jahren)
- Beschäftigungsverbot an Berufsschultagen mit mehr als fünf Unterrichtsstunden (zu je 45 Minuten), einmal in der Woche
- Freistellung des Auszubildenden für die Teilnahme an der Zwischen- und Abschlussprüfung
- Freistellung am Arbeitstag unmittelbar vor der schriftlichen Abschlussprüfung und Anrechnung der Abschlussprüfung auf die Arbeitszeit
- der Besuch der Berufsschule darf nicht zu einem Verdienstausfall führen

Beschäftigungsbeschränkungen

Gefahrstoffe
→ LF 2, Kap. 6.3

Jugendliche dürfen nicht mit gefährlichen Arbeiten beschäftigt werden. Das sind vor allem Arbeiten mit besonderen Unfallgefahren und Arbeiten, die die Leistungsfähigkeit der Jugendlichen überschreiten. Das trifft auch auf die Arbeit mit gefährlichen Stoffen, gefährlicher Strahlung oder gesundheitsgefährdendem Lärm zu. Ausnahmen sind nur zulässig, wenn sie für die Ausbildung notwendig sind.

Urlaub

Der bezahlte Jahresurlaub beträgt, wenn der Jugendliche zu Beginn des Kalenderjahres noch nicht

- 16 Jahre alt ist: mindestens 30 Werktage,
- 17 Jahre alt ist: mindestens 27 Werkstage,
- 18 Jahre als ist: mindestens 25 Werktage.

1.3.5 Der Beginn und das Ende des Ausbildungsverhältnisses

Das Ausbildungsverhältnis beginnt mit einer **Probezeit** gemäß § 20 BBiG, die mindestens einen und höchstens vier Monate beträgt. Während der Probezeit kann das Berufsausbildungsverhältnis von beiden Vertragspartnern jederzeit ohne Angabe von Gründen fristlos (ohne Einhalten einer Kündigungsfrist) gekündigt werden. Zweck der Probezeit: Vom Ausbildenden ist zu prüfen, ob der Auszubildende geeignet ist, und vom Auszubildenden ist zu prüfen, ob er die richtige Berufswahl getroffen hat.

Kündigungsfrist
→ Anhang WiSo, Kap. 2.3.1

Nach der Probezeit ist eine **Kündigung** des Ausbildungsvertrages nur möglich:

- aus einem wichtigen Grund ohne Einhalten einer Kündigungsfrist. Eine Kündigung aus wichtigem Grund ist jedoch ausgeschlossen, wenn dem Kündigenden die maßgeblichen Gründe länger als zwei Wochen bekannt waren.
- vom Auszubildenden mit einer Frist von vier Wochen, wenn er die Berufsausbildung aufgeben oder sich einer anderen Ausbildung unterziehen will.

Die Kündigung ist form- und empfangsbedürftig – sie ist daher schriftlich abzufassen. Nach der Probezeit müssen auch die Kündigungsgründe angegeben werden.

Abschlussprüfung
→ Anhang WiSo, Kap. 1.2

Wird das Berufsausbildungsverhältnis nicht gekündigt, endet es nach § 21 BBiG mit dem Bestehen der Abschlussprüfung oder mit dem Ablauf der vereinbarten Ausbildungszeit. Wenn ein Auszubildender die Abschlussprüfung nicht besteht, setzt sich das Ausbildungsverhältnis bis zur nächstmöglichen Wiederholungsprüfung fort. Höchstens wird es ein Jahr lang fortgesetzt.

Zeugnis

Bei Beendigung der Berufsausbildung hat der Ausbildende nach § 16 BBiG dem Auszubildenden ein Zeugnis auszustellen. Das Zeugnis muss Angaben enthalten über

- Art,
- Dauer,
- Ziel der Berufsausbildung,
- die erworbenen Fertigkeiten und Kenntnisse des Auszubildenden und
- Angaben über Führung, Leistung und besondere fachliche Fähigkeiten, wenn der Auszubildende die Aufnahme dieser Angaben ins Zeugnis verlangt.

Zeugnis
→ Anhang WiSo, Kap. 2.3.2

Dauer
Durch Tarifverträge kann in bestimmten Grenzen von gesetzlichen Regelungen, z. B. denen zur Ausbildungsdauer, abgewichen werden.

1.3.6 Die Ausbildungsvergütung

Schließlich gehört es zu den Pflichten des Ausbildenden (§§ 17–19 BBiG), dem Auszubildenden eine angemessene monatliche Ausbildungsvergütung zu bezahlen, die mit fortschreitender Berufsausbildung – mindestens aber jährlich – ansteigt. Die Höhe der Ausbildungsvergütung wird in Tarifverträgen geregelt.

Tarifverträge
→ Anhang WiSo, Kap. 2.4

Die laufende monatliche Vergütung ist spätestens am letzten Arbeitstag des Monats zu zahlen. Bei unverschuldeter Verhinderung des Auszubildenden ist sie für die Dauer von sechs Wochen weiterzuzahlen.

Im Jahr 2010 betrugen die durchschnittlichen tariflichen Ausbildungsvergütungen für Fachkräfte für Lagerlogistik in Euro

Alte Bundesländer			Neue Bundesländer		
1. Jahr	2. Jahr	3. Jahr	1. Jahr	2. Jahr	3. Jahr
713	770	844	632	688	758

Quelle: BIBB (2010): Tarifliche Ausbildungsvergütungen

Nach einer Studie des Bundesinstitutes für berufliche Bildung (BIBB) nehmen die Ausbildungsvergütungen im Durchschnitt mehr als ein Drittel der Ausbildungskosten ein.

Die tariflich vereinbarten Vergütungen stellen für tarifgebundene Betriebe verbindliche Mindestbeträge dar, das heißt, niedrigere Vergütungen sind unzulässig, höhere Zahlungen dagegen möglich. Auch die nicht tarifgebundenen Ausbildungsbetriebe zahlen häufig die für sie geltenden tariflichen Sätze. Nach derzeitiger Rechtsprechung können sie diese Sätze allerdings auch um bis zu 20 % unterschreiten.

Ist die Ausbildungsvergütung so gering, dass sie zur Deckung der notwendigen Ausgaben (Lehrmittel, Fahrtkosten, Lebensunterhalt) nicht ausreicht, kann der Auszubildende eine **Berufsausbildungsbeihilfe** beantragen. Dazu muss er sich an die zuständige Agentur für Arbeit wenden.

2 Der Durchblick im Beruf

2.1 Die Entwicklung der Lagerberufe

Pyramidenbau

Die Logistik und damit die Lagerberufe haben eine lange Tradition. Große Bauprojekte, wie z. B. der Bau der ägyptischen Pyramiden vor etwa 5.000 Jahren, wären ohne die Beschaffung, Bevorratung und Bereitstellung des Baumaterials oder der Lebensmittel für die Arbeiter kaum möglich gewesen.

Im antiken Rom trugen Beamte, die für die Verwaltung von Vorräten verantwortlich waren, die Bezeichnung „Logistika".

Auch das Militärwesen stellte frühzeitig hohe Anforderungen an die Logistik. So waren die Aufstellung und Unterhaltung von Armeen stets mit deren Ausrüstung und stetiger Versorgung mit Waffen, Lebensmitteln und anderem mehr verbunden.

Arbeitsteilung
→ Anhang WiSo, Kap. 3.2

Im Laufe der Jahrhunderte führte die zunehmende Arbeitsteilung auch zu neuen Herausforderungen für das Lagerwesen. So erfordert z. B. die Spezialisierung in und zwischen den Unternehmen einen zunehmenden Austausch von Gütern, Rohstoffen und Informationen.

Globalisierung
zunehmende weltweite Verflechtung, z. B. in den Bereichen Wirtschaft, Kommunikation, Politik und Umwelt

In den letzten Jahren ist eine fortschreitende internationale Globalisierung zu verzeichnen, die ebenfalls zu wachsenden Güter-, Wert- und Informationsströmen führt. Außerdem konzentrieren sich große Unternehmen immer mehr auf ihre Kerngeschäfte. Das heißt, sie übertragen Aufgabenbereiche, die nicht direkt mit der Erzeugung ihrer Produkte bzw. Dienstleistungen verbunden sind, auf andere Unternehmen. Ein solcher Aufgabenbereich ist oftmals die Logistik.

Das ist eng mit einer zunehmenden Spezialisierung im Logistikbereich verbunden. So nimmt die Zahl der Logistikzentren weiter zu. Diese übernehmen von anderen Unternehmen die Kommissionierung von Gütern. Ein weiteres Beispiel ist die Entwicklung von Speditionen, die z. T. weltweit agieren und die Güter von Unternehmen an deren Kunden liefern oder Unternehmen mit Zubehör und Rohstoffen beliefern. Auch die zunehmende Warenvielfalt erfordert eine immer höhere Anforderung an das Lagerwesen.

Diese Entwicklungen führten und führen nicht nur zu einem Anwachsen des Umfangs der Logistik. Insbesondere wachsen die qualitativen Anforderungen an die Logistikberufe ständig.

Kommissionierung im Bereich Food

2.2 Die beruflichen Entwicklungschancen

War früher oft die Muskelkraft für Beschäftigte im Logistikbereich besonders wichtig, so hat sich dieses Anforderungsprofil inzwischen deutlich verändert. Gestiegene Anforderungen werden an die Beschäftigten z. B. bei Fremdsprachen durch die zunehmende Internationalisierung gestellt. Es kommen technische Kenntnisse im Umgang mit den z. T. automatischen Lagersystemen und chemisch-physikalisches Wissen bei der sachgerechten Lagerung und dem Umgang mit z. B. gefährlichen Stoffen hinzu.

In Deutschland gehört die Logistik zu den Branchen mit dem größten Umsatz und den meisten Beschäftigten. Diesen Platz kann die Branche auch künftig behaupten. Dafür sprechen u. a.:
- die zentrale Lage unseres Landes in Europa
- die Erweiterung der EU nach Osteuropa
- die weltweite Vernetzung der deutschen Wirtschaft und ihre Exportkraft
- die gute Anbindung Deutschlands an das internationale Verkehrssystem mit der guten Verkehrsinfrastruktur (Häfen, Flughäfen, Straßen- und Schienennetz)

Dieser Entwicklung trägt auch die Neuordnung der Ausbildungsberufe Fachlagerist/in und Fachkraft für Lagerlogistik Rechnung. Auch verschiedene Studienrichtungen konzentrieren sich auf das Gebiet der Logistik. So bieten sich auch nach Abschluss der Berufsausbildung weitreichende Entwicklungschancen für Beschäftigte in der Logistik.

Innerbetrieblich können zusätzliche Aufgaben übernommen werden, wie z. B. Sicherheits- oder Gefahrgutbeauftragte. Hierfür sind spezielle Fortbildungen notwendig, die häufig sogar vom Betrieb bezahlt werden. **Außerbetriebliche** Weiterentwicklungsmöglichkeiten sind verschiedene Höherqualifikationen, die durch spezielle Lehrgänge und an entsprechenden Ausbildungsorten besucht werden können.

Bezeichnung	Tätigkeit	Ausbildungsort
Lagerverwalter	sachgerechte Verteilung und Lagerung der Güter (besorgen, verpacken und versenden von Gütern nach Order)	Bildungsakademie
Fachkraft für Logistik- und Materialwirtschaft	Organisation und Koordination im Bereich der Betriebslogistik und der Material- und Lagerwirtschaft	Bildungsakademie
Meister für Lagerwirtschaft	Planung, Organisation und Überwachung des Lagers hinsichtlich der logistischen Abläufe unter Kostenaspekten	IHK
Kraftverkehrsmeister	Disposition, Fuhrpark- und Werkstattleitung	IHK
Fachkaufmann für Einkauf und Logistik	Einkaufsmanagement, Pflege der Beziehungen zu Lieferanten und Abschluss von Verträgen	IHK
Logistikmanager	Aufgaben in der Unternehmens-, Lager- und Materialflusslogistik, dem Geschäftsmanagement sowie dem Controlling	IHK
Fach- und Betriebswirt für Logistik	Leitungsfunktion im Personal-, Transport- oder Logistikmanagement, Betriebsorganisation	Fachakademie, Fachschule für Betriebswirtschaft
Studium zum Betriebswirt mit dem Schwerpunkt Logistik	verantwortungsvolle Aufgaben in der Industrie, im Handel, im Dienstleistungsbereich und im Consulting	Fachhochschule, Universität

2.3 Was gehört in einen Arbeitsvertrag?

Nach bestandener Berufsausbildung werden Auszubildende in der Regel in ein Arbeitsverhältnis übernommen. Dazu ist ein neuer Vertrag notwendig – der Arbeitsvertrag. Er muss schriftlich geschlossen werden und ist die rechtliche Grundlage für ein Arbeitsverhältnis. Wesentliche Inhalte sind:

- Name und Anschrift der Vertragsparteien
- Art und Umfang der Tätigkeit
- Einsatzort
- Beginn und Dauer des Arbeitsverhältnisses
- Probezeit
- Kündigungsfristen
- Gehalt
- Dauer der Arbeitszeit
- Urlaub
- Hinweise auf anzuwendende Gesetze, Tarifverträge und Betriebsvereinbarungen

Tarifvertrag
→ Anhang WiSo, Kap. 2.4

Für jugendliche Arbeitnehmer unter 18 Jahre gelten besondere Schutzvorschriften, die im Jugendarbeitsschutzgesetz geregelt sind.
→ Anhang WiSo, Kap. 1.3.4

In einem Arbeitsvertrag können die Vertragsparteien nicht alles frei vereinbaren. Zunächst sind die **gesetzlichen Regelungen** des Arbeitsschutzes zu beachten, die in verschiedenen Gesetzen und Rechtsverordnungen sowie in den von den Trägern der Unfallversicherung erlassenen Unfallverhütungsvorschriften zu finden sind. Wird ein Arbeitsvertrag zwischen Mitgliedern der Tarifvertragspartner geschlossen, so sind die Regelungen des **Tarifvertrages** auf das Arbeitsverhältnis anzuwenden. Das gilt auch, wenn im einzelnen Arbeitsvertrag nicht ausdrücklich auf den Tarifvertrag Bezug genommen wird.

Betriebsvereinbarung
→ Anhang WiSo, Kap. 2.5

Vermögensbildung
→ Anhang WiSo, Kap. 2.6.2

Darüber hinaus können zwischen dem Betriebsrat und dem Arbeitgeber **Betriebsvereinbarungen** geschlossen werden, die für die Arbeitnehmer eines Unternehmens unmittelbar gelten. Diese Betriebsvereinbarungen müssen in schriftlicher Form getroffen und von Arbeitgeber und Betriebsrat unterzeichnet werden. Durch Betriebsvereinbarungen können z. B. geregelt werden: zusätzliche Maßnahmen zur Verhütung von Arbeitsunfällen und Gesundheitsschädigungen, Maßnahmen zur Förderung der Vermögensbildung, Pausenregelungen, Regelungen zur flexiblen Arbeitszeit und Sondervergütungen.

Pflichten, die sich aus dem Arbeitsvertrag ergeben

Pflichten des Arbeitgebers	Pflichten des Arbeitnehmers
• Vergütungspflicht • Beschäftigungspflicht • Urlaubsgewährungspflicht • Fürsorgepflicht • Zeugnispflicht • Gleichbehandlung	• Arbeitspflicht • Verschwiegenheitspflicht • Treuepflicht • Wettbewerbsverbot

2.3.1 Die Beendigung eines Arbeitsverhältnisses

Im Wesentlichen unterscheidet man vier Möglichkeiten, ein Arbeitsverhältnis als Angestellter zu beenden, nämlich durch
- ordentliche Kündigung,
- außerordentliche Kündigung,
- Aufhebungsvertrag,
- Zeitablauf (befristeter Arbeitsvertrag).

Ein Arbeitsvertrag wird im Normalfall durch eine **ordentliche Kündigung** beendet. Die Kündigung ist eine einseitige, empfangsbedürftige Willenserklärung, die erst wirksam wird, wenn sie dem anderen Vertragspartner zugegangen ist. Bei ordentlichen Kündigungen müssen beide Seiten die **gesetzliche Kündigungsfrist** beachten. Sie beträgt vier Wochen zum 15. eines Monats oder zum Monatsende. Bei Kündigungen durch den Arbeitgeber sind bei mehrjähriger Betriebszugehörigkeit längere Fristen maßgebend. Auch Tarifverträge können längere Kündigungsfristen vorgeben. Die Kündigung kann vom Arbeitnehmer oder vom Arbeitgeber ausgesprochen werden. Sie bedarf der Schriftform. Aus Beweisgründen empfiehlt es sich, das Kündigungsschreiben per Einschreiben durch die Post zustellen zu lassen oder gegen Empfangsquittung beim Arbeitgeber abzugeben. Während der Probezeit von bis zu sechs Monaten kann das Arbeitsverhältnis in der Regel mit einer Frist von zwei Wochen zu jedem Tag gekündigt werden. Eine besondere Art der ordentlichen Kündigung ist die **Änderungskündigung**. Sie ist eine Kündigung des Arbeitgebers, verbunden mit dem Angebot, das Arbeitsverhältnis zu anderen Bedingungen, z. B. einer anderen Entlohnung oder in einer anderen Beschäftigung, fortzusetzen.

Die **außerordentliche Kündigung** kann von beiden Vertragspartnern nur ausgesprochen werden, wenn ein wichtiger Grund vorliegt. Die außerordentliche Kündigung ist wie die ordentliche Kündigung eine einseitige Willenserklärung mit vergleichbaren Rechtsfolgen, aber ohne Einhaltung einer Frist. Sie muss spätestens zwei Wochen nach Kenntnis des Kündigungsgrundes ausgesprochen werden. Der Betriebsrat muss innerhalb von drei Tagen eine Stellungnahme abgegeben haben.

Wichtige Gründe können sein:
- Arbeitsverweigerung
- Diebstahl
- Beleidigungen
- Tätlichkeiten
- Vorenthaltung des Entgelts

Bei einem **Aufhebungsvertrag** erklären – im Unterschied zur Kündigung – beide Vertragspartner, dass sie das Arbeitsverhältnis auflösen wollen. Der Arbeitnehmer gibt also bewusst seinen Arbeitsplatz auf. Deshalb gehen die Arbeitsagenturen davon aus, dass der Arbeitnehmer seine möglicherweise folgende Arbeitslosigkeit selbst verursacht hat. Kürzungen bzw. Sperrzeiten bei der Zahlung des Arbeitslosengeldes sind die Folge.

Wird ein Arbeitsverhältnis nur für einen bestimmten Zeitraum geschlossen, endet es mit Ablauf dieser Frist, ohne dass es einer Kündigung bedarf.

2.3.2 Das Arbeitszeugnis

Nach der Kündigung hat der Arbeitnehmer Anspruch auf ein Arbeitszeugnis (**einfaches Zeugnis**): Auf Wunsch des Arbeitnehmers muss der Arbeitgeber ein **qualifiziertes Zeugnis** ausstellen, das Aussagen zur Führung und zu den Leistungen (Kenntnisse, Erfahrungen, Erfolge usw.) des Beschäftigten enthält. Arbeitszeugnisse müssen der Wahrheit entsprechen, dürfen aber auch keine Formulierungen enthalten, die den künftigen Berufsweg des Arbeitnehmers unnötig erschweren würden.

2.3.3 Der gesetzliche Kündigungsschutz

Für viele Menschen ist das Arbeitseinkommen die Hauptquelle zur Sicherung ihrer Existenz. Deshalb hat der Gesetzgeber für die Sicherung des Arbeitsplatzes besondere Schutzrechte geschaffen.

Das **Kündigungsschutzgesetz** (KSchG) schützt den Arbeitnehmer vor Nachteilen einer Kündigung durch den Arbeitgeber. Diesen Kündigungsschutz können Arbeitnehmer (mit Ausnahme von leitenden Angestellten) geltend machen, wenn
- sie dem Betrieb mehr als sechs Monate angehören und
- in einem Unternehmen mehr als zehn Arbeitnehmer beschäftigt sind.

Mehr als zehn Arbeitgeber
In Unternehmen mit fünf bis zehn Mitarbeitern gilt der Kündigungsschutz nur für Arbeitsverhältnisse, die bereits vor dem 1. Januar 2004 bestanden.

Kündigungsgründe nach dem Kündigungsschutzgesetz (bei Kündigung durch den Arbeitgeber)

Person des Arbeitnehmers
- mangelnde Leistung
- fehlende Eignung
- lange Krankheit
- wiederholtes Fehlen wegen der gleichen Krankheit
- verhaltensbedingt

Verhalten des Arbeitnehmers
- Arbeitsverweigerung
- Störung des Betriebsfriedens
- Beleidigung
- Verweigerung von Mehrarbeit
- häufige Unpünktlichkeit

betriebliche Gründe
- Auftragsmangel
- Betriebsschließung
- Rationalisierungsmaßnahmen

Eine verhaltensbedingte Kündigung bedarf der vorhergehenden schriftlichen Abmahnung durch den Arbeitgeber. Sie muss das Fehlverhalten rügen und unmissverständlich die Folgen darlegen, wenn der Arbeitnehmer sein Verhalten nicht ändert.

Abmahnung
ist ein Hinweis auf Verletzung von Pflicht/en des Arbeitsvertrages, verbunden mit der Missbilligung dieses Verhaltens, unter Androhung von Konsequenzen betreffend Inhalt oder Bestand des Arbeitsverhältnisses für den Fall der Wiederholung der Pflichtverletzung

Ist der Arbeitnehmer der Auffassung, die Kündigung sei ungerechtfertigt, kann er innerhalb von drei Wochen nach Zugang der Kündigung Klage beim Arbeitsgericht erheben. Stellt das Gericht daraufhin fest, dass der Arbeitsvertrag durch die Kündigung nicht aufgelöst ist, kann das Arbeitsverhältnis entweder fortgesetzt werden oder das Arbeitsgericht verurteilt den Arbeitgeber auf Antrag des Arbeitnehmers zur Zahlung einer Abfindung.

Klage
Statt dieser können sich Arbeitgeber und Arbeitnehmer auch außergerichtlich auf eine Abfindung einigen

2.4 Die tarifvertraglichen Regelungen

Grundlage für die Entlohnung, den Urlaubsanspruch, die Arbeitszeiten und die Arbeitsbedingungen bildet der **Tarifvertrag** der Branche, der das Unternehmen angehört. Er wird zwischen den Gewerkschaften und Arbeitgeberverbänden, den sogenannten **Tarifparteien**, ausgehandelt. Dabei handelt es sich um einen einzelnen Arbeitgeber oder einen Arbeitgeberverband auf der einen Seite und um eine Gewerkschaft als Interessenvertretung der Arbeitnehmer auf der anderen Seite. Gegenstand eines solchen Tarifvertrages ist die Regelung arbeitsrechtlicher Fragen. In der Regel gilt ein Tarifvertrag für einen ganzen Wirtschaftszweig.

Ausbildungsvergütung
→ Anhang WiSo, Kap. 1.3.6

Den Tarifpartnern ist es also gestattet, die Tarife für Arbeitsleistungen durch vertragliche Verhandlungen eigenverantwortlich und ohne Einflussnahme des Gesetzgebers zu bestimmen. Deshalb spricht man auch von der Tarifautonomie. Man unterscheidet zwei Arten von Tarifverträgen.

Tarif
einheitliche Bedingungen für bestimmte Leistungen

Autonomie
Selbstbestimmung

Der **Manteltarifvertrag** regelt allgemeine Arbeitsbedingungen wie Arbeitszeit und Urlaub. Er gilt in der Regel über mehrere Jahre. Der **Lohn- und Gehaltstarifvertrag** enthält Vereinbarungen über Löhne und Gehälter und gilt meist ein bis zwei Jahre.

Ein Tarifvertrag gilt nur innerhalb eines bestimmten geografischen Gebiets. Nach dem Geltungsbereich unterscheidet man Landes-, Bezirks-, Orts- und Werkstarife. Der Tarifvertrag kann für das ganze Bundesgebiet gelten oder für ein oder mehrere Bundesländer, Landesbezirke oder einzelne Unternehmen.

Die Regelungen des Tarifvertrages gelten unmittelbar und zwingend für die Arbeitsverhältnisse von Mitgliedern der Tarifvertragspartner. Hierbei spricht man von **Tarifgebundenen**. Somit findet der Tarifvertrag auf ein Arbeitsverhältnis auch dann Anwendung, wenn im einzelnen Arbeitsvertrag nicht ausdrücklich auf den Tarifvertrag Bezug genommen wird.

Wirkung entfaltet ein Tarifvertrag aber nicht nur zwischen den Tarifpartnern. Durch eine sogenannte **Allgemeinverbindlichkeitserklärung** des Bundesministeriums für Wirtschaft kann ein Tarifvertrag auch über die Vertragsbeteiligten hinaus erstreckt werden. Sie sichert den nicht gewerkschaftlich organisierten Arbeitnehmern die rechtliche Gleichstellung mit den Gewerkschaftsmitgliedern zu. In vielen Unternehmen werden die nicht tarifgebundenen Mitarbeiter den tarifgebundenen auch über eine Betriebsvereinbarung oder eine individuelle Klausel im Arbeitsvertrag gleichgestellt.

Die Bestimmungen der Tarifverträge sind Mindestbedingungen. Abmachungen in Ausbildungsverträgen und Einzelarbeitsverträgen zwischen Arbeitgeber und Auszubildendem bzw. Arbeitnehmer dürfen die Vorgaben des Tarifvertrags nicht unterschreiten, sie dürfen den Arbeitnehmer aber besserstellen, als es die Tarifbestimmungen regeln (Günstigkeitsprinzip).

Günstigkeitsprinzip
Grundsätzlich gelten für den Arbeitnehmer die Verträge bzw. Vereinbarungen, die für ihn die günstigsten Bedingungen enthalten.

Ein Tarifvertrag dient auch der Begründung einer sogenannten **Friedenspflicht** zwischen Arbeitnehmern und Arbeitgebern. Während der Laufzeit eines Tarifvertrags darf es keine Arbeitskämpfe (z. B. Streik und Aussperrung) wegen Angelegenheiten geben, die in dem betreffenden Tarifvertrag geregelt wurden.

Läuft ein Tarifvertrag aus, formulieren die entsprechenden Ausschüsse der Tarifpartner ihre Forderungen und Absichten für den Abschluss eines neuen Tarifvertrags. Es beginnen die **Tarifverhandlungen**. Bereits während der laufenden Verhandlungen kann es zu **Warnstreiks** kommen, mit denen die Gewerkschaften ihren Forderungen Nachdruck verleihen wollen.

Kommt es bei den Verhandlungen zu keiner Einigung, wird ein **Schlichtungsverfahren** eingeleitet. Die Schlichtungskommission besteht in der Regel aus der jeweils gleichen Anzahl von Arbeitgeber- und Arbeitnehmervertretern plus einer neutralen Person, auf die sich beide Seiten einigen müssen.

Im Schlichtungsverfahren versuchen die Tarifparteien, einen Kompromiss zu erzielen. Gelingt dies nicht, wird in einer Urabstimmung über Arbeitskampfmaßnahmen entschieden. Stimmen mindestens 75 % der gewerkschaftlich organisierten Arbeitnehmer dafür, wird von der Gewerkschaft ein Streik ausgerufen. Der Streik ist ein rechtlich anerkanntes Mittel der Gewerkschaften, ihren Forderungen Nachdruck zu verleihen (Arbeitskampf).

Verhältnismäßigkeit
Streik und Aussperrungen betreffen nicht nur die unmittelbar Beteiligten. Deshalb unterliegen sie dem obersten Gebot der Verhältnismäßigkeit. Es sind wirtschaftliche Gegebenheiten zu berücksichtigen und das Gemeinwohl darf nicht offensichtlich verletzt werden.

Das selten angewandte Kampf- und Beugemittel der Arbeitgeber ist die Aussperrung. Sie liegt vor, wenn ein Arbeitgeber planmäßig Arbeitnehmergruppen nicht arbeiten lässt und die Lohnzahlung verweigert. Regelmäßig wird die Aussperrung von den Arbeitgebern nur als Verteidigungsmittel eingesetzt. Sie darf nicht gegen den Grundsatz der Verhältnismäßigkeit verstoßen und nicht gezielt nur gegen Gewerkschaftsmitglieder gerichtet sein.

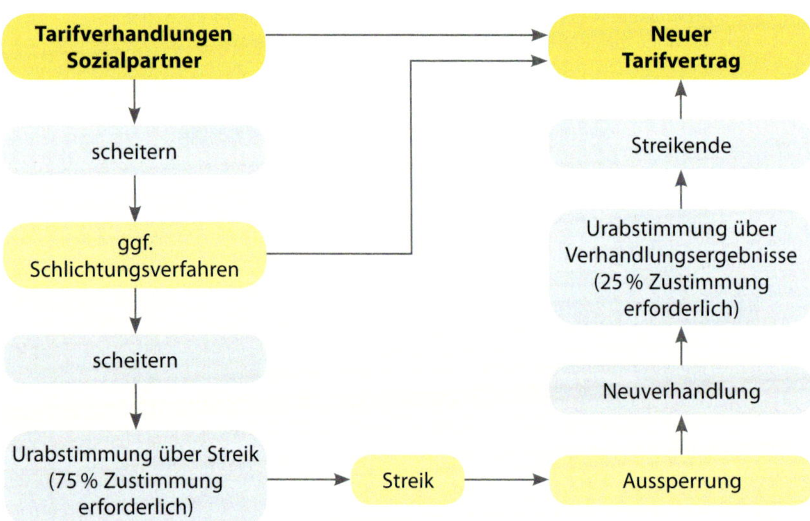

Der Arbeitgeber will sich bei einer Aussperrung nicht von den betroffenen Arbeitnehmern trennen. Im Unterschied zu einer Kündigung wird das Arbeitsverhältnis nur unterbrochen. Daher fallen Aussperrungen als Maßnahmen des Arbeitskampfes nicht unter das Kündigungsschutzgesetz. Für ausgesperrte Arbeitnehmer sichert eine sogenannte Wiedereinstellungsklausel im neuen Tarifvertrag die Fortsetzung des Arbeitsverhältnisses.

2.5 Die betriebliche Mitbestimmung

Das **Betriebsverfassungsgesetz** (BetrVG) regelt die Interessenvertretung der Arbeitnehmer. Es ermöglicht die Bildung von **Betriebsräten**, die als gewählte Vertretungsorgane der Beschäftigten über abgestufte Mitbestimmungs- und Mitwirkungsrechte verfügen.

In einem Unternehmen kann immer dann ein Betriebsrat gewählt werden, wenn ständig mindestens fünf wahlberechtigte Arbeitnehmer beschäftigt sind, von denen drei wählbar sein müssen. Alle Arbeitnehmer und Auszubildenden, die mindestens 18 Jahre alt sind, dürfen den Betriebsrat wählen (**aktives Wahlrecht**). Wählbar sind alle Mitarbeiter, die mindestens sechs Monate dem Betrieb angehören (**passives Wahlrecht**). Der Betriebsrat wird regelmäßig zwischen dem 1. März und dem 31. Mai eines Jahres gewählt. Seine Amtszeit beträgt vier Jahre. Die Zahl seiner Mitglieder richtet sich dabei nach der Anzahl der Mitarbeiter im Unternehmen.

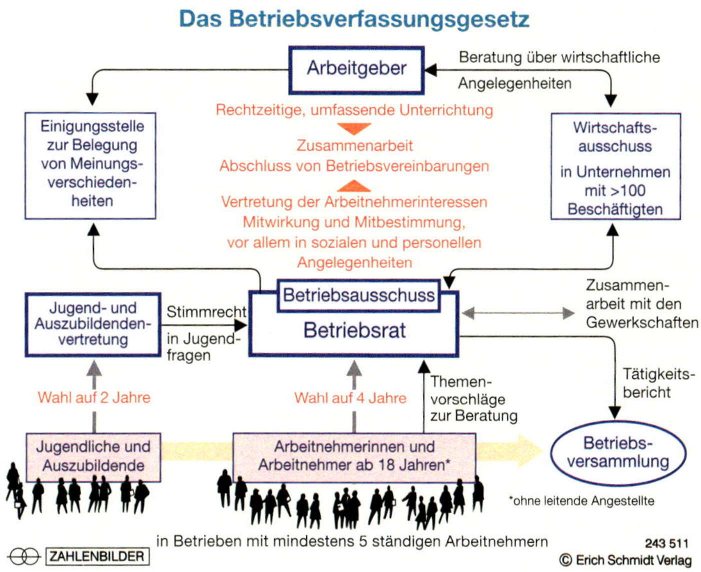

Der Betriebsrat veranstaltet regelmäßig **Betriebsversammlungen** für die Mitarbeiter. Dort werden Angelegenheiten behandelt, die das Unternehmen betreffen. Die Betriebsversammlung selbst besitzt keine eigene Entscheidungskompetenz. Allerdings kann der Betriebsrat auf Grundlage eines Beschlusses der Betriebsversammlung mit dem Arbeitgeber eine **Betriebsvereinbarung** abschließen. In einer Betriebsvereinbarung werden spezielle Bedingungen für die Arbeitsverhältnisse im Unternehmen festgelegt. Sie gelten zwingend für jeden Arbeitnehmer.

Größe des Betriebsrates und Jugend- und Ausbildungsvertretung (JAV)

Anzahl der wahlberechtigten Mitarbeiter im Betrieb	Anzahl der Betriebsratsmitglieder	Anzahl der wahlberechtigten Jugendlichen/ Auszubildenden	Anzahl der Mitglieder der JAV
5–20	1	5–20	1
21–50	3	21–50	3
51–100	5	51–150	5
101–200	7	151–300	7
201–400	9	301–500	9
401–700	11	501–700	11
701–1.000	13	701–1.000	13
1.001–1.500	15	mehr als 1.000	15

Die **Rechte des Betriebsrates** reichen von der Informationspflicht des Arbeitgebers in wirtschaftlichen Angelegenheiten bis zu Mitbestimmungsrechten in sozialen Angelegenheiten.

Rechte des Betriebsrates

Mitbestimmungsrecht in sozialen Angelegenheiten	Mitwirkungsrecht in personellen Angelegenheiten	Unterrichtungsrecht in wirtschaftlichen Angelegenheiten
Der Betriebsrat hat, soweit eine gesetzliche oder tarifliche Regelung nicht besteht, u. a. in folgenden Fällen mitzubestimmen: 1. Betriebsordnung und Arbeitnehmerverhalten 2. Beginn, Ende und Verteilung der täglichen Arbeitszeit, Pausen 3. Urlaubsplan 4. Einführung von technischen Einrichtungen zur Überprüfung von Verhalten und Leistung der Arbeitnehmer 5. Unfallverhütung 6. Sozialeinrichtungen im Betrieb 7. betriebliche Entlohnungsgrundsätze 8. Akkord- und Prämiensätze 9. betriebliches Vorschlagswesen	Der Betriebsrat ist bei der Durchführung einer Maßnahme zu beteiligen durch: 1. Informationsrechte: Einstellung, Ein- und Umgruppierung, Versetzung (z. B. Einsicht in Personalakten) 2. Vorschlagsrechte: Durchführung betrieblicher Bildungsmaßnahmen 3. Aktionsrechte: Kündigung	Der Arbeitgeber muss den Betriebsrat bzw. Wirtschaftsausschuss unterrichten, sich mit ihm beraten (Beratungsrecht) über: 1. wirtschaftliche und finanzielle Lage 2. Produktions- und Absatzlage 3. Investitionen und Rationalisierungen 4. Arbeitsmethoden 5. Stilllegen, Verlegen und Zusammenschließen von Betrieben 6. Änderungen der Betriebsorganisation 7. Gestaltung des Arbeitsplatzes

Quelle: in Anlehnung an: Workshop Zukunft, Hans-Böckler-Stiftung, Themenheft 10, Mitbestimmen, Mitgestalten, Mitverantworten, S. 8

Informationspflicht
Der Betriebsrat kann vom Arbeitgeber die rechtzeitige Unterrichtung unter Vorlage der erforderlichen Unterlagen verlangen.

Jugend- und Auszubildendenvertretungen (JAV) werden in Unternehmen mit mindestens fünf jugendlichen Arbeitnehmern oder Auszubildenden gewählt. Die Amtszeit beträgt zwei Jahre. Die Mitgliederzahl der Jugend- und Auszubildendenvertreter richtet sich dabei nach der Zahl der Jugendlichen und Auszubildenden im Unternehmen. Je größer diese Personengruppe im Betrieb, desto größer ist auch die Anzahl ihrer Vertreter. Das Verhältnis der Wahlberechtigten zu wählbaren Vertretern entspricht nicht dem des Betriebrates (vgl. Tabelle auf der vorherigen Seite).

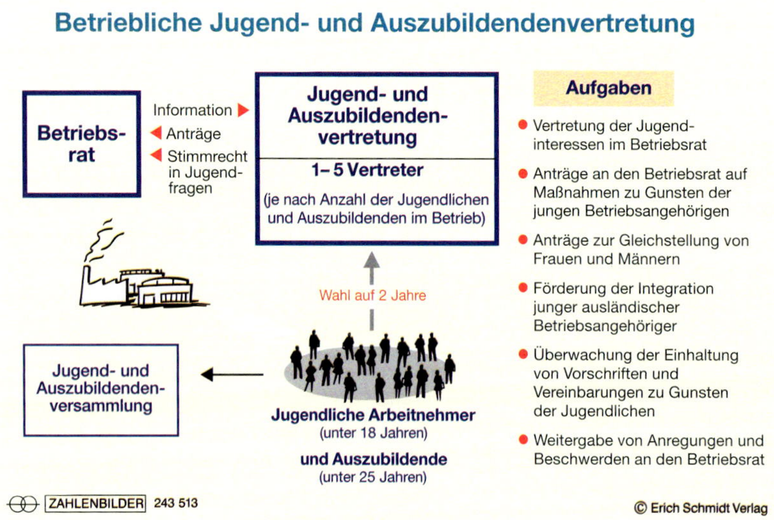

Die Jugend- und Auszubildendenvertretungen sind Teil des Betriebsrates. Wählbar sind alle Arbeitnehmer des Betriebes, die das 25. Lebensjahr noch nicht vollendet haben. Wählen dürfen alle Arbeitnehmer unter 18 Jahren und Auszubildende bis zu 25 Jahren. Die Wahlen zur JAV finden in der Zeit zwischen dem 1. Oktober und dem 30. November statt.

2.6 Die soziale Sicherung

Spätestens mit Beginn der Ausbildung gewinnt für Sie die soziale Sicherung eine besondere Bedeutung. Wichtigster Bestandteil der sozialen Sicherung ist die gesetzliche Sozialversicherung. Darüber hinaus kann aber auch jeder Auszubildende im Rahmen der privaten Vorsorge einen Beitrag zu seiner sozialen Sicherung leisten, die in vielen Fällen sogar staatlich unterstützt wird.

2.6.1 Die gesetzliche Sozialversicherung

Im Rahmen der sozialen Sicherung wird in Deutschland auch von dem Fünf-Säulen-System gesprochen. Die fünf Säulen symbolisieren dabei jeweils eine Sozialversicherung, die den Arbeitnehmer im Bedarfsfall absichert:

- die gesetzliche Krankenversicherung
- die gesetzliche Pflegeversicherung
- die gesetzliche Rentenversicherung
- die gesetzliche Arbeitslosenversicherung
- die gesetzliche Unfallversicherung

Die Sozialversicherungen sind Pflichtversicherungen, das heißt, dass jeder Auszubildende, Arbeitnehmer automatisch in den Sozialversicherungen einzahlt und versichert ist (**Pflichtversicherung**).

Die Sozialversicherungsbeiträge werden von den Versicherten und ihren Arbeitgebern gemeinsam getragen. Arbeitgeber und Arbeitnehmer tragen die Beiträge in der Regel jeweils zur Hälfte. Zusätzlich zahlen kinderlose Arbeitnehmer ab 23 Jahren für die Pflegeversicherung einen Beitragszuschlag von 0,25 %. Außerdem müssen die Versicherten der gesetzlichen Krankenversicherungen einen Sonderbeitrag von 0,9 % leisten. Die Höhe der Sozialversicherungsbeiträge richtet sich nach dem Einkommen der Beschäftigten und den jeweiligen Beitragssätzen der Sozialversicherungen. Für die Berechnung der Beiträge wird das Arbeitsentgelt nur bis zu den jeweiligen Beitragsbemessungsgrenzen herangezogen.

Beitragsbemessungsgrenze
Einkommenshöhe, bis zu der die Beiträge zur Sozialversicherung maximal berechnet werden

Für die Kranken- und Pflegeversicherung gibt es außerdem eine **Versicherungspflichtgrenze**. Wird diese Grenze in einem Jahr überschritten, so hat der Arbeitnehmer die Möglichkeit, freiwilliges Mitglied der gesetzlichen Krankenkasse zu bleiben oder Mitglied in einer privaten Kranken- bzw. Pflegeversicherung zu werden. Für die Renten- und Arbeitslosenversicherung besteht eine solche Möglichkeit nicht.

Die Beiträge zur Unfallversicherung zahlt der Arbeitgeber alleine. Sie richten sich nach der Bruttolohnsumme des gesamten Betriebes und der jeweiligen Gefahrenklasse der dort verrichteten Tätigkeiten.

Ein Dachdeckerbetrieb wird in der Regel einen höheren Beitrag zur Unfallversicherung zahlen als ein gleich großer Einzelhandelsbetrieb. Die Gefahr von Unfällen ist in einem Dachdeckerbetrieb wesentlich größer.

Die fünf Säulen der Sozialversicherung					Stand: Januar 2012
	Kranken-versicherung	Renten-versicherung	Arbeitslosen-versicherung	Pflege-versicherung	Unfall-versicherung
Träger	Orts-, Ersatz-, Betriebs-, Innungs-, Seekranken-kassen, Bundes-knappschaft	Deutsche Rentenver-sicherung	Bundesagentur für Arbeit bzw. örtliche Agen-turen für Arbeit	Pflegekassen, bei den Kranken-kassen ange-siedelt	Berufsgenossen-schaften
Beiträge	derzeit 14,6 % des Bruttolohnes + 0,9 % Sonder-beitrag der Versicherten	derzeit 19,6 % des Brutto-lohnes	derzeit 3 % des Bruttolohnes	derzeit 1,95 % des Bruttolohnes + 0,25 % Zuschlag für Kinderlose ab 23 Jahre	nach Unterneh-mensgröße und Gefahrenklasse
Versicherte	Arbeitnehmer bis zur Bemessungs-grenze; Kinder und Ehepartner sind mitversi-chert, Studenten, Praktikanten, frei-willig Versicherte	Arbeitnehmer, Landwirte, Auszubildende, Studenten, Bezieher von Lohnersatz-leistungen	Arbeitnehmer	wie bei Kranken-versicherung	Arbeitnehmer, Schüler, Studenten, Kinder im Kindergarten
Leistungen	Heilmittel, Krankenpflege, Vorsorge- und Rehabilitations-maßnahmen, Mutterschafts-geld *, Familien-hilfe *	Rente, Altersruhegeld, Rehabilitations-leistungen	Arbeitslosen-geld I, Arbeits-förderung, Wintergeld, Winterausfall-geld, Kurz-arbeitergeld	je nach Pflege-bedürftigkeit Einteilung in drei Pflegestufen; Leistungen zur häuslichen und zur stationären Pflege	Unfallverhütung, Heilbehandlung, Berufshilfe, Verletztengeld, Verletztenrente, Hinter-bliebenenrente

* Diese Leistungen werden von der Krankenversicherung ausbezahlt, aber aus Steuermitteln finanziert.

2.6.2 Die private Vorsorge

Neben der gesetzlichen Absicherung durch die Sozialversicherung kann jeder Einzelne auch privat vorsorgen. Die private Vorsorge wird aufgrund des sinkenden Rentenniveaus immer wichtiger, sodass der Staat die Vermögensbildung und die Altersvorsorge besonderes fördert.

Staatliche Förderung der Vermögensbildung

Aus gesellschaftspolitischen Gründen hält der Staat es für unterstützenswert, dass sich Arbeitnehmer ein eigenes Vermögen aufbauen. Deshalb hat der Staat Gesetze geschaffen, mit denen die Arbeitnehmer zum Sparen angeregt werden sollen. Ein solches Gesetz ist das **5. Vermögensbildungsgesetz** (VermBG), das alle Arbeitnehmer begünstigt, die abhängig beschäftigt sind. Vermögensbildung nach diesem Gesetz wird unter bestimmten Voraussetzungen sowohl vom Staat als auch vom Arbeitgeber gefördert.

Der Arbeitgeber fördert den Arbeitnehmer, indem er zusätzlich zum Gehalt **Vermögenswirksame Leistungen (VL)** zahlt, welches langfristig anlegt wird. Der Anspruch des Arbeitnehmers auf Vermögenswirksame Leistungen wird in Tarifverträgen, Betriebsvereinbarungen oder dem Arbeitsvertrag geregelt.

Damit ein Arbeitnehmer die VL erhält, muss er zunächst mit einem Anlageinstitut (z. B. Kreditinstitut oder Bausparkasse) z. B. einen Vermögenswirksamen Sparvertrag abschließen. Eine Durchschrift des Sparvertrages reicht er dann in der Personalabteilung ein, damit diese den entsprechenden Betrag an das Anlageinstitut überweisen kann.

Staatlich gefördert wird die Anlage der VL in **Bausparverträgen** und in Investmentsparverträgen. Die staatliche Förderung wird **Arbeitnehmersparzulage** genannt. Diese muss jährlich vom Arbeitnehmer mit der Einkommensteuererklärung beantragt werden. Das Anlageinstitut sendet dem Sparer automatisch eine Bescheinigung zu, die der Einkommensteuererklärung beigelegt wird. Die Arbeitnehmersparzulage wird nach Ablauf einer siebenjährigen Sperrfrist gezahlt. Der Sparer zahlt sechs Jahre in die gewählte Anlageform ein, im siebten Jahr ruht der Sparvertrag. Nach Ablauf der Sperrfrist kann sich der Sparer den gesamten Sparbetrag und die Arbeitnehmersparzulage auszahlen lassen. Die betrieblich gezahlte VL ist häufig geringer als die maximale staatlich geförderte Sparleistung. Deshalb kann es sinnvoll sein, wenn der Arbeitnehmer die betriebliche VL aus seinem Gehalt aufstockt. So kann er die maximale Arbeitnehmersparleistung erhalten. Erhält ein Arbeitnehmer keine Arbeitnehmersparzulage, weil er die Voraussetzungen nicht erfüllt, so kann er die VL auch in Banksparplänen oder in Form einer Kapitallebensversicherung anlegen.

Investmentsparverträge
Die Anlage der VL erfolgt in Aktienfonds.
Über die verschiedenen Anlageformen können Sie sich in Ihrem Kreditinstitut beraten lassen.

Die Anlageformen Bausparvertrag und Investmentsparverträge sind kombinierbar, d. h., beide Formen können gleichzeitig angespart und gefördert werden. Die maximale Sparzulage der Staates beträgt dann 122,30 Euro.

Voraussetzungen zur staatlichen Förderung

Anlageform	Arbeitnehmer-sparzulage	Maximal geförderte Sparleistung	Wer erhält die Arbeitnehmersparzulage (Einkommensgrenze brutto)?
Bausparvertrag	9 %	470 Euro im Jahr	• Ledige: 17.900 Euro pro Jahr • Verheiratete: 35.800 Euro pro Jahr
Investment-sparverträge	20 %	400 Euro im Jahr	• Ledige: 20.000 Euro pro Jahr • Verheiratete: 40.000 Euro pro Jahr

Die Top Bike GmbH zahlt ihrer Auszubildenden Stefanie monatlich VL in Höhe von 6,65 Euro. Um die maximale staatliche Sparzulage zu erhalten, zahlt sie monatlich 32,52 Euro aus eigener Tasche in einen Bausparvertrag ein.
Sparleistung: 6,65 € + 32,52 € = 39,17 € im Monat

im Jahr (39,17 · 12) sind das	470,04 €
Sparzulage: 9 % von 470,00 €	42,30 €
jährliche Sparleistung	**512,34 €**

Staatlich geförderte Altersvorsorge

Die Arbeitnehmer zahlen Beiträge in die gesetzliche Rentenversicherung, die sofort für die laufenden Renten ausgegeben werden (Umlageverfahren). Dieses System funktioniert langfristig nicht mehr, denn immer mehr Rentner stehen immer weniger Arbeitnehmern gegenüber. Die Höhe der Renten wird sinken. Die Differenz zwischen dem finanziellen Bedarf im Ruhestand und der tatsächlich gezahlten Nettorente wird als **Versorgungslücke** im Alter bezeichnet. Die Verbraucherzentrale Stiftung Finanztest schlägt vor, dass im Alter ca. 80 % des letzten Nettogehalts zur Verfügung stehen sollen. Eine betriebliche oder/und private Altersvorsorge wird immer wichtiger.

Umlageverfahren
Beiträge werden sofort wieder an die Leistungsberechtigten ausgezahlt.

Drei Säulen der Altersvorsorge

Gesetzliche Rentenversicherung
Pflichtversicherung für Arbeitnehmer

Betriebliche Altersvorsorge
förderfähige Entgeltumwandlung der Arbeitnehmer zur betrieblichen Altersvorsorge

Private Altersvorsorge
Freiwillige Leistung jeder einzelnen Person

Ein Beispiel für die private Altersversorgung ist die **Riester-Rente**, die es bestimmten Personen ermöglicht, vorzusorgen und dafür eine staatliche Förderung zu erhalten. Wer privat mit einer Riester-Rente vorsorgt, wird durch den Staat mit Geldzulagen und Steuerfreiheit der Beiträge gefördert. Am Ende der Sparphase – also zu Beginn der Rente – sind mindestens die eingezahlten Beiträge einschließlich der staatlichen Zulage garantiert. Die Förderung ist für alle Riester-Produkte gleich. Für kinderreiche Familien lohnt sich die Riester-Rente aufgrund der Kinderzulage besonders. Die Beiträge sind Aufwendungen, die vom zu versteuernden Einkommen abgesetzt werden können (max. 2.100 Euro).

Um die höchstmögliche Grundzulage (154 Euro) zu bekommen, müssen 4 % des versicherungspflichtigen Bruttoeinkommens im Jahr gespart werden. Wer im Vorjahr kein oder nur ein sehr geringes Einkommen hatte, muss mindestens 60 Euro als Eigenbetrag zahlen, um die volle gesetzliche Zulage zu erhalten. Für jedes Kind erhält der Riester-Sparer 185 Euro pro Jahr dazu. Für alle ab dem 1. Januar 2008 geborenen Kinder beträgt die Zulage sogar 300 Euro pro Jahr.

Beim „Riestern" ist das angesparte Kapital gegenüber Hartz IV sicher: Es muss, um Arbeitslosengeld II zu erhalten, nicht erst aufgebraucht werden.

➔ Ein kinderloser Arbeitnehmer, der monatlich 2.000,00 Euro verdient (Jahreseinkommen 24.000,00 Euro), muss, um die maximale staatliche Grundzulage in Höhe von 154,00 Euro zu erhalten, 4 % seines Bruttoeinkommens pro Jahr in die Riester-Rente einzahlen. Das heißt, er zahlt selbst nur 806,00 Euro in die Riester-Rente ein.

	4% von 24.000,00 €	960,00 €
–	Grundzulage	–154,00 €
=	Arbeitnehmersparleistung =	806,00 € pro Jahr (= 67,17 € pro Monat)

Gefördert werden nur die Altersvorsorgeverträge, die von der Zertifizierungsstelle der Bundesanstalt für Finanzdienstleistungsaufsicht (BaFin) zertifiziert wurden. Das können z. B. sein: Rentenversicherungen, Fondssparpläne, Banksparpläne oder sogar Bausparverträge.

„Riester-Rente"

Zusätzliche Altersvorsorge mit staatlicher Förderung

Wer wird gefördert?

- Pflichtversicherte der gesetzlichen Rentenversicherung; Beamte, Richter, Soldaten; Wehr- und Zivildienstleistende; Pflegepersonen; Ehegatten der Förderberechtigten

Was wird gefördert?

- Kapitalanlagen im Rahmen anerkannter (zertifizierter) Altersvorsorgeverträge
- Bestimmte Formen der betrieblichen Altersversorgung
- Anlage in selbstgenutzten Wohnimmobilien („Eigenheim-Rente")

Staatliche Zulagen bei einer Sparleistung* von 4 % des versicherungspflichtigen Bruttoeinkommens (ab 2008)
(*Sparleistung = Eigenbeitrag + Zulagen)

- Grundzulage ..... 154 €
- Kinderzulage je Kind ..... 185 €
- Kinderzulage ab Geburtsjahr 2008 ..... 300 €

Mindesteigenbeitrag: 60 € pro Jahr

Steuerliche Berücksichtigung der Sparbeiträge als Sonderausgaben bis zu .... 2.100 €

ZAHLENBILDER
149 480

© Erich Schmidt Verlag

Seit 2002 muss jeder Arbeitgeber seinen Arbeitnehmern die Möglichkeit anbieten, in eine **betriebliche Altersversorgung** einzuzahlen. Jeder Arbeitnehmer hat einen Anspruch auf eine förderfähige Entgeltumwandlung in Höhe von 4 % der Beitragsbemessungsgrenze.
Der Arbeitgeber kann die betriebliche Altersversorgung zum Beispiel über eine Direktversicherung, eine Pensionskasse, einen Pensionsfond oder eine Unterstützungskasse organisieren.

3 Die Grundlagen des Wirtschaftens

Wirtschaft hat viele Seiten. Da gibt es zunächst einmal die grundlegende Bedeutung: Wirtschaft ist die optimale Verteilung von knappen Gütern. Knappe Güter nennt man alle Dinge, die Menschen benötigen, um ihre Bedürfnisse zu decken. Sie sind nicht im Überfluss und ständig vorhanden, z. B. Lebensmittel und Kleidung. Allein um diese Grundbedürfnisse zu decken, sind viele unterschiedliche Waren und Dienstleistungen nötig, die zur richtigen Zeit am richtigen Ort sein müssen. Ein Ergebnis wirtschaftlicher Prozesse ist es, dass die Regale im Supermarkt mit Waren gefüllt sind, die von den Kunden auch tatsächlich gebraucht werden. Wirtschaft gibt es aber auch im Kleinen: Jede Familie ist ein eigenes Wirtschaftsunternehmen für sich. Es muss geplant, eingekauft, vorbereitet und organisiert werden, damit Wäsche gewaschen werden kann und morgens das Frühstück auf dem Tisch steht.

Güter
Wird in der Volkswirtschaftslehre von Gütern gesprochen, sind immer Waren und Dienstleistungen gemeint.

Bedürfnisse
→ Anhang WiSo, Kap. 3.1

Am gesamten wirtschaftlichen Geschehen eines Staates sind mehrere Akteure wie
- private Haushalte,
- Unternehmen und
- der Staat (öffentliche Haushalte)

beteiligt. Wenn die einzelnen Akteure (z. B. alle Unternehmen) zusammengefasst werden, bilden sie die **Wirtschaftsbereiche**. Alle Wirtschaftsbereiche bilden zusammen mit dem Ausland die Volkswirtschaft.

private Haushalte
sind Personengemeinschaften, die im Hinblick auf die Verwendung des Einkommens gemeinsam wirtschaften (z. B. Ehepaare, Familien, Sonderform: Single-Haushalt)

Bereich private Haushalte	**Bereich Unternehmen**	**Bereich Staat**	**Bereich Ausland**
↓	↓	↓	↓
alle privaten Haushalte	alle Unternehmen	Bund, Länder, Gemeinden usw.	private Haushalte, Unternehmen, staatliche Einrichtungen des Auslands

Volkswirtschaft

weitere Unterteilung des Wirtschaftsbereichs Unternehmen
→ Anhang WiSo, Kap. 3.5

Susanne Manzke (Bereich private Haushalte) ist Auszubildende bei der Top Bike GmbH (Bereich Unternehmen). Von ihrer ersten Ausbildungsvergütung kauft sie sich Sportschuhe, auf deren Kaufpreis 19 % Mehrwertsteuer (Bereich Staat) entfallen. Den größten Teil der Ausbildungsvergütung spart sie für ihren geplanten Urlaub in Spanien (Bereich Ausland).

Die Vielzahl der Akteure und die wirtschaftlichen Prozesse innerhalb einer Volkswirtschaft bedürfen einer durchdachten Betrachtungsweise. Diese Aufgabe wird im Rahmen der Wirtschaftswissenschaften wahrgenommen. Die Wirtschaftswissenschaften lassen sich nach Betriebs- und Volkswirtschaftslehre unterscheiden. Die **Betriebswirtschaftslehre (BWL)** untersucht einzelwirtschaftliche Zusammenhänge. Aus der Perspektive des einzelnen Unternehmens wird das betriebliche Geschehen erklärt.

BWL = Mikroökonomie
VWL = Makroökonomie

3.1 Vom Bedürfnis zur Nachfrage

Bedürfnisse
Gefühle eines Mangels mit dem Bestreben, diesen zu beseitigen

Im Rahmen der **Volkswirtschaftslehre (VWL)** werden die menschlichen Bedürfnisse als zentrale Antriebskraft des wirtschaftlichen Entscheidens und Handels angesehen. Menschen haben unterschiedliche Bedürfnisse. Die Erfüllung einiger Bedürfnisse ist lebensnotwendig, wie z. B. Essen, Trinken und Schlafen. Die Erfüllung anderer Bedürfnisse macht das Leben schöner und leichter, z. B. das Bedürfnis zu reisen und Konzerte zu besuchen.

Bedarf
Bedürfnisse, die mit den vorhandenen Geldmitteln befriedigt werden können

Wenn sich die Bedürfnisse des Menschen auf ganz bestimmte Waren oder Dienstleistungen beziehen, wird von Bedarf gesprochen. Erst wenn Waren oder Dienstleistungen tatsächlich gekauft werden, d. h. der Bedarf am Markt wirksam wird, handelt es sich um eine Nachfrage.

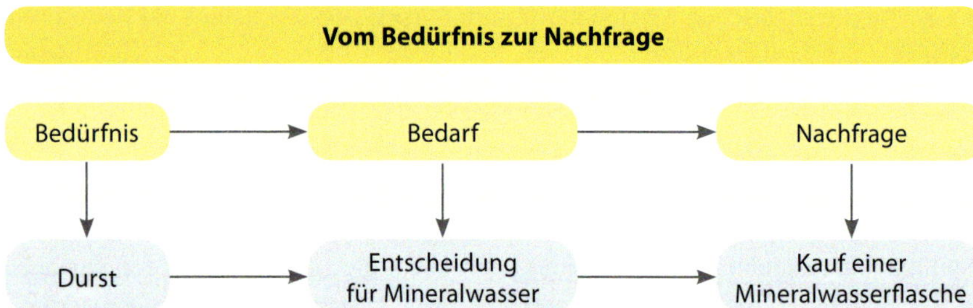

Ohne Bedürfnisse gäbe es für die Menschen keinen Grund, Waren und Dienstleistungen in großen Mengen zu produzieren und gegen Geld zu tauschen. Die in einer Volkswirtschaft produzierten Waren und Dienstleistungen werden unter dem Begriff Wirtschaftsgüter zusammengefasst.

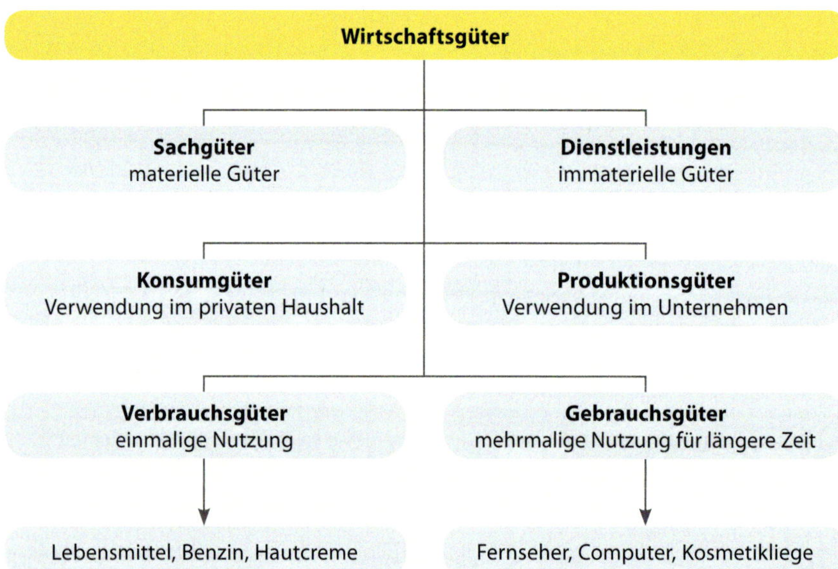

Da Wirtschaftsgüter nur in begrenzter Zahl zur Verfügung stehen, haben sie einen Preis (knappe Güter). Je begehrter ein Gut ist, desto höher ist der Preis. Gibt es aber etwas im Überfluss, wie z. B. herabgefallene Blätter im Herbst, dann kann der Mensch dieses Gut auch ohne Preis bekommen (freie Güter). Der Preis für Wirtschaftsgüter wird durch **Angebot** und **Nachfrage** bestimmt.

3.2 Die Produktionsfaktoren und die Arbeitsteilung

Für die Bereitstellung der Wirtschaftsgüter werden bestimmte Mittel, sogenannte Produktionsfaktoren, benötigt. Zu den klassischen Produktionsfaktoren gehören:

- **Arbeit:** Der Faktor Arbeit umfasst alle Personen, die in einer Volkswirtschaft als Erwerbstätige zur Verfügung stehen. Dabei gewinnt das Bildungsniveau der Erwerbstätigen zunehmend an Bedeutung.
- **Kapital:** Unter diesem Faktor versteht man die finanziellen oder sachlichen Mittel, die nicht für den Konsum verbraucht, sondern zur Anschaffung oder Nutzung von Produktionsmitteln (z. B. Maschinen, Gebäude) verwendet werden.
- **Boden** bzw. **Natur**: Zu diesem Faktor gehört die gesamte Bodenfläche, die für landwirtschaftliche, industrielle, gewerbliche und verkehrsmäßige Nutzung benötigt wird, sowie Luft, Wasser und die vorhandenen Bodenschätze.

Produktionsfaktor Arbeit

Die privaten Haushalte und Unternehmen befinden sich in einem wechselseitigen Abhängigkeitsverhältnis. Die privaten Haushalte stellen den Unternehmen Arbeitskräfte, Kapital und Boden zur Verfügung.

- Arbeitskraft: Susanne Manzke beginnt eine Ausbildung als Fachlageristin bei der Top Bike GmbH.
- Kapital: Friedhelm Blum beteiligt sich als Gesellschafter an der Top Bike GmbH.
- Boden: Graf Klotz verkauft ein Grundstück an die Top Bike GmbH.

Produktionsfaktor Boden

Für die Produktion von Waren und Dienstleistungen werden in den Unternehmen die Produktionsfaktoren kombiniert.

Im Spätsommer pflücken die Weinleser (Produktionsfaktor Arbeit) in den Weinbergen (Produktionsfaktor Boden) die reifen Trauben. Damit die privaten Haushalte den Wein beim Einzelhändler kaufen können, muss dieser zuvor mithilfe einer Abfüllanlage (Produktionsfaktor Kapital) in Flaschen gefüllt werden.

Produktionsfaktor Kapital

Der Unternehmer kann durch seine Entscheidungen, welche Produktionsfaktoren er in welcher Menge einsetzen will, den Erfolg des Unternehmens beeinflussen. Allerdings können manche Faktoren nicht frei miteinander kombiniert werden.

Zu jedem Lieferwagen (Produktionsfaktor Kapital) gehört mindestens ein Fahrer (Produktionsfaktor Arbeit).

Produktionsfaktoren gehen nicht direkt in die produzierten Güter ein. Sie werden als Leistung für die Erstellung von Gütern bereitgestellt.

In entwickelten Volkswirtschaften werden Güter mithilfe von Produktionsfaktoren in einem arbeitsteiligen Prozess hergestellt und gehandelt. Auf diese Weise wird die Leistungsfähigkeit der Erwerbstätigen deutlich gesteigert. Die **innerbetriebliche Arbeitsteilung** bedeutet die Aufteilung eines Arbeitsprozesses in mehrere einzelne Handlungen, z. B. Ware annehmen, neue Ware einräumen, Verpackungsmaterialien entsorgen.

Von **zwischenbetrieblicher Arbeitsteilung** wird gesprochen, wenn die einzelnen Schritte für die Herstellung bzw. das Handeln eines Produktes auf verschiedene Unternehmen aufgeteilt wird. So haben sich einzelne Unternehmen spezialisiert, z. B. Import von Textilien für den Großhandel und dessen Verkauf an Konsumenten durch den Einzelhandel.

Die **internationale Arbeitsteilung** bedeutet, dass sich die Volkswirtschaften in der Regel auf die Herstellung der Güter spezialisieren, die sie im Vergleich zu anderen Ländern kostengünstig herstellen können.

3.3 Das ökonomische Prinzip

Das ökonomische Prinzip wird auch als Wirtschaftlichkeitsprinzip bezeichnet.

Menschen handeln wirtschaftlich, wenn Sie zielgerichtet und genau überlegen, wie viel Geld sie zum Erwerb von knappen Gütern zur Verfügung haben. Das Handeln nach dem sogenannten ökonomischen Prinzip soll den Konflikt zwischen den unbegrenzten Bedürfnissen und den knappen Wirtschaftsgütern bzw. begrenzten Geldmitteln weitgehend ausgleichen. Das ökonomische Prinzip kann zwei Ausprägungen annehmen:

- Nach dem **Minimalprinzip** soll der Mitteleinsatz möglichst gering gehalten werden, um einen bestimmten Ertrag (= Nutzen) zu erreichen.
- Nach dem **Maximalprinzip** soll mit einem bestimmten Mitteleinsatz ein möglichst großer Nutzen erzielt werden.

- Minimalprinzip: Jemand möchte eine Wand streichen und will dafür möglichst wenig Farbe verbrauchen, also wenig Geld ausgeben.
- Maximalprinzip: Jemand kauft einen Eimer Farbe zu einem bestimmten Preis und versucht, damit möglichst viel Wandfläche zu streichen.

Eine Kombination beider Prinzipien ist nicht möglich, denn mit möglichst wenig Farbe kann nicht möglichst viel Wand gestrichen werden. Einer der beiden Faktoren muss festgelegt werden, entweder die Farbmenge oder die Wandfläche.

Jedes Unternehmen hat einen oder mehrere Eigentümer. Diese Eigentümer haben dem Unternehmen Kapital zur Verfügung gestellt und möchten dafür eine gute Verzinsung erzielen. Außerdem bezahlt das Unternehmen seine Angestellten für ihre geleistete Arbeit. Auch um Waren einzukaufen, benötigt das Unternehmen Geld. Im Lager werden die Produktionsfaktoren Arbeit, Kapital und Boden kombiniert, um z. B. Güter zum Verkauf anzubieten und den Gewinn zu maximieren.

Umsatz
Menge der verkauften Güter multipliziert mit dem Verkaufspreis

- Minimalprinzip: Ein Unternehmen möchte einen bestimmten Umsatz mit möglichst geringen Personalkosten erzielen.
- Maximalprinzip: Ein Unternehmen möchte mit seinem vorhandenen Personal einen größtmöglichen Umsatz erzielen.

3.4 Der Wirtschaftskreislauf

Zwischen den Wirtschaftsbereichen vollziehen sich vielfältige Tauschvorgänge. Um die komplizierten Zusammenhänge in der Volkswirtschaft verstehen zu können, wird die Wirklichkeit in vereinfachter Form – einem Modell – dargestellt.

Wirtschaftsbereiche
→ Anhang WiSo, Kap. 3

Modell
Mithilfe von Modellen wird die Wirklichkeit stark vereinfacht, um Vorgänge zu erklären. Modelle bilden also niemals die ganze Wirklichkeit ab.

3.4.1 Der einfache Wirtschaftskreislauf

Die durch Kombination der Produktionsfaktoren hergestellten Waren und Dienstleistungen verkauft der Bereich Unternehmen an den Bereich private Haushalte. Diese Beziehung zwischen Unternehmen und privaten Haushalten verdeutlicht ein **Güterstrom**.

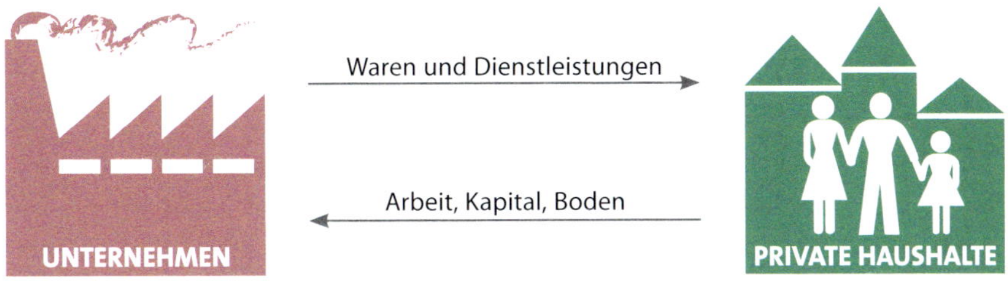

Den Güterströmen stehen **Geldströme** gegenüber. Der Bereich private Haushalte erhält vom Bereich Unternehmen Einkommen. Von diesem Einkommen kaufen die privaten Haushalte Waren und Dienstleistungen.

Einkommen
Entgelt für die Bereitstellung des Produktionsfaktors Arbeit (z. B. Löhne und Gehälter), des Produktionsfaktors Kapital (z. B. Gewinnbeteiligungen) und des Produktionsfaktors Boden (z. B. Mieten, Pachten)

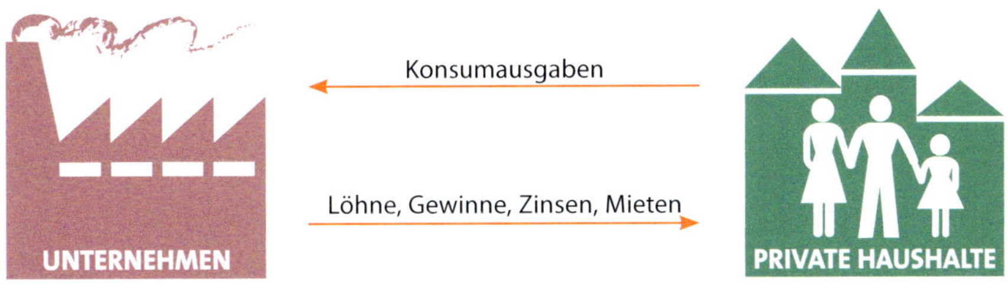

Das Modell des **einfachen Wirtschaftskreislaufs** beschränkt sich auf die Betrachtung der Tauschprozesse zwischen den Bereichen private Haushalte und Unternehmen. Der Einfluss vom Bereich Staat und dem Ausland bleibt hier unberücksichtigt. In diesem einfachen Modell des Wirtschaftskreislaufs wird davon ausgegangen,

- dass die privaten Haushalte ihr gesamtes Einkommen für den Kauf von Waren und Dienstleistungen verwenden und
- dass alle von den Unternehmen bereitgestellten Waren und Dienstleistungen an die privaten Haushalte verkauft werden.

einfacher Wirtschaftskreislauf = geschlossener Wirtschaftskreislauf

Bei dieser Annahme bilden die Beziehungen zwischen Unternehmen und privaten Haushalten einen geschlossenen Wirtschaftskreislauf.

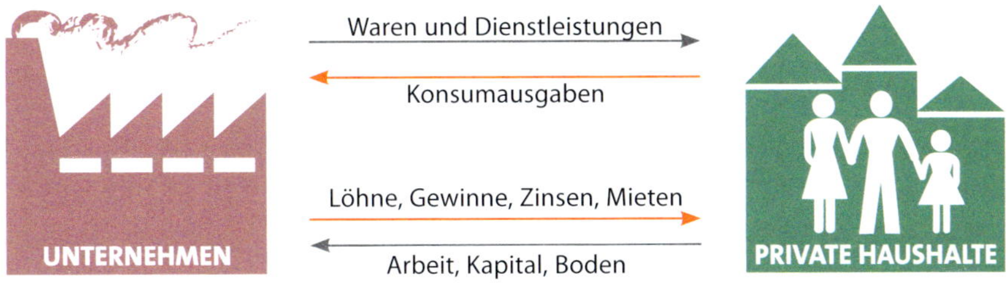

3.4.2 Der Wirtschaftskreislauf mit drei Bereichen

Das Modell des erweiterten Wirtschaftskreislaufes berücksichtigt auch den Bereich Staat. Neben den bereits bekannten Tauschprozessen zwischen den Bereichen private Haushalte und Unternehmen werden in diesem Modell die Güter- und Geldströme mit dem Bereich Staat ebenfalls betrachtet.

Der Staat erhält von den privaten Haushalten und den Unternehmen Steuern, Gebühren und Beiträge. **Steuern** sind Geldleistungen, für die der Steuerzahler keinen Anspruch auf eine persönliche Gegenleistung hat. Private Haushalte zahlen z. B. Einkommensteuer und Umsatzsteuer. **Gebühren** sind Zahlungen für besondere Leistungen des Bereichs Staat, z. B. Verwaltungsgebühren für die Ausstellung eines Personalausweises, die Erteilung einer Baugenehmigung oder die Eintragung eines Kaufmanns in das Handelsregister, sowie Benutzungsgebühren für die Müllabfuhr oder die Abwasserentsorgung. **Beiträge** werden für die Bereitstellung von Leistungen unabhängig von der tatsächlichen Inanspruchnahme erhoben, z. B. Sozialversicherungsbeiträge.

Sozialversicherung
→ Anhang WiSo, Kap. 2.6.1

Auf der anderen Seite erhalten die privaten Haushalte vom Staat Gehälter und Transferleistungen. Die Gehälter erhalten die Angestellten und Beamten des Staates, die Transferzahlungen, wie z. B. Kindergeld, Sozialhilfe oder Leistungen der Sozialversicherung, erhalten alle privaten Haushalte, die bestimmte Kriterien erfüllen.

Transferzahlungen, Subventionen
Zahlungen, die ein Empfänger ohne die Verpflichtung einer Gegenleistung erhält

Der Staat stellt den Unternehmen für eine Vielzahl von Tätigkeiten Subventionen zur Verfügung. **Subventionen** sind staatliche Unterstützungszahlungen, z. B. für die Neugründung eines Unternehmens oder die Schaffung von neuen Arbeitsplätzen. Damit Unternehmen diese Unterstützungszahlungen erhalten, müssen sie bestimmte Voraussetzungen erfüllen, z. B. muss ein Unternehmen eine bestimmte Anzahl von Arbeitsplätzen schaffen, um die Zahlung zu erhalten. Neben der Zahlung von Subventionen an die Unternehmen zahlt der Staat auch für seine Konsumausgaben, z. B. wenn er Kopierpapier oder Schreibtische kauft.

Der Wirtschaftskreislauf kann mit noch weiteren Sektionen, z. B. dem Ausland dargestellt werden.

3.5 Die Wirtschaftsstufen

Abgesehen von wenigen Ausnahmen, bei denen die Unternehmen ihre Produkte direkt an den Endverbraucher absetzen, sind an der Herstellung und dem Vertrieb von Produkten verschiedene Unternehmen beteiligt. Daher kann der Unternehmensbereich weiter untergliedert werden. So wird zum Beispiel das für die Herstellung von Brot notwendige Getreide in landwirtschaftlichen Unternehmen angebaut. Diese Wirtschaftsstufe wird als **primärer Wirtschaftssektor** bezeichnet. Sie dient der Gewinnung von Rohstoffen.

Wirtschaftsbereich Unternehmen
→ Anhang WiSo, Kap. 3

primärer Wirtschaftssektor = Urproduktion

Primärer Wirtschaftssektor:
Unternehmen der Landwirtschaft, Forstwirtschaft, Fischerei, des Bergbaus sowie Unternehmen der Öl- und Gasgewinnung

Die zweite Wirtschaftsstufe, der **sekundäre Wirtschaftssektor**, dient der Weiterverarbeitung der Rohstoffe zu fertigen Erzeugnissen. Hier wird das Getreide mit Hilfe von Mühlen zu Mehl verarbeitet. Das Mehl wird entweder industriell in Brotfabriken oder handwerklich in Bäckereien zu Brot verarbeitet.

sekundärer Wirtschaftssektor = Unternehmen der Weiterverarbeitung oder produzierendes Gewerbe

Sekundärer Wirtschaftssektor:
- Industrieunternehmen: Nahrungsmittelindustrie, Metall verarbeitende Industrie, chemische Industrie, Textilindustrie
- Handwerksunternehmen: Nahrungsmittelhandwerk, Schreinerei, Goldschmied

Über den Groß- und Einzelhandel wird das Brot an den Endverbraucher verkauft. Neben dem Handel sind noch viele andere Unternehmen, wie Banken, Versicherungen oder Transportunternehmen, vom Getreideanbau bis zum Verkauf des Brotes beteiligt. Diese Unternehmen zählen zur dritten Wirtschaftsstufe, dem **tertiären Wirtschaftssektor**. Zu diesem Sektor gehören die Unternehmen, die Waren durch ihre Tätigkeit verteilen, und Dienstleistungsunternehmen.

tertiärer Wirtschaftssektor = Verteilung (Handel) und Dienstleistungsunternehmen

Tertiärer Wirtschaftssektor:
- Unternehmen der Verteilung: Großhandel, Einzelhandel
- Dienstleistungsbetriebe: Banken, Versicherungen, Unternehmen des Fracht- und Briefverkehrs, Beratungsunternehmen

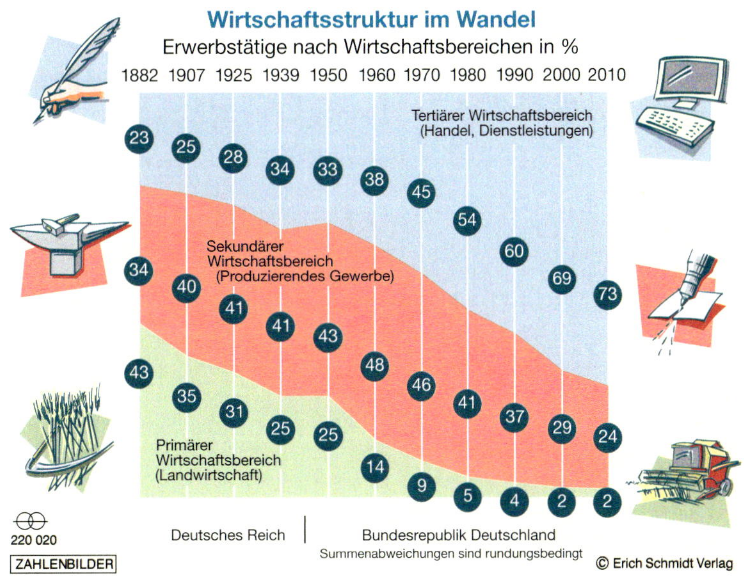

4 Die Grundlagen des Wirtschaftsrechts

Jeder Mensch steht in einer Vielzahl von rechtlichen Beziehungen zu anderen, z. B. als Auszubildender oder Arbeitnehmer, als Mieter einer Wohnung, als Abonnent einer Zeitung oder als Kunde in einem Warenhaus. Diese Beziehungen werden durch Gesetze und Vorschriften geregelt. Die Gesamtheit dieser Regeln wird **Rechtsordnung** genannt. In Deutschland umfasst die Rechtsordnung die Bereiche des öffentlichen und des privaten Rechts. Das **öffentliche Recht** regelt z. B. die Rechtsbeziehungen zwischen dem Staat und Privatsubjekten. Das Privatrecht regelt dagegen die Rechtsbeziehungen zwischen Privatsubjekten untereinander.

Privatrecht
wird auch bürgerliches Recht oder Zivilrecht genannt

4.1 Die Rechtsfähigkeit

Die in der bestehenden Rechtsordnung verankerten Rechte und Pflichten setzen immer ein Rechtssubjekt als Träger von Rechten und Pflichten voraus. Rechte und Pflichten bestehen dabei immer gegenüber anderen Rechtssubjekten. Die Fähigkeit, diese Rechte und Pflichten zu übernehmen, nennt man Rechtsfähigkeit. Rechtsfähig können natürliche und juristische Personen sein.

Rechtssubjekt
Träger von Rechten und Pflichten

Natürliche Personen sind Rechtssubjekte.

Natürliche Personen sind alle Menschen, unabhängig von ihrer Herkunft oder ihrer geistigen und körperlichen Leistungsfähigkeit. Die Rechtsfähigkeit der natürlichen Personen beginnt mit Vollendung der Geburt und endet mit dem Tod.

§ **§ 1 Bürgerliches Gesetzbuch (BGB)**
Die Rechtsfähigkeit des Menschen beginnt mit der Vollendung der Geburt.

→ Nach der Geburt kann ein Mensch erben, da er rechtsfähig ist. Allerdings ist ein Kleinkind noch nicht in der Lage, seine Rechte selbst wahrzunehmen und seine Pflichten zu erfüllen (hier: Erbschaftssteuer zu zahlen). Daher handeln für Kinder deren gesetzliche Vertreter. Das sind in der Regel die Eltern. Ein treues Haustier ist nicht rechtsfähig und kann nicht als Erbe eingesetzt werden.

Tiere
→ § 90a BGB

Obwohl Tiere rechtlich gesehen keine Sachen sind, sind sie nicht rechtsfähig. Daraus folgt, dass sie weder als Erbe noch als Vermächtnisnehmer eingesetzt werden können. Aufgrund ihrer fehlenden Rechtsfähigkeit sind sie nicht erbberechtigt.

Juristische Personen dagegen sind in besonderer Form organisierte Personenvereinigungen (z. B. Kapitalgesellschaften, Vereine, Anstalten, Körperschaften) oder Stiftungen, denen bei der Erfüllung bestimmter Auflagen ebenfalls die Fähigkeit verliehen wird, Träger von Rechten und Pflichten zu sein. Bei den juristischen Personen wird zwischen juristischen Personen des Privatrechts und juristischen Personen des öffentlichen Rechts unterschieden.

Die Rechtsfähigkeit **juristischer Personen des Privatrechts** entsteht durch eine Eintragung in ein Register (z. B. Vereinsregister oder Handelsregister). Beendet wird die Rechtsfähigkeit durch Auflösung der Vereinigung und Löschung im entsprechenden Register. Die Rechtsfähigkeit **juristischer Personen des öffentlichen Rechts** entsteht durch staatliche Verleihung. Sie verlieren ihre Rechtsfähigkeit durch staatlichen Entzug.

Juristische Personen des öffentlichen Rechts

- juristische Personen des Privatrechts: eine Aktiengesellschaft (AG), eine Gesellschaft mit beschränkter Haftung (GmbH), ein eingetragener Verein (e. V.), eine Genossenschaft (e. G.)
- juristische Personen des öffentlichen Rechts: die Stadt Potsdam, die Bundesländer, die Industrie- und Handelskammern, die Stiftung Warentest

Juristische Personen sind zwar rechtsfähig, können aber nicht selbstständig im Wirtschaftsleben tätig werden. Hierzu ist die Hilfe natürlicher Personen notwendig. Daher handeln für die juristischen Personen deren Organe. Das kann z. B. der Vorstand eines Vereins oder einer Aktiengesellschaft sein.

Der Geschäftsführer der Top Bike GmbH bestellt neue Büromöbel. Käufer der Möbel ist aber nicht der Geschäftsführer, sondern die Top Bike GmbH, die auch haftet, wenn die Lieferung nicht bezahlt wird.

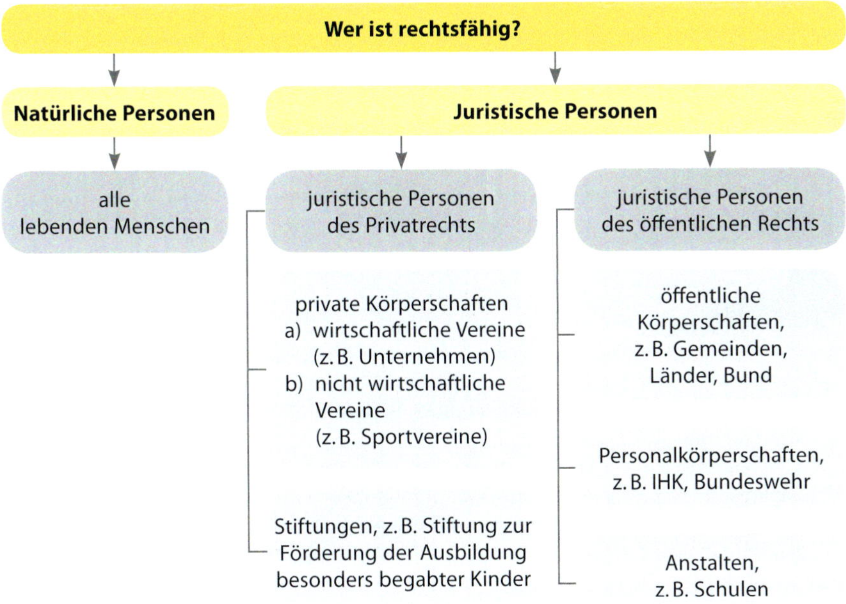

4.2 Die Geschäftsfähigkeit

Willenserklärung
Eine geschäftsfähige Person äußert eindeutig ihren Willen, ein Rechtsgeschäft abzuschließen.

Man unterscheidet die Rechtsfähigkeit des Menschen (natürliche Personen) von dessen Geschäftsfähigkeit. Geschäftsfähigkeit ist die Fähigkeit, gültige Rechtsgeschäfte selbstständig abzuschließen. Nicht jede Person ist geschäftsfähig. Kinder, Jugendliche und auch bestimmte andere Personengruppen sollen vor den Rechtsfolgen unüberlegt abgeschlossener Geschäfte geschützt werden. Die verschiedenen Stufen der Geschäftsfähigkeit werden in den §§ 104 bis 113 BGB geregelt.

4.2.1 Die Geschäftsunfähigkeit

Geschäftsunfähig sind Kinder unter sieben Jahren sowie Personen mit einer dauerhaften geistigen Behinderung. Rechtsgeschäfte, die ein Geschäftsunfähiger abschließt, sind nichtig (ungültig). Für Geschäftsunfähige handeln die gesetzlichen Vertreter, also in der Regel die Eltern oder manchmal auch ein Betreuer.

➔

- Ein fünfjähriger Junge kauft in einem Supermarkt ein Spielzeugauto.
  Das Rechtsgeschäft, hier ist es ein Kaufvertrag, ist nichtig. Auf Verlangen der Mutter muss der Supermarkt das Auto zurücknehmen und das Geld zurückgeben.
- Wenn dasselbe Kind aber für die Mutter einkauft, handelt es als Bote. Das heißt, es überbringt die Willenserklärung der Mutter und nicht seine eigene. Der abgeschlossene Kaufvertrag ist dann gültig.

4.2.2 Die beschränkte Geschäftsfähigkeit

Beschränkt geschäftsfähig sind Minderjährige zwischen sieben und 18 Jahren. Beschränkt Geschäftsfähige können Rechtsgeschäfte abschließen, gültig sind sie allerdings nur mit Einwilligung oder nachträglicher Genehmigung durch den gesetzlichen Vertreter. Erfolgt dies nicht, so kommt das Rechtsgeschäft nicht zustande. Bis zur Genehmigung oder Ablehnung ist das Rechtsgeschäft „schwebend unwirksam".

➔

Die 16-jährige Marit ist Auszubildende als Fachkraft für Lagerlogistik. Sie möchte sich von ihrer Ausbildungsvergütung ohne Wissen der Eltern einen Laptop für 1.200,00 Euro kaufen. Der Kaufvertrag ist schwebend unwirksam, da der Preis des Laptops die Höhe der Ausbildungsvergütung übersteigt und Marit beschränkt geschäftsfähig ist. Der Kaufvertrag wird erst gültig, wenn die Eltern nachträglich zustimmen. Er ist nichtig, wenn sie ihre Zustimmung verweigern.

In bestimmten **Ausnahmefällen** darf ein beschränkt Geschäftsfähiger selbstständig Geschäfte abschließen. Diese Ausnahmen sind im Gesetz genau festgelegt:

Taschengeldparagraf (§ 110 BGB)
Geschäfte, die ein beschränkt Geschäftsfähiger mit seinem Taschengeld begleicht, sind rechtsgültig. Das gilt allerdings nur für Geschäfte, die sofort bar bezahlt werden, und nicht für Geschäfte, die auf Raten beglichen werden sollen. Über zukünftiges Taschengeld kann nicht verfügt werden.

Lars Friedrich ist 14 Jahre alt und großer Fußballfan. Monatlich bekommt er von seinen Eltern 20,00 Euro Taschengeld. Ohne Zustimmung der Eltern kann er sich am Kiosk eine Fußballzeitschrift für 2,50 Euro kaufen oder andere Kaufverträge bis 20,00 Euro abschließen.

Erlangung eines lediglich rechtlichen Vorteils (§ 107 BGB)
Geschäfte, die einem beschränkt Geschäftsfähigen lediglich einen rechtlichen Vorteil bringen, müssen von den gesetzlichen Vertretern nicht genehmigt werden.

- Die zwölfjährige Jessica bekommt von ihrem Onkel ein Mountainbike geschenkt. Die Eltern halten das für zu gefährlich und sind dagegen. Da dieses Geschäft aber nur rechtliche Vorteile bringt, ist es auch ohne Zustimmung der Eltern gültig.
- Der siebenjährige Tom bekommt von seinen Großeltern ein Haustier geschenkt. Dieses Geschenk beinhaltet aber eine spätere Verpflichtung, und zwar die Kosten für das Futter. Hier ist die Einwilligung der Eltern notwendig.

Ein Kind bekommt einen Hund geschenkt – rechtlicher Vorteil?

Selbstständiger Betrieb eines Erwerbsgeschäfts (§ 112 BGB)
Mit Erlaubnis der gesetzlichen Vertreter und des Vormundschaftsgerichtes darf ein Minderjähriger selbstständig einen Betrieb führen. Für alle Geschäfte, die den Geschäftsbetrieb betreffen, ist der Minderjährige unbeschränkt geschäftsfähig.

Ein 16-Jähriger betreibt mit Zustimmung seiner Eltern und mit der Genehmigung des Vormundschaftsgerichts einen Internetbestellshop für Computerzubehör. Er kann die im Rahmen dieses Betriebes anfallenden Geschäfte (z. B. Warenein- und -verkauf, Anmieten von Lagerräumen) selbst tätigen.

Dienst- oder Arbeitsverhältnis (§ 113 BGB und § 56 HGB)
Befindet sich ein Minderjähriger in einem Ausbildungsverhältnis sowie in einem Dienst- oder Arbeitsverhältnis, darf er Geschäfte, die dieses Verhältnis betreffen, unbeschränkt tätigen. Die gesetzlichen Vertreter haben nämlich zu diesem Verhältnis ihre Zustimmung gegeben (§ 113 BGB). Minderjährige, die in einem Laden oder einem Warenlager angestellt sind, dürfen Waren eigenmächtig an Kunden verkaufen (§ 56 HGB).

- § 113 BGB: Einrichtung eines Kontos für die Ausbildungsvergütung, Kauf von Berufskleidung, Kündigung des Arbeitsverhältnisses
- § 56 HGB: Die 17-jährige Wiebke ist im Einzelhandel für einen Ferienjob angestellt. Sie kann eigenmächtig Waren an einen Kunden verkaufen.

4.2.3 Die unbeschränkte (volle) Geschäftsfähigkeit

Unbeschränkte (volle) Geschäftsfähigkeit besitzen alle juristischen Personen und alle natürlichen Personen über 18 Jahre (Volljährige). Die Rechtssubjekte können gültige Rechtsgeschäfte abschließen und müssen die volle Verantwortung dafür übernehmen.

Konsequenz der Geschäftsfähigkeit

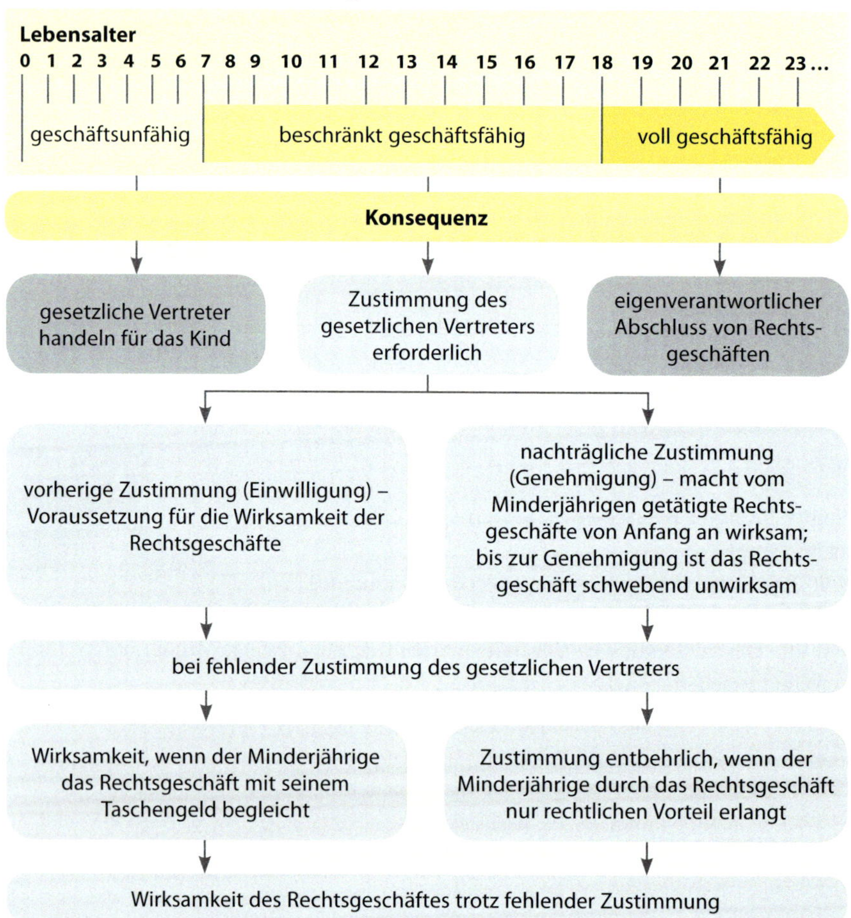

4.3 Die Rechtsobjekte

Gegenstand von Rechtshandlungen sind Rechtsobjekte, die sich wie folgt unterscheiden lassen:

Rechtsobjekte

- **Sachen**
  körperliche Gegenstände
  Beispiele: Haus, Auto, Papier
  - **unbewegliche Sachen**
    Beispiele: Grundstück, Haus
  - **bewegliche Sachen**
    Beispiele: Auto, Buch, MP3-Player
    - **vertretbare Sachen**
      Sachen, die es in der gleichen Art mehrfach gibt
      Beispiele: Neuwagen, Kopierpapier 80 g/m²
    - **nicht vertretbare Sachen**
      Sachen, die einmalig sind
      Beispiele: Kunstwerk, Gebrauchtwagen
- **Rechte**
  nicht körperliche Gegenstände
  Beispiele: Patente, Lizenzen, Forderungen
  - **absolute Rechte**
    gelten gegenüber der Allgemeinheit
    Beispiel: Urherberrechte
  - **relative Rechte**
    gelten nur gegenüber einem Vertragspartner
    Beispiel: Forderungen aus einer Warenlieferung

Susanne erhält von ihren Eltern zum Geburtstag eine Digitalkamera geschenkt. Sie ist damit Eigentümerin und Besitzerin der Kamera. Susanne leiht ihrer Freundin Andrea die Kamera für deren Skiurlaub. Jetzt ist Andrea Besitzerin, während Susanne Eigentümerin bleibt.

Im Sachenrecht des BGB wird unterschieden, ob jemand die rechtliche Herrschaft (**Eigentum**) oder nur die tatsächliche Herrschaft (**Besitz**) über eine Sache ausübt. Das Eigentum an unbeweglichen Sachen wird durch Einigung und anschließende Eintragung in das Grundbuch übertragen. Ein solcher Vertrag bedarf der notariellen Beurkundung. Das Eigentum an beweglichen Sachen wird durch Übertragung verschafft, d. h. durch Einigung und Übergabe.

In bestimmten Fällen kann der Erwerber das Eigentum an einer Sache auch von einem Nichteigentümer erhalten, jedoch nur dann, wenn er **gutgläubig** war. Der gute Glaube schützt ihn jedoch nicht, wenn die Sache dem Eigentümer gestohlen wurde, verloren gegangen oder sonst abhandengekommen ist.

Andrea geht im Urlaub das Taschengeld aus. Deshalb verkauft sie Susannes Kamera an ihren ahnungslosen Skilehrer. Da der Skilehrer nicht weiß, dass die Kamera Andrea gar nicht gehört, ist er gutgläubig und erwirbt das Eigentum an der Kamera. Hätte er allerdings gewusst, dass die Kamera nur geliehen ist, wäre er nicht mehr gutgläubig gewesen und hätte das Eigentum an der Kamera nicht erwerben können.

4.4 Die Rechtsgeschäfte

Rechtssubjekt
→ Anhang WiSo, Kap. 4.1

Rechtsgeschäfte sind Geschäfte zwischen Rechtssubjekten, aus denen sich Rechtsfolgen (Rechte und Pflichten) ergeben. Sie entstehen durch Willenserklärungen, die Rechtsverhältnisse

- begründen: z. B. Abschluss eines Vertrages,
- aufheben: z. B. Kündigung eines Arbeitsvertrages
- oder ändern: z. B. Herr Breuer wird nachträglich in einem Testament als Alleinerbe eingesetzt.

Die Willenserklärung ist die Äußerung des Geschäftswillens.

Ein Kaufvertrag ist ein Beispiel für ein mehrseitiges Rechtsgeschäft.
→ Anhang WiSo, Kap. 4.6

Rechtsgeschäfte werden unterschieden in **einseitige Rechtsgeschäfte**, die durch die Willenserklärung einer Person entstehen, und **mehrseitige Rechtsgeschäfte**, die durch die übereinstimmenden Willenserklärungen von mindestens zwei Personen entstehen. Bei mehrseitigen Rechtsgeschäften kann entweder nur eine der beiden Personen zu etwas verpflichtet werden (z. B. bei der Schenkung, hier muss der Beschenkte nur erklären, dass er die Schenkung annehmen will) oder beiden (mehreren) Personen erwachsen aus dem Rechtsgeschäft bestimmte Verpflichtungen (z. B. Kaufvertrag).

Bei einseitigen Rechtsgeschäften wird unterschieden in

- **empfangsbedürftige Rechtsgeschäfte**, die nur dann Gültigkeit erlangen, wenn die Willenserklärung den Empfänger erreicht, sowie
- **nicht empfangsbedürftige Rechtsgeschäfte**, die allein schon durch die Abgabe der Willenserklärung rechtswirksam werden.

- empfangsbedürftiges Rechtsgeschäft: Die Kündigung eines Mietvertrages muss dem Mieter persönlich übergeben oder durch den Postboten in seinem Briefkasten zugestellt werden.
- nicht empfangsbedürftiges Rechtsgeschäft: Ein Testament wird bereits mit der schriftlichen Äußerung des letzten Willens gültig, ohne dass die zukünftigen Erben darüber informiert werden müssen.

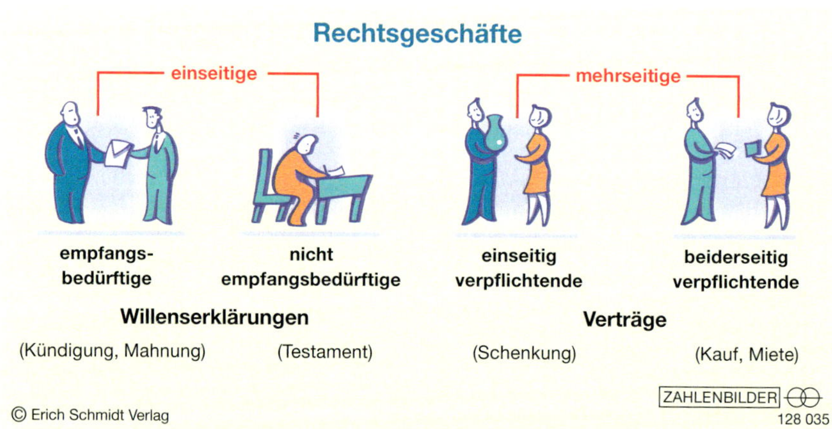

Nichtige und anfechtbare Rechtsgeschäfte

Trotz weitestgehender Vertragsfreiheit kann nicht jedes beliebige Rechtsgeschäft abgeschlossen werden. Aufgrund gesetzlicher Vorschriften sind bestimmte Geschäfte von vornherein ungültig, d. h. nichtig, oder es besteht die Möglichkeit, Rechtsgeschäfte bei Vorliegen bestimmter Tatbestände anzufechten.

Rechtsgeschäfte, die **nichtig** sind, haben keinerlei Rechtsfolgen. Folgende Rechtsgeschäfte sind nichtig, also von Beginn an unwirksam:

a) Rechtsgeschäfte von geschäftsunfähigen Personen
b) Rechtsgeschäfte, die bei vorübergehender Geistesschwäche abgeschlossen werden
c) Rechtsgeschäfte, die nur zum Schein abgeschlossen werden
d) Rechtsgeschäfte, die gegen die guten Sitten verstoßen
e) Rechtsgeschäfte, die gegen ein gesetzliches Verbot verstoßen
f) Rechtsgeschäfte, die gegen Formvorschriften verstoßen

zu a) Ein fünfjähriges Kind kann sich von seinem Taschengeld kein Eis kaufen.
zu b) Eine stark alkoholisierte Person verschenkt ihr Auto an einen Passanten.
zu c) Um die Umsatzsteuer zu mindern, wird eine Rechnung nicht auf die tatsächliche Höhe von 1.500,00 Euro, sondern nur auf 800,00 Euro ausgestellt.
zu d) Um die finanzielle Notlage einer Person auszunutzen, wird ein Darlehensvertrag mit viel zu hohen Zinsen vereinbart.
zu e) Der Verkauf von Alkohol an einen 14-Jährigen stellt einen Verstoß gegen das Jugendschutzgesetz dar.
zu f) Ein Kaufvertrag über ein Grundstück wird ohne notarielle Beurkundung abgeschlossen.

Die **Anfechtbarkeit** von Rechtsgeschäften bedeutet, dass ein gültig zustande gekommenes Rechtsgeschäft rückwirkend als unwirksam erklärt werden kann. Ohne die Anfechtungserklärung bleibt das Rechtsgeschäft wirksam. Folgende Gründe können zur Anfechtung von Rechtsgeschäften führen:

a) Irrtum in der Erklärung
b) Irrtum in der Übermittlung
c) Irrtum über wesentliche Eigenschaften einer Person oder einer Sache
d) arglistige Täuschung
e) widerrechtliche Drohung

zu a) Anstelle des tatsächlichen Preises von 199,00 Euro wird eine Ware versehentlich mit einem Preis von 19,90 Euro ausgezeichnet.
zu b) Bei einer telefonischen Auftragserteilung werden anstelle von 10 PC durch eine schlechte Telefonverbindung 110 PC bestellt.
zu c) Obwohl Verkäufer und Käufer eine kostbare Vase aus dem 17. Jahrhundert für echt halten, stellt sich später heraus, dass diese Vase eine Fälschung ist.
zu d) Der Verkäufer weiß, dass die Vase aus dem 17. Jahrhundert eine Fälschung ist, verkauft sie aber trotzdem für einen hohen Preis als echt antik.
zu e) Einer Person wird körperliche Gewalt angedroht, wenn sie nicht einen Kaufvertrag unterschreibt.

Rechtsgeschäfte

nichtige

Geschäftsunfähigkeit

Verstoß gegen gesetzliche oder gute Sitten

Verstoß gegen Formvorschriften

Schein- oder Scherzgeschäft

anfechtbare

Irrtum

Täuschung

Drohung

4.5 Die Beschaffungsplanung und -abwicklung

Das Geschick im Lager liegt darin, so wenige Güter wie möglich auf Lager zu haben. Je mehr Güter im Lager sind, desto höher sind die Kosten der Lagerung. Gleichzeitig werden im Lager aber genügend Güter benötigt, um die Produktion und die Kunden zu bedienen. In dieser schwierigen Entscheidungssituation ist ein Warenwirtschaftssystem hilfreich, das artikelgenau den Abgang dokumentiert. Wird der Meldebestand erreicht, kann eine Bestellung ausgelöst werden.

Bei der Warenbeschaffung sind **unterschiedliche Ausgangssituationen** zu beachten:

1. die Nachbestellung von Gütern bei bekannten Lieferanten
2. die Neubestellung von Gütern bei neuen Lieferanten
3. die Neubestellung bisher nicht geführter Güter

Die Warenbeschaffung zu Punkt 1 erfordert den geringsten Aufwand. Hier meldet das Warenwirtschaftssystem die Notwendigkeit der Bestellung und macht einen Bestellvorschlag, der automatisch dem Lieferanten übermittelt wird, wenn der Einzelhändler dem Vorschlag zustimmt. Der Bestelleingang wird dann auch automatisch vom Warenwirtschaftssystem überwacht. Werden Güter beschafft, weil es sich aus den o. a. Punkten 2 oder 3 ergibt, beginnt der Beschaffungsvorgang mit der Suche nach möglichen Lieferanten (Bezugsquellen).

4.5.1 Die Bezugsquellenermittlung

Um Adressen möglicher Lieferanten ausfindig zu machen, können unternehmensinterne oder unternehmensexterne Informationsquellen in Anspruch genommen werden. Im Unternehmen (**unternehmensintern**) werden – meist im Zusammenhang mit dem Warenwirtschaftssystem – Karteien (von Hand) oder Dateien (EDV-gestützt) geführt. Die Datensätze liefern Informationen über Lieferanten und Artikel des Unternehmens und können Aufschluss darüber geben, ob einer der dort verzeichneten Lieferanten als Bezugsquelle für die benötigten Güter infrage kommt.

Die unternehmensintern gewonnenen Informationen können durch außerbetriebliche (**unternehmensexterne**) Informationen über mögliche Bezugsquellen ergänzt werden. Das **Internet** bietet über Suchmaschinen die umfangreichste und zielgenaueste Möglichkeit, Lieferantenadressen zu finden und gegebenenfalls per E-Mail direkt Kontakt mit dem möglichen Lieferanten aufzunehmen. Hinweise auf mögliche Lieferanten erhält man auch auf **Messen** oder **Ausstellungen**, die entweder von Messegesellschaften veranstaltet oder auch von Herstellern gezielt angeboten werden. Für alle Branchen gibt es aber auch zahlreiche **Fachzeitschriften**, in denen Hersteller oder Großhändler ihre Produkte anbieten und als Informationsquelle für Adressen dienen können.

Jedes Unternehmen kann und muss die Vielzahl der Informationsquellen nutzen. Denn je besser es sich vor der Beschaffung informiert hat, desto hochwertiger wird seine Beschaffungsentscheidung ausfallen. Wenn im Unternehmen geklärt ist, welche Güter bei welchen Lieferanten und in welchen Mengen beschafft werden sollen, beginnt es mit der Beschaffungsabwicklung.

4.5.2 Die Anfrage

Um zu erfahren, ob der Lieferant das gewünschte Produkt liefern kann, muss eine Anfrage gestellt werden. Diese Anfrage ist lediglich eine Bitte um Information, die keine rechtliche Bedeutung hat: Weder der Anfragende noch der mögliche Lieferant ist zu irgendetwas verpflichtet. Es ist aber sinnvoll, die Anfrage per E-Mail oder auch per Brief zu stellen. Die Informationen von verschiedenen Lieferanten können später beim Angebotsvergleich miteinander verglichen werden.

Angebotsvergleich
→ Anhang WiSo, Kap. 4.5.4

Eine Anfrage, die nach dem Liefersortiment, den Lieferbedingungen und Preisen ganz allgemein fragt, ist eine **unbestimmte Anfrage**. Wird dagegen gezielt nach bestimmten Produkten und deren Preisen und den Bedingungen, zu denen geliefert werden kann, gefragt, handelt es sich um eine **bestimmte Anfrage**.

4.5.3 Das Angebot

Ein Angebot ist ein verbindlicher Antrag (= Willenserklärung) des Verkäufers an eine bestimmte Person zum Abschluss eines Kaufvertrages. Für die Inhalte des Angebots gibt es keine rechtlichen Vorschriften. Um Unklarheiten beim Abschluss des Kaufvertrages zu vermeiden, sollten folgende Angaben in einem Angebot enthalten sein:

Kaufvertrag
→ Anhang WiSo, Kap. 4.6

- Art, Güte und Beschaffenheit des Artikels
- Menge des Artikels
- Lieferbedingungen
- Zahlungsbedingungen
- Preis des Artikels

Art des Artikels, Güte und Beschaffenheit werden in einem Angebot so genau wie notwendig festgelegt. Die exakte Bezeichnung oder der handelsübliche Name kennzeichnet die **Art** des Artikels. Die **Güte** benennt die Qualität, z. B. anhand von Handelsklassen oder DIN-Vorschriften. Unter **Beschaffenheit** wird die Verarbeitung des Artikels verstanden, z. B. wie ein Material zusammengefügt wurde. Fehlen im Angebot genaue Angaben zu Art und Güte, so werden Artikel mittlerer Art und Güte geliefert.

DIN
Deutsches Institut für Normungen e.V.

- Art eines Artikels: DVD-Player, Herrenjeans
- Güte eines Artikels: Handelsklasse 1 bei landwirtschaftlichen Produkten
- Beschaffenheit: Stoffzusammensetzung bei Textilien

Genauso wie die Artikelbezeichnung handelsüblich sein muss, gilt für die Mengenangabe die Vorschrift der Handelsüblichkeit. Die **Menge** der Artikel muss also nach Stück, Meter, Kilogramm, Liter usw. bestimmt sein. Dabei handelt es sich immer zunächst um das reine Warengewicht. Das Gewicht der Verpackung muss extra angegeben sein, falls es für die Bestimmung der Versandkosten nötig sein sollte.

Geflügeletikett

Wenn die Kaufleute Lieferungs- und Zahlungsbedingungen nicht selbst bestimmen, gelten die gesetzlichen Bestimmungen (BGB, HGB)

Verpackungs- und Beförderungskosten ergeben zusammen die **Bezugskosten**.

Unter **Lieferbedingungen** versteht der Kaufmann sowohl die Lieferzeit als auch die Verpackungs- und Beförderungskosten für die Lieferung. Die Lieferzeit sollte so bemessen sein, dass die Artikel geliefert werden, wenn der Käufer sie braucht. **Verpackungskosten** kann der Lieferant in Rechnung stellen, als Pfandverpackung liefern (der Pfandbetrag wird bei Rücksendung erstattet) oder auch in seinem Preis schon kalkuliert haben. Das Gewicht der Verpackung wird als Tara bezeichnet, das Bruttogewicht der Sendung setzt sich aus dem Warengewicht (netto) und der Verpackung (Tara) zusammen. Typische vertragliche Vereinbarungen über **Beförderungskosten** zeigt die folgende Übersicht.

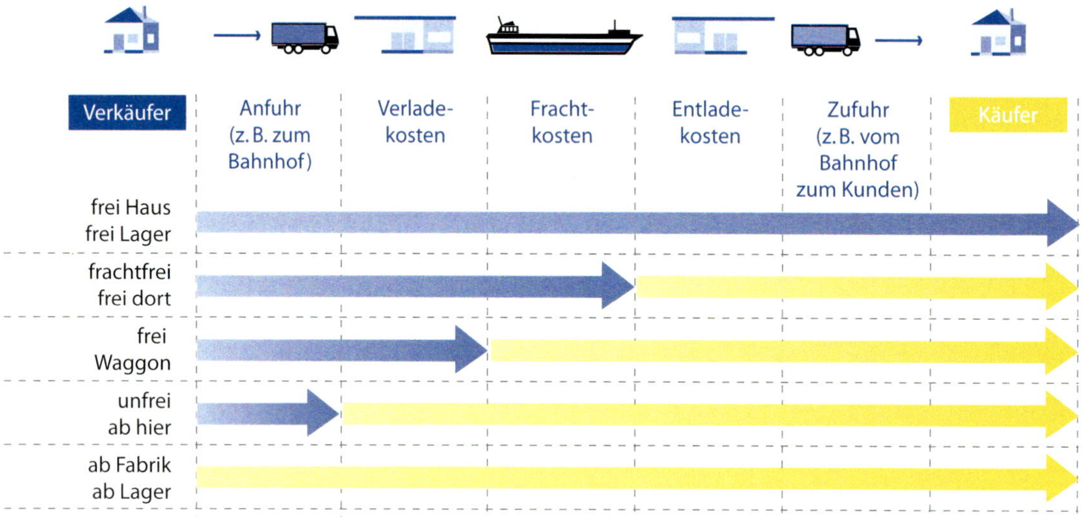

Weiterhin gehören die **Zahlungsbedingungen** zu den typischen Inhalten eines Angebots. Wenn vertraglich nichts vereinbart wird, soll der Käufer den Kaufpreis sofort bei Übergabe der Ware bezahlen. Bei einer Zahlung auf Ziel wird es dem Kunden ermöglicht, die Rechnung erst nach einem gewissen Zeitraum, z. B. nach 30 Tagen, zu zahlen. Gelegentlich wird z. B. bei Sonderanfertigungen auch die Vorauszahlung vereinbart.

Die **Preise des Angebots** gehen von den Preisen aus, die der Lieferant generell für alle Kunden in gleicher Höhe in seiner Preisliste oder seinem Katalog zusammengefasst hat. Bei einem Angebot an einen Kaufmann sind es in der Regel die Preise ohne die Umsatzsteuer, also die Nettopreise. Um das Angebot möglichst attraktiv zu gestalten, werden meistens folgende Ermäßigungen des Kaufpreises angeboten:

- **Rabatte** werden in der Regel als Mengenrabatt für die Abnahme größerer Abnahmemengen gewährt. Sonderform des Mengenrabatts ist der Naturalrabatt. Es kann zusätzlich zur Bestellung einer erhöhten Warenmenge geliefert werden (Draufgabe) oder es muss weniger als die bestellte und gelieferte Menge bezahlt werden (Dreingabe).
- **Skonto** ist ein Preisnachlass für vorzeitige Zahlung, z. B. räumt der Verkäufer 2 % Skonto auf den Rechnungsbetrag ein, wenn der Käufer innerhalb einer vereinbarten Frist zahlt und nicht das Ziel (letzter Termin zur Zahlung) ausnutzt.
- **Bonus** ist ein nachträglich gewährter Preisnachlass, wenn z. B. die Abnahmemenge eines Kunden am Ende des Jahres einen bestimmten Betrag überschreitet.

Formvorschriften des Angebots

Es gelten keine Formvorschriften für die Abgabe eines Angebots. Es kann daher bei Anwesenheit des Kunden mündlich, telefonisch oder durch schlüssiges Handeln durch den Verkäufer abgegeben werden. Bei Abwesenheit des Kunden kann die Abgabe schriftlich (z. B. Brief, Telefax, E-Mail) oder bildlich (z. B. persönlich zugeschickte Prospekte, Kataloge) erfolgen. Um Irrtümer zu vermeiden, sollten wichtige mündliche oder telefonische Angebote schriftlich bestätigt werden, auch damit bei eventuellen späteren Rechtsstreitigkeiten schriftliche Unterlagen vorhanden sind.

Verbindlichkeit des Angebots

Wer ein Angebot an eine bestimmte Person abgibt, ist an dieses Angebot gebunden. Das bedeutet, der Verkäufer hat sich verpflichtet, die Waren zu den angegebenen Bedingungen zu verkaufen.

Einschränkungen

Beschränkung der Angebotsbindung

Gesetzliche Bindungsfrist

Unter Anwesenden: Bei einem persönlichen oder telefonischen Verkaufsgespräch wird ein Angebot mit der Abgabe sofort gültig. Es ist nur für die Dauer des Gespräches bindend.

Unter Abwesenden: Bei einem schriftlichen Angebot (z. B. Brief, Telefax und E-Mail) wird dieses erst gültig, wenn der Kunde es erhält. Es gilt so lange, wie ein Kunde unter normalen Umständen benötigt, um es auf dem gleichen Weg zu beantworten (Fristen: Brief sieben Tage, Fax zwei Tage).

Vertragliche Bindungsfrist

Der Verkäufer kann auch selbst eine Frist festlegen, innerhalb der sein Angebot gültig ist. Der Kunde kann das Angebot nur innerhalb dieser Frist annehmen, danach gilt es nicht mehr.

Freizeichnung

Der Verkäufer kann die Bindung an sein Angebot durch so genannte Freizeichnungsklauseln beschränken oder aufheben.

Ende der rechtlichen Angebotsbindung

Die rechtliche Angebotsbindung ist zwangsläufig beendet, wenn der Kunde das Angebot

- ablehnt,
- abändert oder
- nicht fristgerecht annimmt.

Widerruf des Angebots

Ein Angebot wird erst gültig, wenn der Kunde es erhalten hat. Bis zu diesem Zeitpunkt kann der Verkäufer sein Angebot zurückziehen. Dieser so genannte Widerruf muss möglichst vor, spätestens jedoch zeitgleich mit dem Angebot beim Kunden eintreffen.

Freizeichnungsklauseln	Bedeutung
so lange der Vorrat reicht	Menge unverbindlich, Preis verbindlich
Preis freibleibend	Menge verbindlich, Preis unverbindlich
unverbindlich, freibleibend	alle Bestandteile sind unverbindlich

Ein Lieferant hat ein Angebot per Post verschickt. Kurz nachdem der Brief bei der Post abgegeben wurde, hat der Lieferant einen Fehler im Angebot entdeckt. Jetzt kann er das Angebot vor dem Eintreffen des Briefes telefonisch oder per Telefax/E-Mail widerrufen.

Die Anpreisung

Wenn keine bestimmte Person angesprochen wird, so handelt es sich im rechtlichen Sinn nicht um ein Angebot, sondern um eine Anpreisung, die sich an die Allgemeinheit richtet. Die Anpreisung soll den Kunden dazu ermuntern, einen Antrag zum Kaufvertrag abzugeben, den der Verkäufer annehmen kann. Typische Anpreisungen sind Warenpräsentation im Einzelhandel, Schaufensterauslagen, Prospekte, Kataloge, Zeitungsanzeigen und Plakate.

4.5.4 Der Angebotsvergleich

quantitativ = berechenbar durch messbare Größen

Jedes Unternehmen sollte zur Ermittlung des für ihn günstigsten Angebots einen Angebotsvergleich machen. Dabei richtet sich die Kaufentscheidung zunächst nach **quantitativen Bewertungskriterien** wie

- dem Listeneinkaufspreis der Ware,
- der Höhe der Preisnachlässe oder
- den Beförderungs- und Verpackungskosten (Bezugskosten).

Beim **quantitativen Angebotsvergleich** wird der Bezugs- bzw. der Einstandspreis für jedes Angebot berechnet. Aus jedem einzelnen Angebot entnimmt der Einzelhändler den Listeneinkaufspreis der Ware, die Höhe der Preisnachlässe und die Höhe der Bezugskosten.

Ein Einzelhandelsunternehmen hat sich entschlossen, Mountainbikes erstmals in das Sortiment aufzunehmen. Zunächst sollen 200 Stück beschafft werden. Drei Angebote stehen zur Auswahl:

Lieferant / Angebotsinhalt	Lieferant 1	Lieferant 2	Lieferant 3
Listeneinkaufspreis	100,00 €	82,00 €	85,00 € Mindestbestellmenge 100
Preisnachlässe	bei einem Bestellwert über 10.000,00 € 15 % Rabatt; zahlbar innerhalb von 10 Tagen nach Rechnungsdatum unter Abzug von 3 % Skonto	zahlbar innerhalb von 30 Tagen netto Kasse	2 % Skonto bei Bezahlung innerhalb von 8 Tagen nach Rechnungserhalt
Beförderungs- und Verpackungskosten	lieferbar frei Haus einschließlich Verpackung	Pauschale für Verpackungs- und Beförderungskosten: 120,00 €	Verpackung leihweise frei Lager

Bezugskalkulation = **Einkaufskalkulation**

Mithilfe der **Bezugskalkulation** werden die verschiedenen Angebote miteinander nach einem bestimmten Kalkulationsschema verglichen.

Kalkulationsschema für die Angebote

	Lieferant 1	Lieferant 2	Lieferant 3
❶ Listeneinkaufspreis	100,00 €	82,00 €	85,00 €
❷ – Lieferantenrabatt	15,00 €	–	–
= Zieleinkaufspreis	85,00 €	82,00 €	85,00 €
❸ – Lieferantenskonto	2,55 €	–	1,70 €
= Bareinkaufspreis	82,45 €	82,00 €	83,30 €
❹ + Bezugskosten	–	0,60 €	–
❺ **= Bezugspreis/Einkaufspreis**	**82,45 €**	**82,60 €**	**83,30 €**
Gesamteinkaufspreis (200 Stück)	**16.490,00 €**	**16.520,00 €**	**16.660,00 €**

Ergebnis: Der Lieferant 1 hat den geringsten Bezugspreis.

Erläuterungen

❶ Der Listeneinkaufspreis ist ein Nettobetrag, also ohne Berücksichtigung der Umsatzsteuer.

❷ Enthält das Angebot sowohl Rabatt als auch Skonto, so wird zunächst der Rabatt vom Listeneinkaufspreis abgezogen, da er vertraglich vereinbart ist.

❸ Wenn Skonto in Anspruch genommen wird, dann wird der Skonto vom Zieleinkaufspreis (= Differenz aus Listeneinkaufspreis und Rabatt) abgezogen. Das Ergebnis aus dieser Differenz ist der Bareinkaufspreis.

❹ Die Bezugskosten werden zum Bareinkaufspreis hinzugerechnet.

❺ Die Summe aus dem Bareinkaufspreis und den Bezugskosten ergibt den Bezugspreis.

Das Angebot mit dem geringsten Bezugspreis muss nicht gleichzeitig das Beste sein. In die Kaufentscheidung fließen daher auch **qualitative Bewertungskriterien** ein, z. B.

qualitativ = Bewertung durch individuelle, persönliche Gewichtung

- Qualität der Ware,
- Umweltverträglichkeit der Ware,
- schnelle und verlässliche Lieferzeiten,
- Zahlungsbedingungen,
- Gewährleistung des Lieferanten bei Mängeln sowie
- Serviceleistungen des Lieferanten.

Um einen **qualitativen Angebotsvergleich** zu machen, ist es sinnvoll, ausgewählte Leistungen der verschiedenen Anbieter mit einem Punktesystem zu bewerten. Diese Bewertung erfolgt mithilfe einer **Entscheidungstabelle**. Zur besseren Übersichtlichkeit sollen nur einige wesentliche Kriterien zum Vergleich herangezogen werden.

Kriterien	Gewichtungsfaktor ❶	Leistungen Lieferant 1		Leistungen Lieferant 2		Leistungen Lieferant 3	
		Punkte ❷	Punkte • Faktor ❸	Punkte	Punkte • Faktor	Punkte	Punkte • Faktor
Qualität der Ware	5	5	25	7	35	6	30
Lieferfrist	3	7	21	8	24	5	15
Umweltverträglichkeit	2	4	8	4	8	2	4
Gesamtwert	**10**		**54** ❹		**67** ❺		**49**

Erläuterungen

❶ Die ausgewählten Leistungen der verschiedenen Lieferanten wie Qualität, Lieferfrist und Umweltverträglichkeit haben für das Einzelhandelsunternehmen unterschiedliche Bedeutung. Die Qualität der Ware wird mit dem Faktor 5 höher eingestuft als die Lieferfrist mit dem Faktor 3 und die Umweltverträglichkeit, die mit dem Faktor 2 gewichtet wird.

❷ Die Leistungen der verschiedenen Lieferanten werden nach einer Punkteskala von 1 bis 10 bewertet. So erhält der Lieferant 1 für die Qualität der Waren 5 Punkte, für die Lieferfrist 7 Punkte und für die Umweltverträglichkeit 4 von jeweils 10 möglichen Punkten.

❸ Die Bewertungspunkte werden mit dem Gewichtungsfaktor multipliziert.

❹ Das Gesamtergebnis für die einzelnen Lieferanten ergibt sich aus der Addition der gewichteten Bewertungen.

❺ Das beste Gesamtergebnis hat der Lieferant mit der höchsten Gesamtpunktzahl.

4.5.5 Die Bestellung

Wenn sich ein Unternehmen für ein Angebot entschieden hat, bestellt es beim Lieferanten die Ware zu den angegebenen Bedingungen. Eine Bestellung sollte folgende Inhalte enthalten:

- genaue Bezeichnung der Ware
- Lieferbedingungen
- genaue Mengenangabe
- Zahlungsbedingungen

Bezieht sich die Bestellung auf ein ausführliches Angebot eines Lieferanten, so genügt der Hinweis auf die Angebotsbedingungen.

Für die Bestellung gelten **keine Formvorschriften**, sie kann schriftlich, mündlich oder fernmündlich erfolgen. Um Irrtümer und später Schwierigkeiten zu vermeiden, sollten mündliche oder telefonische Angebote schriftlich bestätigt werden.

Bei eventuellen Rechtsproblemen dient die schriftliche Bestätigung dann als Nachweis bzw. als Beleg in der eigenen Ablage. Die Bestellung ist eine Willenserklärung des Käufers, eine genau bezeichnete Ware zu bestimmten Bedingungen zu kaufen. Ist ein verbindliches Angebot vorausgegangen, kommt ein Kaufvertrag zustande, wenn die Bestellung mit dem Angebot übereinstimmt und rechtzeitig erfolgt.

Eine Bestellung kann nur widerrufen werden, wenn der **Widerruf** gleichzeitig mit der Bestellung oder vorher eintrifft. Mit dem Widerruf wird die Bestellung ungültig.

Bestellungsannahme (Auftragsbestätigung)
Erfolgt die Bestellung ohne vorhergehendes Angebot, so gilt die Bestellung als Antrag auf Abschluss eines Kaufvertrages. Der Kaufvertrag kommt erst durch die rechtzeitige Bestellungsannahme (Auftragsbestätigung) des Lieferanten zustande. Der Lieferant gibt die Willenserklärung ab, die bestellte Ware zu bestimmten Bedingungen zu liefern.

Eine Bestellungsannahme ist für das Zustandekommen eines Kaufvertrages auch
- bei freibleibendem Angebot und
- bei vom Angebot abweichender Bestellung

erforderlich.

Die Bestellungsannahme ist, wie alle anderen Erklärungen im Rahmen des Kaufvertrages, grundsätzlich formfrei, d. h., der Gesetzgeber hat im BGB oder im HGB keinerlei Vorschriften erlassen, wie eine Bestellungsannahme aufgebaut sein muss. Handelt es sich um mündlich abgegebene Bestellungen oder um wertmäßig hohe Beträge, ist es aus Beweisgründen sinnvoll, diese durch eine schriftliche Bestellungsannahme zu bestätigen.

Der Lieferant kann eine Bestellung annehmen, indem er
- eine Bestellungsannahme erteilt oder
- die Ware sofort liefert.

4.6 Kaufvertrag

Zustandekommen eines Kaufvertrages

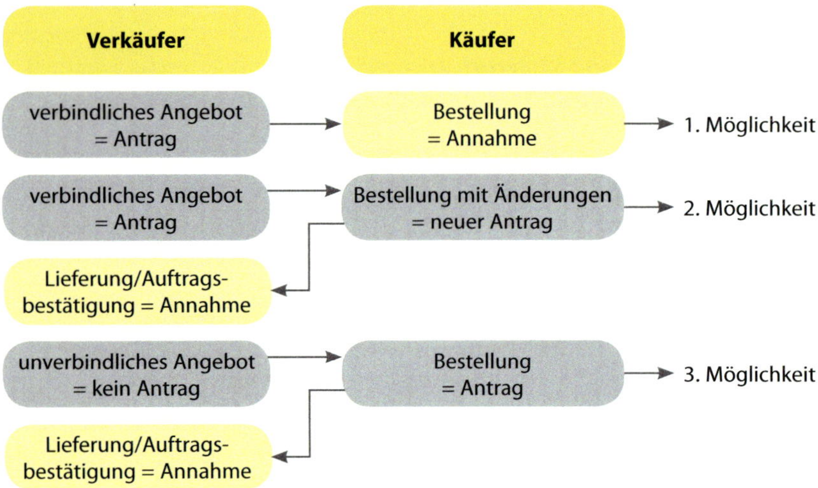

Der Kaufvertrag kommt durch zwei übereinstimmende Willenserklärungen, den **Antrag** und die **Annahme**, zustande. Wird ein Antrag nur mit Änderungen oder Einschränkungen angenommen, so gilt das nicht als Annahme, sondern als neuer Antrag, der vom Vertragspartner wiederum erst angenommen werden muss. Beim Kaufvertrag kann der Antrag sowohl vom Verkäufer als auch vom Käufer ausgehen. Handeln beide Vertragspartner als Privatpersonen, so spricht man von einem **Privatkauf**. Hier finden ausschließlich die allgemeinen Vorschriften zum Kaufvertrag Anwendung. Ist ein Vertragspartner ein Kaufmann und der andere Nichtkaufmann, so liegt ein **einseitiger Handelskauf** vor. Bei einseitigen Handelskäufen gibt es zusätzlich zu den allgemeinen Vorschriften zum Kaufvertrag zahlreiche Sonderbestimmungen für Kaufleute. Ist der Verkäufer ein Unternehmer und der Käufer eine Privatperson (Verbraucher), so spricht man von **Verbrauchsgüterkäufen**. Hier gibt es zahlreiche Schutzvorschriften für den Verbraucher als Käufer. Bei **zweiseitigen Handelskäufen (-geschäften)** sind beide Vertragspartner Kaufleute, sodass vor allem die Vorschriften des HGB zu beachten sind.

Der Kaufvertrag ist sowohl ein Verpflichtungsgeschäft als auch ein Erfüllungsgeschäft. **Verpflichtungsgeschäfte** sind Rechtsgeschäfte, durch die eine Person gegenüber einer anderen Person eine Leistungspflicht übernimmt. Durch das Verpflichtungsgeschäft entsteht ein Schuldverhältnis zwischen den Vertragspartnern.

Pflichten aus dem Kaufvertrag

Pflicht des Verkäufers	Pflicht des Käufers
• bestellte Ware mangelfrei und rechtzeitig liefern • dem Kunden das Eigentum an der Ware verschaffen • den vereinbarten Kaufpreis annehmen (d. h. beibehalten)	• die Ware abnehmen • den vereinbarten Kaufpreis rechtzeitig bezahlen

Die Erfüllung der im Verpflichtungsgeschäft eingegangenen Pflichten erfolgt im **Erfüllungsgeschäft**. Der Kaufvertrag ist erfüllt, wenn

- der Verkäufer Besitz und Eigentum am Kaufgegenstand auf den Käufer übertragen und den Kaufpreis angenommen hat und
- der Käufer den Kaufgegenstand angenommen und den Kaufpreis bezahlt hat.

4.7 Die Waren bezahlen

Nachdem Unternehmen die bestellte Ware vertragsgemäß erhalten und eingelagert haben, wird die erhaltene Rechnung bezahlt. Beim zweiseitigen Handelskauf erfolgt die Bezahlung in der Regel durch den bargeldlosen Zahlungsverkehr. Bei dieser Art des Zahlungsverkehrs stehen verschiedene Möglichkeiten zur Verfügung.

Die **Überweisung** ist in Deutschland eines der häufigsten bargeldlosen Zahlungsmittel. Eine Überweisung ist die Anweisung eines Kontoinhabers an sein Kreditinstitut, einen bestimmten Betrag von seinem Konto auf das Konto des Zahlungsempfängers, z. B. des Lieferanten, zu übertragen. Die Überweisung erfolgt normalerweise elektronisch. Die meisten Unternehmen verfügen über eine Finanzsoftware, mit deren Hilfe täglich die anstehenden Überweisungen eingegeben und als Datensatz gesammelt an die „Hausbank" übermittelt werden. Daneben besteht immer auch die Möglichkeit, Einzelüberweisungen mithilfe einer elektronischen Maske oder auch eines Vordrucks auf Papier zu tätigen.

Das Prinzip der Überweisung im bargeldlosen Zahlungsverkehr funktioniert so: Der Zahlende übergibt seinem Kreditinstitut einen ausgefüllten Überweisungsträger mit seiner Unterschrift, beim elektronischen Verfahren durch eine elektronische Signatur. Voraussetzung für die Abbuchung ist, dass das Konto des Zahlenden ein Guthaben aufweist oder dem Kontoinhaber ein entsprechender Kreditrahmen eingeräumt wurde. Das Kreditinstitut, das mit der Überweisung beauftragt wurde, leitet den Betrag an die Bank des Zahlungsempfängers weiter, die dann die Gutschrift auf das Konto des Empfängers vornimmt.

Führt ein Unternehmen die Zahlung eines Lieferanten mit ausländischer Bankverbindung aus, so muss er hierfür eine internationale Überweisung verwenden. Dazu benötigt es von seinem Lieferanten folgende Angaben:

- die „International Bank Account Number" (**IBAN**), eine internationale, standardisierte Kontonummer
- den „Bank Identifier Code" (**BIC**), ein Schlüssel zur weltweit eindeutigen Bezeichnung einer Bank

SEPA
Single Euro Payment Area

Der Zahlungsverkehr innerhalb von Europa ist seit 2008 mit der Errichtung eines einheitlichen europäischen Zahlungsverkehrsraums (SEPA) wesentlich vereinfacht worden. Durch **SEPA** existiert unter anderem ein Angebot von europaweit standardisierten Überweisungen, Lastschriften und Kartenzahlungen. Diese tragen dazu bei, dass bargeldlose Zahlungen bequem über die Ländergrenzen hinweg durchführt werden können.

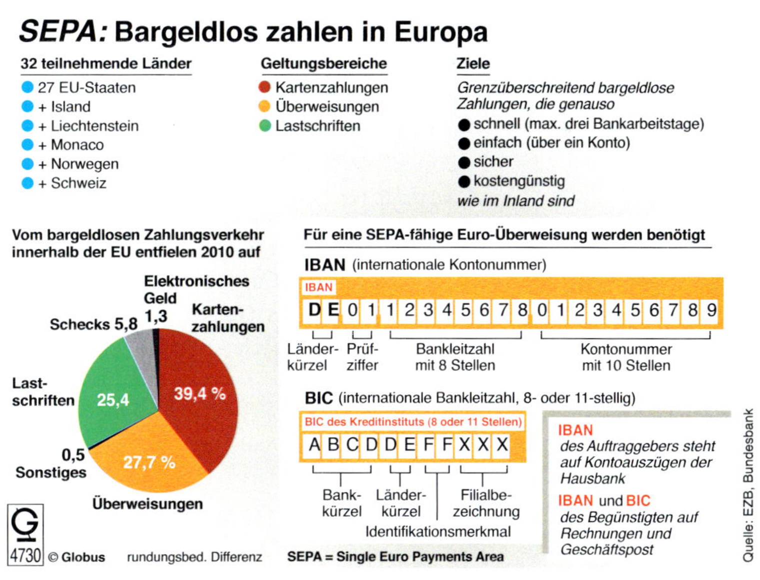

Die **SEPA-Überweisung** ist das Instrument für Euro-Überweisungen. Sie gilt nicht für Überweisungen in anderen Währungen. Die SEPA-Überweisung garantiert, dass eine Überweisung höchstens drei Bankarbeitstage dauert, bis der Einzahlungsbetrag dem Empfänger auf seinem Konto gutgeschrieben wird. Erforderlich sind dafür ein SEPA-Überweisungsformular sowie IBAN und BIC des Empfängers.

Eine besondere Form der Überweisung ist der **Dauerauftrag**. Mit ihm weist der Zahlende sein Kreditinstitut an, Zahlungen, die regelmäßig und in gleicher Höhe anfallen, für ihn automatisch zu tätigen. Ein Dauerauftrag eignet sich z. B. zur Zahlung von Miete, Kredit oder Versicherungsraten. Daueraufträge können vom Auftraggeber durch Widerruf beim beauftragten Kreditinstitut gelöscht werden.

Das **Lastschriftverfahren** eignet sich für Zahlungen, die regelmäßig, aber in unterschiedlicher Höhe anfallen, wie z. B. für Gas- oder Stromkosten oder Fernsprechgebühren. Es wird zwischen dem Einzugsermächtigungsverfahren und dem Abbuchungsauftragsverfahren unterschieden. Beim **Einzugsermächtigungsverfahren** ermächtigt der Zahlungspflichtige den Zahlungsempfänger, per Lastschrift einzuziehen. Innerhalb von sechs Wochen nach der Belastung des Kontos des Zahlungspflichtigen besteht ein Widerrufsrecht. Beim **Abbuchungsauftragsverfahren** hat der Zahlungspflichtige seinem Kreditinstitut schriftlich mitgeteilt, dass Lastschriften eines bestimmten Zahlungsempfängers bis zu einer bestimmten Höhe abgebucht werden dürfen. Der Zahlungsempfänger veranlasst dann die Abbuchung. Dieser Abbuchungsauftrag kann jederzeit widerrufen werden.

Auch grenzüberschreitende Einzugsermächtigungsverfahren sind mit der **SEPA-Lastschrift** in ganz Europa wesentlich einfacher geworden. Bei einer unberechtigten Abbuchung hat der Zahlungspflichtige die Möglichkeit, die Lastschrift innerhalb von acht Wochen zurückzugeben. Um dem Zahlungspflichtigen eine hohe Transparenz und Schutz vor unberechtigten Abbuchungen zu bieten, sind die IBAN und der BIC-Code zu verwenden. Diese Nummern sind immer bei Erst- und Folgelastschrifteinreichungen anzugeben. Eine weitere Voraussetzung für die Einreichung einer SEPA-Lastschrift ist ein gültiges SEPA-Mandat, eine Einzugsermächtigung des Zahlungspflichtigen. Falls Geldeinzüge ohne ein gültiges Mandat vorgenommen wurden, gilt eine Widerspruchsfrist von einem Jahr nach Belastung des Kontos.

Mit **Sammelüberweisungen** können Überweisungen an mehrere Zahlungsempfänger zusammengefasst werden. Auf dem Kontoauszug des Zahlenden erscheint nur ein Lastschriftbetrag. Sammelüberweisungen haben den Vorteil, dass Schreib- und Büroarbeiten verringert und Buchungskosten gespart werden können. Sie eignen sich z. B. für Lohnzahlungen an verschiedene Lohn- oder Gehaltsempfänger.

Eilüberweisungen werden im Überweisungsverkehr der Kreditinstitute wesentlich schneller durchgeführt als normale Überweisungen. Der Geldbetrag ist sofort nach dem Eintreffen der Gutschriftsanzeige für den Zahlungsempfänger verfügbar. Die Kreditinstitute berechnen dafür zusätzliche Gebühren.

Anhang

Fachrechnen

Die Themen des Anhangs Fachrechnen helfen Ihnen, Ihre Mathekenntnisse zu überprüfen, zu wiederholen und zu erweitern. Außerdem greift der Anhang wichtiges mathematisches Grundwissen auf, das Sie zum besseren Verständnis der Lernfelder 1–4 benötigen. Auf der CD-ROM im Arbeitsbuch finden Sie dazu verschiedene Arbeitsblätter.

- Die Grundrechenarten
- Die Bruchrechnung
- Maße und Einheiten
- Gleichungen
- Die Zuordnung und der Dreisatz
- Die Prozentrechnung
- Flächen- und Körperberechnung
- Umgang mit Daten

1 Die Grundrechenarten

1.1 Das Addieren

Das Ergebnis beim Addieren heißt **Summe**. 12 + 7 = 19 **Summe**

(↑ **plus**)

Schriftlich addieren: 398 + 5 273 + 82 = ?

Zahlen richtig untereinander schreiben:

	T	H	Z	E
		3	9	8
+	5	2	7	3
+			8	2
		2	1	
	5	7	5	3

	Addieren:	Schreiben:	Übertragen:
Einer (E)	2 + 3 + 8 = 13	3	1
Zehner (Z)	1 + 8 + 7 + 9 = 25	5	2
Hunderter (H)	2 + 2 + 3 = 7	7	
Tausender (T)	5 = 5	5	

Kurz:

		3	9	8
	5	2	7	3
+			8	2
		2	1	
	5	7	5	3

1.2 Das Subtrahieren

Das Ergebnis beim Subtrahieren heißt **Differenz**. 28 – 6 = 22 **Differenz**

(↑ **minus**)

Schriftlich subtrahieren: 6 835 – 543 = ?

Zahlen richtig untereinander schreiben:

	T	H	Z	E
	6	8	3	5
–		5	4	3
		1		
	6	2	9	2

	Ergänzen:	Schreiben:	Übertragen:
Einer (E)	3 + 2 = 5	2	
Zehner (Z)	4 + 9 = 13	9	1
Hunderter (H)	1 + 5 = 6; 6 + 2 = 8	2	
Tausender (T)	0 + 6 = 6	6	

Kurz:

	6	8	3	5
–		5	4	3
		1		
	6	2	9	2

Erster Lösungsweg: 75 – 21 – 15 – 4
= 54 – 15 – 4
= 39 – 4
= 35

Zweiter Lösungsweg: 75 – 21 – 15 – 4
= 75 – 40
= 35

21 + 15 + 4 = 40

Mehrere Zahlen schriftlich subtrahieren: 2 997 – 284 – 461 – 71 = ?

Zahlen richtig untereinander schreiben:

	T	H	Z	E
	2	9	9	7
–		2	8	4
–		4	6	1
–			7	1
		2		
	2	1	8	1

	Addieren und ergänzen:	Schreiben:	Übertragen:
Einer (E)	1 + 1 + 4 = 6; 6 + 1 = 7	1	
Zehner (Z)	7 + 6 + 8 = 21; 21 + 8 = 29	8	2
Hunderter (H)	2 + 4 + 2 = 8; 8 + 1 = 9	1	
Tausender (T)	0 + 2 = 2	2	

Kurz:

	2	9	9	7
–		2	8	4
–		4	6	1
–			7	1
		2		
	2	1	8	1

1.3 Das Multiplizieren

Das Ergebnis beim Multiplizieren heißt **Produkt**. $3 \cdot 4 = 12$ **Produkt**

↑ **mal**

$3 \cdot 4 = 4 + 4 + 4 = 12$

Halbschriftlich multiplizieren: $127 \cdot 3 = ?$

$$\begin{aligned} 100 \cdot 3 &= 300 \\ 20 \cdot 3 &= 60 \\ 7 \cdot 3 &= 21 \\ \hline &\ 381 \end{aligned}$$

Schriftlich multiplizieren mit einstelligen Zahlen: $127 \cdot 3 = ?$

H	Z	E		
1	2	7	·	3
		3	8	1
		H	Z	E

	Multiplizieren:	Schreiben:	Übertragen:
Einer (E)	$3 \cdot 7 = 21$	1	2
Zehner (Z)	$3 \cdot 2 + 2 = 8$	8	
Hunderter (H)	$3 \cdot 1 = 3$	3	

Kurz:

1	2	7	·	3
		3	8	1

Schriftlich multiplizieren mit mehrstelligen Zahlen: $137 \cdot 43 = ?$

1	3	7	·	4	3
		5	4	8	
			4	1	1
		5	8	9	1

Zuerst die Zehner: $137 \cdot 4 = 548$
Dann die Einer: $137 \cdot 3 = 411$
Zuletzt Addieren.

Kurz:

1	3	7	·	4	3
		5	4	8	
			4	1	1
		5	8	9	1

1.4 Das Dividieren

Das Ergebnis beim Dividieren heißt **Quotient**. $12 : 4 = 3$ **Quotient** *Probe:* $3 \cdot 4 = 12$ ✔

↑ **geteilt durch**

Schriftlich dividieren durch einstellige Zahlen: $834 : 6 = ?$

1. Schritt:

	8	3	4	:	6	= 1
–	6	← $1 \cdot 6 = 6$				
	2					

2. Schritt:

	8	3	4	:	6	=	1 3
–	6	↓					
	2	3					
–	1	8	← $3 \cdot 6 = 18$				
		5					

3. Schritt:

	8	3	4	:	6	=	1 3	9
–	6							
	2	3	↓					
–	1	8						
		5	4					
	–	5	4	← $9 \cdot 6 = 54$				
			0					

Kurz:

	8	3	4	:	6	=	1	3	9
–	6								
	2	3							
–	1	8							
		5	4						
	–	5	4						
			0						

Oft gehen Divisionen nicht auf. Es bleibt ein **Rest**.

	5	4	2	1	:	6	= 9
–	5	4	← $9 \cdot 6 = 54$				
		0					

	5	4	2	1	:	6	=	9	0	3	Rest 3
–	5	4	↓	↓							
		0	2	1							
		–	1	8	← $3 \cdot 6 = 18$						
				3							

2 : 6 geht nicht. Notieren Sie die 0 im Ergebnis, bevor Sie die 1 herunterholen!

Kurz:

	5	4	2	1	:	6	=	9	0	3	R	3
–	5	4										
		0	2	1								
		–	1	8								
				3								

Schriftlich dividieren durch mehrstellige Zahlen: $216 : 18 = ?$

1. Schritt:

	2	1	6	:	1	8	= 1
–	1	8	← $1 \cdot 18 = 18$				
		3					

2. Schritt:

	2	1	6	:	1	8	=	1 2
–	1	8						
		3	6					
	–	3	6	← $2 \cdot 18 = 36$				
			0					

Kurz:

	2	1	6	:	1	8	=	1	2
–	1	8							
		3	6						
	–	3	6						
			0						

1.5 Die Rechenregeln

Klammern werden immer **zuerst** ausgerechnet.

$17 - \underbrace{(5 + 8)} = ?$
$17 - \quad 13 \quad = 4$

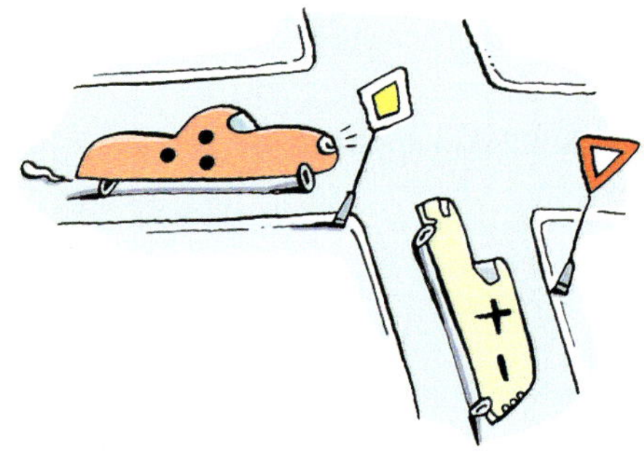

Punktrechnung geht **vor** Strichrechnung.

$24 - \underbrace{12 : 3} = ?$
$24 - \quad 4 \quad = 20$

$16 + \underbrace{5 \cdot 7} = ?$
$16 + \quad 35 \quad = 51$

Aber: $\underbrace{(16 + 5)} \cdot 7 = ?$
$21 \quad \cdot 7 = 147$

2 Die Bruchrechnung

2.1 Die Bruchteile und die Brüche

Zerlegt man ein Ganzes in 2, 3, 4, 5 … gleich große Teile, erhält man Halbe, Drittel, Viertel, Fünftel …

Man schreibt $\frac{1}{2}, \frac{1}{3}, \frac{1}{4}, \frac{1}{5}$ … Das sind **Bruchteile**.

Teilt man z. B. eine Pizza in 4 gleich große Teile, erhält man Viertel.

Jeder Teil ist $\frac{1}{4}$ der ganzen Pizza.

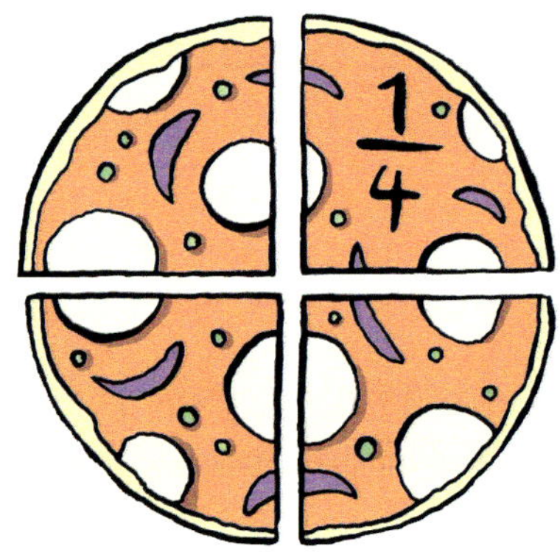

Bruchschreibweise

Bruchstrich ⟶ $\frac{1}{4}$
- 1 ⟵ Der **Zähler** gibt die Anzahl der Bruchteile an.
- 4 ⟵ Der **Nenner** gibt an, in wie viele Teile das Ganze unterteilt wurde.

Brüche mit gleichem Nenner heißen **gleichnamig**: $\frac{1}{4}$ und $\frac{3}{4}$ sind gleichnamig.

Brüche mit unterschiedlichem Nenner heißen **ungleichnamig**: $\frac{1}{4}$ und $\frac{1}{3}$ sind ungleichnamig.

Umwandlung
Bruch → gemischte Zahl:

$\frac{5}{2} = 2\frac{1}{2}$

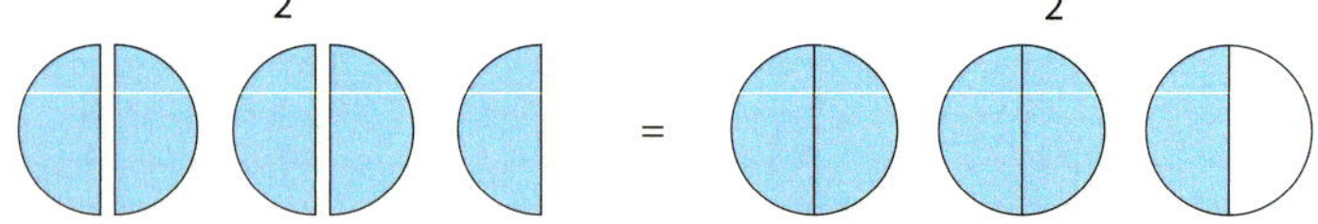

Umwandlung
gemischte Zahl → Bruch:

$2\frac{1}{4} = \frac{9}{4}$

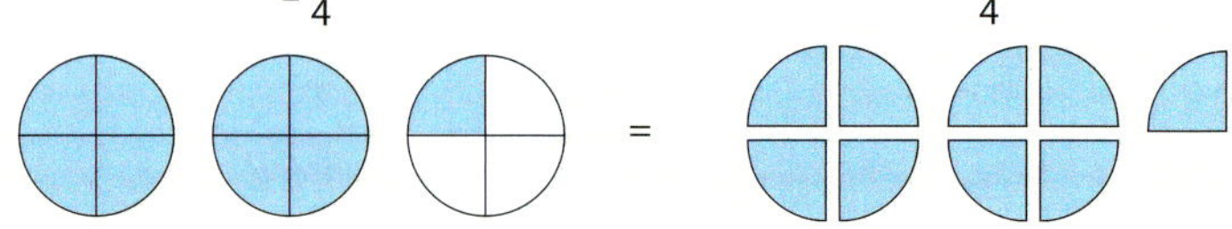

Erweitern und kürzen

Bruch **erweitern**:
Zähler und Nenner mit derselben Zahl multiplizieren.

$$\frac{3}{4}=\frac{3\cdot 2}{4\cdot 2}=\frac{6}{8}$$

$\frac{3}{4}$ wurde erweitert mit 2.

$\frac{3}{4} = \frac{6}{8}$

Bruch **kürzen**:
Zähler und Nenner durch dieselbe Zahl dividieren.

$$\frac{4}{10}=\frac{4:2}{10:2}=\frac{2}{5}$$

$\frac{4}{10}$ wurde gekürzt auf $\frac{2}{5}$.

Gekürzt wurde mit 2.

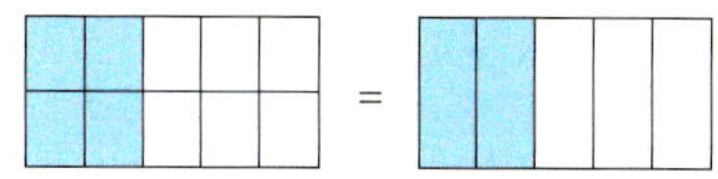

$\frac{4}{10} = \frac{2}{5}$

2.2 Die Brüche addieren und subtrahieren

Gleichnamige Brüche (Beispiel Addition): $\frac{1}{12}+\frac{9}{12}=?$

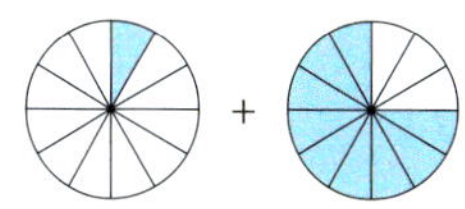

Zähler addieren: $\frac{1+9}{12}=\frac{10}{12}$

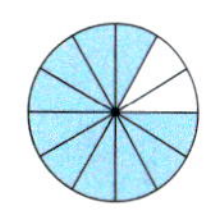

Wenn möglich: Ergebnis kürzen oder als gemischte Zahl schreiben. $\frac{10}{12}=\frac{5}{6}$

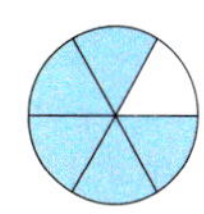

Ungleichnamige Brüche (Beispiel Subtraktion): $\frac{2}{3}-\frac{1}{2}=?$

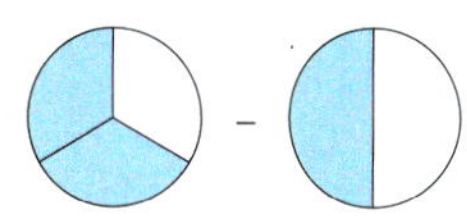

Brüche zuerst gleichnamig machen (erweitern auf den gemeinsamen Nenner 6): $\frac{2\cdot 2}{3\cdot 2}-\frac{1\cdot 3}{2\cdot 3}=\frac{4}{6}-\frac{3}{6}=?$

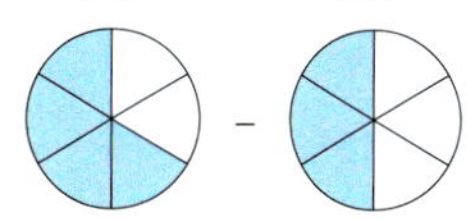

Dann die Zähler subtrahieren: $\frac{4-3}{6}=\frac{1}{6}$

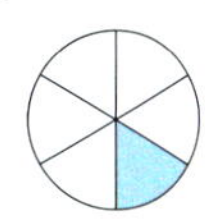

2.3 Die Brüche multiplizieren

Bruch mal Bruch:
Rechnen Sie: Zähler mal Zähler und Nenner mal Nenner.

$$\frac{1}{3}\cdot\frac{2}{5}=\frac{1\cdot 2}{3\cdot 5}=\frac{2}{15}$$

Oft erleichtert Kürzen das Rechnen.

$$\frac{5}{9}\cdot\frac{3}{5}=\frac{\overset{1}{\cancel{5}}\cdot\overset{1}{\cancel{3}}}{\underset{3}{\cancel{9}}\cdot\underset{1}{\cancel{5}}}=\frac{1\cdot 1}{3\cdot 1}=\frac{1}{3}$$

Ganze Zahl mal Bruch:
Die ganze Zahl zuerst in einen Bruch umwandeln.
Rechnen Sie dann: Zähler mal Zähler und Nenner mal Nenner.

$$4\cdot\frac{3}{5}=\frac{4}{1}\cdot\frac{3}{5}=\frac{4\cdot 3}{1\cdot 5}=\frac{12}{5}=2\,\frac{2}{5}$$

Oder kurz:
Zähler mit der ganzen Zahl multiplizieren.

$$4\cdot\frac{3}{5}=\frac{4\cdot 3}{5}=\frac{12}{5}=2\,\frac{2}{5}$$

2.4 Die Brüche dividieren

Bruch durch Bruch:
Mit dem Kehrwert des zweiten Bruches multiplizieren.

$$\frac{2}{3} : \frac{5}{7} = \frac{2}{3} \cdot \frac{7}{5} = \frac{2 \cdot 7}{3 \cdot 5} = \frac{14}{15}$$

Der Kehrwert von $\frac{5}{7}$ ist $\frac{7}{5}$.

Ganze Zahl durch Bruch:
Die ganze Zahl zuerst in einen Bruch umwandeln.
Dann dividieren.

$$4 : \frac{2}{3} = \frac{4}{1} : \frac{2}{3} = \frac{4}{1} \cdot \frac{3}{2} = \frac{4 \cdot 3}{1 \cdot 2} = \frac{12}{2} = 6$$

Bruch durch ganze Zahl:
Die ganze Zahl zuerst in einen Bruch umwandeln.
Dann dividieren.

$$\frac{5}{8} : 2 = \frac{5}{8} : \frac{2}{1} = \frac{5}{8} \cdot \frac{1}{2} = \frac{5 \cdot 1}{8 \cdot 2} = \frac{5}{16}$$

Oder kurz:
Den Nenner mit der ganzen Zahl multiplizieren.

$$\frac{5}{8} : 2 = \frac{5}{8 \cdot 2} = \frac{5}{16}$$

2.5 Die Brüche als Dezimalbrüche schreiben

Brüche kann man auch mit einem Komma als Dezimalbruch schreiben:

$\frac{1}{10} = 0{,}1$ $\quad \frac{1}{100} = 0{,}01$ $\quad \frac{1}{1\,000} = 0{,}001$

$\frac{2}{10} = 0{,}2$ $\quad \frac{35}{100} = 0{,}35$ $\quad \frac{504}{1\,000} = 0{,}504$

$\frac{1}{2} = \frac{5}{10} = 0{,}5$ $\quad \frac{3}{4} = \frac{75}{100} = 0{,}75$ $\quad \frac{1}{125} = \frac{8}{1\,000} = 0{,}008$

Jeder Bruch kann auch als Divisionsaufgabe geschrieben werden:

$\frac{9}{4} = 9 : 4$ $\quad \frac{1}{6} = 1 : 6$

Führt man die Division aus, erhält man einen Dezimalbruch:

	9	:	4	=	2,	2	5
–	8	Komma setzen					
	1	0					
–		8					
		2	0				
	–	2	0				
			0				

	1	:	6	=	0,	1	$\overline{6}$
–	0	Komma setzen					
	1	0					
–		6					
		4	0				
	–	3	6				
			4	0			
				…			

Der Strich über der 6 bedeutet, dass sich die 6 unendlich oft wiederholt. Man sagt: 0 Komma 1 Periode 6.

Folgt auf die letzte beizubehaltende Ziffer eine **1**, **2**, **3** oder **4**, so wird **abgerundet**.
Folgt auf die letzte beizubehaltende Ziffer eine **5**, **6**, **7**, **8** oder **9**, so wird **aufgerundet**.

So werden zum Beispiel die Zahlen 45,0 bis 45,9 auf Ganze gerundet:

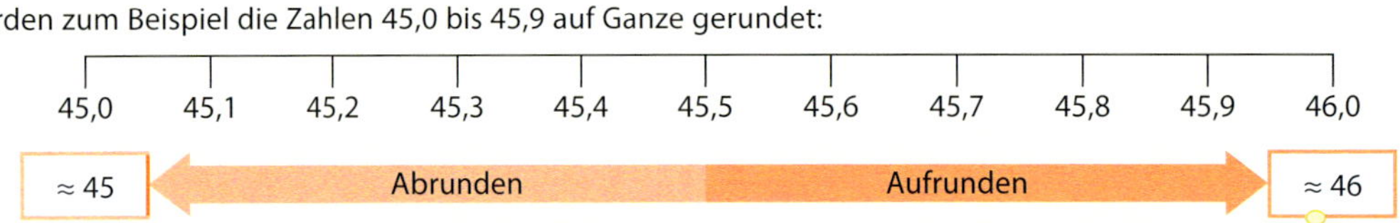

≈ heißt „gerundet"

Beispiel: 82 645,3899

Runden auf Ganze: ≈ 82 645
Runden auf Zehner: ≈ 82 650
Runden auf Hunderter: ≈ 82 600
Runden auf Tausender: ≈ 83 000

Runden auf Zehntel: ≈ 82 645,4
Runden auf Hundertstel: ≈ 82 645,39
Runden auf Tausendstel: ≈ 82 645,390

3 Maße und die Einheiten

3.1 Längenmaße umrechnen

Kilometer	km	**1 km = 1 000 m**
Meter	m	**1 m = 10 dm** = 100 cm = 1 000 mm
Dezimeter	dm	**1 dm = 10 cm** = 100 mm
Zentimeter	cm	**1 cm = 10 mm**
Millimeter	mm	

Umrechnungszahl

km —1 000— m —10— dm —10— cm —10— mm

3 cm = 3 · 10 mm = 30 mm
30 mm = 30 : 10 cm = 3 cm

5,7 km = 5,7 · 1 000 m = 5 700 m

400 cm = 400 : 10 dm = 40 dm = 40 : 10 m = 4 m

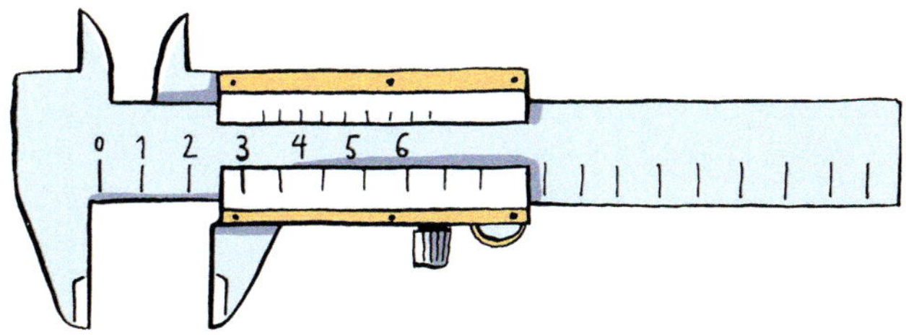

Addition und Subtraktion von Längenmaßen

Zuerst immer die Längen in die gleiche Einheit umwandeln. Danach addieren oder subtrahieren.

8 cm + 30 mm	0,05 m – 3 cm
= 8 cm + 3 cm	= 5 cm – 3 cm
= 11 cm	= 2 cm

3.2 Flächenmaße umrechnen

Quadratkilometer	km^2	**$1\,km^2$ = $1\,000\,000\,m^2$**
Quadratmeter	m^2	**$1\,m^2$ = $100\,dm^2$** = $10\,000\,cm^2$ = $1\,000\,000\,mm^2$
Quadratdezimeter	dm^2	**$1\,dm^2$ = $100\,cm^2$** = $10\,000\,mm^2$
Quadratzentimeter	cm^2	**$1\,cm^2$ = $100\,mm^2$**
Quadratmillimeter	mm^2	

Umrechnungszahl

km^2 —1 000 000— m^2 —100— dm^2 —100— cm^2 —100— mm^2

$3\,cm^2 = 3 \cdot 100\,mm^2 = 300\,mm^2$
$300\,mm^2 = 300 : 100\,cm^2 = 3\,cm^2$

$4\,500\,000\,m^2 = 4\,500\,000 : 1\,000\,000\,km^2$
$= 4{,}5\,km^2$

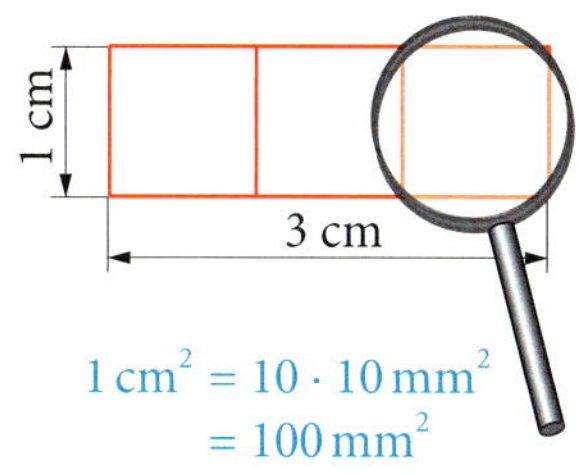

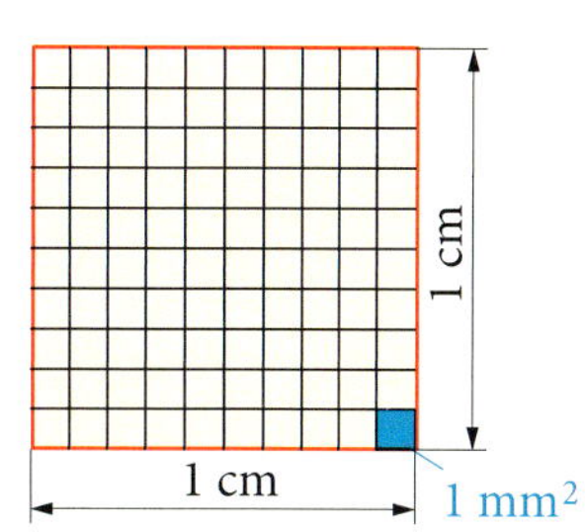

3.3 Raummaße umrechnen

Kubikmeter	m^3	**$1\,m^3$**	=	**$1\,000\,dm^3$**	=	$1\,000\,000\,cm^3$	=	$1\,000\,000\,000\,mm^3$
Kubikdezimeter	dm^3			**$1\,dm^3$**	=	**$1\,000\,cm^3$**	=	$1\,000\,000\,mm^3$
Kubikzentimeter	cm^3					**$1\,cm^3$**	=	**$1\,000\,mm^3$**
Kubikmillimeter	mm^3							

Umrechnungszahl

m^3 —1 000— dm^3 —1 000— cm^3 —1 000— mm^3

$3\,cm^3 = 3 \cdot 1\,000\,mm^3 = 3\,000\,mm^3$
$3\,000\,mm^3 = 3\,000 : 1\,000\,cm^3 = 3\,cm^3$

$5\,600\,cm^3 = 5\,600 : 1\,000\,dm^3 = 5{,}6\,dm^3$
$= 5{,}6 : 1\,000\,m^3 = 0{,}0056\,m^3$

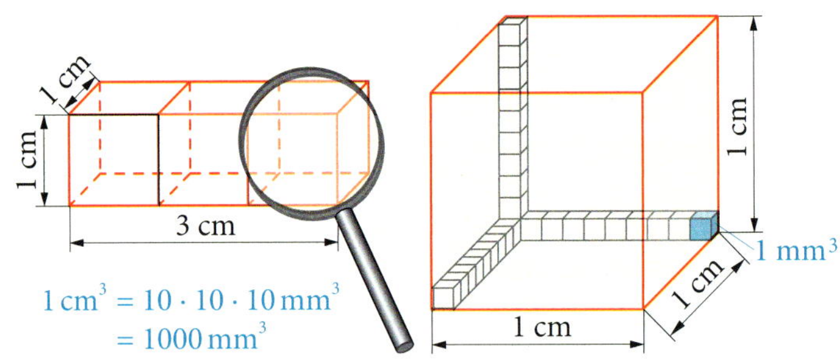

3.4 Hohlmaße umrechnen

Hektoliter	hℓ	**1 hℓ**	=	**100 ℓ**	=	**1 000 dℓ**	=	10 000 cℓ	=	100 000 mℓ
Liter	ℓ			**1 ℓ**	=	**10 dℓ**	=	100 cℓ	=	1 000 mℓ
Deziliter	dℓ					**1 dℓ**	=	**10 cℓ**	=	100 mℓ
Zentiliter	cℓ							**1 cℓ**	=	**10 mℓ**
Milliliter	mℓ									

Umrechnungszahl

hℓ —100— ℓ —10— dℓ —10— cℓ —10— mℓ (ℓ bis mℓ: 1 000)

5 ℓ = 5 · 10 dℓ = 50 dℓ
50 dℓ = 50 : 10 ℓ = 5 ℓ

800 mℓ = 800 : 10 cℓ = 80 cℓ = 80 : 10 dℓ = 8 dℓ = 8 : 10 ℓ = 0,8 ℓ

1 Liter entspricht 1 Kubikdezimeter: **1 ℓ = 1 dm^3**

1 Milliliter entspricht 1 Kubikzentimeter: **1 mℓ = 1 cm^3**

3.5 Gewichtsmaße umrechnen

Tonne	t	**1 t** = **1 000 kg**				
Kilogramm	kg		**1 kg**	= **1 000 g**	=	1 000 000 mg
Gramm	g			**1 g**	=	**1 000 mg**
Milligramm	mg					

Umrechnungszahl

t —1 000— kg —1 000— g —1 000— mg

$3\,kg = 3 \cdot 1\,000\,g = 3\,000\,g$
$3\,000\,g = 3\,000 : 1\,000\,kg = 3\,kg$

$6\,700\,mg = 6\,700 : 1\,000\,g = 6{,}7\,g = 6{,}7 : 1\,000\,kg = 0{,}0067\,kg$

3.6 Zeitmaße umrechnen

Jahr	a	**1 a** = **365 d**	= 8 760 h	= 525 600 min	= 31 536 000 s		
Tag	d	**1 d**	= **24 h**	= 1 440 min	= 86 400 s		
Stunde	h		**1 h**	= **60 min**	= 360 s	=	360 000 ms
Minute	min			**1 min**	= **60 s**	=	60 000 ms
Sekunde	s				**1 s**	=	1 000 ms
Millisekunde	ms						

Ein Schaltjahr hat 366 Tage.

Umrechnungszahl

a —365— d —24— h —60— min —60— s —1000— ms

$\frac{1}{2}\,h = \frac{1}{2} \cdot 60\,min = 30\,min$

$30\,min = 30 : 60\,h = \frac{30}{60}\,h = \frac{1}{2}\,h$

oder

$0{,}5\,h = 0{,}5 \cdot 60\,min = 30\,min$

$30\,min = 30 : 60\,h = 0{,}5\,h$

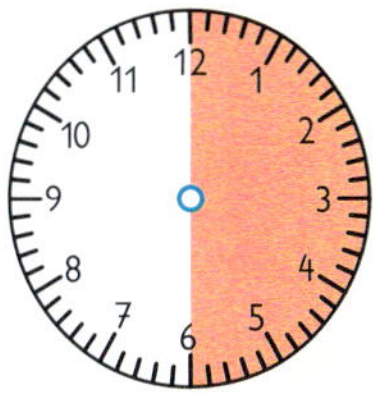

$2\,d = 2 \cdot 24\,h = 48\,h = 48 \cdot 60\,min = 2\,880\,min$
$5\,400\,s = 5\,400 : 60\,min = 90\,min = 90 : 60\,h = 1{,}5\,h = 1\frac{1}{2}\,h$

4 Gleichungen

4.1 Gleichungen durch Addieren und Subtrahieren lösen

Gleichung: $x + 4 = 7$

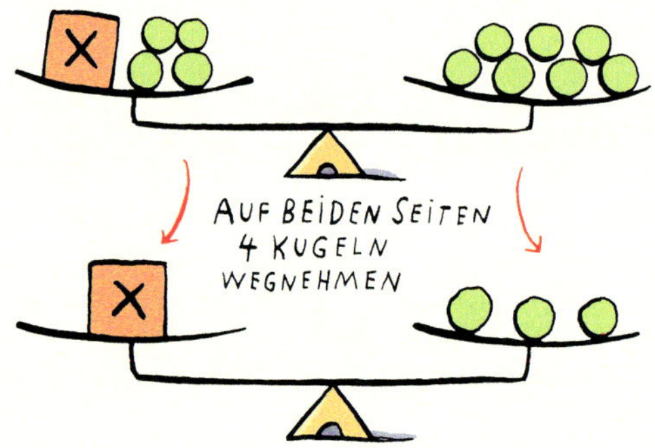

Ziel:
x soll allein auf einer Seite der Gleichung stehen.

Deshalb:
Auf beiden Seiten 4 subtrahieren.

$x + 4 = 7 \quad | - 4$

$x + 4 - 4 = 7 - 4$

$x = 3$

Probe: $3 + 4 = 7$ ✔

4.2 Gleichungen durch Multiplizieren und Dividieren lösen

Gleichung: $3 \cdot x = 15$

Ziel:
x soll allein auf einer Seite der Gleichung stehen.

Deshalb:
Auf beiden Seiten durch 3 dividieren.

$3 \cdot x = 15 \quad | : 3$

$3 : 3 \cdot x = 15 : 3$

$x = 5$

Probe: $3 \cdot 5 = 15$ ✔

Gleichung: $\frac{x}{7} = 4$ anders geschrieben:
$x : 7 = 4$

Ziel:
x soll allein auf einer Seite der Gleichung stehen.

Deshalb:
Auf beiden Seiten mit 7 multiplizieren.

$x : 7 = 4 \quad | \cdot 7$

$x : 7 \cdot 7 = 4 \cdot 7$

$x = 28$

Probe: $28 : 7 = 4$ ✔

4.3 Gleichungen durch mehrfaches Umformen lösen

Gleichung: $3 \cdot x + 7 = 13$

Ziel:
x soll allein auf einer Seite der Gleichung stehen.

Deshalb:
1. Schritt Auf beiden Seiten 7 subtrahieren.
2. Schritt Auf beiden Seiten durch 3 dividieren.

$3 \cdot x + 7 = 13 \quad | - 7 \quad$ 1. Schritt

$3 \cdot x + 7 - 7 = 13 - 7$

$3 \cdot x = 6 \quad | : 3 \quad$ 2. Schritt

$3 : 3 \cdot x = 6 : 3$

$x = 2$

Probe: $3 \cdot 2 + 7 = 13$ ✔

5 Die Zuordnung und der Dreisatz

5.1 Die proportionale Zuordnung

Ein Eimer mit 10 Liter Farbe reicht für eine Fläche von 50 m².
Die doppelte Farbmenge reicht für eine doppelt so große Fläche.
Die halbe Farbmenge reicht für eine halb so große Fläche usw.
Die Zuordnung *Farbmenge → Fläche* ist **proportional**.

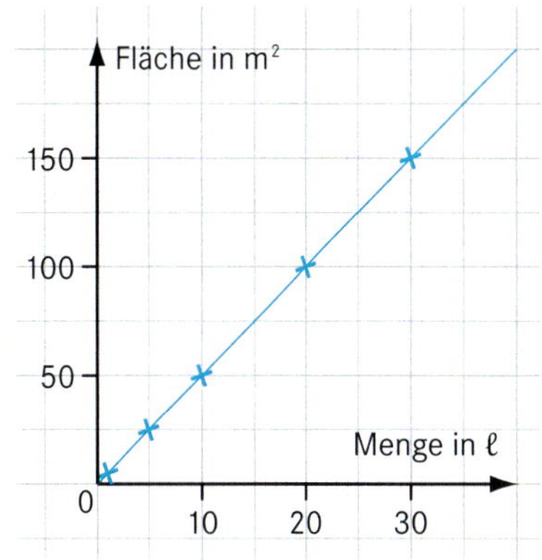

Farbmenge	1 ℓ	5 ℓ	10 ℓ	20 ℓ	30 ℓ
Fläche	5 m²	25 m²	50 m²	100 m²	150 m²

(:5, :2, ·2, ·3)

Eine Zuordnung ist **proportional**, wenn gilt:
- Zum Doppelten (Dreifachen usw.) der einen Größe gehört das Doppelte (Dreifache usw.) der anderen Größe.
- Zur Hälfte (zum Drittel usw.) der einen Größe gehört die Hälfte (das Drittel usw.) der anderen Größe.

Trägt man die Wertepaare im Koordinatensystem ein, liegen die Punkte auf einer Geraden durch den Nullpunkt.

Von der Einheit zur Mehrheit

1 Kasten Apfelschorle wiegt 17 kg.
Wie viel kg wiegen 5 Kästen?

Ansatz: 1 → 17 kg
5 → ? kg

Rechnung: 1 Kasten wiegt 17 kg.
5 Kästen wiegen 17 kg · 5 = 85 kg.

Kurzform:

	Anzahl	Gewicht	
	1	17 kg	
·5	5	85 kg	·5

Antwort: 5 Kästen Apfelschorle wiegen 85 kg.

Von der Mehrheit zur Einheit

40 Liter Benzin kosten 58,36 €.
Wie viel € kostet 1 Liter?

Ansatz: 40 ℓ → 58,36 €
1 ℓ → ? €

Rechnung: 40 ℓ kosten 58,36 €.
1 ℓ kostet 58,36 € : 40 = 1,459 €.

Kurzform:

	Menge	Preis	
	40 ℓ	58,36 €	
:40	1 ℓ	1,459 €	:40

Antwort: 1 Liter Benzin kostet 1,459 €.

Dreisatzrechnen bei proportionalen Zuordnungen

3 Liter Motoröl kosten 18 €.
Wie viel € kosten 8 Liter?

Dreisatz:

1. gegebenes Wertepaar: 3 ℓ kosten 18 €.

2. Schluss auf die 1: 1 ℓ kostet 18 € : 3 = 6 €.

3. Schluss auf das Gesuchte: 8 ℓ kosten 6 € · 8 = 48 €.

Antwort: 8 Liter Motoröl kosten 48 €.

Ansatz: 3 ℓ → 18 €
8 ℓ → ? €

Dreisatz in Kurzform:

	Menge	Preis	
	3 ℓ	18 €	
:3	1 ℓ	6 €	:3
·8	8 ℓ	48 €	·8

5.2 Die umgekehrt proportionale Zuordnung

Werden täglich 6 kg eines Futtervorrats verbraucht, reicht der Vorrat 12 Tage. Ist der Verbrauch pro Tag doppelt so groß, reicht der Vorrat nur halb so viele Tage. Ist der Verbrauch pro Tag halb so groß, reicht der Vorrat doppelt so viele Tage usw.
Die Zuordnung *Verbrauch pro Tag → Anzahl der Tage* ist **umgekehrt proportional**.

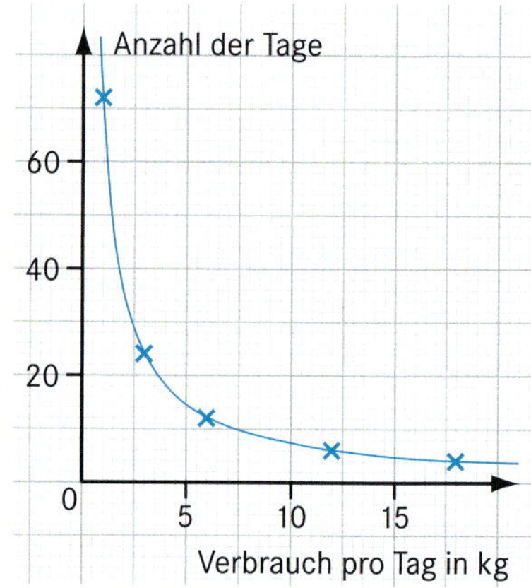

:3 :2 ·2 ·3

Verbrauch pro Tag	1 kg	3 kg	6 kg	12 kg	18 kg
Anzahl der Tage	72	24	12	6	4

·3 ·2 :2 :3

Eine Zuordnung ist umgekehrt proportional, wenn gilt:
- Zum Doppelten (Dreifachen usw.) der einen Größe gehört die Hälfte (das Drittel usw.) der anderen Größe.
- Zur Hälfte (zum Drittel usw.) der einen Größe gehört das Doppelte (Dreifache usw.) der anderen Größe.

Trägt man die Wertepaare im Koordinatensystem ein, liegen die Punkte auf einer fallenden Kurve.

Dreisatzrechnen bei umgekehrt proportionalen Zuordnungen

Ein Teich wird ausgepumpt.
2 Pumpen benötigen dazu 9 Stunden.
Wie viele Stunden benötigen 3 Pumpen zum Auspumpen des Teichs?

Ansatz: 2 → 9 h
3 → ? h

Dreisatz:

1. gegebenes Wertepaar: 2 Pumpen benötigen 9 h.

2. Schluss auf die 1: 1 Pumpe benötigt 9 h · 2 = 18 h.

3. Schluss auf das Gesuchte: 3 Pumpen benötigen 18 h : 3 = 6 h.

Antwort: 3 Pumpen benötigen 6 Stunden.

Dreisatz in Kurzform:

Anzahl	Zeit
2	9 h
1	18 h
3	6 h

Anzahl: :2, ·3 — Zeit: ·2, :3

Auf beiden Seiten **umgekehrt** rechnen!

5.3 Das Mischungsrechnen

Aufgabe: Es werden 3 kg der Kaffeesorte Brasil mit 2 kg der Kaffeesorte Flora gemischt. 1 kg Kaffee der Sorte Brasil kostet 7 €. 1 kg Kaffee der Sorte Flora kostet 6 €. Wie viel € kostet 1 kg der Mischung?

Lösung: 3 kg Brasil kosten $3 \cdot 7\,€ = 21\,€$.
2 kg Flora kosten $2 \cdot 6\,€ = 12\,€$.

5 kg der Mischung kosten $21\,€ + 12\,€ = 33\,€$.
1 kg der Mischung kostet $33\,€ : 5 = 6{,}60\,€$.

Antwort: 1 kg der Mischung kostet 6,60 €.

Aufgabe: 1 kg Kaffee wird aus Brasil- und Flora-Kaffee gemischt. Die Mischung soll zu 7 Teilen aus Brasil-Kaffee und zu 9 Teilen aus Flora-Kaffee bestehen. Wie viel g sind von jeder Kaffeesorte zu verwenden?

Lösung: Die Mischung besteht insgesamt aus 7 Teilen + 9 Teilen = 16 Teilen.
Für das Gesamtgewicht 1 kg = 1 000 g beträgt das Gewicht pro Teil $1\,000\,g : 16 = 62{,}5\,g$.

7 Teile Brasil-Kaffee wiegen $7 \cdot 62{,}5\,g = 437{,}5\,g$.
9 Teile Flora-Kaffee wiegen $9 \cdot 62{,}5\,g = 562{,}5\,g$.

Kontrolle: Zusammen ergeben die einzelnen Gewichte $437{,}5\,g + 562{,}5\,g = 1\,000\,g = 1\,kg$.

Antwort: Es sind 437,5 g Brasil-Kaffee mit 562,5 g Flora-Kaffee zu mischen.

5.4 Das Verteilungsrechnen

Aufgabe: In einem Mehrfamilienhaus sind im letzten Jahr 477 € Abfallgebühren angefallen. Diese werden gleichmäßig auf alle Mieter verteilt. Die Abrechnung erfolgt pro Haushalt. Familie Schäfer besteht aus 5 Personen, Familie Brunotti aus 3 Personen. Herr Heinze lebt allein. Wie viel € Abfallgebühren zahlen die einzelnen Haushalte?

Lösung: Insgesamt leben im Haus $5 + 3 + 1 = 9$ Personen.
Die Abfallgebühren betragen pro Person $477\,€ : 9 = 53\,€$.

Bei Familie Schäfer leben 5 Personen. Sie zahlen zusammen $5 \cdot 53\,€ = 265\,€$.
Bei Familie Brunotti leben 3 Personen. Sie zahlen zusammen $3 \cdot 53\,€ = 159\,€$.
Herr Heinze zahlt für sich $1 \cdot 53\,€ = 53\,€$.

Kontrolle: Zusammen ergeben die zu zahlenden Beträge $265\,€ + 159\,€ + 53\,€ = 477\,€$.

Antwort: Familie Schäfer zahlt 265 €, Familie Brunotti 159 € und Herr Heinze zahlt 53 € Abfallgebühren.

Aufgabe: Die drei Einzelhandelskaufleute Aumeier, Bamberg und Contento betreiben gemeinsam ein Spielwarengeschäft. Der Gewinn von 37 200 € soll im Verhältnis 4 : 5 : 6 verteilt werden. Aumeier erhält also 4 Anteile, Bamberg 5 Anteile und Contento 6 Anteile. Wie viel € vom Gewinn erhält jeder?

Lösung: Die Summe der Anteile beträgt 4 Anteile + 5 Anteile + 6 Anteile = 15 Anteile.
Auf einen Anteil entfällt ein Gewinn von $37\,200\,€ : 15 = 2\,480\,€$.

Aumeier erhält $4 \cdot 2\,480\,€ = 9\,920\,€$.
Bamberg erhält $5 \cdot 2\,480\,€ = 12\,400\,€$.
Contento erhält $6 \cdot 2\,480\,€ = 14\,880\,€$.

Kontrolle: Zusammen ergeben die einzelnen Geldbeträge $9\,920\,€ + 12\,400\,€ + 14\,880\,€ = 37\,200\,€$.

Antwort: Aumeier erhält 9 920 €, Bamberg 12 400 € und Contento 14 880 € vom Gewinn.

6 Die Prozentrechnung

6.1 Der Anteil an einem Ganzen

Anteile an einem Ganzen werden als Brüche oder in Prozent angegeben. **Prozente** (%) sind Brüche mit dem Nenner 100.

$\mathbf{1\,\% = \frac{1}{100} = 0{,}01}$

$\frac{6}{8}$ der Gesamtfläche sind blau.

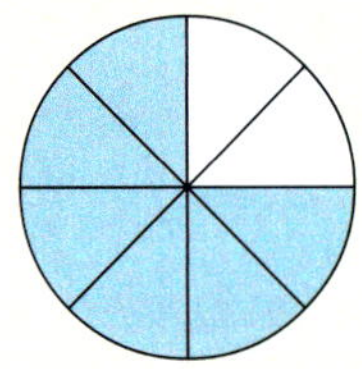

Wie viel Prozent sind das?

1. Möglichkeit
Bruch kürzen und erweitern auf den Nenner 100

$\frac{6}{8} = \frac{3}{4} = \frac{75}{100} = 75\,\%$ (75 Prozent)

2. Möglichkeit
Zähler durch den Nenner dividieren und die Hundertstel 2 Stellen nach dem Komma ablesen

$\frac{6}{8} = 6 : 8 = 0{,}75 = 75\,\%$

75 % der Gesamtfläche sind blau.

Zum Merken

$\frac{1}{1} = 100\,\% = 1$

$\frac{1}{10} = 10\,\% = 0{,}1$

$\frac{1}{5} = 20\,\% = 0{,}2$

$\frac{1}{2} = 50\,\% = 0{,}5$

$\frac{1}{20} = 5\,\% = 0{,}05$

$\frac{1}{4} = 25\,\% = 0{,}25$

$\frac{3}{4} = 75\,\% = 0{,}75$

$\frac{1}{8} = 12{,}5\,\% = 0{,}125$

$\frac{1}{3} = 33\frac{1}{3}\,\% \approx 0{,}333$

6.2 Die Grundbegriffe der Prozentrechnung

In der Prozentrechnung unterscheidet man zwischen **Grundwert *G***, **Prozentwert *P*** und **Prozentsatz *p***.

1 000 mℓ Milch mit einem Fettanteil von 3,5 % enthalten 35 mℓ Fett.

Der **Grundwert *G*** ist das Ganze.
Er entspricht 100 %.

Grundwert *G* = 1 000 mℓ

Der **Prozentwert *P*** stellt einen Anteil vom Grundwert dar.

Prozentwert *P* = 35 mℓ

Der **Prozentsatz *p*** gibt den Anteil des Prozentwertes vom Grundwert in Prozent an.

Prozentsatz *p* = 3,5 %

6.3 Den Prozentwert berechnen

Vereinsmitglieder erhalten im Sportgeschäft alle Artikel 8 % billiger. Ein Trainingsanzug kostet 90 €.
Wie viel € spart ein Vereinsmitglied?

Gegeben: Grundwert $G = 90$ €
Prozentsatz $p = 8\,\% = 0{,}08$

Gesucht: Prozentwert P

Rechnen mit dem Dreisatz:

Prozent	Preis
100 %	90 €
1 %	0,90 €
8 %	7,20 €

(: 100, dann · 8)

Rechnen mit der Formel:

$P = G \cdot p$

$P = 90\,€ \cdot 0{,}08 = 7{,}20\,€$

Beim Einsetzen in die Formel den Prozentsatz als Dezimalbruch schreiben: 8 % = 0,08.

Antwort: Ein Vereinsmitglied spart 7,20 €.

6.4 Den Prozentsatz berechnen

Beim TÜV werden 40 Fahrzeuge untersucht. 12 der überprüften Fahrzeuge haben Mängel.
Wie viel Prozent sind das?

Gegeben: Grundwert $G = 40$

Prozentwert $P = 12$

Gesucht: Prozentsatz p

Rechnen mit dem Dreisatz:

Anzahl	Prozent
40	100 %
1	2,5 %
12	30 %

(: 40, · 12 auf beiden Seiten)

Rechnen mit der Formel:

$$p = \frac{P}{G}$$

$$p = \frac{12}{40} = 0{,}3 = 30\,\%$$

Man kann auch die gegebenen Werte in die Grundformel $\boldsymbol{P = G \cdot p}$ einsetzen und diese nach $\boldsymbol{p}$ auflösen.

Antwort: 30 % der Fahrzeuge haben Mängel.

6.5 Den Grundwert berechnen

Von einem Parkettboden werden 45 m^2 erneuert. Dies sind 15 % der gesamten Bodenfläche.
Wie groß ist die Gesamtfläche des Parkettbodens?

Gegeben: Prozentwert $P = 45\,m^2$

Prozentsatz $p = 15\,\% = 0{,}15$

Gesucht: Grundwert G

Rechnen mit dem Dreisatz:

Prozent	Fläche
15 %	45 m^2
1 %	3 m^2
100 %	300 m^2

(: 15, · 100 auf beiden Seiten)

Rechnen mit der Formel:

$$G = \frac{P}{p}$$

$$G = \frac{45\,m^2}{0{,}15} = 300\,m^2$$

Man kann auch die gegebenen Werte in die Grundformel $\boldsymbol{P = G \cdot p}$ einsetzen und diese nach $\boldsymbol{G}$ auflösen.

Antwort: Die Gesamtfläche ist 300 m^2 groß.

6.6 Den Grundwert vermehren

Ein DVD-Player kostet 67 €. Der Preis wird um 4 % erhöht.
Wie viel € kostet der DVD-Player nach der Preiserhöhung?

Gegeben: Grundwert $G = 67$ €
Der Grundwert nimmt um 4 % zu.
→ neuer Prozentsatz
$\boldsymbol{p = 100\,\% + 4\,\% = 104\,\%} = 1{,}04$

Gesucht: **vermehrter Grundwert** P

Man kann auch so rechnen: 4 % von 67 € sind 2,68 €.

Neuer Preis: 67 € + 2,68 € = 69,68 €

Rechnen mit dem Dreisatz:

Prozent	Preis
100 %	67 €
1 %	0,67 €
104 %	69,68 €

(: 100, · 104 auf beiden Seiten)

Rechnen mit der Formel:

$$P = G \cdot p$$

$$P = 67\,€ \cdot 1{,}04 = 69{,}68\,€$$

Antwort: Nach der Preiserhöhung kostet der DVD-Player 69,68 €.

6.7 Den Grundwert vermindern

Die Firma Benz hat im Vorjahr 1 560 Liter Heizöl verbraucht. In diesem Jahr sind es 12 % weniger.
Wie viel Liter Heizöl beträgt der Verbrauch in diesem Jahr?

Gegeben: Grundwert $G = 1\,560\,\ell$
Der Grundwert nimmt um 12 % ab.
→ neuer Prozentsatz
p = **100 % – 12 % = 88 %** = 0,88

Gesucht: **verminderter Grundwert** P

Man kann auch so rechnen:
12 % von 1560 ℓ sind 187,2 ℓ.

Verbrauch in diesem Jahr:
1560 ℓ – 187,2 ℓ = 1 372,8 ℓ

Rechnen mit dem Dreisatz:

	Prozent	Verbrauch	
:100	100 %	1 560 ℓ	:100
·88	1 %	15,6 ℓ	·88
	88 %	1 372,8 ℓ	

Rechnen mit der Formel:

$$P = G \cdot p$$

$$P = 1\,560\,\ell \cdot 0{,}88 = 1\,372{,}8\,\ell$$

Antwort: In diesem Jahr beträgt der Verbrauch 1 372,8 ℓ Heizöl.

6.8 Den Grundwert aus vermehrtem / vermindertem Wert berechnen

Der Preis eines Notebooks wurde um 15 % erhöht.
Es kostet nun 644 €.
Wie teuer war das Notebook vorher?

Gegeben: **vermehrter Grundwert** P = 644 €
Zunahme um 15 %
→ neuer Prozentsatz
p = **100 % + 15 % = 115 %** = 1,15

Gesucht: Grundwert G

Rechnen mit der Formel:

$$G = \frac{P}{p} \qquad G = \frac{644\,€}{1{,}15} = 560\,€$$

Antwort: Vorher kostete das Notebook 560 €.

Der CO_2-Ausstoß eines Pkw wurde um 10 % reduziert.
Er beträgt nun nur noch 117 g pro km.
Wie hoch war der CO_2-Ausstoß vorher?

Gegeben: **verminderter Grundwert** P = 117 g
Abnahme um 10 %
→ neuer Prozentsatz
p = **100 % – 10 % = 90 %** = 0,9

Gesucht: Grundwert G

Rechnen mit der Formel:

$$G = \frac{P}{p} \qquad G = \frac{117\,g}{0{,}9} = 130\,g$$

Antwort: Vorher betrug der CO_2-Ausstoß 130 g pro km.

7 Flächen- und die Körperberechnung

7.1 Das Quadrat und das Rechteck

Quadrat

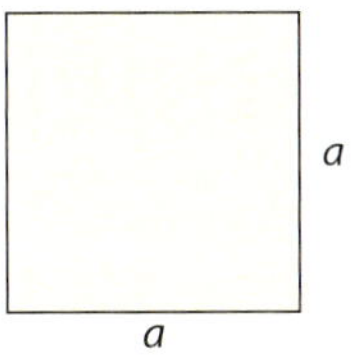

Umfang
$u = 4 \cdot a$

Flächeninhalt
$A = a \cdot a = a^2$

Beispiel: $a = 3\,\text{cm}$
$u = 4 \cdot 3\,\text{cm}$
$u = 12\,\text{cm}$

$A = 3\,\text{cm} \cdot 3\,\text{cm}$
$A = 9\,\text{cm}^2$

Rechteck

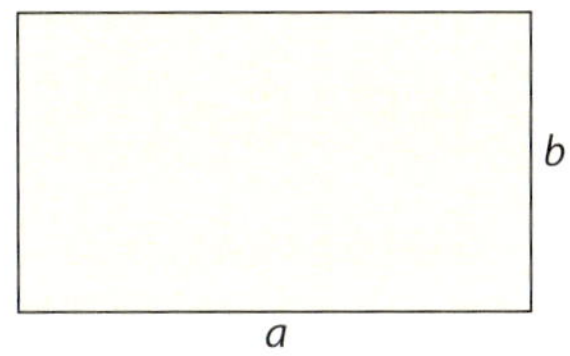

Umfang
$u = 2 \cdot a + 2 \cdot b$
$u = 2 \cdot (a + b)$

Flächeninhalt
$A = a \cdot b$

Beispiel: $a = 4\,\text{cm}$ und $b = 3\,\text{cm}$
$u = 2 \cdot (4\,\text{cm} + 3\,\text{cm})$
$u = 14\,\text{cm}$

$A = 4\,\text{cm} \cdot 3\,\text{cm}$
$A = 12\,\text{cm}^2$

7.2 Das Parallelogramm und das Trapez

Parallelogramm

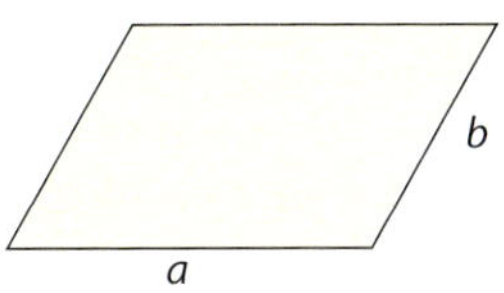

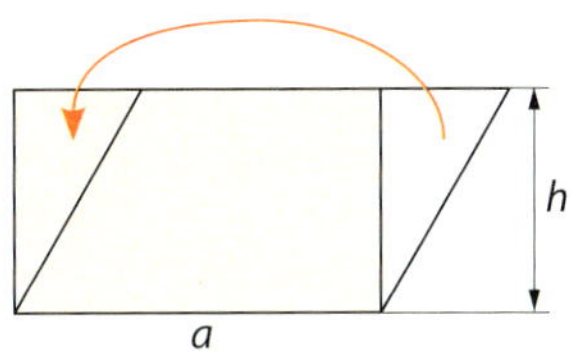

Umfang
$u = 2 \cdot a + 2 \cdot b$
$u = 2 \cdot (a + b)$

Flächeninhalt
$A = a \cdot h$

Beispiel: $a = 7\,\text{cm}$, $b = 5\,\text{cm}$ und $h = 4\,\text{cm}$
$u = 2 \cdot (7\,\text{cm} + 5\,\text{cm})$
$u = 24\,\text{cm}$

$A = 7\,\text{cm} \cdot 4\,\text{cm}$
$A = 28\,\text{cm}^2$

Trapez

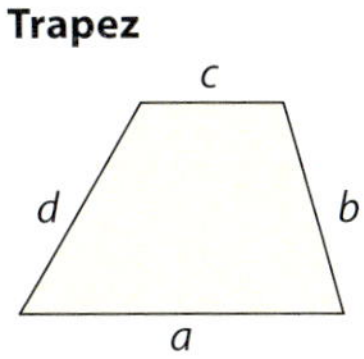

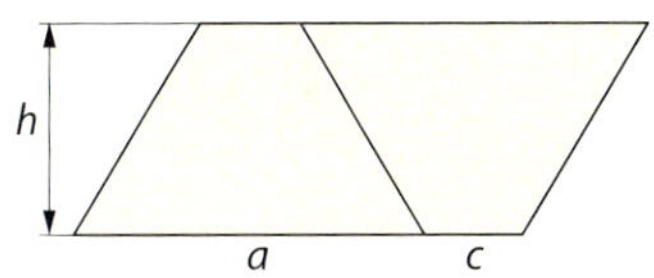

Umfang
$u = a + b + c + d$

Flächeninhalt
$A = \frac{1}{2} \cdot (a + c) \cdot h$

Beispiel: $a = 4\,\text{cm}$, $c = 3\,\text{cm}$ und $h = 2\,\text{cm}$

$A = \frac{1}{2} \cdot (4\,\text{cm} + 3\,\text{cm}) \cdot 2\,\text{cm}$

$A = 7\,\text{cm}^2$

7.3 Das Dreieck

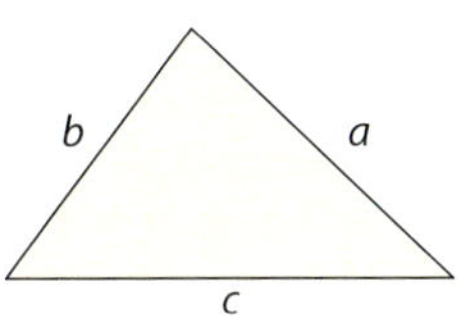

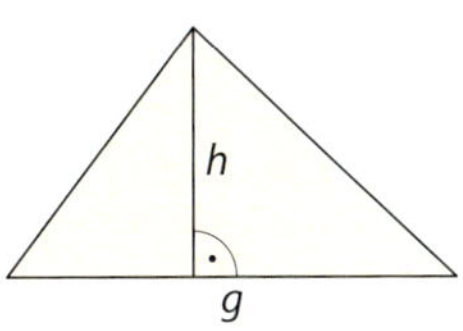

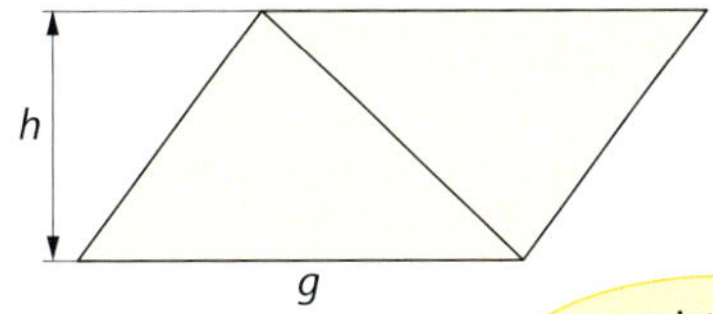

Umfang
$u = a + b + c$

Beispiel: $a = 2{,}6\,\text{cm}$, $b = 3\,\text{cm}$ und $c = 4{,}8\,\text{cm}$
$u = 2{,}6\,\text{cm} + 3\,\text{cm} + 4{,}8\,\text{cm}$
$u = 10{,}4\,\text{cm}$

Flächeninhalt

$A = \frac{1}{2} \cdot g \cdot h$

g ist eine Grundseite und *h* die zugehörige Höhe.

Beispiel: $g = 5\,\text{cm}$ und $h = 3\,\text{cm}$

$A = \frac{1}{2} \cdot 5\,\text{cm} \cdot 3\,\text{cm}$

$A = 7{,}5\,\text{cm}^2$

7.4 Der Kreis

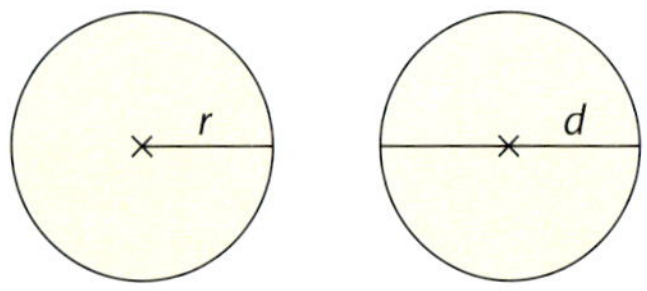

π = 3,14159…
Wir rechnen mit
π ≈ 3,14.

Umfang
$u = 2 \cdot \pi \cdot r$ oder $u = \pi \cdot d$

Beispiel:
$r = 3\,\text{cm}$, also $d = 2 \cdot 3\,\text{cm} = 6\,\text{cm}$

$u \approx 2 \cdot 3{,}14 \cdot 3\,\text{cm}$ $u \approx 3{,}14 \cdot 6\,\text{cm}$
$u \approx 18{,}84\,\text{cm}$ $u \approx 18{,}84\,\text{cm}$

Flächeninhalt
$A = \pi \cdot r^2 = \pi \cdot r \cdot r$ oder $A = \pi \cdot \frac{d^2}{4} = \pi \cdot \frac{d \cdot d}{4}$

Beispiel:
$A \approx 3{,}14 \cdot 3\,\text{cm} \cdot 3\,\text{cm}$ $A \approx 3{,}14 \cdot \frac{6\,\text{cm} \cdot 6\,\text{cm}}{4}$

$A \approx 28{,}26\,\text{cm}^2$ $A \approx 28{,}26\,\text{cm}^2$

7.5 Der Würfel und der Quader

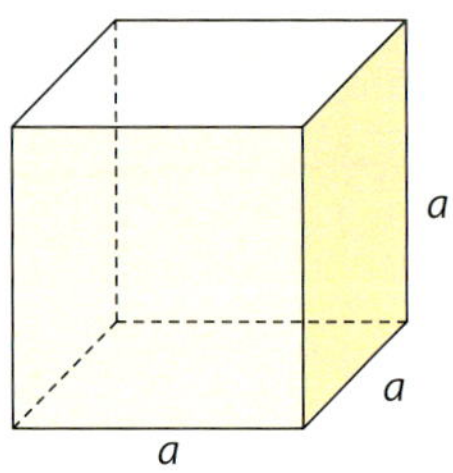

Volumen
$V = a \cdot a \cdot a$
$V = a^3$

Beispiel: $a = 3\,\text{cm}$
$V = 3\,\text{cm} \cdot 3\,\text{cm} \cdot 3\,\text{cm}$
$V = 27\,\text{cm}^3$

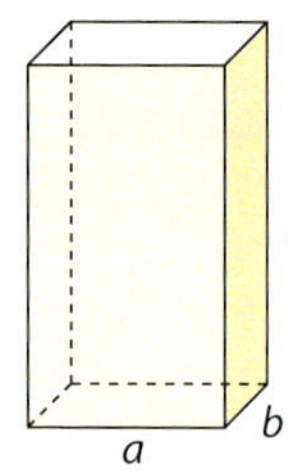

Volumen
$V = a \cdot b \cdot c$

Beispiel: $a = 3\,\text{cm}$, $b = 2\,\text{cm}$, $c = 4\,\text{cm}$
$V = 3\,\text{cm} \cdot 2\,\text{cm} \cdot 4\,\text{cm}$
$V = 24\,\text{cm}^3$

7.6 Der Zylinder

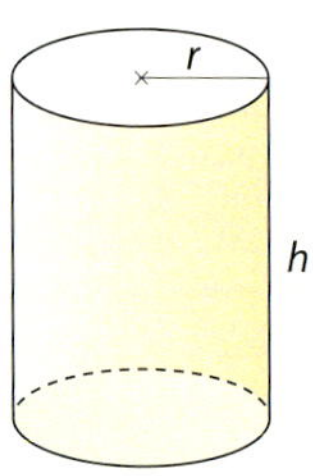

Volumen
$V = G \cdot h$

Für die kreisförmige Grundfläche gilt:
$G = \pi \cdot r^2$

Beispiel: $r = 3\,\text{cm}$, $h = 10\,\text{cm}$
$G = \pi \cdot r^2$ $V = G \cdot h$
$G \approx 3{,}14 \cdot 3\,\text{cm} \cdot 3\,\text{cm}$ $V \approx 28{,}26\,\text{cm}^2 \cdot 10\,\text{cm}$
$G \approx 28{,}26\,\text{cm}^2$ $V \approx 282{,}6\,\text{cm}^3$

7.7 Die Kugel

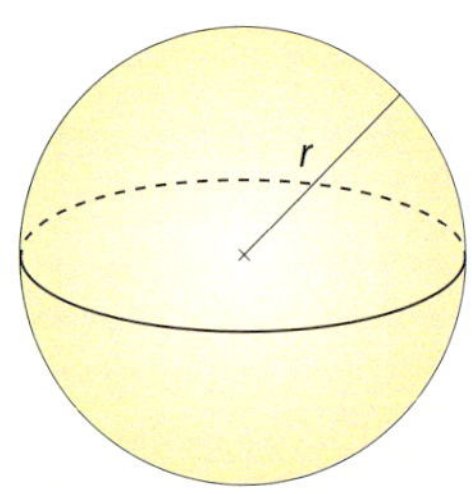

Volumen

$V = \frac{4}{3} \cdot \pi \cdot r^3$

Beispiel: $r = 5\,\text{cm}$

$V \approx \frac{4}{3} \cdot 3{,}14 \cdot 5\,\text{cm} \cdot 5\,\text{cm} \cdot 5\,\text{cm}$

$V \approx 523{,}33\,\text{cm}^3$

8 Umgang mit Daten

8.1 Die Umrechnung Anzahl ↔ Anteil

In vielen Tabellen und Diagrammen wird nicht die **Anzahl (absolute Häufigkeit)**, sondern der **Anteil (relative Häufigkeit)** in Prozent angegeben.

Beispiel: In einem Sportverein sind 168 Frauen und 232 Männer Mitglied.

	Frauen	Männer
Anzahl	168	232
Anteil	42 %	58 %

Gesamtanzahl der Mitglieder:
$168 + 232 = 400$

Die Gesamtanzahl entspricht 100 %.

Von der Anzahl zum Anteil

Frauen: $\frac{168}{400} = 0{,}42 = 42\,\%$

Männer: $\frac{232}{400} = 0{,}58 = 58\,\%$

Von dem Anteil zur Anzahl

Frauen: $42\,\%$ von $400 = 400 \cdot 0{,}42 = 168$
Männer: $58\,\%$ von $400 = 400 \cdot 0{,}58 = 232$

8.2 Das Säulen- und Balkendiagramm

Ergebnis von 30 Klausuren:

Note	1	2	3	4	5	6
Anzahl der Klausuren	2	8	12	4	2	2

Die Darstellung im Säulendiagramm bzw. Balkendiagramm ergibt einen schnellen Überblick über die Notenverteilung.

Säulendiagramm

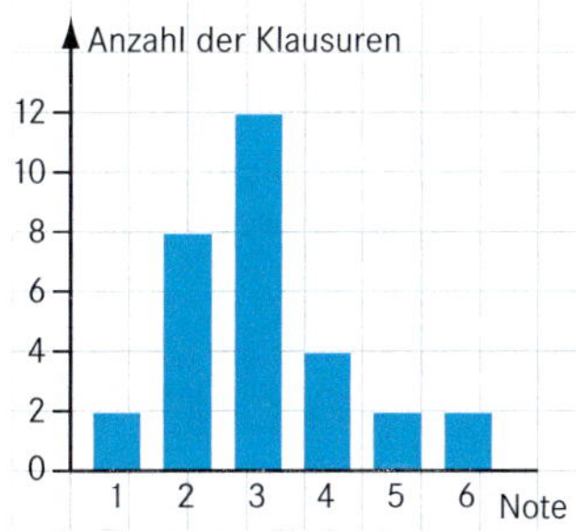

Die Höhe der Säulen gibt jeweils die Anzahl der Klausuren an.

Balkendiagramm

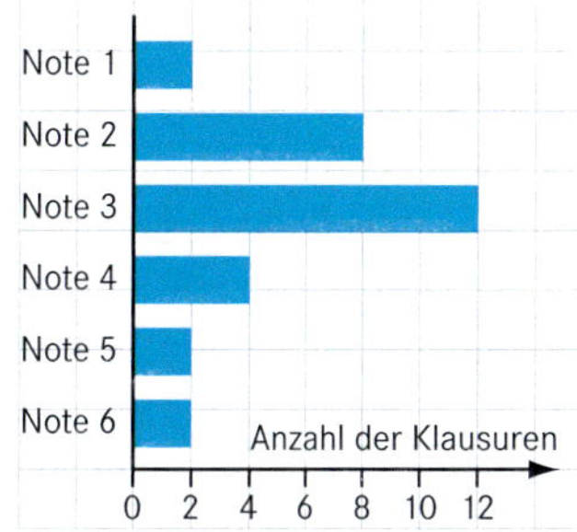

Die Länge der Balken gibt jeweils die Anzahl der Klausuren an.

8.3 Das Liniendiagramm

Anzahl der Erwerbstätigen in Deutschland (gerundet auf 100 000):

Jahr	2004	2005	2006	2007	2008	2009
Erwerbstätige in Millionen	38,9	38,8	39,1	39,8	40,3	40,3

In Liniendiagrammen werden häufig zeitliche Entwicklungen dargestellt. Dabei werden die einzelnen Werte durch gerade Linien verbunden.

Liniendiagramm

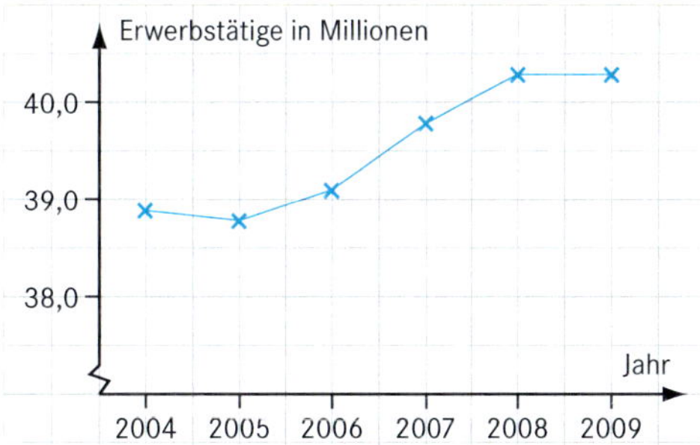

8.4 Das Kreisdiagramm

Das **Kreisdiagramm** zeigt die Verteilung der Privathaushalte in Deutschland nach der Anzahl der Personen, die darin leben (Stand 2009).

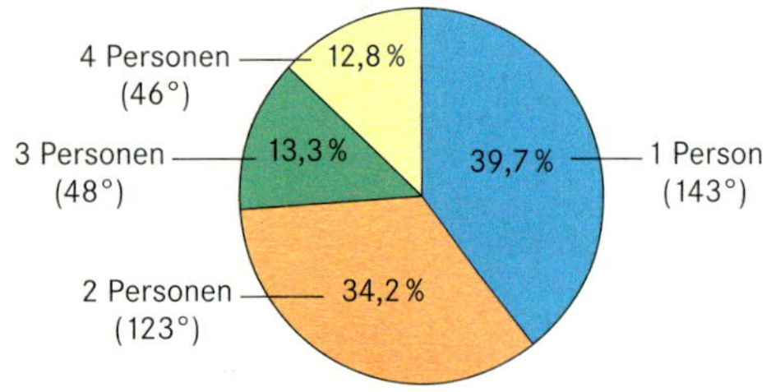

In Kreisdiagrammen werden stets die Anteile an einer Gesamtmenge (100 %) dargestellt.

Alle Privathaushalte (100 %) entsprechen dem Vollkreis (360°).

100 % ≙ 360° **1 % ≙ 3,6°**

Vom Anteil zur Winkelgröße

1 Person: 39,7 % ≙ 39,7 · 3,6° ≈ 143°
2 Personen: 34,2 % ≙ 34,2 · 3,6° ≈ 123°

Von der Winkelgröße zum Anteil

3 Personen: 48° ≙ 48 : 3,6 % ≈ 13,3 %
4 oder mehr Personen: 46° ≙ 46 : 3,6 % ≈ 12,8 %

8.5 Die Diagramme interpretieren

Ben und Maja sind Nachbarn. Ben fährt mit dem Moped zur Berufsschule, Maja mit dem Auto.

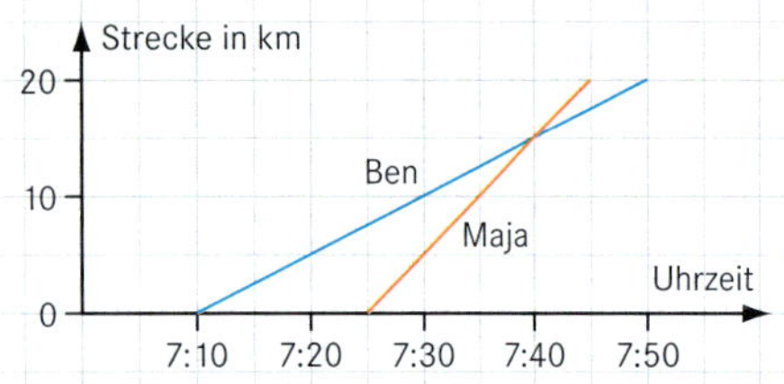

Aus dem Weg-Zeit-Diagramm erkennt man beispielsweise:

- Ben fährt um 7:10 Uhr los und kommt um 7:50 Uhr an. Er benötigt 40 min für die 20 km lange Strecke.
- Maja fährt um 7:25 Uhr los und kommt um 7:45 Uhr an. Sie benötigt 20 min für die 20 km lange Strecke.
- Maja fährt schneller, ihr Graph im Diagramm verläuft steiler.
- Maja überholt Ben nach 15 km um 7:40 Uhr.

8.6 Der Durchschnitt – der arithmetische Mittelwert

Eine Bäckerei entnimmt ihrer Tagesproduktion eine Stichprobe von 15 Broten. Sie möchte das **durchschnittliche** Gewicht dieser Brote ermitteln. Mathematisch ausgedrückt bedeutet dies, den **arithmetischen Mittelwert** $\bar{x}$ zu berechnen.

Gewicht der Brote (**Urliste**):
503 g, 499 g, 511 g, 500 g, 498 g, 516 g, 500 g, 505 g, 507 g, 496 g, 524 g, 511 g, 501 g, 513 g, 506 g

Berechnung des Durchschnitts

1. Anzahl der Werte bestimmen:
   Es sind 15 Werte (Brotgewichte).

2. Alle Werte addieren:
   503 g + 499 g + 511 g + 500 g + 498 g + 516 g + 500 g +
   505 g + 507 g + 496 g + 524 g + 511 g + 501 g + 513 g + 506 g = 7 590 g

3. Die Summe durch die Anzahl der Werte dividieren:

$$\bar{x} = \frac{7\,590\text{ g}}{15} = 506\text{ g}$$

Das durchschnittliche Brotgewicht beträgt 506 g.

Anhang

Das Lernen lernen

Dieser Anhang sollen Ihnen helfen verschiedene Kreativitätstechniken, Arbeits- und Lernmethoden kennenzulernen und auszuprobieren.

- Die Lerntypen
- Das Brainstorming
- Das Buddy Book
- Die Entscheidungsmatrix
- Die Fishbowl-Diskussion
- Das Feedback
- Die Fünf-Schritt-Lese- und Erarbeitungstechnik
- Die Gruppenarbeit
- Die Kartenabfrage
- Die Lernkartei
- Die Mindmap
- Die Pinnwand-Methode
- Die Post-it-Methode
- Die Pro- und Kontra-Diskussion
- Die RAP-Recording-Methode
- Die Recording-Methode
- Das Rollenspiel
- Die Spaziergang-Methode
- Think-Pair-Share
- Die Zeitplanung

1 Die Lerntypen

Es gibt viele Lern- und Arbeitsmethoden, mit denen Sie sich leichter auf Prüfungen oder Vorträge vorbereiten können. Allerdings sind nicht alle Methoden für jeden gleich gut geeignet. Jeder Mensch denkt, handelt und lernt anders. Es lassen sich vier Lerntypen unterscheiden.

- Der **Sehtyp** lernt am besten, wenn er sich mit Schaubildern, Diagrammen und Mindmaps auf die Prüfung bzw. auf den Vortrag vorbereitet.
- Der **Hörtyp** lernt erfolgreich, wenn er sich zuvor mit seinen Mitschülern über den Lernstoff unterhält oder wenn er den Lernstoff hört (z. B. durch MP3-Aufnahmen, Vorträge)
- Der **Lesetyp** bereitet sich auf Prüfungen und Vorträge vor, indem er den Lernstoff zusammenfasst und anschließend mehrfach durchliest.
- Der **Bewegungstyp** erzielt gute Lernergebnisse, indem er alles, was er für die Prüfung oder für seinen Vortrag benötigt, selbst abschreibt, Stichwörter herausschreibt oder Lernspaziergänge macht.

Sehtyp

Hörtyp

Lesetyp

Bewegungstyp

Außerdem gibt es noch Mischtypen wie z. B. den Hör- und Sehtyp. Er bringt sich den Lernstoff bei, indem er sich z. B. Filme oder Anweisungen anschaut. Er verarbeitet neue Informationen durchs Zuhören und Zusehen.

Welcher Lerntyp könnten Sie sein? Lernen Sie am besten mithilfe von Bildern, Filmen oder Texten? Machen Sie doch mal einen der zahlreichen Lerntypentests im Internet oder probieren Sie einfach die folgenden Lern- und Arbeitsmethoden aus. Sie werden schon nach kurzer Zeit merken, welche Lernmethode für Sie am besten geeignet ist.

Nachfolgend werden die verschiedenen Lern- und Arbeitsmethoden in **alphabetischer Reihenfolge** dargestellt.

2 Das Brainstorming

Fällt es Ihnen schwer, in einer Gruppe Ideen zu finden oder Probleme gemeinsam zu lösen? Dann schauen Sie sich diese Methode an.

Vorgehensweise und Regeln

1. Bestimmen Sie in Ihrer Gruppe (3–5 Personen) einen Moderator und einen Zeitwächter.

2. Der Moderator schreibt an die Tafel oder auf ein Blatt Papier die Problemstellung oder das Thema, für das Ideen bzw. Lösungen gefunden werden sollen.

3. Der Zeitwächter stellt einen Wecker auf 10 Minuten.

4. Die Gruppenmitglieder überlegen sich in diesen 10 Minuten, was ihnen spontan zu diesem Thema bzw. der Problemstellung einfällt. Sie rufen ihre Ideen oder Lösungsansätze dem Moderator zu, der diese unkommentiert und ungeordnet an die Tafel bzw. auf ein Blatt schreibt.

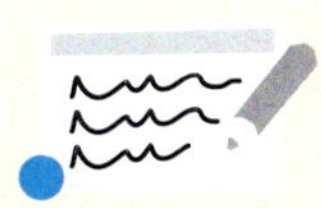

5. Der Zeitwächter achtet darauf, dass die Arbeitszeit der Gruppe nicht überschritten wird.

6. Die Gruppenmitglieder lesen nach Ablauf der 10 Minuten die Vorschläge vor und strukturieren diese gemeinsam. Die besten Vorschläge werden z. B. mit Smileys versehen.

7. Die Gruppenmitglieder einigen sich auf die beste Idee bzw. den besten Lösungsvorschlag.

Lerntipp

Diese Methode eignet sich auch hervorragend, wenn Sie sich z. B. Gedanken über den Aufbau eines Referates machen sollen.

3 Das Buddy Book

Ein Buddy Book ist ein kleines 8-seitiges Notizbuch, welches Sie ohne Schere und Kleber selber herstellen können.

Vorgehensweise und Regeln

1. Nehmen Sie ein DIN-A4-Blatt und knicken Sie dieses entlang der langen Mittellinie (rote Linie). Falten Sie anschließend das Blatt wieder auseinander.

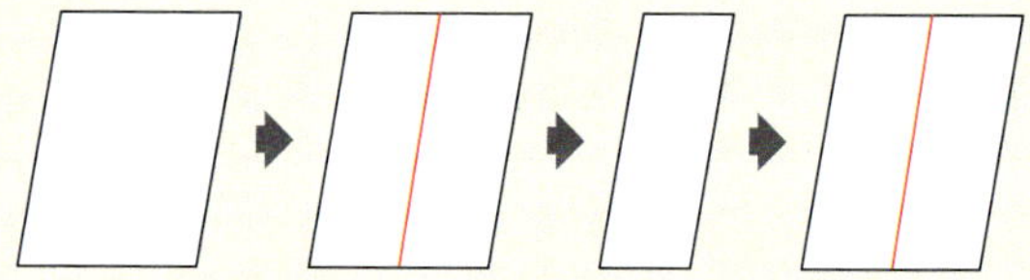

2. Falten Sie nun das DIN-A4-Blatt entlang der kurzen Mittellinie (grüne Linie). Falten Sie es anschließend wieder auseinander.

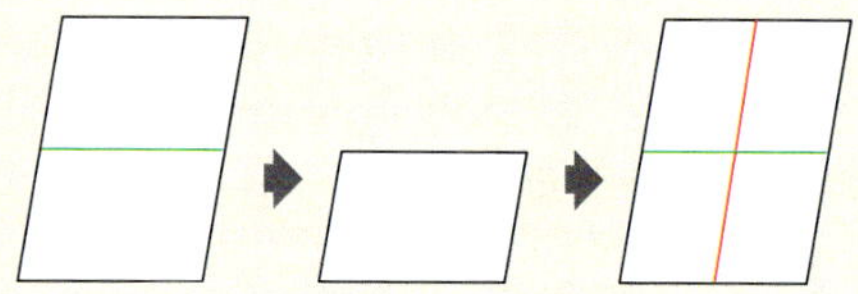

3. Falten Sie das Blatt jetzt entlang der roten Linie und dann entlang der grünen Linie.

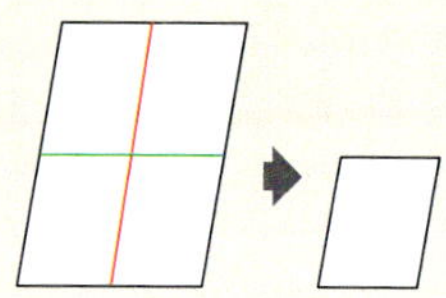

4. Knicken Sie das zusammengefaltete Blatt in der Mitte (blaue Linie). Falten Sie das Blatt nun wieder vollständig auseinander.

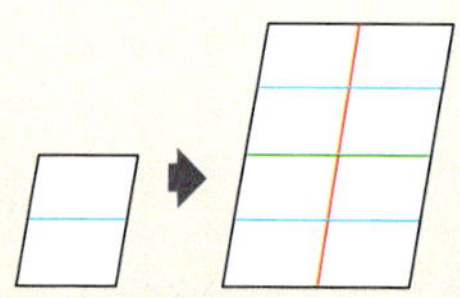

5. Falten Sie das Blatt entlang der grünen Linie und reißen Sie es von der geschlossenen Kante her entlang der roten Linie bis zur Mitte (blauen Linie). Falten Sie das Blatt nun wieder vollständig auseinander.

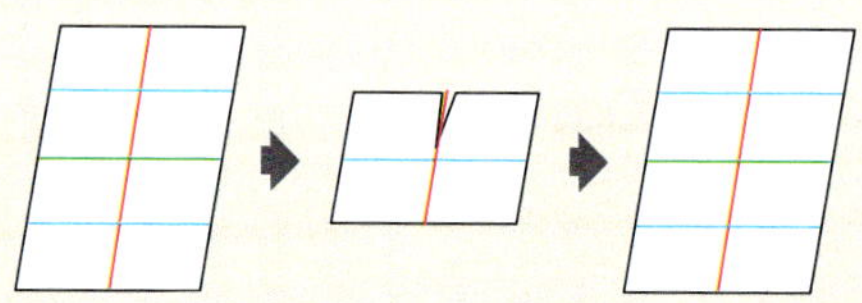

6. Knicken Sie das Blatt entlang der roten Linie und schieben Sie die Doppelseiten von außen nach innen zusammen.

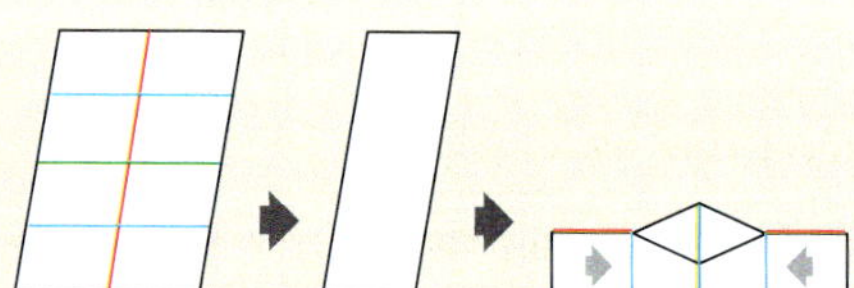

7. Nun haben Sie ein 8-seitiges Notizbuch.

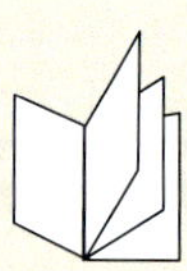

Lerntipp

In das Buddy Book können Sie z. B. die Merksätze oder Formeln schreiben, die Sie für die nächste Klassenarbeit oder Prüfung benötigen.

4 Die Entscheidungsmatrix

Haben Sie Probleme, sich zu entscheiden? Sie müssen nicht immer Ihre Entscheidungen aus dem Bauch treffen, sondern es gibt auch Arbeitstechniken, die Ihnen dabei helfen, die richtige Entscheidung zu finden. Probieren Sie diese einmal aus.

Vorgehensweise und Regeln

1. Nehmen Sie ein leeres DIN-A4-Blatt und schreiben Sie auf, wofür Sie eine Entscheidung treffen müssen, z. B.: „Welches von meinen drei Jobangeboten soll ich nehmen?"

   Entscheidung

2. Schreiben Sie nun alle Einflussfaktoren auf, die Ihnen bei der Entscheidungsfindung behilflich sein können, z. B. Entfernung vom Wohnort, Gehalt, Aufstiegsmöglichkeiten, Firmenwagen oder Zusatzqualifikationen.

   Einflussfaktoren

3. Sortieren und nummerieren Sie die Einflussfaktoren nach Ihrer persönlichen Wichtigkeit.

   1. Einflussfaktor
   2. Einflussfaktor
   3. Einflussfaktor

4. Übertragen Sie die nebenstehende Tabelle auf Ihr DIN-A4-Blatt. Tragen Sie in diese Tabelle sowohl die Alternativen, zwischen denen Sie sich entscheiden müssen, als auch Ihre vier wichtigsten Einflussfaktoren ein.

	Alternative 1	Alternative 2	Alternative 3
Einflussfaktor 1			
Einflussfaktor 2			
Einflussfaktor 3			
Einflussfaktor 4			
Gesamt			

5. Bewerten Sie nun für jede Alternative die Einflussfaktoren. Verwenden Sie für die Bewertung die Zahlen 1 bis 6. Wenn Sie z. B. meinen, dass der 1. Einflussfaktor für die 1. Alternative besonders gut abschneidet, dann geben Sie diesem eine 1.

	Alternative 1	Alternative 2	Alternative 3
Einflussfaktor 1	1	5	2
Einflussfaktor 2	6	2	5
Einflussfaktor 3	3	3	4
Einflussfaktor 4	2	1	3
Gesamt			

6. Zählen Sie für jede Alternative die Noten zusammen und tragen Sie diese in der letzten Zeile ein. Die Alternative, welche die höchste Gesamtzahl aufweist, ist Ihr „Gewinner" und die Grundlage Ihrer Entscheidung.

	Alternative 1	Alternative 2	Alternative 3
Einflussfaktor 1	1	5	2
Einflussfaktor 2	6	2	5
Einflussfaktor 3	3	3	4
Einflussfaktor 4	2	1	3
Gesamt	12	11	14

Lerntipp

Sie können diese Entscheidungsmatrix auch für die Prüfungsvorbereitung nutzen. Wenn Sie z. B. nicht sicher sind, mit welchem Thema Sie anfangen wollen zu lernen, dann probieren Sie doch diese Technik für alle relevanten Themen aus.

5 Die Fishbowl-Diskussion

Haben Sie Schwierigkeiten, in einer großen Gruppe zu diskutieren oder Gruppenarbeitsergebnisse vorzustellen? Stehen immer die gleichen Personen bei einer Diskussion bzw. während einer Präsentation im Vordergrund? Wenn ja, dann probieren Sie diese Diskussionsmethode aus.

Vorgehensweise und Regeln

1.	Wählen Sie in der Klasse einen Moderator. Der Moderator hat die Aufgabe, das Gespräch zu führen. Er darf die Reihenfolge und die Dauer der Beiträge bestimmen.	
2.	Der Moderator setzt sich in die Mitte des Raumes. Neben ihm steht ein freier Stuhl. Um ihn herum bilden alle Gruppenleiter aus den vorhergehenden Gruppenarbeiten einen Kreis. Um diesen Kreis wird ein Außenkreis gebildet, in dem alle Beobachter sitzen.	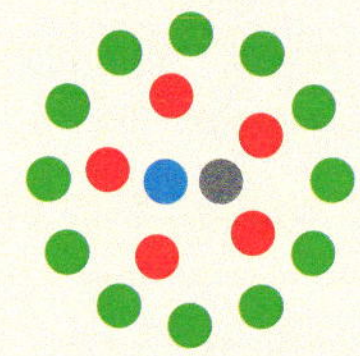
3.	Der Moderator bestimmt, welcher Gruppenleiter als Erster die Arbeitsergebnisse seiner Gruppe vorträgt. Der Gruppenleiter verlässt seinen Platz im Innenkreis und setzt sich neben den Moderator. Er präsentiert laut und deutlich die Arbeitsergebnisse seiner Gruppe.	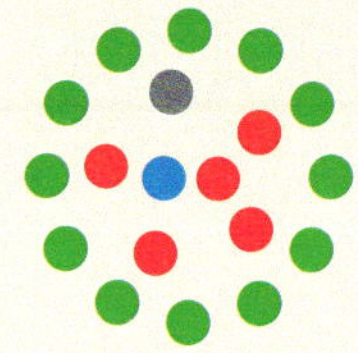
4.	Die Gruppenleiter diskutieren über die vorgestellten Arbeitsergebnisse miteinander, vergleichen oder korrigieren dieses unter Umständen. Anschließend kehrt der Gruppenleiter zurück auf seinen Platz im Innenkreis.	
5.	Der Moderator fordert nun einen weiteren Gruppenleiter auf, seine Arbeitsergebnisse zu präsentieren.	
6.	Die Beobachter im Außenkreis machen sich Notizen über die vorgestellten Arbeitsergebnisse und über den Verlauf der vor ihnen stattfindenden Diskussion.	
7.	Wenn einer der Beobachter mitdiskutieren möchte, dann setzt er sich auf den freien Stuhl im Innenkreis. Nach seinem Redebeitrag verlässt er diesen Platz wieder und kehrt zurück zu seinem alten Platz.	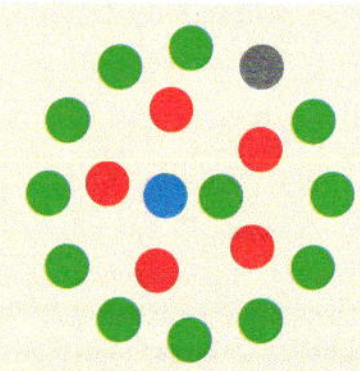

Lerntipp

Die Fishbowl-Diskussion eignet sich auch hervorragend, um sich auf anstehende Prüfungen vorzubereiten. Lösen Sie in Ihrer Gruppe zuvor Prüfungsaufgaben und stellen Sie diese dann in der Fishbowl-Diskussion vor.

6 Das Feedback

Besonders nach Vorträgen werden Sie oftmals aufgefordert, Ihre eigene Meinung abzugeben. Um den Vortragenden nicht zu verletzen oder zu verunsichern, sollten Sie die folgende Vorgehensweise beachten.

Vorgehensweise und Regeln

1. Hören Sie sich den Vortrag kommentarlos an.

2. Klopfen sie nach Beendigung des Vortrages auf den Tisch oder klatschen Sie in die Hände, um sich für den Vortrag zu bedanken.

3. Fragen Sie den Vortragenden, ob er ein Feedback erhalten möchte.

4. Fragen Sie den Vortragenden, wie er sich gefühlt hat.

5. Lassen Sie den Vortragenden ausreden.

6. Teilen Sie dem Vortragenden mithilfe von Ich-Botschaften mit, was Ihnen an dieser Präsentation besonders gefallen hat (z. B. Ich finde, dass …, Nach meiner Meinung …). Achten Sie darauf, dass sich der Vortragende während Ihrer Meinungsaussage nicht rechtfertigt!

7. Teilen Sie dem Vortragenden mithilfe von Ich-Botschaften Verbesserungsvorschläge mit. Achten Sie dabei darauf, dass Sie sachlich bleiben. Verwenden Sie nicht die Wörter „müssen“, „schlecht“, „miserabel“, „Katastrophe“ usw. Der Vortragende fällt dem Feedbackgeber dabei nicht ins Wort.

8. Lassen Sie den Vortragenden die zuvor von Ihnen erwähnten Meinungen und Verbesserungsvorschläge wiederholen, um Missverständnisse zu vermeiden. Klären Sie ggf. Fragen.

9. Fragen Sie den Vortragenden, ob das Feedback für ihn hilfreich war.

Lerntipp

Geben Sie ein strukturiertes Feedback auch in Ihrem Familien- und Freundeskreis. Je öfter Sie diese Arbeitstechnik anwenden, desto dankbarer werden Ihnen Ihre Mitmenschen sein. Beachten Sie aber, dass das Feedback dabei natürlich nicht verletzt oder verunsichert.

7 Die Fünf-Schritt-Lese- und Erarbeitungstechnik

Haben Sie Schwierigkeiten, Sachtexte zu verstehen? Lesen Sie sich oft Texte durch und wissen anschließend überhaupt nicht mehr, worum es in diesem Text eigentlich geht? Dann probieren Sie diese Lesetechnik aus. Vielleicht klappt es dann besser.

Vorgehensweise und Regeln

1. Verschaffen Sie sich einen groben Überblick über den Text, indem Sie sich die Überschriften, die Zwischenüberschriften, die fett markierten Wörter und die Bilder anschauen.

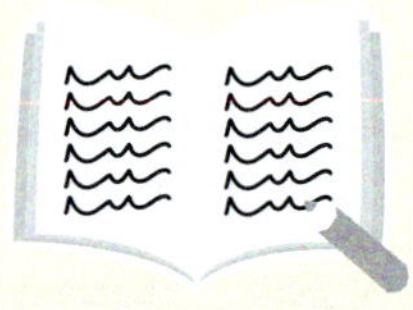

2. Überlegen Sie, worum es in diesem Text geht. Notieren Sie sich auf einem Zettel Fragen, auf die der Text nach Ihrer Meinung eine Antwort gibt.

3. Lesen Sie sich nun den Text gründlich durch. Markieren Sie mit einem gelben Marker bedeutende Schlüsselwörter.
Hinweis: Schlüsselwörter sind meistens Wörter, die sehr oft vorkommen oder sehr ausschlaggebend für den Text sind.
Markieren Sie mit einem roten Marker unbekannte Wörter. Schlagen Sie diese in einem Wörterbuch bzw. im Internet nach. Achten Sie darauf, dass nicht zu viele Wörter unterstrichen werden, damit die Übersichtlichkeit der wichtigsten Textstellen erhalten bleiben kann.

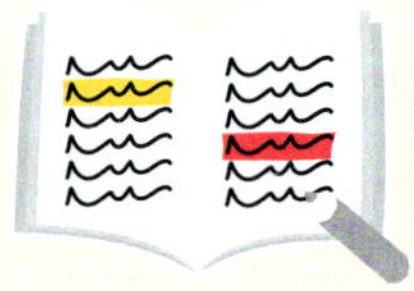

4. Formulieren Sie zu jedem einzelnen Abschnitt eine Überschrift, die Sie an den Rand Ihres Textes schreiben.

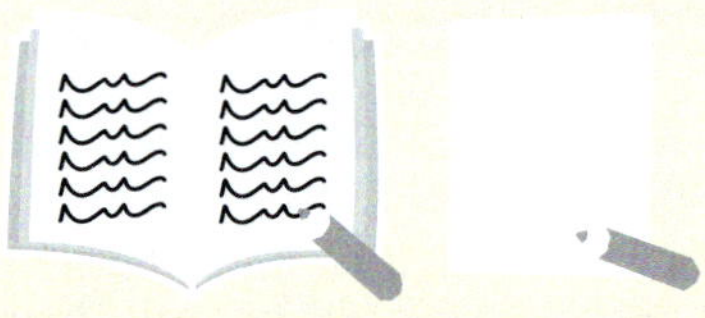

5. Wiederholen Sie die wichtigsten Informationen des Textes, indem Sie mithilfe der zuvor markierten Schlüsselwörter und der formulierten Überschriften den Text mit eigenen Worten zusammenfassen.

Lerntipp
Diese Methode eignet sich auch hervorragend, um sich auf Prüfungen vorzubereiten.

8 Die Gruppenarbeit

Arbeitsaufträge in einer Gruppe zu bearbeiten ist manchmal ein schwieriges Unternehmen, da nicht alle Gruppenmitglieder mitarbeiten wollen. Um dieses zu vermeiden, könnten Sie bei Ihrer nächsten Gruppenarbeit folgende Vorgehensweise ausprobieren.

Vorgehensweise und Regeln

1. Bilden Sie eine Gruppe, die aus maximal 6 Gruppenmitgliedern besteht.

2. Verteilen Sie innerhalb Ihrer Gruppe folgende Aufgaben, die Sie zusätzlich zur eigentlichen Bearbeitung des Arbeitsauftrages erledigen sollten:
   - Gruppenleiter kontrolliert und steuert den geplanten Arbeitsablauf. Er achtet z. B. darauf, dass alle in der Gruppe gemeinsam den Arbeitsauftrag bearbeiten.
   - Zeitwächter achtet darauf, dass die geplante Arbeitszeit eingehalten wird.
   - Protokollant hält die Arbeitsergebnisse schriftlich fest.
   - Präsentator stellt die Arbeitsergebnisse den anderen Gruppen vor.

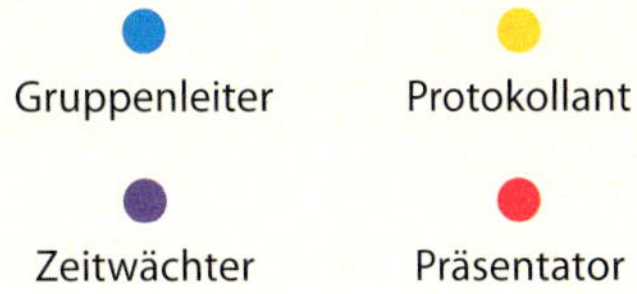

3. Jeder in Ihrer Gruppe liest den erhaltenden Arbeitsauftrag durch. Wenn Sie Fragen haben oder etwas nicht verstehen, dann klären Sie es. Schauen Sie sich das dazugehörige Informationsmaterial (Bücher, Informationsblätter usw.) an oder fragen Sie Ihre Lehrkraft.

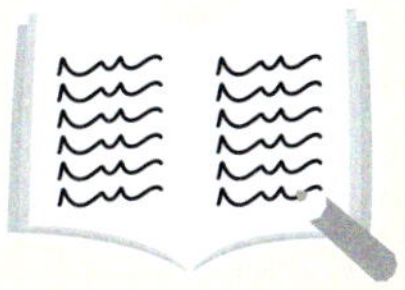

4. Bearbeiten Sie die gestellte Aufgabe. Konzentrieren Sie sich dabei und vermeiden Sie Privatgespräche.

5. Der Präsentator trägt die Arbeitsergebnisse deutlich und laut vor.

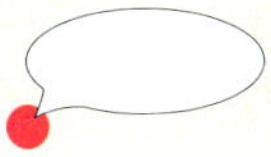

6. Sie sind ein Team und unterstützen den Präsentator bei vielleicht auftretenden Wissenslücken.

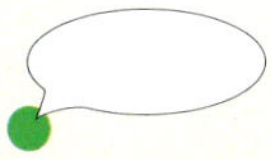

7. Überlegen Sie in Ihrer Gruppe, was bei der Bearbeitung des Arbeitsauftrages gut gelaufen ist und was Sie bei einer weiteren Gruppenarbeit verbessern sollten.

Lerntipp
Das Tolle an einer Gruppenarbeit ist, dass jedes Gruppenmitglied andere Vorkenntnisse und Fähigkeiten hat. Daher können Sie diese Arbeitstechnik auch anwenden, wenn Sie sich auf eine Prüfung vorbereiten müssen. Lassen Sie dazu einfach die Präsentationsphase weg.

9 Die Kartenabfrage

Haben Sie Schwierigkeiten, in Gruppen schnellstmöglich ohne Diskussionen Ideen oder Problemlösungsvorschläge zu finden? Dann probieren Sie diese Arbeitsmethode aus.

Vorgehensweise und Regeln

1. Wählen Sie einen Moderator und einen Zeitwächter.
2. Der Moderator schreibt an die Tafel oder auf einem Plakat ein Thema bzw. eine Frage.
3. Alle Personen (außer dem Moderator und dem Zeitwächter) erhalten 3 bis 5 Karten und einen Filzstift.
4. Auf jede Karte wird jeweils ein Stichwort zum Thema geschrieben und an den Moderator weitergegeben.
5. Der Moderator heftet die Karten unsortiert an die Tafel oder an das Plakat.
6. Sobald alle Karten vom Moderator an der Tafel oder am Plakat befestigt worden sind, werden sie nach Schwerpunkten sortiert.
7. Die Schwerpunkte werden auf farbige Karten geschrieben.
8. Die Karten, die dem gleichen Schwerpunkt angehören, werden untereinander angebracht.
9. Jede Person erhält 3–5 Klebepunkte.
10. Mithilfe der Klebepunkte entscheiden die Personen, welcher Schwerpunkt für sie am wichtigsten ist.

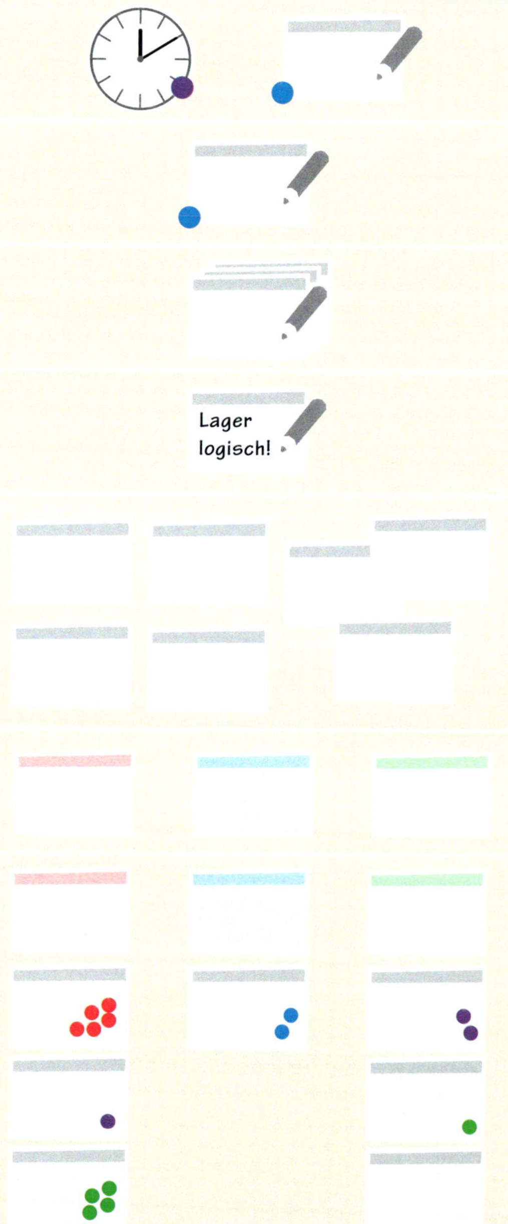

Lerntipp

Mit einer Kartenabfrage können Sie in einer Gruppe innerhalb kurzer Zeit ein Referat vorbereiten oder einen Text analysieren.

10 Die Lernkartei

Haben Sie Schwierigkeiten, sich Formeln (z. B. Lagerkennziffern) oder Fachbegriffe (z. B. Mindestbestand, Inventur) zu merken? Dann prägen Sie sich diese doch mit der Lernkartei ein. Die Lernkartei ist ein fabelhafter Trainer, mit dem Sie ganz alleine Ihr Fachvokabular bzw. Ihre eigene Formelsammlung erweitern können.

Vorgehensweise und Regeln

1. Sie besorgen sich DIN-A6-Karteikarten und einen Karteikasten.
2. Die Karteikarten nehmen Sie wie ein Vokabelheft zum Unterricht mit.

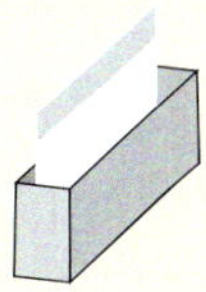

3. Die Ihnen unbekannten Fachbegriffe oder Formeln, die im Unterricht verwendet werden, notieren Sie auf der Vorderseite der Karteikarten. Auf die Rückseite schreiben Sie die Bedeutung dieser Begriffe.
4. Zu Hause legen Sie alle neu beschrifteten Karten in das hinterste Fach (Fach 0) des Karteikastens.

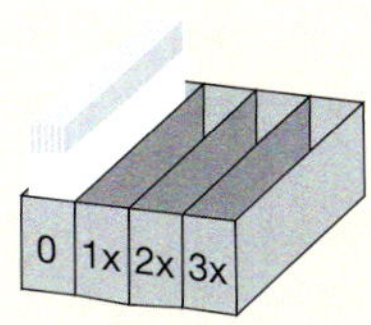

5. Am nächsten Tag schauen Sie sich die Karten, die sich im Fach 0 befinden, an. Sofern Sie den Inhalt der Karte gewusst haben, legen Sie diese in das Fach 1. Ansonsten bleiben die Karten im Fach 0.

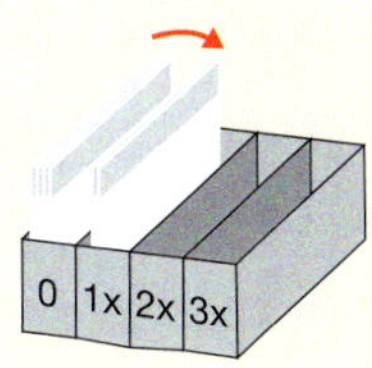

6. Am darauffolgenden Tag wiederholen Sie den vorangegangenen Arbeitsschritt. Überprüfen Sie zusätzlich, ob Sie den Inhalt der Karten, die Sie am Vortag in das Fach 1 gelegt haben, gewusst haben. Legen Sie die gewussten Karten in das Fach 2. Ansonsten stecken Sie die Karten zurück in das Fach 0.

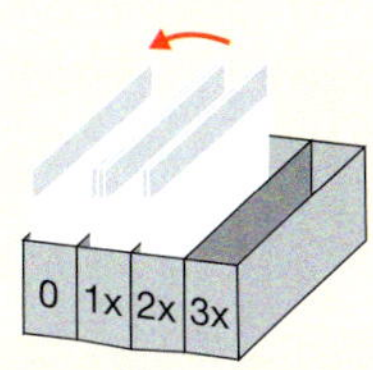

7. In den nächsten Tagen wiederholen Sie die oben dargestellten Vorgänge so lange, bis alle Karten im Fach 3 sind.

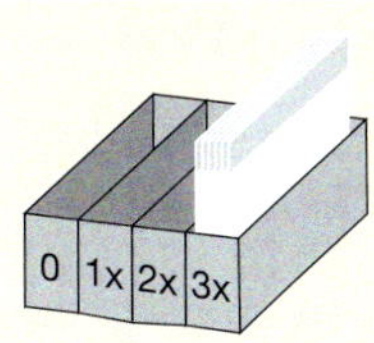

Lerntipp

Wenn Sie oft mit den öffentlichen Verkehrsmitteln fahren, dann können Sie die Karteikarten auch mitnehmen und sich diese unterwegs immer wieder anschauen. Vergessen Sie dabei aber nicht, aus welchem Fach Sie die Karten zuvor entnommen haben, damit Sie diese anschließend wieder dorthin zurücklegen können.

11 Die Mindmap

Mindmap
gedankliche Landkarte

Fassen Sie Informationen zusammen, um sich auf Prüfungen oder Vorträge vorzubereiten? Haben Sie dabei das Problem, die Informationen anschaulich zu strukturieren? Dann probieren Sie diese Methode aus.

Vorgehensweise und Regeln

1. Nehmen Sie ein unliniertes DIN-A4-Blatt und legen Sie dieses quer vor sich auf Ihren Tisch.

2. Schreiben Sie in die Mitte des Blattes in GROSSBUCHSTABEN das Thema, über das Sie eine Übersicht erstellen möchten. Verwenden Sie dabei Farbstifte, um das Thema optisch hervorzuheben.

3. Zeichnen Sie ausgehend von der Mitte, in der das Thema steht, Hauptäste (= Linien) in verschiedene Richtungen. Beschriften Sie die Hauptäste mit wichtigen Hauptbegriffen in GROSSBUCHSTABEN.

4. Sofern Ihnen zu den einzelnen Hauptästen Stichwörter einfallen, bringen Sie Nebenäste an die Hauptäste an. Beschriften Sie die Nebenäste in normaler Schrift.

5. An die Nebenäste können Sie beliebig weitere Äste anbringen.

6. Ergänzen Sie Ihre Mindmap durch Zeichnungen, Symbole oder verwenden Sie verschiedene Farben, um eine übersichtliche Mindmap zu erstellen.

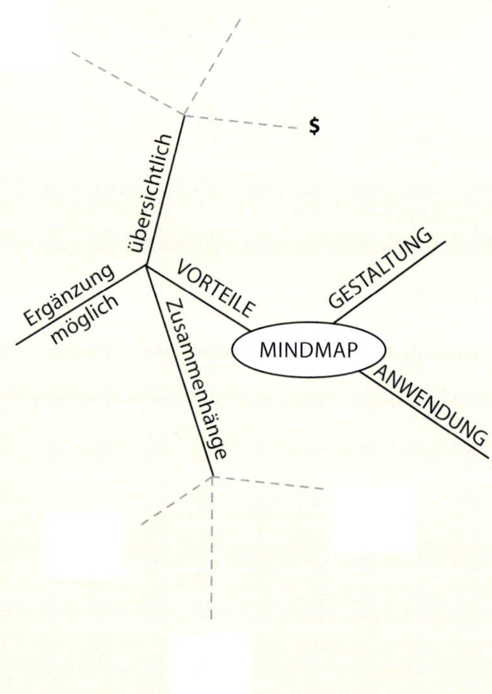

Lerntipp

Sie können auch Mindmaps am Computer erstellen. Im Internet gibt es dazu auch kostenlose Software. Mindmaps eignen sich auch hervorragend für Vorträge, wenn sie sehr übersichtlich gestaltet sind.

12 Die Pinnwand-Methode

Wenn Sie eine Pinnwand haben, dann können Sie auch diese zum Lernen verwenden. Probieren Sie es einfach mal aus.

Vorgehensweise und Regeln

1. Nehmen Sie sich ein farbiges DIN-A4-Blatt und zerreißen Sie dieses in 8 kleine Stücke.
2. Schreiben Sie sich auf jeden Zettel in GROSSBUCHSTABEN jeweils ein Themengebiet auf, welches in der nächsten Prüfung abgefragt wird.

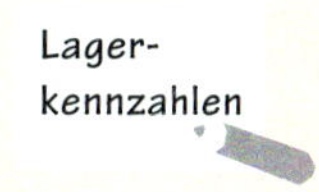

3. Legen Sie diese Zettel anschließend auf einen Stapel.

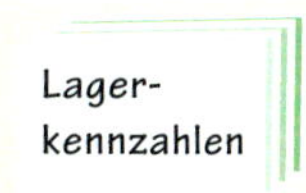

4. Nehmen Sie mehrere weiße DIN-A4-Blätter und zerreißen Sie diese in jeweils 8 Stücke.
5. Nehmen Sie den ersten farbigen Zettel, der sich auf dem Stapel befindet. Überlegen Sie sich zu diesem Themengebiet Schlagwörter. Schauen Sie sich dazu auch Ihre Unterrichtsmaterialien (Hefte, Arbeitsblätter, Bücher usw.) an.

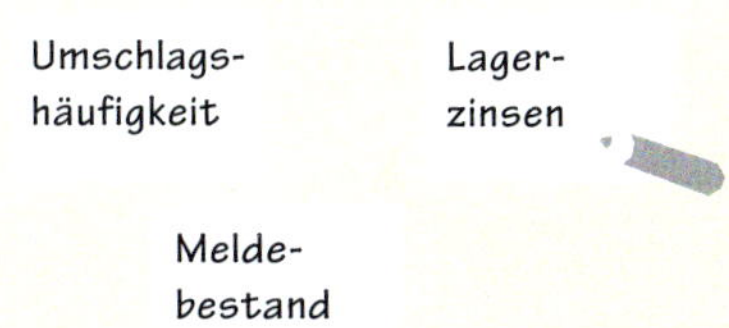

6. Schreiben Sie Ihre Ideen auf die weißen Zettel. Pro Zettel eine Idee.
7. Schreiben Sie auf die Rückseite der weißen Zettel die dazugehörige Definition, Formel usw.

8. Wiederholen Sie nun die Arbeitsschritte 5–7 so lange, bis alle farbigen Zettel, die sich auf dem Stapel befinden, von Ihnen bearbeitet worden sind.
9. Legen Sie alle farbigen und weißen Zettel unsortiert auf einen Tisch.
10. Sortieren Sie diese Zettel nach den Themengebieten, indem Sie sie sortiert an die Pinnwand heften.
11. Schauen Sie sich die Pinnwand mehrmals am Tag an. Überlegen Sie, welche Informationen auf der Rückseite der weißen Zettel stehen. Überprüfen Sie Ihre Antworten, indem Sie die Zettel umdrehen.

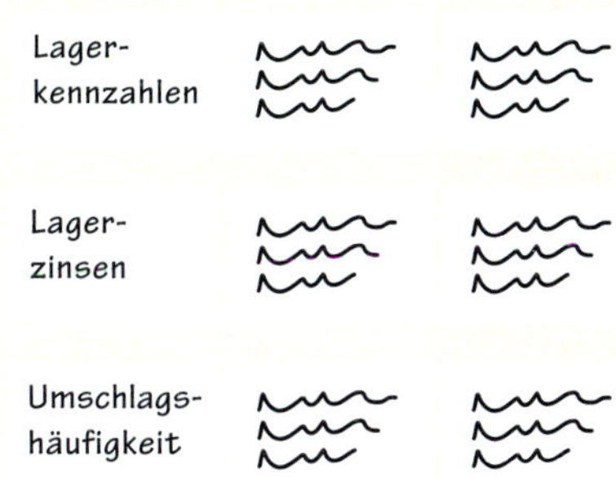

Lerntipp
Sie können die Zettel auch von der Pinnwand abnehmen und sich diese in die Hosen- oder Jackentasche stecken. So können Sie sich diese mehrmals am Tag durchlesen, z. B. an der Bushaltestelle, beim Arzt, beim Zubettgehen.

13 Die Post-it-Methode

Post-it = Klebezettel

Hier gibt es noch eine weitere Methode zum Lernen. Dafür benötigen Sie Post-its und ein Zimmer.

Vorgehensweise und Regeln

1. Suchen Sie sich zuerst ein Zimmer, zu dem möglichst nur Sie Zugang haben.

2. Schreiben Sie Fachbegriffe mit den Definitionen oder Formeln auf ein Post-it.

3. Kleben Sie jedes Post-it jeweils an verschiedene Einrichtungsgegenstände (z. B. Möbel, Plakate, Bilder, CDs).
4. Schauen Sie sich jedes Post-it an und merken Sie sich den dazugehörigen Einrichtungsgegenstand.
5. Schließen Sie die Augen und stellen Sie sich Ihr Zimmer vor.

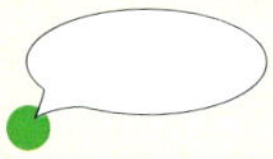

6. Zählen Sie die Einrichtungsgegenstände auf und nennen Sie die Fachbegriffe, Definitionen und Formeln, die sich auf den dazugehörigen Post-its befinden. Wiederholen Sie diesen Schritt so lange, bis Sie alles können.
7. Denken Sie während Ihrer Prüfung oder Ihres Vortrages an Ihre Einrichtungsgegenstände und Sie werden merken, dass Sie sich gut auf Ihre Prüfung oder den Vortrag vorbereitet haben.

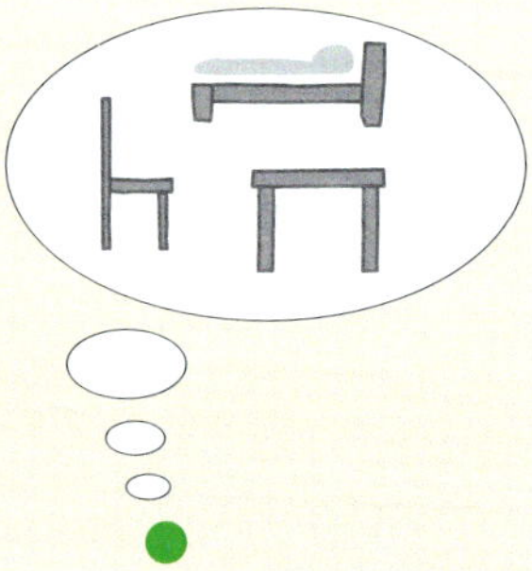

Lerntipp

Bitten Sie einen Freund oder Familienangehörigen, Ihnen Einrichtungsstücke aus Ihrem Zimmer aufzuzählen. Nennen Sie die sich auf den Post-its befindlichen Fachbegriffe und Formeln.

14 Die Pro- und Kontra-Diskussion

Haben Sie Schwierigkeiten, Ihre eigene Meinung verständlich zu vertreten und sich bei einem Konflikt durchzusetzen? Dann hilft Ihnen dabei vielleicht diese Arbeitstechnik.

Vorgehensweise und Regeln

1. Überlegen Sie sich eine Aussage, die zu einer Meinungsverschiedenheit führen kann.

2. Bilden Sie drei Gruppen:
   - Pro-Gruppe vertritt diese Aussage.
   - Kontra-Gruppe ist gegen diese Aussage.
   - Beobachtungsgruppe achtet darauf, wie die Pro- und Kontragruppen ihre Argumente darlegen.

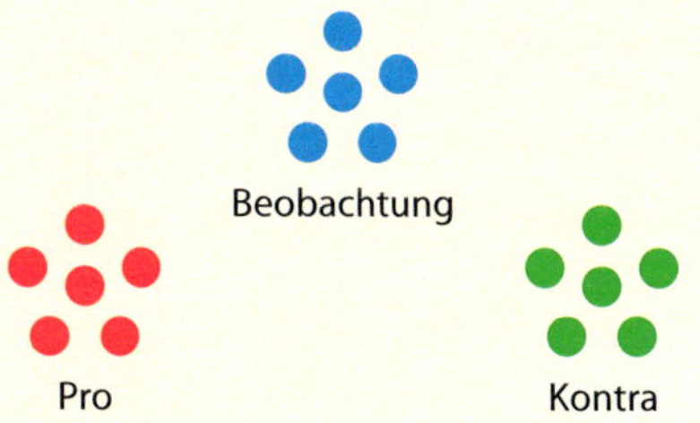

3. Jede Gruppe bereitet sich auf die anstehende Diskussion vor. Dafür stehen den Gruppen ca. 15 Minuten zur Verfügung.
   - Die Pro- und Kontra-Gruppen erarbeiten jeweils ihre Standpunkte, indem sie mithilfe von Informationsmaterial und des Lehrbuchs Argumente für ihre Aussagen sammeln. Sie wählen in ihrer Gruppe jeweils drei Spieler aus, die die Diskussion durchführen.
   - Die Beobachtergruppe erstellt einen Beobachtungsbogen, aus dem hervorgeht, wer auf welche Beobachtungspunkte während der Diskussion achten soll.

4. Die Mitglieder der Pro- und Kontra-Gruppen setzen sich gegenüber. Die Beobachter setzen sich so hin, dass sie alle Spieler gut sehen können.

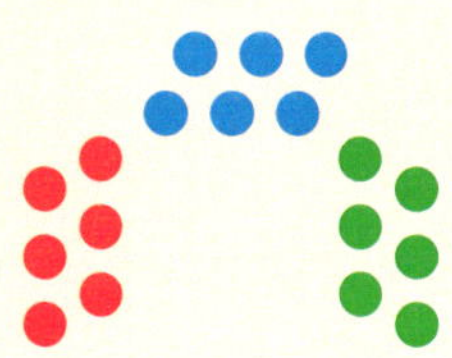

5. Die Diskussion wird durchgeführt. Achten Sie darauf, dass kein Spieler beleidigt wird. Bedenken Sie, dass es für alle Spieler eine große Herausforderung ist, sich vor Zuschauern zu äußern. Nach max. 15 Minuten endet die Diskussion.

6. Werten Sie gemeinsam die Diskussion aus. Gehen Sie dabei folgendermaßen vor:
   1. Äußerung der Spieler, wie sie sich während der Diskussion gefühlt haben und ob sie mit sich zufrieden sind.
   2. Äußerung der Beobachter mithilfe von Ich-Botschaften (z. B. „Ich finde, dass …" oder „Meiner Meinung nach …").
   3. Formulierung eines Kompromisses bzw. einer Meinung, womit alle Spieler einverstanden sind.

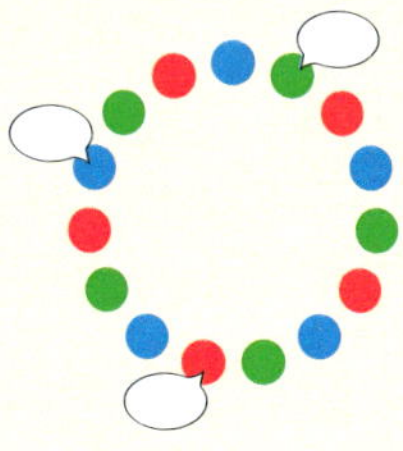

15 Die RAP-Recording-Methode

Hören Sie gerne Musik und können Sie Songtexte leicht behalten? Wenn ja, dann sollten Sie in den nächsten 30 Minuten folgende Lernmethode ausprobieren.

Vorgehensweise und Regeln

1. Suchen Sie sich einen Platz, an dem Sie ungestört sind. Das kann z. B. Ihr Zimmer sein, eine Ecke im Treppenhaus der Schule, ein leerer Klassenraum oder eine Bank in einem Park.

2. Schreiben Sie alle Merksätze, die Sie für die bevorstehende Klassenarbeit benötigen, auf einen Zettel.
3. Überlegen Sie sich zu den Merksätzen einen passenden Rap.

4. Nehmen Sie nun Ihr Handy und schalten Sie den Aufnahmemodus ein.

5. Rappen Sie Ihre Merksätze mit eingeschaltetem Aufnahmemodus.
   Hinweis: Rappen Sie dabei laut und deutlich.
6. Machen Sie eine zweiminütige Pause.

7. Hören Sie sich Ihren Rap dreimal an und rappen Sie dabei mit geschlossenen Augen mit. Konzentrieren Sie sich ausschließlich auf die von Ihnen aufgenommenen Merksätze. Falls Sie sich in einer Bahn oder in einem Bus befinden, dann schließen Sie einfach Ihre Augen und hören Sie sich Ihren Rap an.

8. Machen Sie nun eine weitere zweiminütige Pause.

9. Nehmen Sie nun einen leeren Zettel und schreiben Sie die zuvor gehörten Merksätze auswendig auf.

10. Vergleichen Sie die beiden von Ihnen erstellten Zettel.

Lerntipp

Diese Methode eignet sich auch hervorragend, wenn Sie oft mit den öffentlichen Verkehrsmitteln unterwegs sind. Einfach Kopfhörer mitnehmen und die Texte hören, während Sie auf Bus oder Bahn warten.

16 Die Recording-Methode

Können Sie Gehörtes leicht behalten? Wenn ja, dann könnte diese Recording-Methode eine Möglichkeit für Sie sein, Ihren Lernerfolg zu verbessern. Probieren Sie es einfach in den nächsten 20 Minuten mal aus.

Vorgehensweise und Regeln

1. Suchen Sie sich einen Platz, an dem Sie ungestört sind. Das kann z. B. Ihr Zimmer sein, eine Ecke im Treppenhaus der Schule, ein leerer Klassenraum oder eine Bank in einem Park.

2. Schreiben Sie alle Merksätze, die Sie für die bevorstehende Klassenarbeit benötigen, auf einen Zettel und lesen Sie die Merksätze laut vor.

3. Nehmen Sie nun Ihr Handy und schalten Sie den Aufnahmemodus ein.

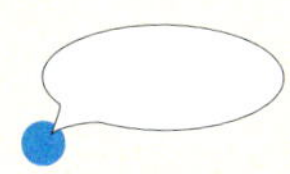

4. Lesen Sie nochmals die von Ihnen aufgeschriebenen Merksätze mit eingeschaltetem Aufnahmemodus laut vor.
   Hinweis: Sprechen Sie dabei laut und deutlich.

5. Machen Sie eine zweiminütige Pause.

6. Hören Sie sich anschließend Ihren gerade aufgenommenen Text dreimal an und schließen Sie dabei die Augen. Konzentrieren Sie sich ausschließlich auf die von Ihnen aufgenommenen Merksätze.

7. Machen Sie nun eine weitere zweiminütige Pause.

8. Nehmen Sie nun einen leeren Zettel und schreiben Sie die zuvor gehörten Merksätze auswendig auf.

9. Vergleichen Sie die beiden von Ihnen erstellten Blätter.

Lerntipp

Diese Methode eignet sich auch hervorragend, wenn Sie oft mit den öffentlichen Verkehrsmitteln unterwegs sind. Einfach Kopfhörer mitnehmen und die Texte hören, während Sie auf Bus oder Bahn warten.

17 Das Rollenspiel

Mögen Sie es, in eine andere Rolle zu schlüpfen? Möchten Sie herausfinden, wie Sie sich in einer bestimmten Situation, z. B. in einem Vorstellungsgespräch oder während eines Kundentelefonates, professionell verhalten können? Dann probieren Sie die folgende Arbeitstechnik aus.

Vorgehensweise und Regeln

1. Informieren Sie sich über das Thema, welches in Ihrem Rollenspiel angesprochen wird. Schauen Sie dazu das bereitgestellte Informationsmaterial bzw. Ihr Lehrbuch an.

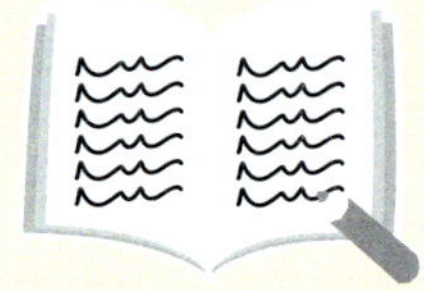

2. Überlegen Sie sich, wie viele Rollen in Ihrem Spiel besetzt werden müssen. Verteilen Sie diese Rollen auf die Personen, die gerne mitspielen möchten.

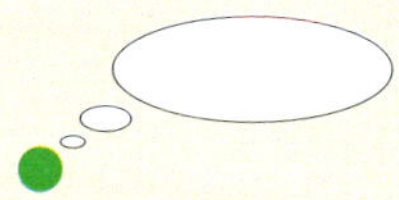

3. Die Spieler verlassen den Raum, um sich auf ihre Rollen vorzubereiten. Sie überlegen sich z. B., wie sie sich in dieser Rolle verhalten würden, machen sich ggf. Notizen oder statten sich mit Requisiten aus.

4. Die Nichtspieler erhalten einen Beobachtungsauftrag. Das heißt, dass sie z. B. auf das Verhalten, auf die Wortwahl, auf die Körpersprache oder auf die Argumentationskette achten sollen. Wichtig ist, dass die Spieler den Beobachtungsauftrag nicht kennen.

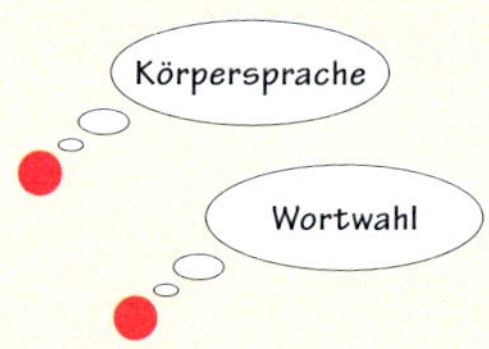

5. Die Spieler betreten den Raum und setzen bzw. stellen sich so hin, dass sie von allen Beobachtern gut gesehen werden können.

6. Die Spieler führen das Rollenspiel durch.

7. Nach dem Rollenspiel verlassen die Spieler den Raum, um wieder aus der Rolle herauszuschlüpfen. Sie legen die Requisiten ab und kommen nach einer kleinen Pause wieder in den Raum zurück.

Feedback
→ Anhang Lernen, Kap. 6

8. Besprechen und analysieren Sie nun alle das Rollenspiel. Geben Sie ein Feedback.

Lerntipp

Rollenspiele sind auch ein hervorragendes Mittel, um Prüfungsängste zu besiegen. Simulieren Sie z. B. ein Prüfungsgespräch.

18 Die Spaziergang-Methode

Haben Sie Schwierigkeiten beim Lernen? Oder brauchen Sie ewig lange, bis Sie die Lerninhalte für die nächste Prüfung bzw. für Ihren Vortrag gelernt haben? Dann schauen Sie sich diese Lernmethode an.

Vorgehensweise und Regeln

1. Erstellen Sie sich einen Merkzettel, auf dem Sie alles notieren, was Sie inhaltlich für die Prüfung bzw. für Ihren Vortrag wissen müssen.

2. Schließen Sie die Augen und stellen Sie sich vor, dass Sie sich auf einen Spaziergang begeben. Sie denken sich in Ihrer Fantasie eine bestimmte Tour aus und überlegen sich Orte, an denen Sie während Ihres Spazierganges einen kurzen Zwischenstopp machen (z. B. bei einem Cafe, einer Bank, einer Kreuzung).

3. In Ihrer Fantasie lernen Sie an jedem Zwischenstopp ein wenig für die bevorstehende Prüfung bzw. für Ihren Vortrag.

4. Sie notieren sich auf Ihrem Merkzettel, welche Lerninhalte Sie in Ihrer Fantasie an welchem Zwischenstopp gelernt haben.

5. Wiederholen Sie in Ihrer Fantasie den Spaziergang mit den von Ihnen bestimmten Zwischenstopps so lange, bis Sie den Inhalt des Merkzettels auswendig gelernt haben.

6. Begeben Sie sich während der Prüfung oder des Vortrages in Ihrer Fantasie auf den Spaziergang und erinnern Sie sich an die Lerninhalte, die Sie an den Zwischenstopps gelernt haben.

Lerntipp

Sie können für Ihren Spaziergang auch den täglichen Weg zu Ihrer Arbeitsstätte wählen. Wenn Sie an Prüfungsangst leiden, dann begeben Sie sich vor der Prüfung tatsächlich auf den in Ihrer Fantasie geplanten Spaziergang. Stecken Sie den Zettel zuvor in Ihre Hosentasche.

19 Think-Pair-Share

Haben Sie manchmal Angst, bei der Bearbeitung einer Aufgabe Fehler zu machen? Oder präsentieren Sie nicht gerne Ihre Arbeitsergebnisse, da Sie denken, dass diese sowieso nicht richtig sein könnten? Dann wenden Sie doch diese Arbeitstechnik an.

Vorgehensweise und Regeln

1. Lesen Sie sich die zu bearbeitende Aufgabe alleine durch. Notieren Sie Ihre Antworten bzw. Lösungen auf ein DIN-A4-Blatt.

2. Suchen Sie sich einen Partner, dem Sie Ihre Arbeitsergebnisse vorstellen können.

3. Stellen Sie Ihre Arbeitsergebnisse Ihrem Partner vor. Ihr Partner soll Ihnen dabei aktiv zuhören, d. h., dass er sich während Ihres Kurzvortrages Notizen macht und Ihre Arbeitsergebnisse im Anschluss kurz wiederholt.

4. Hören Sie sich nun auch die Arbeitsergebnisse Ihres Partners an. Notieren Sie sich seine Arbeitsergebnisse auf ein DIN-A4-Blatt und wiederholen Sie diese nach seinem Kurzvortrag.

5. Vergleichen, besprechen und korrigieren Sie mit Ihrem Partner Ihre Arbeitsergebnisse.

6. Präsentieren Sie gemeinsam Ihre Arbeitsergebnisse der Klasse.

Lerntipp

Sie können diese Methode auch anwenden, wenn Sie sich auf eine Prüfung oder einen Vortrag vorbereiten müssen. Sie werden sehen, dass es viel leichter sein wird, wenn Sie Arbeitsergebnisse mit jemandem vergleichen und ggf. korrigieren.

20 Die Zeitplanung

Müssen Sie sich auf eine Prüfung bzw. auf einen Vortrag vorbereiten und läuft Ihnen dabei irgendwie die Zeit davon? Dann versuchen Sie diese Arbeitstechnik anzuwenden.

Vorgehensweise und Regeln

1. Nehmen Sie ein leeres DIN-A4-Blatt und schreiben Sie sich alle Aufgaben bzw. Themen auf, die Sie bis zur Prüfung oder für den Vortrag lernen müssen.

2. Sortieren und nummerieren Sie diese Aufgaben bzw. Themen nach Wichtigkeit. Wenn Sie z. B. der Meinung sind, dass Sie unbedingt noch die Lagerkennziffern lernen müssen, da diese der Schwerpunkt der nächsten Klassenarbeit sein werden, dann setzen Sie diese auf Ihre Liste ganz nach oben.

3. Überlegen Sie, wie viel Zeit Sie ca. für das Lernen der jeweiligen Aufgaben bzw. Themen benötigen. Schreiben Sie die Zeit hinter die jeweiligen Aufgaben bzw. Themen.

1. ________ 1,5 h
2. ________ 4 h
3. ________ 2,75 h
4. ________ 1 h
5. ________ 3,5 h

4. Erstellen Sie einen Wochenlernplan, in den Sie
   - mit einem grünen Stift Ihre Arbeitszeiten,
   - mit einem roten Stift Ihre Unterrichtszeiten,
   - mit einem blauen Stift Ihre festen Wochentermine (z. B. Fußballtraining)

   eintragen.

Mo	Di	Mi	Do	Fr	Sa	So
X	X	X	X	X		
X	X	X	X	X	X	
X	X	X	X	X	X	
X			X			X

5. Tragen Sie nun in den Freiräumen mit einem schwarzen Stift die Lernzeiten ein. Benennen Sie die Lernzeiten nach den Aufgaben bzw. Themen, die Sie zuvor festgelegt haben (z. B. Lagerkennziffern). Achten Sie darauf, dass Sie auch genügend Pausen bei Ihrer Planung berücksichtigen! Ca. 10 – 30 % der Freiräume sollten für Pausen zur Verfügung stehen.

6. Leben und lernen Sie nach diesem Wochenlernplan. Konzentrieren Sie sich in den Lernzeiten ausschließlich auf die von Ihnen zu bearbeitenden Aufgaben bzw. Themen. Lassen Sie sich nicht ablenken. Schalten Sie ggf. Ihr Handy aus.

7. Kontrollieren Sie am Ende jedes Tages, ob Sie Ihren geplanten Tagesablauf eingehalten haben. Streichen Sie dazu jeden Tagespunkt, den Sie erledigt haben, durch.

Mo	Di	Mi	Do	Fr	Sa	So
X	X	X	X	X		
X	X	X	X	X	X	
X	X	X	X	X	X	
X			X			X

8. Überlegen Sie am Ende der Woche, ob Sie mit dem von Ihnen geplanten Wochenlernplan zufrieden waren. Optimieren Sie diesen gegebenenfalls.

Lerntipp

Erstellen Sie den Wochenlernplan möglichst frühzeitig. Denn auch der beste Wochenlernplan hilft nicht, wenn er erst einen Tag vor der Prüfung erstellt wird.

Stichwortverzeichnis

1-D-Code 37
2-D-Code 38

Abbuchungsauftragsverfahren 312
Abfallhierarchie 62
Abfülleinrichtungen 184
Abfüllen 182
Abmahnung 173, 278
Absatzlager 114
Abschlussprüfung 266
Abseilschutz 66
Absender 22
Addieren 314
AKL 142
Allgemeinverbindlichkeitserklärung 279
Altersvorsorge 285
Anbaugerät 242
Änderungskündigung 277
Anfahrschutz 145
Anfrage 303
Angebot 303
Angebotsvergleich 306
Anlagevermögen 196
Anpreisung 306
Anschlagmittel 232
Arbeitnehmersparzulage 285
Arbeitslosenversicherung 284
Arbeitsmittel 178
Arbeitsschutzausschuss 71
Arbeitsschutzgesetz 74
Arbeitssicherheit, betriebliche 65
Arbeitssicherheitsgesetz 73
Arbeitsstättenverordnung 73, 155
Arbeitsteilung 289
Arbeitsvertrag 276
Arbeitszeit 271
Arbeitszeugnis 277
ArbSchG 74
ArbStättV 73, 155
Art 303
Artikelnummer 101
ASiG 73
ASR 155
Atemschutz 66
Atemspende 80
Aufbewahrungspflicht 48
Aufhebungsvertrag 277
Auflast 131
Auftragsbestätigung 309
Ausbildender 268
Ausbilder 268
Ausbildung 264
Ausbildungsberufsbild 265
Ausbildungsordnung 264
Ausbildungsrahmenplan 264
Ausbildungsvergütung 273
Ausbildungsvertrag 268
Auslieferungslager 115
Auspacken 178
Aussperrung 280
Auszubildender 268

B2B 201
Balkendiagramm 331
Bandförderer 223
Barcode 37
BBiG 264, 268
Becherwerk 226
Bedarf 288
Bedürfnis 288
Beförderungsdokument 19
Beförderungskosten 304
Behälterregal, automatisches 142
Beitrag 292
Beitragsbemessungsgrenze 283
Belastungstabelle 233
Belegungsgrad 153
Benzinstapler 238
Bereitstellung
- dynamische 133
- statische 133
Berufsausbildung 264, 268
Berufsbildungsgesetz 264, 268
Berufsgenossenschaft 75
Berufsschule 272
Berufsschulunterricht 272
Beschaffenheit 90, 303
Beschaffenheitsmangel 46
Beschaffungsabwicklung 302
Beschaffungsplanung 302
Besitz 299
Bestandsaufnahme 191
Bestandsverzeichnis 196
Bestellmenge 202
Bestellung 308
Bestellungsannahme 309
Betrieb 12
Betriebsanweisung 71, 161, 235, 246
Betriebsart 111
Betriebsarzt 71
Betriebsrat 281
Betriebsstoff 112
Betriebsstofflager 112
Betriebsvereinbarung 276, 281
Betriebsverfassungsgesetz 281
Betriebsversammlung 281
Betriebswirtschaftslehre 287
BetrVG 281
Bezugskalkulation 306
Bezugskosten 304
Bezugsquellenermittlung 302
BG-Prüfzeichen 157
BIC 311
Bilanz 196
BildschArbV 73
Bildschirmarbeitsverordnung 73
BImSchG 165
Blocklagerung 130
Blutung 82
Bodenlagerung 129
Bonner Palettentausch 60
Bonus 304
Brainstorming 335
Brandbekämpfung 167
Branddreieck 166
Brandklassen 168
Brandschutz 166
Brandschutzbeauftragter 169
Brandschutzmaßnahme 167
Brandschutzordnung 169
Brandschutzzeichen 170
Bruchrechnung 316
Brückenkran 231
Brutto-Lagerfläche 149
Brutto-Lagerraum 150
Bruttopreis 106
Buchbestand 191
Buchführung 192
Buddy Book 336
Bundesimmissionsschutzgesetz 165
Bunkerlager 125
BWL 287

CE-Kennzeichnung 157
ChemG 158
Chemikaliengesetz 158
Corlette® 236
Cuttermesser 179

DataMatrix-Code 39
Dauerauftrag 312
Deutsche gesetzliche Unfallversicherung 76
Dezimalbruch 318
DGUV-Test-Zeichen 157
Diagramm 332
Diebstahl 172

Dienstleistung 288
Dienstleistungsbetrieb 111
Dieselstapler 238
Distributionsprozess 200
Dividieren 315
Doppelspiel 250
Drehstapelbehälter 218
Dreieck 329
Dreieckroller 236
Dreiradstapler 239
Dreisatz 323
Durchbiegung 146
Durchfahrregal 137
Durchlaufregal 139
Durchschnitt 332

EHB 230
Eichamt 179
Eigenkapital 196
Eigenlager 117
Eigenschaft 90
Eigentum 299
Eilüberweisung 312
Einfahrregal 137
Einkaufskalkulation 306
Einkommen 291
Einlagerung 178
Einplatzsystem 135
Einschubregal 138
Ein- und Auslagerungsstrategie 97
Einwegpalette 61, 218
Einzelhandel 115
Einzelspiel 250
Einzugsermächtigungsverfahren 312
Elektrohängebahn 230
Elektrostapler 238
Elevator 226
Emission 165
Endpreise 106
Entladen 25
Entladevorgang 28
Entnahmeeinheit 105
Entscheidungsmatrix 337
Entsorgen 185
EPAL 58
Erfüllungsgehilfe 27
Erfüllungsgeschäft 310
Ersatzteillager 113
Erste Hilfe 78, 80
Ersthelfer 70
Erzeugnislager 114
Etagenlager 124
Etikettendrucker 184
Etikettieren 105, 184
Eurogitterbox 59
Europalette 57
Explosion 166

Fabrikschild 243
Fachbodenregal 134
Fachkraft für Arbeitssicherheit 70
Fachkraft für Lagerlogistik 264
Fachlagerist 264
Fachlast 145
Fahrlässigkeit 52
Fallklappensorter 228
Falschlieferung 46
FASi 70
Fass 219
Feedback 339
Fehlmenge 46
Feldlast 145
Fertigungszwischenlager 113
Festplatzlagerung 99
FIFO 97
Firma 13
First in – First out 97
Fishbowl-Diskussion 338
Flächenberechnung 329
Flächenmaß 319
Flächennutzungsgrad 151
Flachlager 124
Fließband 223
Flucht- und Rettungsplan 171
Flurförderzeug 221, 236
– kraftbetriebenes 237
– manuelles 236
Folienschneider 179
Folienschrumpfgerät 183
Folienschweißgerät 184
Förderband 223
Förderer, pneumatischer 227
Förderhilfsmittel 216
Fördermittel 221
Frachtbrief 21
Frachtführer 22
Frachtvertrag 22
Freiluftlager 124
Freiplatzlagerung 99
Freizeichnungsklausel 305
Fremdkapital 196
Fremdlager 117
Friedenspflicht 280
Frontstapler 240
FTS 250

Gabelhochhubwagen 182
Gabelhubwagen 179
Gabelstapler 238
Garantie 48
Gebotszeichen 68
Gebrauchsgüter 288
Gebühr 292
Gefahrenhinweis 163
Gefahrenpiktogramm 162
Gefahrgut 158
Gefahrstoff 158
Gefahrstoffverordnung 158
Gefahrstoffverzeichnis 159
GefStoffV 158
Gehörschutz 66
Geräumigkeit 96
Geschäftsfähigkeit 296
– beschränkte 296
– unbeschränkte 298
Geschäftsunfähigkeit 296
Gewährleistungsfrist 48
Gewalt, höhere 52
Gewerbeaufsicht 77
Gewichtsmaß 321
GHS 162
Gitterbox 59, 218
Gitterboxpalette 218
Gleichung 322
Gliederbandförderer 225
Global Harmonisiertes System 162
Globalisierung 274
Großhandel 114
Grundrechenart 314
Grundwert 327
Gruppenarbeit 341
GS-Zeichen 157
Günstigkeitsprinzip 280
Gurtförderer 223
Güte 303
Güter 13, 287
Güteraufzug 231

Handelsbetrieb 111
Handelskauf 310
Handelsunternehmen 212
Handgabelhubwagen 236
Handhabungshinweis 30
Handkarren 236
Handlager 113
Handmagnet 258
Handsauger 258
Handschutz 66
Handtransport 254
Handwerksbetrieb 111
Hängebahnen 230
Haushalt 12
Haushalt, privater 287
Hazard Statement 163
Hebebühne 230
Hebeeinrichtung 230
Heben 255
Herz-Lungen-Wiederbelebung 81
HIFO 97
Highest in – First out 97
Hilfsstoff 112
Hilfsstofflager 112
Hochflachlager 124
Hochregallager 125

Hochregalstapler 241
Höchstbestand 202
Höhennutzungsgrad 152
Hohlmaß 320
H-Sätze 163
Hub-Neigegerät 182

IBAN 311
Identitätscode 105
Immission 165
Industriebetrieb 111, 212
Industriepalette 57
Informationsfluss 15, 213
Informationspunkt 248
Inhaberlagerschein 118
Inventar 196
Inventur 191
– Arten 193
– permanente 194
– zeitlich verlegte 194
Inventurdifferenz 195
Inventurvereinfachungsverfahren 195
Inventurverfahren 193
I-Punkt 248
Istbestand 191

JArbSchG 271
JAV 282
Jugendarbeitsschutzgesetz 271
Jugend- und Auszubildendenvertretung 282
Just-in-Time 201

Kanalregal 137
Kapitalbindungskennzahl 206
Kartenabfrage 342
Kartonverschlusshefter 182
Karussellregal 141
Kassettenregal 140
Kaufmann 191
Kaufvertrag 310
Kennzahlen 149
Kettenförderer 225
Kippschalensorter 228
Klappkasten 218
Klappsteige 60
Kleinladungsträger 219
Kleinteilelager, automatisches 142
KLT 219
Knippstange 258
Kölner Palettentausch 60
Kommissionslager 115
Komplettierung 105
Konsignationslager 115
Konsumgüter 288
Kontrollpunkt 248
Kopfschutz 66
Körperberechnung 329
Kosten
– fixe 120, 199
– variable 120, 199
K-Punkt 248
Kragarmregal 139
Kran 231
Kranführer 234
Kranhakenwaage 180
Krankenversicherung 284
Kratzer 225
Kreis 330
Kreisdiagramm 332
Kreisförderer 226
KSchG 278
Kugel 330
Kulanz 48
Kündigung 272, 277
– außerordentliche 173, 277
– fristlose 173
– ordentliche 277
Kündigungsfrist 277
Kündigungsschutz 278
Kündigungsschutzgesetz 278

Label 36
Ladeeinheit 105
Ladehilfsmittel 216
Lager
– dezentrales 123
– geschlossenes 124
– halboffenes 124
– offenes 124
– zentrales 122
Lagerart 111
Lagerbauweise 124
Lagerbestand, durchschnittlicher 203
Lagerbestandskennzahl 202
Lagerbewegungskennzahl 204
Lagerdauer, durchschnittliche 205
Lagereinheit 105
Lagereinrichtung 144
Lagereinrichtungstechnik 129
Lagerfachkarte 107
Lagergerät 144
Lagergeschäft 118
Lagergüter 90
Lagerhalter 117
Lagerhaltung 90
Lagerhilfsmittel 216
Lagerkasten 218
– nestbarer 218
Lagerkennzahl 202
Lagerkosten 199
Lagerlogistik 16
Lagerorganisation 95
Lagerplatznummer 100
Lagerplatzvergabe 99
Lagerreichweite, durchschnittliche 204
Lagerschein 118
Lagerstandort 122
Lagerstrategie 97
Lagertechnik 129
Lagerung
– ordnungsgemäße 95
– sachgerechte 96
Lagervertrag 118
Lagerverwaltung 107
Lagerverwaltungssystem 108
Lagerzinsen 206
Lagerzinssatz 206
Lagerzonen 98
Längenmaß 319
Laser-Entfernungsmesser 181
Lastenaufnahmemittel 232
Lastenaufzug 231
Lastenhandhabungsverordnung 254
Last in – First Out 97
Lastschriftverfahren 312
Lastschwerpunktdiagramm 243
Leergutschein 33
Lernfeld 265
Lernkartei 343
Lerntypen 334
Lieferbedingung 304
Lieferschein 23
Lieferung, mangelhafte 45
Lieferverzug 50
LIFO 97
Liniendiagramm 331
Lohn- und Gehaltstarifvertrag 279
LVS 108

Mahnung 50
Makroökonomie 287
Mangel 47
Mängelrüge 34
Mann zur Ware 133
Manteltarifvertrag 279
Maßband, digitales 181
Materialfluss 15, 212
Materialflussplan 212
Materiallager 112
Materialnummer 101
Maximalprinzip 290
MDE-Geräte 185
Mehrplatzsystem 135
Mehrwegpackmittel 33, 57
Mehrwegpalette 218
Meldebestand 202
Menge, kritische 120
Messen 179
MHD 189
Mietlagerung 117

Mikroökonomie 287
Mindestbestand 202
Mindesthaltbarkeitsdatum 189
Mindmap 344
Minimalprinzip 290
Mischungsrechnen 325
Mitfahrerbetrieb 237
Mitgängerbetrieb 237
Mittelwert 332
Modell 291
Modulus-10-Verfahren 102
Modulus-11-Verfahren 101
Montagefehler 46
Multiplizieren 315
Mund-zu-Mund-Beatmung 81
Mund-zu-Nase-Beatmung 80
Musterlager 116

Nacherfüllung 49
Nachfrage 288
Namenslagerschein 118
Nenntragfähigkeit 243
Netto-Lagerfläche 149
Netto-Lagerraum 150
Notruf 78
Notverkauf 48
Nutzlast 131

Orderlagerschein 119
Outsourcing 200

Packbandabroller 184
Packmittel 216
Palette 218
Palettenregal 135
Palettenschein 33
Palettenwaage 180
PAngV 106
Parallelogramm 329
Paternosterregal 141
Pausen 271
Person
– juristische 295
– natürliche 294
Pflegeversicherung 284
Pflichtversicherung 283
Plattenkarre 236
Plattformwaage 180
Plattformwagen 236
Portalkran 231
Power- & Free-Förderer 226
Precautionary Statement 163
Preisangabenverordnung 106
Preisauszeichnen 184
Preisauszeichnung 106
Preisschild 106
Prinzip, ökonomisches 290
Privatrecht 294
Probezeit 272
ProdSG 73, 157
Produktinformation 188
Produktionsbetrieb 111
Produktionsfaktor 289
Produktionsgüter 288
Produktionslager 113
Produktsicherheitsgesetz 73, 157
Pro- und Kontra-Diskussion 347
Prozentrechnung 326
Prozentsatz 327
Prozentwert 326
Prüfpflicht 48
Prüfverfahren 34
P-Sätze 163
Pufferlager 113
Push-Back 138

QR-Code 39
Quader 330
Quadrat 329
Quergurtsorter 228

Rabatt 304
Rahmenlehrplan 265
RAP-Recording-Methode 348
Raummaß 320
Raumnutzungsgrad 152
RBG 133, 247
Rechnung 24
Rechteck 329
Recht, öffentliches 294
Rechtsfähigkeit 294
Rechtsgeschäft 300
Rechtsmangel 47
Rechtsobjekt 299
Rechtsordnung 294
Rechtssubjekt 294
Recording-Methode 349
Recycling 62
Regalbediengerät 133, 247
Regallagerung
– dynamische 132
– statische 132
Reihenlagerung 130
Reinigen 185
Reinvermögen 196
Rentenversicherung 284
Reservelager 116
Rettungskette 78
Rettungszeichen 69
RFID-Lesegeräte 185
RFID-Technologie 39
Riester-Rente 286
Rohrknippstange 258
Rohrschlüssel 258
Rohstofflager 112
Röllchenförderer 224
Rolle 258
Rollenförderer 224
Rollenspiel 350
Rügepflicht 48
Rundgangstrategie 103
Rutschförderer 227

Sachgüter 288
Sachmangel 45
Sackkarre 236
Sammellagerung 117
Sammelüberweisung 312
Sauberkeit 96
Säulendiagramm 331
Scanner 185
Schlechtleistung 45
Schlepper 247
Schleppkreisförderer 226
Schleusungscode 105
Schlichtungsverfahren 280
Schmalgangstapler 241
Schubkarre 236
Schubmaststapler 239
Schuhsorter 228
Schulden 196
Schüttgüter 91
Schutzausrüstung, persönliche 66
Schutzmittel 66
Schwerlastroller 236
Schwerpunkt 244
Seitenlage, stabile 80
Seitsitzstapler 240
Selbsteintritt 22
Selbstinverzugsetzung 50
SEPA 311
SiBe 70
Sicherheitsbeauftragte 70
Sicherheitsdatenblatt 159
Sicherheitshinweis 163
Sicherheitskennzeichen 67
Sicherheitsschuhe 66
Sicherheitsvorschrift 103
Sicherheitsvorschriften
– Bodenlagerung 131
– Regallagerung 144
Sicherungsaufgabe 92
Sichtlagerkasten 218
Sicht- und Funktionsprüfung 244
Silolager 125
Single Euro Payment Area 311
Skonto 304
Sollbestand 191
Sorter 228
Sortieranlage 228
Sozialversicherung, gesetzliche 283
Spaziergang-Methode 351
Spekulationsaufgabe 93
Sperrlager 33

Speziallager 126
Spielzeit 250
Staat 287
Standardcontainer 219
Stapelbehälter 144
Stapelhilfsmittel 144
Stapelkran 231
Steigkettenförderer 225
Stetigförderanlagen 221
Stetigförderer 222
Steuer 292
Stichgangstrategie 103
Stichprobeninventur 195
Stichtagsinventur 193
Stoff, brennbarer 166
Streik 280
Stretchmaschine 183
Stretchwickler 183
Stückgüter 91
Subtrahieren 314
Subvention 292

Tanklager 125
Tarifautonomie 279
Tarifpartei 279
Tarifvertrag 276, 279
Taschengeldparagraf 297
Tatbestandsaufnahme 32
Tauschpackmittel 57
Technische Regeln für Arbeitsstätten 155
Technische Regeln für Gefahrstoffe 158
Think-Pair-Share 352
Tischwaage 180
Tragegurt 258
Tragen 255
Tragfähigkeit 232, 243
Tragfähigkeitsdiagramm 243
Tragfähigkeitstabelle 233
Tragklaue 258
Tragklemme 258
Traglastdiagramm 243
Traglufthallenlager 126
Transferzahlung 292
Transportband 223
Transportdokument 19
Transporteinheit 105
Transporthilfsmittel 216
Transportmittel 13
Transportsystem, fahrerloses 250
Trapez 329
Treibgasstapler 238
Trennungslagerung 117
TRGS 158
Trogförderer 225
Trogkettenförderer 225
Trolleybahn 230
Tunnelregal 137
Turmregal 142
Typenschild 243

Überbrückungsaufgabe 92
Übersichtlichkeit 96
Überweisung 311
Umformungsaufgabe 93
Umlageverfahren 285
Umlaufregal 141
Umlaufvermögen 196
Umreifungsgerät 183
Umreifungsmaschine 183
Umsatz 290
Umsatzsteuer 106
Umschlagshäufigkeit 204
Unfallanzeige 84
Unfallverhütungsvorschrift 76
Unfallversicherung 284
Universalschneider 179
Unstetigförderer 221, 229
Unterflurschleppkettenförderer 225
Unternehmen 12, 287
Urlaub 272

VD 189
Verbandbuch 83
Verbotszeichen 68
Verbrauchsgüter 288
Verbrauchsgüterkauf 310
Verbrennung 82
Verbrühung 82
Veredelungsaufgabe 93
Verfallsdatum 189
Vergiftungsunfall 82
Verkaufslager 116
Verkehrsmittel 13, 19
Verkehrsweg 13, 103
Vermögen 196
Vermögensbildung 284
Vermögenswirksame Leistung 284
Verpacken 182
Verpackungskosten 304
Verpflichtungsgeschäft 310
Versandlager 114
Verschieberegal 143
Verschulden 52
Versender 22
Versicherungspflichtgrenze 283
Verteilungsrechnen 325
Viereckroller 236
Vierradstapler 239
Vitalfunktion 79
VL 284
Volkswirtschaftslehre 288
Vorsatz 52
Vorverpackung 105
VWL 288

Wabenregal 140
Wahlrecht 281
Walze 258
Wälzwagen 258
Wandertisch 226
Ware 13
Warenbegleitpapier 19
Wareneingangsschein 35
Wareneinsatz 205
Warenfeinkontrolle 34
Warenkontrolle 188
Warenpflege 188
Warenschaden 188
Warenwertpapier 118
Warenwirtschaftssystem 108, 213
Ware zum Mann 133
Warnkleidung 66
Warnstreik 280
Warnzeichen 69
Wasserhaushaltsgesetz 165
Wendelrutsche 227
Werkstattlager 113
Werkzeuglager 113
Wertschöpfungskette 200
WHG 165
Widerruf 305
Wiegen 179
Willenserklärung 296
Wirtschaftlichkeit 202
Wirtschaftsbereich 287
Wirtschaftsgüter 288
Wirtschaftskreislauf 291
Wirtschaftsrecht 294
Wirtschaftssektor 293
Wirtschaftsstufe 293
Würfel 330
WWS 108, 213

Zählautomat 181
Zählen 179
Zählmaschine 181
Zahlungsbedingung 304
Zählwaage 180
Zeilenlagerung 130
Zeitmaß 321
Zeitplanung 353
Zeugnis 273
Zeugnis, qualifiziertes 277
Zündquelle 166
Zusammenlagerungsverbot 91, 164
Zweckkauf 50
Zwischenlager 113
Zwischenprüfung 266
Zylinder 330

Bildquellenverzeichnis

ABUS Kransysteme GmbH, Gummersbach 231/4
ABUS Pfaffenhain GmbH, Jahnsdorf 173/4
ABUS Security-Center 172/1
Adpic 165/1/I. Spulak, 165/2/D. Koschek, 165/3/H. Dora
AFT Automatisierungs- und Fördertechnik GmbH & Co. KG, Schopfheim 226/1
ALFOTEC GmbH, Wermelskirchen 223, 230/3 (Hebeeinrichtung)
Alfred Arnold Verladesysteme, Withauweg 9, 70439 Stuttgart, www.arnold-verladesysteme.de 29/2, 29/3, 42/1/4
Architekturbüro Maier + Hertlein, Weißenburg 125/2
Auer-Packaging GmbH 220/d
BÄKO Erzgebirge/Vogtland e.G., Stützengrün 44
Bernardi GmbH, Bauunternehmung, 66459 Kirkel 125/1
Berufsgenossenschaft Energie Textil Elektro Medienerzeugnisse, Köln 245/2 (Grafik)
Berufsgenossenschaftliche Kliniken Bergmannstrost, Halle 76/1
BEUMER Maschinenfabrik GmbH & Co. KG, Beckum 227/1, 228/1, 229/2, 252/e
BITO-Lagertechnik, Meisenheim 56/1, 137/1, 138/1, 142, 219/1–219/4, 220/b/c
BÖRKEY GmbH, Hagen 258/1
BORNACK GmbH & Co. KG 66/5
Bosch S, 179/3, 181/2
Bosche GmbH & Co. KG, Damme 179/4, 180/1/2, 181/1, 186/c
Broß Förderanlagen und Maschinenbau GmbH, Worms 224/3 (Röllchenförderer)
Brother International GmbH, Bad Vilbel 184/3 (Etikettendrucker)
Budde Fördertechnik, Schmalkalden 224/1 (Schwerkraftrollenbahn), 224/2 /Teleskop-Rollenförderer), 224/4 (Rollenkurve), 252/d, 252/f
bvfa – Bundesverband Technischer Brandschutz e.V., Würzburg 168/1
Columbus McKinnon Industrial Products GmbH, Velbert 232/5
CONE PAL® – www.conepal.de 61/4
Conrad Electronic SE, Hirschau 181/4
Corbis 36/1/Ocean
Cordes GmbH & Co. KG, Harsefeld 236/1/3/5/6/7, 237/1/2
D + V GmbH, Rösrath 104
Derby Cycle Werke GmbH, Cloppenburg 112/1/2 (Fotos: Anima Berten), 113/2, 120/1
Deutsche Geflügelwirtschaft, www.zdg-online.de 303
DGUV 25, 29/1/Martin Moritz, 42/2/Martin Moritz, 75, 76/2/Dorothea Scheurlen, 77, 157/3
Digitalstock 289/1/D. Pietsch, 289/3/M. Dietrich
Dirk Wegner, www.bkf24.de 28/1
DMT GmbH & Co. KG, Essen 171
Dr. Ing. Gössling Maschinenfabrik GmbH, Schermbeck 226/3
Drum Veranstaltungstechnik, Penzing 124/3
DT Lagersysteme, Sundern 184/2
E&K AUTOMATION GMBH, Reutlingen 250/2–250/6
EdmoLift Hebetechnik GmbH, Wunstorf 182/2
Egemin Automation 225/3
EISENMANN Anlagenbau GmbH & Co. KG, Holzgerlingen 226/2, 230/1
Elmor, Schweiz 181/3
Epson Deutschland GmbH 186/a
Euro Pool System International (Deutschland) GmbH, Bornheim 60
European Pallet Association – EPAL, Münster 56/3, 57, 58/1–58/8 , 59/1–59/8, 218/1
EuroSort Systems BV, The Netherlands 228/2
Fotofinder 18/Jim Powell/IPN, 27/Cultura Creative RF/Flonline Bildagentur, 45/2/Stefan Kiefer/Intro, 45/3/allesalltag, 48/vario images, 54/vario images, 113/1/cvo/mediacolors, 167/6/photopool/Ulrich Zillmann
Fotolia 32/Klaus Eppele, 47/2/Roman Milert, 68/13/16/T. Michel, 90/3/makuba, 90/5/Ruedinger Rau, 97/Mixage, 126/3/jurand, 167/4/Bernd Heinze, 173/1/LaCatrina, 269/seen
Fraunhofer-Institut für Materialfluss und Logistik IML, Dortmund 227/2, 229/1, 248/2
G E B H A R D T Fördertechnik GmbH, Sinsheim 252/b
Gabriele Heinisch, Berlin 259
gaerner GmbH, Duisburg 182/3, 186/f
Gebr. Koch GmbH + Co. KG, Lage/Lippe 258/2, 261/2
Gebrüder Schulte GmbH & Co. KG, Sundern 134
Gehring-Bunte Getränke-Industrie GmbH & Co. KG, AG Gütersloh 56/2
Geppert-Band GmbH, Jülich 225/1
Gerhard Manns, Ludwigsau 42/3
GERSAG Krantechnik GmbH, Reiden 231/2/3
GLORIA GmbH, Wadersloh 170 (Einsatz von Feuerlöschgeräten)
Greiner GmbH, Neuenstein 237/3
Hako-Werke GmbH, Bad Oldesloe 247
Hawo GmbH, Obrigheim 184/1

Hebezone GmbH, Hanau 232/1/6/7, 233/1–233/3
Helbing GmbH 218/3
Hörmann KG Verkaufsgesellschaft, Steinhagen 167/5
HSM GmbH + Co. KG, Frickingen 185/4
ICO Innovative Computer GmbH 185/1, 186/b
inotec Barcode Security GmbH, Neumünster 100/1–100/4
InterHall Sp. z o.o, Polen 126/1
iStockphoto 39/4/ermingut, 40/3/Clerkenwell_Images, 66/8/deimagine, 90/1/wholden, 90/2/deliormanli, 90/4/flubydust, 124/1/fesoj, 124/2/einbo, 185/3/ermingut, 218/2/prill, 297/2/sonyae
J. Schmalz GmbH, Glatten 231/5
Jens Rufenach, Lüneburg 296/2
Joachim Gottwald, Berlin 50, 120/2, 283, 299
Jul. vom Hofe GmbH & Co KG, Lüdenscheid 147/c
Jungheinrich AG, Hamburg 182/1, 239/4/5, 241/2
Kardex Deutschland GmbH, Neuburg 141/1
Karl H. Bartels GmbH, Horst 140/3
Kraft GmbH Verpackungen, Lüdenscheid 183/2, 186/d
Kroschke sign-international GmbH, Braunschweig 145/4
KUEHNE + NAGEL INC 264/1
Lekkerland GmbH & Co. KG 114/2/Peter J. Obenaus
Linde Material Handling GmbH, Aschaffenburg 238, 239/6/7, 240/1–240/4, 241/3/4, 243
Logitech Europe S. A., European Headquarters, Rue du Sablon 2–4, CH – 1110 Morges 173/3
Magna-C GmbH, Wendlingen 258/4, 261/3
Manfred Huck GmbH 56/5
Martor KG 179/1, 179/2
Mauritius, Berlin 294/Phototheque SDP, 296/1/Workbookstock
Metro AG 116
Michael Hüter 245/1
MIFA Mitteldeutsche Fahrradwerke AG, Sangerhausen 92
MLR System GmbH, Alsdorf 250/1
Moravia GmbH, Wiesbaden 173/2
Nordgreif GmbH, Schenefeld 232/2/3
Ogilvy Public Relations GmbH, Düsseldorf 37/1
Pannkoke Flachglastechnik GmbH, Lübeck 258/3, 261/1
Panthermedia 188/Steven Jones
PCE Deutschland GmbH, www.warensortiment.de 180/3, 186/h
Peter J. Obenaus, Lekkerland GmbH & Co. KG 274/2
Peter Wirtz, Dormagen 47/1, 64, 106, 271, 297/1
Petra Simon, Nürnberg 264/2
picture alliance 19/Cultura, 62/2/Arco Images GmbH, 93/1/KPA/Schwind, 114/1/dpa, 126/2, 126/4/ZB/euroluftbild.de, 126/5/ZB, 143/1/dpa/dpaweb, 143/2/Rainer Hackenberg, 195/dpa, 274/1/akg-images, 295/1/ZB/Fotoreport
Pitopia 112/3/Ralf Pickenhahn
Protectoplus Lager- und Umwelttechnik GmbH, Rendsburg 126/6, 164/1–164/3
psb intralogistics GmbH, Pirmaens 230/2
Ratioform Verpackungen 59/9
Reinhold Löffler, Dinkelsbühl 278
REMA TIP TOP GmbH, Poing 93/2, 105
RIPACK, France 183/4, 186/g
RMS Rotherm Maschinenbau GmbH, Stadtlohn 251/1
RP Gießen 28/2/Ina Velte
Saar Lagertechnik GmbH, Bad Soden 139/3, 147/a/b/d
Schako KG, Kolbingen 167/1
Sebastian Fanselow, Berlin 12, 46/1
Shutterstock 45/1/Horiyan, 46/2/Angelika Smile, 56/4/Guido Vrola, 56/6/Grencho Petkov, 66/1/Olinchuk, 66/2/VladisChern, 66/3/ericlefrancais, 66/4/Kharidehal Abhirama Ashwin, 66/6/Elnur, 66/7/mikeledray, 66/9/Ensuper, 93/3/Pinosub, 95/Colour, 166/1/Gemenacom, 166/2/irin-k, 166/3/Sarunyu_foto, 191/Marcin Balcerzak, 219/5/Richard Foote, 219/6/Claude Beaubien, 220/a/egd, 236/2/prism68, 236/4/Margo Harrison, 261/4/Mike Flippo, 261/5/cristi180884, 276, 289/2, 290/iofoto, 332/Buro Pavel
Sonja Achtzehn, Bornheim 62/1
SSI SCHÄFER FRITZ SCHÄFER GMBH, Neunkirchen 135/1/2, 137/2, 138/2/3, 139/4, 140/1, 141/2, 143/3/4, 147/e, 248/1
Stabau, Meschede 242
STILL GmbH, Hamburg 135/3/4, 139/1/2, 140/2, 239/1–239/3, 252/a
Sumetzberger Rohrpostsysteme, Wien 2011 227/3
Suva, Schweiz 255
Telenot Electronic GmbH 167/2/3, 168/2/3
Tetra Pak GmbH & Co KG, Hochheim/Main 184/4
ThyssenKrupp Aufzüge GmbH 231/1
TILLMANN Verpackungen GmbH, Mühlheim/Main 61/1–61/3
TÜV NORD MPA 34
TÜV SÜD AG, München 157/2
Uta Bettzieche, Leipzig 316, 319, 320, 321, 322, 324, 325, 326, 331
VBG – Ihre gesetzliche Unfallversicherung, Hamburg 233/2
verpackung24 GmbH, Metzingen 183/1/3/5, 186/e
VETTER Krantechnik GmbH, Siegen 232/4, 252/c
viastore systems GmbH, Stuttgart 108, 133/1/2
W. Krüper, Bielefeld 81
Wikimedia Commons 39/3
Wikipedia 185/2/Satmap, 225/2/GNU/Wdwd
Wikipedia 40/1/2
Wolk Gruppe AG 83/3